COMTÉ

ET

COMTES DE RODEZ

Publications de la Société des Lettres, Sciences et Arts de l'Aveyron.

BONAL

COMTÉ

ET

COMTES DE RODEZ

RODEZ
IMPRIMERIE Vᵉ E. CARRÈRE, PLACE DE LA CITÉ

1885

ERRATA

Page 13, ligne 20... quondam locum, lisez : *quendam locum*...
— 137 — 15... En Frotal, lisez : *Eu Frotard*...
— 165 — 22... Page 184, ligne 20, lisez : *eu* au lieu de *en*.
— 207 — 12... jurisdictonem, lisez : *jurisdictionem*...
— 211 — 17... bannorium, lisez : *bannerium*...
— 265 — 18 et 19... Sanche Guarcie, comte d'Armaignac, lisez : Sanche Guarcie, *mais seulement de cele de Guillaume Guarcie*, comte...
— 267 — 25... de singulis, lisez : *se singulis*...
— 269 — 5... estend, lisez : *estent*...
— 270 — 25... Malte, lisez : *Malte*...
— 670, au renvoi... lib. v, lisez : *lib. 1*...
— 689, ligne 6... Aynor, lisez : *Aymer*...
— 742 — 13... trouveriont, lisez : *trouveroint*.

PRÉFACE

Antoine Bonal naquit à Rodez en 1548. Il appartenait à une de ces familles bourgeoises dont les membres étaient presque tous « *gens de loi* » ou « *gens d'Eglise* » et qui formèrent peu à peu à côté de la noblesse *de race* ce que nos vieux jurisconsultes appelèrent la noblesse de *robe*. Un des ancêtres d'Antoine Bonal, comme lui juge des montagnes du Rouergue, était en 1415 commissaire chargé de réformer le domaine des Comtes de Rodez; un autre, après avoir été vicaire général du diocèse de Bordeaux, devint en 1486, évêque de Bazas. Son père, Jean Bonal, était greffier du Conseil et gardien des archives du comte de Rodez.

Antoine Bonal devint à une date que nous ne connaissons pas, *juge des montagnes et quatre châtellenies du Rouergue*. Il était, à ce titre, un des officiers de justice du comte de Rodez qui avait dans cette ville, outre son *juge d'appaux*, le *juge du bourg*, le *juge des montagnes* et le *juge de la cité* qui avec le *bailli de l'Evêque* constituait la *cour de Paréage* (1). L'origine de cette dénomination de *juge des montagnes du Rouergue* se trouve, ainsi que le fait remarquer M. de Gaujal (2), dans la division primitive du comté de Rodez en deux parties fort distinctes, l'une comprenant le *bourg* de Rodez et quelques châteaux situés dans les environs, l'autre située au Nord du Lot et comprenant la contrée appelée aujourd'hui *la montagne* et jadis *les montagnes du Rouergue*.

---

(1) C'est à partir de 1282 que les comtes de Rodez eurent un *sénéchal*.

(2) *Etudes historiques sur le Rouergue*, tome I, p. 215.

Si on peut indiquer ainsi d'une manière au moins approximative les limites territoriales de la juridiction du *juge des montagnes du Rouergue,* il est plus difficile de déterminer d'une manière précise la nature et l'étendue du pouvoir judiciaire que ce titre conférait au magistrat qui en était investi. Il est probable qu'à l'origine ce pouvoir était souverain. Car, en principe, le droit féodal n'admettait pas de recours à une juridiction supérieure. « *Appel,* disent » *Les Établissements de saint Louis, contient félonie* » *et iniquité.* » Mais on sait comment ce principe ne tarda pas à être modifié par l'admission d'au moins deux cas de recours au suzerain, *le faussement du jugement* et *la défaulte de droit.* Ce recours qu'en vertu de l'habile maxime imaginée par les légistes « *le roi est le souverain fieffeux de tout le* » *royaume* », devait être porté devant une juridiction royale, pouvait, quand il s'agissait des décisions du juge des montagnes du Rouergue, être porté devant une autre juridiction seigneuriale. Car le roi de France avait accordé au comte de Rodez, de même qu'au seigneur de Sévérac et au vicomte de Carlat, le privilège spécial d'avoir un juge d'appaux.

Antoine Bonal, dont la famille possédait plusieurs offices de judicature du comté de Rodez, avait à sa disposition une foule de documents à l'aide desquels il a composé son *Histoire de la comté et comtes de Rodez* (1). Trois exemplaires manuscrits de cet ouvrage ont servi à la publication entreprise par la *Société des lettres, sciences et arts de l'Aveyron.* Un

---

(1) La Bibliothèque nationale possède une très belle copie d'un manuscrit du même auteur intitulé : Histoire des Evesques de Rodez depuis saint Amans jusqu'à Georges d'Armagnac.

de ces manuscrits appartient à la Société ; il lui fut donné en 1842 par M. de Rudelle fils, de Cassagnes-Bégonhès (1). Il porte en tête la note suivante que nous reproduisons textuellement :

« Ce manuscrit très prétieux, a été trouvé dans la partie des livres, composant la bibliotèque de feu M. de Seguret, ancien magistrat à Rodez, mon cher beau pere ; et qui furent partagés en famille l'an 1825. — Il dut etre conservé tres pretieusement : comme contenant la veritable histoire, bien detaillée du pays que nous habitons :
» Fait à Cassagnhes le 10 août 1827. »
» de Rudelle, j. de paix.. »

Les deux autres sont déposés à la Bibliothèque nationale. L'un, portant le n° 11,644, fonds Français, contient des appendices assez considérables, notamment une généalogie de la maison d'Albret. L'autre fait partie de la collection Colbert. C'est une copie du manuscrit original faite à Rodez même, en 1667, sous la surveillance de M. de Doat, président de la chambre des comptes de Navarre, qui avait été chargé par Louis XIV de recueillir dans les archives des diocèses de Rodez et de Vabres des copies collationnées des titres intéressant le domaine royal. Voici d'ailleurs comment se termine le manuscrit :
« Le 4 mars 1667, la présente copie a été bien et
» dûment rédimée et collationnée du livre original
» composé par feu M. Anthoine Bonal, juge des

---

(1) La Société possède une belle copie d'un premier travail de Bonal : *Mémoires concernant le comté de Roudés*. Elle lui fut donnée en 1838 par M. Jules Duval qui l'avait trouvée dans la bibliothèque de feu M. le président de Séguret.

» montagnes, fils de M. Jean Bonal, greffier du
» conseil et garde des archives du Roi, du comté
» de Rodez, natif et habitant de la ville de Rodez
» — en laquelle ledit Antoine décéda en l'année
» 1628, âgé de 80 ans — trouvé ledit livre en la
» bibliothèque de feu M. Pierre Rey, juge mage,
» lieutenant général au siège présidial et sénéchaus-
» sée dudit Rodez et remis en mains de M. de
» Doat, conseiller du Roi en son conseil d'Etat, et
» président en la chambre des comptes de Navarre,
» par Mre Ant. Valéry, à présent greffier dudit con-
» seil et garde desdites archives de la comté de
» Rodez qui l'a retiré pour le remettre en mains
» de la demoiselle Vve dudit sieur Rey, après qu'il
» a été vérifié par le rapport et confronctation de
» diverses pièces écrites par ledit Ant^e Bonal qui
» ont été exhibées par diverses personnes de sa
» famille et autres, qui ont témoigné que ledit livre
» avait été écrit par lui, et que ladite copie a été
» corrigée par moi soussigné étant en ladite ville
» de Rodez à la suite dudit seigneur président,
» suivant les arrêst de ladite chambre des 23 juin
» et 9 octobre dernier, et ledit seigneur président
» et ledit sieur Valéry ont signé avec moi dit sous-
» signé. — De Doat. — Valéry, garde du trésor.
» — Capot. »

Qu'est devenu ce manuscrit autographe qui, en 1667, se trouvait dans la bibliothèque de M. Pierre Rey, juge mage, lieutenant général au siège présidial et sénéchaussée de Rodez? Est-ce le manuscrit que possède la *Société des lettres, sciences et arts de l'Aveyron* et qui de la famille de Rey serait passé dans la famille de Séguret? C'est ce qu'il est bien difficile d'affirmer. En tout cas, il paraît certain que : 1° le manuscrit 11,644 de la Bibliothèque nationale n'est pas l'original écrit par l'auteur ; 2º que ce même manuscrit n'a pas servi à la copie qui fait partie de la collection Colbert. Sans entrer à cet égard dans une discussion qui nécessiterait des connaissances paléographiques spéciales, une simple observation suffira. Au livre II, chapitre Ier, on trouve en marge, dans le manuscrit de Rodez, et écrite par une main autre que celle qui a écrit le texte, la mention suivante : « Depuis la mort de » l'aut'heur, M. Plantavit, evesque de L'odesve a fait » l'histoire des comtes de ladite ville, d'où paraist » que lesd^s Richard et Hugues estaient cadest de la » maison de L'odesve. » Or cette note, marginale dans le manuscrit de Rodez, est intercalée dans le texte même du manuscrit 11,644 de la bibliothèque nationale, et on remarque qu'elle n'avait pas été primitivement insérée dans le texte du manuscrit de Colbert et qu'elle n'y a été inscrite qu'après coup et sous forme d'interligne. Cette seule observation suffit pour faire présumer, ce que d'ailleurs un examen plus approfondi des textes autorise à croire, que, s'il existe, parmi les trois manuscrits que nous venons d'indiquer, un manuscrit original écrit par l'auteur lui-même, ce manuscrit est celui que possède la Société.

Quel est le mérite de l'œuvre de Bonal ? L'éminent historien du Rouergue, appréciateur autorisé en pareille matière, déclare que « cette volumineuse » histoire n'est intéressante que par les nombreux » actes qui y sont insérés (1). » Ce jugement, en apparence aussi sévère que laconique, doit être bien compris, et il ne faudrait pas lui attribuer une

---

(1) DE GAUJAL, *Etudes historiques sur le Rouergue*, tome I, p. 50.

portée qu'il n'avait certainement pas dans la pensée de M. de Gaujal. Pour apprécier l'œuvre de Bonal, il faut tenir compte à la fois du but que poursuivait l'auteur, du milieu dans lequel il vivait, de l'époque à laquelle il écrivait, des connaissances et des moyens d'information qu'il possédait. « J'aime,
» dit Montaigne (1), les historiens ou fort simples
» ou excellents. Les simples, qui n'ont pas de quoi
» y mêler quelque chose du leur, et qui n'y apportent
» que le soin et la diligence de ramasser tout ce
» qui vient à leur notice et d'enregistrer à la bonne
» foi toutes choses sans choix et sans triage, nous
» laissent le jugement entier pour la connaissance
» de la vérité. Tel est, par exemple, le bon Frois-
» sart, qui a marché en ses entreprises d'une si
» franche naïveté, qu'ayant fait aucune faute, il ne
» craint aucunement de la reconnaître et corriger
» en l'endroit où il en est averti, et qui nous re-
» présente la diversité des mêmes bruits qui cou-
» raient, et les différents rapports qu'on lui faisait.
» C'est la matière de l'histoire nue et informe :
» chacun en peut faire son profit autant qu'il a
» l'entendement. » Bonal appartient à la catégorie des « *simples* » ; il aime à citer Froissart et il paraît s'être inspiré de sa méthode. Il ne faut pas lui demander des jugements personnels, des vues générales et d'ensemble ; il reproduit les faits, il cite les documents, sans commentaire, sans appréciation et aussi souvent sans contrôle. Il ne voit dans les événements dont il fait le récit que des incidents notables de l'histoire locale et il n'essaie pas, en en recherchant les causes, de les rattacher à l'histoire

---

(1) *Essais*, livre II, chap. V. Des Livres.

générale. Ainsi, au chap. 3 de son livre III, Bonal fait un récit très long et très circonstancié des différends qui éclatèrent en 1293 entre l'évêque et le comte de Rodez ; ces différends furent terminés en 1316 par l'établissement d'un *paréage*. Nous ne connaissons pas d'exemple plus frappant que l'établissement de cette *cour de parsage* de l'extension que prirent au XIIIe siècle les juridictions ecclésiastiques dans toute la France : il ne faut point d'ailleurs s'en étonner, puisque l'arbitre choisi par le comte et l'évêque était le célèbre Guillaume Duranti, évêque de Mende, ancien professeur de droit à Bologne et à Modène, auteur du *speculum juris*, le jurisconsulte « qui étendit le plus l'autorité des tri- » bunaux d'Eglise dans les matières civiles (1). » Loin de voir dans la sentence de Duranti, qu'il transcrit entièrement, le résultat d'une tendance générale et l'application d'une doctrine, Bonal n'y voit qu'un fait isolé, un incident local, ou, comme il dit, « une invention aussi fructueuse et utile pour la ville » de Rodez que aultre que jamais y eust été aupa- » ravant excogitée. »

Un autre caractère du livre de Bonal est l'absence de toute critique. Peut-on lui en faire un reproche ? Bonal ne s'est donné pour mission que de sauver de l'oubli des faits qu'il a vus ou qu'on lui a rapportés ; on peut dire de lui comme de Froissart que « c'est un miroir fidèle qui reproduit quelquefois des » personnages déguisés. » Bonal n'est pas un historien, c'est un copiste minutieux, un compilateur patient, quelquefois un chroniqueur fidèle. Il a en réalité continué l'œuvre de son père ; celui-ci était

---

(1) A. BARDOUX, *Les légistes, leur influence sur la société française*, p. 9.

gardien des archives du comte de Rodez ; le fils l'a été aussi, puisqu'il nous a conservé le souvenir de faits et le texte de documents que, sans lui, les historiens du Rouergue n'auraient jamais connus.

LIBVRE PREMIER

DE LA

COMTÉ ET COMTES DE RODÉZ

De la source et origine de la comté de Rodéz
et de l'Aquitaine d'où elle est dérivée.

CHAPITRE PREMIER.

La comté de Rodez, lhors de son premier establissement, estoit de beaucoup plus grande estendue qu'elle n'est de présent, par ce qu'elle comprenoit a lhors tout le pays de Rouvergue, où maintenent elle ne contient qu'une troisième partie d'yceluy, coume nous monstreront cy après. Elle est trèsanciene et des premières que Charles le grand, roy de France, establit en Aquitaine, lhors que, après avoir vaincu pour la dernière fois Hunnauld, qui en estoit duc, il la divisa en plusieurs comtés. Mais par ce que ceste comté faisoit a lhors, coumme elle faict encores de présent, une partie du corps de l'Aquitaine, et qu'elle en a esté tirée et come desmembrée, il semble estre nécessere de voir (avant que passer plus avant au discours que nous avons entreprins d'ycele) que c'est que de l'Aquitaine, de la situation et estat ancien d'ycele, et de l'occasion que meut ce roy de la policer et ordoner aultrement qu'ele n'estoit au paravant, scavoir d'une seule duché en faire plusieurs comtés, coumme il feit. A quoy nous procèderons le plus brièvement que faire se pourra.

L'Aquitaine se treuve avoir esté diversement prinse par nous hystoriens Gaulois. Car bien que toutz la tienent pour une partie de la Gaule, les premiers toutesfois la font fort petite, au regard de ceux qui ont escript après qui la figurent de beaucoup plus grande estendue, comprenent soubs ycele plus de peubles ou pays que ne font les premiers. Jules Cæsar, à mon advis, est le premier qui en ha parlé de propos délibéré, c'est icilà en ses mémoires ou commenteres, ayant divisé toute la Gaule en troys parties, scavoir en la Gaule Belgique, Celtique et Aquitanique. Il enclost la Gaule Aquitanique entre la rivière de Garomne, les mons Pyrénées et l'Océan, qu'est seulement ce cartier de pays que nous apelons maintenent la Gascogne. A ce compte, l'Aquitene estoyt fort petite et le pays de Rouvergue ne pouvoit estre comprins soubs ycele. Aussi ce mesme autheur met les Rouverghas soubs les Celtes. Mais Octavian Auguste, nepveu de Jules Cæsar, s'estant saisi de l'estat Romain et s'en estant rendu prince ou seigneur absolu, feit par le ministère d'Agrippa, son beaufils, ung général despartement de toutes les provinces de l'empire. Par yceluy il divisa la Gaule transalpine (car nous ne parlons pas icy de cele que les Romains apeloint cisalpine) en quatre principales provinces. C'est en la Gaule Belgique, Lugdunoise, Narbonoise et Aquitanique. Il feit passer l'Aquitene, ou partie d'ycele, par de là la rivière de Garomne, et l'estendit jusques à cele du Loire, adjoustent à ycele dix peubles ou pays, qui auparavant estoint nombrés entre les Celtes. Et ce feut a lhors que le pays de Rouvergue entra premièrement dans l'Aquitene, d'où il avoyt esté jusques a lhors exclus. Voici coumme Strabo parle de ce despartement au quatriesme libvre de sa Geographie (1) : « At enim Cæsar Au- » gustus quadrifariam Galliam partiens Celtas quidem

---

(1) Strabo, libro 4 Geographiæ.

» Narbonensis provinciæ deffinivit, Aquitanos vero et ipse
» sane extollens insuper decem adjecit gentes ex hiis
» quæ inter Garumnam et Ligerim fluvium colunt.
» Reliquam dupliciter partivit. Unam quidem Lugduno
» applicans usque ad superiorem Rheni plagam, alteram
» vero Belgis. » Il ne volut rien altérer en la Narbonoise ; ains la laissa en l'estat qu'ele estoit auparavant, contenent soubs soy tout ce que les Romains avoint acquis dans les Gaules avant la venue de Cæsar. Mais pour l'Aquitene, par ce qu'il la trouva fort petite, ne comprenent a lhors que ce que nous avons dict cy dessus, il la volut aggrandir de dix ou doutze peuples qui devant estoint censés entre les Celtes. Lui mesmes ung peu plus bas faict le dénombrement de ces peuples, et en met jusques à doutze (1).
« Inter Garumnam (dictil) et Ligerim adjacent gentes
» Aquitanis attributæ. Eluii ab Rhodano incoantes, post
» quos Vellaii aliquando Arvernis commixti, nunc sibi
» ipsis adstricti, dehinc Arverni, et Lemovices, et Petro-
» corii, post hos autem Nittiobriges, et Cadurci, et Bytu-
» riges qui Cubi nominantur. Ad Oceanum vero spectantes
» Santoni sunt et Pictones : hi quidem Garumnæ accolæ,
» alii autem Ligeris. Ruteni autem et Gabales Narbonensi
» terræ proximi. » En voilà jusques à doutze, et toutes fois le lieu que le premier nous avons ammené du mesmes autheur n'est chargé que de dix. Mais qu'est plus estrange, quelque peu de lignes avant ce dernier passage, il y en met jusques à quatorze : « Deinceps (dict il) de Aquitanis
» et de attributis illis gentibus Gallicis numero quatuor-
» decim dicendum est quæ inter Garumnam et Ligerim
» habitant. » Que me faict entrer en c'este opinion que ce nombre qui en l'ung et en l'autre de ces deus lieux estoit marqué en chiffre a esté corrompu, et qu'il y fault remetre doutze. Depuis que venent ce mesmes autheur au

)1) Julius Cæsar.

dénombrement de ces peubles, il en nomme seulement doutze. Nous ne parlerons pas icy de la subdivision de ceste mesmes Aquitaine, que feut après par traict de temps faite, lhors qu'ele feut partie en troys, scavoir en la première et segonde Aquitaine et en ceste province apelée Novempopulonia que faisoit coumme une troisième Aquitaine, par ce que cela est hors de nostre subject. Nous nous contenterons d'avoir monstré coumme et en quel temps ce pays de Rouergue feut comprins en l'Aquitaine.

Le pays d'Aquitaine demeura en cest estat tant que les Romains la tindrent et jusques à ce qu'ils la cédarent et mirent entre les mains des Wisgoths, n'ayans le moyen de là se conserver plus avant. Ce feut l'empereur Honorius qui par l'entremise du comte Constance la baila et deslivra à Wallia, leur roy, s'en estans eulx déjà saisis d'une grande partie. Prosper Aquitanicus, en sa chronique, met ceste deslivrance soubs le consulat de Monaxius et Plinta, qui tumbe sur l'an de l'incarnation de Jesus Christ 419. Voici coumme il en parle (1) : « Monaxio et Plinta consulibus, Constantius pacem » firmat cum Wallia, data ei ad habitandum Aquita- » nia cum quibusdam civitatibus confinium provin- » ciarum. » Et bien que cest autheur samble assurer que toute l'Aquitaine leur feut concédée, la vérité toutesfois est tele, qu'il ne leur en feut doné que une partie, scavoir la segonde Aquitaine, coumme Isidore mesmes, en sa chronique des Goths, le confesse en ces termes (2) : « Wallia per Constantium patritium ad Gallias revoca- » tur data ab eo Gotthis ad habitandum 2ª Aquitania » cum quibusdam civitatibus confinium provinciarum. » Mais ils ne tardèrent guieres à se dilater et estendre leurs limites. Car bien tost après ils se saisirent de

---

(1) Prosper Aquitanicus.
(2) Isidorus, in Chro.

la première Aquitaine, et de la province Narbonoise, si non de toute, pour le moings de tout le Languedoc, qui en ce temps là estoit entendu par ce mot de Septimania. De toutes lesqueles provinces ils érigèrent ung beau et grand royaume, s'estendent du septemtrion au midi, depuis la rivière du Loire jusques aux mons Pyrénées ; et de l'Orient à l'Occident, depuis la rivière du Rhosne et ceste partie de la mer Mediterranée, qu'est entre Marseile et Narbone, jusques à l'Océan. Ils placèrent leur siège royal à Tholoze, qu'ilz choisirent pour la vile capitale de leur royaume.

Or quoy que ce royaume feut composé non seulement des troys Aquitaines, coumme nous venons de dire, mais aussi de la Narbonoise, ou plus grande partie d'ycele, si estce toutesfois que ce nom d'Aquitaine luy demeura, de sorte que l'on coummença dès lhors d'apeler Aquitaine tout ce royaume Gotthique, bien que les viles de Tholouze, Narbone, Carcassone, et généralement toutes les aultres viles de Languedoc y feussent comprinses. Voilà pour quoy dens quelques aucteurs, qui escripvirent du temps des Goths ou bien tost après, durent la première lignée de nous roys françois, ce nom de Aquitani se treuve prins pour toutz les habitans du royaume Gotthique, feussent ils de l'Aquitaine ou du Languedoc. Salvian, l'ung de ces aucteurs au septiesme de ses libvres, De providentia et gubernatione Dei (1), volant monstrer que les Goths bien que barbares et hérétiques vivoint néanmmoingz plus moralement que ne foisoint les habitans des provinces desqueles ils s'estoint rendus mestres, quoy que catholiques, ne les apele autrement que Aquitanos, bien que il y en heut aussi bien de la province Narbonoise que des Aquitaines, ainsin qu'il est fort aisé de comprendre

---

(1) **Salvianus**, libro 7 de Providentia.

par le discours qu'il en faict. D'où nous pouvons voir coumme quelques ungs reprenent mal à propos le moine Aimoin de ce qui, au coummencement de son hystoire françoyse, en la division des Gaules qu'il faict au cinquième chapitre de son premier libvre, il met les viles de Narbone et de Toulouze dans le pays d'Aquitaine (1) : « In Aquitania (dict il) continentur urbes
» egregiæ Narbona, Arvernia quæ nunc Clarus mons
» vocatur, Cadurcum, Tolosa, Gabalis, Rutena, Le-
» movix, Petragorica, Pictavis, Biturix, Burdegala,
» Sanctona et Engolisma. »

Les Wisgoths teindrent asses longuement l'Aquitaine et jusques à ce qu'ils en feurent chassés par les François, de nouveau venus en France du costé de la Germanie, lesquels, après ceste mémorable victoire qu'ilz obtindrent sur les Wisgoths près la vile de Poictiers, in campis Vogladensibus, l'an de JÉSUCHRIST 509, coumme quelques ungs tienent, ou coumme les aultres assurent 507, se saisirent de l'Aquitaine après les avoir constrainctz de se retirer en Espaigne, la pluspart de laquele ils avoint dejia acquise. S'estans donc les François rendus mestres de l'Aquitaine y establirent ung duc pour la régir et gouverner soubs leur auctorité. Nous chroniqurs francoys nomment quelques ungs qui teindrent c'este duché soubs la première race de nous roys. Austrabe en estoyt duc soubs le roy Théodoric ; Villachaire soubs le roy Clotere ; Sigulfe sous le roy Sigebert; Regnoald et Disier soubs les roys Childebert et Chilpéric, et Astrouvald après luy; Sadregesil soubs Dagobert. Le chroniqueur Sigebert (2) soubs l'an 711 faict mention d'ung duc d'Aquitaine, nommé Bog, qui avoit pour femme une noble dame, apelée Oda, à la quele cest aucteur donne le titre de

---

(1) Aymoynus monachus, de gestis Francorum lib. s, c. 5.

(2) Sigebertus, in chro. sub anno 711.

saincte : « Sancta Oda (dict il), uxor Boogis ducis Aquita-
» norum, sanctitate claret in Gallia ».

Toutz ces ducs Aquitaniques avoint recognu nous roys
de France pour leurs roys et seigneurs supérieurs ; mais
celuy qui vint après Bog, que feut Eudes, voyent la fainéan-
tise de nous roys, qui avoint abandonné le gouvernal de
ce royaume et résigné leur authorité cz mains de leurs
maires du palais, qui se jouoint des affaires publiques et
les manioint à leur phantasie ; et, voyant d'aultre costé
coumme ils estoint occupés aux gueres d'Austrasie, et
avoint coume mis en obli les affaires des provinces de
deçà, pensa de se rendre souverain de l'Aquitaine, et feit
révolte contre le roy son mestre. Ce qui donna pendent
quelques années de l'occupation à Charles Martel devenu
n'avoit guieres mere du palais au royaume de la Neustrie,
duquel l'Aquitaine dépendoit, et ce pour le renger à la
raison et le remetre à son debvoir; ce que, après beaucoup
de peine et de travail, il feit à la fin, luy arrachent des
mains la duché, et par mesmes moyen luy ostent sa vie.
Ce que Sigebert (1) tesmoigne estre advenu l'an sept cens
trente deus, car c'est ainsin qu'il parle de sa deffaicte soubs
ceste année là : « Carolus in Vasconia cum Eudone pugnat
» eumque principatu et vita privat. » Mais bien que
Charles Martel au moyen de ceste victoire eust regaigné
et reprins l'Aquitaine, si estce néanmoins qu'il ne la tint
guieres long temps en paix; car l'année suivante 733,
Hunnauld et Waiffer, filz du deffunt Eudes, la recouvrè-
rent avec la force et moyens des Sarrazins, qu'ilz feirent
entrer en France pour la segonde fois (leur père
Eudes leur ayant aultres fois au paravant ouverte la
porte, lhors que par le prince Martel ils feurent deffaicts
près de la vile de Tours), coumme Vases (2), chroniqur
espaignol le tesmoigne soubs ladicte année par ces mots :

(1) Sigebert sub anno 732.
(2) Vasei Chron. sub anno 733.

« Hunoldus et Waiffarus filii Eudonis ut Aquitaniam
» recipiant Sarracenos in auxilium accersunt. » Ces deus
frères qui après la mort de leur père se portèrent pour
ducs d'Aquitaine, Hunnauld premièrement, et après sa
mort Waiffer, donnarent beaucoup d'affaires tent audict
Martel que au roy Pepin, son filz, par leurs fréquentes et
souvent réitérées révoltes. Car bien que souvent vaincus,
dens peu de temps ils se remetoint sus, et recommençoint
une aultre guerre, et qui plus est, après la mort de
Vaiffer, que le roy Pepin, après l'avoir vaincu en bataile,
feit mourir, son filz Hunauld 2 du nom volut encores
faire revivre ceste querele, et renouveler la guerre contre
Charles le grand, filz de Pepin, de nouveau venu à la
corone de France. Mais ce grand et magnanime prince,
volant doner fin à ceste si longue guerre, se mit aux
champs tout aussi tost qu'il en eut le vent, et, s'estent jetté
en l'Aquitaine, poursuivit de si près ledict Hunnauld qu'il
le constreignit de se metre à reffuge entre les mains
d'ung duc de Gascoigne, nommé Loup, du quel il le
recouvra bien tost. Et par ce moyen la guerre Aquitanique
print du tout fin, après avoir duré fort longuement. Sigebert et l'abbé d'Ursperge metent ceste prinse soubs l'an
769, et assurent que pour lhors le roy Charles se rendit
mestre absolu de toute l'Aquitaine et Gascoigne. « Omnes
» Aquitanos (dict Sigebert) (1) et Vascones accepit Hun-
» naldum qui ad Lupum Vasconiæ ducem fugerat, à Lupo
» sibi cum uxore remissum adducit, et sic Aquitanicum
» bellum finivit. » L'abbé d'Ursperge (2) en dict tout
autant : « Hunnaldum ad Lupum Vasconum ducem fugi-
» tivum missa legatione recepit cum uxore sua, ipsoque
» Lupo cum tota Vasconia sibi obediente regressus est. »

Et par ce que l'Aquitaine demura régie et gouvernée
par tent de ducs que nous venons de nommer, et par

---

(1) Sigebert, sub anno 769.
(2) Abbas Urspergensis, sub eod. anno.

une si longue entresmise d'années, scavoir depuis la bataille de Poictiers, que nous avons dit avoir esté guaignée par les François sur les Gots l'an 507, jusques à la prinse de Hunnauld, qu'advint, coumme nous venons de dire, l'an 769, il arriva de là que le pays d'Aquitaine print le nom absolu de duché; de sorte que quant par deçà, au royaume de Neustrie ou France occidentale, il se parloit absoluement de duché, sans aulcune suite ou addition, il s'entendoit de l'Aquitaine, coume tout de mesmes il se faisoit de la duché de Bavière, en l'Austrasie ou France orientale : chascune de ces deus duchés estait joincte en l'ung ou en l'aultre de ces deux royaumes, coumme le monstre ce lieu d'Otto Frisingensis, tiré du 5 liv. chap. 9 de sa chronique (1), où, parlant du règne de Dagobert, volant monstrer la grandeur et longue estendue de son royaume de France, qui pour lhors estoyt divisé en la Neustrie et en l'Austrasie, après avoir parlé de l'ung et de l'aultre, il adjouste : « Erat autem Francorum tam
» terminus, ab Hyspania usque in Pannoniam, duos nobi-
» lissimos ducatus, Aquitaniam et Bavariam, continens. »
Bien toutesfois que pendent le règne de ce mesmes roy l'Aquitaine feut bailée à son frère Aribert en appanage, soubs le titre de royaume, ainsin que l'atteste le moyne Aymoin, au 4 lib. chap. 7, De gestis Francorum, en ces termes (2) : « Compositis vero rebus et studiis omnium
» qui rem militarem vel administrabant vel circa suum
» imperium conspirabant (il parle du roy Dagobert) tactus
» corde atque respectu fraternæ compassionis ad misera-
» tionem inflexus amicorum concilio, fratrem (Aribertum)
» ex parte consortem regni fecit collataque ei provincia
» quæ a ripa Ligeris Vasconiam versus extenditur usque
» ad Pyrænei jugum montis qui Galliam ab Hispania dis-
» terminat. Hic ubi potestatem adeptus est, sedem regni

---

(1) Otto Frisingensis, chron. lib. 5, c. 9.
(2) Aymo, de gest. Franc. lib. 4. chap. 7.

» Tolosam eligens, sensu non ut putabatur tardus, verum
» natura acris ad obeunda negotia statim ingenio suo
» aptam invenit materiam. Anno enim tertio postquam
» regnare cœperat totam Vasconiæ terram subegit atque
» regnum suum latius effecit. » Bien que cest autheur ne
nomme aultrement en ce lieu l'Aquitaine, il la descript
néammoins si particulièrement qu'il donne asses à entendre que c'est de ceste province, et non d'aultre qu'il
parle, depuis qu'il l'estant depuis le Loire jusques aux
mons Pyrénées. Et si encores au discours qu'il faict après
des departemens de ce prince Aribert il luy done ouvertement la qualité de roy Aquitanique, coumme aux 20 et
23 chapitres de ce mesmes libvre (1) : « Assistente Ariberto
» Aquitaniæ rege. » Et quelque peu après : « Anno 9
» Dagoberti regis frater ejus Aribertus Aquitaniæ rex
» moritur. » Mais ce titre de royaume ne dura pas longuement et ne feut plus avant continué au pays d'Aquitaine que pendent la vie du dict Aribert, que ne fut
guieres longue ; et yceluy moreut sens enfens. Dagobert son frère le reprint tout aussi tost et le réunit à la
corone de France y remetant ung duc pour y commender comme au paravant.

Coumme donc nous commencions de dire, le
roy Charles le grand, après avoir apaisé les troubles d'Aquitaine, et qu'il l'eust remise soubs son authorité, voyant les grandes et tent de fois réitérées
révoltes des ducs, qui l'avoint commendée, et consyderent
d'ailheurs les peines et travaulx que tent luy que ses
père et ayeul avoint esté constrains de souffrir pour
dompter ces rebelles, il se délibéra, pour esviter semblables révoltes, de changer l'estact et gouvernement
de ceste province, et de n'y commetre plus, pour l'administration d'ycele, ung seul duc, coumme avoit esté faict

---

(1) Aymoi monachus, lib. 4, c. 20 et 23.

jusques alhors ; mais de la diviser et partir en plusieurs comtés, croyant que la multitude des comtes qu'il y establiroit (lesquels ne pourroint bonement ou pour le moins si facilement conspirer tous ensemble contre leur prince) viendroint à faire cesser toutes mutineries et révoltes, et que la trop grande authorité que ung seul gouverneur avoyt heue sur ceste province, estent séparée et distribuée à plusieurs, perdroit la plus part de sa force et vigueur. L'autheur qui a additioné l'hystoire du moyne Aymoin, parlent de ce nouvel ordre que Charles le grand establit au pays d'Aquitaine sur le commencement du ve libvre : « Ordinavit (dict il) per totam
« Aquitaniam comites et abbates nec non alios plurimos
» quos Vassos vulgo vocant ex gente Francorum (quorum
» prudentiæ et fortitudini nulla callididate nullaque vi
» obviare fuerit licitum), eisque commisit curam illius
» finium tutamen villarumque regiarum ruralem pro-
» visionem. » Ce qu'il dict des abbés ne se doybt entendre des religieux qui avoint la surintendence et gouvernement sur les moines et monastères, coumme ce mot le signifie proprement; mais il les prent en la signification que pour lhors estoit fort usitée et coummune parmi les aucteurs de ce temps là, scavoir pour de barons, comtes ou aultres grands seigneurs, car le désordre s'estoit alhors coulé tel et si grand, en l'esglise Gallicane, que les grands seigneurs de ce royaume s'estens saisis de la pluspart des abbaies en prenoint les revenus coumme de leur propre patrimoine et bien temporel, voire en estoit venue la chose jusques à ceste extrémité qu'ilz n'avoint pas honte de s'en nommer abbés. Toutz nous chroniqueurs françoins s'acordent en cela. Je ne m'aideray pour le présent que du tesmoignage d'ung seul. Ce sera de Suitger(1), religieux de S. Denis, qui en son hystoire en parle

---

(1) Suitgerus.

ainsin : « Qui in chronicis abbates dicuntur non sunt
» monachi, sed barones et proceres seculares quibus rex
» abbatias fruendas concedit. » Quant donc ce supplément d'Aymoin dict que le roy Charlemaigne, poliçant ce pays d'Aquitaine, y establit pour le gouvernement d'yceluy des abbés, il fault entendre qu'il y envoya de grands seigneurs séculiers et lays de son royaume, pour y exercer l'office des comtes et gouverneurs, de sorte que ces deus noms de COMITES et ABBATES se doybvent la prendres en mesmes signification.

Mais il est temps de reprendre nostre premier propos, que nous avons interrompu pour dire coume en passent quelque chose du pays d'Aquitaine, du quel la comté de Rodez ou pays de Rouvergue dépend et en faict une partie et portion non petite, ayant ceste digression semblé en quelque sorte nécessere. Pour donc nous remetre au premier chemin, nous avions coummencé de dire que la comté de Rodez feut des premières que le roi Charles le grand establit en l'Aquitaine, lhors que, après l'avoir arrachée des mains de Hunnauld, filz de Vaiffer, il y mit l'ordre et police de laquele nous venons de parler. Le supplément d'Aymoin (1), à la suite des paroles que nous avons raportées de luy, faict mention de quelques uns des comtes, que pour lhors y feurent establis, par ces mots :
« Byturicæ civitati primo Humbertum paulopost Saturni-
» num præfecit comitem, Pictavis Attonem, Petragoricis
» vero Vbbodum, sed et Arvernis Itterium nec non
» Vallagiæ (Vellaiæ fortasse) Bultum, Tolosæ Corsonem,
» Burdegalis Seguinum, Albigensibus Ammonem, porro
» Lemovicis Hrotgarium. » Et bien que parmi ces comtés celle de Rodez ne s'y treuve spécifiée, il ne fault néammoings inférer de là que ce prince ne proveut aussi bien le pays de Rouvergue d'ung comte, coumme il feit les aul-

---

(1) Suple. Aymo. lib. 5 de gest. Franc. in principio.

tres pays y nommés. Car l'Aquitaine en contenoit beaucoup d'aultres, que ne sont non plus spécifiés en ce lieu que celuy de Rodez. Il n'y est pas faict mention de Xaintonge, ny d'Agenois, ni de Quercy, ni de beaucoup d'aultres pays coumprins soubz l'Aquitaine. Et il est certain toutesfois, qu'ilz y feurent pour lhors aussi bien estably des coumtes, que aux pays y spécifiés. Et pour ce que concerne le Rouvergue la vérité est tele que en ce mesmes temps il y feust placé ung comte, nommé Guibert ou Gilbert, duquel il se treuve encores mémoire dans quelques vieulx titres de ce pays. Pepin, roy d'Aquitaine, filz de l'empereur Louis le débonere, l'an 838, concéda aux abbé et religieux de Conques, qu'est ung fort ancien monastère, assis dans le Rouvergue, de letres de sauveguarde, où il est faict mention de ce Gilbert, comte de Rodez, qui avoit donné aux dicts abbé et religieux la place en laquele ce monastère fut basti, ensemble la permission et licence de ce faire. Le coummencement de ces letres est conceu en ceste sorte : « Notum sit omnibus S. Dei Ecclesiæ filiis et fidelibus nos- » tris qualiter olim vir venerabilis Dado quondam locum, » qui dicitur Conquas, desertum atque a Sarracenis depopu- » latum, in pago Rutenico, per licentiam Gilberti quondam » comitis de ratione fisci regis accepit et monasterium a » fundamentis construxit, etc. » La fundation et bastiment duquel monastère il fault nécesserement raporter au temps et règne de Charles le grand, par ce que c'estoit de son temps que ce vénérable abbé Dado vivoit. Et voilà pourquoy le roy Pepin, qui feit dresser ces lettres XXIIII ou XXV ans après la mort de sondict ayeul, Charles le grand, parle en yceles du comte Gilbert, coume d'une persone déjà et assez long temps auparavant décédée, « per licentiam (dict il) Gilberti quondam comitis », et ne fault metre en doubte qu'il ne feut comte de Rodez, bien que en la clause que nous venons d'ammener il ne soit expressément qualifié tel, veu ce qu'est porté par après en ces mesmes letres, et par exprès en la clause où il exempte les abbé et religieux de cete abbaie de la jurisdiction du comte de Rodez en ces termes : « Sed ne in » futurum aliquod scandalum inter rectores prædicti » monasterii et comites illius provinciæ (il avoit peu au paravant dict que ce monastère estoit situé in pago Rutenico) possit oriri, eo quod prius per licentiam co- » mitis illius idem monasterium fundatum esset, etc. » Lesquels ne pourroint estre plus clers, ni plus exprès pour vérifier ce que nous venons d'asseurer, que Gilbert, mentioné en ces lettres, estoit comte de Rodez, et par conséquent que lhors que le roy Charles le grand establit ceste police des comtés en l'Aquitaine il en mit ung en la vile de Rodez, pour commender par toute l'estendue du pays de Rouvergue.

Je ne veux dire portant que les comtes qui feurent a lhors placés ez viles ou pays particuliers de l'Aquitaine feussent semblables à ceux qui sont de présent ; car je scais bien que teles ou semblables dignités n'estoint a lhors que simples gouvernemens et offices, qui se donnoint par nous roys pour quelque temps aux seigneurs du royaume, qui bons leur sembloit. Mais il est bien certain que teles dignités ne tardarent guieres à devenir héréditaires et patrimoniaux, non qu'il faile croire que cela advint tout à la fois ; mais par traict de temps, et peu à peu, les comtes s'usurpent tantost une autorité, ou prenent quelque aventage, et tantost ung aultre, portés à cela par la négligence de nous roys et favoris, par les troubles et divisions que survindrent entre les seigneurs de ce royaume, après la mort du roy Louys le bègue, et continuarent par une asses longue entresuite d'années jusques au règne de Hugues Capet qui, s'estant usurpé le royaume, servit de colur et prétexte aux ducs et comtes, qui encores ne s'estoint du tout saisis de leurs duchés et comtés, d'achever de s'emparer entièrement de la propriété et patrimoine d'yceles pour les tenir dès lhors en avant coume leur bien patrimonial et héréditere.

Mais nous avons à remarquer là dessus en particulier, pour ceste comté de Rodez, que bien qu'éle feut pour lhors establie coumme les aultres de l'Aquitaine, elle n'estoit toutesfois en tout semblable à cele qu'est de présent, singulièrement pour ce qu'est de son estendue et grandeur. par ce que l'anciene comté (nous l'apelerons ainsin, pour la distinguer de cele qu'est de présent) comprenoit soubs soy tout le pays ou sénéschaulcée de Rouvergue, ou la nouvele comté ne contient qu'une troisième partie ou quelque peu davantage du pays de Rouvergue, outtre que les comtes qui tindrent et possédarent ceste anciene et première comté estoint sortis d'une aultre tige et estoc que ceulx de la seconde; de laquele seulement nous avons intention de parler en ces libvres, et montrer leur source, suite et descente, depuis cinq cens ans, ou environ jusques à présent, sens nous obliger aultrement de traicter des premiers, si ce n'est en tent que l'occurrence des affaires et suite du discours nous y pourra porter.

De la situation et estendeue de la comté de Rodez.

CHAPITRE II.

Nous venons de dire que la comté de Rodez du coumencement, et lhors de son premier establissement, comprenoit tout le pays de Rouvergue; mais que depuis en ça elle a esté restrainte eu ung cartier d'yceluy, coumme elle se voit de présent. Pour donc pouvoir bien comprendre sa situation et estendue, il nous fault dire quelque chose de ce pays de Rouvergue, dans lequel elle est comprinse, et de sa vile capitale, qu'est Rodez, de laquelle elle prend sa dénomination ; mais ce sera le plus briefvement que faire se pourra.

Le pays de Rouvergue est de présent composé de deus dyocèses, scavoir de cele de Rodez et de cele de Vabres, où le temps passé il n'y en avoit qu'une seule, qu'estoit Rodez. Ce feut le pape Jean 22 qui d'une en feit deux, érigent l'abbaie de Vabrés en évesché, à laquele pour dyocèse il attribua le pays de Vabres, qu'estoit, coume il est encores de présent, comprins soubs le pays et sénéschaulcée de Rouvergue Ces deus dyocèses donques, joinctes ensemble, composent l'entier pays de Rouvergue, en figure presque ovale, prenent la longueur d'yceluy d'orient en occident, depuis la vile de Nant, qu'est du costé d'orient, vers le pays de Languedoc, jusques à cele de Sainct Antonin, qu'est du costé de Quercy ; et la largeur depuis le pont de Trebou, qu'est sur la rivière de Truerre, vers le pays d'Auvergne, jusques au pont de Cyrou, sur la rivière de Biaur du costé d'Albigeois. Il ha d'estendue environ vingt et cinq lieues de long, et xv lieues de large, mesurant la longueur et la largeur aux lieux que nous venons de marquer. Car de la vile de Nant, assise à l'ung des boutz dudict pays, du costé d'orient, jusques à cele de S. Antonin, qu'est à l'aultre bout, du costé d'occident, l'on comte vingt et cinq lieues de chemin, ou environ ; et du pont de Trebou, qu'est vers le septemtrion jusques à celuy de Cirou, qu'est vers le midi, il y ha environ quinze lieues. Il est borné des pays d'Auvergne, Gévaudan, Languedoc, Albigeois et Quercy. Dans yceluy se voyent trente cinq ou XL viles, petites ou grandes, scavoir : Rodez, Villefranche, Milhau, S. Antonin, Vileneufve, Roupeyroux, Sauveterre, Najac, Brefueilh, Rinhac, Naucele, La Salvetat, Clerevaux, Conques, Marcilhac,

Albinh, Antraigues, Asprières, Le Mur de Barrès, Montbasens, La Gyole, Espalion, S. Cosme, S. Genieys, La Roque Valsergue, Sévérac, Compierre, S. Affrique, S. Rome, S. Sernin, Nant, La Cavalerie, Vabres, Belmont, Le Pont de Camarès, S. Ysaire, Cassaignes Begoignés, Castelnau de Lebesou et aultres jusques audit nombre et plus, assises les unes en la haute marche les aultres en la basse, et les aultres en la marche dicte de la comté. Estant ainsin que ce pays de Rouvergue se treuve divisé en trois parcelles, scavoir en la haute marche, et en la basse marche, et en la comté de Rodez ; la haute estens situèe du costé d'orient, la basse du costé d'occident, et cele de la comté estent presque au milieu des aultres deux. Qu'est une division non fort anciene, mais introduite depuis peu de temps pour faciliter, coumme il fault croire, la levée des deniers royaulx, et par conséquent depuis que les tailhes commencèrent de se rendre ordineres.

De la ville de Rodez, capitale du pays de Rouvergue.

CHAPITRE III.

Coumme la vile de Rodez est la capitale du pays de Rouvergue, aussi est elle assise au beau milieu et coumme au centre d'yceluy. Le reste du pays prenent sa dénomination d'elle, estant aisé à voir que Ruteni (c'est le peuble de Rouvergue) furent ainsin nommés de leur vile mère ou métropole, Ruthena. Ptolomée (1), au segond de sa Géographie luy donne ung aultre nom, l'apelant Sogodunum. « Rutheni (dict il) quorum civitas Sogodunum. » Cest autheur a cela de particulier que de nommer les viles de la Gaule de quelques noms estranges, qui ne se treuvent parmi les aultres autheurs. Coume pour exemple, il apele la vile capitale du pays de Périgort Vesuna, celle de Cahors, Divona; la ville de Limoges, Ratiastum, et ainsin de plusieurs aultres. Ce qu'il ne fait pas de soy mesmes, ni de son invention, et qu'il n'aye quelque garent de son dire. Je vouldrais croire que bien que cest autheur se treuve postérieur à Strabon, Pline et Pomponius Mela, et qu'il aye escript après eulx, que ce néammoings il a esté aydé pour l'adresse de sa Géographie de quelques tables ou mémoires plus vieilhes que n'estoint toutz ces premiers autheurs, lesqueles n'estoint tumbées en leurs mains, d'où il tira ces vieulx et anciens noms des viles, qui se voyent dans ses euvres. Sur quoy toutesfois il fault remarquer que la pluspart de ces motz se treuvent maintenent viticés et corrompus, à la faulte des escripvains, qui ont transcript les libvres de Ptholomée, ou bien des imprimeurs qui, les pensens corriger, les ont du tout corrompus et dépravés.

Il est certain que Ptholomée, par ce mot Sogodunum, a volu exprimer le vieilh nom de la vile de Rodez, en la façon que les anciens Gaulois Celtes la nommoint avant que les Romains missent le pied en Gaule. Mais, coumme nous le lisons maintenent dens les libvres réçans de cest aucteur, il y a faulte d'une letre seulement; car au lieu de Sogodunum il y fault lire Rogodunum et croire que c'estoit le vray nom de ceste vile, avant la veneue des Romains en Gaule. Ce grand et docte personage beatus Renanus, en sa Germanie, asseure que ce mot de dunum, que l'on

---

(1) Ptolomeus. libro Geographiæ 2.

treuve souvent adjousté au nom propre de quelques viles de la Gaule, est ung vieilh nom Wallon ou Gaulois signifiant une colline ou montaigne, du quel les Gaulois se servoint coumme d'une addition au bout du nom de leurs villes, qu'estoint assises au feste ou pente de quelque colline : d'où vient que encores au vieilh langage françois l'on apele dunes les levées ou rempars, qui se dressent contre l'impétuosité et orage des mers ou grandes rivières, par ce que elles s'eslèvent en forme de petites montaignes. Il se peut encores pour le jourd'hui remarquer ung bon nombre de tels noms de viles en ce royaume, coumme Augustodunum, quasi Augusti mons, (ou bien) Augusti oppidum in monte situm ; Lugdunum, quasi Lucii mons, par ce que la vile de Lion feut premièrement bastie par ung Romain, nommé Lucius Munatius Plancus, sur une montaigne, bien que de présent elle soyt en plaine, à cause que, s'estent une fois bruslée, elle feut après réédifiée plus bas ; semblablement Noviodunum, que les ungs prenent pour Noyon, les aultres pour Nevers ; Vellandunum, chasteau Ladon, quatre lieues de Montargis ; et finalement Uxellodunum, vulgairement prins pour Capdenac, mais que quelques ungs prenent pour ung lieu, assis près la vile de Martel, apelé Pueh d'Euxolou, que s'aproche fort du vieilh nom d'Uxellodunum. Toutes ces villes, que je viens de nommer, estoint assises sur de montaignes, et de là elles prenoint partie de leur dénomination. Il en feut de mesmes de la ville de Rodez, au vieulx nom de laquele ce mot de dunum feut adjousté à cause de la montaigne sur la croupe de laquele elle feut assise, et de là nommée Rogodunum, mot qui, depuis, par une longue entresuite d'années, en y adjoustent tantost, et tantost diminuant quelques letres, coumme il advient souvent en tel cas, s'est en fin formé et résolu en celuy de Rodez, car de Rogodunum ils en feirent premièrement ung Rogdunum, ostent la voyele de o d'entres les deus consonantes g et d.

Ils vindrent après acourcir les deus dernières syllabes, et au lieu de dunum ils mirent duna ; ce que après fut facile avec le temps de tourner en dais, coumme aux vieulx libvres et romansi anciens, où est faict mention de ceste vile, elle se treuve toutjours nommée par ce nom de Rogdais. Froissard, venent à parler de la vile de Rodez, l'apele toutjours Roddais ou Rogdais. Coume au ccxliiii chapitre de son premier volume, estent sur le propos du fouage imposé par le prince de Galles sur la principauté d'Aquitaine (1). « Et par spécial (dict il) y mit grand peine l'évesque de Roddais, en Rouvergue. » Au ccl chapitre du mesmes volume, parlent de la deffaicte du séneschal de Rouvergue pour le roy d'Angleterre, faicte par le comte de Périgord et viconte de Carman : « Ils entendirent que messire Thomas Watz (c'estoit le nom de ce séneschal Anglais) debvoit chevaucher à Roddais, etc. » Mais à présent coumme le nom propre de toutes choses se change et diversifie facilement, l'on l'apele Rodez. Il n'est pas, ce me semble, plus impertinent, d'admetre ceste dérivation, que de croire que Lion soit dérivé, coumme il se voit, de Lugdunum, ou Nevers de Noviodunum, veu que l'altération en est plus dure et esloignée.

Quant à la première partie du vieilh nom Rogodunum, qu'est Rogo, il seroit à la vérité bien difficile d'en trouver au vray la signification ; mais l'on tient dans la vile de Rodez pour chose assurée, bien que ce soit sens autheur certain, ni aultre fondement que la seule tradition que l'on ha de père en filz, que les habitens d'ycele, avant que de recepvoir la foy chrestiene, adoroint une idole, nommée Rut, d'où quelques ungs croient estre dérivé le nom de Rutena. Il ne seroit peut estre hors de propos de dire que ceste idole fut entendeue par ce mot de Rogo, et que par Rogodunum ils voloint signifier la montaigne

(1) Froissard, vol. 1, ch. 244.

de ce dieu ou idole ; car il pourroit estre que ce nom de Rogo ou Rog se dégénéra en fin en Rugt ou Rut. Je confesse à la vérité que c'est en partie diviner; mais, en teles recherches qu'il fault tirer du plus profond de l'antiquité, il doybt, ce me semble, estre permis à ung chascung d'en discourir ce qu'il en pense.

Mais que dirons nous de ce mot de Rutena, nom moderne de ceste vile, qui ne s'aproche aulcunement de celuy de Rogodunum, et ne semble avoir aulcune conformité ni correspondence avec luy. Je pense, pour moy, que ce mot est purement latin, mais tiré, coumme l'on dict, par le nais, de ce vieilh mot celtique Rogodunum. Car les Romains, lhors qu'ilz envahirent les Gaules, tournarent et accomodarent à leur langue latine presque toutz les motz propres qu'ilz y trouvarent, feussent ilz noms de viles, de montaignes ou de rivières, feussent-ilz noms de persones ; et ce d'une façon assez estrange, coumme quelques hommes de nostre temps ont déjà remarqué (1), en changent par fois une partie des letres, desqueles ces noms propres estoient composés, par foix toutes, sans laisser aulcune marque, ou pour le moings fort petite, des noms anciens, nous desrrobans par ce moyen la cognoiscence de beaucoup de choses, que nous seroint fort nécesseres pour obtenir une parfaicte intelligence de l'estat ancien de ce pays de Gaule ; coumme pour exemple, de Ernest ils en feirent ung Ariovistus ; de Husshemar, ung Judiciomarus ; de Lutduhic, ung Litanicus ; de Wershinrich, ung Vercingétorix, et ainsin d'une infinité d'aultres. La raison de cela feut que le langage celtique, duquel les Gaulois usoint lhors de la venue des Romains en leurs pays, ne se pouvoit bonement accomoder à la langue latine, et qu'ilz pençoint par ces nouvaulx motz adoulcir en quelque façon la rudesse, ou, coumme ilz l'apeloint,

---

(1) Blaise de Viginères en ses nottes sur les Comm. de Cæsar.

barbarie des anciens et naturels, et par ce moyen les rendre plus doux et agréables à l'oreilhe. Mais avec cela ils corrompirent et gastèrent tout. Eulx donc volant former en leur langue le nom de ceste vile, Rogodunum, le changèrent en celuy de Rutena, ou plustost Rotena, car c'est ainsin qu'il se treuve escript aux vieulx titres et quelques anciens autheurs ; mot qui pourroit estre dérivé de Rogtena ou Rogotena, et par ce moyen retiendroit encores quelque relique de ce vieilh mot Rogodunum.

Je confesse bien que dans Cæsar, Strabon ou Pline, ni aultre de ces premiers géographes ne se treuve aulcune mention particulière de la vile de Rodez, soubs le nom de Rutena. Mais il s'y parle bien souvent des habitens de Rodez et de toute la province de Rouvergue soubs le nom de Ruteni, ainsin apelés sans aulcung doubte, à cause de leur mèrevile Rutena. Mais, coumme quelques personages ont déjà remarqué, c'est la costume des autheurs de ce temps là qu'ilz parlent toutjours en général des peubles de la Gaule, sens faire mention particulière de leurs viles capitales. Je veuls dire que ces autheurs, tumbant sur le propos de quelque vile, ils ne la nomment de son nom, au nombre singulier, mais ils nomment les habitens d'ycele ou le peuble qui en dépend en nombre pluriel ; coume parlens de la vile de Cahors, ils ne disent pas Cadurcum, mais Cadurci, et semblablement de Rodez, ils ne nomment la vile de son nom Rutena, mais, comprenent le peuble d'ycele, ils disent Ruteni.

Des auctorités, præéminences et prærrogatives ancienes des comtes de Rodez.

CHAPITRE IV.

Ayant marqué la situation et estendue de la comté de Rodez, il nous fault maintenent discourir de ses prærrogatives et auctorités, qui ont esté, par le passé si grandes qu'eles s'aprochoint de celes des roys ; estant certain que les comtes, qui du commencement teindrent ceste comté, yusoint du droict de régale et de souverenceté en plusieurs chefs, comme est d'imposer tailhes sur leurs subjectz, forger monoye, concéder les duelles et combatz en camp clos, donner graces et abolitions, créer noteres, bailes et sergens, et faire beaucoup d'aultres actes, concernens la seule majesté royale. Leurs auctorités et præéminences se trouvent spécifiées par le menu en ung procès verbal, faict par noble Guilhaumes Coqural, concilier dudict sieur comte, et mestre Hugues Bonal, son juge en la vile de Rodez, commisseres députés par Bernard, comte d'Armaignac, sur la réformation du domaine en la comté de Rodez, et pour faire une recherche générale de toutz les droictz et authorités concernens la dicte comté, ainsin que résulte de la comission, que à ces fins leur feut despeschée le xxv may mil mcxv. Eulx, après avoir sogniousement visité toutes les panchartes qu'estoint dans le trésor et archifs de ladicte comté, trouvarent que les comtes de Rodez, de toute anciencté avoint acoustumé d'uzer des droicts et auctorités qu'ilz cochèrent par articles en leur procès verbal, qui se voit encores aux dicts archifs ; mais par ce que il est trop long, pour n'ennuier le lecteur, nous nous contenterons de metre icy ung petit abrégé d'yceluy qui feut tiré dudict procès verbail par l'ung des dicts commisseres, scavoir par ledict Bonal, juge de Rodez, ung de mes prédécesseurs.

« Primo dictus dominus comes habet et sui prædecessores habere consueverunt jus se coronandi vel coronari faciendi, ad causam comitatus Rutenæ, qui est comitatus coronatus habens plura jura regalia ad coronam pertinentia ut inferius explicabitur.

» Item dicta coronatio debet et consuevit fieri infra venerabilem ecclesiam beatæ Mariæ Rutenæ, et per dominum episcopum Rutenæ in quadam cathedra lapidea ad hoc specialiter destinata, et in illa die corona accepta facere tenetur homagium B. Mariæ. Et dominus episcopus debet illi tradere domum episcopalem, castrum de Caldagosa, turrim de Corberiis et alias turres dictæ civitatis ac vexillis comitalibus in eisdem appositis clamatur Rodez: per lo comte, et tenent eas, seu tenere consueverunt dicti comites tribus diebus ac postea restituere dicto episcopo sine aliquo damno, eaque ipsa die fiunt plures milites. Et fit dicta coronatio cum magna congregatione prælatorum nobilium et insignium et caballorum

» Item habet dictus dominus comes, ad causam dicti sui comitatus, et sui prædecessores habere consueverunt jus monetæ cudendæ seu fabricandæ per suos artifices et operarios, et habent suos cugnos, et vocatur dicta moneta Rhodaneses seu moneta Rodanesa.

» Item cognoscere consueverunt domini comites jam dicti, ratione sui comitatus, de quibuscumque cudentibus vel percutientibus falsam monetam in dicto comitatu et ressortu ac eos per suos judices punire.

» Item dominus comes, ad causam dicti comitatus, suique prædecessores ab antiquo consueverunt se in literis suis ac instrumentis ac aliis actibus intitulare seu in titulis suis ponere DEI GRATIA, et hoc a tanto tempore cujus non extat memoria in contrarium.

» Item consueverunt tam ipsi comites quam eorum prædecessores, ad causam dicti comitatus, in nobiles nobilitare, et habilitare ad feuda nobilia tenenda, et ab eisdem occasione præmissorum financias et amortisationes sibi et in solidum accipere, et bastardos cæterasque personas illegitimas legitimare.

» Item consueverunt duellum publice tenere aut concedere plateasque ad hoc deservientes habere et de eodem cognoscere ac deffinire.

» Item consueverunt tenere et tenent signa quibus publice signantur vasa aurea et argentea, aut aliæ res ex auro et argento fabricatæ in prædicto comitatu et ejus ressorto.

» Item consueverunt concedere salvas guardias speciales et generales tam ecclesiis quam aliis locis et tam personis ecclesiasticis quam secularibus quibuscumque eas petentibus seu ad eas recurrentibus.

» Item consueverunt creare notarios in eodem comitatu sive tabelliones qui eorum auctoritate assueti sunt ubique recipere contractus et instrumenta.

» Item habent privilegium quod nulli notarii vel servientes aliorum auctoritatibus in dicta villa Rutenæ possint morari vel bancam habere.

» Item servientes vel exequutores regii pro executionibus fiendis in dicta villa ultra triduum moram trahere non debent.

» Item consueverunt habere in terris prædictis tres status et eosdem congregare propria auctoritate, non vocato aliquo officiario regio tam pro coæquando quam alias.

» Item consueverunt concedere consulatus et scindicatus et privilegia suis hominibus vel subditis et præropativas eis dare

» Item consueverunt habere thesaurarium qui vice ac nomine dicti comitis, ac gentium trium statuum, levant ac levare consueverunt et exigere tallias ac collectas tam pro rege quam alias indictas

» Item dare et concedere consueverunt foras et nundinas in prædicto comitatu et ressorto.

» Item consueverunt abolere et remittere homicidia et alia crimina in eodem comitatu et ressorto commissa, jure partis læsæ et satisfactione reservatis.

» Item consueverunt recipere pedagia, guidagia, leudas et alia deneria in dicto comitatu, et non solum ipsi, ymo plures alii eorum vassali in feudis quæ ab hiis tenentur.

» Item consueverunt recipere passatas animalium quocumque ascendentium pro pascendo et æstivando in montaneis de Cantal et de Altobracho.

» Item habent et eorum prædecessores habere consueverunt in dicta terra jus faciendi minas sive auri vel argenti fodinas et easdem arrentare.

» Item consueverunt habere mensuras proprias seu jus constituendi eas et signo proprio comitatus signare ac de eisdem cognoscere tam per se quam per suos judices.

» Item consueverunt habere in dicto comitatu et ejus ressorto primas apellationes.

» Item consueverunt facere et tenere senescallum in comitatu prædicto.

» Item habent jus, ad causam dicti comitatus, quod non liceat alicui officiario regio, vel alterius alicujus jurisdictionis, literas regias vel alias in dicto comitatu et ressorto executare, nisi prius ipsis insinuatis.

» Item habent jus quod non liceat alicui officiario regio facere aliquod expletum in eodem comitatu sine soli acomodatione, ymo possunt eos prohibere.

» Item consueverunt habere et facere in comitatu prædicto super bajulum qui habeat cognitionem itinerum et viarum, et facit ea reparare. »

Ce sont de belles et grandes prææminences et auctorités, la pluspart desqueles ont quelque marque de souvereneté. Il n'y en a aulcunes en ce petit dénombrement, qui ne se puissent vérifier par titres anciens ; car pour le coronement des comtes, la corone de laquele ils estoint coronés, en leur premiére entrée, qu'ilz faisoint dens la vile de Rodez, se monstre encores dans lesdicts archifs, où se voyent aussi les actes des coronemens de quelques comtes, chargés de toutes les cérémonies qui s'y doybvent observer, très beles et remarcables. Le dernier que s'y est célébré feut le xv juillet mil v^c xxxv, ez persones de feu, de louable mémoire, Henrry d'Albret, roy de Navarre et de madame Marguerite de France, sa femme, seur unique du feu roy Françoys premier, comtes de Rodez, ayeul et ayeule de nostre feu roy Henrry 4.

Pour la monoye que se forgeoit dans la vile de Rodez de l'auctorité des comtes, l'on voyt encores les coings en grand nombre de ladicte monoye dens lesdicts archifs, ensemble les ordonnences, faictes par les feus comtes sur le faict de leurs monoyes, contenens la loy, le prix et la valeur que la monoye debvoit avoir. Les comtes avoint à ces fins toutz les officiers et mestres, servens à cest effaict, tels qu'estoint les mestres de la monoye, qui avoint soubs eulx les ouvriers nécessaires pour la forge et les guardes de la monoye, qui avoint la charge de la retirer après qu'elle estoit forgée et la guarder jusques à la vérification du prix, et que l'essay en eut esté faict. Sur quoy nous avons observé que certains gentishomes de la vile de Rodez tenoint en fief desdicts comtes la guarde de ladicte monoye, et leur faisoint homage soubs la redevance de xxx sols rodenois, advenent mutation de seigneur ou de monoye, dequoy se voyent encores dens homages, l'ung faict au comte Henrry, 2 de ce nom, par ung nommé Léon, de Rodez, en l'an mil CCLXXXII; l'aultre faict au comte Jean par Raymond Léon, damoisel, filz et héritier de Dordé Léon, aussi damoysel. La maison de ces gentishomes s'appeloit la Levaterie et se voit encores assise au bourg de Rodez par dessoubs l'esglise de S. Amans, près du chasteau, où sont les prisons crimineles du comte; et c'est là, ou ez maison des environs, que la monoye se forgeoit.

Quant aux duelles ou combatz singuliers, que les comtes de Rodez avoint acoustumé de permetre et concéder après avoir ouy les parties qui le requéroint et examiné leurs différens, dans les archifs de la dicte comté se voyent troys ou quatre procédures faictes sur ce subject par les juges de Rodez de l'authorité desdicts comtes; et, entre aultres, une de l'an mil CCCL sur une querele intervenue entre deux soldatz, l'ung nommé Pierre Roby, et l'aultre Raymond Emergau, sur ce que Roby acusoit Emergau d'estre intelligent avec les Anglois, qui occupoint a lhors ung bon nombre de places et forts de ce pays, luy imposent et metent sus qu'il avoit délibéré de les metre de nuict dans la vile de Rodez, et par ce que Roby n'avoit aulcungs tesmoings pour vérifier le faict par luy mis en avant, mais il offroit et présentoit sa persone pour le preuver en camp clos. Et pour en obtenir permission, il feit apeler Emergau par devent les juges ordineres en la court du pariage de Rodez. Le verbal de ceste procédure est fort long mais tel toutesfois que l'on y peut remarquer toutes les formalités que se doibvent observer en teles ou semblables causes, en tout et par tout conformes aux formulaires, que l'on voyt dans le stile de la court du parlement de Paris, et dans les décisions de Guido papæ, concernent les duelles. Ce procès verbal est fort long escript en language rouverguas, contenent bon nombre de diètes et comparescences, faictes par les dictes parties avec leurs réquisitions respectives, et par ce qu'il seroyt ennuieux de l'insérer icy tout au long, je me contenteray d'y metre la proposition que ledict Roby feit au coummencement de l'instence, pour scavoir de quoy il estoyt question, et après la sentence que en feut donnée par les juges de ladite court, non en Rouverguas, coumme il y est escript, mais en language françoys.

« Sachent toutz présens et à venir que una cause de guatge de batailhe feut traictée en la court commune du pariatge de Rodez par devant honorables seigneurs les juges ordineres de ladicte court, entre Pierre Roby, soldat de ladicte ville et bourg de Rodez, apelant, d'une part ; et Raymond Emergau, aussi soldat dudict bourg, appelé, d'aultre. En laquele cause ledict Roby, apelant, proposa contre ledict Emergau les paroles que s'ensuivent : « Je Pierre Roby, soldat de la vile de Rodez, à
» vous messieurs les juge et baily des seigneurs comte
» et évesque de Rodez, dis coume bon, loyal et fidèle
» que je suis à mecdits seigneurs, que ledict Raymond
» Emergau, aussi soldat, coume faulx et traystre qu'il
» est, a prins et receu argent de l'archydiacre de Durfort
» et d'aultres enemys capitaulx et mortels de nostre vray
» et souverain seigneur roy de France, ou de corone,
» ou de nous seigneurs, le comte et évesque susdict, pour
» metre les enemys dans la vile de Rodez, et ycele ren-
» dre et remetre en leur pouvoir. Et coume il ne soit en
» mon pouvoir de prouver ce que dessus par tesmoings
» mon corps le preuvera contre ledict Emergau, c'est à
» scavoir, en camp cloz, avec les armes de soldat et le
» randray mort ou vaincu, ou bien luy feray dire le mot
» par la bouche. Et pour vous doner à entendre que cela
» est vray, voici mon guatge, vous suplient, seigneurs, et
» requerent qu'il vous plaise adjuger la batailhe, car
» me voicy tout prest à combatre. » Lesqueles paroles ainsin dictes et proférées par ledict Roby, il jetta son

guatge, scavoir ung guant. Et ledict Emergau, ayant demandé jour et délay pour avoir conseilh sur ce qu'il debvoit respondre, luy feut assigné jour au lendemain. » Il y a une doutzene de diètes à la suite de cela avec plusieurs délays desqueles résulte, coume ledict Emergau leva le guage, dona la démante audit Roby et accepta le combat. Enfin, le xiii febvrier mil cccl, Guibert de Tornemire, damoisel, baily, et Bertrand d'Antraigues, licentié, juge de la vile de Rodez, donarent leur sentence tele que s'ensuit :

« Et nous, juges susdicts, entendeus les paroles par ledict Roby, afin de guatge de batailhe contre ledict Emergau proférées, et les choses alléguées et respondues tant d'ung costé que d'aultre, ayant esté le jour présent assigné aux parties pour ouyr sentence, le tout communiqué en plain conseilh tant de sages en droict que de chevaliers séans en chere, en la court commune du pariage de Rodez, et les saintz Evangiles mis par devant nous, affin que nostre jugement procède de la face de Dieu. Au nom du Père, du Filz et du S. Esprit avons procédé à la prolation de nostre sentence deffinitivement en ceste sorte : « Par ce que nous
» tenons pour tout asseuré que les paroles proférées afin de
» guatge son teles qu'éstans prouvées mériteroint peine
» de mort contre l'apelé, coume estans de fort mauvais
» exemple, mesmes en ce temps de guerre que les
» trahysons et proditions sont plus fréquentes que jamais,
» estant à creindre qu'eles ne pullulent encores davan-
» tage, si elles ne sont entièrement arrachées ; et qu'eles
» ne se peuvent aulcunement preuver ni vérifier que
» par une batailhe, laquele volonterement a esté accep-
» tée par l'apelé, se voulant par ce moyen purger du
» crime à luy mis sus, et monstrer son innocense. Tant
» pour ces causes que aultres, à ce nous mouvans,
» avons dict et déclairé, disons et déclairons y avoir

» lieu de guatge de bataille entre les dicts apelant et
» apelé ; lesquels se batront en camp clos avec armes,
» condécentes et sortables à leur estat, les assignant
» toutz deux au mecredy après la feste Nostre Dame pro-
» chaine, pour comparoir à l'heure de vespres en ladicte
» court par devant nous, pour faire chois d'armes avec
» lesqueles ilz doibvent combatre, et le jeudy ensuivent
» pour entrer en camp clos, au lieu où pour lhors sera
» indiqué. » Laquele sentence ainsin proférée feut acceptée par lesdictes parties et procureurs d'office, qui en
requirent acte. Faict en ladite court le III febvrier MCCCL.

Ce combat feut par ung long temps différé à cause
que les officiers royaulx en la court du séneschal de
Rouvergue, estens advertis de ceste sentence, en vertu
des letres de leur court, firent inhiber les parties de
passer plus oultre, présuposens que ce combat avoyt
esté décerné par juges incompétens. Toutesfoys le procureur jurisdictionel de la court dudict pariage, ayant
apelé au Roy de ces inhibitions, obtint enfin arrest, par
lequel feut dict avoir esté bien apelé et mal inhibé ; et que,
les inhibitions ostées, les parties procéderoint au combat ordoné, coume elles feirent, le camp leur ayant esté
assigné à ung pred, destiné par les comtes à semblables
combatz, lequel est par dessoubz la vile de Rodez, du
costé du Bourg, près du pont apelé de Molinau ; sur la
rivière d'Avairon. Ce pred est encores de présent apelé
le pré dez Lices, à cause de tels ou semblables combatz,
que c'y faisoint le plus souvent. Celuy duquel nous parlons y feut exercé avec une grande et célèbre assemblée
de noblesse tant de seigneurs que de dames. Le comte
mesmes s'y trouva en persone avec une infinie multitude
de peuble, ainsin que j'ai trouvé dans une enqueste
que quelques années après feut faicte, à la réquisition du
comte contre le procureur du roy en la séneschaulcée de
Rouvergue, sur quelques usurpations que ladicte court

voloyt faire sur la jurisdiction du comte et nottemment de ces duelles. En ceste enqueste feurent ouys XII tesmoings, qui toutz univoquement déposent avoir veus trois ou quatre duelles en ladicte ville, faictz de l'auctorité des comtes ou de sa court audict pred des Lices, destiné pour semblables combatz, et que à ces fins il y avoit dans ycelluy de colonnes ou perrons, servens à ce subject. Attestent oultre ce y avoir veu combatre en camp clos ung nommé Louys de la Serre contre ung Anglois, qu'ilz apelent Guilhaume Lowicton, qui feut vaincu et porté par terre par le dit La Serre, en présence de Jean. troisième du nom, comte de Rodez, de monceigneur d'Armaignac, son frère, et de madame Béatrix leur seur, estens sur ung théâtre avec ung grand nombre de noblesse, dames et gentishommes et ung infinité de peuble passant le nombre de dix mil persones. Déposent aussi les mesmes tesmoings y avoir veu une aultre combat d'ung nommé Pasquier contre ung aultre, du nom duquel ils ne se souvienent; et que bien peu au paravant ils y avoint veu combatre lesdicts Roby et Emergau, auquel Emergau le camp estoyt demeuré après avoir abbatu son enemy. Je ne veus obmetre de dire, en passent, que en ce verbal les deus combatans sont toutjours qualifiés de ce nom de sergent, que nous avons interprété par ce mot de soldat, par ce que en ce temps là, les soldatz ou gens de pied n'estoint aultrement apelés que sergens, ou, en latin, servientes, coumme il est aisé de voir, et par les libvres et par les titres anciens de ce temps là.

Des anciens comtes qui teindrent la comté de Rodez depuis l'establissement d'ycele jusques à l'aliénation que Alphonce, comte de Toulouze, en feit à ceulx de la dernière lignée des comtes de Rodes.

CHAPITRE V.

Depuis que nous avons monstré l'anciencté de la comté de Rodez, sa situation et estendue, et discoru asses au long des prærrogatives et præeminences d'ycele, il nous fault maintenant parler de ceulx qui en feurent les premiers comtes. Car bien que ce ne soyt nostre principal but que parler seulement de ceulx de la dernière branche, depuis Richard et Hugues, père et filz, qui acquirent ceste comté d'Alphons Jordain, comte de Tolouse, ainsin que nous monstrerons en son lieu ; si est ce qu'il est besoing d'en discourir quelque chose pour une plus parfaicte intelligence de l'estat de ceste comté, ce sera néammoings fort briefvement, et seulement de ceulx desquels il se peut trouver mémoire : n'estent possible que en une si grande longueur de temps, qu'est depuis huict cens ans, il se puisse trouver de marques certaines et évidentes de toutz ceulx qui ont teneue ceste comté, défailens les moyens qui peuvent servir à ceste recherche, qui sont les libvres et anciens titres, mesmes en ce pays icy, où l'ignorence estoyt a lhors si grande qu'il s'y trouvoit bien peu de persones qui s'adonassent aulx letres, ou qui, après avoyr estudié, eussent l'industrie de metre la main à la plume pour faire paroir au jour leurs conceptions. Et pour les titres, ceulx qui vivoint en ce temps là, estoint de si bone foy, que, en leurs conventions et contratz, il n'estoyt besoing d'aulcune escripture. Leur simple parole souffisoit en toutz leurs affaires. De sorte que bien peu souvent ils rédigoint par escript leurs pactes et conventions ; ou s'ilz le faisoint, c'estoyt premièrement sens aulcune datte, et après d'ung stile et façon si estrange que l'on n'y peut rien entendre. Si l'on veut avoir quelque intelligence des affaires de ce temps là, il fault nécesseremont se dresser des anciènes esglises et abbayes de ce royaume, aux archifs desqueles se treuvent quelques titres servens à ce subject, coume j'ai faict, tout ainsin que l'on pourra remarquer cy après.

Nous avons cy devent dict que la comté de Roudez feut establie par le roy Charles le grand, et que le premier comte d'ycele feut ung seigneur, nommé Gilbert ou Guybert ; mais il ne se peut scavoir s'il teint longuement ceste comté, moins qui luy succéda en ceste charge. Il se treuve dans le supplément de l'hystoire d'Aymoin le moyne ung lieu qui nous sortiroyt de ce doubte, ou, pour le moins, nous doneroyt une grande lumière à la cognoissance d'yceluy, si l'on se pouvoit asseurer que l'autheur de ceste hystoire eust voleu parler en ce lieu là de la comté de Rodez. Mais c'est chose qui reçoyt une non petite contestation. Quelques ungs néammoings s'en sont volus servir pour monstrer que nostre comté de Rodez feut alhors joincte et unie à cele de Toulouze, en la persone d'ung seigneur nommé Bernard, qui en estoyt a lhors comte. C'est sur la fin du 27 chapitre du ve libvre attribué faulcement audict Aimoyn (veu que la vraye hystoire d'yceluy ne va plus avant que du 41 chapitre de son quatrième libvre, scavoir jusques à l'an 661). Il est donc parlé en ce lieu que le roy Charles le Chauve ayant en l'année 871 dressé une armée contre son filz Carloman, qui, estent pour lhors en Alemaigne, s'estoyt révolté contre luy, estant après à marcher vers ce cartier là, et ne volant laisser l'Aquitaine et aultres pays de deçà desprouveus de forces et de conduicte, il y envoya son aultre filz Louys, pour en prendre le soing ; et à ces fins luy donna ung bon nombre de grands seigneurs pour l'assister, et par mesmes moyen despecha aussi le comte Bernard de Toulouze à laquele comté il adjousta deus aultres pays circonvoisins, scavoir Carcassone et ung aultre, auquel il donne le nom de Rhedas. Voicy coumme c'est autheur en parle (1) : « Carolus autem filio suo Ludovico Bosonem, fratrem uxoris suæ, camerarium et ostiariorum magistrum constituit. Huic et honores Berardi, comitis Bituricensis, dedit, cum Bernardo. Itemque, Bernardo marchione, in Aquitaniam eum misit, et dispositionem ipsius regni ei commisit. Bernardo autem Tolosæ comiti, post præstita sacramenta, Carcassonem et Rhedas concedens Tolosam remisit. »

S'il estoyt donc ainsin que par ce mot de Rhedas, l'aucteur de ce supplément eust voleu entendre la vile de Roudez, ceste prétendeue union de la comté de Rodez demeureroit vérifiée, et par conséquent nous saurions à plus près, quels comtes auroint tenu la comté de Rodez, depuis ce Guibert, premier comte d'ycele, par ce que la succession des comtes de Toulouze depuis ce Bernard est asses notoire ; mais tent s'en fault que cela demeure avéré et recogneu de toutz, que au contrere il reçoyt ung grand doubte et beaucoup de difficulté. Il est bien certain que quelques autheurs modernes, qui ont parlé de ce lieu ou du faict duquel y est traicté, l'ont entendu de la vile ou comté de Rodez. Le seigneur du Tilhet, au premier libvre de ses mémoires, discourent des comtes de Toulouse, soubz le roy Louys 8 (2), père de S. Louys,

---

(1) **Suplementum Aimoyni**, lib. 5, cap. 27.
(2) **Le seigneur du Tilhet**, soubz Louys 8.

dict ouvertemeⁿ⸗ que du vivant du roy Charles, ce seigneur, que nous avons nommé Bernard, tenoyt la comté de Toulouse à laquele ledict roy adjousta Carcassone et Rodez. Monsieur le président Fauchet, au segond volume de ses antiquités françoyses (1), libvre 5, chap. 3, entent pareilhement ce lieu du supplément d'Aymon (qu'il ne faict que traduire de mot à mot) de la vile de Rodez : « Quant à Bernard (dict il) comte de Toulouse, après avoir reçu son serement, il luy dona Carcassone et Rodez ; » et met ceste action soubz l'an huict cens septente deus.

Les chroniqueurs modernes d'Arragon, de mesmes, ont prins et entendu ceste vile de Rhedas pour cele de Rodez, et, entre aultres, Surita (2), in judicibus Arragonicis, soubs l'an 1151, l'apele Rhodam, en ces termes : « Princeps (il parle du comte de Barcelone, alhors prince d'Arragon) Narbonam contendit, qua in urbe Trencavellus Blitterrensium et Carcassonensium vicecomes, qui a principe deffecerat, se illi novembri mense addixit, et ab eo Carcassonensem et Rhodam urbes et earum arces atque ditiones et Lauracensem arcem honorario fidelitatis jure retinet, ut Bernardo Attoni quondam condonata fuerant. » Il semble que cest autheur par le mot de Rhodam n'aye voleu entendre d'aultre vile que de cele de Rodez.

Mais bien que quelques ungs soyent de ceste opinion, que au lieu du supplément d'Aymon et en celuy de Surita ce mot de Rhedas ou de Rhoda se doibve prendre pour Rodez, si est ce neammoings qu'il y en a d'aultres, qui tienent tout le contrere et soustienent que ce n'est ni la vile, ni le comté de Rodez qui doybvent estre entendus par ce mot de Rhedas, mais que c'est ung cartier de

---

(1) Le président Fauchet, lib. 5 dez antiquit. françoises, cha. 3.
(2) Hyeron. Surita in judicib. Arragoni, sub anno 1151.

pays portent le temps passé titre de comté, assis au pays de Languedoc, près la ville de Carcassone, qu'estoyt pour lhors apelé le comté de Rhedzes ou Rhèzes, la vile capitale de laquele comté estoyt Lymous ; et, pour la preuve de ceste leur opinion, asseurent qu'ilz se treuvent encores à présent beaucoup de titres en ses cartiers là, qui en font mention, desquels toutes fois jusques icy il n'en est tumbé aulcung entre mes mains. Ceste opinion n'est pas sens grande apparence de vérité, veu que en toutz les lieux des autheurs ou vieulx titres, ezquels est faicte mention de ceste comté de R^hodas, ycele se trouve toutjours joincte avec cele de Carcassone ; que marque quelque communion ou quelque lien d'union entre ces deus comtés, et monstre que qui estoyt seigneur de l'une l'estoyt aussi de l'aultre, et toutes foys je n'ay point treuvé, parmi beaucoup de titres que j'ay veu de la comté de Rodez, qu'ele aye heu jamais rien de commun avec cele de Carcassone, ny que elles ayent esté teneues toutes deus ensemble par ung mesmes seigneur, ains toutjours séparéement par divers seigneurs. D'ailheurs, si le passage du supplément d'Aymon eust parlé de la comté de Rodez, et que il feut vray que l'union d'ycele eust esté pour lhors faicte avec la comté de Toulouse, coumme ils présupposent, les comtes de Toulouze eussent demeuré toutjours comtes de Rodez ; et toutes foys il se treuve que depuis ceste prétendeue union jusques à Raymond 2, comte de Tholose et de S. Gilles, il y eust toutjours en la comté de Rodez des comtes qui tenoint ceste comté entièrement séparée d'avec cele de Toulouze, et ce paisiblement, et sens que les comtes de Toulouse leur en feissent aulcune querele ; que monstre évidemment que ceste comté de Rhedas est aultre que cele de Rodez. Pour vérifier donc ce que nous venons de dire, qu'il y eust toutjours de comtes de Rodez tenens ceste comté séparéement d'avec cele de Toulouze, jusques à Raymond de St Gilles, il nous fault nécesserement monstrer, quelz ilz feurent ; coume aussi deçà coume delà il le failoit faire, pour avoir une plus parfaicte cognoissance des affaires de ceste comté.

Nous avons déjà nommé ung de ces comtes, scavoir Gilbert ou Guybert, qui feut le premier comte de Rodez après l'establissement que l'empereur Charles le grand feit de ceste comté, coume nous avons vérifié par les letres de sauveguarde concédées à l'abbaye de Conques par l'empereur le débonaire, son filz. Et bien qu'il ne se puisse scavoir qui succéda immédiatement en ceste comté au dict Guibert, il est néammoings tout certain que, environ l'an 950, il y avoyt ung comte de Rodez, nommé Ragemond ou Raymond (car c'estoyt ung mesmes nom que l'ung et l'aultre, et duquel l'on uzoit indifféremment, coumme il se voyt par les titres et autheurs anciens). L'on ne scait de qui ny à quel titre il eust ceste comté ; mais il estoyt marié avec une dame, nommée Bertheldis, et de ce mariage sortit ung filz, nommé Ragemond ou Raymond, coumme son père, lequel feut marié avec une dame nommée Ricardis ou Ricarde. L'on ne scait de queles maisons estoint extraictes ces deus dames. Mais il est bien certain que du mariage du segond Raymond avec ladicte Ricarde nasquit ung fils, nommé Hugues, qui feut pareillement comte de Rodez, après son père. J'ay titre devers moy faisent mention de ces comtes et des femmes des deux premiers. C'est ung titre non datté et conceu en ung langage corrompeu du latin meslé avec le vulgaire de ce pays, contenent ung dénombrement de censives et aultres redevences, qui se debvoint annuelement payer aux comtes de Rodez sur les vilages y nommés et spécifiés ; quelques ungs desquels retienent encores leur nom. Le commencement duquel, qu'est l'endroict où ces comtes se treuvent nommés, est tel : « Breve de illa terra et de illa onore de Raymundo comite Ruthenensis, et de Berteldis mater sua, et de

Ugone comite filio suo, et de Ricardis mater sua. » J'en ay ung aultre de mesmes forge que le premier, où est faict mention du mesmes Raymond et de Ricarde, sa feme, qui commence en ceste sorte : « Breve de illa terra que Deusde guerpi a Raymond lo comte et a Ricardis comitissa. » De ceste mesmes comtesse et du comte Hugues, son filz, se treuve mention à ung aultre semblable titre, au commencement duquel se lisent ces motz : « Breve de pignoras de Bernardo archidiacono : in illa villa de Bencas solidos c de Ramondescas, in illa medietate de illo vino de Ricardis comitissa. » Et quelques lignes après : « De Ugone comite et de Ricardis comitissa mater sua. » Mais par ce que ces titres ne sont dattés et d'yceuls ne se peut en façon quelconque colliger en quel temps ces comtes vivoint, il nous en fault faire une plus exacte recherche par aultres titres, et discourir plus particulièrement desdicts comtes, les prenent l'ung après l'aultre. Et premièrement de Raymond, que nous apelerons premier, pour faire différence de luy avec son filz et d'aultres aussi après eulx, qui portarent le mesmes nom.

De Ragemond ou Raymond premier de ce nom, comte de Rodez.

CHAPITRE VI.

Nous avons cy dessus nommés deux Raymonds ou Ragemonds, père et filz, comtes de Rodez, et toutes fois dans les titres que nous avons ammenés pour la preuve de nostre assertion il ne se parle que de l'ung d'yceulx, c'est du segond que nous avons dict avoir esté marié avec Richarde. Bertelde, sa mére, y est bien nommée, mais non pas son mari, Raymond premier. Il nous fault chercher, pour celui là, aultre preuve que nous puiserons d'ung œuvre non encores imprimée mais fort anciene et qui mériteroit d'estre mise au jour. C'est ung recueilh des miracles d'une saincte, le corps de laquele repose dens l'abbaye de Conques, vile assise dens le pays de Rouvergue, scavoir de Ste Foy tent renommée pour sa saincteté et admirables vertus, non seulement audict pays, mais aussi par tout le royaume de France. Ung autheur nommé Bernardus scholasticus in ecclesia Andegavensis (c'est une dignité ecclésiastiche qui se remarque encores en quelques églises cathédrales et abbatiales de ce royaume, autrement apelé capiscolat, mot dérivé de caput scholæ), qui vivoyt environ l'an mil, rédigea par escript les miracles que Dieu, par sa saincte grâce, avoit faict et continuoit encores de son temps faire journelement par l'intercession de ceste s^{te} dame. Et estent venu par dévotion sur le lieu, où il en veit faire quelques ungs, en dressa troys libvres. Au premier desquels, chap. 12, il faict mention de ces deus Raymonds, père et fils, et tesmoigne cest autheur que Raymond premier, duquel nous parlons, feut tué en revenent d'ung pèlerinage, qu'il avoyt entreprins à St Jacques en Galice. Voicy coumme il en parle (1). « Urbis Ruthenicæ comes Ragemondus, filius illius Ragemundi qui in via sancti Jacobi trucidatus fuit, etc. » D'où il appert que ce Raymound premier estoyt père de Raymond segond, et que il feut mari de dame Berthelde, que nous avons donée pour mére à Raymond segond. Il apert par les aultres titres que nous avons aportés cy

(1) Bernardus. scolastic. in eccles. Andegavensis. lib. 1. miraculorum S. Fidis. c. 12.

devent ezquels ce Raymond segond est toutjours qualifié filz de ceste dame Berthelde. De ceste mesmes dame est aussi parlé au 30 chapitre du mesmes libvre, où il est discouru d'ung miracle faict devant l'image de ceste saincte, en présence de la comtesse Berthelde. Et par ce que en cest endroict il se faict mention d'une costume, qui s'observoit pour lhors en ce pays aux synodes et assamblées générales du clergé, qui se convoquoit par les évesques de ce dyocèse, c'est que les ecclésiastiques y venoint par paroices en processions solemneles, apportens avec eulx les châsses et ymages des sainctz tuteleres et patrons de leurs esglises. Je ne feray difficulté d'aporter icy le discours entier de ce miracle, pour ne frauder le lecteur d'une antiquité si remarquable et qui ne s'observoyt seulement en ce pays, mais en beaucoup d'aultres lieux, coumme nous vérifierons après. Voicy coumme cest aucteur en parle (1) :

« Nec illud præterundum arbitror quod, inter multa sanctorum corporum quæ, secundum morem provinciæ Rotenensis, feruntur ad concilia (il parle d'ung synode, ou assamblée générale du clergé que l'évesque Arnald avoyt convoquée en la vile de Rodez), sancta Fidez quasi principatum tenens miraculorum effulget gloria, quorum cum sint multa, etc. » Et peu après : « Reverentissimus igitur Arnaldus, Rotenensium episcopus, e suis parrochianis conflaverat synodum, quo de diversis monachorum aut canonicorum congregationibus in capsis vel imaginibus aureis sanctorum corpora sunt evecta. Erat autem distributa sanctorum acies in tentoriis et papilionibus in prato S. Fœlicis quod disparatur ab urbe quasi uno tantum milliario. Hunc locum sancti Marii confessoris aurea majestas præcipue et sancti Amantii æque confessoris et episcopi aurea ma-

(1) Bernard., scholasticus. lib. 1 miraculorum S. Fidis. c. 30.

jestas, et S. Saturnini martyris aurea capsa, et S. Mariæ aurea imago, et S. Crucis aurea crux, et S. Fidis aurea majestas decorabant. Erant præter hæc multa sanctorum pignora quorum numerus non comendabitur in præsenti pagina. Ibi inter cætera quodam insigni miraculo Omnipotentis gratia dignata est famulam suam glorificare. Bonitus puer a nativitate cæcus et claudus, surdus et mutus, a parentibus bajulatus subterque imaginem, quæ in sublimi honorabiliter habebatur, positus, quasi unius horæ intervallo ibidem demoratus, divinam meruit adipisci medicinam, atque integerrimæ sospitatis donatus gratia exurrexit loquens, audiens, videns et etiam inoffenso pede fœliciter deambulans. Cumque strepitus vulgi super tali resonaret prodigio, seniores concilii, qui concidebant paulo remotiores, cœperunt inter se conquirere dicentes quid sibi vult ista popularis conclamatio. Quibus Berteldis comitissa respondens : « Quid, inquid, aliud hoc esset nisi quod S. » Fides jocatur ut solet. » Tunc omnes, re exquisita, tam stupore quam gaudio repleti, totam concionem ad divinas laudes excitaverunt. Illud præcipue præ nimia lætitia recolentes quod jocari sanctam Fidem venerabilis matrona dixisset. »

De ce lieu nous pouvons remarquer, non seulement que il y est faicte mention de dame Berteldis, comtesse de Rodez, à l'occasion de laquele nous l'avons principalement icy aporté ; mais aussi coume ceste louable coustume s'observoit en ce pays de conduire les châsses et reliques des sainctz ez synodes et assemblées du clergé en procession, et avec grande solemnité, ce que ne se faisoit seulement en ce pays de Rouvergue, mais aussi par toute la Guyene et Languedoc, voire par toute la France. Glaber, chroniqueur françoys, au libvre 4 de son hystoire, chap. 5, traictant d'une grande stérilité des fruictz qui feut en ce royaume, l'an 1034, et d'une estrange famine, qui coreut l'année après, suivie d'une extrême mortalité, dict que les évesques et prélatz recognoissens que c'estoyt ung fléau que Dieu envoyoit en punition des péchés du peuble et grands désordres qui se voyoyt en toutz estatz, et singulièrement en l'ordre ecclésiastique, commencèrent d'assambler par toutes les dyocèses de synodes, affin de prouvoir à la réformation des meurs et discipline ecclésiastique, esqueles assamblées l'on aportoit de toutes partz en procession les corps et reliques des sainctz (1). « Tunc (dict il) primitus cœpere, in Aquitaniæ partibus, ab episcopis et abbatibus cæterisque viris sacræ religionis devote ex universa plebe coadunari conciliorum conventus, ad quos etiam multa delata sunt corpora sanctorum atque innumerabiles sanctarum apophoretæ reliquarum. Dehinc, per Arelatensem provinciam atque Lugdunensem sicque per universam Burgundiam usque ad ultimas Franciæ partes, per universos episcopatus indictum est qualiter certis in locis a præsulibus et magnatibus totius patriæ de reformanda pace et sacræ fidei institutione celebrarentur concilia. » Voilà ce que Glaber a laissé par escript de ceste saincte institution, laquele, à ce qu'il dict, prit sa source des cartiers d'Aquitaine. Et ne seroit peut estre impertinent de croire que le synode tenu en la vile de Rodez, où ce miracle de saincte Foy se feit, estoyt l'ung de ces conciles, qui se célébrarent en l'Aquitaine au temps cotté par Glaber; car l'évesque Arnald qui le convoqua vivoyt environ ce temps là, coume nous verrons cy après.

Ceste louable costume se treuve avoir esté observée non seulement ez conciles ou synodes, mais aussi ez aultres célèbres assamblées, qui se célébroint, ou pour la dédicasse ou consécration de quelque esglise, ou translation et exaltation de quelque corps sainct.

(1) Glaber, lib. 4. hystor. fran., c. 5.

Guilhaume, duc d'Aquitaine et comte de Poictiers, ayant, en l'an 1025, trouvé dans l'esglise de Sainct Jean d'Angeli la teste de S. Jean Baptiste, se délibéra de la relever et la monstrer solemnelement au peuble; et, ayant à ces fins destiné ung certain jour, il la feit publier partout ce royaume et aultres circumvoisins, où accorut une innumérable multitude de peuble de toutes partz, mais principalement des provinces ou dyocèses voisines, les ecclésiastiques, accompaignés de leurs peubles, portens avec eulx en procession les corps et reliques des sainctz patrons de leurs esglises. Celuy qui a additioné l'hystoire de Glaber (1) après la vie du roy Robert le tesmoigne ainsin : « Temporibus ipsis (dict il) dum reversus esset a Roma Wilhelmus, dux Aquitanorum, post Paschales dies inventum est capud S. Joannis Baptistæ in ipsius basilica in tugurio saxeo cœnobii Angeriacensis, quod capud sanctum dicunt esse capud S. Joannis Baptistæ. Tunc Wilhelmus dux repletus magno gaudio sanctum capud populorum usibus ostendendum decrevit, et non solum Aquitania verum etiam Franciæ, Hyspania ac Britannia atque Longobardia et cætera gentium diversitas certatim velut amnis ibi ocurrit, audita fama tam præclara nostris diebus. » Et peu après : « Quod etiam majus videtur, omnes congregationes servorum Dei ex Aquitania cum sanctorum corporibus et reliquiis et apparatu ecclesiastico psallentes processerunt ad memoriam sancti præcursoris Christi, interque concursus Lemovicorum, una cum monachis et clericis primoribus, et episcopo Geraldo et Joffredo abbate præcelso, cum innumerabili gloria, memoriam Aquitaniæ patroni præcipui Martialis recto cursu per sanctum carrofum prætereuntes, ad memoriam Baptistæ, præcursoris

---

(1) Author suplementi ad hysto. Glabri, post vitam regis Roberti.

Domini, detulerunt, et magnis lætantes miraculis, quæ apostolus Galliæ gloriosissimus Martialis patraverat, per viarum interstitia sub oculis omnium tripudiantes reversi sunt. » Voilà ce que j'ay trouvé de ceste louable et dévote coustume, de quoy j'ai voleu faire part au lecteur qui m'excusera si, pour ce faire, je me suis ung peu destourné du droict chemin de mon discours, auquel il est désormais temps de se remetre.

Revenans donc au lieu d'où nous estions partis, bien que au récit du miracle de saincte Foy, faict aux preds de S. Félix, près Rodez, le temps n'y soyt spécifié, si est ce neammoings que par le discours, qui y est faict, nous pouvons à plus près colliger en quel temps il advint, par ce que ce premier libvre, où il est descript, feut dressé l'an mil dix, ainsin que l'autheur d'yceluy le tesmoigne luy mesmes ; et il fault nécesserement qu'il eust esté faict au paravant. Et, y estent faict mention de Arnald, qui tenoyt alhors l'évesché de Rodez, lequel, à ce que il y est narré, avoyt luy mesme assamblé ce synode, il fault aussi de là inférer que ce miracle et ce que y est contenu advint bien peu au paravant l'année que nous venons de cotter ; par ce que l'on treuve que ce mesmes évesque vivoyt encores l'an 1028, par ce qu'il assista à la consécration de la grande esglise de Lymoges, qui se célébra la dicte année. Gaufredus (1), monachus S. Martialis, le met au nombre des onze évesques qui feurent à ceste solemnité. Voicy les propres motz de sa chronique. « Anno Domini M° xxvIII° consecrata fuit ecclesia regalis Salvatoris Lemovicæ xv^a kal. decembris, idque ab episcopis xi, quorum nomina hæc pagina continet : Jordanus Lemovicensis, Jambertus Pictaviensis, Roho Engolismensis, Arnaldus Petragoricensis, Petrus Gerundensis, Deodatus Caturcensis, Æmilius Albiensis,

---

(1) Gaufredus, monachus, in chron., sub anno 1028.

Arnaldus Ruthenensis, Fulco Carcassonensis, Aelius Santonensis, Gothfredus archiepiscopus Burdegalensis. Hoc est tempore Roberti regis Francorum, Constantini Græcorum et Conrradi Romanorum imperatorum. » Depuis donc que l'évesque Arnald vivoyt encores en l'année mil vingt et huict ce miracle ne pouvoit estre advenu guieres long temps avant l'an mil dix. De sorte que avec quelque probabilité nous pouvons dire que ce qu'est récité audict miracle fut faict environ l'an mil, auquel temps la comtesse Berthelde estoyt encores en vie, mais non Raymond premier, son mari, qui estoyt déjà décédé.

Au reste il demeure bien vérifié par ce que nous venons de dire que ce comte avoyt vescu quelque temps au paravant, mais non que de là il se puisse colliger præcisément en quel temps il vivoyt. Je croy toutes fois que l'on ne sçauroit failir de dire qu'il tenoyt la comté de Rodez environ l'an neuf cens cinquante, par ce que Bernard Guidon (1) de l'ordre de S. Dominique, inquisitur de la foy, et qui après feut évesque de Lodève, et finalement archevesque de Ferrare, en son sanctoral sur la vie de S. Folcran, ung de ses prédécesseurs évesques de Lodève, faict mention d'yceluy en ces termes : « Audito vero quod in Ruthenico territorio frumentum venderetur (il parle de S. Folcran, lequel, sur une grande famine surveneue en Languedoc, se délibéra de venir achepter du bled en Rouvergue où il y en avoyt à foison), assumpto non modico prætio ivit illuc ut emeret pauperibus escam. Raymundus vero comes Ruthenensis in via ei paravit insidias ut totam illam pecuniam ei tolleret eamque sibi haberet. Sed vir sanctus, hoc comperto, nihil hæsitans sed quasi leo confidens absque ullo terrore audacter accessit ad lo-

---

(1) **Bernardus Guidonis in suo sanctorali in vita S. Folcrandi.**

cum insidiarum. Tunc interim insidiatorem suum vis quædam divina perterruit et a loco fugavit. Cœpit enim comes pallescere, dolere et vehementer anxiari. Et cum tot doloribus anxiaretur ait suis : « Dimittamus » quia iste quem persequimur servus est Dei probatissi- » mus. » Vixque ad sua reversum durissima febris invasit, etc. » Il raconte après coumme ce comte feut extrêmement malade, mais que enfin, par la grâce et bonté de Dieu, il reconvalut. Il est croyable que ce comte, après s'estre tant oublié que d'estre tumbé en ceste détestable volonté et intention que de cometre ung acte si indigne du reng qu'il tenoyt, voyent la main pesente de Dieu déjà tumbée sur luy, eust recours à sa bénigne clémence, et en punition ou satisfaction de ce péché, voua et entreprint le pelerinage de S. Jacques, où il feut tué, coumme nous avons cy devant dict. Nous ne pouvons donques failir de dire que ce comte tenoyt la comté de Rodez environ l'an neuf cens cinquante, veu que coume nous venons de voyr par ce lieu de Bernard Guidon, il estoyt du temps de S. Folcran qui vint à l'évesché de Lodève l'an neuf cens XLVIII, ainsin que ce mesmes autheur l'atteste en ung aultre endroict de sa vie. Nous sommes constraints par foys de recourir aux conjecteres et vérissimilitudes ez endroictz, où nous ne trouvons rien de ferme ni de solide, pour metre le pied. La pluspart des titres anciens, desquels l'on se peut ayder, n'estens dattés d'an ni de jour, ce qui jette l'hystoire en une mer et gouffre de confusion.

De Raymond segond de ce nom, comte de Rodez.

CHAPITRE VII.

C'est tout ce que nous avons peu treuver de Ragemond, ou Raymond premier et de dame Berthelde, sa feme. Ilz eurent de leur mariage, coume nous avons déjà dict ung filz, nommé coume son père, qui luy succéda à la comté de Rodez. Il en est faicte mention en quelques ungs des titres que nous avons cy dessus apportés, y estent toutjours qualifié filz de Raymond, comte de Rodez, et de dame Berthelde. Nous n'avons pu treuver en quel temps il veint à la comté de Rodez, mais il est bien certain qu'il en estoyt comte durent le règne de Robert, filz du roy Hues Capet, qui régna en France depuis l'an neufcens quatre vingtz septze, jusques à l'an mil trente ; car ilz se treuvent quelques titres de luy, dattés, « regnante Roberto, rege, » et entre aultres une donation, qu'il feit à l'abbaye de Conques d'une siene place, qu'il avoyt en Languedoc, sur le bord de la mer, apelée Palatium, palais, avec certains salins ou greniers à sel, qui en dépendoint ; laquele donation, qui se treuve dans ung libvre de ladicte abbaye, apelé Liber mirabilis, j'ay voleu icy insérer.

« Locum sacrum S. Dei Ecclesiæ qui est consecratus in honore Domini nostri Jesu Christi et Salvatoris Conchas monasterii, ubi sancta Fides tumulata concistit. Quamobrem ego, in Dei nomine, Raymundus comes, filius Bertheldis cedo vel dono S. Salvatoris et S. Fidi illo alode meo de *Palais*, post mortem meam, totum ab integrum cum campos, cum vineas, cum boscos, cum piscatorias, cum salinas, cum terras cultas et incultas ; et habet ipse alodus in se fines : de uno latus terram Garneriis, de âlio latus terram Malfredo episcopo, de tertio latus terram Bernardo filio Almerado. Quantum istas fines aspicit vel aspicere videtur, totum et ab integrum dono S. Salvatoris et S. Fidi, post mortem meam ; et relinquo semper S. Salvatoris et S. Fidi, in ipso Palaizo, alio manso vendidi vobis, ubi Bonifacius visus est manere ; et accepi ego Raymundus de vos prætium hoc est solidi c pro isto manso. Isto alode supraseripto dono S. Salvatoris et S. Fidi totum et ab integrum pro anima mea post mortem, in communia. Si quis ergo, immutata voluntate mea, aut ullus de hæredibus meis vel propinquis contra hanc chartam ullam calumniam generare voluerit, hoc ei non liceat facere sed faciat quod lex est. Facta carta donatione et venditione ista in mense februario, feria III, regnante Rotberto rege. S † Raymundo comite qui carta donatione ista scribere vel adfirmare rogavit. S † Petro. S † Stephano. S † Geraldo. S † Bernardo. Odo monachus scripsit. »

De ceste donation est parlé au libvre premier des miracles de S. Foy, chap. 12, où ce Raymond segond est qualifié filz du premier Raymond qui morut au voyage de S. Jacques, et y est adjousté que, oultre la donation de ceste place de Palaiz, ce comte dona à ladicte abbaye vingt vazes d'argent, bien et artistement élabourés, ensemble une cele de cheval d'argent faicte d'ung artifice admirable. Voicy coumme l'autheur de ce libvre en discourt (1). « Urbis Ruthenicæ comes Ragemundus, filius illius Ragemundi qui in via S. Jacobi trucidatus fuit, antequam Hyerosolimitanum iter aggrederetur in quo obiit, dederat S. Fidi vasa argentea bene cælata, signisque aspera atque ut ratio artificii exposcit per loca plurima deaurata, numero viginti et unum ; sellam quo-

___
(1) Bernardus in lib. 1º miraculorum S. Fidis. c. 12.

que cui equitans insidere solebat, quam quidem victor in prælio a Sarracenis tulerat, non minori prætio quam centum librarum æstimatam, cujus membra per discretas partes resoluta crucem argenteam conficiebant grandem Sarracenicæ cælaturæ, salva integritate quæ adeo subtilis artificiosaque est ut in nostratibus artificibus non modo nullum inveniat imitatorem sed nec in cognoscendo discretorem. Et quod hæc multo superat curtem quam nominant Palatium cum salinis valde bonis jure hæreditario concessit. Hæc enim salinæ vel curtis in provincia Gothiæ sunt sita in littore maris quod ab oceano Hyspanico diffluens in Mediterraneas dividitur insulas, etc. » Veu ce titre l'on ne peut metre en doubte que ce Raymond segond ne fut filz de Raymond premier, et qu'il ne vesquit durent le règne du roy Robert. Nous pouvons aussi aprendre d'yceluy que le don de ceste place, apelée Palaiz, feut faict par ce comte à l'abbaye de Conques, après avoir entreprins le voyage de Hyerusalem, auquel il morut.

Nous avons monstré cy dessus par de titres, à ces fins apportés, coumme ce comte feut marié avec une dame nommée Ricarde, laquele survesquit à son mari. D'ycele se trouve particulière mention au chap. cinquième du libvre 3 des miracles de S. Foy en ces termes (1) : « Sed et hoc inter joca sanctæ Fidis referunt quod frequentius a Richarede, comitissa jam post mortem Raymundi viri sui, vidua fibulam auream artificiose compositam (quæ vel latine sphinx vel rustice spinulus dicitur) quæritare eadem sancta per quietem videbatur, tanquam prorsus in eo declararetur pupillaris animus, quod solent id ætatis mulierculæ cupere atque affectare ; nam adolescentula, ut in 1° libro scripsimus, legitur sumpsisse martyrium. Quod cum supradicta Richaredis crebro

---

(1) Bernardus schola.. lib. 3. miraculorum S. Fidis. c. 5.

compulsa admonitu Haustrino, in superioribus memorati Haustrini filio, credidisset, eodem cohortante, sibi consuluit, profectaque ad Conchas ejusdem ponderis aurum pro permutatione spinuli obtulit. In revertendo autem, non longe a Conchis quam duobus fere millibus, cum regius equs supter illam grata et expedita inter alios quadrupedantes motaret vestigia, spinulus quem dixi ramo hæsit arboris; qui diu arcessitus ac diu quæsitus inventione caruit. At illis abeuntibus quædam christianissima fœmina illius loci indigena reperit et, ignara cujus fuerat, sanctæ Fidi retulit, dignum judicans tali munere S. Fidem donare quam se rusticam pompare. Hac arte non modo in hoc sed et in pluribus aliis S. Fides duplex lucrata est aurum. Post paucos vero dies eadem Richaredis ad Conchas remeavit, vicina enim erat ut pote Rothenensium comitissa; quæ, prostrata in oratione, forte videt spinulum capiti imaginis affixum, et mirata causamque percontata Deo grates egit qui negligentiam illius eo modo castigasset. Idem tamen aurum in necessarios usus post hæc expensum est. Nam re vera constat id S. Fidem non ob aliud expetisse ornatum, quam in cœlesti gloria venustant inestimabilium margaritarum monilia. » Je n'ay peu treuver en quel temps ce comte morut, ni aultre chose de lui, fors ce qu'en est tesmoigné, au titre précédent, qu'il morut en son voyage ou pèlerinage de Hyerusalem.

De Hugues, filz de Raymond segond, comte de Rodez.

CHAPITRE VIII.

Du mariage de Raymond segond et de dame Richarede ou Richarde sortit Hugues, qui succéda à son père en la comté de Rodez, estent encores évesque de Rodez Arnald, qui en avoyt esté faict évesque du vivant de Raymond segond père dudict Hugues. Et qu'ilz feussent toutz deus en ung mesmes temps l'ung évesque et l'aultre comte de Rodez, j'ai devers moi ung titre qui le vérifie asses : c'est la fondation du doyené ou monastère de Roupeyrous, dans laquele se lisent ces mots :

« Alio die venerunt filii Vereri et Simplicius monachus in castro de Monteolivo (c'estoit ung chasteau que les comtes avoynt alhors près de leur vile de Rodez, les ruines duquel se peuvent encores remarquer sur une colline, que jusques icy a porté le nom de Montolieu, distent de ladicte vile ung quart de lieue) in præsentia Hugonis comitis et Arnaldi episcopi, et abbatis sancti Amantii et aliorum nobilium et convenerunt aliud placitum in quo fuit abbas Odolorricus (c'estoyt l'abbé de S. Martial de Lymoges auquel le lieu de Roupeyrous estoyt donné pour y fonder ung hospital et monastère à l'honneur de S. Martial soubs la direction de l'abbé dudict Lymoges), et venit in terram quæ dicitur Modulantia (c'est l'endroict où la vile de Roupeyrous est maintenent assise) cum comite Ugone et Arnaldo episcopo et levaverunt crucem in loco in quo volebat ecclesiam ædificare Odolorricus abbas, etc. » Et sur la fin de ce titre : « Et placuit Odolorrico et cunctæ ejus congregationi una cum consilio Arnaldi gloriosi præsulis Ruthenensis civitatis et Ugonis comitis ejusdem, etc. » Duquel discours l'on peut comprandre que le comte Hugues, duquel nous parlons, vivoyt du temps d'Arnauld, évesque de Rodez ; et bien que ce titre soyt sens datte, nous avons néammoings faict voyr cy devant, coumme l'évesque Arnald assista à la consécration de l'esglise de Lymoges l'an mil vingt et huict, et par conséquent il fault tenir pour tout certain que le comte Hugues tenoyt en ce temps la comté de Rodez.

Dans le libvre de l'abbaye de Conques apelé Liber mirabilis, duquel nous avons cy devent parlé, se treuve une sentence donée par ce comte Hugues sur ung différent, qu'estoyt alhors entre le prieur d'Orlhaguet qu'est ung prieuré dépendent de ladicte abbaye, et le vicaire de Brogme, de laquele sentence, y nommée placitum, je metrai seulement icy le coummencement et la fin : « Breve quod fecit fieri Hugo comes Ruthenæ civitatis de placito quod fecit fieri inter Hectorem de Castello novo, priorem d'Orlhaguet, et S. vicarium de Brogme quod tale fuit, etc. » Et sur la fin : « Istud placitum firmavit et juravit S. vicarius super IIII evangelia in manu Hugonis comitis quod teneat et non infringat, quod si infringerit ad ammonitionem abbatis vel prioris debet redire in ostatgue in claustro Conchis vel unde ammonuerit cum, et inde non debet exire absque licentia abbatis vel prioris et quod habeat emendatum. S † Hugonis comitis. Hector monachus scripsit, dictante Hugone comite, qui hujus placiti est auctor et fidejussor. » Ce S. vicaire, duquel est parlé en ce titre, n'estoyt vicaire ecclésiastique, qui eust la charge ou régime d'aulcune esglise, mais persone layque ou séculière ayant en main la charge de la justice de ce lieu de Brogme. Tels ou semblables officiers s'apeloint alhors vicarii, et leur charge ou jurisdiction estoyt nommée vicaria, d'où sont dérivés nous viguiers de présent, coumme si après nous dirons plus à plain.

Ce comte Hugues et sa mère Richarde ou Richarede vivoint encores en l'année mil cinquante ung, ainsin qu'il se voyt par un titre de ladicte année portent donation qu'il faisoit à l'abbaye de Conques de l'esglise de Trebons suivent l'abus qui c'estoyt en ce temps glissé en l'Esglise, que la plus part des bénéfices estoint entre les mains des lays, qui en disposoint coume d'ung aultre bien temporel. Ce que après par plusieurs conciles et décretz de l'Esglise feut estroittement prohibé. J'ay voleu insérer icy tout au long ce titre par ce que estent datté de jour et d'anne (ce qui ne se trouve que fort rarement parmi les titres de ce temps là) il nous faict voyr clerement en quel temps ce comte vivoyt.

« Moris fuit antiquitas multorum regum atque nobilium virorum et huc usque servatur ex hiis quæ jure hæreditario possidere videntur præcipuis monasteriis sive cæteris locis impertire, quatenus ii qui obsequium ibi omnipotenti Domino exhibere videntur suorum inopia propagare possit et aliorum necessitates relevare, propter metum gehennæ et propter redemptionem suarum animarum et propter præmium vitæ æternæ percipiendum, quorum monimenta certo indagine memoriæ tradantur, ut quod propter enormitatem peccaminum et corruptibilis vitæ transitoriarum rerum voluptates ad liquidum explere non sufficiunt, assiduitate orationis fidelium adimpleatur, ut quemadmodum laus jugiter Christo impenditur ita re vera ante conspectum divinæ clementiæ eorum memoria recensetur, deinde quales se præstiterint qualesque se exhibuerint ex eorum factis certa opinione clareat. Idcirco ego Hugo Ruthenensium comes et mater mea Richardis comitissa donamus nos ad locum sacrum qui est situs in pago Ruthenico, et est consecratus in honore et reverentia domini et salvatoris nostri Jesu Christi et sanctæ Mariæ matris ejus, et beati Petri principis apostolorum, in quo beatissima virgo et martir sancta Fides requiescit necnon et beatissimus martir Vincentius vel aliorum sanctorum continentur reliquiæ, cui vocabulum est Conchas, ubi nunc venerabilis vir Odolricus abba præesse videtur et sub ejus regimine Aimericus reverentissimus decanus et cuncta congregatio monachorum degens Domino sedule ac regulæ egregii patris Benedicti famulare videtur propter reverentiam sanctitatis illius loci et pro animabus nostris et pro anima Raymundi comitis patris mei, ut exinde nobis merces adcrescat, donamus ecclesiam nostram quæ Tribonum dicitur omnipotenti Deo et sanctæ Fidi et monachis ejusdem loci ad alodium ; et sita est ipsa ecclesia in pago Ruthenico super fluvium Avarionis cum novem mansos et octo appendarias in ipso alode, et cum boscos et aquis et piscatoriis et pratis et pascuis et cum terras cultas et incultas et cum quantum ad ipsum alodem pertinet vel pertinere videtur et cum totum censum et servitium illius loci et cum totos fevoalios, sine ullo contradicente. Ista omnia sic superius nominata, scilicet totum et ab integrum dono et cedo S. Salvatori Conchas monasterii et S. Fidis et monachis vel posteris ibidem Deo servientibus et ii teneant et possideant jure perpetuo, in tali convenientia ut, si ullus homo aut fœmina istum alodem de comunia monachorum tulerit, veniant infantes Ugonis comitis, aut si illi mortui fuerint, unus de propinquis suis veniat et accipiat ipsum alodem in tali ratione ut, si fieri potest, faciat cum tenere in comunia monachorum Conchacensis monasterii. Vetamus autem ut ullus homo aut fœmina in ipsum jamdictum alodem guardam nec comendam neque tultam habeant nisi solus Deus et beatissima virgo Fides et monachi Conchassensis monasterii. Quod si aliquis fecerit fiat excomunicatus et anathematisatus et a consortio omnium sanctorum segregatus, et in infernum sepultus. Facta conscriptio hujus cartulæ anno milesimo quinquagesimo primo incarnationis Domini, indictione II, luna XXIXª, x kal. februarii, fer. VII, regnante Ehenrrico, rege. S † Ricardis comitissæ, quæ carta ista scribere vel firmare rogavit. S † Rolberti comitis. S † Fidei comitissæ. S † Bertæ comitissæ. S † Berengarii vicecomiti. S † Bernardi, archidiaconi et fratrum ejus. »

Il vient à remarquer, sur ceste donation, que Hugues donatur ne se treuve signé en ycele, ains Robert, son filz, qui prent la qualité de comte ; ce que me faict entrer en ceste opinion que le comte Hugues morut bien tost après avoyr doné ceste esglise à l'abbaye de Conques, avant que la donation feut dressée et mise par escript, et que après sa mort, la donation ayant été rédigée en forme, pour la validité d'ycele, dame Ricarde sa mère, laquele y estoyt comprinse coumme donante, ensemble Robert, qui, après la mort de son père, avoyt succédé en la comté de Rodez, la signarent. Il y a, oultre ce, deus aultres dames qui s'y voyent signées, toutes deus prenens le titre de contesses, Berte et Foy. Pour la première, c'estoit la femme de ce comte Robert, coumme nous verrons après ; mais pour l'autre, qui y est nommée Foy ou Fides, je n'ay pour encores peu trouver d'ele que ce seul sain que, si l'on voloit dire qu'ele estoyt vefve du feu comte Hugues, coumme il y a quelque apparence de le croire ainsin, il fauldroyt par mesmes moyen tenir pour chose asseurée que le comte Hugues avoyt esté marié deus foys ; la première foys avec une dame nommée Philippe, estant ainsi, coumme nous monstrerons après, que de ceste dame il avoyt heu son filz Robert qui est signé en ladicte donation et que, estent décédée ladicte Philippe, il se remaria en segondes nopces avec cette dame nommé Foy ou Fides. Quoy qu'il en soit l'on peut voyr asses manifestement par ce titre que le comte Hugues morut en ladicte année mil cinquante ung.

De Robert, filz de Hugues et de dame Philippe comtes de Rodez.

CHAPITRE IX.

Il nous fault maintenant parler de Robert que nous avons treuvé signé au titre précédent soubz la qualité de comte, bien toutesfoys que ce ne feut que luy qui eust faicte la donation y conteneue. Il estoyt filz de Hugues et de dame Philippe et succéda à son père, au comté de Rodez, à ce que je croy, l'année mil cinquante ung, estent mariée avec ceste dame Bertha, qui se treuve aussi signée au mesmes titre. Il est faict mention de toutz deus en ung titre de l'an mil cinquante neuf portant donation par eulx faicte au monastère de Conques de l'esglise de Taravele, vile assise au pays d'Auvernhe, laquelle donation est conçeue en ces termes :

« A primævo nempe exordio orthodoxæ Christi Ecclesiæ, ab ejus catholicis primis fidelibus nutu Dei ipsa crescente, primitus templa divino cultui mancipata ad honorem summi regis Jesu Christi constituta sunt. Post hæc vero a sanctorum patrum studiis et quibusdam probabilibus et primoribus viris mos inolevit ut per orbem terrarum multiplices fundarentur basilicæ quas propriis rebus ditarent, in quibus saluti animarum consuleretur, et dignas laudes creatori Domino refferrent. Hoc ergo pulchrum et salutare exemplum totius christianitatis filii sibi ad consuetudinem assumentes et usque in hodiernum diem hanc observantes, diatim templa Domino ædificare, diatim ea multiplicibus honoribus, id est prædiis, palliis, gemmis prætiosis et omni pulchritudine auri atque argenti decorare et sublimare non desistunt adeo ut ecclesiasticus ordo clericorum vel monachorum ibidem omnipotenti patri famulantium sibi in omnibus sufficiat et cæteris miserabilibus personis sive Christi pauperibus succurrere valeat. Propterea notum sit omnibus in Christo tam præsentium quam futurorum fidelium personis qualiter ego Rotbertus Rothenensis urbis comes, cum dilecta matre mea Philippa, quandam Ecclesiam quatuor mansorum fundo prædictam, quæ sita est in comitatu Arvernico, in villa quæ nuncupatur Taravella, cum omnibus appendiciis et utilitatibus suis, ad monasterium quod dicitur Conchacense, ubi maxima virgo et martir Fides ab Agennio urbe illuc translata cum beato martire Vincentio quiescunt et ubi Odolrricus, abbas præesse videtur, dedimus et concedimus, in tali videlicet ratione ut, quamdiu in hac carne manentes, oratio pro nostra salute ibi agatur, et post obitum nostrum memoria animarum nostrarum perpetualiter a congregatione præfati monasterii habeatur. Ad illam autem donationem confirmandam conscribi fecimus hanc testificationis cartulam, ut nula posteritas generationis nostræ aliquam donationem vel hæreditatem in supradicta ecclesia possideat. Ut autem hæc donationis cartula fixa et stabilis perpetuo permaneat, sub testibus veridicis consignare eam jussimus quorum nomina cum signis subscripta adesse cernuntur. Si quis vero adversus hunc librum testimonii (quod absit) venerit aut cum infringere vel inquietare tentaverit aut ullo modo perficere valeat, omnis catholicus fidelis interdicat et tale nefas fieri pro salute animæ suæ prohibeat, ne id membrum diaboli hoc nefandum scelus perpetrare præsumat. Texta est ergo hæc donationis carta anno Dominicæ Incarnationis millesimo quinquagesimo nono, regnante Ehenrrico rege. S † Rotberti atque Philippæ matris ejus, qui hanc donationem fieri jusserunt et testes firmare rogaverunt. S † Wilhelmi comitis. »

CHAPITRE IX.

Ce comte Guilhaume, signé le dernier en ce titre, estoyt comte de Toulouze, filz, coume je croy, de Raymond premier, comte de Tolouze, et frère de Raymond, comte de S. Gilles. Ils vivoint toutz deus en ce temps là; et bien que Guilhaume morut premier que Raymond son frère qui ne morut que l'an mil cent cinq, coumme nous verrons en son lieu, si est ce que ledict Guilhaume vivoyt encores l'an mil quatre vingtz. Car le seigneur du Tilhet, en ses comtes de Tolouze, asseure avoyr veu titre de lui, datté de ladicte année. Oultre ce titre, que nous venons d'ammener de l'an 1059, j'en ay ung aultre de l'an mil soixante deus, faisent mention des comte et comtesse desquels nous parlons. Il concerne le prieuré régulier de Cleresvaux, ville de Rouvergue, distente de cele de Rodez environ deus lieues, en une profonde valée qu'est entre les chastaux de Cassanhes et de Panat. Et par ce que c'est ung titre asses singulier, je ne feray difficulté, bien que fort long, de l'insérer icy en faveur de ceulx qui se plaisent ez antiquités de ce pays de Rouvergue.

« A primæva catholicæ fidei religione, Ecclesiæ Christi atque monasteria a reverendissimis viris construuntur ac de suis prædiis vel honoribus ditantur. Tandem vero, propagata iniquitate et refrigerata multorum charitate, neglectui habentur; ac quod pejus ac formidabile dictu destruuntur. Sed operæ prætium est ut boni bona amplificent, digni digna exaltent, religiosi religiosa excolant et ornent; quia quæ seminaverit homo hæc et metet: si seminaverit in benedictionibus metet vitam æternam. Antiquis enim diebus fuit fundatum quoddam monasterium in honore S. Petri apostoli inter castra Panatense et Cassaniense; sed, supercrescente zizania, confractum ac destructum, diebus multis in magna egestate permansit. Dum enim sederet in tristitia et non esset qui consolaretur illud, accidit ut transmearet in has partes, causa peregrinationis, quidam nobilis homo qui dicebatur Alboinus, satus prosapia regum, veniens a finibus terræ Anglorum, peragrans atque circumiens sancta loca pro remedio animæ suæ; dum enim est susceptus in hospicio in supradicto castro Panatense devenit ad jamdictum monasterium quod olim, pullulante radice iniquitatis, fuerat dissipatum. Prostravit se in oratione rogans Dominatorem omnium pro suis suorumque flagitiis. Cum vero surrexit ab oratione, sublevans oculos, vidit locum idoneum montibus circumquaque septum, vinæis uberrimum et pratis irriguis undique ornatum. Dum vidit et prospexit talia revolvit in animo quo pacto, quo ingenio, qua ratione, quomodo reedificaretur. Ascendit in suum hospicium meditans die ac nocte quo initio inciperet. Dum in dubio est animus ejus et dum impellitur huc atque illuc cum omni humilitate, alloquitur seniores ut quod confractum fuerat consolidarent, scilicet ut monasterium istud reædificarent. Ut autem audierunt monita, Deo opitulante, corde perceperunt, palam exclamantes dignum esse et justum. Concensuerunt autem dicto ejus principes amborum castrorum, sive submilitones, pauperes, divites, nobiles, ignobiles, sed et mulieres et ad plenum laudaverunt. Cœperunt itaque perquirere quisnam valeret ibidem Deo servientium ad cultum pietatis et religionis mentes instruere; cum prædictus vir Alboynus dominum Amblardum, Brantomi monasterii abbatem, adjudicans idoneum esse ad tale onus suscipiendum. Ipsum enim solum in hac regione noverat, quia cum eo aliquantisper hospitandi gratia commoratus fuerat. Cui seniores assencerunt cum convenientiis interjectis. Perpendens itaque jam dictus abbas Amblardus viarum difficultates et spacia itineris prolixa, nihilque sibi proficuum esse inito cum suis monachis consilio simul et cum Alboyno, timens ne grave facinus super hoc incurreret, decrevit concambiare hunc locum cum Odolrrico Conchacensis monasterii abbate. Quod ita et fecit et literis firmavit. Igitur communi decreto concilio petitionibus eorum concensit Oldorricus abbas et monachi Conchacenses, et constituerunt eis mutua vicissitudine villam suam quam in pago Bicelmense possidebant quæ vocatur Combariacus. Abbas vero Amblardus, revolvens animo quid sibi melius esset, elegit magis conditionem in argento habere quam in prædiis et accepit a monachis Conchacensibus solidos nonaginta et mulam obtimam ; acceperuntque sui reliquias quas attulerant et pallia et sacerdotalia vestimenta ac libros, et cum suis omnibus abcesserunt relinquentes ibi abbati Odolrico chyrographum absolutionis. Tunc supradicti seniores et Rotbertus comes et uxor sua Berta ac Petrus episcopus, concordante favore populi, donaverunt et cum adstipulatione subnixa firmaverunt suprascriptam ecclesiam S. Petri, quæ est inter castra Panatense et Cassaniense, ad alodem S. Salvatoris de Conchas et S. Petro de Roma, in tali ratione ut omni tempore abbas de Conchas ejusdem monasterii, ubi S. Fides corpore quiescit, sub suo regimine de manu papæ Romani habeant, et in memoria census per singulos annos S. Petro Romæ apostolo unum manconem auri persolvant. Placuit hæc ratio Ugoni Cassaniensi et fratri ejus Rigaldo, et dederunt illic similiter omnia quæ ibi possidebant cum fenolibus et vicariam, nihil in suo jure retinentes pro remedio animarum suarum et parentum suorum. Seniores vero Panatenses dederunt decimam de ipso manso et sepulturam et perferentias et totum usum quod ibi habebant. Milites etiam amborum castrorum dederunt et statuerunt corpora sua ad sepeliendum illic; et nobiles fœminæ similiter dederunt sponte sua decimas de prætio equorum, mulorum mularumque, cassium atque loricarum. Firmaverunt etiam et statuerunt hæc omnia quæ hic sunt scripta jurejurando seniores amborum castrorum, et omnes milites juraverunt similiter, et constituerunt ut filii eorum simili modo jurent aut in vitas patrum aut post mortem illorum ; si enim non juraverint filii non habebunt partem in hæreditate patrum suorum excepto uno manso. Et hoc juraverunt ut, in jamdicto monasterio nec in ipso burgo nec in mansionibus quæ fuerint illic factæ, hominem illic non assalient nec fœminam per iram, nec per noctem, nec per captionem, nec suam substantiam illis tollant, nec faciant incuriam ad homines egredientes et regredientes a mercato nec fœminas suo sciente. Et juraverunt ut adjutores sint quando monachi eos commonuerint de omni honore istius loci si ibi aliquis male voluerit tractare vel facere. Actum est hoc ab incarnatione Domini millesimo sexagesimo secundo, a passione millesimo vigesimo nono, residente in Cathedra papa Romano Alexandro, regnante Philippo rege Francorum. S † Petri episcopi. S. Rotberti comitis. S † Bertæ comitissæ. S † Deusdet Pana. S † Ugonis Cassaniensis et fratris ejus Rigaldi. S † Rodoardi. S † Garnerii. S † Poncii. S † Petri. S † Hugonis monachi. Deusdet monachus scripsit. »

Bien que au narré de ce titre soyt faicte mention de la remise ou restauration du monastère de Clerevaulx faicte au pourchas et sollicitation de ce prince Anglois, ce n'est pas à dire qu'ele feut alhors faicte, car ce monastère avoyt esté réparé et remis sus, deus ans auparavant, et l'esglise d'yceluy avoyt esté consacrée par le seigneur évesque de Rodez, qu'estoyt alhors Petrus Berengarii, ainsin que apert d'ung aultre titre précédent de l'an mil soixante, où le dessaing de ce seigneur Anglois, y qualifié filz de Hérold, roy d'Angleterre, est à plain discoreu ; et ces mots y sont contenus : « Tunc venit episcopus Petrus ad ædificationem in illo loco et admonuit istos seniores suprascriptos, etc. » Et à la fin du titre. « Ista ecclesia dedicata est, et donum istud firmatum xv kal. decembris, die lunis, luna XXII, anno ab incarnatione Domini M° LX°, a passione millesimo XXVII, regnante Philippo rege Francorum. » Il ne fault prendre le titre que nous avons cy devent inséré au long pour la fondation, ou plustot remise et restauration de ce monastère, qui avoyt esté faicte, coumme nous avons dict, deus ans au paravant. Mais ce titre feut de nouvau faict sur les donations des comtes, contesses et seigneurs de Panat et Cassaignes y conteneues, le reste que avoyt esté faict au paravant ni estent comprins que par forme de narré ou discours; ne fault aussi admetre que au titre de l'an mil soixantes se treuve faicte mention de la comtesse Richarde, ayeule du comte, laquele, coumme est porté par ce titre, presta concentement à la restauration de ce monastère; et toutesfois il ne s'en parle aulcunement en ce dernier titre, que monstre qu'ele morut pendent la distence de l'ung et de l'aultre de ces deus titres.

De Raymond, troisième de ce nom, comte de Rodez.

CHAPITRE X.

Il ne se peult dire aultre chose du comte Robert que ce que nous venons de dire pour ne se trouver aultre titre de luy. L'on ne scait en quel temps il morut ny s'il laissa aulcune lignée. Il se trouve néammoings que la comté de Rodez estoyt en l'année mil septente huict teneue par ung comte nommé Raymond, au quel nous pouvons donner le titre de troisième de ce nom, ayans esguard aux deus

Raymonds, père et filz, comtes de Rodez, desquels nous avons parlé cy dessus. De cestuicy se voyt ung titre dens le Libvre mirabilis de Conques de ladicte année mil septente huict. Mais pour l'intelligence d'yceluy il se fault souvenir de ce que nous avons dict cy devent, parlens de Raymond segond, comte de Rodez, que lui ayant entreprins ung pèlerinage en la Terre saincte donna à l'abbaye de Conques une belle place, qu'il avoyt en Languedoc, nommée Palais. Après laquele donation, par succession de temps, le seigneur abbé de Conques baila ou conféra la viguerie (vicariam) de ladicte place à ung seigneur de la vile d'Adde, nommé Bermond. Yceluy ayant exercé quelque temps ceste charge coumença d'en abuser, et violenter ou tyranniser le peuble. A quoy l'abbé de Conques, qu'estoyt a lhors, volent obvier, feit tout ce qu'il peut pour faire cesser ses extortions et mauvaises costumes, que ledict Bermond avoyt introduictes, tachent de le faire venir à raison par la voye de douceur. Mais voyent qu'il persévéroit toutjours en sa mauvese intention, l'abbé feut constraint se retirer des comtes de Rodez, desquels ses prédécesseurs avoint recouvert ceste place. Et en ayant faicte plaincte au comte Raymond, duquel nous parlons, ledict comte se transporta sur le lieu avec main armée et en chassa le tyran. Il est vray que le filz dudict Bermond, plus advisé que son père, s'estent venu humilier, et par le conceilh du sieur comte jetter aux pied de l'abbé, en luy résignent et ladicte viguerie et les droictz dépendens d'ycele, ledict abbé, à la prière du comte, luy rendit le tout. Voicy coume ce titre en parle :

« Anno Domini M° LXXVIII°, Stephanus abbas Conchasensium venit in partibus Gothiæ et fecit quærimoniam Raymundo Ruthenensium comiti, et Bytterrensium vicecomitissæ Hermenguardi, de malis usis et consuetudinibus quos Bermundus Agathensis habebat vel requirebat in honores S. Salvatoris et sanctæ Fidis, qui vocatur

Palatium. Propter hanc causam prædictus abbas et Bermundus multos placitos habuerunt, sed nullam concordiam facere potuerunt. Ad ultimum in judicio Matfredi, Bitterrensium episcopi, et Frotardi abbatis S. Pontii, et Guitardi, Lupi, aliorumque nobilium virorum venerunt. Et Bermundus facere noluit quod judicaverunt. Quamobrem supradictus comes, cognita injustitia quam Bermundus faciebat, cuncta ei abstulit quæ in suprascripto honore possidebat, mansiones illius destruxit, et de omni honore abbati potestatem dedit. Ego vero Petrus, illius Bermundi filius, injustitiam quam pater meus faciebat recognoscens honoremque ex toto perdere metuens, cum concilio comitis et vicecomitissæ meorumque amicorum, quod pater meus injuste possederat dereliqui et hanc cartam aliter scribere jussi : Ego Petrus Bermundus dimitto et perpetualiter derelinquo S. Salvatori de Conchas et S. Fidi et abbati Stephano, cunctisque suis successoribus, illos malos usus et apprehensiones et tortos quos pater meus habuit vel aliquis homo per illum in villa de Palatio et in cunctis finibus et terminis ejus. Similiter dimitto et perpetualiter derelinquo medietatem de ausedas et medietatem de placitis et de justicia, et medietatem de vestionibus, et medietatem de spatulis et de agnis, et totum molendinum, et mansiones et curtes, et ingressus et exitus, et medietatem de furno, et insuper formaticum de pane monachorum. Per hanc vero demissionem sine guerpicionem accipio de abbate quingentos solidos Bitterenses, insuper de scripto honore de Palacio nihil retineo in cunctis finibus et terminis ejus præter vicariam qualem de manu prænominati abbatis Stephani accipio, scilicet medietatem de placitis et de vestionibus hominum illorum qui stabunt in vicaria mea. De placitis vero et de justiciis et vestitionibus illorum hominum qui non sunt de mea vicaria, hoc est de clericis et de hominibus propriis monachorum, et de illis qui stabunt in dominicis mansionibus eorum et in cœmeterio et in illis locis qui transacto tempore sine vicario fuerunt S. Fidi in dominio, nullam partem habebo. Accipio igitur de manu prædicti abbatis illam appendariam quæ est vicarialis, et aliam medietatem de ausedas et de furno, et aliam medietatem de agnis et de spatulis, et in unoque vicariali manso unum receptum cum quatuor militibus et uno serviente. Hæc omnia superiora non possum dare, nec impignorare, nec commutare, nec vendere, nisi monachis S. Fidis de Conchas. Similiter ipsi monachi ipsam guerpicionem quam illis facio nec poterunt dare, nec pignorare, nec vendere, nisi filiis meis filiisque filiorum meorum natis legitime de uxore. Quod si sine filiis legitimis de uxore mortui fuerint totum S. Fidi remaneat in dominio. Propter hanc ergo prænominatam vicariam quam de manu abbatis accipio sum homo illius et juro illi fidelitatem et facio illi firmitatem per meam fidem quod placitos et guerpiciones et conveniencias quas illi facio firmiter teneam et contra cunctos qui prædictum honorem de Palatio inquietare vel perturbare voluerint illi secundum meum posse adjutorium faciam. Similiter si filius meus natus legitime de uxore prædictam vicariam habere voluerit eam de manu Conchacensis abbatis accipiant, et quos placitos prænominato abbati facio tales suis successoribus gratis faciant. Quod si ullus homo vel fœmina seu aliquis de progenie mea hanc guerpicionem vel dimissionem repetere aut perturbare voluerit, non valeat vindicare quod requiret et insuper v libras auri purissimi componat et deinceps firma et stabilis hæc donatio vel guerpitio permaneat. Scripta vel firmata dimissio vel guerpitio ista kal. julii, feria v, regnante Philippo rege Francorum. S † Petri Bermundi, qui hanc cartam firmavit vel firmare rogavit. S † Rambaldi, prioris S Andreæ. S † Sigerii Salamonis. S † Poncii Guarnerii. S † Deusdet. S † Begonis de Conchas. S † Begonis de Combret. Durandius scripsit. »

Cest instrument n'est pas signé par l'abbé de Conques, Estiene, mais seulement par ledict Bermont, parce qu'il n'estoyt aussi faict que pour la dimission ou délaissement, que ledict Bermond faisoit audict abbé de la viguerie, qu'avoyt esté bailée à feu son paire par les précédens abbés de Conques et de toutz les revenus qui en dépendoint, soubz la promesse que ledict abbé avoit faicte au comte de Rodez, médiateur de cest accord, de la lui rendre ou bailer à nouveau fief, coumme il feit sept jours après. Et bien que et les conditions de ce nouveau bails et toutz les droicts et revenus dépendens de ladicte viguerie soint fort à plain spécifiés au susdit titre, et si au long que au suivent, si est ce que nous l'avons volu iey insérer pour faire voyr à ung chascun qu'estoint ces vigueries et en quele forme elles avoynt acoustumé de se bailer à nouveau fief.

« In nomine Domini. Ego Stephanus abbas Conchacensis cum consensu fratrum dono Petro Bermundo in villa de Palacio talem vicariam, scilicet medietatem de placitis et de vestitionibus illorum hominum qui sunt de illius vicaria. De placitis vero et de justiciis et vestitionibus illorum hominum qui non sunt de illius vicaria, hoc est de clericis et de hominibus propriis monachorum et de istis qui stabunt in dominicis mantionibus eorum vel in cœmeterio illius loci qui transacto tempore fuerunt S. Fidi in dominio sine vicaria, nihil illi dono. Dono ergo illi appendariam quæ est vicarialis et medietatem de ausedas et medietatem de furno et fornatico de pane monachorum, et de agnis et spatulis, et in unoquoque vicariali manso unum receptum quam quatuor millibus et uno serviente et locale ad habitandum in ecclesiam et stratam, sicut ego et Sigerius Salomon in præsentia illius terminavimus. Hoc vero in tali convenientia illi dono et nulli possit dare, nec impignorare, nec commutare, nec vendere, nisi monachis S. Fidis de Conchas, et si mortuus fuerit sine filio vel filia legitimis, vel ejus filii vel filiæ legitimi sine filiis legitimis de uxore mortui fuerint, totum S. Fidi et monachis de Conchas. Per hanc ergo prænominatam vicariam quam de manu mea accipit est meus homo et jurat mihi fidelitatem, et facit mihi firmitatem per suam fidem quod placitos et convenientias quas mihi facit firmiter teneat et contra cunctos qui prædictum honorem de villa de Palatio inquietare vel perturbare voluerint, excepto solo corpore patris sui, mihi secundum suum posse adjutorium faciat. Similiter si filii vel filiæ ejus legitime nati de uxore vel filii filiorum illorum nati legitime prædictam vicariam habere voluerint, eam de manu Conchacensis abbatis accipiant, et quos placitos et fidelitates vel firmitates ipse Petrus Bermundus mihi fecit tales ipsi abbati gratis faciant. Facta carta donationis nonis julii, regnante Philippo Francorum rege. S † domini Stephani abbatis, qui hanc donationem dedit et firmare rogavit. S † Bernardi mon. S † Bertrandi mon. S † Sigerii Salomonis. S † Petri Geraldi. S † Petri Arnaldi. S † Begonis monachi. Stephanus monachus scripsit. »

De ces deus titres ensemble d'ung aultre que nous avons aporté sur le comte Hugues, contenent la sentence arbitrale par luy donée sur le différent qu'estoit entre les abbé et religieux de Conques contre le vicaire de Brogme, nous pouvons aisément comprendre que ces vicariæ, desqueles il y est parlé, n'estoint alhors que certaines dignités concernent l'administration de la justice ou la charge de la faire bien et deuement exercer ; ceulx qui en estoint prouveus, bien que eulx mesmes ne jugeassent pas les causes et procès, avoint toutesfoys le soing de faire administrer la justice, et en estoint coume les chefs guardiens et conservaturs. Je dis au temps de ces titres, car je sçais bien que au paravant durent le règne de nous roys de la première et segonde lignée, les vicaires estoint juges et rendoint eux mesmes la justice, estens lieutenens des comtes ; car l'anciene police de ce royaume estoyt tele, que les comtes estoint non seulement gouverneurs des capitales viles des pays et provinces particulières, mais aussi ilz en estoint juges, et, à cause qu'ilz estoint constrains pour le debvoir de leur charge de se tenir presque toujours dans lesdictes viles et ne pouvoint estre assiduement sur les lieux pour rendre la justice, ils divisoient l'estendeue du pays ou province dépendent de leur vile en plusieurs cartiers, en ung chascung desquels ils envoyoint ung lieutenant pour y exercer la justice à leur nom, lesquels du cartier de la France ou vers l'Alemaigne prenoint le titre de centenarii, et du cartier de deçà vers l'Aquitaine et pays de Languedoc prenoint celuy de vicarii : quelques ungs pancent à « vicis in quibus judicabant », ou coume je vouldrois croire à « vice », parceque « vice comitum judicabant », tout ainsin que au paravant du temps des Romains «vicarii præfectorum prætorio ita dicebantur quod vice sacra judicarent. » L'empereur Louys le Débonere, entre les aultres ordonnances, si sainctes et saluteres pour le peuble, qu'il feit, ordona que les commisseres et députés, qu'il envoyoyt annuellement par les provinces de son royaume, pour voyr si les officiers d'ycelles se portoint fidèlement en leurs charge, et exerçoint ycelles au consentement et soulagement du peuble, feissent une assemblée générale en chascune desdictes provinces au moys de may, en laquele les comtes estoint tenus de se treuver, avec leurs centeniers et vicaires, pour rendre compte chascung de sa charge, tout ainsin que plus au long est contenu au segond libvre du capitulier de Charlemaigne, chapitre 28 : « Et habeant (dict ceste ordonnence) comites secum suos vicarios et centenarios. » Que monstre asses que les vicaires estoint soubz les comptes, et que chasque comte avoyt ses vicaires à part. Grégoire de Tours, au libvre 10, chap. 5 de son hystoire, parlent d'une course, que Chuppa, conestable du roy Chilpéric avoyt faicte ez environs de la ville de Tours, où il avoyt faict un grand desgast et ravage sur les subjects du roy Childeberg, mais ayant esté surprins sur son retourn par les troupes d'yceluy, ses gens ayant esté deffaictz, il feut sur le point d'estre luy mesmes faict prisonier ; néammoings il se sauva par la connivence de quelque grand, ainsi que l'on croyoyt ; le roy Childebert, volent sçavoyr la vérité de ce faict, en feit faire prisoniers quelques ungs. « Rex Childebertus (dict-il) illos in carcerem cojici jubens, interrogare præcepit cujus concilio Chuppa fuisset ereptus ut ab hiis non comprehenderetur qui sequæbantur. Responderunt hoc animodi vicarii qui pagum illum judiciaria potestate regebat factum fuisse. Protinus directis rex literis ad comitem urbis Turonicæ jubet ut eum vinctum in præsentiam regis dirigerent. » Walfredus Strabus, en son libvre de Ecclesiasticis officiis, faisent une conférence des dignités ecclésiastiques avec les temporeles compare les curés des parroisses aux vicaires des comtes : « Centenarii et vicarii (dict-il), qui per pagos stabiliti sunt, præsbyteris plebium qui baptismales ecclesias tenent et minoribus præsbyteris præsul conferri queunt. »

L'ordre et police judiciere de laquele nous venons de parler feut observée en ce royaume tant que les comtes demeurarent en leur debvoir et se tindrent dans les bornes et limites de leurs charges qui n'estoint que simples offices destituables à la volonté de nous roys. Mais quant, sur la fin de la seconde lignées de nous roys ou coummencement de la troisième, ils ne se contentarent plus de tenir ces charges, coumme simples offices, mais qu'ilz s'en feurent rendus mestres du tout pour les tenir dès lhors en avant coumme dignités patrimoniales et héréditaires, ce feut alhors, que, desdaignans l'exercisse et administration de la justice, ils quittarent ceste charge aux vicaires qui du coummencement continuarent par quelque temps de la rendre par eulx mesmes. Mais en fin, peu à peu ils s'en deschargèrent aussi, sauf qu'ilz s'en réservèrent la prééminence, se rendens coumme chefs, guardiens et conservateurs de la justice pour ycele estre administrée par ceulx qu'ilz y commetroient, eulx cependent prestent la main forte à l'exécution de leurs jugemens et décretz. C'est la vraye source de nous viguiers et des vigueries desquels l'on voyt encores quelque unes en ce pays, mot descendent, coumme il est aisé à voyr, de vicaria, que se treuve ez anciens titres, prins en troys sortes : la première pour ceste charge ou dignité que nous venons de dire, à laquele se trouvarent en fin annexées quelques droictz et redevences, de sortes que ceulx qui en estoynt proveus les se rendirent hæréditaires coumme estoint advenus des comtes, et en vint on encores jusques là que de les bailer à fief et homage et pour ceulx à qui l'on les bailoit et pour leurs enfens coume nous venons de voyr par les deux derniers titres. Il est vray que quelque foys aux bails de teles dignités l'on réservoyt cela par exprès, qu'eles ne tumberoyt point en quenolhe, coumme au susdict titre de Brogme y est à cest effect insérée ceste clause : « Et in ista vicaria mulier non debet hæreditari, nec debet habere nisi unum vicarium. » Segondement ce mot de vicaria estoyt prins pour le cartier ou estendue du pays, sur lequel l'authorité de chasq'ung de ces vicaires s'estendoyt, que nous apelons de présent bailiages. J'ay là dessus remarqué, par la lecture d'ung bon nombre de titres anciens, que ce pays de Rouvergue estoyt coume parti et divisé en quelque nombre de ces vicairies, telles qu'estoint : vicaria Rothenulensis, vicaria Severiacensis, vicaria Montaniacensis, vicaria Barrensis, et aultres en assez bon nombre. Finalement ce mot de vicaria se treuve quelque foys prins pour la senheurie, jurisdiction ou justice de quelque lieu ou vile. Il se voyt dans ce Libvre mirabilis de l'abbaye de Conques une donation faicte, par les seigneurs de Belcastel à l'abbaye de Conques, de l'esglise de Rinhac, dans laquelle après la donation de ladicte esglise et de tout ce que pouvoit concerner le droict ecclésiastique se trouve aussi insérée la donation de toute la vile de Rinhac et de la jurisdiction où justice d'ycele soubz ce mot de vicaria, en ceste sorte : « Donamus et totam villam de Rinhaco quæ hodie est et postea ædificata fuerit. Donamus etiam et vicariam de tota villa in tali ratione ut monachi habeant duas partes de justitia et tertiam partem aliam nos habebimus de manu illorum. Similiter de hominibus de ipsa villa, si plures duobus juraverint, duæ partes ad sanctos et tertia nostra. Si de foris parrochia venerint homines et ipsi juraverint, justitia de ipsis nostra erit sine parte monachorum. » Il n'y a point en ce titre datte de jour ni d'an, mais seulement : « Regnante Philippo rege », qui vingt à la corone de France l'an mil cinquante neuf et morut l'an mil cent neuf.

Du vivent de ce comte Raymond, et tandis qu'il tenoit la comté de Rodez, vers ces cartiers de Rouvergue et d'Auvergne conversoit ung sainct personage, nommé Gausbert ou Gaubert ; la vie dévote et religieuse du quel estoyt telle et en si grande estime et opinion de toutz, qu'il ne se parloit en ce pays que de sa saincteté et œuvres admirables. C'est celuy qui funda la prévosté de Montsalvi, monastère de chanoines réguliers de sainct Augustin, assis sur la frontière desdicts pays de Rouvergue et d'Auvergne, non guières distent de la vile d'Orlhoac. Il vivoyt, ainsin que l'autheur qui a laissé par escript sa vie le tesmoigne, environ l'an mil quatre vingtz. Car il a coumencé par ces mots : « Tempore Philippi regis, vicesimo ejus regni anno, Arvernis Roberto præsidente, et Ruthenensium consulatum Raymundo procurante, etc. » Nous rendrons après la raison pour quoy il donc ce mot de consulat à la comté de Rodez. Mais, pour le temps qu'il cotte de l'année vingtième du règne du roy Philippe, il est certain qu'il tumbe sur l'an mil quatre vingtz par ce que, coume nous avons dict une aultre fois, ce roy vint à la corone de France l'an mil soixante.

L'autheur de ceste vie faict mention d'une grande esmeute qui survint dans la vile de Rodez, tandis que saint Gaubert estoyt après à cultiver ceste novelle plante du monastère, qu'il avoyt érigé au lieu de Montsalvi, et dict que S. Gausbert ayant ouy parler de ce trouble, coume il estoyt amatur de paix et concorde, se résolut d'y aler, pour voyr s'il y pourroit aporter quelque acord ou remède. Cest autheur ne s'explique point aultrement sur ce trouble, et ne dict rien de la cause ou source d'yceluy. Il se contente de dire qu'il y avait a lhors de grandes et dangereuses séditions dans Rodez, sens déclerer entre qui eles s'estoint esmeues, ni pour quele occasion. Et il seroit besoing, pour avoyr une ample et entière cognoiscence des actions du comte, duquel nous parlons, de scavoir que s'estoyt que de ce trouble et coume le tout ce passa en yceluy. Je vouldrois, de bon cœur que nous eussions ceste légende en meilheure forme et plus entière qu'ele n'est, sans estre debiffée et deschirée, et manque en sa plus grande partie ; et nottemment en l'endroict, où il se traicte de ceste querele, car si elle estoyt entière, nous scaurions au vray coumme elle se passa et de quoy il estoit question. Mais, pour ce que j'en puis colliger de ce peu que s'y en treuve, je vouldroys croire que c'estoyt une contestation, surveneue entre l'évesque de Rodez, qui estoyt alhors Pontius, surnommé Stephani et le comte Raymond, sur une réformation que l'évesque prétendoyt faire en l'esglise de sainct Amans, qu'estoyt et se voyt encores en la vile ou bourg de Rodez, où il y avoit pour lhors une congration de chanoines réguliers de l'ordre de S. Augustin, régis et gouvernés par ung supérieur qui portoit le titre d'abbé, duquel ensemble de ces chanoines se trouve faicte mention en ung bon nombre de titres anciens. Ces chanoines c'estoint telement desbauchés et desbordés en leurs façons de faire, que leur mauvese vie servoyt de scandale à toutz, au grand regret dudict S^r évesque, qui désiroyt de les remetre en leur debvoir et observation de leur règle ; mais il n'en pouvoit chevir, parce que ils estoint soustenus par le comte Raymond, qui avoyt prins leur faict et cause plus à cueur qu'il ne debvoyt, et de là, à mon advis sortoint ces esmotions et troubles, desquels c'est autheur parle. Ce que m'a faict entrer en ceste opinion est que S. Gaubert, estent arrivé en la ville de Rodez pour assopir ce trouble, il s'adressa premièrement au comte pour luy guaigner le cueur et le disposer à ce que il trouvât bon que ceste companie de chanoines feut réformée et réduicte à l'observation de la reigle canoniquale ; à quoi par ces sainctes et salutères remonstrences il feit en fin consentir le comte, lequel treuva bon que ce sainct personage résidât luy mesmes pour quelque temps avec lesdicts chanoines et feût de leur congrégation, tent pour les remetre en l'observation de leur reigle et discipline, que aussi affin que, à son exemple et voyens une conversation si saincte et religieuse, il leur print envie de vivre pieusement et sainctement coume luy. C'est ce que nous pouvons comprendre des causes de ces esmotions et troubles, qui se trouvoint alhors dans la vile de Rodez ; et ne fais aulcung doubte que l'autheur de ceste légende ne les eust tout au long exprimées en ycelos ; mais l'on ne les y peut maintenent trouver à cause des grandes lacunes et deffailences qui se voyent en ycelle, mesmes en cele que se treuve encores dens l'esglise de Monsalvi, qui sert de prototype et original à toutz les aultres exemplères qui se voyent pour le jourd'hui, laquele est manqué et défectouse en plusieurs partz et nottement au lieu le plus important pour ce subject, qu'est du voyage faict par S. Gaubert en la vile de Rodez, où il se voyt une grande lacune au lieu de laquele sens doubte se faisoit mention de l'évesque de Rodez, de l'origine ou cause de ceste querele, et de beaucoup d'aultres particularités, que seroint nécesseres pour la claire intelligence de cest affaire. Voycy ce que se liet dans ceste vie, concernent ceste dissention quelques deus ou troys lignes avant la défectuosité de laquele nous venons de parler. « Cujusdam negotii causa intervenit ut Ruthenensium civitatem, quæ inenarrabilibus discordiis et crebris seditionibus vexabatur, adiret (scilicet Gausbertus) et cum Raymundo ejusdem urbis consule (cui et ipse notus erat) colloquium haberet, hoc Dei clementia disponente qui, de fluctuatione civilis discordiæ, exhortationibus fidelis servi sui providerat aliquas posse emergere. » Le texte est en cest endroict interrompu par une grande lacune ; et croy que l'autheur avoyt là discouru l'arrivée de S. Gaubert en la vile de Rodez, les causes de ces discentions, le coummencement de sa négociation, et coume il avoyt entamé les remonstrences qu'il avoyt à faire à ce comte, lesqueles il continue, après ce deffault, en ceste sorte : « Time animæ tuæ periculum quoniam qui in hoc seculo potentiores existunt ad examinationem boni et malia Deo regnare permittuntur. Nullus recte dicitur princeps iniquitatis sed justitiæ et æquitatis. Qui ergo a Deo consulatus regimen meruisti rectum est ut hominibus et Dei Ecclesiæ bene consultum esse velis ; scriptum namque est : Diligite justitiam qui judicatis terram. » L'autheur adjouste à cela que après ceste remonstrence le comte se trouva tout changé, et consentit librement à tout ce que sainct Gaubert volut ; mesmes il luy baila en main la disposition et gouvernement de l'esglise de S. Amans ; et volut que ce sainct personage se teint avec lesdits chanoines, pour leur moustrer le chemin de l'observation de leur règle de laquele il faisoit aussi profession. « Ad hæc (continue ce texte) Raymundus juste compunctus ecclesiam S. Amantii ci regendam attribuit ut sicut decet canonicis institutionibus eam tractaret. Tunc ipse de clero suo quos simpliciores noverat quibusdam assumptis bonus inter malos habitare decrevit. » Il continue après de discourir ce que S. Gaubert feit là dedans, coume il se comporta avec les chanoines, les sainctes exhortations que journelement il leur fesoit, sa grande et extrème patience, sa louable conversation, ses bons et admirables exemples et ses aultres sainctes actions; mais le tout en vain, pour leur respect, ayant le diable telement guaigné le cueur de ses gens mauves et pervers, qu'il ne feut jamais possible à ce sainct home de les réduire et remetre au vray chemin du service de Dieu. Ains au contraire ils conceurent une tele hayne contre luy, qu'ilz lui machinèrent la mort, et feurent souvent sur le poinct de luy ravir la vie. Mais Dieu, qui en avoyt disposé tout aultrement, rendoit vains toutz leurs mauves dessaings. « Quod si aliter (dict cest autheur) Deus, qui superbis resistit, non providisset ad hoc, multoties ventum erat ut martyrio vitam finiret. Quia dum iste prædicabat attentius illi pro quorum salute venerat vix continebant manus, sed nolentibus converti illud non permittebatur homicidium, ne nuper conversis quia adhuc rudes erant morte sui pastoris deesset solatium. » En fin voyent qu'il ne faisoit que perdre temps, il ala trouver l'évesque de Die, légat apostolique, qui de bone fortune estoyt en ses jours là arrivé à Conques, pour avoyr advis de luy sur cest affaire, et aprendre de luy coumme il avoyt à se gouverner là dessus. Lequel, après avoyr entendu le tout et cogneu qu'il n'y avoyt auleune espérence d'emendement en ces perdus, luy donna par advis de les quitter et se retirer en son monastère de Montsalvi, où il feroyt plus de proffit au servisse de Dieu, qu'il ne feroyt en celuy de S. Amans; lequel advis il suivit, et, se retirant, il en ammena avec luy ung desdicts chanoines de S. Amans, natif de Rodez, qu'il avoyt instruict et moullé à ses vertus et sainctes conversations. Voilà ce que j'ay peu recueilir de ceste légende concernent le comte Raymond, et de ce trouble qui de son temps s'esmut en la vile de Rodez.

Ce légat apostolique du quel est faicte mention en la vie de sainct Gaubert, estoyt Hugues, évesque de Dye, que le pape Grégoire septième avoyt envoyé en France contre les symoniaques et concubineres ; lequel, pour le faict de sa légation, y teint, en l'année mil quatre vingts, troys ou quatre conciles, à Lyon, en Avignon, à Meaulx ou à Soyssons. Il se porta fort diligement en sa charge ; mais le pape, adverti qu'il y apportoit ung peu plus de violence, et aigreur qu'il ne debvoit, luy manda de y aler ung peu plus doucement et modérément qu'il ne faisoit. Le cardinal Baronius, qui avoyt veu la letre que ce S. Père lui feit sur ce subject, l'asseure ainsin, soubz l'an mil quatre-vingts ung par ces motz : « Insuper (dict-il, parlent de ce Pape Grégoire 7) legatum apostolicæ sedis Hugonem Diensem episcopum nemini parcentem multos excommunicantem mitius agendum admonuit. » Il feut en ce pays de Rouvergue, coumme le tesmoigne l'autheur de la vie de S. Gaubert, et, bien qu'il ne parle que de son arrivée en l'abbaye de Conques, il n'est pas croyable néammoings qu'il ne vint en la vile de Rodez, capitale du diocèse, veu qu'il en estoyt si près et que les dissentions desqueles ceste vile estoyt alhors agitée, méritoint et sa présence et son authorité pour les assoupir et faire cesser, mesmes que la pluspart des chanoines de S. Amans estoint infectz ou grandement soubsonnés de symonie. Et c'estoyt le principal article de sa légation, que de combattre et exterminer ceste horrible et détestable beste. Et de faict il les excomunia coumme est expressément porté en ceste légende par ces motz : « Interim vero accidit quod Hugo Diensis episcopus vir genuinæ scientiæ et in literis sacris non mediocriter cruditus, qui legatione apostolica fungebatur, Ruthenensium pagum Conchas, videlicet cœnobium, adveniret, ad quem, cum memorandus Christi sacerdos Guybertus videndi gratia accederet, ab eodem præsule quam benignissime susceptus est. Ex multorum enim relatione idem antistes ante didiscerat a symoniacis apud præfatam urbem eum multa passum et perpessum fuisse. Quocirca et ipse præsago spiritu præscius nec illos ab hæreseos peste posse revocari quum et eos in Dei servum æmula et intolerabile intentione acrius velle debachari, posuit illos sub anathematis discrimine ; mox jubet eum cedere tunc loco, cujus quidem jussioni fortissimus Christi athleta nequaquam laborem repudiandi gratia cœterum ne patri utpote spirituali inobediens videretur : obtemperare non distulit, unde timens laborare frustra paucis post diebus uno tantum secum assumpto nomine Bernardo ad se converso hinc abscessit. Et quorum curam prius gerebat illis operam deinceps dare non desiit. » Nous pouvons comprendre de ce discours que ce légat ne se contenta pas de venir jusques à Conques, mais qu'il passa plus oultre jusques en la ville de Rodez depuis qu'il excommunia ou interdict ces chanoines convaincus de ceste hérésie simoniache, ce qu'il n'eust peu faire sens les voyr et examiner diligement cest affaire sur le lieu. Et d'ailheurs l'évesque Pontius, qui en voloit à bon escient à ces chanoines scandaleux et à leurs perverses et meschentes intentions, n'eusse pas volu laisser perdre et escoler ceste commodité que de faire venir le légat dans la vile de Rodez, affin de lui faire voyr et toucher coume au doict ce désordre, de chastier ceulx qui l'entretenoint et qui en estoint cause. Il avoyt prins ceste réformation si à cueur, que voyant qu'il ne pouvoit venir à bout de ces perdus, qu'ilz estoint du tout incorrigibles, et qu'il sembloit du tout impossible de les renger soubz la discipline régulière il print ung aultre chemin, et résolut de les chasser entièrement de ceste esglise et y metre de religieux de sainct

Benoict, qui florissoit encores a lhors en toute saincteté et discipline monastique et nottament ceulx de l'abbaye de S. Victor de Marceilhe, et en ayant conféré à l'abbé et religieux d'ycele, il leur feit donation de l'abbaye et l'esglise de sainct Amans, ensemble de toutes les esglises et bénéfices dépendens d'ycele, à la charge d'envoyer certain nombre de leurs religieux en ladicte esglise de S. Amans, pour le service d'yceule soubz ung chef de leur ordre qui porteroyt le nom de prieur ; et ce feut a lhors que ceste esglise de S. Amans feut unie à l'abbaye de S. Victor en l'union de laquele elle a demeuré depuis. Je n'ay peu treuver la donation que l'évesque Pontius en feit a lhors auxdicts religieux de Marceilhe, mais j'ay veu la confirmation d'ycele, faicte trente ans après par Adhémarus, successeur en l'évesché de Rodez à ce Pontius, duquel nous parlons, non pas immédiat mais après ung aultre évesque qu'il y eust entre eulx, nommé Raymundus Frotardi, en laquele confirmation est faicte expresse mention de ce don de l'esglise de S. Amans, faicte à l'abbaye de Marceilhe. Elle est dattée de l'an mil cent vingt, et le coumencement, où est parlé de ce don, en est tel : « In Dei omnipotentis nomine. Ego Adhemarus, Dei gratia Ruthenensis episcopus, non solum ea quæ a prædecessoribus meis sunt concessa confirmare, sed etiam prout possibilitas mea sinit augere et meliorare cupiens, laudo, dono et confirmo ecclesiam sancti Amantii Ruthenensis episcopi prædecessoris mei, cum ecclesiis et cum omnibus quæ ad eamdem ecclesiam pertinent, Domino Deo, sanctæ Mariæ et beati Victoris Massiliensi monasterio, et domino Radulpho, abbati, et omnibus successoribus suis ejus et monachis præsentibus et futuris. Quam etiam per triginta et eo amplius annos concessione domini Pontii Ruthenensis episcopi possiderant et tenuerant, concedo ego prædictam ecclesiam et omnes ecclesias quæ ad eam pertinent, videlicet, etc. »

Avant que sortir de ceste légende de sainct Gaubert, il nous fault esclaircir sur ung doubte que peut arriver sur la lecture de quelques endroictz ou lieux d'ycele. C'est quant il donne le nom de consulat à la comté de Rodez et le nom de consul à Raymond, comte d'ycele, que semble estre hors de toute raison et façon de parler. Car il y a bien différence d'ung consulat de vile et d'une comté et d'ung comte à ung consul. Mais il fault consydérer là dessus, pour la décision de ce doubte, que quelques autheurs, qui escripvoint environ ce temps là, avoint prins ceste coustume que de donner ce nom de consul aux comtes. Je ne scais si c'estoyt pour se conformer au langage vulgaire de ce pays et de toute la Guascoigne et Languedoc que de marquer pour lhors le nom de comte par ce nom de cons, lequel se peut aussi bien voire plus proprement adapter au mot de consul que de comte ; ou bien s'ilz pensoint faire grande honneur aux comtes que de leur donner ce titre de consul, que d'autres foys avoyt esté en si grande dignité parmi les Romains. Mais feusse pour cela ou pour aultre consydération qu'ilz eussent, il est tout certain que quelques ungs des autheurs de ce temps là donoint ce titre de consul aux comtes. Je l'ai ainsin remarqué en plusieurs autheurs et titres anciens. Aux archifs de l'esglise épiscopale d'Auch se treuve une donation du droict de supériorité et homage de la comté d'Armaignac, faicte à ladicte esglise par ung comte de Gascoigne, nommé Bernard ou Bertrand (car son nom n'y est escript au long, mais seulement par ceste letre singulière B.), où ceste comté ensemble cele de Bigorre (de laquele aussi y est faicte mention) n'y sont désignées que par la seule qualité de consulat ; bien toutesfoys que ce feussent a lhors, et le sont encores de présent deux beles et grandes comtés. Ce titre en parle ainsin : « Futuris omnibus innotescere curavimus B. Vasconum comitem consulatum Armeniacensem, quem ipse suique antecessores libere possederant, sub B. Mariæ sedis dominio mancipari. Illud idem quoque Bigerritonum consul fecerat, qui sui consulatus dominium sanctæ Mariæ de Podio subjugaverat, etc. » Hildebert, évesque du Mans, en la vie qu'il a faicte de Hugues, abbé de Cluny, faisent mention de la comté de Chalons, q'ung évesque d'Auxerre avoyt teneue par quelque temps, ne donne à ceste comté que le titre de consulat : « Eo tempore (dict-il) Autisiodorensis episcopus, Hugo nomine, Cabillionensem quoque consulatum strenue gerebat, etc. » Ce mesmes aucteur ung peu auparavant parlant de Geoffroy le barbu, comte d'Anjou : « Cœnobium B. Martini (dict il) quod majus monasterium dicimus, comitis Andegavensis videlicet Gaufredi, cognomento barbati, tyrannica præsumptione vehementer affligebat. » Il apele en cest endroict ce Geoffroy comte d'Anjou (coume à la vérité il l'estoyt) ; et toutes foys quelques lignes après il asseure q'uil feut divinement expellé et jetté hors de son consulat, c'est-à-dire de sa comté, par son frère, suivent la prædiction qu'en avoyt esté faicte par l'abbé de Cluny : « Quod profecto vaticinium (dict cest autheur) rei exitus declaravit: expulsus enim a consulatu tandem a fratre suo Fulcone detentus est in carcere, ut non prius a custodia corpus quam a corpore spiritus solveretur. » L'annaliste Angenois, en sa chronique des comtes d'Anjou, leur baile indifféremment tantost le nom de consul et tantost celuy de comte. Parlant en ung lieu de ce mesmes Foulques, qui chassa son frère de la comté d'Anjou, l'appele toutjours de ce nom de consul : « Paulo post (dict-il) magister scholæ et præcentor ejusdem ecclesiæ, consule Fulcone adminiculante, constitutus est. » Le mesmes aucteur soubz ce mesmes comte : « Contigit quodam tempore regem Franciæ apud Turonum civitatem cum turma nobilium virorum in festivitate S. Martini adesse. Adfuit autem inter alios proconsulares et personatos præfatus Fulco, consul sicut stella radians forma præclarus, etc. » Et en ung aultre endroict : « Composuit idem reverendæ memori æconsul Fulco cantu et dictamine XII responsorum hystoriam honore et amore B. Martini. » Odo, segond abbé de Cluny, composa jadis ung traicté De reversione B. Martini e Burgundia, où le corps de ce sainct avoyt esté aporté de craincte des Normans, durand les estranges et déplorables courses qu'uilz faisoint sur ce pouvre et alhors misérable royaume de France, lequel traicté il dédia à Foulques, comte d'Anjou, avec ceste inscription : « Fulconi bono consuli Andegavorum. » Et toutes foys dans le corps de la letre liminere, il lui donne la qualité de comte par ces motz : « A qua tamen in parte non minima vendicatur Fulco bonus utique comes. » Il se trouveroint une infinité d'aultres lieux pour preuver que, en ce temps là, les noms de comte et de consul estoynt indifféremment prins l'ung pour l'aultre, par quelques autheurs. J'en ay volcu aporter icy quelques ungs pour monstrer que ce Raymond, duquel l'autheur de la vie de S. Gaubert parle soubz la qualité de consul estoyt vrayement comte Rodez.

De Raymond quatrième de ce nom, comte de Rodez, de S. Gilles et de Toulouze.

CHAPITRE XI.

Nous avons protesté dès le coummencement de ceste euvre que nostre intention n'estoyt tele que de dresser une hystoire entière de ces premiers comtes de Rodez, mais seulement de parler de ceulx que nous aurions peu remarquer parmy les titres anciens, sans aultrement nous obliger au discours de leurs actions : premyèrement l'impossibilité que ce nous seroyt d'en venir à bout en une tele incertitude et deffault d'autheurs et papiers anciens. Entre les difficultés qui se peuvent rencontrer en ce subject, la plus grande, à mon advis, se treuve sur la généalogie desdictz comtes et sur les moyens d'acquisition de ceste comté, scavoir si elle leur estoyt escheue par succession ou par quelque particulière acquisition. Et ceste ambiguité se remarque plus grande en ce comte, du quel nous alons traicter, que en tout aultre des précédens; car, bien que pour sa persone l'on soyt asses asseuré et de son extraction, et que en effect il teint et posséda la comté de Rodez, toutesfoys l'on ne scait à quel titre, ni en quel temps elle luy escheut.

Il est tout certain que c'est ce grand et excellent capitene, qui se porta si verteusement au premier et grand voyage de la Terre saincte, et qui par ses haultz et valeureux faitz de guerre y receut tant de gloire et louange, que toutz les aucteurs, qui ont traicté de ceste guerre le metent au premier reng d'honeur de ceulx qui s'y portèrent valeureusement, le qualifiens tentost comte de S. Gilles, et tantost comte de Toulouze. Mais de pouvoir asseurer au vray à quel titre il feut faict comte de Rodez, est chose que je n'ay peu pour encores trouver. L'on pourrait, avec quelque apparence de raison, dire qu'il estoyt filz du comte précédent par ce que et l'ung et l'aultre s'apeloint d'ung mesme nom ; mais je ne l'oserois asseurer sans une plus grande certitude, mesmes qu'il ne se treuve poinct que ledict Raymond, comte précédent, print jamays la qualité de comte de Toulouze, pour le moings il ne se qualifie pas tel en auleung titre de ceulx que nous avons ammenés cy dessus parlens de luy. Et il n'est pas croyable que s'il eust esté comte de Toulouze il n'eust prins ce titre, veu la dignité et excellence de ceste comté par dessus toutes les aultres de ses cartiers. Mais, quoy qu'il en soyt, il est tout certain que ce Raymond du quel nous prenons maintenent à parler et que nous pouvons apeler quatrième de ce nom, heu esguard à aultres troys précédens comtes, qui portoint mesmes nom, tenoyt la comté de Roudez ez années mil quatre vingtz quinze et quatre vingtz septze, coumme nous vérifierons après, si premièrement nous avons dict quelque chose de ces prédécesseurs et monstré par ce moyen quel il estoyt et coume il acquist la comté de Toulouze.

Guilhaume, comte de Thoulouze et de S. Gilles, qui vivoyt environ l'an mil, laissa ung filz et une filhe. La filhe feut dame Constance, mariée, à ce que quelques ungs veulent soustenir, avec le roy Robert, filz de Hue Capet. Le filz feut Raymond premier de ce nom, comte de Tholouze et de S. Gilles. Raymond, de sa femme Adelaide, eust deus enfens masles, Guilhaume et Raymond. Quelques ungs y adjoustent ung troisième, qu'ilz nomment Hugues ; mais par ce que cela est mis en doubte, nous le laisserons pour ceste foys. Pour les deux autres, Guilhaume, qui estoyt l'ayné, feut comte de Toulouze après son père, et Raymond puisné eust pour son partage, des biens de son père, la comté de S. Gilles en Languedoc, d'où il porta le nom; car les hystoriens de son temps, parlans de luy, l'apelent toutjours comte de S. Gilles. Guilhaume, son ayné, comte de Toulouze, se maria avec une filhe de Robert, comte de Mortaigne, frère utérin de Guilhaume le bastard, duc premièrement de Normandie et après roy d'Angleterre, laquele s'apeloit Emyne. De ce mariage ne sortit aulcung enfant masle, mais soulement une filhe nommée Jeane, laquelle feut mariée avec Guilhaume, duc d'Aquitaine et comte de Poictou, et aporta avec elle en ceste maison d'Aquitaine la comté de Toulouze de laquele elle se disoit héritière, bien que Raymond, comte de S. Gilles, son oncle, prétendit droict en ceste comté, coume plus prosche masle de la maison de Toulouze. Ce Guilhaume, duc d'Aquitaine, avoyt esté marié en premiéres nopces avec Gilbone, filhe de Guilhaume, duc de Normandie, du quel mariage estoyt sorti ung aultre Guilhaume, qui après son père feut duc d'Aquitaine, et coumte de Poictou, cinquième de ce nom. Mais du segond mariage de Guilhaume 4 avec ladicte Jeanne de Toulouze nasquit ung filz, nommé Hugues Aymond, qui se porta pour comte de Toulouze après la mort de ses père et mère. Ayant cestuycy affaire d'argent pour quelque nécessité à luy surveneue ou coume quelques ungs pancent pour le voyage d'oultre mer, qu'il avoyt aussi entreprins avec les aultres seigneurs Françoys, il vendit la comté de Toulouze à son grand oncle Raymond, comte de S. Gilles, ou pour mieulx dire, le droict qu'uil avoyt sur ycele, car coume j'ay déjà dict, sondict oncle y quereloit aussi quelques droicts de son costé ; lequel au moyen de ceste acquisition feut apelé absoluement comte de Toulouze, bien que coume je croy auparavant il en eust prins le titre. Robert, abbé du Mont, en son supplément à la chronique de Sigebert (1) prent ceste vente pour ung simple engagement ; mais Guilhaume de Puylaurens, et généralement toutz les autres chroniqueurs Françoys tienent pour tout constent et asseuré que ce feut une pure et vraye vente, tant y ha que Raymond de S. Gilles se porta dès lhors en avant pour comte de Toulouze.

Ayant veu quel estoyt ce Raymond, duquel nous parlons, il nous fault mentenent vérifier, coume nous avons promis, que en l'année mil quatre vingtz quinze et environ ce temps là il tenoyt la comté de Rodez et en

---

(1) Abbas Montis in additionibus ad Sigeb. sub anno...

disposoit coume de son propre bien. A ces fins nous produirons icy deux ti res qui le preuvent évidement. L'ung est de l'an mil lxxxv et l'aultre de l'année après. Le premier est une donation que Bertrand, filz de ce Raymond feit du concentement de sondict père à dame Electe sa future espouse, jure sponsalitiæ largitatis, ou, coume ce titre porte, in sponsalitium, des villes et comtés de Rodez, Cahors, Viviers, Avignon et Digne. Le seigneur du Tilhet, en ces mémoyres de France, faict en passent mention de ce titre, et apele la dame, avec laquele ce Bertrand contractoit mariage, Hélène, non Electe, coumme est escript audict titre que j'ay devers moy, et lequel je metray icy au long, parce q'uil est fort remarcable.

« In nomine Domini nostri Jesu Christi. Hic est titulus dotis et donationis quam fecit vir nobilissimus nomine Bertrandus, R. filius, dilectæ sponsæ vel uxori suæ nomine Electæ. Cum omnipotens Deus in principio creavit cuncta noluit ut homines soli remanerent, sed dedit illis adjutorium par cum quo sociarentur, benedixitque illis et ait : Crescite et multiplicamini, et replete terram et subjicite eam, et dominamini piscibus maris et volatilibus cœli et universis, quorum progenies obtinuit monarchiam orbis. Eorum exemplo ego informatus, nempe Bertrandus, et apostolicis monitis fultus, volo nubere et filios procreare, paterfamilias esse, et te Electam matrimonio copulare. Et ob amorem tui atque decorem, filiorumque e nobis procreandorum, dono tibi in tuo sponsalitio et donatione civitatem Ruthenam cum toto comitatu et episcopio, sicut lex mea est ; et civitatem Caturcensem cum comitatu et episcopio. Et insuper dono tibi in sponsalitio Vivariam civitatem cum comitatu et episcopio, et civitatem Avinionis cum comitatu et episcopio, et civitatem Dignam cum comitatu et episcopio, sicut mea Romana est. Hæc omnia superius nominata tibi uxori meæ ad integrum dono quantum habeo vel habere debeo cum tali pacto ut dum vivi fuerimus in simul habeamus, teneamus atque possideamus; et si infantes habuerimus, qui de me Bertrando fuerint procreati et de te Electa nati, post obitum nostrum ad illos revertantur præscripti honores : si vero infantes de me non habueris et mihi supervixeris habeas et teneas, et post obitum tuum habeant illi quibus tu dare aut dimittere volueris omnique tempore teneant. Facta carta est in mense junii anno dominicæ Incarnationis millesimo nonagesimo quinto, indictione IIIᵃ, regnante Philippo Francorum rege. Quod si quis hanc cartam donationis homo utriusque sexus voluerit infringere adnihiletur et componat tibi ipse qui facere voluerit in vinculum libras mille auri puri in æternum. Bertrandus qui hanc cartam donationis fecit, firmavit atque testibus firmare rogavit in æternum. Raymundus Tolosanus comes, dux Narbonæ et marchio provinciæ pater suus firmat in æternum. Hugo G. firmat in æternum. Guilbertus de Zannaco firmat in æternum. Raymundus Pelet de Guardia firmat in æternum. G. de Sabrano firmat in æternum. Pontius Raynardi de Mezenis firmat in æternum. Pontius Guilhelmi de Bergeriaco firmat in æternum. Jeannes Raymundi scripsit. »

Le comte Raymond ne se qualifie point en ce titre comte de Rodez ; mais depuis que par yceluy il auctorise son filz Bertrand à faire donation, à cause de nopces à sa future femme de ceste comté, il fault nécesserement inférer de là q'uil feut seigneur et mestre d'ycele ; ce que se monstre plus évidemment par l'aultre tiltre de l'année mil quatre vingtz septze, que nous alons insérer icy, où il prent ouvertement le titre de comte de Rodez. Lequel titre m'a esté donné par le révérend père Odo de Gyesi, de la companie de Jésus, qui a illustré la vile du Puy par son libvre, qui depuis peu de jours il a mis en lumière, de l'esglise et antiquités de la dicte vile.

« In nomine sanctæ et individuæ Trinitatis. Ego R. de sancto Egidio, tam Tolosanorum quam Ruthenensium comes, pro redemptione delictorum meorum et parentum meorum, ob honorem et amorem S. Egidii quem multis injuriarum modis frequenter offendi, quatenus ejus festum in Aniciensi ecclesia et in cæteris illi subditis ecclesiis annuatim celebretur ; et ut in omnium canonicorum Podiensium conventui illo festivitatis die de meæ largitionis servitio annuus victus qui tantum festum tamque venerabilem conventum decet perenniter exhibeatur ; et ut candela dum vixero incessanter die ac nocte pro me ante Genitricis imaginem venerandam super altare ardeat ; et ut post mortem meam deffunctorum officium in eadem et in cæteris illi subditis ecclesiis annuatim mihi decantetur ; et ut indesinenter quotidiana oratio pro me vivente seu mortuo ibidem dicatur : dono hoc allodium et hanc terram meam quam rectius et rationabilius pro salute mea posse dare videor, scilicet villas Segrerii et Brugeriæ, et ejus terræ bajulum nomine Martinum Bertrandi dono pro servo altari B. Mariæ, et terram illam de Fabriargas quam ibi laborare facio et meos boves cum bubulco nominato Radulpho, quem pro servo, sicut prædictum bajulum trado, etc. Hanc igitur donationem donant et laudant Bertrandus et filius meus et uxor mea Hyldephonsi regis filia. Verum et hoc ego hoc donum meum confirmo et stabilio auctoritate Patris et Filii et Spiritus sancti. Quod si aliquis homo hanc donationem tollere vel inquietare voluerit ipsum omnipotentis Dei maledictione maledico, nec dubitet se esse positum sub anathemate domini Urbani papæ et omnium episcoporum et abbatum qui Claromontensi consilio interfuerunt, quod factum est super eos qui impugnare præsumpserint donationes et illas laxas quas illi faciunt qui ad dominici Sepulchri liberatione vadunt. Istud itaque donum, sicut dedi prius ante gloriosum altare Dei Genitricis coram omni ecclesiæ ejusdem conventu, sic apud Uticensem civitatem corroboro et confirmo in præsentia D. R. ejusdem civitatis episcopi, etc. Hujus autem honoris redditio facta est secunda die quando R. comes municipium et civitatem S. Maximini invasit. Et eadem die hæc carta facta fuit. »

Bien que ce titre ne soyt datté d'an ni de jour, il est néammoing fort aisé de colliger de la lecture d'yceluy en quele année il feut dressé, car y estent faicte mention du concile de Clermont, qui feut célébré par le pape Urbain 2, l'année mil LXXXXVI, et se trouvent faict en la vile d'Uzés, au pays de Languedoc, et par conséquent avant que ce comte se miet en chemin pour la Terre saincte, ce qu'il feit sur la fin de ladicte année, il fault nécesserement inférer que ceste donation se feit la mesmes année mil quatre vingtz septze.

Il apert donc asses de ces deux titres que ez dictes années quatre vingtz quinze et quatre vingtz septze, le comte Raymond, duquel nous parlons, estoyt comte non seulement de Toulouze, mais aussi de Rouvergue, coumme il est expressément porté par le dernier titre, où il ne se dit pas seulement « comes Ruthenæ, » mais « Ruthenensium, » pour monstrer que ceste comté pour lhors ne contenoit pas seulement la vile de Rodez, et ce que de présent est entendu par le mot de comté de Rodez, mais tout le pays de Rouvergue, ainsi que cy devent nous avons toché en passant. Et il semble aussi estre asses exprimé au premier titre de la donation de Bertrand par ces motz : « Civitatem Ruthenæ cum toto comitatu et episcopio ; » car ce terme de « episcopium » ne peut en cest endroict estre prins que pour le dyocèse, ou, coume nous parlons, pour toute l'estendeue de l'évesché de Rodez.

Le comte Raymond se porta fort valeureusement, coume nous avons déjà dict en ce voyage, et y acquit beaucoup de gloire, mesmes en la résolution qu'il print de ne revenir plus de par deçà, ains de se tenir toutjours après en la Terre saincte, et d'employer et ses forces, et ses moyens, et sa vie pour la déffance d'ycele. Il conquit à force d'armes et avec ses propres moyens la comté de Tripoly, une des plus beles et honorables seigneuries qui feussent en toute la Palestine. Ayant premièrement chassé les Sarrazins de toute la contrée d'ycele, et ne restent que la seule vile de Tripoly, que l'on tenoyt pour imprenable, il l'assiégea enfin, et la bloqua si bien et si estroictement, que les habitens d'ycele n'avoint auleung moyen d'en sortir, ni par terre ni par mer. Il y teint le siège durent quelques années, et pour demurer à couvert il bastist tout contre une aultre vile, à laquele il donna le nom de Mont pèlerin, où sa femme dame Elvira luy enfanta en sa vieillesse ung aultre fils, qu'il nomma Amphosse, qu'est Alphonce ou Hyldephonce, ainsin que les Espaignols le prononcent. Et parce qu'il feut baptisé au fleuve Jordain, il lui dona le surnom de Jordain. Guilhaume, archevesque de Tyr, en son euvre De bello sacro, met sa naiscence soubz l'an mil cent troys. Voicy coumme il en parle au dixième libvre de ceste euvre, chap. 27 (1).

« Natus est etiam ei (il parle du comte de Tolouze) in eodem loco, ex uxore propria Deo devota fœmina, filius de nomine majorum dictus Amphossus, qui eidem postea in comitatu Tolosano successit. Ce terme « de majorum » ne se doybt prendre des prédécesseurs du costé du père ; car il ne se liet poinct que auleung des devenciers de Raymond, comte de Toulouze et de S. Gilles, ayent jamais porté ce nom ; mais il les fault entendre de ceulx de la part de la mère, dame Elvira, fille du roy de Castille, Alphonce 7, et seur d'aultrey Alphonce, qui régnoit pour lhors, et, parce qu'il avoyt acquis toutz les royaumes d'Espaigne, avoyt prins le titre d'empereur. Au reste

(1) Guilhelmus archi. Tyri, lib. 10 de bello sacro, c. 27.

Raymond, comte de Tolouze, segond de ce nom, et comte aussi de Rodez, morut en ce siège de Tripoly et dans sa vile de Montpélerin, l'an MCV, ainsin que le mesmes autheur le tesmoigne au 2ᵉ chap. de son onzième libvre « de bello sacro. » (1)

De Bertrand, comte de Toulouse et de Rodez.

CHAPITRE XII.

Raymond, comte de Toulouze et de Rodez, s'en alant en Surie, layssa le gouvernement de ces biens à son filz Bertrand, qu'il avoyt déjà marié coume nous avons veu. Cestuici, après la mort de son père, qui décéda, coumme nous venons de dire, l'an mil cinq, print l'entière pocession d'yceulx et se porta absolument pour comte de Toulouze et de Rodez. Je n'ay pour encores peu voyr titre de luy, concernent les affaires de Rouvergue. Mais pour ce qui dépend de la comté de Tolouze, j'en ay veu deus. Le premier est une donation de la place de Born, faicte par ung seigneur nommé Hatton Ysnard, à l'Abbée et Religieux de Conques de l'advis et conceilh des évesque et comte de Toulouze : « Una cum concensu et consilio (dict ce titre) Ysarni Tolosani episcopi et Bertrandi comitis ejusdem civitatis. » Il n'y a poinct de datte d'année, mais du règne seulement de Philippe, en ces termes : « Facta donatio ista in mense septembris feria vij, regnante Philippo Rege. » Lesdits évesque et comte y sont signés avec

---

(1) Idem. lib. 11. c. 2.

le donateur et quelques tesmoings. L'aultre porte aussi donation de l'esglise du mont S. Jean, faicte pareilhement au monastère de Conques, par quatre seigneurs y nommés : Oddo, Bernard, Guilhaumes et Pons, filz de Raymond, coume le précédent « cum concensu et concilio Yzarni, Tolosani episcopi et Bertrandi, comitis ejusdem civitatis. » La datte est tele : « Facta donatio ista in mense maio feria v, regnante Philippo rege. » Et bien que l'année ne soyt spécifiée en l'une ni en l'aultre de ces donations, il fault néammoings qu'elles feussent faictes en l'une de ses quatre années, que sont depuis l'an mil cv, que le comte Raymond père morut en la Palestine, coume nous avons dict, jusques en l'année mil cent neuf, que le roy Philippe morut, et durant laquele aussi ledict Bertrand s'en alla oultre mer, d'où il ne revint jamais plus par deçà.

Le comte Bertrand ne demura que peu d'années en ce pays après la mort de son père ; car environ quatre ans après ycele, il passa la mer pour aller en la Terre saincte et y recepvoir la comté de Tripoli et aultres places et seigneuries, que son père y avoyt acquises. L'archevesque de Tyr met sa descente en la Palestine soubz l'année mil cent neuf ; car en son onzième libvre De bello sacro, chapitre ix (1), parlent de ce qu'auvinct en la Terre saincte, durent ladicte année : « Eodem tempore (dictil) Bertrandus, domini Raymundi comitis Tolosani filius, cum classe Jannensium circa urbem applicuit Tripolitanum ubi Wilhelmus Jordanis ejus consaguineus urbem obsidione vallabat, etc. » Et bien tost après son arrivée en la Terre saincte, il pressa de tele sorte les assiégés avec ceste armée des Genoys qu'uil print ladicte vile de Tripoly, laquele jusques alhors avoyt soustenu le siège ; et par mesmes moyen se rendit aussi mestre de toutes les aul-

---

(1) Guilh. archep. Tyri, lib. 11, de bello sacro, chap. 9.

tres places dépendens de la conqueste de son feu père, qu'il y teint et posséda paisiblement tant qu'il vesquit ; et venent à mourir les laissa à Ponce son filz qui ayant espousé madame Cécile, vefve de Tancrède, prince d'Antioche, et filhe naturele de Philippe premier du nom, roy de France, en eust ung filz, nommé Raymond, coume son ayeul, qui teint aussi et posséda ceste comté quelque temps, et après luy ses enfens et successeurs, par une longue entresuite d'années, tenens en la Terre saincte le premier reng après le roy parmy les seigneurs chrestiens, jusques à ce q'uils en feurent chassés par les Turcs. Et pour revenir au comte Bertrand, il s'agréa telement en ces cartiers là, ou plustost le zèle et affection q'uil avoyt à l'augmentation de la foy chrestiene feut si grande q'uil se délibéra de passer le reste de ses jours en la Terre saincte pour la tuition et deffense d'ycele. Et sur ceste résolution il céda à son frère Alphonce Jordain la comté de Tolouze, cele de Rodez, ensemble toutes les aultres terres et seigneuries de par deçà qui apartenoint à la maison de Toulouze.

De Alphonse, comte de Toulouze et de Rodez.

CHAPITRE XIII.

Alphonso, filz puisné de Raymond de S. Gilles, comte de Toulouze et de Rodez, estent saisi par le moyen que nous venons de dire des comtés de Toulouze, S. Gilles, Rodez et aultres terres et seigneuries de par deçà apartenens à la maison de Toulouze, quitta la Palestine pour s'en venir prendre pocession d'ycelcs, conduict par sa mère Elvira, par ce qu'il estoyt encores fort jeune de âge. Et estent arrivé en ces cartiers il trouva la vile de Toulouze et la pluspart de la comté d'ycele, occupée par le duc d'Aquitaine, prétendent ceste comté luy apartenir, et soustenent que l'alination qu'en avoyt esté faicte par Hugues Aymon n'estoyt que par simple engagement et non par vante pure et perfecte. Il avoyt mis dans la vile de Toulouse ung seigneur nommé Guilhaume Maurel, qui la tenoyt en son nom et coume gouverneur d'ycele, de sorte que le comte Alphonce ne la peut recouvrer de fort long temps, pendent lequel il se tenoyt en Provence, et pendent qu'il y faisoit son séjourn il y feut prisonier, ainsin que les chroniqueurs Tolosains asseurent, sens dire par qui, coume aussi ils ne disent pas en quel temps le duc d'Aquitene s'empara de la vile de Toulouze : si ce feut avant que le comte Bertrand s'en ala en Surie, ou si ce feut après son départ et durent son absence et minorité du comte Alphonce, coume il est plus croyable. Tant y a que le comte Alphonce faisoit tout ce qu'uil pouvoit, pour recouvrer la vile et comté de Toulouze. Il entreprint à ces fins ung voyage en Espaigne pour voyr s'il pourroit recouvrer secours de l'empereur Alphonce, son proche parent, qui avoyt prins le titre d'empereur, non pas d'Alemaigne ny de Rome, mays d'Espaigne, parce que il tenoyt presque toutz les royaumes d'ycele, les ayant toutz unis en sa persone. Les croniqueurs Espaignols et Arragonois font mention de ce voyage, mais ils disent que ce feut Bertrand que le feit, et non Alphonce, et le metent cependent soubz l'an mil cent septze, sept ans après que ledict Bertrand estoyt parti de ce pays pour aler en la Terre saincte, de sorte que, si ce qu'ilz en disent estoyt véritable, il faudroyt confesser que le comte Bertrand, après s'estre tenu quelque temps en Surie, s'en revint en France, ce que toutes foys nous avons cy devant nyé.

Ceste difficulté n'est pas petite, et ce que l'augmente davantage, est que ceulx qui ont escripte l'hystoire de Toulouze, coume ilz ne parlent d'aulcung sien retourn de par deça, ilz ne disent aussi rien de sa mort, ny pour l'année ni pour l'endroyt et pays où il morut, si ce feut en la Palestine, ou en France, coume ne faict pas aussi l'archevesque du Tyr en son hystoire De bello sacro, bien qu'il y parle souvent de luy et de son filz Ponce. Avant que de dissouldre ce doubte, ou dire ce qu'il me semble sur yceluy, je metrai icy ce que Surita asseure sur ce voyage faict en Espaigne par le comte Bertrand. Voicy coume il en parle, In judicibus Arragonicis, soubz l'an mil cxvi (1) : « Bertrandus Tolosatium comes, Raymundi comitis filius, qui in Tripolitanæ Phœniciæ nobilis urbis obsidione morte occubuit, et Elviræ Alphonsi regis Castellæ filiæ, maio mense Barbastri imperatorem invisit et sub ejus potestate se suaque tradit et subjicit ejus imperio atque supremo dominatui comitatum Tolosatem, Rhodensem, Narbonam præterea Narbonensemque ditionem et Blitterrensem comitatum, Agathenses, Cadurcos, Albienses et Carcassonenses, atque eam ditionem (honorem vocabunt) quam a Tolosatibus comitibus Fuxensis obtinuerat comes. Imperator ditiones eas omnes atque civitates comiti tradidit atque addixit supremo dominatus jure sibi posterisque suis recepto. » Roderic, Mariana, et les aultres annalistes Espaignols en disent tout autent, coume faict aussi Louys de Mayerne après eulx y adjoustans ce que nous avons dict de l'occasion de ce voyage, que Bertrand estoyt venu trouver l'empereur Alphons, pour luy requérir secours contre le duc d'Aquitene au recouvrement des terres, qu'il luy occupoit en France.

(1) Surita, in judicib. Arrago. sub anno 1116.

Mais pour dire ce qu'uil me semble sur ce doubte, je croys fermement que ces autheurs se sont failis, ayans équivoqué sur le nom propre de ce comte, prenens ung frère pour l'autre, sçavoir Bertrand pour Alphons, et croyans que Bertrand deubt encores tenir la comté de Toulouze, par ce que quelques années au paravant ils l'en avoint veu comte ; et que ce ne feut pas Bertrand qui vint treuver en ladicte année l'empereur Alphons. Voire qu'uil ne le peut estre il apert clerement, par ce qu'il estoyt parti de ce royaume pour s'en aler à la Terre saincte, dès l'an mil cent neuf, ainsin que nous avons monstré par le tesmoignage de l'archevesque du Tyr, qu'il fault nécessement croire, par ce qu'il estoyt en ce mesmes temps en la Palestine ; et il ne se treuve point que ce comte revint jamais plus de par deçà. Ains ce mesmes autheur faict fort honorable mention de luy en beaucoup d'exploictz de guerre, qui se feirent en la Surie durant les années mil cent onze, doutze et tretze, le metent toutjours au nombre des seigneurs qui se trouvarent à l'exécution d'yceulx. Voire semble il asseurre qu'uil morut en ces cartiers là en ce mesmes temps. Car il se remarque ung lieu au 18 chapitre de l'onzième libvre de cest autheur (1), duquel l'on le peut asses ouvertement inférer. Il parle en cest endroict de la mort de Tancrède, prince d'Antioche : « Hic (dic-til), dum in lecto ægritudinis decubaret, circa se in sui obsequio adolescentem Pontium domini Bertrandi comitis Tripolitani filium habebat ; vidensque sibi imminere mortis diem, uxore sua coram se posita Cœcilia (quæ domini Philippi Francorum regis filia erat) et prædicto juvene, consuluisse dicitur ambobus ut post ejus obitum jure convenirent maritali. Factumque est ita ut post ejus ex hac vita discessum, mortuo etiam domino Bertrando comite Tripolitano ejusdem patri, prædictus Pontius eamdem dominam

---

(1) Guilh. arch. Tyr, lib 11, c. 18 de bello sacro.

uxorem duxerit. » D'où l'on peut colliger que le comte Bertrand morut presque en mesmes temps que le prince Tancrède, lequel morut l'an mil cent XIII. Et qu'uil soyt ainsin que le comte Bertrand morut environ ce temps là, ce mesmes autheur bien tost après la mort de Tancrède et au mesmes libvre XI, c. 23, discourant d'une grande armée que s'estoit jettée en la principauté d'Antioche, pour l'envahir, estent ycele conduicte par ung seigneur turc nommé Boursequin en l'année mil cent quinze, le roi de Hyerusalem, estent prié d'ammener du secours à ceste terre, s'y achemina tout aussi tost avec toutz les seigneurs de la Palestine, ses vassaulx, entre lesquels feut Ponce, comte de Tripoly (1) : « Rex autem (dict-il) pro salute regionis sollicitus plurima congregata militia et honesto comitatu stipatus illuc impiger contendit, assumptoque secum Tripolitano comite Pontio intra paucos dies ad eum locum ubi dominus princeps suas collegerat copias pervenit. » Depuis que en cest endroict Ponce est apelé comte de Tripoly, c'est ung signe infalible que son père Bertrand estoyt mort ; car aultrement cest autheur n'auroyt donné au filz la qualité que son père avoyt prinse et toutjours portée depuis qu'il estoyt arrivé en la Terre saincte, veu mesmement que au paravant et pendent la vie du père ce mesmes autheur ne luy donnoit aultre qualité que de « Pontius, filius domini Bertrandi, comitis Tripolitani. » Revenens donc au voyage du comte de Tolouze en Espaigne, il fault, veu ce que dessus, nécesserement conclurre que ce ne feut poinct le comte Bertrand qui le feit et ne l'eust peu faire, attendu qu'uil estoyt décédé ung an ou deus au paravavant ; mais que véritablement ce feut le comte Alphonce Jourdain qui s'en estoyt venu de par deçà avec sa mère, Elvira, pour y recueilir la succession des biens de la maison de Toulouze à luy cédée par son frère Bertrand.

(1) Idem author, liber 11, c. 23.

Poursuivent donc le fil de nostre discours et tenent pour tout asseuré que ce feut le comte Alphons qui feit ce voyage en Espaigne, pencent recouvrer secours de l'empereur Alphons, mais il se treuva frustré de son espérence, ayant rencontré l'empereur si plongé en affaires, à cause de la guerre de Sarragousse qu'il avoyt entreprinse contre les Maures, q'uil n'avoyt le moyen de pencer à aultre chose que à cela. Il avoyt sur les bras une grande armée et d'Espaignols et de François, plusieurs seigneurs de France estens venus à son secours, et entre lesquels estoyt le duc d'Aquitaine, qui ne failit, à mon advis, à faire tout ce q'uil peut, pour rompre le dessain de ce jeune seigneur Toulouzain, qui n'eust aultre remède après avoyr receu les excuses de l'empereur que de s'en retourner en France sens avoyr peu rien avancer. Mais Dieu le favorisa d'ailheurs et dona ceste bonne volonté aux habitans de Toulouze, que de leur propre mouvement, inspirés du S. Esprit, ilz secouarent le joug du duc d'Aquitaine et ayans chassé de leur vile Guilhaume de S. Maurel qui y commendoyt de la part dudict duc, ilz se remirent d'eux mesmes en l'hobéyssence de leur vray et naturel seigneur. Les hystoriens de Toulouze disent (ce que nous avons déjà touché) que mesmes ils l'alarent recourir de prison, où il estoyt détenu en Prouvence, ou en la vile d'Orange, je ne scais pour quoy, et le conduirent en leur vile. Quant à l'homage que ce comte presta à l'empereur Alphonce, il ne fault pas pencer que ce feut en conséquence de quelque droict ancien, que les roys de Castilhe ou d'Arragon eussent sur les comtes de Toulouze et aultres terres que ce comte recogneut alhors de luy, mais ce feut la nécessité des affaires de ce jeune seigneur qui le constraignirent d'en venir là, pencent de se prévaloir de la grandeur et puiscence de ce roy son proche parent ; tant y a que par le moyen que nous venons de dire, il feut remis en ses biens, et nommément en la comté de Rodez, q'uil teint après et posséda paisiblement, jusques à ce q'uil aliéna une partie d'ycele, en faveur de Richard et Hugues père et filz, ainsin que nous monstrerons après. Mais par ce que les chroniqueurs d'Arragon font grand cas de quelques prétentions que les comtes de Barcelone, et après eulx les roys d'Arragon avoint ainsin qu'ilz présuposent, sur la comté de Rodez, il nous fault avant que passer plus oultre voyr que c'estoit et s'il est ainsin qu'ilz y ayent jamais rien prétendu. Ce sera le subject du chapitre suivent.

Des prætentions que quelques autheurs asseurent les roys d'Arragon avoy heu sur la comté de Rodez.

CHAPITRE XIV.

Les chroniqueurs d'Arragon, coumme nous venons de dire, metent souvent en jeu et font grand parade de quelques droictz que leur roys, coume comtes de Barcelone, prétendoint par le passé, ainsin q'uilz asseurent sur la comté de Rodez, sinon sur la propriété, pour le moins sur la supériorité d'ycele, car ils ne s'expliquent ouvertement si c'est ou pour l'ung ou pour l'aultre. Ils comprenent ces droictz soubz la généralité des aultres q'uilz prétendoint sur Carcassone, Béziers, Narbone, Nimes et quelques aultres places et seigneuries de Languedoc, coume il se voyt par le discours de leurs hystoires. Et ce que donne plus d'occasion de s'esmerveiler ou estonner de ces prétentions est qu'eles avoint coumencé de se former lontemps avant cest Alphons duquel nous parlons, voire avant son père Raymond de S. Gilles, ou pour le moings avant ceste donation, à cause de nopces de son filz Bertrand de l'an mil LXXXXV, que nous avons insérée cy dessus.

Il seroyt fort difficile de faire paroir au jour les raisons et causes particulières de ces droicts, tant par ce que ces autheurs sont muetz là dessus et n'en déclarent aulcuns que aussi pour ne se trouver aulcungs qui nous puissent esclairer ou doner la lumière à cognoiscence et intelligence de ces prétentions ; et pour les libvres, il ne se trouve aulcung hystorien Françoys, qui en ai e tant soyt peu parlé. Ce sont les seuls Arragonois qui ont touché ceste corde, mais si obscurément et avec tele confusion q'uil est impossible de prendre pied ou treuver quelque fondement solide sur leurs discours. Mais pour ne mespriser du tout ce q'uilz en disent, et q'uil pourra estre que leurs discours pourra conduire quelq'ung à la vraye cognoiscence de cest affaire, nous metrons icy ce qu'ils en ont laissé par escript. Car aussi fault-il examiner leur dire, et voyr s'il se doybt ou peut entendre de la comté de Roudez, ou d'aultre qui s'aproche du nom d'ycele. Et parce que Hyeronimus Surita, l'ung d'entre eulx, en a parlé plus avant que toutz les aultres, asseurent avoyr prins tout ce qu'il en dict d'ung aultre autheur plus ancien de beaucoup que luy, q'uil apele le vieilh croniqueur, et que je voys aussi d'ailheurs que toutz les aultres ont puisé de luy tout ce qu'ilz en discourent, nous metrons icy en ung tout ce que ledict Surita en ha dict en divers lieux de ces Judices ou chroniques d'Arragon, le plus briefvement et succintement que faire se pourra.

Il est tout certain que ces droictz escheurent aulx roys d'Arragon par le moyen de l'union de la comté de Barcelone à leur corone et estoint premièrement venus aulx comtes de Barcelone, en conséquence du mariage d'une filhe de la maison de Carcassone mariée en cele de Barcelone. Ce feult dame Almodis, filhe et héritière de ceste maison, laquele se maria avec don Raymond Bérenger qui avoyt succédé en la comté de Barcelone à son père Bérenger Raymond, décédé l'an mil trente cinq, et par ce mariage aporta en ceste maison de Barcelone et sa comté de Carcassone, et beaucoup de prétentions, que ses prédécesseurs avoint sur quelques places et seigneuries de Languedoc, et entre aultres sur la comté de Rodez (s'il est ainsin que la comté que Surita en plusieurs lieux de son euvre apele « comitatum Rhodensem » soyt cele de Rodez). De ceste mesme maison de Carcassone estoit sortie une aultre dame nommée Hermenguarde. Je ne scauroys dire si ele estoyt seur, tante ou niepce d'Almodis, car aussi ces autheurs non pas marqué ceste particularité. Tant y ha qu'ele feut mariée avec Raymond Bernard Trenquavel, vicomte de Béziers. Et parce qu'ele quereloit, sur les places que dessus, les mesmes droictz que la dicte Almodis y prétendoyt, ces deus seigneurs, leurs mariz, tumbarent en de si grandes disputes et contestations là dessus, que enfin ilz vindrent en une guerre ouverte. Mais elle feut appaisée par ung acord que feut passé entre eulx l'an mil LXVIII, duquel Surita parle en ceste sorte, soubz la mesmes année (1) : « Raymundus Berengarius, comes Barcinonensis et Almodis ejus uxor, de controversia quam cum vicecomite Raymundo Bernardo Trencavello habebant hæreditaria *comitatus Rhodensis, Galliæ provinciæ*, et vicecomitatus Conceranensis et Convennatis et jurisdictionis civitatis Carcassonensis et Narbonensis, Minervinæ ac Tolosatis, transigunt atque decidunt : Trancavellus comitibus se substringit supremumque eorum dominatum et summam potestatem sancit. Ea pactione

---

(1) **Hyeroni. Surita, sub anno 1068.**

Carcassonensis comitatus Trancavello mancipatur reci‑
piuntque comites Carcassonensem civitatem et eas poces‑
siones quæ episcopi erant juris. His constitutis Raymun‑
dus Arnaldus Carcassonensis vicecomes, et *Raymundus
Josbertus, vicecomes Rodensis,* comitibus Barcinonensis
posterisque eorum de se suaque subjiciunt atque addi‑
cunt. » S'il estoyt ainsin que Surita par ce mot de « comi‑
tatus Rodensis » volut entendre de la comté de Rodez, il
fauldroyt confesser que les comtes de Barcelone préten‑
doint alhors quelques droictz sur ycele. Et de vray, Louys
de Mayerne dict Turquet, l'entent ainsin, et le prent pour
Rodez, car en son hystoire d'Espaigne (1), traictent de ce
mesmes acord : « Pour esclaircir, dict-il, les alliances de
ceste maison de Caloigne, nous treuvons que la femme
Segonde du comte Raymond Bérenger, dict le vieilh, pre‑
mier de ce nom, apelée Almodis estoyt ysseue de la mai‑
son des comtes de Carcassone, grande et fort alliée
spécialement avec les seigneurs de Béarn, de Narbone,
avec les comtes de Toulouze, Bigorre et aultres maisons
de France. De la mesmes maison de Carcassone estoyt
ysseue Hermenguarde, mariée au viconte de Béziers,
lesquels, mari et femme, cédarent au comte dom Raymond
Bérenger et à Almodis sa femme, l'an mil LXVIII, les
droicts qu'ilz pouvoint avoyr sur les comtés de Carcas‑
sone, Toulouze, Comminges, Rodez et Minerve ; au
moyen de quoy ceste maison de Barcelone eust de grandes
seigneuries et prétentions en France. » Mais bien que
c'est autheur soyt en ceste créance que Surita, en ce lieu
là, aye volu entendre par « Rhodensem comitatum » la
comté de Rodez, si est ce que luy ne s'expliquent aultre‑
ment, et ne remonstrent par le menu en quoy concistoyt
ces droicts que ceulx de la maison de Carcassone pré‑
tendoint sur Rodez, ce doubte ne demeure pas plus

---

(1) Louys de Mayerne dict Turquet, en son hystoire d'Espaigne.

esclaircy par son dire mesmes que Surita semble l'obscurcir davantage, en ce que, nommant en ce lieu « comitatum Rhodensem, » pour s'expliquer davantage, et monstrer quele comté c'estoyt, et où elle estoyt assise, il adjouste tout incontinent ces motz « Galliæ provinciæ, » par lesquels motz, ainsin qu'il se voyt au discours de son hystoire, il entend toujours la Provence et le Languedoc, suivent la coustume des Espaignols, qui donent ce nom au Languedoc, par ce que les Visgoths ayans esté chassés de ce royaume de France, et s'estens retirés en Espaigne, ils retindrent par ung fort long temps le pays de Languedoc et une partie de la Provence, et nommoint tout cela « Galliam provinciam, » ainsin qu'il se voyt par leurs conciles tenus à Tollède et aultres lieux d'Espaigne esquels l'archevesque de Narbone et toutz ses évesques suffragans estoint apelés et tenus d'y acister. Et par ainsin cest autheur ne pourroit avoyr entendu par ce terme de « comitatum Rhodensem » la comté de Rodez, coumme n'estent pas assise dens le pays de Languedoc, mais en Guiene, de sorte qu'il y ha beaucoup plus d'apparence ou de raison de croire que Surita par ce mot de « comitatum Rhodensem » n'ha volu entendre la comté de Rodez, ains plus tost une aultre comté, qu'il y avoyt le temps passé en Languedoc près de cele de Carcassone, nommée la comté de Rhezès ou de Rhedzès, la capitale vile de laquele estoyt Lymous, et ung cartier de pays, proche de la dicte vile en ha conservé le nom, et s'apele encores de présent Rhèses, laquele comté, coume l'on peut aussi présumer, feut désignée par l'autheur du supplément d'Aymon par ce nom de Rhedas, ainsin que nous avons touché cy devent et monstrerons encores cy après, coumme ung vicomte de Béziers, nommé Bernard Hatton luy donne par son testament ce mesmes nom.

Mais laissant cela pour encores en doubte, et prenent pour ceste fois seulement coumme résolu et asseuré que

Surita aye volu en cest endroict parler de la comté de Rodez, l'ung et l'aultre de ces deus autheurs Surita et Turquet semblent bien asseurer que ces droictz prétendus sur la comté de Rodez provenoint de ceste dame Almodis ; mais c'est sans rien particulariser n'y spécifier aultrement de quele source ou fontaine ceste dame les dérivoyt. J'ay esté d'aultres foys en ceste opinion que c'estoyt de la maison de Toulouze qu'ele puisoit ces prétentions ; car avant ce mariage qu'ele contracta avec dom Raymond Bérenger, comte de Barcelone, elle avoyt esté mariée en premières nopces avec ung compte de Toulouze; ce que je collige d'ung lieu du mesmes Surita, lequel, soubz l'an mil septente six (1), estent tumbé sur le décès de ce mesmes Raymond Bérenger dict le vieilh, segond mari de ladicte dame, dict ceșsi : « Duos reliquit filios Berengarium Raymundi, quem natu majorem priscus author affirmat, et Raymundum Berengarii, quibus Cataloniam omnem divisit. Carcassonem ditionem Raymundo attributam comperimus. Hunc Guilhelmi comitis Tolosatis fratrem ex Almodi matre memorant. » Ces derniers motz monstrent asses que ceste dame avoyt esté mariée en premières nopces avec ung comte de Tolouse, et qu'uil en avoyt heu ung filz, nommé Guilhaume, qui feut aussi comte de Toulouze, et lequel par ce moyen estoyt frère utérin de Raymond Bérenger, filz puisné de Raymond Bérenger le vieulx, et de ceste dame Almodis. L'on pourroit avec quelque apparence de raison croire qu'ele puisoit de ceste maison de Toulouze les droictz qu'ele prétendoit sur Rodez, ou pour luy avoir esté bailés en payement de sa dot après la mort de son premier mari, ou que au contract de sondict mariage ilz luy eussent esté donnés « in sponsalitiam largitatem, » par ung tel et semblable titre que celuy que nous avons cy devant marqué sur le ma-

---

(1) Surita, sub anno 1076.

riage du comte Bertrand et de dame Electe, ou pour quelque aultre cause à nous incogneue. Mais ce que m'a tiré de ceste opinion est que nous avons veu par les lieux, que nous avons admenés de Surita et de Turquet, que la vicomtesse de Béziers Hermenguarde prétendoit mesmes droictz sur ceste comté, que Surita apele « Rhodensem comitatum, » que dame Almodis, pour estre sortie coumme ele de la maison de Carcassone. Par ainsin il fault nécesserement conclure, que ces droictz prenoint leur source de la maison de Carcassone et non de cele de Toulouze, en laquele Hermenguarde n'avoyt rien. Mais de scavoir plus particulièrement d'où venoint ces prétentions à ceulx de Carcassone, il ne s'en treuve rien par escript.

Et quoy q'uil en puisse estre, il est certain que cest acord de l'an MLXVIII apaisa pour ceste fois la querele d'entre ces deus seigneurs de Barcelone et de Béziers, en laquele ilz s'estoint telement aigris, q'uilz en estoit venus en guerre ouverte, en laquele le comte de Barcelone feut toutjours assisté d'Amaulrri, viconte de Narbone, en récompence de quoy quelques années après il luy dona certaines places en Languedoc, coume le mesmes Surita l'atteste soubz l'an mil LXXVII (1) en ces termes : « Hujus (dict-il, parlent du viconte de Narbone) egregia enituit opera quod Raymundo auxilium tulerit in eo bello quod adversus eos proceres gessit qui Rhodensem et Carcassonensem ditiones invaserat, etc., » desquels motz nous pouvons inférer que ce ne feut pas le seul viconte de Béziers qui mena ceste guerre contre le comte Barcelonois, mais que beaucoup d'autres seigneurs estoint joinctz avec luy ou luy assistoint en ceste guerre.

Il demeure donc asses cler et manifeste, par ce que nous venons de dire, que, au moyen du mariage de ceste

---

(1) Surita, soubz l'an 1077.

dame Almodis avec le comte de Barcelone, les successeurs d'yceluy, et les roys d'Arragon qui sortirent d'eux (coume nous monstrerons après), acquirent de grandes seigneuries et beaucoup de droicts sur d'aultres places, assises par deça les mons Pyrénées, qu'ilz continuarent de quereler par ung fort long temps après, et qui plus est, les accrurent et augmentarent de beaucoup par mariages ou aultres moyens d'acquisition par deçà ou par delà le Rhosne, desqueles il nous fault ung peu discourir par ce qu'eles ont quelque chose de commun avec le subject, que nous traictons, et que doneront beaucoup de jour à la cognoiscence d'yceluy.

Gilbert, comte de Provence et de Milhau, vivoit du temps de ce Raymond Bérenger le vieulx, et avoyt à femme une dame nommée Tyburge, filhe d'ung des comtes de Rodez, que nous avons cy dessus nommés, ainsin que le seigneur Nostredamus l'asseure en son hystoire de Provence. Il ne dict point de q'uel comte elle estoyt sortie ; mais j'oseroys croire que c'estoit ou de Robert ou de Raymond troisième, coume nous dirons après ; car, à ce que cest hystorien en dict, elle vivoyt environ l'an mil quatre vingtz. Du mariage de ces comte et comtesse de Provence ne sortit aulcung masle, mais seulement deus filhes, Doulce et Faidire ou Faidite. Ce comte avant que décéder maria son aynée Doulce avec dom Raymond Bérenger dict Arnould, filz de Raymond Bérenger dict le vieulx, comte de Barcelone, et ce l'an mil cent onze, si nous volons croire Surita, lequel soubz ladicte année parle dudict mariage en ceste sorte (1) : « Raymundus, Barcinonensis comes, princeps validus et præpotens, non tam præcario quam summa virtute imperium adeptus, Dulciam Guiberti comitis Provinciæ et Amiliavi filiam in matrimonium ducit, quæ patri earum

(1) Surita, sub anno 1111.

ditionum hæres succedit. » Gilibert morut bien tost après ce mariage, scavoir l'an mil cent doutze. L'aultre filhe, qu'estoyt Faidire, feut après la mort de son père mariée avec Alphons Jourdain, comte de Toulouse, duquel nous avons coumencé de parler au chapitre précédent. Ces deus grands seigneurs, bien que alliés de si près, que nous venons de dire ne demurarent guières sens entrer en piques sur la succession des biens de leur feu beau-père. Car bien qu'uil eust instituée héretière en toutz ces biens Doulce, son aynée, si est ce que Faydite, oultre sa légitime, prétendoit d'aultres droietz sur les biens de ses feus père et mère, coume aussi faisoit bien Alphons, son mari, de son chef, ou coume représentent la persone de son père Raymond segond, qui de son vivent quereloit quelques droietz en la comté de Provence, et en tenoit et possédoyt quelque partie, qu'estoit la cause pour laquele il se qualifioit en ces letres marquis de Provence : ce que dona occasion à ces deus seigneurs d'entrer en guerre ; mais en l'an mil cxxv il vindrent en acord par lequel une partie de la Provence, avec une partie aussi de la vile d'Avignon, feut bailée à Alphons et Faidire, mariées, pour toutes leurs prétentions sur la maison de Provence, et le reste du corps de la Provence avec le titre de ceste comté demeura au comte de Barcelone et à sa femme. Il nous fault voyr les particularités de cest acord par ung lieu de Surita, où toutes les places, bailées à l'ung et à l'aultre sont spécifiées. C'est soubs l'anne 1125 (1) qu'il en discourt en ceste sorte : « Barcinonensis acri bello persequitur Tolosatem, neque parvadere inter eos contentio vertitur. Tolosas oppidum arcemque Bellicardi, Argentiæ territorium, Provinciæ comitatum tanquam erepta repetebat. Ad cam tandem pactionem deventum est, Barcinonensis et Dulcia ejus uxor

---

(1) Surita, sub anno 1125.

Bellicardi arcem, Argentiæ et eam Provinciæ comitatus partem quæ Druentia et Isara fluminibus continetur, et Vallebrugiæ arcem, Tolosati condonarunt. Mediam Avinionis urbis partem et castella oppidaque Pontis Sergiæ amnis, et ejus territorii aliquod arces sibi recipiunt. Pacto vero convento, Tolosas et Faidida, ejus uxor, Barcinonensibus comitibus posterisque eorum reliquam Avinionis partem et comitatum Provinciæ cum Massoagæ arce, iisdem finibus quibus a Druentiæ fluminis ortu quod a Jano monte perfluit, et ejus fluminis regione in eum locum quo in Rhodanum influit et in mare effunditur, remittunt. Paciscuntur ut alter in alterius locum nullis relictis liberis earum ditionum hæres succedat. In ea pacta conventa discessum est ad xvii kal. septemb. » Turquet en son hystoire d'Espaigne discourt de ceste querele et acord s'en ensuivi en la mêmes façon que Surita.

Mais ni l'ung ni l'aultre ne comprenent en yceulx la comté de Rodez et n'y font aulcune mention d'ycele, ce que me confirme davantage en ceste opinion que les comtes de Barcelone ne prétendoint aulcungs droictz sur ycele, et que ce que Surita dict ez lieux marqués cy dessus « de comitatu Rhodensi » ne se doibt entendre de la comté de Rodez, ains de celle de Rhedzes ; car si les comtes de Barcelone eussent rien prétendu sur la comté de Rodez, c'estoyt a lhors le temps de se quereler avec les aultres droictz q'uils demandoint, veu que le comte de Tolouze la possédoyt pour lhors entièrement, sans que les comtes de Barcelone y teinsent rien. Que si il y eussent prétendu quelque chose il n'est pas croyable qu'uils ne s'en feussent alhors expliqués, veu la guerre en laquele ils s'estoint enfoncés fort avant, sans s'espargner l'ung l'aultre. Que si l'on veut dire qu'uil n'est non plus parlé audict acord de la comté de Rhedzès, sera respondu qu'uil n'estoyt pas aussi besoing de le faire, veu que le comte de Toulouze ne quereloit rien sur ycele, coume il ne faisoit

CHAPITRE XIV.

pas sur Carcassone, de laquele il n'y est aussi faicte aulcune mention ; laquele toutesfoys se trouve estre faicte ez acords intervenus entre le comte de Barcelone et le comte de Béziers, par ce que leur principale contestation estoyt sur ces deus comtés, de Carcassone et de Rhedzes, lesqueles se treuvent toutjours joinctes et unies ensemble, tant ez lieux que nous avons cy devant ammenés que en ceulx que nous metrons après, par ce que eles dérivoint de mesmes source et avoint toutjours esté d'une mesmes maison.

Vient aussi à remarquer pour une plus évidente preuve de ceste opinion que les comtes de Barcelone, après cest acord passé avec le comte de Toulouze, ne renoncèrent jamais aux prétentions q'uils avoint sur ceste comté que Surita apele « comitatum Rhodensem, » et moins en laissarent-ilz la pocession et saisine q'uilz en avoint ; ains continuarent toutjours et d'en jouyr et d'en disposer et par contractz d'entrevifs et par testament tout ainsin qu'ilz avoint acoustumé de faire au paravant ; bien toutesfois que ce feut le comte Alphons qui jouyssoit paisiblement et à leur veue la comté de Rodez, sans q'uilz se missent en debvoyr de l'empêcher, ny de luy doner aulcung trouble en ceste jouyssance, ny par armes, ni par justice ; et n'est pas croyable que s'ilz y eussent prétendu quelque droict, ilz ne s'en feussent remenés en quelque façon. Or qu'il soyt vray que, après ledict acord, les comtes de Barcelone continuarent leur pocession et jouyscence de la comté de Rhedzes et d'en disposer par leurs contratz et dernières volontés, il aperra asses par les lieux que nous alons ammener.

Raymond Bérenger dict Arnoul, qui passa cest acord avec le comte de Toulouze, venent à la fin de ces jours et laissant deus enfens masles, dona par son testament au premier, nommé Raymond Bérenger, la comté de Barcelone et cele de Carcassone, ensemble l'aultre que Surita continue toutjours d'apeler « Rhodensem comitatum, » et au segond, qu'estoyt Bérenger Raymond, il laissa la comté de Provence et de Milhau. Voicy coume Surita en parle soubz l'an mil cent trente ung (1) : « Moritur Raymundus Berengarius, comes Barcinonensis. Ex dicta uxore Dulcia liberos suscepit duos. Maximo natu ejusdem nominis et cognominis inter cætera Carcassonensem et Rhodensem comitatus donat. Berengario vero Raymundo natu minori comitatum Galliæ provinciæ et Amiliavum maternæ hæreditatis bona atque jura condonat. » En vertu de ce testement Raymond Bérenger, que nous pouvons apeler 4 de ce nom, succéda à son père Raymond Bérenger Arnould ez comtes de Barcelone, Carcassone et Rhedzes.

Ce feut ce Raymond Bérenger qui apporta à la maison de Barcelone la corone d'Arragon au moyen du mariage q'uil contracta avec dame Peyronele, filhe unique de dom Ramir, dict le moyne, roy d'Arragon ; non que ledict Bérenger print jamais le titre de roy, par ce q'uil se contenta de celuy de prince d'Arragon, suivent les pactes et les conventions de son mariage, mais si feirent bien ses enfens avec leur postérité, qui portarent toutjours après sa mort le titre de roys d'Arragon, ensemblement celuy de comtes de Barcelone. Ce prince feict ung voyage en Languedoc contre Trencavel, viconte de Béziers, lequel s'estent révolté contre luy se portoit pour comte absolu de Carcassone et de ceste comté, apelée par Surita « Rhedensis comitatus, » sans le voloir recognoistre pour supérieur ; duquel voyage Surita (que nous avons si souvent mis en jeu) parle en ceste sorte, soubz l'an mil CLI (2) : « Princeps Arragonum Narbonam contendit, qua in urbe Trancavellus Bitterensium et Carcassonen-

---

(1) Surita, sub anno 1131.
(2) Surita, sub anno 1151.

sium vicecomes qui a principe defecerat se illi novembri mense addicit. Et ab eo Carcassonam et Rhodam urbes et earum arces atque ditiones et Lauracensem arcem honorariæ fidelitatis jure retinet ut Bernardo Athoni condonata fuerant. » Desquelz motz l'on peut clerement voyr que l'intention de Surita n'ha esté d'entendre ez lieux cy devent cottés, parler de la comté de Rodez, quant il y faict mention de « comitatu Rhodensi, » ains de ceste comté de Rhedzes ou Rhèzes que en ce lieu icy il nomme par son vray nom, ce q'uil n'avoit au paravant faict.

Mais si faict bien après en ung aultre endroict, soubz l'an 1179, en ces termes : « Rogerius Bitterrensis vicecomes, Sauræ filius qui, Tranquavello patre vita functo, summa levitate Carcassonam urbem Raimundo Tolosatium comiti tradiderat regi ditionemque omnem dedit atque addixit Minervæ. Præterea arcem tradit A. D. IIII non. novembris rex Carcassone, honorario fidelitatis, jure Carcassonem et ejus ditionis arces, Lauracum et Lauracensem tractum, Rhodam, Lymosum saltum et ejus territoriis propugnacula, Termas et Minervæ arcem condonat, etc. » Lequel lieu me semble faict exprès pour monstrer que ce mot de Rheda et par conséquent de « Rhedensis comitatus » qui en est dérivé ne se peut entendre de Rodez, ni de sa comté, depuis que ceste ville de Rhoda et cele de Lymous y sont joinctes, et que toutes deus sont comprinses soubz ung mesmes territoire par ces « Rhodam, Lymosum saltum et ejus territorii propugnacula. » Ce ne peut donques estre la vile de Rodez, veu la distence des lieus, estant ycele esloignée de Lymous de 40 lieues ou environ.

L'on peut aussi remarquer de ce lieu de l'année 1151, ou par la dernière clause d'yceluy, que ladicte comté de Rhedzes et cele de Carcassone avoint esté au paravant bailées par les comtes de Barcelone à Bernard Athon père, coume je pense de ce Trancavel, qui s'estoyt révolté contre le prince d'Arragon, pour les tenir à foy et homage desdicts comtes de Barcelone. J'ay le testement de ce Bernard Athon, viconte de Béziers de l'an mil cxxix duquel résulte que, laissent luy troys enfens masles survivens, il dona au premier, nommé Rogier, la comté de Carcassone, et cele q'uil apele Rhedas; au segond, apelé Raymond Trencavel, il laissa Béziers et Agde, et au dernier, nommé simplement Bernard, il léga Nimes. Voicy coume ces légatz sont conceus audict testement : « Rogerio filio meo relinquo Carcassonam et Carcasses, Rhedas et Rhedes, Albiam et Albiges, et omne quod habeo in Tolosano, et quidquid dominus Carcassonæ habuit in Narbones excepto Cerceno cum pertinentiis, et quidquid dominus Ambileti habuit in Rouvergue. Raymundo Trencavello filio meo relinquo Bezers et Bezerres ; item Agde et Agdes; item Cerceno cum suis pertinentibus, et totum fenum quod dominus Anduzæ habuit a domino Bitterensi. Bernardo filio meo relinquo Nemausum ; item in substentatione fenum comitis Melgorensis, etc. » D'où nous pouvons voyr coume le lieu que nous venons d'apporter de Surita demeure grandement illustré et esclaircy par ce testement, estent ceste place de Rhedzes, en l'ung et en l'aultre, apelé de son vray nom Rhedas, tel q'uil se treuve aussi dens le supplément d'Aymon au lieu cy devent par nous allégué. L'on peut aussi remarquer de ce testement q'uil y est parlé et du pays de Rhedzes ou Rhedez et de celui de Rouvergue sépareement, et coumme de deus choses séparées et diverses; car premièrement il y est faict mention de Rhedas coume coumté ou vile capitale d'ycele, et du Rhedzes coume contrée ou pays dépendent de ladicte vile ou comté ; et séquativement quelques lignes après il y est parlé du pays du Rouvergue en ces termes: « Et quidquid dominus Ambileti habuit in Rouvergue. » Que si Rhedzes eust été une mesmes chose avec le pays de Rouvergue, coume il debvoyt estre, si par ce mot de

Rhedas eust este entendeue la vile ou comté de Rodez (veu que coume nous avons déjà monstré la comté de Rodez contenoyt tout le pays de Rouvergue), ce eust été asses d'exprimer le pays de Rouvergue par celuy de Rhedzes ; mais depuis que il s'y parle séparement de toutz les deus, il fault nécesserement inférer de là que c'estoint deus pays divers et séparés. D'ailheurs l'on peut tirer tent de ce testement que dudict lieu de Surita, que la comté de Rhedzes ou de Rhèdes estoyt en ce temps là jouye, tencue et possédée par les comtes de Barcelone ou par les vicontes de Béziers, qui la tenoint d'eus en foy et homage. Et toutefoys en ce mesmes temps, Alphons, comte de Toulouze, coume nous avons déjà monstré, tenoyt et possédoyt réalement et effectuelement la comté de Rodez. Il ne peut donc estre que ce ne feussent deus corps séparés et deus comtés distinctes l'une d'avec l'aultre, de sorte que ce qui se dict de l'une ne se peut entendre de l'autre.

Monsieur Catel, très docte et digne conseilher en la court de parlement de Toulouze, en son hystoire des comtes de Toulouze par lui mise en lumière l'année présente 1625, et que j'ay veu depuis avoir receu ce que dessus, libvre premier, chapitre onzième, tient la mesmes opinion, et asseure que la comté, ou pays de Rhedzes, exprimé le temps passé par ce mot de « comitatus » ou « pagus Rhedensis » est tout aultre que la comté de Rhodez, et assis en divers pays : l'ung qu'est Rèdes au pays d'Aquitaine, et l'aultre qu'est Rèzes au pays de Languedoc, à trois lieues de Carcassone, les villes de Lymoux et Alort, comprinses et contenues dans ycelluy, Limoux estant pour le présent la capitale d'yceluy. Il le preuve par un concile provincial, tenu en la vile de Narbone l'an 788, et pour terminer un différent survenu entre l'évesque d'Elne, au comté de Rossillon : c'estoyt « Elnonensis episcopus » (l'évesché duquel a esté depuis transféré en la vile de Perpignan) d'une part, et l'archevesque de Narbone, l'ung et l'aultre prétendens ce pays, que nous avons apelé « Reddensem pagum, » estre situé dans les enclaves de leurs dyocèses. Il asseure ce concile se trouver encore dans les archifs de l'archevesché de Narbone, et que la déclaration et advis des pères de ce concile ledict pays feut adjugé à l'archevesque de Narbone. Il aporte aussi aux mesmes fins ung vieilh titre, du temps de Charles le simple, d'un archevesque de Narbone, nommé Arnustus, par lequel ce prélat se donne la qualité de « archiepiscopus Narbonensis et Reddensis, » et asseure ce mesmes autheur avoir veu ung bon nombre d'aultres actes anciens, où il se parle de « comitatu de Rhedensi, » et entre autres ung faisant mention d'ung monastère, apelé de Cuperin, assis « in pago Redensi. » Finalement il aporte ung lieu de Theodulphus, évesque d'Orléans, prins de son itinérere. C'est évesque, décrivant son passage par le Languedoc, faict expresse mention de Carcassone et de Redzes en ces deus vers :

> Inde revisentes te Carcassonas Rhedasque,
> Mœnibus inferimus nos cito, Narbo, tuis.

Mais poursuivons nostre discours des prétentions des roys d'Arragon ou des comtes de Barcelone. A dom Raymond Bérenger 4 du nom, comte de Barcelone et prince d'Arragon succéda son fils Alphonce, qui le premier des comtes de Barcelone print le titre de roy d'Arragon. Cestuicy ayant succédé ez biens de sondict feu père eust une attaque avec Raymond 3 du nom, comte de Toulouze, et filz d'Alphonce Jourdain, duquel nous avons cy devent parlé, et ce sur quelques droictz restens encores à liquider entre eulx, tant sur la comté de Provence que sur quelques places et seigneuries qu'ilz prétendoynt respectivement. Mais cest affaire se termina civilement par acord intervenu entre eulx et passé dans une isle du Rhosne, lhors apelée Gervica, entre Beaucaire et Tarrascon. Nous aporterons icy les propres motz de

Surita, lequel en parle ainsin, soubz l'an 1176 (1) : « Decimo tertio kalend. maii, rex Arragonensis Alphonsus et Raymundus Tolosatium comes, in insula Gervica Tarrasconi et Bellicardi interjecta, ad colloquium congrediuntur super eo jure Provinciæ quod Tolosas sibi dotis ac nuptiarum filiæ comitis Provinciæ nomine, quæ Tolosatis filio regis permissu nuptura erat, sibi arrogaverat pepigere inter se, neque de Provinciæ tantum ditione et Amiliavensis comitatus jure contenderant. Sed Gabalitanam etiam ditionem et Carladensium Tolosas repetit, quorum dominatum filiæ Provinciæ comitis et Richæ Augustæ matri attribui debere rex contendit. Deciditur ea contentio ac Tolosas jus omne Provinciale à se repetitum remittit, partitionisque ejus jura agnoscit qua Alphonsus comes Tolosas et Raymundus Berengarius comes Barcinonensis regis avus usi fuerant ; recipiuntque Tolosas Gabalitanam terram et rex comitatum Melgorensem. » Voilà ce que Surita dict sur c'est acord, qu'il asseure avoir esté passé entre ces seigneurs en conséquence des conventions acordées sur ung mariage, traicté entre le filz de Raymond 3, qui ne pouvoit estre aultre que Raymond 4, qui luy succéda en la comté de Tolouze, et la filhe du comte de Provence. Mais ce mariage ne sortit à effect par ce que Raymond 4 se maria aileurs, ayant prins à femme la seur du viconte de Béziers, ainsin que le mesmes Surita dict à la suite de ce que dessus. « Neque Tolosatis filius (dict-il) comitis Provinciæ filiam duxit ; sed Beatricem Trencabelli Biterrensis vice comitis sororem in matrimonium sibi collocat. » Au reste en cet accord n'est faicte aulcune mention de la comté de Rodez, non plus que en celuy qui feut passé l'an mil cxxv entre le comte Alphons et le comte Raymond Bérenger, que monstre évidement qu'ele n'estoyt et ne feut jamais en

---

(1) Surita, sub anno 1176.

dispute entre eulx, et que les comtes de Barcelone ny les roys d'Arragon ne quereloient rien sur ycele; ains au contrere que les comtes de Toulouze la tenoint paisiblement et sans aulcung trouble, et par conséquent que les picques et controverses, que les comtes de Barcelone avoint heu au paravant contre les vicontes de Béziers, n'estoint sur ceste comté de Rodez, mais sur ceste comté de Rhedzes ou Rhedez, apelée par Surita « comitatum Rhodensem. »

Ceulx qui tienent l'opinion contrere et qui asseurent que c'estoyt sur la comté de Rodez que les comtes de Barcelone prétendoynt ces droictz, se peuvent ayder d'une aultre raison, à laquele il sera bon de respondre avant que conclurre ce discours. Ils peuvent donc dire que au traicté de mariage de Philippe le hardy, filz du roy S. Louys, avec madame Ysabeaulx, fille de Jaques, roy d'Arragon, solempnizé l'an 1260, mais qui avoyt esté coumencé de traicter dès l'an 1258 par les pactes et conventions d'yceluy, feut acordé que ces deus roys se quiteroint l'ung à l'aultre toutes les prétentions qu'ilz avoyt respectives, l'ung sur le royaume de France, et l'aultre sur le royaume d'Arragon, coume de faict ils le feirent. Et entre aultres le roy d'Arragon renonça aux droictz qu'il pouvoit avoir sur la comté de Rodez, ce que S. Louys (auquel les comtés de Toulouze et de Rodez estoint déjà escheus par le décès sans enfens d'Alphons, son frère, et Jeane de Toulouze, sa feme) n'eusse stipulé de luy, s'il n'eust esté asseuré que le roy d'Arragon y prétendoyt quelque droict. Turquet, en son hystoire d'Espaigne, traictent de ce mariage, asseure c'este renonciation avoyr esté faicte par Jaques, roy d'Arragon, et voicy ce qu'il en dict : « Par ce mariage les roys d'Arragon, à ce que contienent les hystoires d'Espaigne, eurent la main levée et entière délivrance de la principauté de Catalogne ou comté de Barcelone, pour en jouir de là en avant en plaine propriété et souvereneté, sans plus recognoistre à cause d'ycele vasselage aux roys de France ; en récompense de quoy le roy d'Arragon quitta aussi de sa part les droictz de souvereneté qu'il prétendoit sur Carcassone, Rodez, Béziers, Léocate, Alby, Amiliaire (il veut dire Milhau), Nimes, S. Gilles et aultres terres, qu'il assigna en dot à sa filhe avec le domayne utile de Carcassone et de Béziers. » André Favin, advocat en la cour du parlement de Paris, qui depuis peu d'années a faicte l'hystoire de Navarre, en dict tout autent ; mais là dessus il se fault souvenir de ce que nous avons cy devent dict, que l'ung et l'aultre ont prins de Surita tout ce que ils disent sur ces prétentions, s'estens abusés sur ce mot de « comitatus Rhodensis, » duquel Surita uze toutjours lhors q'uil vient à parler d'yceles, le prenans pour la comté de Rodez, bien q'uil se doibve entendre de cele de Rhedzes, et que cest autheur, parlant de ce mariage, se soyt servi de ce mot. Il apert asses par ce qu'il en dict sur l'an mil CCLVIII, les propres termes duquel nous ne ferons difficulté d'inséser icy, par ce que il y spécifie plus particulièrement, et par le menu, les conventions acordées entre ces deus roys et les quittences ou renunciations q'uils se feirent les ungs aux aultres :

« Rex Jacobus (dict-il) (1), Monpellerium contendit, Corbellio cum Ludovico Francorum rege ad colloquium devenit. Quo in loco maio mense summæ conjunctionis vinculis devinciuntur. Constituent ut Yzabella regis (Jacobi) filiæ natu minima Philippo, Ludovici filio, regni successori, nubat. Dotis et arrarum nomine Isabellæ vetusto Galliæ more et instituto quinta regni pars arcibus et propugnaculis receptis assignatur. A. D. v iduum maii Carbellio reges actiones de controversiis omnibus utrinque constitutas remittunt juraque condonant. Ludovicus enim rex Barcinonensis, Urgellitani, Ruscinonensis, Empor-

---

(1) Surita, sub anno 1258.

ritaniæ, Cæretanæ, Confluentinæ, Gerundensis et Ausitanæ ditionum suprema jura potestatem et fidelitatis dominatum repetierat. Noster vero Carcassonensem, Rhodensem, Lauracensem, Albigensem, Fuxensem, Cadurcensem, Narbonensem, Minervensem, Fenoliacensem, Saltuensem, Petrapertucensem, Aimiliavum, Condonensem, Gabaldanam, Nemausensem, Solensem et S. Ægidium ditiones et eorum jura et potestates a capite arcessit. Vicissim alter alteri jure suo cedit. Eo ipso tempore Jacobus rex id omne jus quod repetere in Gallia Provincia Folcalqueriensi, Arelatensi, Avenionensi, et Massiliensi ditione aut obtinere poterat Marguaritæ Francorum reginæ Raymundi Berengarii Provinciæ comitis filiæ attribuit. » De là nous pouvons clerement voyr coume ces deus hystoriens d'Espaigne, Françoys toutes foys de nation, ont æquivoqué sur ce nom de « Rhodensis comitatus, » le prenent pour Rodez, bien qu'uil doibve estre prins pour Rhedzes.

Mais que plus est, le seigneur Catel, au lieu que naguieres nous avons cotté, asseure avoir veu ceste transaction de l'an 1258 passée entre ces deus roys, où ces deus comtés de Rodez et Rhêzes sont distinctement séparées par ces noez : « Carcassone et Carcasses, Rheddas et Rheddes, Alby et Albiges, Ruthena et Ruthenos. »

Nous pourrions aultrement dissouldre ce doubte en avouant et confessent que en ce traicté de mariage et ez renonciations, que respectivement y feurent faictes par ces deus roys, la comté de Rodez y feut véritablement comprinse, et que le roy d'Arragon renonça expressément aux droictz, qu'uil pouvoyt prétendre sur ycele, non en consequence des prétentions que les feus comtes de Barcelone y pouvoint avoyr heu, coume comtes de Carcassone, qui estoynt sur la comté de Rhedzes, et non sur cele de Rodez, coume nous avons monstré, mais bien en consequence et à cause de l'homage presté l'an mil. cxvi par Alphonce Jordain, comte de Toulouse, à l'empereur Alphons, auquel homage feut comprins Tolouze, Rodez, Alby, Cahors, Foix et aultres comtés dépendans de la maison de Tolouze ; car bien que les roys d'Arragon ne se feussent jusques alhors servis de cest homage en aulcunes de leurs capitulations avec les comtes de Toulouze, recognoiscens bien l'invalidité et faiblesse d'yceluy, pour avoyr esté extorqué d'ung jeune seigneur, qui n'avoyt encores attainct le âge de quinze ans, sans cause ny sans aulcung droict précédent, si est ce que en ce dernier et final traicté, auquel toutz les droicts, que ces deus roys pouvoint prétendre sur les royaumes l'ung de l'aultre, feurent exactement recherchés et refriqués. Nostre roy S. Louys ne volut oublier ou laisser en arrière cestuicy pour déraciner toutes occasions de querelles qui se feussent peu à l'advenir former sur ce poinct, que s'il est ainsin q'uil faile entendre ce lieu icy de la comté de Rodez coume il y ha grande apparence q'uil le fault faire, veu q'uil y est parlé semblablement de Cahors, Alby, Foix, Sainct Gilles et aultres places dépendentes de la maison de Toulouze, nommées audict homage. Il fauldra confesser que coume Surita ha, tant en ce lieu que aussi en l'aultre de l'an mcxvi, où est parlé dudict homage bien et proprement adapté ce mot de « comitatus Rodensis » à la comté de Rodez, que aussi il s'est faily aux aultres traictés, d'acord passés entre les comtes de Barcelone et les vicomtes de Béziers en donant par équivoque ce mesmes nom de « comitatus Rhodensis » à la comté de Rhedzes, pencent à mon advis que c'estoyt ung mesmes corps et une mesmes comté que cele de Rodez et cele de Rhedzes, à cause de quelque similitude que se treuve en leurs noms ; bien toutes foys que ce feussent deus comtés séparées l'une de l'aultre, et en cela il a donné occasion aux aultres de failir et teumber en mesmes erreur.

Nous dirons donc pour faire fin et conclurre ce discours

que les comtes de Barcelone et les roys d'Arragon, qui succédarent en ceste comté, ne prétendirent jamais aulcungs droictz sur la comté de Rodez, en conséquence du mariage de dame Almodis, mais bien sur la comté de Rhedzes, et que toutes les disputes q'uilz eurent avec les vicontes de Béziers feurent principalement pour cela et pour la comté de Carcassone, lesquelles deus comptés marchoient toutjours ensemble, coume aussi elles estoint limitrophes et voysines l'une de l'aultre, signe évident que l'une et l'aultre estoint dérivées d'une mesmes source et tirées d'unne mesmes maison. L'on peut remarquer par les lieux et passages que nous avons cy dessus aportés que, depuis que l'une et l'aultre feurent bailées l'an huict cens septente deus par le roy Charles le chauve à Bernard comte de Tolouze, coume nous avons vérifié par le lieu que à ces fins nous avons ammené du supplément d'Aymon, au quel lieu cele de Rhedzes est désignée par ce nom de Rhedas, elle se treuvent toutjours unies ensemble, n'estent jamais parlé de l'une que l'aultre ne la suive tout aussi tost ; ne se treuve poinct que es disputes et différens qui intervindrent souvent entre les comtes de Barcelone ou roys d'Arragon et les comtes de Toulouze, il y soyt jamais faicte mention de la comté de Rodez ni en aulcungs aultres de leurs traictés, hors mis en l'homage que Alphons Jordain, comte de Toulouze, feit à l'empereur Alphons l'an mil cent septze, et au mariage de Philippe le hardy avec dame Isabeaux d'Arragon, duquel nous venons de parler ; bien toutefoys que au temps des aultres que ces seigneurs passarent ensemble, et pendent leurs disputes, la comté de Rodez feut tenue, possédée et jouye paisiblement par les comtes de Toulouse ; que si ceulx de Barcelone y eussent prétendu quelque droict, il n'est pas à croyre, coume nous avons dict une aultre fois, q'uils n'en eussent faicte quelque instance, aussi bien que d'aultres choses q'uilz contestoint, qui n'estoint d'aulcune importence au respect de la comté de Rodez, ainsin que nous avons dict une aultre fois.

De la comté de Milhau et à quel titre elle fut joincte à cele de Provence.

CHAPITRE XV.

Au discours que nous venons de faire des droictz que les comtes de Barcelone et après eux les roys d'Arragon prétendoynt sur la comté de Rodez, nous nous soumes servis de quelques lieux et passages tirés de Surita, chroniqueur Arragonois en la pluspart desquels est faicte mention d'ung Gilibert, comte de Provence, lequel y est toutjours qualifié, non seulement « comes Provinciæ » mais aussi « comes Aimiliavi » coume aussi l'on peut avoir remerqué que en toutz les endroictz où il se parle de la comté de Provence se treuve toutjours joincte ceste aultre comté que le mesmes autheur apele « comitatum Aimiliavi, » que je prens pour la comté ou vile de Milhau assise en ce pays de Rouvergue, parce que il ne se rencontre aulcune aultre vile ny en Provence, ny ez cartiers par deçà le Rhosne, qui porte ce nom, ni aultre que s'en aproche, que la seule vile de Milhau, laquele en latin s'apele Amiliavum, fort conçonent à celuy de Aimiliavum, duquel uze Surita, où n'y ha que la seule lettre de i que y soit interposée ; de sorte que je croy fermement que par là il ne veult entendre d'aultre vile que de cele de Milhau. Et parce que c'est chose de remarque pour ce pays, il me samble que ce ne sera hors de propos que de rechercher la cause de ceste antiquité ou d'où procédoint les droictz que les comtes de Prouvence pouvoint avoyr sur ceste vile ou comté de Milhau, avant que metre fin à ce premier libvre.

Ce Gilbert tenoyt la comté de Provence environ l'an mil septente, quatre vingtz, et quelques années après il estoyt marié avec une dame nommée Thietburge ou Tyburge, que le seigneur de Nostredamus en deus divers endroictz de son hystoire de Provence asseure estre sortie de la maison de Rodez, et qu'ele estoyt filhe d'ung des comtes d'ycele, sans aultrement le nommer. Mais consydéré le temps qu'ele vivoyt il fault croire qu'ele estoyt filhe ou de Robert ou bien de Raymond troisième desquels nous avons cy devant parlé. Le sieur de Beloy, advocat du roy en la court du parlement de Toulouze, en ung playdoyer qu'uil feit en ladicte court, l'an mil vi cent sept sur la vérification de l'édict d'union du domaine de Navarre à celuy de la corone de France et qu'uil dressa en partie sur de mémoires qu'uil eust de moy, passe encores plus avant et dict que ceste dame estoyt héritière de la maison et comté de Rodez, et, pour preuve de ce, allègue Garibay, hystorien espaignol, sens aultrement cotter le lieu. Je fais grand doubte que Garibay l'aye ainsin asseuré en son hystoire; mes mémoires n'en estoint point chargés et voys bien que cela ne pouvoit estre, veu que coume nous avons monstré cy devant en ce temps là et du vivant de ceste dame, Raymond de S. Gilles, comte de Toulouze, tenoyt la comté de Rodez et jouissoit d'ycele paisiblement et sans contradiction quelqounque. Aussi Surita, qui en ses Judices parle souvent dudict Gilbert, ne luy donne jamays le titre de comte de Rodez et cy faict bien de comte de Milhau, ensemblement avec celuy de comte de Provence; ce que sans doubte il l'eusse faict, s'il eust trouvé quelque titre où ledit Gilbert se feut ainsin qualifié, et c'est sans doubte que si Gilbert ou Tytburge, sa femme, eussent prétendu quelque droict sur Rodez, ilz s'en feussent qualifiés comtes, suivant la costume des grands qui n'oublient jamais de prandre le titre de quelque place pour si peu de droictz qu'ilz y ayent ou puissent prétendre. Monsr d'Elbène, évesque d'Alby, en son libvre des marchis de Gothie et comtes de Toulouze, faict mention d'une infeudation faicte l'an mil quatre vingtz par l'empereur Rhaould à ce Gilbert, et ce des comtés de Provence, Rodez et quelques aultres places et seigneuries qu'uil dict y estre nommées. Mais il juge bien luy mesmes que ce titre ne peut estre vray, au moings pour la comté de Rodez, parce qu'ele ne dépendit jamais de l'Empire coume faisait la Provence ; aussi ledict seigneur n'asseure pas avoyr veu et leu ce titre luymesmes, mais ung mémoyre d'yceluy que luy avoyt esté envoyé par ung sien amy.

Nous debvons donc tenir pour tout asseuré que ceste dame Tyburge estoyt filhe d'ung comte de Rodez depuis que l'hystorien de Provence, où elle avoyt esté mariée, l'asseure ainsin, pour avoyr veu, coume il est croyable, l'instrument de son mariage, mais non que pour cela il faile tirer ceste conséquence qu'ele feut aussi comtesse de Rodez ; car coume la comté de Rodez estoyt ung fief de la comté de Toulouze, et que l'anciene nature dez fiefs estoyt tele que les femeles n'y pouvoint succéder, ains en deffault des masles il retournoint au seigneur dominant et supérieur, il fault croire que, les males de ceste première branche des comtes de Rodez estant failis, ceste comté revint aux comtes de Toulouze, coume la vérité est tele qu'uilz la tenoint et tindrent toutjours du vivent de ceste dame. Mais par ce qu'uil n'estoyt raisonable qu'ele demeurât despouilée de toutz biens paternels, il fault croire que pour sa légitime et droictz de nature l'on luy baila la vile de Milhau, et ce que dépendoyt d'ycele soubz le titre et dignité de coumté ; et c'est pourquoy Gilbert son mari en portoyt le titre. Et que ce soyt de la vile ou comté de Milhau, assise au pays de Rouvergue, que ce titre se doybve entendre, il apert non seulement par le raport et consonence du nom, coume nous avons dict, mais aussi par ce que encores de présent les habitans de Milhau avouent et confessent avoyr par le passé apertenu aux comtes de Barcelone et roys d'Arragon, desquels ils tienent avoyr receu les armoiries de leur vile qui sont quatre pals de gueules en ung champ d'or, teles que ancienement feurent concédées aux comtes de Barcelone. Et pour plus grande confirmation de ce, j'insèreray icy les letres que le roy Jaques d'Arragon envoya aux habitens de ladicte vile de Milhau, l'an MCCXXII, par lesqueles il se dict seigneur et comte de la dicte vile, soustenent qu'ele avoyt apertenu à ses prédécesseurs ; q'ue ne peut estre par aultre moyen que à cause de la comté et biens de Provence, qu'eux et ceulx de Barcelone avoint teneus longuement. Voycy coume ces letres parlent :

« Jacobus Dei gratia rex Arragonum, comes Barcinonencis et dominus Montispessulani, dilectis et fidelibus suis consulibus et probis hominibus Amiliavi salutem et gratiæ largitatem. Si statum præsentem et præteritum comitatus Amiliavi et terræ circumjacentis attendat aliquis diligenter, inveniet manifeste quod recta fuerint vestra concilia, quæ nobis per vestras literas expressistis : et nostra mandata secundum vestra concilia processerunt. Et per utrumque nedum comitatum Amiliavi, sed alias terras circumjacentes ad nos expectantes credimus retinere. Verum quia de novo nobis super præmissis dedistis per literas et per dilectum fratrem nostrum J., latorem præsentium, consilium salutare, videlicet ut aliquem virum discretum, instructum in facto et jure mitteremus ad curiam Clarimontis qui comitatum Amiliavi repetat a domino cardinali, et se opponat comiti Tolosano : solicitudinem et fidelitatem vestram quam geritis in præmissis plurimum comendantes, vobis taliter respondemus quod vos habemus pro viris sapientibus et discretis, et in jure et facto instructis, et habetis copiam sapientum ; et hoc negotium vestræ fidei comittimus procurandum, cum consilio venerabilis patris et consanguinei nostri charissimi G. episcopi Mimatensis cui super eodem scribimus, sicut illi per cujus curam et solicitudinem vobiscum pariter omnia credimus fœliciter promovenda. Scribimus etiam specialiter dilectis ac fidelibus nostris B. Geraldi et Stephano Durandi ac R. Besseda, viris utique in utroque jure peritis, eosdem plurimum depræcantes, quatenus illi curiæ intersint vobiscum, et hoc negotium proponant, in præsentia domini cardinalis et comitis Tolosani, sicut R. comes pater ipsius totum comitatum Amiliavi et jus pignoris remisit liberaliter patri nostro. Et vos penitus absolutos nomino et mandato ejusdem patris nostri ecclesiæ juravistis, quando comitatum prædictum eidem ecclesiæ comendavit, adjungentes alia adjungenda quæ vos vidistis pariter et audivistis per quæ possit totum negocium salubriter expediri. Ideoque devotionis et fidelitatis vestræ constantiam plurimum depræcamur dantes vobis firmiter in mandatis ut præmissa omnia fideliter procuretis ad honorem et utilitatem nostram et ad ea promovenda totis viribus detis operam efficacem, non parcendo expensis necessariis et honestis, quia de ejusdem reditibus, et in eorum deffectu de nostris propriis omnes curabimus emendare. Et insuper reddetis vos dignos præmio et honore ad quæ nos novimus obligatos. Et damus vobis plenam et liberam potestatem, quatenus, nullo alio mandato nostro expectato, de ipsis reditibus præsentibus et futuris expensas omnes prædictas modis omnibus faciatis, ne pro deffectu expensarum nostræ vel vestræ negligentiæ possit aliquid imputari ; quia comitatu recuperato et alia terra nostra credentur omnia dilecto nostro fratri Joanni latori præsentium nostro nomine gubernanda, quousque nostrum aliud mandatum videbitis. Datum Oscæ 7. kal. madii, anno 1223. »

Il apert clerement de la lecture de ceste letre que c'estoyt une réponce que le roy d'Arragon faisoit à quelque aultre letre que les habitans de Milhau lui avoint faicte, et que ce n'estoint de son propre mouvement q'uil voloyt renouveler ceste querele de la comté de Milhau, mais que c'estoyt à la solicitation et prière desdicts habitans qui se voyoint en ce temps là en ung trèsgrand trouble et confusion d'affaires, ezquels ilz estoient plongés, non seulement eulx, mais généralement toutz les aultres de ce pays, et en particulier ceulx qui relevoint de la comté de Toulouze; par ce que leur seigneur et comte, Raymond 4, ayant soustenu trop opiniastrement les hérétiques Albigeois, et ceste hérésie ayant esté après condamnée au concile de Latran, l'an MCCXV, par le pape Innocent troisième, toutes les terres, places et seigneuries d'yceluy avoint esté par le mesmes concile déclarées vacantes et en conséquence de ce donées à Simon de Montfort, comte de Lycestre. Mais le comte Raymond 4, étent décédé, son filz Raymond V^e s'estent retiré de nostre S. Père le pape, lui avoyt remonstré que lesdicts biens à luy acquis par les dispositions testamenteres de ses prédécesseurs ne luy pouvoint estre tollus et ostés pour les crimes et meffaicts de son feu père, mesmes q'uil n'estoyt ni hérétique ni fautur des hérétiques, mais bon chrestien et catholique, sur quoi le pape Honoré 2, qui avoyt succédé à Innocent 3, comist et déléga cest affaire à l'archevesque de Narbone pour ouyr là dessus de par deçà ledict comte et examiner diligement ce négoce en la présence du légat apostolique, qui estoyt pour lhors en ces cartiers pour l'affaire des Albigeois. Tout ainsin que l'asseure Antonin, archevesque de Florence en sa chronique, titre 19, chap. 4, § 6 (1), où il

---

(1) Antoninus, archi. Florentinus in chro., tit. 19, c. 4, § 6.

parle de ceste assamblée q'uil met soubz la mesmes année de la datte de cesté letre de l'an 1222. Ceulx de Milhau donc, se trouvans en une grande ambiguité et ne volens, s'il eust été possible, tumber ni ez mains du comte de Montfort ni du comte de Tolouze, à cause de l'incertitude de cest affaire, ou ysseu d'yceluy fort doubteuse, par ce que ils prévoyoint de grands dangers d'ung costé et d'aultre, pour se tirer en quelque façon de la presse ils pensèrent de se dresser du roy d'Arragon, les prédecesseurs duquel avoint d'aultres foys esté leurs seigneurs. Mais en ce temps ils ne pouvoyt justement prétendre aulcung droict sur eulx, par ce que coume nous avons cy devant monstré ceste comté de Milhau dépendoyt de la maison de Provence et aloyt et marchoit toutjours de mesme pied avec elle, de sorte que qui estoyt comte de Provence l'estoyt aussi de Milhau. Or la maison de Provence avoyt esté séparée de la maison d'Arragon et de Barcelone dez l'an mil cent nonante ung, par ce que Alphonce, roy d'Arragon, venent à morir en ceste année là, feit héritier son filz ayné Pierre, qui feut roy d'Arragon et comte de Barcelone après luy, et laissa la comté de Provence à Alphonce son segond filz, laquele ne revint jamais plus à la maison d'Arragon. Car cest Alphonce, comte de Provence, de sa femme dame Guarcende de Folcalquier heut ung filz nommé Raymond Bérenger, qui succéda à son père en ladicte comté de Provence, et ayant prinse à femme dame Béatrix de Savoye, filhe de Tomas duc de Chablais et d'Auste, et de Béatrix filhe du comte de Genève, de ce mariage sortirent seulement quatre filhes sans aulcun masle : scavoir Marguerite, mariée avec le roy S. Louys ; Eléonor, mariée avec Henrry 3, roy d'Angleterre ; Sance, mariée avec Richard, duc de Cardone, frère du roy d'Angleterre, qui après feut eslu empereur ; et Béatrix, mariée avec Charles d'Anjou, frère du roy S. Louys, qui après feut roy de Secile et de par sa femme comte de Provence ; de sorte que après ledict Alphonce, la comté de Provence demeura toutjours séparée d'avec le royaume d'Arragon, sans jamais plus y reantrer. Aussi il ne se trouve point que le roy Jacques poursuivit aultrement ceste prétention de Milhau, ains demura l'affaire en l'estat qu'il estoyt pour ce respect ; et si en se temps là y eust eu quelques ungs qui eussent peu prétendre quelque droict sur la vile ou comté de Milhau, c'eust esté les comtes de Provence, lesquels je ne treuve poinct néammoings s'estre remués sur ce subject, qui me faict croire qu'uilz s'en estoint acommodez avec les comtes de Toulouze et leur avoint cédés leurs prétentions sur ceste comté ou par eschanges de quelque aultre pièce en Provence ou aultrement. Coume qu'uil en feut, il est certain que en ce temps là, c'este vile de Milhau marchoit avec la comté de Toulouze, censée et réputée des appertenences et dépendances d'ycele avec le reste du pays de Rouvergue, hormis la comté de Rodez, tele qu'ele se voyt à présent, qui en avoyt esté distraicte par le moyen que nous dirons à la suite de ceste hystoire. Et quelque temps après nostre roy S. Louis, ayant recouvert des mains des comtes de Montfort le droict qu'uils avoint sur la comté de Toulouze à cause du don qui leur en avoyt esté faict par nostre S. Père au concile de Latran, s'accorda avec le comte Raymond cinquième, au moyen du mariage d'Alphons, comte de Poictiers, son frère, avec dame Jeanne de Toulouze, fillhe unique dudict Raymond par lequel acord l'usufruict de ladicte comté ou de la plus grande partie d'ycele feut laissé audict comte Raymond pour en jouyr sa vie durand, après laquele ladicte comté debvoyt venir auxdits mariées et à leurs enfens, s'ilz en avoint, et defflault d'yceulx à la corone de France, coume il advint. Car Alphonce et Jeane sa femme estans décédez sens enfens, la comté de Toulouse et tout ce qu'en dépendoyt feut uni à la corone de France. Au leur mort estoyt décédé ledict comte Raymond V^e, lequel tant q'uil vesquit jouyt de sadicte comté et dépendences d'ycele, et entre aultres de la ville de Milhau dans laquele il moreut l'an mil deus cens quarante neuf, s'en revenent d'Aiguesmortes de treuver le roy S. Louys, qui s'en aloyt an voyage d'Affrique, en la companie duquel estoint aussi Alphonce, comte de Poictiers, son frère, avec sa femme, dame Jeane, filhe dudict comte. Avant que mourir il feit son testement, en la mesme vile de Milhau, que j'ay veu datté « apud Amiliavum, nono calend. octob., anno domini M° CC° XLVIII, » par lequel il faict héritière sa filhe après un grand nombre de léguatz pies q'uil laisse aux esglises et monastères. Guilhaume de Puilaurans son chapelain ou aumosnier, qui assista à sa mort, en son hystoire des Albigeois, nous est fidèle tesmoing coume il morut en ladicte vile de Milhau, au 47 chapitre d'ycele.

LIBVRE SEGOND

DE LA

COMTÉ ET COMTES DE RODES

Coume la comté de Rodez, telle qu'ele se voyt de présant, feut desmembrée de cele de Tolouse, et de Richard et Hugues, père et filz, premiers comtes d'ycele en ceste segonde lignée.

CHAPITRE PREMIER.

Nous nous soumes ung peu esguarés de nostre discours, pour monstrer quels estoint les droictz que les roys d'Arragon, comtes de Barcelone, prétendirent quelque temps sur ce pays de Rouvergue, pour lhors désigné par ce titre de comté de Rodez, ce que a esté coume nécessere pour faire voyr ouvertement qu'il ne leur apartenoit, ains qu'il dépendoit de la comté de Tolouze ; et par mesmes moyen confirmer ce que nous avions mis en avant que la comté de Rodez, coume elle est de présent composée (de laquele nous avons délibéré de traicter), a esté démenbrée de celle de Tolouze. Il est donc temps de revenir au discours que nous avons intermis.

Nous avions commencé de dire que Bertrand, filz de Raymond 2 de ce nom, comte de Tolouze et de S. Gilles, ayant receu la novelle de la mort de son père, décédé en la Palestine, s'y achemina pour recueilir la comté de Tripoly, où il s'aggréa de telle façon qu'il se résolut d'y passer le reste de ses jours. Et sur ceste intention il quitta et céda à son frère Alphons Jordain la comté de Tolouze, ensemble toutes les aultres terres de deçà, qui dépendoint de la maison de Tolouze et succession des biens de leur feu père. Après laquele cession ou transport, Alphons s'en vint de par deçà avec dame Elvire, sa mère. Mais treuvant la comté de Tolouze occupée, il passa en Espaigne pour requérir ayde et secours au roy de Castille Alphonce, son oncle, contre le duc d'Aquitaine, qui luy détenait injustement la vile et comté de Tolouze, ce qu'il ne peut obtenir. Mais Dieu luy assista de ces faveurs en telle sorte que par les habitans mesmes de ladicte ville il feut remis dedans, en ayant esté premièrement chassé et expellé Guilhaume de S. Maurel qui y commandoit de la part dudict duc d'Aquitaine, coumme nous avons dict une aultre foix.

Alphonce Jordain ayant recouvert sa comté de Tolouze et saisi de celle de Rodez et aultres places et seigneuries que dessus, jouyt toutjours après d'ycelles puisiblement et sans aulcung trouble. Bien est vray que la nécessité de ces affaires le constraignit quelque temps après de vendre et aliéner une partie de ce pays de Rouvergue, scavoir ce que nous avons cy devant, au commencement de c'est euvre, descript et désigné soubs le nom de la comté de Rodez, telle qu'elle est à présent, contenent, non tout le pays de Rouvergue, mais ung peu plus que la troisième partie d'yceluy, et c'est de c'este comté que nous entendons cy après parler au discours de ces libvres, prenant les comtes, qui ont héréditablement succédé en ycele, les ungs après les aultres, jusques à présent. De quoy le lectur se souviendra, s'il luy plaict, affin de ne prendre plus ceste comté dores nhavant pour tout le pays de Rouvergue, comme nous l'avons prinse en quelques chapitres précédens, et se prenoit communément avant ceste novele aliénation d'Alphons ; laquele vente ou aliénation il feit à deus seigneurs de ce pays, père et fils, Richard et Hugues. Je n'ay jamais peu treuver de quele maison ils estoint, mais je serois volontiers de ceste opinion qu'uilz estoint vicomtes de Carlat, et ce que me le faict croire ainsin est qu'il ne se peut treuver parmi les titres et vieiles panchartes (desqueles s'en voyt grand nombre dans les archifs d'ycele) par quels moyens ceste viconté feut acquise aux comtes de Rodez, lesquels toutesfois s'en trouvarent tenenciers et possesseurs dès les premières années q'uils eurent acquis ladicte comté, et de toutes les aultres places et seigneuries, qui de présent se voyent joinctes et unies à ladicte comté, comme sont la viconté de Creysseilh, les baronies de Roquefeuilh ou Mayrueis, Bénéven, Caussade et Castelnau de Montmirail. L'on trouve les acquisitions et aultres titres au moyen desquels elles ont esté incorporées en ladicte comté, que me confirme en ceste créance que ces deus seigneurs, Richard et Hugues, lhors de l'acquisition q'uilz feirent de ceste comté, estoint déjà vicomtes de Carlat (1).

Quoy q'uil en soit, il est assuré que ces deus seigneurs, père et filz, acquirent ceste comté de Rodez d'Alphons Jordain, comte de Tolouze, duquel nous parlons, non que le titre de ceste acquisition se puisse treuver, mais j'ay veu ung fort ancien titre qui l'asseure ainsin, c'est ung extraict ou vidimat du testament, ou dernière volonté d'ung abbé, nommé Pontius, qui par cest acte faict ung départemant de toutz ces biens entre ses parens et amys. Et bien que le nom de son abbaie ne soit exprimé en ce titre, je vouldrais néammoins croire,

---

(1) Depuis la mort de l'aut'heur, Mʳ Plantavit, évesque de L'Odesve, a fait l'histoire des comtes de ladite ville, d'où paroist que lesdits Richard et Hugues estoient cadets de la maison de L'Odesves. *(Note postérieure au manuscrit.)*

q'uil estoyt abbé de S. Amans, esglise sise dans la ville de Rodez, en l'aquele, le temps passé, avoyt une congrégation ou collège de chanoines réguliers, régis et gouvernés par ung abbé, coumme nous avons cy devent monstré ; car par ceste dernière volonté, il charge la pluspart de ses légateres de randre après leur mort le légat q'uil leur laissoit, aux chanoines de ladicte esglise de S. Amans. Le langage de ce titre est ung languáge corrompu, meslé du latin et du vulgaire Roerguas, tel que celuy de quelques titres que nous avons cy devant ammenés. Par ce qu'il est fort long, nous n'en metrons icy que le commencement et la fin, qui seule sert à nostre subject, après avoir prié le lectur, coumme j'ay faict une aultre fois cy devant, de ne s'escandaliser d'ung languáge si estrange et si golffe et malagréable. Le commencement donc est tel : « Breve quod fecit trahere Hugo comes, filius Richardi : de illo breve quod jussit facere Pontius abbas, quando divisit honorem suam inter ecclesias Dei et parentes vel amicos suos, pro anima sua et pro anima genitoris sui et genitricis suæ et pro anima Raimundo comite seniore filio Adelais inprimis illo, etc. » Ce comencement est suivi d'ung grand nombre de laisses, ou légatz q'uil faict à ces parens et esglises de ce pays ; que monstre que c'estoit ung grand seigneur fort opulent et de trésgrands moyens ; à la fin desquels il adjoute ces mots : « Præcor amicos et parentes meos, in amorem Patrem et Filium et Spiritum sanctum, si ullus homo brevem istum et laxionem istam inquietare voluerit, non liceat facere et ira Dei omnipotentis illi incurrat, et præcor amicos meos Desiderio episcopo, Ramo, Ugo et Aiefre et aliis et sanguineis meis, sicut superius scriptum est, sic observanda sit usque in diem judicii. Facta divisione ista in mense novembri sub die sabbato 4°, Poncio abbate, qui brevem istum fecit scribere ad Andream scribanum de quo iste fuit tractus. » Après ceste fin, ung peu plus bas est escript coumme ung petit procés verbal du vidimus ou extraict de ce titre, conceu en ces termes : « Facta fuit translatione ista sicut superius scriptum est in mense octobri sub die calendas v^e, luna vii, auctor ipso Ugone, comite, qui hunc brevem jussit fieri. Wuilhelmus scripsit in anno illo in quo Richardus comes et Ugo filius ejus acquisierunt Ruthenensem comitatum d'Amphos, comite Tholosano. » Ce sont ces derniers motz desquels j'entens m'ayder pour la preuve de ce que j'ay mis en avant, que ces deus seigneurs acquirent la comté de Rodez, d'Alphonce, comte de Tolouze, qui pour lhors vulgairement estoyt apelé Amphos ou Amphoce. L'archevesque du Tyr luy donne toutjours ce nom, coumme nous verrons par ung lieu que bien tost nous raporterons de luy.

Par ce que l'instrument de ceste vente ne se peut treuver, l'on ne peut aussi sçavoir les particularités des conventions y contencues, mesmes à quel prix c'este vente feut faicte. Mais il est bien certain que le prix ne feut lhors d'ycelle entièrement payé, voire ce que resta à payer dudict prix ne feut acquité de fort longtemps après, car il se trouve que Henrry, premier de ce nom, comte de Rodez, paya une partie de ce que restoit à Raimond 4 du nom, comte de Tolouze ; et par ce qu'uil luy faisoit encores reste de mil vi cens mares d'argent, il luy en passa obligation, et par exprès lui affecta et hypothéqua pour yceulx la ville de Rodez et les places ou chastelenies de Montroziers et Malevile. Mais Hugues son filz acheva de payer lesdicts xvi cens mares d'argent à Raymond 5, comte de Tolouze, qui luy en passe entière quittence et de la licte soumme et de toutz aultres droicts qu'uil pouvoit encores avoyr et prétendre sur la conté de Rodez, réserve le droict d'homage et supériorité, que, à mon advis, le comte Alphonce s'estoit réservé sur ladicte conté lhors de l'aliénation d'ycele. Coume j'ay veu par ladicte quittance, dattée du premier d'octobre M II cent XXXIX, en tels termes : « Et promittimus nos R. comes Tolosæ quod numquam contra prædicta veniemus, nec mille VI centum marchas argenti prædictas, nec pignora quæ pro eis fuerant obligata, nec aliquod jus quod in comitatu tuo Ruthenæ vel in tota ejus terra habebamus vel habere poteramus seu debebamus a te dicto Hugone comite vel à tuis hæredibus nos vel hæredes nostri per nos vel per alium petemus, et pactum facimus ulterius non petendi, excepto tamen jure allodii principalis, quoniam totum comitatum tuum Ruthenæ a me in feudum tenes nec in meo feudo per dictas conventiones præjudicium generari volo quod a nobis tu vel prædecessores tui perpetuo habuistis. » Nous voyons par là que les comtes de Tolouze prétendoint encores quelques droictz sur la comté de Rodez, démembrée de la comté de Tolouze, peut estre pour la plus valeue ou aultres prétentions desqueles ce comte leur feit entière quittance. Et pour ce que concerne l'homage réservé nous verrons encores cy après quelques ungs des homages et quelques aultres titres confirmatifs de ce droict là.

Par ce que nous venons de dire apert évidement par quel titre, à qui et en faveur de qui la comté de Rodez, telle que se voyt de présent fut tirée et séparée de celle de Tolouze, le reste du pays de Rouvergue demurant en propriété aux comtes d'ycelle ; mais de cotter l'année de ceste séparation, il est fort difficile depuis que nous n'avons en main le titre d'ycele, et que ceulx que nous avons ammené pour vérifier nostre dire ne la dattent poinct aussi. Fault néammoings nécesserement croire que ceste aliénation se feit depuis que le comte Alphonce feut remis en sa comté de Tolouze et aultres terres qui en dépendoint. Ce que advint environ l'an mil cent vingt, comme l'asseurent Bertrand et Noguier, chroniqueurs Tolozains, jusques en l'an quarante sept que ce comte morut en la Terre saincte, en laquele il s'estoit derechef acheminé, fut ce par dévotion ou pour voyr ses nepveux comtes de Tripoly qui tenoint pour lors un fort grand et honorable rang au royaume de Hyerusalem parmi les seigneurs Françoys, qui s'y estoint habitués. L'archevesque du Tyr met son décès soubs ladicte année mil cent XLVII, lequel au chapitre de son libvre en parle de ceste façon, discourent des événemens de ceste année là : « Applicuit hiis diebus in portu vir magnificus illustris comes Tolosanus Amphossus domini Raimundi senioris comitis filius. Dum inde in Hyerosolimam ut, Domino pro peracta fœliciter peregrinatione gratias acturus, pergeret, apud Cæsaream urbem maritimam paucis postquam appulit diebus, porrecto illi ut dicitur veneno, sed auctore tanti sceleris incerto, vitam finivit. » Il n'ose nommer l'autheur d'ung si vilain acte. Mais si faict bien l'abbé Robert qui en accuse la reine de Hyerusalem, mettent toutesfois la mort de ce seigneur soubs l'an 1148, qu'est ung an après. Voicy coumme il en parle : « Hildefonsus comes S. Ægidii cum navali exercitu Palestinam applicuit; et cum magnum quid facturus speraretur, reginæ (ut aiunt) dolo, malo potionatus apud Cæsaream Palestinæ moritur. » Il fault donc que ceste aliénation de la comté de Rodez se feit pendant l'interstice du temps qu'est entre l'an 1126 et l'an mil cent quarante sept ou 48, qu'est de vingt ou vingt et ung an. Je vouldrois de ma part croire, que ce comte Alphonce, pour fornir à la despence et frais de ce voyage, que debvoit estre grande, s'il est ainsin qu'il mena une armée avec luy, coumme l'abbé Robert le samble asseurer, vendit auxdicts Richard et Hugues ceste comté de Rodez, comme de ce temps il se pratiquoit, que les seigneurs et gentishommes François vandoit le plus beau et meilheur de leur bien, pour suppler aux voyages q'uils entreprenoint en la Terre saincte, si grande estoit en ce temps la piété et dévotion des François. Il est à croire que ce comte Alphonce se croisa avec le roy Louys le jeune, qui en mesmes temps feit aussi le mesmes voyage d'oultre mer, bien toutesfoys que par divers chemins le roy s'estent avancé et parti quelque temps avant ledict Alphonce. .

A ce que nous venons de dire, Richard et Hugues son filz, feurent les premiers comtes de ceste segonde lignée, de laquele nous alons parler. Il ne se treuve pas beaucoup de mémoire d'eux, pour le moings où il se parle de toutz deus ensemble. Je n'ay veu qu'ung seul titre ou toutz deus soint nommés ensemble. C'est ung homage du chasteau d'Albin à toutz deus ensemblement presté par ung seigneur, nommé Frotard, conceu en language rouvergas sans datte de mois ni d'an. Le coummencement d'yceluy est tel : « En Frotal a te Richard et ad Ug, to filh, contes de Rodez, d'aquesta hora adenant, lo castel d'Albin e las forças que y so e aquelas que faictas y seran non tolrrai, etc. » L'occasion de ce q'uil ne se treuve aultre titre, où ils soint mentionnés toutz deus ensemble, ni où Richard père soit nommé, ou titre seul, est, à mon advis, parce qu'il ne tarda guieres à mourir après l'acquisition de ceste comté ; car pour Hugues, son filz, ils se treuvent beaucoup de titres de luy, où il est nommé seul, sans q'uil y soit faicte mention aulcune de son père, que monstre q'uil estoit déjà mort.

En l'année mil cent quarante se passa dans la ville de Rodez une transaction entre les chanoines du chapitre de l'esglise cathédrale de Nostre Dame de Rodez, d'une part, et les abbé et religieux de S. Victor de Marseile, d'aultre, pour l'esglise de S. Amans dudict Rodez, unie quelques années au paravant audict monastère de S. Victor, et ce sur les sépultures et enterrements des habitans de Rodez, laquele transaction se passa en présence de l'évesque de Rodez, nommé Adhemar, et du comte Hugues, duquel titre nous pouvons faire deus remarques.

La première que Richard père estoit déjà décédé en ladicte année 1140, depuis q'uil ne s'y faict aulcune mention de luy, et que ledict Hugues y est absolument titré comte de Rodez ; l'aultre que l'aliénation de la comté de Rodez avoyt été faicte avant ladicte année 1140, qu'estoit huict ans ou environ avant le voyage dudict Alphons, comte de Tolouze en la Terre saincte. J'ay veu encores titre de ce mesmes comte Hugues, de l'an mil cent soixante cinq. C'est du chasteau, place et seigneurie del Trepadou q'uil achepta d'ung seigneur de ce pays, nommé Arnal de Lombesou, en ladicte année. C'est une place que pour lhors feut unie en la comté de Rodez, mais après en feut séparée au moyen de certaines perturbations et eschanges que feurent passées l'an   entre   comte de Rodez et la dame abbesse du monastère lès Rodez, par lesquelles le comte baila à ladicte dame ledict chasteau, et ladicte dame luy baila en récompense les places de Trebas et Caicre en Albigeoys.

Ce comte Hugues avoyt entre aultres ceste belle qualité q'uil estoyt fort dévot et religieux, ayant en singulière recommendation les esglises et gens de religion, auxquels il départoit volontiers de ces libéralités.

C'est luy qui donna à l'abbesse et religieuses du monastère de Nonenque, assis au cartier de Vabrés, ceste belle grange ou mettairie de Leujas, à une petite lieue de la ville de Rodez. Le titre de ce don se voyt encores, datté de l'an mil cent septente deus. Il donna aussi à l'abbaie Saincte Foy de Conques le monastère de Coubizou, ceste estrenge et pernicieuse costume, ou plustost corruptele, s'observant encores de son temps, que les personnes layes et séculières tenoint en leurs mains et les esglises et les monastères, voire en disposoint à leur volonté, ce que par plusieurs conciles feut après prohibé. Je metray icy tout au long le titre de ce don par ce q'uil faict mention de la mère et de la fame dudict Hugues, la fame de

Richard, son père, y estant nommée Hermengarde, et la sienc, Agnès, sans que nous ayons pour encores peu treuver de quelles maisons elles estoint : « Notum sit omnibus præsentibus et futuris quod ego Hugo comes Ruthenæ, filius Hermengardis, et ego Hugo filius ejus et Agnitis comitissæ, nos ambo pariter donamus et concedimus monasterio Conchensi S. Fidis, et tibi Sicardo, abbati ejusdem monasterii, et successoribus tuis præsentibus et futuris in perpetuum, quidquid juris habebamus et aliqua ratione habere videbamur in monasterio de Covisou vel in hominibus vel in rebus ad ipsum monasterium pertinentibus. Et quidquid juste vel injuste exigebamus vel exigere poteramus penitus libere et absolute, sine aliqua retentione, vobis prædictis guerpimus et desemparamus. Actum est hoc solemniter anno Incarnationis M° C° nonagesimo quinto, in præsentia Domini Hugonis Ruthenensis episcopi. » Nous pouvons remarquer de ce titre que, lhors de la datte d'ycelluy, le comte Hugues avoit ung filz de sa fame Agnès, nommé du mesmes nom que son père, duquel ensemble de ces frères nous parlerons particulièrement cy après, coumme aussi nous monstrerons quel estoit cest Hugues, évesque de Rodez, en présence duquel cette donation feut faicte.

Du vivant de ce comte Hugues commencèrent à se former les querelles et disputes, que par ung si long temps après se continuarent entre les comtes et les évesques de Rodez, sur la jurisdiction ou droictz seigneuriaux que les ungs et les aultres prétendoint respectivement sur ycelle. De son temps, ou pour le moins du commencement qu'uil teint en sul la comté de Rodez, après la mort de Richard son père, estoit évesque de Rodez ung seigneur, nommé Pierre, le surnom duquel je n'ay peu treuver. Mais il est bien certain qu'uil succéda en ceste évesché immédiatement à l'évesque Adhemarus ou Aymar, qui tenoit ladicte évesché lhors de l'acquisition de la comté de Rodez, faicte par Richard et Hugues, père et filz. Le comte Hugues prétendoit la surintendance des forteresses, q'uestoint dans la cité de Rodez, luy apartenir en temps de guerre, mesmes des tours et maisons fortes des seigneurs gentishomes qui habitoint pour lhors ceste ville. Car en ce temps là, la noblesse de France n'avoit encores quitté les villes pour se retirer aux champs, coume ils ont depuis faict. Et il se treuve que environ ce temps là, il y avoyt grand nombre de tels seigneurs en ceste ville, tant en bourg que en la cité, lesquels estoint nommés chevaliers ou en vulgaire cavaliers, et en latin par toutz les titres anciens « milites, » qui tenoint et possédoint dans ceste ville de tours et maisons fortes que l'on nommoit en languagerouvergas«las tours dels cavaliers.» Ces maisons et forts importoint de beaucoup singulièrement en temps de guerre. Et c'estoit de celes là que le comte prétendoit la surintence et disposition, tant en cité que en bourg ; l'évesque soustenant fort et ferme le contrere, non pas pour cele du bourg, desquelles il n'y avoyt aulcung doubte, mais bien pour celes de la cité, de laquele il se disoit seigneur hault, moyen et bas, et soustenoit que par ce moyen le droict prétendu par le comte sur lesdictes tours apartenoit à luy privativement ; à tout aultre prétendoyt aussi de sa part que le comte estoyt tenu de luy faire homage de la comté, coumme relevant de son évesché, et à ces fins lui prester serment de fidélité. Il y avoyt oultre ce quelques aultres poinctz et différens à desmèler ensemble, lesquels estoint suffisans pour les faire venir aux mains, sans quelques seigneurs de ce pays, qui se rendans médiaturs de ces différens guaignarent tant sur eulx qu'ilz leur feirent remetre leurs différens aux dire et décision de cinq seigneurs de ce pays, nommés en la sentence arbitrale q'uilz en donarent, laquele je vais icy insérer :

« Anno incarnationis Domini M°C°LXI°, regnante Ludovico Francorum rege. Hæc est sententia quam dederunt R. de

Levedo, G. de Salis, Nizer de Borsinol, Frotard de Belcastel, D. de Mirabel, A. de Capdenac, assidentibus eis P. Raimundo de Altopullo, L. de Senareto, Hugone Bello et Hugo de Monteferrando, inter D. Petrum episcopum Ruthenensem et Hugonem comitem, de quærimoniis quas inter se habebant. Auditis itaque utriusque partis allegationibus et diligenter examinatis, a prædictis arbitris talis deffinitio prodita est. Judicatum namque fuit quod possessio munitionum atque turrium militum civitatis prædicto comiti bona fide restituantur, salvo jure proprietatis ei cui jure competit. Item a petitione mille solidorum quos nomine   comes ab episcopo exhigebat Ruthenensis ecclesia absoluta est. Item deffinitum est quod episcopus habeat in moneta duodecim nummos singulis septimanis tunc scilicet cum forma in ea imprimitur. Judicatum etiam fuit quod comes episcopo hominium jure facere debet, et casale et ortus qui sunt juxta salam comitis Marcellino et aliis militibus qui domos ibi habent restituantur; et quod comes Berengario de Canac domum quæ est in burgo reddat, et quod cives ab illo sacramento quod dederunt comiti absolvantur. De illis septem mansibus de quibus episcopus conquærebatur et de conventu seu nundinis quæ in nativitate B. Mariæ fiunt. Et ita est inter episcopum et comitem ut unusquisque suum jus habeat tam in nundinis quam in mansibus, quæmadmodum D. Adhæmarus et Richardus comes inter se habuerunt. »

Il apert de ceste sentence arbitrale que la surintendence et disposition de toutes les tours des chevaliers et aultres forteresses de la cité demeuroint au comte, lequel de son costé estoyt tenu de faire homage à l'évesque, non que ce feut ung homage de fief, tel que par yceluy les évesques penssent prétendre aulcung droict de supériorité temporele sur la comté de Rodez, ny que à raison d'yceluy les comtes leur demourassent vassaulx. Mais c'estoit une spèce d'homage, que Jean le Boutelier, en sa Soumme rurale, et quelques aultres practiciens Françoys ont nommé simple hommage de paix, n'important, du costé de celuy auquel il est faict aulcune supériorité ny pareillement du costé de celuy qui le preste, aulcung vasselage, service, ny redevence, ains seulement une assertion ou promesse avec serement d'entretenir paix, amitié et concorde avec celuy auquel le serement se faict, et de luy guarder et conserver ses droictz ; car aultrement il fauldroit dire que le serement que nous roys de France font à leur sacre d'estre protecteurs de l'honeur de l'Esglise et de guarder et deffendre les privilèges d'ycelle, est ung vray homage de fief, et par conséquent que le roy est vassal de l'Esglise Gallicane, que seroit une absurdité trop grande. Semblablement le roy Louys onziéme ayant en l'année mil CCCCLXXIX acquis la comté de Boloigne par letre d'eschanges passées avec Bernard de La Tour, qui en estoit au paravant comte, feit homage de ceste comté à l'esglise Nostre Dame de Boloigne, entre les mains de l'évesque d'ycelle, obligeant ses successeurs, roy de France, de faire le semblable à l'advenir, ainsin que les comtes de Boloigne avoint acoustumés de faire ; que si l'on volait prendre cest homage à la rigueur du nom, il fauldroit de là inférer que nous roys sont vassaulx de l'esglise de Bologne, ce q'uilz n'acorderoint pas volontiers. Mais coumme nous venons de dire, ces motz d'homage et féaulté se prenoint quelques foix parmi nous devanciers pour un serement solennel, portant promesse de quelque protection et deffence. Tout ainsin q'uil se collige évidemment d'ung lieu q'uil y a dans Froissard, chapitre 19 de son premier volume, où, parlant d'une victoire, obteneue par Edouard troisième du nom, roy d'Angleterre, sur les Escoussois, dict que, revenant de leur chasse, il passa par la ville de Durenes, où il feit homage à l'esglise et à l'évesque d'ycelle. « Le lendemain (dict-il) se présenta l'host là endroict tout coy, et le roy et les seigneurs alarent voir l'esglise de Durenes, et adonques feit le roy féauté et homage à l'esglise de Durenes, à l'évesque et aussi aux bourgeois; car faict ne l'avoit encores. » Ces paroles de Froissard sont fort expresses pour confirmer ce que nous venons de dire, que ce mot d'homage estoit ancienement prins, entre ses aultres significations, pour le serement que se faisoit par les roys, ducs et comtes aux esglises et les prélatz d'yceles de concerver, maintenir et deffendre leurs droictz et privilèges. Tel estoyt le serement ou homage que les comtes de Rodez estoint tenus de faire et prester entre les mains des évesques à leur novelle promotion en ladicte comté. Ce que se peut évidement colliger des paroles formeles dudict homage que se treuvent dans ung acte, que j'ay veu dans les archifs de la comté de Rodez, contenent l'ordre qui se debvoit tenir au corenement du comte Jean 3, célébré l'an mil cccLXXXIII, duquel nous ne metrons icy que les seules paroles que l'évesque et le comte ont acoustumé de se dire respectivement, concernans cest homage et aultres leurs prétentions respectives, nous réservant de le metre tout au long en ung autre endroict de ces libvres. « Et tunc (il dict cessi après que il auroit conduict le comte dans l'esglise de Nostre Dame et par devant le grand autiel du cheur d'ycele pour y faire sa prière et offrande) episcopus recipiet dictum dominum comitem per manum et ipsum assidet in sua episcopali cathedra ; et ex post episcopus dicet verba sequentia dicto domino comiti : Domine, scio et certus sum quod comitatus Ruthenæ ad vos pertinet et non ad alium. Tamen promotio vestra ad dictum comitatum ad me seu ad episcopum Ruthenensem, ex compositione olim inter prædecessores vestros et nostros facta, et per ipsos ratificata; et perclara et vera instrumenta vobis et nobis clare constat, spectat et pertinet. Et ideo vestigia prædecessorum nostrorum sequi cupientes, vobisque etiam nec juribus vestris nec successorum

vestrorum in aliquo præjudicare volentes, volumus quod ante omnia nobis ut episcopo Ruthenensi hominium præstetis. Nam nos promptos offerimus facere quæ vobis post hæc facere debemus juxta compositiones factas per prædecessores nostros atque vestros. Et idem D. comes bona fide promittat hominium, sic se habendo videlicet quod vertat faciem suam ad imaginem B. Mariæ virginis et altare suum et teneat manus elevatas et dicat verba sequentia : « Ego Joannes ad quem, ex debita et justa suc-
» cessione ac hæreditario jure, comitatus Ruthenæ ple-
» narie expectat, facio vobis reverendo patri D. B. epis-
» copo Ruthenensi et successoribus vestris canonice
» intrantibus verum et debitum hominium ; et a vobis
» tanquam ab episcopo Ruthenensi promotionem dicti
» comitatus requiro. » Et tunc Episcopus recipiat ipsum et dicet : « Et nos pro nobis et nostris successoribus
» dictum hominium recipimus. » Et osculabitur dictum dominum comitem. Et hoc facto recipiet coronam, et capiti dicti D. comitis cum certis benedictionibus imponet. Deinde dictus dominus episcopus dicet dicto D. comiti verba sequentia : « Domine, vos nunc estis verus
» comes Ruthenæ, et ideo tanquam vero comiti Ruthe-
» nensi ego ut episcopus Ruthenensis, juxta pacta et con-
» ventiones inter nostros et vestros prædecessores habi-
» tas, bona et pura fide trado vobis turrem principalem
» et omnes alias turres militum, » et ce que s'ensuit au dict acte, lequel bien que ne contiene q'ung dessain et project acordé entre lesdicts évesque et comte de ce que se debvoit faire et dire entre eulx sur l'action de ce coronement, le tout néammoins fut faict, dict, et acompli en ladicte action, tout ainsin qu'est porté par ung aultre petit acte escript à la suite du précédent en tels termes : « Præ-missa dicta facta et pronuntiata fuerunt per dictos dominos Bertrandum episcopum et Joannem comittem anno M° III° octuagesimo quarto, in præsentia, etc. »

Et de plus encores, oultre ce que nous venons de dire de l'homage presté par Jean 3 lhors de son coronement, feus de bonne mémoire Henry d'Albret, roy de Navarre, et madame Marguerite de France, sa feme, comptes de Rodez, feirent leur novelle entrée en leur vile de Rodez, capitale de ladicte comté au moys de juilhet m v cent xxxv, où ils feurent coronés comtes dudict Rodez avec très grande solemnité en ladicte esglise cathédrale par messire George d'Armaignac, évesque dudict Rodez, le 17 dudict moys de juilhet. Ils feirent pour lhors l'homage, duquel est question, audict seigneur évesque, mais en la mesmes forme que le précédent, conceu en semblables termes, de mot à mot de latin en françoys, ainsin qu'uil apert de l'acte qu'en feut reteneue par mestre Jean Touilhon, secrétere dudict seigneur évesque, et mestre Jean Bonal, secrétere desdicts seigneur et dame, et greffier du conceilh de leur domaine en ceste comté de Rodez, mon feu père, laquele j'ay devers moy. De là nous pouvons aisement voyr que des paroles de cest homage ne se peut inférer aulcung vaisselage, et que c'est véritablement ung homage de paix et non de fief. Veu mesmement que lhors que le comte faict c'est homage, il ne tient poinct ses mains joinctes entre celles de l'évesque, et n'est poinct de genoulx à ces pieds, coumme il s'observe aux vrais homages de fief; mais se tenant debout tourne sa face vers l'autel où est l'image de la Vierge mère, et tenant ces mains eslevées dict les paroles conteneues esdicts actes. Et d'ailheurs si c'estoit ung vray homage de fidélité, et que au moyen d'yceluy les comtes devinssent vassaulx des évesques, ils ne remetroint pas, coumme ils font, au mesmes instent toutes les tours et forteresses de la cité au pouvoir des comtes et à leur disposition ; car en cela ils se monstrent plustost inférieurs que supérieurs desdicts comtes. Au dernier acte ou coronement desdicts feus sieur et dame, est expressément porté que ledict sieur évesque leur ayant posée la corone comitale sur leurs testes, eulx estens à ces fins assis en leur chère de pierre q'uest tout contre cele de l'évesque, il leur présenta dans ung bassin d'argent les clefs de toutes les tours de la maison épiscopale, mesmes celes de Corbières et de Caldegouse, qui les teindrent troys jours durant, pendant lesquels les penonceaulx des armoiries desdicts sieur et dame demurarent affichés sur yceles, et que aussi durent lesdicts troys jours toute la justice, tant du bourg que de la cité, s'exerça au seul nom du comte, sans y faire aulcune mention de celuy de l'évesque, que monstre évidement que c'est homage n'importe aulcune supériorité des évesques sur les comtes.

De la source et origine d'une imposition, que se lève au pays de Rouvergue sur le bestail, apelée le Commun de paix.

CHAPITRE II.

Nous nous soummes ung peu esloignés de nostre propos sur l'homage que les comtes de Rodez sont tenus de faire aux évesques de ladicte vile, mais pour reprendre le fil de nostre discours. Après que les différens qui s'estoint esmus entre Pierre, évesque de Rodez, et le comte Hugues (que nous pouvons apeler premier, à la différence des aultres comtes de mesme nom qui vindrent après luy) feurent assoupis au moyen de la sentence arbitrale donée, coumme nous avons dict, en l'année MCLXI, cest évesque morut la mesmes année, et feut eslu en sa place ung frère dudict comte, nommé Hugues, coumme luy, par ce que Richard premier, comte de Rodez, de ceste seconde lignée, l'ayssa deus enfens de mesmes nom, l'ung desquels feut comte de Rodez, et l'aultre en feut évesque. Il se treuve faicte mention de toutz les deus en une bulle du pape Alexandre troisième, portant confirmation d'une certaine composition, passée entre culx, apelée Bref de paix, la mesmes année que ledict Hugues fut eslu évesque de Rodez, scavoir l'an MCLXI, et ce pour tenir leurs subjects et tout ce pays en assurence et hors de craincte de larrons et volurs, ayans, à ces fins, par advis et délibération du clergé, de la noblesse et tiers estat de ce pays, mis sur piedz une troupe de gens de guerre pour l'entretenement desquels ils jettarent sus une imposition sur les habitans dudict pays et bestailh à yceulx apartenant, ce que après feut authorisé par le pape Alexandre 3; la bulle duquel contenent ceste confirmation nous insèrerons icy, par ce que d'ycele se peut tirer la source et origine d'une imposition que se lève encores en ce pays, nommé le Comun de la paix.

« Alexander episcopus, servus servorum Dei, venerabili fratri Hugoni, Ruthenensi episcopo, salutem et apostolicam benedictionem. Quoties ea quæ ad pacem pertinent postulantur a Sede apostolica confirmari, tanto super hiis benigniorem asçensum nos convenit adhibere quanto ex bono pacis plura commoda et gratiora singulis proveniunt incrementa; ex quodam siquidem rescripto a tua nobis fraternitate transmisso ad audientiam nostram pervenit : quod tu, habito concilio abbatum præpositorum et archidiaconorum tuorum et baronum terræ cum nobili viro Hugone fratre tuo, comite Ruthenæ, hujus modi pacem et concordiam statuisti; quod omnes res mobiles et immobiles, et omnes homines tam clerici quam laici in omni tempore sint sub ea pace securi, nec ulli liceat præter armatos milites et clientes quælibet arma ferre, nisi milites enses solummodo et clientes singulos baculos ferant : qui pacis sicut cæteri debent securitate gaudere. Et præter eos, qui hanc pacem sicut statuta est noluerint firmare et inviolabiliter observare sicut de hiis qui publice perjurant vel fidem mentiuntur pro manifesto debito seu pro cognita fidejussione de rebus eorum pignorandis licentia non denegetur, vobis tamen exceptis. Ad ejusmodi vero pacis et securitatis sustentationem et defentionem statutum est ut abbates, archidiaconi, archipresbiteri, monachi, canonici, priores et omnes clerici qui proprias ecclesias regunt, milites quoque et mercatores atque burgenses, qui facultatibus abundaverint, et omnes etiam homines tam clerici quam laici qui habuerint par boum seu aliorum animalium cum quibus arare possint, sive amplius habuerint, vel qui habuerint soummarium equum scilicet vel equam, mulum vel mulam, quæ ad portanda onera locent, duodecim denarios Ruthenenses, sive alios tantumdem valentes donent ; cum vero habuerint ovile ovium dent pro eo sex denarios ejusdem monetæ vel alios æquivalentes; totidem autem dabunt qui habent unum bovem tantum vel aliud animal cum quo valeat arare, sive asinum quem possint locare. Clientes vero et artifices, scilicet fabri, sartores, pellixarii et omnes operarii aut sex vel octo seu xii denarios secundum suorum capellanorum arbitrium dabunt. Verum si pater cum filiis, seu fratres sive consanguinei fuerint, qui nondum sunt invicem separati, nec sunt res eorum divisæ, unus pro omnibus dabit alioque solvat unusquisque pro se. Commune autem istud per singulas parrochias debet reddi cum scripto unius parrochianorum, quem capellanus cum consilio sui archipresbyteri, et voluntate suorum parrochianorum elegerit, et in die statuta ab ipso parrochiano et cum eodem scripto ad Ruthenensem ecclesiam defferatur. Quisquis autem res suas amiserit, postquam commune sicut prædictum est solverit, in integrum restituatur : si tamen certam personam quæ res sibi ablatas habeat, vel locum ubi sunt, poterit demonstrare, sin autem minime. Si vero inimicos villas vel oppida deprædari vel diruere forte contigerit, res quidem mobiles emendabuntur de communi; sed dampna rerum immobilium non restituentur, nisi quantum a malefactoribus poterit recuperari. Clerici vero qui proprias ecclesias non habent, nisi par boum habuerint, non cogantur dare si nolint, sed non dato communi, si forte res suas perdiderint eis nequamquam emendabuntur. Additum est in prædicta pace ut capellani ecclesiarum et omnes laici a xiiii annis et supra pacem et commune firmare debeant et observare. Qui vero in hoc obedire contempserint debent ab ecclesiæ liminibus coherceri et ab omni pace fieri alieni ecclesiæ quoque parrochiarum, in quibus violatores pacis habitaverint, a divinis vacent officiis donec ipsi ad emendationem venire cogantur. Quam siquidem pacis institutionem quæmadmodum a vobis facta est, et scripto authentico roborata, firmam et ratam habemus et eam authoritate apostolica confirmamus et præsentium scripto communivimus, statuentes ut nulli omnino hominum liceat hanc paginam nostræ confirmationis infringere vel ei aliquatenus contrariare. Si quis autem hoc attemptare præsumpserit indignationem omnipotentis Dei et beatorum Petri et Pauli se noverit incursurum. Datum Verulis secundo idus maii, pontificatus nostri anno secundo. »

Ceste datte teumbe justement au 14 jour du moys de may mclxi, par ce que le pape Alexandre 3 feut créé pape le v jour de septembre mclix, coumme l'attestent Onuphre In' pontificibus maximis, et Sigonius De regno Italiæ, lib. 13; lequel atteste que sur la fin du moys d'apvril et coummencement du moys de may, le pape Alexandre estoyt en la ville de Veruli, d'où il partit pour s'en venir en France et là se guarantir de la puiscence de l'empereur Frédéric et des menées de l'antipape Victor, ce que confirme encores plus la datte desdictes bulles, qui se treuvent données à Veruli, ezquelles l'on peut aussi remerquer, coumme ces deus seigneurs, évesque et comte de Rodez, portans ung mesmes nom, y sont expressément apelés frères.

Au demurant, bien que ce traicté, passé entre ces deus frères, évesque et comte de Rodez, feut faict pour establir la paix, c'est à dire ung repos et tranquillité parmi les habitans de ce pays, il ne fault pas pancer portant q'uil y eust aulcune guerre ouverte, ny que ce feut à cause des disputes et différens qui commençoint à naistre entre les évesques et comtes de Rodez, car il ne s'en parle aulcunement en ce traicté. Mais c'estoit pour faire cesser les larracins, voleries, forces publiques et aultres désordres qui pour lhors se commetoint impunément sur le pouvre peuple, la justice n'estent exercée (je ne sçais au deffault de qui) coumme il eust convenu, et n'y voyans ces seigneurs aulcung remède s'advisarent de metre sus quelques troupes de gens de guerre, pour courir sus à ces voleurs et perturbateurs du repos public, et par ce moyen maintenir et conserver le public en paix et tranquillité, guarantir et deffendre les habitans du plat pays des oppressions et saccagemens que journelement s'exerçoint sur eulx. Et ce feut la cause qu'ilz apelarent le traicté ou résolution prinse en cette assamblée Brief de paix; car en ce temps là, par fois l'on prenoit ce mot de paix en aultre signification que communément il se prent aujourd'huy, d'autant que nous apelons maintenent paix celle qui met fin à la guerre q'uest entre deus peubles, roys ou princes souverains; et ils la prenoint pour toute tranquillité et asseurence publique, non seulement quant deus princes ou républiques, qui avoint guerre ensemble, venoint à faire quelque acord, mais aussi quant ung roy, prince ou seigneur venoit à establir quelque police en ces terres, ou y faisoit quelque ordonance pour assurer ses subjects contre toute injure ou violence, feut ce des gens de guerre, fut ce des volurs et brigans ou aultres tels perturbaturs du repos public. Au Capitulier de Charlesmagne, lib. 2, chap. 6 : « Illos quoque, qui temeritate et violentia in furtis et latrociniis sive rapinis communem pacem populi turbare moliuntur, vestro studio et correctione sicut decet compescite. » Dans le mesmes libvre, chap. 15 : « De militibus qui in hostem pergunt et quidquit ipsi in pace violanda delinquerint ad ipsius debet pluvium pertinere. » Tele et semblable police estoit entre eulx apelée Paix, ou Brief de paix. Encores q'uil y feut le plus souvant traicté d'aultre chose que de paix, et que cela contoint plustost ung règlement sur la forme de vivre des subjects, coumme il apert asses par la constitution de l'empereur Frédéric, insérée aux libvres des feudes, soubz le titre De pace tenenda, où se voyt ung article faict sur la police des vivres ; ung aultre contre les murtriers : « Si quis hominem intra pacem constitutum occiderit capitalem subeat sententiam ; » ung aultre contre les aggressurs et assasins : « Si quis alium intra pacis edictum vulneraverit nisi in duello manus ei amputetur ; » ung aultre contre les simples larrons : « Si quis quinque solidos vel amplius furatus fuerit laqueo suspendatur. » Ceste ordonnence de Frédéric, de laquele nous parlons, feut apelée par les Alemans Freiddebrief, que veult autant à dire que Brief de paix, ainsin que l'abbé d'Ursperge l'assure en sa chronique, soubs l'an mil CLXXXVII en ces termes : « Eo anno Fridericus imperator jam cruce signatus conventum principum apud Mejemburg coadunavit, ubi de pace terræ disposuit et in literas redigi jussit, quas literas

Alemanni usque in præsens fridebrief, id est literas pacis, vocant nec aliis legibus utuntur tanquam gens agrestis et indomita. » Que remonstre asses que teles ou semblables ordonences estoint plustost faictes contre les larrons et voleurs, que pour metre paix entre deus princes ou républiques.

Revenans donc à nostre brief de paix, arresté entre ces deus seigneurs, évesque et comte de Rodez, frères, une imposition, que se lève encores de présent en ce pays de Rouvergue, print son origine d'yceluy. L'on la nomme vulgairement Commun de la paix, mot forgé sur la teneur de ce brief, dans lequel ce mot de paix se trouve nommé doutze fois; voire mesmes ce traicté y est expressément en deus pars apelé paix, « pacem et concordiam statuisti, » et ce mot de « commune » y est nommé cinq fois, et mesmes ceste imposition y est apelée de ce nom de « comune : » « Commune autem istud per singulas reddi debet. » De ces deus motz donc joincts ensemble ceste imposition feut apelée « commune pacis, » laquele se lève encores annuelement sur les persones et bestailh de ce pays, au proffit du roy, tant en son ancien domaine de Rouvergue que en sa comté de Rodez, depuis peu d'années unie à la corone de France. Le seigneur évesque de Rodez lève ce mesmes droict en toutes ces terres dépendentes de la temporalité de son évesché, coumme faisoint aussi les comtes de Rodez en toute leur comté, avant ladicte union. Je ne dis pas que les comtes de Rodez, lhors de l'introduction de ce droict ou quelque temps après, retirassent iceluy devers eulx, pour en faire leur proffit et en uzer coumme de leur propre et particulier domaine, car je scais bien que s'ils en ont jouy, coumme ilz ont faict, par ung fort long temps, ce ha esté par don et concession que le roy Charles V^e en feit à Jean 2 du nom, comte de Rodez, en l'année MCCCLXXIIII, en récompence des services qu'uil avoyt receus de feu son père Jean premier, et des peines et despence par luy soufferte à chasser les Anglois hors de la Guiene, coumme nous dirons en çon lieu. Mais je ne sçais coument nous roys de France s'estoint saisis de ce droict, car il est certain qu'ilz levarent ce droict entièrement ung fort long temps sur tout le pays de Rouvergue, et en ayans faict part aux comtes de Rodez pour le lever sur toute leur comté, coumme nous venons de dire, ils continuarent d'en jouyr sur tout le reste du Rouvergue et le font encores. Je voudrois croire que voyans nous roys ce droict déjà establi par le moyen du traicté que dessus, et que toutz le payoint sans constraincte et difficulté, ils s'en emparurent et le se appropriarent pour eulx, coumme l'on voit avoyr esté faict de plusieurs aultres impositions, toutjours avec quelque apparent prætexte.

Des enfans du comte Hugues premier, deus desquels, Hugues et Guilhaume, feurent coronés comtes de Rodez et morurent avant leur père.

CHAPITRE III.

Hugues, premier de ce nom, comte de Rodez, eust troys enfens masles, scavoir : Hugues, Guilhaume et Henrry, qui toutz trois feurent coronés comtes de Rodez et en portarent le titre l'ung après l'aultre. Mais les deus premiers, Hugues et Guilhaume, décédarent avant leur père, coume nous verrons par cy après, parlons en particulier d'ung chescung d'eux. Il ne se fault esmerveillier de ce que ces seigneurs prindrent le titre de la dignité de leur père pendant sa vie, veu que en ce temps là l'on en usoit ainsin ez maisons des ducs et comtes de ce royaume, possible à l'imitation de nous roys, lesquels depuis la vencue de Hues Capet à la corone avoint prins ceste costume que de faire sacrer leurs enfens aynés de leur vivant mesme pour les mieux affermer et asseurer en leur royaume et les authoriser durant leur vie. Coume doncques le comte Hugues eust délibéré de faire coroner son fils ayné, ils se présentarent quelques noveles difficultés sur la cérémonie du coronement qui n'avoint pas esté asses bien esclaircie en la première composition passée entre luy et l'évesque Pierre. Mais ces deus seigneurs icy estoint frères : ils volurent traicter cest affaire doucement et à l'amiable. Ils remirent donc ces différens aux dire et arbitrage des seigneurs qui sont nommés en la sentence arbitrale, qu'uen feut donnée là dessus, l'aquele j'inséreray icy par ce que partie des cérémonies que se doybvent observer aux coronnemens des comtes de Rodez, desqueles nous avons parlé cy devant, y sont descriptes. Et de là nous pourrons colliger qu'eles ont prins leur source et fondement de ceste composition de laquele voicy la teneur :

« In nomine Domini nostri JESU CHRISTI. Anno incarnationis ejusdem M° C° nonagesimo quinto, mense madii. Discordia quæ inter dominos U. episcopum et U. comitem Ruthenensem vertebatur, amicabiliter utriusque parte assensu est terminata et jure perpetuo deffinita per manus domini VV. abbatis Aureliensis et Richardi fratris ejus et comitis, et per manum U. præpositi Montissalvii et Bernardi de Costa archidiaconi Ruthenensis : hoc modo videlicet quod dominus U. comes et successores ejus debent promotionem comitatus accipere ab episcopo. Et debet eum promovere qui comes fieri debet recipiendo cum cum processione sine procuratione et gravamine. Et comes debet tunc offere pallium et facere hominium episcopo et postea episcopus debet cum assidere in cathedra sua, et ita erit comes. Hæc debet facere comes episcopo, et successores successoribus ut quod de hiis dicitur inter omnes perpetuo servetur. Præterea episcopus tunc comiti bona fide reddat fortias militum, turrim rotundam quæ est in curia, quia fuit militis, et alias turres militum civitatis quæ sunt, vel fuerunt, vel erunt quandocumque; quibus recuperatis, comes episcopo bona fide reddat sine omni gravamine et damno. Airale quod intra civitatem antecessores comitis habuerunt habeant comites nunc et in ævum ita sicut antecessores comitis habuerunt. De vallis burgi, sicut in eorum chartis habetur, ita sit : Portalis usus quod est inter ecclesiam S. Stephani et hospitale pauperum sit communis civibus et burgensibus, ita ut sine contrarietate tempore pacis eorum omnibus pateat hujus aditus, homines et possessiones et omnia quæ infra burgum episcopus habuit sine cujusquam contradictione possideat semper. Hæc omnia sibi invicem facere debent comes et ejus successores episcopo et successoribus suis et e converso ejus successores comiti et ejus successoribus perpetuo. Chartæ de vallis et aliæ de judicio in quibus de moneta et absolutionibus et aliis continetur suum obtineant robur perpetuo. His bona fide debent esse contenti. Nos itaque prædicti omnes Ugo episcopus et U. comes et U. novus comes, filius ejus, tactis sacrosanctis Evangeliis, juramus atque promitimus quod omnia prædicta observabimus semper, et adversus præscripta numquam veniemus aliquo jure modo vel ratione. Acta sunt hæc in præsentia D. Conchensis abbatis et W. Ruthenensis archidiaconii et W. de La Barriera et W. d'Alzaran hospitalarii, atque beati vicarii R. comitis Tolosani et B. d'Arpajon, Aiditi præpositi, G. Alafridi, R. Jordanis, etc.»

La dernière clause de ce titre nous faict voir clerement que Hugues premier de ce nom, comte de Rodez, avoyt ung fils de mesmes nom que luy qui print le titre de comte et feut mis en pocession dudict comté du vivant mesmes de son père (1); depuis q'uil est apelé audict titre « novus comes » et sans double ceste composition feut faicte à cause de son noveau advencement audict comté. Il ne vesquit pas longuement ; car il morut quatre ou cinq ans après ceste sentence arbitrale, son père estent encores en vie, et ce dans la ville de Milhau, coumme nous verrons cy après par ung titre de Guillaume, son frère, et successeur. Il feut toutesfois marié, et, coumme quelques ungs croyent, il laissa quatre enfans masles : Bernard, Jean, Hugues et Richard, pas ung desquels ne succéda au comte de Rodez ; car bien que leur père en eust porté le titre, et que déjà il en eust prins pocession, cela n'avoit esté que du concentement et permission de son père, sans q'uil luy en eust faicte aulcune donation ; ains il s'en estoyt toutjours reservé le mestre pour en disposer suivant sa volonté coumme il feit après la mort d'yceluy, ayant volu que son segond filz Guilhaume en portat le titre coumme avoyt faict son ayné. J'ay veu titre de l'an mil deus cens vingt sept, où ces quatre fraires sont nommés soy disens filz du comte de Rodez, sans aultrement le nommer. C'est une donation faict par Jean, l'ung desdicts 4 frères, à Hugues et Richard, ses frères, du voloir, advis et concentement de son aultre frère Bernard, et ce de la cité de Rodes et des places de Sales de Curan, et de Muret, q'uil dict luy estre eschéues pour son partage et légitime des biens de son feu père, le comte de Rodez, et que se volant promovoir aux sacrés ordres, pour éviter que ce dessus ne tumbât en main morte, il en faisoit donation à sesdicts frères. Ce titre

---

(1) Hugues 2 de ce nom, comte de Rodez.

est datté du 19 jenvier mccxxvii. Mais pour dire ce q'uil me samble de ce titre, j'ay toutjours faict doubte de la légalité d'yceluy, parce que il ne se treuve poinct que ni la cité de Rodez, ni les places de Sales Curan et Muret ayent jamais apertenu aux comtes de Rodez ; ains il apert évidement des deus sentences arbitrales, par nous aportées cy dessus, que la cité de Rodez apertenoit aux évesques et que les comtes ne querecloint aultre droict sur ycele que la surintendence des tours et forteresses qui y estoint. Que si ladicte cité eust apertenu audicts comtes, il n'est pas vraysemblable q'uilz l'eussent bailée en partage ou légitime à aulcun de ces frères, ni q'uilz eussent volu séparer par ce moyen le bourg d'avec la cité. Ils n'eussent pas, dis-je, volu commetre une faulte si lourde et grossière, que de ce donner eulx mêmes ung compaignon dans la ville capitale de leur comté. Joinct que depuis la datte de ce titre les comtes eurent beaucoup de contestations et différens avec les évesques, coumme nous verrons après, sur les limites et jurisdiction de la cité et bourg. Mais il ne se treuve poinct que parmi yceles les comtes querelassent rien sur le corps ou seigneurie de la cité, ni sur les places de Sales ou de Muret ; moins q'uilz missent jamais en faict que cela eust apertenu à leurs prédécesseurs, coumme indubitablement ils eussent faict, si au paravant, eulx ou aulcung de leurs prédécesseurs y eussent heu aulcung droict. Ces raisons esbrallent fort la vérité de ce titre, oultre beaucoup d'aultres deffauls qui se peuvent remerquer en yceluy. Monsieur Chopin, lib. 2, chap. 4 De domanio Franciæ, asseure que dans les archifs de la maison de Bourbon se voit ung titre de ces 4 frères de la maison de Rodez, contenent ung acord et convention entre eulx passée, par laquele ils excluent les filhes de leur successions, et ce de l'authorité de leur frère, le comte de Rodez, qui ratifie et confirme ledict acord.

Voycy coume il en parle : « Volvitur in monumentis domus Borboniæ vetus pactio generaliter constituta ab Hugone, Richardo, Joanne et Bernardo, Rutheni comitis fratribus, ne ad eorum hæreditatem filia unquam vocaretur legisque pactitiæ Ruthenus comes vindicem se et assertorem fore profitetur. Idibus quintilibus, anno M°CC°XXIX°. » Je vouldrois fort voyr ce titre et mesmerveilhe bien q'uil se treuve plustost dans les archifs de Borbon que dans ceulx de ceste comté. Quoy q'uil en soit, il ne peut estre que le comte de Rodez feut leur frère. Car coumme nous avons dict, il n'y eust auleung des enfens de Hugues segond que feut comte de Rodez. Il pouvoit estre leur oncle ou cousin, mais non frère. Il se treuve à la vérité que en ce temps il y avoit en ce pays une familhe de quelques seigneurs qui portoint le nom de Rodez, oultre celle des comtes, que je vouldrois croire estre sortie de quelq'ung de ces 4 frères. J'ay veu ung titre de l'an MCCLXII portant donation de la place del Pojet, faicte par le comte Hugues 3 à ung seigneur nommé Hugues de Rodez, q'uil apele son cousin. Le commencement de ce titre conceu en vulgaire rouverguas est tel : « Nos Ug, per la gratia de Dieu, coms de Rodez, ab cosseilh et ab voluntat d'en Alayssette, ma maire, done à to Ug de Rodez, mon cosi, l'affar del Pojet abs toutz los pertenemens ainsin cum bartos del Pojet o tenia, etc. »

Après le décès de ce jeune comte que nous avons nommé segond de ce nom, eu esguard à son père qui feut le premier des comtes de Rodez de ceste segonde lignée qui porta ce nom de Hugues, et lequel Hugues 2 nous ne faisons conscience de metre au rang des comtes de Rodez depuis q'uil en porta le titre, bien que du vivant de son père ; Hugues premier, sondict père encorés vivant coumme nous venons de dire, fit coroner comte de Rodez son segond filz nommé Guilhaume (1), duquel j'ay veu

---

(1) Guilhaume, comte de Rodez.

titre de l'an mil cc ung, faisent mention de Hugues son frère déjà décédé et de Hugues premier leur père encores vivant. C'est une confirmation des privilèges concédés aux habitans de la ville et bourg de Rodez par Hugues 2 son frère ; et de tant qu'uilz sont fort anciens et que ceulx qui depuis ont esté obtenus par lesdicts habitans sont fondés sur y ceulx, je les metray icy tout au long.

« In nomine Domini. Anno incarnationis ejusdem m° cc° i°. Coneguda causa sia que en Guilhem, per la grace de Dieu, coms de Rodez, filz que so de monseigner Io comte, don ab cosseilh et ab volontat de luy donam et autregan eis lode et affranquament que mo seigner fraire, ens Ug lo coms, que mori ad Amilhau donet ni autraguet, so es à saber que jamai tolta ni forza ad ome ni a femena no fazan et la villa de Rodez nos ni om per nos. E donam et laissan q'uil mercader ni aultre menestral que i so ni a davan ni seran non dono pesatgue ni usatgue à l'intrar ni à l'yssir de Rodez, ni à Montrousier, ni à Cambolas, ni à Pradas, ni à Boazo, ni à Rodelle, ni à Soiri, ni el loc enviro de Rodez de quatre leguas si de carnalatgue non a fasian. E donan e lauzan que laissa d'ome sia tenguda e la causa dels mors tornon als heretz. E donan e lausan que per totz aquels los noellars et que majos non a audas puesque on basti franquamen ab qu'il majos don arbert ab ung cavalier d'aquelas que seran bastidas dins los murs o dins los valatz. Et donan et lauzan et conveneu que non prenguan ome o femena estaguan en la villa ni delz aultres questar i veniram per estatgua tro que de viii dias lacsem a comidat ses enguan ni poissas si dreig volia far. E donam et lauzan que si forza fasian ni nos ni nostre baile que tota en aisi que li prohome de Rodez diseran. E tout aisso en aici con es escrieut en questa carta, per bona fe et sans enguam o tenerem per toutz temps si Dieus nos aiut ni acquiei S. Evangelis de nostras mas corporalemen tocquatz. E aqueste dos fo fach el la claustra de sanh Amans, en presentia des clergues, des cavaliers, des bourzes e de la communal del bourg de Rodez. »

Il y a dens ce titre quelques clauses difficiles à entendre, mais elles reçoipvent interprætation par la confirmation desdicts privilèges des autres comtes de Rodez suivans.

Il se teuve de ce mesmes comte ung aultre titre faict aussi du vivant de Hugues son père. C'est une concession ou priviliège, par luy et Hugues, évesque de Rodez, son oncle, donné aux religieux de Bonaval, de ne pouvoir estre constraints au payement du commun de paix. Je le metrai icy en la forme que je l'ay treuvé, bien qu'uil y aye erreur en la datte, coumme nous monstrerons après.

« Anno dominicæ Incarnationis m° c° xxix°. Sit notum omnibus hanc cartam audientibus quod ego U. episcopus Ruthenensis, et ego Wilhelmus, comes Ruthenensis, nos per nos, et omnes successores nostros bona fide et pietatis intuitu donamus et solvimus donoque perpetuo valituro concedimus Deo et domui Bonævallis et aliis domibus Cisterciencis ordinis, quæ in terra nostra sunt, ut liberæ sint prorsus et absolutæ a communi et ab omni exactione quæ a secularibus ad faciendam pacem vel pacis occasione quoquomodo exigitur. Ut autem istud semper firmum et ratum permaneat nullusque posteriorum huic justæ concessioni obviare præsumat, cartulam istam sigillorum nostrorum munimine roborare voluimus. Hoc idem donum et hanc concessionem facio ego Ugo comes senior domui Bonæval et Cisterciensi ordini, quod ut melius credatur et firmius teneatur præsentem paginam sigilli nostri munimine volui permunire. Hujus doni testes sunt magister Wilhelmus archidiaconus, *Richardus et Bernardus d'Arpajo,* Aymo de Cambolas, Deodatus Malemosque et Petrus de la Meda monachus. W. S. Laurentii et Philippus, domnus domus ejusdem, qui hoc donum scripsit. »

Nous avons dict q'uil y avoit faulte en la datte de ce titre, coumme il est vray. Car en l'an M C XXIX la comté de Rodez n'estoit encores séparée de celle de Tolouze et ne le feut d'asses long temps après. L'évesque Hugues ne feut eslu évesque de Rodez que jusques en l'année mil cent soixante et ung, coumme aussi la levée du commun de la paix ne feut establie jusques en la mesmes année, coumme nous avons monstré cy devant ; de sorte que de toute nécessité il fault prendre ceste datte pour erronnée, et que au lieu de M° C° XXIX il fault lire M° CC IX°, coumme il est plus vraisemblable. Car il se treuve titre du successeur de ce Guilhaume audict comté de l'an mil deus cens XIII, sans lequel nous le pourrions faire de l'an M CCXIX ou XXIX. Voilà tout ce que nous pouvons treuver de ce comte Guilhaume, qui ne teint pas longuement ce comté. Quelques ungs veulent dire q'uil morut avant son père, sans laisser aulcungs enfens. Les aultres soustienent qu'il survesquit à son père, mais qu'il ne laissat aulcungs enfens. Il feit place à son frère Henrry. Q'uoy qu'il en soyt, les ungs et les aultres s'acordent en cela q'uil ne laissa aulcune postérité de son corps.

De Henrry premier de ce nom, comte de Rodez, filz de Hugues premier.

CHAPITRE IV.

Henrry, frère de Guilhaume et filz de Hugues premier, après le décès de ces père et frères, succéda au comte de Rodez. Et bien que nous n'ayons peu treuver en quele année ce feut, je dis à le tenir pour tout résolu et certain, si est ce que je vouldrois croire, que ce feut en l'an mil ccxiii, ou quelque peu avant. Et ce que le me faict ainsin croire est que le premier titre que se treuve de luy est datté de ceste année là, et que ce titre contient une confirmation des priviliéges, concédés par les précédens comtes aux habitans de la vile ou bourg de Rodez, estant ainsin que les habitans de ladicte ville avoint acoustumé de présenter à chesque noveau comte leurs priviliéges pour en obtenir la confirmation, tout aussitost qu'uils avoint esté receus et coronés. Voyre en l'acte mesmes de leur réception et coronnement que ce célébroit lhors de leur première entrée en leur dicte ville, coumme il se voyt au coronement et réception des aultres comtes. Nous luy donnons le nom de premier, par ce que il ne se treuve avant luy aultre comte de ceste segonde lignée des comtes de Rodez, qui aye porté ce nom d'Henrry, bien que après luy il s'en treuve d'aultres de mesme nom.

Il estoyt filz, coumme nous venons de dire de Hue premier, mais de son segond mariage, parce que ledict Hugues feut marié deus fois : la première avec une dame nommée Agnès, de laquele il eust ces deux premiers enfens, Hugues segond de ce nom et Guilhaumes, qui toutz deus, l'ung après l'aultre portarent le nom de comtes de Rodez, coumme nous avons dict. La segonde fois il feut marié avec dame Bertrande d'Avalon et d'eux sortit le comte Henrry, duquel nous parlons. Il se voit ung titre dans le monastère de Montsalvi, assis à la vérité dans le pays d'Auvergne, mais sur la frontière de celuy de Rouvergue, lequel titre faict mention d'ung aultre monastère de filhes religieuses apelé de sainct Project sur la rivière d'Olt, deus lieues ou environ dudict Montsalvi, et porte ce titre que ladicte dame Bertrande d'Avalon, vefve de Hugues, comte de Rodez et mère de Henrry, aussi comte de la mesmes comté, fonda ce monastère de S. Project, et bien q'uil y aye heu ung aultre Hugues, comte de Rodez, scavoir Hugues 3 de ce nom, qui eust ung filz nommé aussi Henrry 2, il ne peut estre néammoings que ce soyt de luy que ce titre parle, parce que la mère de ce Henrry 2 estoit dame Ysabeaulx de Roquefucilh, coumme il se voit clerement par le testament d'ycele. Il fault donc que ceste dame Bertrande d'Avalon feut mère de cest Henrry premier, duquel nous parlons, sur quoy il vient aussi à remerquer que la datte de la fondation du monastère que se liet dans ce titre est erronée, par ce que au lieu de 1276, il y fault metre 1260, estant ainsin que Henrry premier morut l'an 1222, coumme nous dirons après.

Cest Henrry premier feut marié avec une dame nommée Alayssete, coumme il est aizé à colliger de beaucoup de titres, que se voyent dans les archifs de ladicte comté, mais singulièrement d'une donation de la place del Poget, de laquele nous avons cy dessus faicte mention. Je n'ay peu treuver encores de quele maison ceste dame Alayssete ou Alcayete (car je la treuve apelée de ces deus noms) estoit extraicte. Mais si les conjectures pouvoint icy treuver lieu, je vouldrois croire q'uelle estoyt sortie de la maison des barons de Bénaven. C'estoyt une baronie contenant ung grand cartier de ce pays de Rouvergue, et des montaignes d'yceluy qui sont sur les frontières d'Auvergne, assise entre la rivieyre de Trueyre et le ruisseau de Selve, contenant en soy six grandes parroices, scavoir : Sainct Gervais, Saincte Geneviève, Sainct Hylaire, Sainct Symphorien, Sainct Amans d'Orlhaguet et celle de Bénavent ; de laquele baronie dépendoit aussi la chastelenie de Valcailès, assise en Auvergne. Et ce que me faict croire que dame Alayssete feut de ceste maison, est que, avant le mariage d'ycele avec le comte Henrry, l'on ne treuve point y avoir jamais eu aulcune alliance entre ces deus maisons de Rodez et de Bénaven ; mais depuis yceluy je treuve que les descendens d'yceles se recognoissent toutjours pour parans et cousins et, qui plus est, d'une consanguinité fort proche ; de sorte que Hugues 3, filz de ceste dame Alayssete, faisant son testament en l'année 1271, substitua à ses enfans et filhes, en cas q'uilz décèderoint sens enfans, Henrry, baron de Bénaven, q'uil apele son cousin, q'uest signe q'uilz estoint fort proches depuis q'uil le préféroit à d'aultres, qui luy apartenoit d'aussi près, et qui, oultre ce, portoint le nom de la maison de Rodez.

Cest Henrry de Benaven, nommé au testement dudict Hugues, eust ung filz, nommé Bernard, lequel il maria en l'année 1297 avec une dame, nommée Philippe, filhe de noble Pierre Bermond, sieur del Caila, et par les pactes et conventions de ce mariage promist de le faire son héretier, coumme il feit après son testement de l'année MCCC. Et ce Bernard, ayant teneue la baronie de Bénaven environ cinquante ans, décédant sens enfens en l'année 1350, feit son testement par lequel il institua heretier, en toutz et chescungs ces biens, Jean premier de ce nom, comte de Rodez, son cousin, volant que sa dicte baronie de Bénaven demurât à perpétuité unie et incorporée en la comté de Rodez, sans jamais en pouvoir estre séparée, coumme à la vérité depuis en çà elle y a demuré toutjours joincte et unie. Ceste proximité de lignage que se trouve entre ces deus maisons depuis le mariage de ceste dame, et de laquele ne se trouve rien au paravant, me faict entrer en ceste opinion que ceste dame estoit sortie de la maison de Bénaven, veu mesmement les volontés et affections réciproques que les seigneurs de ces deus maisons se monstroint avoyr les ungs envers les aultres en leurs dernières volontés. Au demeurent, du mariage de Henrry premier et de ceste dame Alayssete sortirent seulement deus enfens, l'ung masle et l'aultre femele.

Le masle feut Hugues troisième, duquel nous parlerons en son lieu, et la filhe feut Guise, laquele feut mariée avec Pons de Montlaur, filz de Héracle de Montlaur. C'estoit une grande maison au pays de Vellai, portent le titre ou dignité de comté ou marquisat. Héracle de Montlaur père estoit filz d'ung nommé aussi Pons, duquel se treuve titre dans les archifs de l'esglise du Puy. C'est ung homage q'uil feit l'an mccxxviii à ladicte esglise, et ce de la ville d'Albenas et quelques aultres places. Les pactes du mariage de madame Guyse de Rodez avec ce seigneur Pons de Montlaur feurent arrestés et convenus dans l'esglise de S. Romain de Chirac, l'an mccxxxii, en présence de messire Bertrand, évesque de Rodez.

Le comte Henrry, coumme je viens de dire, en l'an mccxiii confirma à la communauté du bourg de Rodez les privilièges que ces prédécesseurs leur avoyt concédés. Et en ceste confirmation il se dict filz de Hugues et frère de Hugues et de Guilhaume ja décédés. Voycy le coummencement de ce titre : « In nomine Domini. Amen. Anno incarnationis ejusdem m°cc°xiii°. Cognoguda causa sia que en Ehenrric per la grace de Dieu, coms de Rodez, filz fui que sai enrrieires de monseigner Hug lo comte don et fraire de Hug e de Guilhaumes, etc. » Après lesquels motz sont insérés les mesmes privilièges qui sont inclus dans la confirmation du comte Guilhaume que nous avons aportée cy dessus. Il s'y en trouve quelques ungs qui de noveau y sont adjoustés coumme leur ayant esté de noveau concédés par ce comte Henrry, et entre aultres ung qui porte faculté et pouvoir aux habitans dudict bourg d'eslire annuelement des consuls pour l'administration de leur république ou communauté, laquele permission ils n'avoint auparavant. Mais ce comte la leur donna de novau. Les motz de ce privilège sont conceus en ceste façon : « E li prohome podo levar cossols salva la seignoria e fezeltat dels seigner. » Ces motz « podo levar cossols » sont expliqués ou interprétés aux priviliéges de Hugues 3 ou au lieu d'yceulx se lisent ceulx cy « podo elegir cossols. » J'ay voleu en passant faire mention de ce priviliège pour remerquer depuis quel temps la commune du bourg a heu le consulat.

Ce seigneur aymoit fort les letres, et s'agréoit et plaisoit aux gens doctes et letrés. Entre aultres il retira près de soy ung poète fort estimé et prisé en ce temps là, nommé Hugues Brunet, gentilhome, natif de la vile de Rodez, qui s'adonoit et fort heureusement à composer de tragédies et comédies. Et bien qu'uil feut requis de plusieurs grands seigneurs, coumme du roy d'Arragon, du comte de Tolouze et aultres, si est ce que le comte de Rodez le retint en sa maison ; et bien qu'uil s'aperceut que ce poète estoyt devenu amoreux de la contesse sa femme, le comte néammoings s'asseurant de l'honesteté et vertu d'ycelle n'en sceut aucung mauvais gred audict Brunet, et ne laissa pour cela de le tenir dans la maison et le caresser coumme devant, de sorte qu'uil se teint toutjours après avec le comte Henrry. J'ay apprins cela de l'autheur des Vies des poëtes prouvencaulx, qu'est Jean de Nostredamus, frère de ce célèbre astronome qui a vescu naguieres, Michel de Nostredamus. Je ne fairé difficulté de metre icy ce qu'uil en dict, depuis que c'est à l'honneur de ceste ville. Il en parle ainsin :

« Hugues Brunet, gentilhomme de Rodez, feut scavant aux bonnes letres, bon poëte en langue provençale, sage et prudant ; se feit comique : les chansons que se chantoint aux scènes luy mesmes les faisoit et composoit le chant et ordonoit qu'elles feussent chantées. Quelques fois il faisoit metre le chant à ung sien compaignon qui ne se mesloit que de chanter ; car Hugues n'avoit point de voix. Le roy d'Arragon le voloit avoir à son service coumme faisoit bien aussi le comte de Toloze et le comte de Rodez et Bernard d'Anduze et le dauphin d'Auvergne. Feut amoreux d'une gentilfeme de la noble et ancienne maison de Monthil, nommée Juliane de Monthil, estimée la plus belle dame et la mieulx parlante et la plus sage de Provence ; mais elle ne volut jamais faire semblant de l'aimer : quoy voiant il se retira du tout avec le comte de Rodez, son maistre, où il feut amoreux de la contesse. Le comte s'aperceut de cest amour, mais, pour le plaisir q'uil prenoit à la poésie d'Hugues Brunet, il n'en feit aulcung semblent, estant trop asseuré de l'honesteté et chasteté de sa femme. Il décéda en l'an MCCXXII ayant faict ung traicté intitulé : Las Drudarias d'amour (1). Aulcungs ont volu dire, mais mal à propos, que c'estoit de la facture de Bertrand Carbonel, poète de Marceilhe. Le monge des Isles d'or et S. Cæsari récitent ce que dessus, mais le monge de Montmajor n'en dict rien. Pétrarque, au 4 chapitre de son Triomphe d'amour, faict mention de ce poète. Voilà ce que en dict cest autheur. Il ne nomme poinct le comte, à qui ce poète se donna, par son nom, mais depuis q'uil met l'année de la mort de ce poète, il est bien aisé à voyr que c'estoyt le comte Henrry, duquel nous parlons à présent, et que la comtesse de laquelle il se randit amoreux estoit madame Alayssete, laquele à ce comte debvoyt estre recommendée de quelque rare et excellente beauté. Au reste ces poètes desquels il parle scavoir le monge des Isles d'or c'est à dire des isles d'Hyères ou Estechades, et le monge de S. Cæsari, l'ung et l'aultre se trouvent avoir escript les Vies des poètes provencaulx ; la poésie desquels feut par ung fort long temps prisée et estimée non

---

(1) **Drudarias est autent que Ruffienerias d'amour.**

seulement en France, mais en Italie, Espaigne et aultres nations circonvoisines. Le premier qu'est le monge des Isles d'or estoit en vogue environ l'an mcccc. Pour l'autre il s'apeloit de son nom Hugues de Sainct Cæsari, et estoit religieux au monastère de Montmajour, qui vivoit du temps de René d'Anjou, roy de Sécile et comte de Provence, auquel il dédia une bone partié de ses euvres. Ce feut le dernier des poètes provencaulx. Au reste les vers de Pétrarque, où il faict mention de ce poète, se trouvent au 4 chapitre ou chant du Triomphe de l'amour :

> Amerigo, Bernardo, Ugo e Anselmo
> Et mille altri ni vidi, a cui la lingua
> Lancia e spada fu sempre et scudo et elmo.

Celuy qui au premier de ces vers est apelé Ugo est nostre poète Rhodezien, Hugues Brunet.

Lhors que la comté de Rodez escheut par succession à Henrry premier de ce nom, duquel nous parlons, les guerres estoint fort eschaufées en ce pays, et part toutz les environs contre les hérétiques Albigeois et contre Raymond 4, comte de Tolouze, que l'on prenoit pour leur fauteur. Les catholiques s'estoint unis ensemble, ayans pour chef et général Simon de Montfort, comte de Lycestre, grand home de guerre, qui, s'estant déjà saisi de la ville de Tholouze et de plusieurs aultres viles et places fortes dépendans de la comté d'ycele, dona une bataihe au comte de Tholouze près de la vile de Muret, q'uil guaigna sur ledict comte avec peu de gens et coumme par miracle ; au moyen de laquele s'estent rendu mestre de toute la contrée et pays Tolosain, il mena ses tropes environ l'an 1214 vers les pays d'Agenois, Périgort, Lymosin et Quercy, où les hérétiques tenoint quelques places, come estoint Marmande, Cassanueilh Dome, Castelnau de Bretencus, Baynac et Capdenac, lesqueles ledict comte ayant reprinzes, il s'en vint en ce pays de Rouvergue pour voyr ce que le comte de Rodez avoyt au cueur, lequel, bien q'uil ne feut hérétique ni fautur des hérétiques, ne s'estoit néanmoings encores volu déclerer d'une part ni d'autre, pour ne s'armer contre le comte de Tolouze, duquel il estoit vassal.

Et bien que Simon de Monfort ne se portât encores ouvertement pour comte de Tolouze, pour ne luy avoir encores esté donné le titre de céste comté, comme il feut faict après par le pape Innocent troisième, au concile de Latran, si est ce q'uil y avoit ung trèsgrand droict parce q'uil tenoit déjà la ville de Tolouze et la pluspart des viles despendentes d'ycele; de sorte q'uil se délibéra de constraindre le comte de Rodez à luy rendre le mesmes homage pour sadicte comté, q'uil avoit acostumé de prester à ceulx qui estoint les vrays et légitimes comtes de Tolouze. Ce que le comte de Rodez refuzoit du commencement de faire. Mais enfin, considérent que c'estoit une querele d'Alemand et que Simon de Montfort ne cherchoit qu'une occasion de luy courir sus, et de rejoindre la comté de Rodez à cele de Tolouze, laquele il tenoit déjà pour tote asseurée, il passa carrière, attendu mesmement q'uil se voyoit au pouvoir dudict de Montfort, qui estoit déjà dans la vile de Rodez, ayant aux environs une grande et puissente armée, de sorte q'uil luy feit homage de sadicte comté. Bernard Guidon, de l'ordre de sainct Dominique, inquisitur de la foy et depuis évesque de Lodève, et après encore archevesque de Ferrare, en sa Chronique ou Hystoire des papes parle de c'est homage soubz l'an mil ccxiii, et dict que le comte de Lycestre, après avoir prins par force le chasteau de Capdenac, s'en vint en la vile de Rodez où le comte d'ycele luy feit homage de sa comté, non sans quelque précédente contradition. C'est homage se voit encores dans les archifs de la comté de Rodez, que je metrai icy tout au long pour estre une pièce fort rare et que ne se trouve aileurs.

« In nomine Domini nostri J'esu Christi. Anno ejusdem incarnationis M° cc° xiii°, vii° idus novembris. Notum sit, tam præsentibus quam futuris, quod ego Henrricus, comes Ruthenensis, comitatum Ruthenæ, Rodenlam vicecomitatum, de Cambolacio abbatiam cum pertinenciis suis et totam aliam terram quam habeo citra Oltum, salvo tamen jure domini Papæ super Monte Rozerio, et ecclesiæ Avenionensis super castro de Securo, salvo etiam jure quod habet episcopus Ruthenæ in moneta et castris Copiaci et Combreti, recipio in feudum a vobis domino meo S., Dei gratia comite Lycestrensi, domino Montisfortis, Dei providentia Biterrensi et Carcassonensis vicecomite. Et propter idem feudum confiteor me homagium fecisse ac prestitisse, tactis sacrosanctis Evangeliis, sacramentum fidelitatis vobis et domino Amalrrico primogenito filio vestro, salva tamen in omnibus fidelitate vestra. Confiteor etiam per me et hæredes meos quod vobis et hæredibus vestris iratus et pacatus in lite et in quiete teneor reddere feudum prædictum quandocumque fuero requisitus, et vos et hæredes vestri mihi et hæredibus meis sine damno meo et meorum restituere sicut bonus dominus debet. Præterea de præfata teneor guerram facere pro vobis et hæredibus vestris contra quemlibet hominem ; et si forte de gratia vestra guerram non facerem, teneor vobis ad faciendam guerram reddere terram ipsam, si fuero ut dictum est super hoc requisitus. Et nos S., comes Lycestrensis, etc. vobis Henrrico comiti Ruthenæ et hæredibus vestris prædictam terram in feudum concedimus salvo servitio quod pro ea facere nobis et hæredibus nostris debetis. Et confitemur quod, si terram sæpe dictam vel partem nobis aut hæredibus nostris reddideritis, ipsam vobis et hæredibus vestris reddere cum integritate tenemur. Et promittimus vobis et hæredibus vestris per nos et hæredes nostros quod feudum quod a vobis tenetur vobis inconsultis a feudatariis vestris nullatenus acquiremus, ymo si vobis necesse fuerit ad manutenendum et defendendum præfatum feudum et alia jura vestra ,quandiu vos et hæredes vestri in nostra fidelitate manseritis, vos juvabimus bona fide. Insuper si forte aliquam injuriam vel offensam nobis vel nostris fecistis illam vobis plene remittimus et alias quærimonias, si quas forte usque ad hanc diem adversus vos habemus. Servitium autem quod pro dicto feudo nobis facere tenemini est illud quod tenebamini facere comiti Tolosano. Hanc autem concordiam et conventionem facimus ad concilium et arbitrium venerabilium patrum Mimatensis, Cathurcensis, Ruthenensis, Carcassonencis, Albiensis episcoporum, et magistri Theodosii, canonici Januensis. Et ut ipsa concordia et conventio robur obtineat firmitatis perpetuæ, duo instrumenta per alphabetum divisa fecimus inde fieri, et tam sigilla nostra quam prædictorum episcoporum magistri Theodosii eisdem apponi. Actum apud Ruthenam in camera episcopi, præsentibus domino Uticensi episcopo, P. Guarcino archidiacono B. Mariæ, de Montepessulano, Guilhelmo, archipresbytero de Conchis, P. de Pradis magistro, W. canonicis Ruthenensibus, W. Farcat, U. de Granerio, P. Arnaldi, R. decano S. Amantii, U. de Modonburgo, W. de Mota, W. de Cracovila, B. de Calomonte, B. de Cardailhaco, Philippo de Goloenlone, G. de Begone de Calomonte, G. de Mirabello, B. de Paris, B. de Pruinas, U. de Saviniaco, Gagone de Cambolacio. »

Nous avons cy devant dict que en la vente de la comté de Rodez, faicte par Alphons Jordain, comte de Tholoze, à Ricard et Hugues, ledict Alphons se retint l'homage de ladicte comté à lui et à ses successeurs, comtes de Tholoze, ensuite de laquele rétention le comte Simon ce feit faire ledict homage. J'en ay veu ung aultre depuis faict par Hugues 3, comte de Rodez, à Alphons, comte de Poictiers et de Tholoze, datté de l'an 1269 et du 16 juilhet.

L'on voit par cest homage que le comte de Montfort n'avoit encores prins le titre de comte de Tolouze, parce q'uil n'en avoit encores obtenu le don de nostre S. Père, come il feit après ; car l'année suivante, que feut l'an mccxv, le légat apostolique, messire Pierre de Bénevant, cardinal a latere, qui avoit esté envoyé tout exprés en ces cartiers pour provoir aux afferes de la foy et arrester les pernicieux dessains des hérétiques Albigeoys, assembla un concile national en la vile de Montpelier, auquel feut entre aultres choses résolu que la comté de Tolouze et terres qui en dépendoint, seroint bailée en guarde et comande audict seigneur de Montfort, jusques à ce que autrement par sa Saincteté y eust esté proveu, laquele ayant ceste mesmes année assamblé ung concile général et œcuménique à Rome en l'esglise de S. Jean de Latran, pour provoir à ceste hérésie, luy dona purement, et à son filz Almaulrry de Montfort après luy, ladicte comté et tout ce qui en dépendoit. C'est ainsin que l'inquisitur de la foy, que nous avons nommé cy dessus l'assure.

Les troubles en ce temps là estoint si grandz et furieux en ces cartiers icy q'uil ni avoit rien d'asseuré. Le comte Henrry duquel nous parlons, et non sulement luy, mais toutz les aultres seigneurs vassaulx de la comté de Tolouze, estoint en grande pene, et ne scavoint à quoy se tenir, ni quel parti ils debvoint suivre ; car d'ung costé ils avoint le comte de Tolouze, leur naturel seigneur, qui se disoit catholique, et soustenoit n'estre hérétique ni fautur des hérétiques, et par conséquent que ses vassaulx estoint tenus le secorir et prendre son parti ; d'aultre costé, ils avoint nostre S. Père le pape et toutz les ecclésiastiques, qui sostenoint le comte Simon, combatant pour la foy catholique, lesquels menassoint d'excommunication toutz ceulx qui ne se rangeroint de leur costé et prenoint le comte de Tolouze comme enemy de la foy, de sorte que nostre comte de Rodez n'estoit sans grande pène pour se tirer de l'aquele et s'eslogner de ces troubles et ambiguités : il entreprint ung voyage oultre mer au sainct sépulcre et se croisa, coumme il se vérifie par les letres de sauvegarde, q'uil obtint du légat apostolique sur le faict de la croix, conceues en ces termes :

« R. servus crucis Christi, divina miseratione tituli S. Stephani in Cœlio monte, præsbyter cardinalis, apostolicæ Sedis legatus, universis ad quos literæ istæ pervenerint in vero salutari J'esu Christo salutem. Noverit universitas vestra quod carissimum in Christo filium nobilem Henrricum, comitem Ruthenæ (qui tanquam devotissimus S. Romanæ Ecclesiæ filius ad admonitionem nostram in succursum Terræ sanctæ se Christi vexillo munivit) sub protectione, custodia et deffensione nostra recipimus sub pœna excomunicationis ex parte domini Papæ, sub cujus protectione omnes cruce signati concistant auctoritate legationis qua fungimur et totius concili apud Claromontem celebrati, firmiter inhibentes ne aliqua ecclesiastica secularisve persona ipsum in persona castris, villis, burgis, locis, terris, pocessionibus, honoribus, sociis, milibus, adjutoribus et hominibus suis contra justitiam molestare presumat. Si quis vero contra paginam nostræ protectionis et inhibitionis venire præsumpserit nisi monitus se voluerit emendare indignationem apostolicæ Sedis incurrat et ipsum denuntiari excomunicatum publice faciemus. Volumus insuper et mandamus ut omnes episcopi necnon et archiepiscopus Byturicensis qui ad dictum concilium congregati fuerant præsentem chartulam sigillis propriis insigniret. Datum apud Claromontem v° kal. augusti. »

Au pied de ces letres, bien que fort briefves, pandent huict seaulx, ung chescung d'yceulx gravé de l'effigie d'ung évesque en habit pontifical, mais les letres que sont aux environs (lesqueles come est à croire portoint leur nom et de leur évesché) ne se peuvent lire. Il se présentent deus dobtes sur ce titre. Le premier est sur le nom du légat soubs le nom duquel ces letres sont despéchées; l'autre sur la datte, laquele ni est spécifié pour le moings de l'année qu'eles furent acordées. Pour le premier c'est sans doubte que ce légat apostolique s'apeloit Robert, cardinal du titre de S. Estiene in Cœlio monte, lequel fut faict cardinal par Innocent 3 en l'an MCCXI, ainsin que Onuphre l'atteste en son libvre De cardinalibus, et qui vivoit encores durand le pontificat d'Honorius, par lequel il feut envoyé légat en France, pour le faict de la croix ou croisades, que en ce temps là s'entreprenoint en la Terre saincte, à raison desqueles le légat de la croix se tenoit d'ordinere en la vile de Clermont; car il fault entendre que le concile, que feut tenu en ladicte vile par le pape Urbain segond en l'année mille nonante cinq, feut si célèbre à cause de ceste grande et heurcuse croisade, que y feut délibérée et arrestée, laquele donna commencement à toutes les aultres qui suivirent après, que toutz les voyages qui depuis s'entreprindrent oltre mer après ce concile, se feirent soubz le nom et authorité d'yceluy. Et à ces fins nous sainctz pères teindrent par ung fort long temps après en la vile de Clermont ung legat, tout exprès pour recepvoir ceulx qui voloient aler aux secours de la Terre saincte, et leur doner la croix, ce que ne se faisoit sans quelque cérémonie ; et par mesmes moyen le légat metoit les pèlerins qui se croisoint soubs la protection et sauvegarde du S. Siège, suivent la résolution qu'avoit esté prinse au concile de Clermont.

Quant à la datte des susdictes letres, bien que l'année

n'y soit exprimée, il est certain qu'eles sont de l'an mil ccxvii, scavoir de la première année du pontificat de Honorius 3 ; car le comte Henrry ayant résolu ce voyage, et ne se sentent assez assuré de la sauveguarde du légat, creignent que pendent son absence quelque ungs ne se jettassent sur ces terres, se retira dudict pape Honorius, duquel il obtint une aultre sauvegarde de l'assumption de la croix que le comte avoyt déjà prinse des mains dudict légat, ainsin q'uil apert par la teneur d'ycele, qu'est tele :

« Honorius episcopus, servus servorum Dei, dilecto filio nobili viro Henrrico, comiti Ruthenæ, cruci signato, salutem et apostolicam benedictionem. Sacrosanta Romana Ecclesia devotos et humiles filios et, assuetæ pietatis officio perpensius diligere consuevit et, ne pravorum hominum molestiis agitentur, eos tanquam pia mater sua protectionis munimine confovere. Cum igitur signo vivificæ crucis assumpto proposueris ad Terræ sanctæ subcidium profiscisci nos tuis præcibus inclinati personam, familias, terram et omnia bona tua sub B. Petri et nostra protectione suscipimus et præsentis scripti patrocinio communimus, statuentes ut ea omnia sub apostolicæ Sedis et nostra defensione concistant, donec de reditu tuo vel obitu certissime cognoscatur. Nulli ergo hominum liceat hanc paginam nostræ protectionis et constitutionis infringere vel ei ausu temerario contra ire. Si quis autem hæc attemptare præsumpserit indignationem omnipotentis Dei et B.B. Petri et Pauli apostolorum ejus se noverint incursurum. Datum Laterani iiii kal. maii pontificatus nostri anno primo. »

Ces bulles sont donées sub plumbo, qu'est le seau de l'esglise apostolique de Rome attaché à yceles avec lacs de soye roge et jaune, ayant d'ung costé les faces de S. Pierre et de S. Paul, et de l'autre le nom du pape en ces troys motz « Honorius papa tertius. » Ce que je n'ay volu obmettre affin que persone ne doubte que le pape, autheur de ces bulles ne feut Honorius 3. La datte d'yceles est de l'an premier de son pontificat que feut le xviii juilhet mccxvi. Et content ung an entier depuis ledict jour jusques à semblable jour de l'année après, l'on trouvera que ces bulles sont de l'an mccxvii et du xxviii d'apvril.

Mais quoy que ce soyt la vraye datte de ces bulles, si est ce toutesfoys que le comte Henrry ne se mit cy tost en chemin pour sondict voyage. Il estoit encores en ce pays l'an mil cc xix, car durant ceste année Loys, filz du roy Philippes Auguste, et lequel après la mort de son père feut roy de France et père du roy S. Louys, estent envoyé par sondict père vers ces cartiers avec une grande et bele armée, assiéga et print la vile de Tolouze, come l'asseure le chroniqueur Bernardus Guydonis cy devent allégué, qui cotte le jour mesmes que le siège y feut posé, scavoir le xvii juing mil deus cens xix. Et il est certain que nostre comte Henrry se treuva audict siège. Et parce q'uil estoit près de partir pour acomplir son veu et pèlerinage à la Terre saincte, pour mieulx asseurer ses affaires et prouvoir à la conservation de ses terres et protection de ses subjectz pendent son absence, il s'advisa de bailer en guarde et laisser coumme en despost sa comté ez mains et pouvoir de l'évesque de Rodez qu'estoyt messire Pierre de la Treilhe, aux charges et conditions portées en l'instrument de dimission q'uil luy en feit, et entre aultres q'uil seroit tenu de la remetre ez mains de Almaurry de Montfort (qui après la mort de Simon de Montfort se portoit pour comte de Tolouze, en vertu de la donation que leur en avoit esté faicte au concile de Latran) toutes les fois q'uil le requerroit, tout ainsin qu'est plus à plain porté par les conventions qui en feurent entre eulx et ledict seigneur de Montfort passées, que je m'en vays icy insérer.

« In nomine Domini, amen. Anno incarnationis ejusdem M° CC° XIX°, IIII idus julii. Noverint universi præsentes pariter et futuri, quod nos Henrricus comes Ruthenæ dimittimus et relinquimus totam terram nostram et castra sub custodia et deffensione venerabilis patris D. P. episcopi Ruthenensis, concedentes et mandantes eidem episcopo ut, quandocumque dominus noster D. Amalrricus, Dei providentia dux Narbonensis, comes Tolosanus et dominus Montisfortis, castrum vel castra quæ tenemus ab ipso jure dominii petierit, dictus D. episcopus absque contradictione qualibet ei reddat. Et dictus D. noster Am..ricus ita faciat de castro seu de castris et eadem teneat ut bonus dominus facere debet et tenetur. Volumus præterea et promittimus mandantes, quod si dictus noster Amalrricus aliquam quærelam vel petitionem de nobis vel de nostris hominibus seu de terra nostra fecerit, procurator noster quem dimittimus respondeat dicto D. comiti, ubi et in curia qua decebit ratum habituri, quod per ipsum actum fuerit agendo seu respondendo. Præcipimus etiam ut dictus D. episcopus faciat servitium dicto D. nostro D. Amalrrico de terra quam tenemus ab eo sicut in instrumentis nuper confectis, et sigillo inclitæ recordationis D. Simonis patris ejusdem D. Almarrici et nostro sigillatis plenius continetur. Et nos P. episcopus Ruthenensis prædicta omnia concedentes et confirmantes dictam terram et castra in custodia et deffentione nostra recipimus dicta forma, vobis præfato D. Almarrico bona fide promittendo quod castrum et castra prædicta Henrrici comitis reddemus vobis et hæredibus vestris quotiescumque petieritis eadem jure dominii sine mora. Et faciemus de quærelis quas facitis vel facietis, ut dictum est stare juri, secundum juris ordinem vobis et vestris justitiam exhibendo. Et faciemus de terra quam a vobis tenet dictus comes servitium fidele sicut est dictum. Et nos Amalrricus Dei providentia dux

Narbonensis, comes Tolosanus et dominus Montisfortis concedendo prædicta omnia approbamus, promittentes ut bonus dominus in omnibus nos habere. Ut autem omnia prædicta robur obtineant firmitatis perpetuæ præsens instrumentum per alphabetum divisum et confectum est, quod nos tres prædicti sigillorum nostrorum munimine fecimus communiri. Actum in obsidione Tolosæ anno et die quibus supra. »

Il est aisé à voyr par la lecture de ce titre q'uil feut faict en conséquence de quelque voyage loingtain, entreprins par le comte de Rodez que ne pouvoit estre aultre que celuy de Hyerusalem q'uil avoyt entreprins, ainsin que nous avons dict. Mais de dire ce q'uil y exploicta ni quant il se mit en chemin, il ne se peut, pour ne s'en treuver rien parmi les titres anciens. Tout ce que nous pouvons dire du roste des actions de ce comte est q'uil morut sur la fin de l'an mil deus cens xxi ou commencement de l'an mil deus cens vingt et deus. Il feit testement que je n'ay jamais peu trouver, mais j'ay bien veu ung codicille q'uil feit le xv d'octobre, année susdicte mccxxi, faisent mention de ce testament q'uil confirme; et par yceluy il laisse quelques légatz oultre ceulx qui estoint contenus en son testement, et entre aultres il lègue aux frères de l'Hospital de S. Jean de Hyerusalem le lieu de Canet, et laisse à l'esglise de S. Michel de Rodelle une croix et certaines reliques avec leurs reliquières d'argent. Je croy q'uil ne tarda guieres à morir après ce codicille qui se voyt dans les archifs de la comté de Rodez.

De Hugues troisième de ce nom, comte de Rodez.

CHAPITRE V.

Hugues troisième de ce nom succéda à son père Henrry au comté de Rodez et aultres terres dépendens de ceste maison sur le commencement de l'an MCCXXII, estent encores fort jeune de âge, sa mère, madame Alysete gouvernent les affaires, fort sage dame, laquele vesquit asses longuement après la mort de son mary. Je la trouve nommée en quelques titres de l'année MCCLI, qu'estoit xxx ans après le décès du comte Henrry, son mari. Quant au comte duquel nous parlons à présent, il feut marié avec madame Ysabeaulx de Roquefueilh, filhe et héretière de messire Raymond de Roquefuelh baron de Roquefuelh et Mayrueys et viconte de Creysseilh.

Ceste maison de Roquefuelh estoyt fort grande et des plus apparentes que feussent alhors en L'anguedoc, extraicte de cele de Montpelier et reneue, si je ne me trompe, d'ung frère puisné de Guilhaume, comte ou seigneur de Montpelier; lequel Guilhaume ayant prinse à femme madame Mathilde ou Mahaul, filhe de Emanuel, empereur de Grèce, eust une filhe unique nommée Marie, laquele après la mort de son père, feut dame de Montpelier. Et estent colloquée en mariage avec Pierre segond du nom, roy d'Arragon, apporta à la maison d'Arragon ceste comté ou seigneurie de Montpelier. Car d'elle et dudict Pierre sortit J'Aques d'Arragon qui, après la mort de son père, feut roy d'Arragon, et succéda à sa dicte mère ez biens de Montpellier. Ceste dame morut à Rome l'an MCCXIX, après avoyr faict testement. Elle institua en toutz et chescungs ses biens le roy Jaques son filz, et en cas q'uil décédât sens enfens luy substitua deus filhes qu'elle avoyt eu de son premier mariage, contracté avec le comte de Cumenge, et après Raymond Gauselin, baron de Lunel, après lequel elle substitua en sesdicts biens Raymond et Arnauld de Roquefueilh frères, que montre q'uilz estoint proches parens avec ladicte dame, et, come je veulx croire, cosins germains, filz d'ung frère puisné dudict Guilhaume de Montpelier, père de ladicte dame. Surita en sa Chronique d'Arragon parle de la mort et testement de ladicte dame, soubs ledict an ccxix, en ces termes : « Maria regina (Arragoniæ scilicet) sanctissima fœmina Romæ e vita excedit. Moriens, sacra piaque religionis fœdera obtestans, Honorii P. M. Ecclesiæ præsidio filium atque ejus regnum tradit atque commendat. In Vaticana divi Petri æde, prope D. Petronillæ tumulum, humatam ferunt. Monspelleriæ ditionis hæredem filium instituerat : cui Mathildem et Petronam filias, ex matrimonio quo Convenarum comiti collocata fuerat genitas, substituit ; filiis secundos hæredes instituit Raymundum Gaucellinum, Lunelli dominum, ejusque filios, atque hiis Raymundum Rocafullium et Arnaldum Rocafullium fratres et alios ex ea familia substituit. Et fratres justo matrimonio non genitos exhæredat. » Ce Raymond de Roquafuelh, mentioné audict testement, print à fame madame Delphine de Turene, et de ce mariage nasquit dame Ysabeau laquele feut mariée avec le comte de Rodez, Hugues troisième, duquel nous traictons.

L'on ne scait qu'eles feurent les conventions de ce mariage, par ce que le contranct d'yceluy ne se treuve point ; mais il est bien certain qu'ele aporta la baronie de Roquefuelh ou de Mayrueys, ensemble la viconté de Creysseilh en la maison de Rodez, où elle sont encores, parce q'uele succéda à sondict père qui morut sens enfens masles, mais laissa seulement aultres deus filhes. L'une desqueles qu'estoit Delphine feut religieuse au monastère de Montméja en Auvergne ; et l'aultre apelée Raymonde feut mariée avec Bernard d'Anduze, grand seigneur pour lhors au pays de Languedoc. Cele là moyenent la dot que luy feut constituée céda et quitta à dame Ysabeaulx sa seur, toutz les droictz que ly pouvoint apartenir en la maison de Roquefuelh, et par ainsin toutz les biens d'ycele feurent résolus en la persone de ladicte dame. Ceste baronie de Roquefuelh que prent à présent son nom de la ville de Mayrueis, come capitale d'ycele, estoyt a lhors de beaucoup plus grande estendeue q'uele n'est de présent, à cause que depuis le mariage de ladicte dame Ysabeaulx elle feut partagée en faveur de Raymond de Roquefuelh, filz de Arnauld, lequel Arnault estoyt frère puisné de Raymond, père de ladicte dame. Ce Raymond filz d'Arnauld, après la mort de ladicte dame, demanda la portion hæréditere qu'avoyt apertenu à son père sur les biens de Roquefuelh. Et après quelque contestation interveneue là dessus en l'année MCCLXX, feut passé acord entre Henrry 2 du nom, filz et héretier de ladicte dame, d'une part, et ledict Raymond, d'aultre, par lequel demura convenu et acordé q'uil seroit bailé audict demandeur pour ladicte légitime en rentes censueles jusques à la soumme de cent libvres de revenu annuel. L'assiete d'yceles n'en feut pas faicte pour lhors, mais assez long temps après, scavoir l'an MCCCLXXII. Ceste rente feut assise sur certains vilages en asses grand nombre qui feurent bailés à perpétuité à ung aultre Arnauld de Roquefueilh, qui avoit succédé audict Raymond. Et entre aultres feut bailé le chasteau de Roquefuelh ou plustost le fonds ou rocher sur lequel le chasteau, lhors ruiné, avoyt esté basti ; que à ceste cause que les descendens d'yceluy se sont despuis apropriés le titre de ceste baronie, bien q'uil deubt demorer aux comtes de Rodez, coumme représentens l'ayné et héretier de la maison. Mais ça ha esté par tollérence des comtes qui ne se sont beaucoup sociés du titre de baron en ayans de plus beaux et spécieux.

Du mariage de Hugues 3 comte de Rodez et de dame Ysabeaulx de Roquefuelh sortirent quatre filhes et ung seul masle, qui feut nommé Henrry, et lequel, coumme nous verrons après, succéda à ses pères et mère. Les filhes feurent : Halix, laquele se rendit religieuse au monastère de Nonenque ; Delphine qui feut mariée avec messire Pierre Pelet, seigneur d'Alost, et eust en dot six cens marchs d'argent. Ce Pelet tenoit ung grand reng parmi les seigneurs de Languedoc, et estoyt baron de Caumont d'Olt, coume il se peut vérifier par ung titre qui se voyt dans les archifs de la comté de Rodez de l'an mil CCLXXXXVIII, qu'est le contract de mariage de madame Cécile de Rodez avec messire Bernard, comte d'Armaignac, dens lequel ledict Pierre Pelet, baron de Caumont, se treuve avoir servi de caution de la part dudict sieur comte. Ce Pierre Pelet, qui print à femme dame Delphine de Rodez, de laquele nous parlons, estoyt descendu de Raymond Pelet qui se croisa au concile de Clermont, tenu soubz le pape Urbain segond, avec les aultres seigneurs de ce royaume pour le recouvrement de la Terre saincte, l'an mil nonante six, et se mit en chemin l'année après avec messire Aymar, évesque du Puy. L'archevesque du Thyr, en son hystoire De bello sacro, marque leur départ de ce pays, au 17 chapitre de son segond libvre, en ceste sorte : « Erant cum eis (dict-il en parlant de ces deus seigneurs que nous venons de nommer) viri apud suos tam nobilitate quam morum elegantia clarissimi, dominus videlicet Guilhelmus Aurazensis episcopus et Ramboldus ejusdem civitatis comes, Gasto de Beders, Girardus de Rossilhon,

Guilhelmus de Montepessulano, Guilhelmus comes Forensis, Raymundus Pelet, Cenconius de Boarn, Guilhelmus Amanen et alii, quorum nomina non tenemus, certe scripta sunt in libro vitæ. » La troysième filhe du comte Hugues feut Valbourgues qui espousa messire Guilhaume de Randon, filz à messire Rando de Castelnau, seigneur dudict lieu et del Luc, à laquele feut constitué en dot sept cens marchs d'argent. Ce Castelnau de Randon, car ainsin s'apeloit la place apertenent à ces seigneurs de Randon, est assise entre les viles de Mande et du Puy, laquele feut assiégée par messire Bertrand du Guesclin, conestable de France, s'en venent avec son armée du pays de Rouvergue en l'année 13. Ce siège feut malheureux pour les Françoys par ce que ce grand et excellent capitene y morut. La quatrième et dernière filhe du comte Hugues feut Alcayete, mariée avec Almaulrry de Narbone, seigneur de Talayran, filz d'aultre Amaulrry, viconte de Narbone, à laquele feut constitué en dot deus mil cc marchs d'argent. Je n'ay point treuvé q'uil y eust lignée d'aulcune de ces filhes, fors de la dernière Alcayete, de laquele nasquit aultre Amaulrry de Narbone, seigneur de Talayran. Ce feut celuy qui durant la minorité du comte Jean premier, après le décès de madame Cécile, comtesse de Rodez, et de Bernard, comte d'Armaignac, feut gouvernur et régent de la comté de Rodez. Il luy feut baylé pour augment de la légitime deue à sa feue mère le lieu et mandement d'Agen, la 4 partie du lieu de Prades et Pont de Salars, une partie du lieu de Canet avec toute jurisdiction et les vilages de Bélveze et de Puechtestes, avec jurisdiction jusques à lx souls, et de ce il se trouve avoyr faict homage aux comtes de Rodez.

Dame Ysabeaulx de Roquefuelh, femme du comte Hugues, morut l'an mccli, après avoyr faict testement dans le chasteau de Creysseilh, où elle estoyt malade, par lequel elle feit deus héretiers : le comte son mari, et madame Delphine de Turène sa mère, à la charge à l'ung et à l'autre de rendre le tout à son filz. Et depuis ladicte de Turène à la fin de ces jours faisent testement rendit sa part auxdicts Hugues et Henrry père et filz. Au reste ce comte Hugues print pocession de sa comté et feit sa novcle entrée dans la vile de Rodez, capitale d'ycele, en l'année MCCXXII, coume il est aisé à voyr par la confirmation qu'uil concéda aux habitans de la dicte vile ou bourg de leurs anciènes libertés et privilèges. Car c'estoit une costume asseurée et infalible que lesdicts comtes avoint en ce temps là que de confirmer ou concéder les privilèges aux dicts habitens, lhorsq'uilz faisoint leur première et novele entrée dens leur vile, et q'uilz se faisoint coroner comtes. Les priviliéges qu'il leur concéda ou confirma a lhors se voyent encores dans les dicts archifs. Le commencement desquels est tel : « En nom de nostre senhor JESU CHRIST. L'an de l'incarnatio de lhi MCCXXII. Sia conoguda causa, a totz cels que so ni que seran, que en Hug, coms de Rodez, filz que fui sai enrrieires de mosenhor Haenrric comte quera de Rodez autorque e lauze, etc. » Ce feut ung grand mesnager et fort advisé et diligent aux affaires de sa maison. Il acquit la ville de Marcilhac et le chasteau et mandement de Sales Contaux au moyen de certaines permutes et eschanges q'uil passa, en l'année MCCXXXVII, avec messire Archembaut de Panat, par lesqueles ledict de Panat luy bayla lesdicts Marcilhac et Sales. Et en contreschange d'yceles le comte luy baila les places et chasteaux de Peyrebrune, Thoels, Copiac, et Caystord, les deux dernières desqueles, scavoyr Copiac et Caystord, se tenoint en foy et homage de l'évesque de Rodez ; et vouldrois croire que le comte s'en deffesoit tout exprès pour se tirer et éclipser de la seigneurie et homage de l'évesque. Mais ceste ruze ne luy servit de rien, coumme nous verrons cy après, quant nous traicterons du différent qui s'esmut quelque temps après sur ce subject entre leurs successeurs. Il augmenta aussi les revenus de sa vile de Rodez de beaucoup de rentes q'uil achepta de messire Guilhaume de La Barrière, chevalier, duquel il acquist aussi les maisons que ce gentilhome avoyt dans Rodez près la Sale et chasteau dudict comte ; ainsin q'uil se voit par deus titres qui sont dans les archifs de ladicte comté, l'ung de l'an MCCLXIIII et l'aultre de l'an MCCLXVIII. Quelque temps au paravant scavoir l'an MCCLIII, il avoyt acquis d'ung borgeois de ceste vile, nommé Dordé Bertrand, certain droict que ledict Bertrand avoit acostumé lever sur la boucherie que l'on apeloit las leydas. Et de tent que les comtes en ce temps là faisoint leur résidence d'ordinere dens la vile de Rodez et avoint leur chasteau et principal manoir en la maison que encores de présent s'apele vulgairement la Sale comtal, bien que ycele feut fort capable contenent non seulement ce que se voit de ladicte sale en la forme qu'ele est maintenent, mais oultre ce le lougis de l'ale et toutes les aultres maisons que sont au derrière, tent dudict logis que de ladicte sale, jusques au cemetière de l'esglise de S. Amans, mesmes toute ceste suite de maisons qui descendent en bas vers l'esglise de la Magdelene, scavoir cele de laquele les habitens du borg se servent pour leur maison de vile, et aultres des environs ; si est ce que ce comte l'aggrendit encores de beaucoup achetant de certains gentishomes, qui se tenoint dans Rodez, nommés les Saunhacs, leurs maisons q'uilz avoint en cest endroict, dessoubz ladicte esglise de S. Amans. Il achepta aussi, d'une damoisele apelée Bringuière Martele, la tour qui encores du nom de ceste damoisele est apelée la tour Martelenque. De ces maisons et tour sont de présent composées les prisons criminelles du comte, et pour lhors feurent joinctes au chasteau lequel estoyt de si grande estendeue q'uil environoit de troys pars l'esglise et convent de S. Amans. Mais depuis que les comtes quittarent la vile pour se tenir aux champs, une grande partie d'yceluy fut réduitte en jardins et le reste divisé en plusieurs maisons que ont esté acensées et bailées à noveau fief à quelques particuliers.

Cele qu'est de présent apelée l'Ale en est une, nom que luy feut imposé à cause que au temps des foires l'Ale a acostumé se tenir dans ycele, où toutz les marchans des draps, toiles et aultres teles merchendises sont tenus les aporter en de grandes sales basses que sont en ladicte maison, et là les débiter et vendre. Ceste maison feut bailée à noveau fief en l'année MCCCLXXXIII à ung nommé Dordé Albrac soubs la censive annuele de six libvres quatre sols Rodenois ; mais parce que ledict Albrac volut uzer du droict de l'ale, bien que ne feut exprimé au noveau bail, les officiers du comte luy feirent là dessus controverse. Toutes fois enfin l'an mil ccccv, s'estent ledict Albrac retiré dudict seigneur conte, et, luy ayant faict entendre le trouble que ces officiers luy donoint, leur imposa silence, et de noveau dona faculté audict Albrac de tenir l'ale aux jours de foires en ladicte maison et y recepvoir toutz merchans avec leurs merchendises pour y vendre, achepter et traffiquer tout ainsin que au paravant estoyt acostumé de faire, ensemble de lever et exhiger des merchans qui y apporteroint leurs merchendises les droictz et esmolumens acoustumés, et ce moyenent la cencive annuele de xv libvres Rodenois, oultre les vi libvres IIII soulz vi deniers de cencive contenus en l'instrument du bail de ladicte maison. Depuis, les dictes quinze libvres furent réduittes à aultres vi libvres IIII soulz vi deniers Rodenois ; de sorte que ce jourd'huy les tenentiers de ceste maison ne sont tenus de payer, tent pour la cencive que droict de l'Ale, que XII libvres IX soulz Rodenois.

Ce droict qui se prent sur les merchans aportans leurs

merchendises pour vendre durent les foires dans ceste maison apellé vulgairement Alatge n'est pas noveau. Il se treuve parmi le droict civil que les Romains en avoint uzé soubz le nom d'une semblable exaction, q'uilz apelarent « siliquaticum, » parce que ils prenoint au proffit du public « integram siliquam ex uno quoque prætii solido mercium venditarum, scilicet dimidiam ab emptore et dimidiam a venditore, siliqua vero erat vicesima quarta pars solidi sive aurei, » coumme le monstre fort évidement Antonius Augustinus, lib. 2. Emendationum, c. 9., ce que le fisc prenoit sur les merchans pour le louage du lieu où ilz expausoint en vente leurs merchendises, qui n'estoit pas à leur chois; car il ne leur estoit loisible aux foires d'estaller leurs danrrées en toutz lieux q'uil leur plairroit choisir, ains il y avoit certains lieux destinés pour chaque sorte de merchendise où les merchens estoint tenus les exposer en vente et non aileurs, coumme il se collige de la novelle de Théodose et Valentinian, empereurs soubz le titre De siliquarum exactione. Cassiodore, lib. 4 Variarum, epist. 19 : « Siliquarum præstationem (dict-il parlent de cest impost) rebus omnibus nundinandis provida deffinivit antiquitas. »

Pour revenir à nostre propos, les comtes se tenoint a lhors d'ordinere dans leur vile de Rodez et y avoint leur principale maison, laquele coume nous avons déjà dict en porte encore le nom de Sale comtal. Car ce mot de sale se prenoit alhors pour ce que nous apelons maintenant palais ou chasteau ; et ozerois-je dire que les chasteaux que les grands seinheurs, ducz et comtes avoint dans leurs viles estoint plus proprement apelés sales que ceulx qu'ilz avoint aux champs, coume il semble que Jean du Mehun en son roman de la Roze le done asses à entendre, lhors q'uil se plaint des seinheurs de son temps, qui avoint quitté les chasteaux qu'ilz avoint dens leurs viles pour se retirer aux champs, par ces vers :

> Ly rois, ly duc et ly comte
> Aux grandes festes fond grand honte,
> Quant n'ayment plus palais ni sales
> En ordes maisons et sales
> Se reponent et en boscages.

Je ne voldroys totesfois m'ahurter sur ceste opinion, bien q'uil samble que ces vers la confirment asses. Toutesfois j'assureray bien que ce mot de sale estoit prins pour chasteau, car du Mehun le conjoinct toutjours avec le mot de palais, coume aux vers que nous venons d'ammener, et en ung aultre endroit de son roman, où il faict parler faux semblant contre les religieux mandians, suivant en cela l'hérésie de Guilhaume de Sancto Amore, que de son temps avoyt escript contre eulx, et volent monstrer que les apostres et les ecclésiastiques, qui vindrent après eulx, avoint acostumé trevalier de leurs mains pour guaigner par ce moyen leur vivre et norriture

> Tantost laboroint de leurs mains,
> De leur labur, ni plus ni moins,
> Ils recepvoint toutjours substance,
> Et si vivoint en patience,
> Et s'aulcun demurant avoint
> Aux aultres pouvres le donoint.
> Et n'en fondoint palais ni sales.

Et quelque peu après, à l'endroit où le mesmes faux semblent parle des hermites, il dict ainsin :

> Je n'ay point cure d'hermitages,
> Je laysse desers et boscages,
> Et quitte à S. Jean Baptiste
> Du désert le manoir et giste,
> Car nous serions trop loing jettés
> Des bourgs, des chasteaux et cités.
> Mais sales fais et mes palais
> Où l'on peut courre à plain alais.

De certains différens qui feurent entre le comte Hugues 3 et Vivian, évesque de Rodez.

CHAPITRE VI.

Nous avons cy devant parlé de quelques disputes et différens intervenus entre les évesques et contes de Rodez, toutz lesquels feurent vuidés ou par amiables compositions ou par sentences arbitrales. Mais pour cela ne restoit de se présenter toutjours quelques nouveaux doubtes et difficultés à terminer entre eux, estans les affaires de ces deus seigneurs si meslés ensemble, q'uil estoit presque impossible q'uil n'y eust toutjours quelque novele controverse à décider, mesmes de ces temps là que les droictz respectifs de l'ung et de l'autre n'estoint encores esclaircis ni liquidés, coume ils feurent après par les compositions et transactions qui s'en ensuivirent du temps du comte Hugues, duquel nous parlons. Environ l'an MCCL estant pour lhors évesque de Rodez ung nommé Vivian, de l'ordre de S. Françoys, sainct personage, qui, pour son intégrité et vie dévote et religieuse, avoyt esté postulé à nostre S. Père par le chapitre de Rodez, s'esmut entre eux ung différent sur certain droict apelé la leude, que le comte présuposoit luy apertenir, métent en faict q'uil estoyt en pocession de tout temps de prendre et exhiger ce droict sur toutes sortes de merchandises aportées ou conduites par les estrengers et exposées en vante dans la cité de Rodez (car pour celes qui se vendoint en bourg, il n'y avoit personne qui le luy mit en controverse), et oultre ce de prendre et lever aussi le mesmes droict sur les habitens de la cité vendans chandeles troys fois l'an, pour ce qui concernoit lesdictes chandeles, scavoir aux festes de Noel, Pasques et Pentecoste; soustenoit aussi estre en pocession d'exhiger six deniers sur chesque merchent, levant tablier en la cité ez foires de S. Pierre et de sainct André. Mais l'évesque ne le treuvent (à ce q'uil en pensoit) bien fondé d'exhiger ce droict en la cité de laquelle il estoit seigneur justicier hault, moyen et bas, de mesmes que le comte l'estoyt au bourg, et que par conséquent il debvoit avoir mesmes authorité en cité, que le comte avoyt en bourg, se mit en debvoir de l'empêcher.

Le comte se voyant troblé en la perception de ce droict, ne volant perdre ce q'uil pençoyt justement luy apertenir, se retira de nostre S. Père le pape, qu'estoyt alhors Innocent 4, après avoir toutesfois faict premièrement présenter à l'évesque une cédule apellatoire, contenent le discours de ce troble que j'ay volu icy insérer, parce que de la lecture d'ycele nous aparoistra plus évidement ce de quoy il estoit question.

« Quoniam remedium apellationis ad subventionem oppressorum et ad vitanda pericula futurorum fuit a sanctis patribus institutum, idcirco nos Ugo, Dei gratia, comes Ruthenæ, quia sentimus et manifeste cognoscimus aggravari a vobis D. Viviano, eadem gratia Ruthenensi episcopo, in eo videlicet quod de leudis et redditibus, quos et quas diu tam nos quam antecessores nostri percepimus aut aliqui nomine nostro in civitate Ruthenæ, de omnibus hiis quæ adportantur ibi ab hominibus extraneis ad vendendum, nuper injuste et sine causa probabili prohibuistis aut aliqui nomine vestro ne nuncii sive bajuli nostri secundum modum consuetum acciperent dictas leudas sive dictos reditus. Verum quia tela prævisa minus lædunt timentes et in futurum (propter eo quæ præcesserunt et propter alia de quibus dedistis nobis exemplum præcavendi) multo fortius a vobis agravari. Illa de causa, ab istis gravaminibus illatis et ab aliis quæ declarabuntur in processu istius apellationis, ad dominum Papam apellamus, ponentes, coadjutores et deffensores et consiliarios nostros, villas et castra et homines in protectione ipsius D. Papæ, et ne videamus negligentes iterum atque iterum ad D. papam apellamus et cum instantia apostolos petimus. Actum est in burgo Rutenæ in aula Audegarii bajuli nostri, anno Domini M° CC° L°, XVI kal. octobris. »

Bien que au moyen de ceste apellation fut sur ce introduict procès en court de Rome, si est-ce qu'il n'y feut autrement poursuivi, parce que parties, sur l'advis et intervention de leurs amys, remirent leur différent non entièrement sur le principal ou fort de la cause, mais seulement sur le pocessoire, affin que, sur la jouyssence et posession des dictes leudes, parties ne vinsent aux mains, pendant que le procès se poursuivroit sur la propriété, et ce aux dire et arbitrage de mestre Guilhaume de Vaurs et Guilhaume Vassal, lesquels traictens cest affaire soummerement et de plain, troys jours après qu'estoit le XXVIII du moys de novembre, donarent leur sentence par laquele, après leur avoyr apparu par la déposition de quelques tesmoings de la pocession et joyssence dudict comte, ils le maintindrent en ladicte pocession pendent procès, et jusques à ce que par sa Sainteté ou par celuy qu'ele délégueroit pour cognoistre de ceste cause y eust esté autrement proveu. Ceste ordonence feut par les dicts arbitres prononcée au reffectoire des Cordeliers de la présent vile ez présences des abbés de Conques, de Vabre, de Bonecombe et de Boneval, et d'ung grand nombre de seigneurs et chevaliers de ce pays, qui s'estoint assamblés pour terminer cest affere. Que me faict croire que ce différent n'estoyt pas petit, et que l'on se doubtoit d'un grand désordre, depuis que pour y metre fin, tant et de si grands seigneurs s'estoint assamblés. Et ne fault pas dobter qu'uilz ne tâchassent de les acorder du tout. Mais voyans qu'uil ne leur estoyt possible de vuider le principal, ils volurent pour le moings doner ordre que pendent procès il ne survint quelque esclandre entre les parties. Quant à la propriété de ce droict, il feut quelque temps après terminé par sentence d'autres arbitres, eslus d'ung commun acord des parties, scavoir mestre Raymond Amilhau, archidiacre d'Agen, et mestre Raymond de S. Bauzile, official de ce dyocèse, lesquels, après avoyr veu les titres remis d'ung costé et d'aultre et ouy les parties, donarent leur sentence, par laquele ils maintindrent diffinitivement le comte en la pocession et jouyssence de lever, dans la cité de Rodez, le droict de leude sur huict sortes de merchandises que y seroint aportées à vendre par les estrangers, scavoyr sur le bois, sel, fromages, huile, cuirs, laine, pourçaux en vie et lars ou porçaux salés, demurans les habitans exempts et immunes de payer ce droict des merchendises q'uilz y feroint aporter; à telle charge toutesfoys que ou le comté pourroit à l'advenir vérifier ou preuver q'uil eusse acostumé lever ce droict sur d'aultres merchendises que les VIII si dessus spécifiées, en faisent apparoir de ce par tesmoings ou titres souffisens dans le terme de deus moys, luy seroit ottroyée pareilhe provision d'exhiger la leude sur yceles.

Ceste dernière clause dona occasion de faire après revivre ce procès ; car le comte, trouvent toutjours quelques noveaux titres ou tesmoings, bien qu'il ne feut plus dans le délay que luy avoyt esté préfigé pour faire sa preuve, faisoit néammoings instance d'y estre remis. Et ces poursuites en ammenèrent encores d'aultres plus importentes, et que en fin furent cause de grands désordres et escandales entre leurs subjects. Or, coumme leurs communs amys virent ce procès ressuscité, ils tramarent ung aultre traicté d'acord ; mais, ne le pouvans d'eux mesmes mener à fin, ils leur feirent remetre leurs différens aux dire et décision de messire Bertrand, évesque de Tholouze, et Eustache de Belemarche, séneschal de la

CHAPITRE VI.

mesmes vile, qui en donarent une ordonence, laquele ne feut suivie par les parties, dont feut grand domâge ; parce que estens ces seigneurs reantrés en procès, ils s'animarent telement les ungs contre les aultres que enfin ils vindrent aux mains, et de tele furie qu'ilz s'en ensuivirent de murtres et autres grands désordres.

Le comte Hugues 3 morut en l'année mcclxxiii, le jour et feste de S. Guilhaume, évesque et confessur, que se célèbre le   . Il se treuve une inscription dans l'esglise du monastére de Boneval que le tesmoigne ainsin. Pour le jour je n'en ay point treuvé d'aultre tesmoignage que cette inscription ; mais pour ce qu'est de l'anné ce feut en ladicte année mcclxxiii que il morut, et le fault ainsin tenir, parce qu'il se treuvé titre de luy, datté de ladicte année, et s'en treuve aussi d'autres de son filz et successur de la mesmes année, faisent mention de sa mort. Troys ans au paravant il avoyt faict son testement, que se voyt dans les archifs de ladicte comté en datte de l'an mcclxxi, par lequel il faict héretier son filz Henrry, q'uil charge de fonder une chapelenie en l'esglise dudict monastére de Boneval, en laquele feut célébrée toutz les jours une messe pour son âme et de ses prédécessurs, et que dans la chapele, que à ces fins y seroit bastie et ornée par sondict héretier, y eust une lampe ardante jour et nuict, chargent sondict héretier d'assigner à ces fins audict monastère le revenu suffisent pour ladicte chapelenie et lampe, ce que sondict filz acomplit après en l'année mcclxxxxix, donnit audict monastère une belle rente, q'uil avoyt au vilage des Bessades, dépendent du mandement et chastelenie de Caprespines, à la charge, portée en ladicte fondation, c'est de tenir ladicte lampe alumée perpetuelement et de dire une messe toutz les jours en ladicte chapele, laquele quelques années au paravant il avoyt faicte bastir en ladicte esglise. L'autel de ceste chapele feut consacré à l'honeur de la vierge

Marie et de toutz les sainctz, le premier jour d'apvril MCCLXXXXIII, par messire Raymond de Caumont, évesque de Rodez. Quelques ungs veulent inférer de là que le comte Hugues feut ensepveli en ladicte chapele, mais ils se trompent, car après sa mort son corps feut porté au monastère de Nonenque et enterré en l'esglise d'yceluy, ou par sondict testament il avoyt eslu sa sépulture.

De Henrry segond de ce nom, comte de Rodez.

CHAPITRE VII.

Après la mort de Hugues troisième de ce nom, son filz Henrri, segond du nom, fut coroné comte de Rodez sur la fin de l'an MCCLXXIIII. Long temps avant la mort de son père, il avoyt prins le titre et qualité de viconte de Creysseilh et baron de Roquefuelh, qu'il porta toutjours pendant la vie de son père, après le décès duquel il print celuy de comte de Rodez. De troys femes q'uil eust, il esposa les deus premières, son père estant encores vivant, mais il print la dernière asses long temps après le décès d'yceluy. Sa première femme feut dame Marquese de Baux, filhe de messire Bérauld de Baux, seigneur dudict lieu, à laquele feut constitué dot de deus mile marchs d'argent, coumme j'ay veu par le contract dudict mariage, qu'en feut passé à Pescaire, vile d'Italie. Ceste maison de Baux, estoyt en grande estime et réputation et des premières de Provence, à laquele la principauté d'Orange apertenoit. Et, coumme il se voyt dans l'Hystoire du pays de Provence, les seigneurs de ceste maison contestarent par ung fort long temps la comté mesmes de Provence contre les comtes de Barcelone, soustenens ycele leur apertenir par la succession de dame Estèvenete, filhe de Gilbert segond du nom, comte de Provence, laquele avoyt esté mariée avec Hues de Baux, prince d'Orenge ; sur quoy il y eust entre ses deus maisons de grandes guerres, qui grevarent par ung fort long temps les habitans dudict pays. De ceste maison de Baux sortirent de très braves seinheurs et grands capitenes de guerre, qui suivirent en Italie Charles d'Anjou, frère du roy S. Louys, pour la conqueste du royaume de Sécile, où ils se portarent fort valurusement, et y acquirent la duché d'Andrie et comté d'Amelin. Beleforest, en son Hystoire de France, lib. 5, dict une chose fort remarquable, si elle estoit acompaignée de preuve suffisente : que ceste maison estoit ysseue de l'ung des troys roys qui vindrent adorer nostre Seigneur Jésu Christ après sa nativité, et que en mémoire de ce ils s'armoint de gueules avec une estoile d'or. Je ne scais d'où il tire cela, car l'Hystoire de Provence, qui parle fort souvent de ceste maison, et s'estend volontiers sur les louanges d'ycele n'en parle aulcunement. Du mariage dudict Henrry et de ladicte dame Marquese de Baux sortit une seule filhe, nommée Ysabeaux, que feut acordée premièrement à Robert, comte de Clermont et dauphin d'Auvergne. Mais parce qu'ilz se trouvèrent fort proches parens, et qu'ilz ne peurent obtenir dispence de nostre S. Père, ce mariage ne feut consummé, et le traicté d'yceluy rompu : dame Ysabeaux feut mariée avec messire Geoffroy du Pont, seigneur de Ribérac. Ceste dame, Marquese de Baux, ne demura guieres avec son mari, le comte Henrry, mais décéda fort jeune; son corps feut enterré en l'esglise de Nonenque.

Après le décès de ladicte dame, le comte Henrry se remaria de l'advis et concentement de son père, qui vivoyt encores, avec madame Mascarone, aultrement Mascaronse de Cumenje. Les pactes de ce mariage feurent arrestés et passés en la vile de l'Isle en Albigeoys, le III d'octobre MCCLXX, portens constitution de XL mile soulz Morlanoys. De ce mariage sortirent troys filhes : Béatrix, Valbourgues et Cécile. Elles feurent mariées en de grandes et hautes maisons. Béatrix feut mariée avec messire Bernard, baron de La Tour, qui estoyt en ce temps là ung senheur fort signalé et remerqué entre les plus grands d'Auvergne ; auquel pays la baronie de La Tour estoyt assise. De ce mariage sortirent deus filz et trois filhes. Les masles feurent messire Bertrand de La Tour, qui succéda à son père, et messire Bernard de La Tour, qui, suivent l'estat ecclésiastique, fut faict cardinal par le pape Clément VI. Onuphre, aux libvres De Pontificibus Romæ, parlant de la première création des cardinaulx que feit Clément VI en l'année MCCCXLII met au rang de ceulx qui feurent alhors créés Bernard de La Tour en ces termes : « Bernardus de Turre de Alvernia, diaconus cardinalis tituli S. Eustachi. » Les filhes feurent : Delphine, Gualharde et Mascarone. Le filz ainé de Bernard de La Tour et de Béatrix de Rodez, que nous avons nommé Bertrand, eust ung filz nommé Annet, qui succéda à son père en la baronie de La Tour, lequel print à femme dame Marie de Boloigne, comtesse de Boloigne et de Auvergne, laquele aporta à la maison de la Tour ces deus comtés de Boloigne et d'Auvergne. C'est de ceste maison que madame Catherine de Médicis, reyne mère des feus roys François segond et Charles IX, descendit du costé de sa mère.

Les aultres deus filhes descendeues du mariage de Henry 2, comte de Rodez et de madame Mascarone de Cumenje, que nous avons nommées Valbourgues et Cécile, feurent toutes deus mariées à ung mesmes jour à deus frères de la maison d'Armaignac. Cécile, la dernière desdictes filhes, print Bernard, comte d'Armainhac et de Fezenzac ; et Valbourgues print Gaston d'Armanhac, frère puisné dudict Bernard et viconte de Fezenzaguet et Brulhes. J'ay veu le contract de ces deus mariages, que feurent acordés à Franquevile, dyocèse de Toulouze le x mai mcclxxxxviii. Par ce contract le comte Henrry constituait en dot à la dicte Cécile la soumme de x mile libvres tornois, et à ladicte Valbourgues la soumme de v mile libvres avec pacte, que avenant le cas que desdictz mariages feussent procréés ung ou plusieurs enfens que pervinssent jusques à le âge de troys ans, le comte Henrry seroit tenu de doner oultre ce dessus, en augment de dot, scavoir auxdicts Bernard et Cécile, la soumme de troys mile libvres, et auxdicts Gaston et Valbourgues deus mile ; et de tout ce dessus se rendirent pleéges ou cautions pour le senheur comte de Rodez : messire Raymond Pelet, seinheur d'Alest et de Calmont, oncle du comte Henrry, coumme nous avons dict cy dessus, et messire Amaurri de Narbone, senheur de Talayran, son beau frère ; messire Guy d'Estaing, baron de Sévérac, messire Henrry de Benaven, messire Henrry de Valeguier, seigneur de Villeneufve, chevaliers ; Pierre de Panat, Arnauld de Landorre et Gulhaume de Combret, seigneur de Broquiès. Pour ces deus mariages le comte jetta une imposition sur ces subjectz, estant cestuy ung des cas costumiers, pour lesquels il est permis aux senheurs haultz justitiers d'imposer tailhe sur leurs subjectz. Les habitans de la vile ou bourg de Rodez feurent cottizés pour leur part à mil libvres, laquele toutesfoys feut après réduitte à vii cens libvres sur la requeste que les habitans en firent au comte.

Madame Mascarone du Cumenje demura xx et ii ans mariée avec le comte Henrry et morut l'an mcclxxxii, après avoir faict une donation, à cause de mort, de licence et concentement de son père qu'estoit encores en vie, par laquele elle done toutz ces biens par esgales pars à ses troys filhes, eslisent sa sépulture dans l'esglise des Cordeliers de Rodez, où elle fonda une chapele pour y estre dicte messe toutz les jours ; et, en cas que les Cordeliers ne volussent accepter ladicte fondation, voloit qu'ele feut servie en l'esglise nostre Dame du Pas. En ceste mesmes donation elle faict beaucoup d'aultres legatz pies en si grand nombre q'uil n'y ha monastère ni convent en Rouvergue où elle ne laisse quelque chose. Ceste donation se trouve dattée du vendredy après la feste S. Thomas, l'an MCCLXXXXII, à Arssac; qu'est ung village près de la vile de Rodez, à ung quart de lieue d'ycele ; que me faict croire que les comtes y avoint le temps passé une maison. L'année au paravant elle avoyt fondé ung obit ou anniversere en ladicte esglise des Cordeliers, coume j'ay aprins d'un libvre, qui se voyt dans leur convent, contenent mémoyre de certaines fondations et dons, faictz audict couvent par les seinheurs comtes de Rodez et aultres, dans lequel se lisent ces motz : « Item illustris domina comitissa Mascarosa, quæ est tumulata in præsenti conventu dedit LX libras Turonenses ad emendum reditus ad faciendum suum anniversarium et pro quadam lampada accendenda, anno domini MCCLXXXXI. »

Après la mort de ceste dame, le comte Henrry se remaria pour la troisième fois avec madame Anne de Poictiers, filhe de messire Aymar de Poictiers, comte de Valence et de Dye. Ceste maison de Poictiers estoyt en ce temps là fort authorisée en Dauphiné. Les seinheurs d'ycele s'agréoint fort à ce nom d'Aymar et presque toutz prenoint ce nom là. Il s'en remarque quelques ungs et en asses bon nombre dans l'Hystoire de Froissard. Nous avons veu de nostre temps madame Diane de Poictiers, duchesse de Valentinois, ysseue de ceste maison, en fort grand crédit à la court durant le règne du roy Henrry segond. Elle eut ung fort grand procès contre monsieur le procureur général du roy, à cause du duché de Valentinois, tenu pour lhors par le roy, en vertu de la donation faicte par Louys de Poictiers au roy Louis XI. Mais, par arrest de la court du parlement de Paris, ceste dame le guanha. Monsr Chopin en son troisième libvre De domanio Franciæ, chap. 3, dict que la court se fonda sur le testement d'ung Aymar de Poictiers qui vivoit du temps de Charles V portant plusieurs substitutions aux masles, et en défault d'yceulx aux femeles, au préjudice desqueles elle soustenoyt que ledict Louys de Poictiers n'avoyt peu faire ceste donation. Revenent à ladicte dame Anne de Poictiers, dernière femme dudict Henrry, elle n'eust auleuns enfens de luy, auquel elle survesquit, coume nous verrons après.

Des questions et controverses q'uintervindrent entre le comte Henrry et messire Raymond, évesque de Rodez.

CHAPITRE VIII.

Ayans au long discoreu des mariages, femmes et enfens dudict Henrry, il faut maintenent dire quelque chose de ses gestes et actions. Nous avons déjà dict qu'il feut coroné comte de Rodez sur la fin de l'année mcclxxiii, coumme il se vérifie par quelques titres qui se trouvent dens les archifs. Il estoyt de son naturel assez remuant et fangeus, de sorte q'uil ne demoura longuement après la mort de son père à renoveler les contestations qui n'avoint encores esté décidées entre ses prédécesseurs et les évesques de Rodez. Viviam, avec lequel son père avoyt heu quelque attaque, estoyt déjà décédé, et messire Raymond de Caulmont luy avoyt succédé en l'évesché ; et parce que le différent concernent les leudes n'estoyt encores bien déterminé quelles sentences arbitrales qui en eussent esté données, il commença par là, adjostant à ses prétentions que la guarde et protection des foires luy apertenoint en seul, privativement à tout aultre, feut ce que les foires se tinssent en cité ou en bourg ; soustenoyt aussi que le fossé qui estoit entres le bourg et la cité (pour lhors closes et fermées de murailes l'une contre l'aultre, faisant et formant deus villes, ou de présent ne s'en voyt q'une) apartenoint entièrement au bourg ; ce que luy estet contesté par l'évesque. Ils entrarent derechef en noveles quereles, lesqueles feurent cause que bientost après ils vindrent aux mains, et commençarent leurs partisans à faire bandouls dans la ville d'ung costé et d'aultre ; de sorte que ceulx qui tenoint le parti du comte, conduictz par messires Gérauld d'Escorailhe, bayle dudict bourg, Bertrand Aldoyn et Guarnier de Trimoulhes, chevaliers, ayans heu le dessus des partisans de l'évesque par armes, mirent le feu en certaines maisons de la cité et rue d'ycele dicte de la Bulière. De quoy l'évesque, messire Raymond de Caumont, se sentit fort piqué. Mais voyant bien que par le fer il n'eut pourroit bonement avoir sa raison, il s'advisa de recourir aux armes spiritueles, et lacha une excomunication contre les troys chevaliers que nous venons de nommer, et ung interdict sur la communauté du bourg, coumme j'ay apprins d'ung acte que j'ay veue dattée du dimanche des octaves de la Pantecoste MCCLXXVI, portent publication au prosne des dictes excomunication et interdit, non obstant l'apellation interjectée par lesdicts habitans du bourg et chevaliers.

Mais tant s'en fault que le comte ni ses adhérens s'estonassent de ces censures ecclésiastiques, que au contrere ils s'aigrirent plus que devent, de sorte que en la mesmes année MCCLXXVI, ung jour de foire, ayant ceulx qui soustenoit le parti du comte rencontré ceulx de l'évesque en armes, ils les chargarent si rudement que quelques ungs du costé de l'évesque demurarent estendus sur la place. Je croy bien que en ce rencontre que feut hors de la vile, par devant le convent des Cordeliers, les habitans du bourg feirent tout ce q'uilz peurent pour le comte leur seigneur ; car cela feut cause que l'évesque lâcha contre eulx, ensemble contre les religieux de S. Amans qui avoint en quelque sorte favori ceste esmeute ung segond interdict, qui feut exécuté par mestre Hugues Gilhard clerc. Mais d'yceluy lesdicts habitans se portarent aussi pour apelans par devant le légat apostolique, envoyé en France par le sainct Siège, qui estoit Simon de Brie, cardinal du titre de Ste Cécile et qui quelque temps après feut eslu pape soubz le nom de Martin 3 du nom. Le légat subdélèga pour la cognoiscence et décision de cest apel M⁰ Raymondo de Urbano, secrestain en l'esglise de Magguelone qui ouyt les parties et procéda à quelques actes, mais sans y donner aulcune sentence, parce que là dessus parties remirent leur différent aux dire et arbitrage de messire Bertrand, évesque de Tolouze, lequel après avoyr veu les actes remis d'une part et d'aultre, et ouy toutes parties, en dona sa sentence arbitrale par laquele cest interdict, coumme donné contre les sainctz décretz et statutz synodaulx de ce dyocèse, feut cassé et annullé. Elle feut donnée le sabmedy après la feste S. Luce, l'an MCCLXXVIII.

Ce n'estoyt rien faict, car le procès principal demuroit encores en piedz et à vuider entre l'évesque et le comte, non seulement sur les leudes, mais sur beaucoup d'aultres poincts et différens q'uilz avoint ensemble plus grands et impertens que celuy des leudes ; et auquel procès parties avoint si avant procédé q'uilz en estoint déjà en la court du parlement de Paris, où ils s'estoint acheminés et l'ung et l'aultre pour en voyr la fin. Mais treuvent la poursuite trop longue et fâcheuse q'uilz ne pençoint et que d'autre costé l'ysseue en estoyt fort doubtuse, par l'advis et intervention de quelques ungs de leurs amys, ils remirent leurs différent audict sieur évesque de Tholouze et à messire Eustache de Belle marche, séneschal de ladicte vile et du pays d'Albigeois. Ceste remise feut acordée en la sale de l'audiance du palais de Paris pendant le parlement de la Chandeleuse MCCLXXVI. Ces deus seigneurs, qui avoint esté eslus arbitres recepvans en eulx l'arbitrage, promirent d'y faire leur debvoir à les metre d'acord ; Mais, n'ayans le loisir d'y vaquer à toutes heures à ouyr les parties et recepvoir leurs dires et productions d'eux mesmes, donarent la charge de ce faire à deus fameux advocatz de Tolouze, Pierre Martin et Garnier de Cordova, lesquels employarent tote la diligence q'uil leur feut possible à examiner cest affaire et ouyr bien exactement totes parties. Et yceles ayant dict et produict tout ce que bon leur sembla, ces députés en feirent leur raport auxdicts seigneurs arbitres, lesquels après avoyr bien pezé et examiné les raisons des ungs et des aultres, estans eux et lesdictes parties dans la ville de Toulouze, le judi après la feste de S. Luce, donarent leur sentence arbitrale, laquele j'insérerai icy, non tout entière, mais seulement les articles de ce q'uilz ordonarent sur le différent des parties, parce que de la lecture d'yceulx se peuvent colliger toutz les poincts qui estoint en controverse et que aussi par là l'on pourra facilement comprendre l'estat auquel estoyt pour lhors ceste vile de Rodez, coumme elles estoyt divisée en deus viles, le bourg en faisent une, et la cité l'aultre, ayant, entre deux, murailes et fossés, et se ferment l'une contre l'aultre.

« Dicimus, volumus ac etiam ordinamus quod comes Ruthenæ et ejus successores, qui comites erunt, in perpetuum percipiant et percipere possint, in civitate Ruthenæ et ejus pertinenciis, a quibuscumque hominibus extraneis, leudam seu leudas, pacifice et quiete, scilicet de lignis, sale, caseis, oleo, coriis, lana, porcis et baconibus, et quod a præstatione leudarum prædictarum rerum homines civitatis Ruthenæ et pertinentiarum ejus sint liberi et immunes.

» Item volumus et ordinamus quod comes per se vel per alium possit prædictas leudas percipere et levare in dicta civitate Ruthenæ et ejus pertinentiis, ut est dictum, et extraneos nolentes solvere in civitate seu pertinentiis possit pignorare, et quod non possit pœnam seu mulctam judicere seu statuere contra non solventes vel aliter punire, nisi ut percipiat et pignoret pro ut superius est expressum.

» Item volumus et ordinamus quod tam cives Ruthenæ quam etiam extranei, ementes et vendentes bladum in civitate Ruthenæ et ejus pertinentiis, a præstatione leudæ bladi sint perpetuo liberi et immunes ; et quod comes seu ejus successores, de venditione bladi in civitate facta seu ejus pertinentiis, nec de rebus aliis, nisi de hiis solum quæ superius fuerunt expressa, neque leudam neque pedagium, a quibuscumque sive civibus sive extraneis, possint in civitate seu pertinentiis ejus percipere vel levare, eidem comiti super hiis perpetuum silentium imponentes.

» Item volumus et ordinamus quod nec episcopus, nec capitulum, neque cives prædicti seu alius quicumque, possit facere petram ad mensurandum bladum in civitate Ruthenæ vel ejus pertinentiis, seu novum modum mensurandi bladum alium invenire ; et quod utantur cives et extranei in mensurando bladum in civitate et pertinentiis mensuris et consuetis ibidem. Et hoc dicimus et ordinamus, eo salvo quod si sunt aliqui a comite supradicto qui jus habeant percipiendi leudam salis in civitate seu pertinentiis, seu quod etiam dictam leudam salis in civitate seu pertinentiis percipiant ab antiquo, quod per hanc præse ^tem nostræ ordinationem illis nullum prejudicium generetur, nec in perceptione leudæ salis per ipsum comitem impediantur, sed levetur sicut consueverat ab antiquo.

» Prætera de fossatis et vallis qui sunt circumcirca muros burgi Ruthenæ, in quorrom pocessione idem comes se et antecessores suos fuisse asserunt a tempore cujus memoria non extat, volumus et ordinamus quod dicta fossata quæ circa portale de Passu, et alia quæ nunc sunt circa muros burgi, cedant ad jus et proprietatem comitis antedicti ; et quod de ipsis possit disponere et uti, pro suæ libito voluntatis, quantum ad pocessionem et proprietatem et jurisdictionem etiam eorumdem, dictis episcopo et capitulo et civibus in ipsis fossatis jure et jurisdictione etiam eorumdem pocessione et proprietate perpetuum silentium imponendo : ita tamen quod idem comes fossata et valla quæ sunt inter dictos muros burgi et civitatem prædictam in refficiendo vel aliter non possit versus civitatem ultra modum qui nunc est extendere vel ampliare, salvis aliis quæ per ordinationem nostram poterunt excepta intelligi vel etiam inveniri. »

Cest article nous faict voir clerement ce que nous avons cy dessus toché en passant que la vile de Rodez estoyt au temps de ceste sentence divisée en deus viles séparées par muralhes et fossés, la cité en faisant une et le bourg l'aultre, entre lesquelles il y avoyt ung grand fossé qu'estoyt en cest endroit où est la rue maintenent apelée des Jacobins d'un costé, et de l'aultre costé en l'endroict où est maintenent une petite place apelée la place Neufve, entre lesquels deus fossés il y avoit ung petit espace non fossoyé par lequel l'on aloit de la cité au bourg. C'est là où est à présent la place du fruict pour lhors apelée de S. Estiene; et, traversant ceste petite place, on entroyt dens le bourg par la porte apelée du Pas. Toutes ces deus portes s'y voyent encores fort évidement, et s'i voyt de mesmes la borne faisant séparation des jurisdictions et communautés du bourg et de la cité : l'on l'apele vulgairement la pierre ronde. Nous n'avons volu passer cest article sans remerquer ceste antiquité. Continuons maintenent les articles de ceste sentence.

« Ad hæc super eo quod fuit dissentio inter partes prædictas, eo quod pars comitis asserebat se et antecessores suos esse et fuisse in pocessione aut quasi faciendi præconisare per præconem suum, in platea vocata S. Stephani, a tempore cujus non extat memoria, parte episcopi in contrarium asserente, volumus, dicimus et ordinamus quod præco comitis prædicti in posterum sine impedimento partis alterius possit venire, ad præconisandum pro comite, a parte burgi in dicta platea usque ad quandam petram fixam inter barbacanam portalis de Passu et civitatem Ruthenæ, et usque ad dictam petram a parte dictæ barbacanæ possit idem præco officium præconis pro comite excercere, et quod ultra dictam petram ad partem civitatis pro exercendo officio præconis, idem præco pro eodem comite minime se extendat.

» Item ordinamus quod præco civitatis usque ad dictam petram a parte civitatis, nomine dicti episcopi, possit venire ad præconisandum, et usque ibi nomine dicti episcopi et civitatis præconis officium excercere, ita tamen quod versus burgum ultra dictam petram idem præco excercendo præconis officium non excedat.

» Item declaramus et etiam ordinantes statuimus quod dicta platea S. Stephani ultra dictam petram versus partem civitatis, quantum ad jurisdictionem expetat, pertineat ad dictum episcopum Ruthenæ et in dicta platea ipse solum jurisdictionem possit exercere, ipsi comiti, quoat jurisdictionem dictæ plateæ usque ad dictam petram a parte dictæ civitatis, silentium imponentes. Statuimus tamen quod supra vallata dicti burgi seu comitis antedicti neque in platea prædicta episcopus neque cives in ipsa platea possint muros nec fortalitia facere vel ædificare neque alias munitiones vel opus, ut liber sit in dicta platea transire volentibus transitus et deductus.

» Item volumus et statuimus ac etiam ordinamus quod quidquid est a dicta petra versus burgum tam in platea quam in fossatis et barbacana prædictis pertineat quoat jurisdictionem comiti antedicto et successoribus suis, ita quod nullas munitiones nec opus in dicta platea et fossatis possit facere, ut liber deductus seu transitus transire volentibus non valent in aliquo impediri. »

La place de S. Estiene mentionée aux 4 précédens articles s'y voyt encores de présent apelée la place du Fruict à cause du fruict que s'y aporte en grande abondance par les paisens à vendre les jours des marchés. Les deux portes qui conduisoint en ladicte place, l'une de la cité du costé de septentrion et l'aultre du bourg du costé de midi, s'y peuvent encores remerquer, ensemble la pierre qu'est au milieu faisent division des jurisdictions et communautés : l'on l'apele la pierre ronde. L'on apeloit le temps passé ceste place du nom de S. Estiene à cause d'une petite esglise ou chapele qui y est dédiée à S. Estiene. Elle se voyt encores entre ladicte place et la boucherie de la cité.

« Item volumus et ordinando statuimus quod episcopus, capitulum seu cives prædicti in carreriis seu locis quæ sunt infra muros dicti burgi nullam jurisdictionem temporalem possint excercere, eidem episcopo dictoque capitulo et cuilibet super hiis perpetuum silentium imponendo, volentes et statuentes quod idem comes et successores sui q'uidquid est infra dictos muros burgi sine impedimento partis alterius possideat pleno jure.

» Item super eo quod idem comes dicebat burgum S. Stephani debere teneri ab eodem comite ut a vero domino, et quod Arnaldus de Rupe, archidiacono Ruthenæ, emerat medietatem dicti burgi, laudimio comitis minime requisito, quam medietatem asserebat idem comes dictum dominum episcopum possidere, qui burgus confrontatur ex una parte cum carreria Nova et cum carreria transversali qua itur de dicta carreria versus domum Raymundi Cadeneda et de dicta domo versus domum et deinde versus plateam S. Stephani, volumus et statuimus ordinando quod dictus burgus ad jus et jurisdictonem dicti domini episcopi pertineat, ipso comiti super hoc perpetuum silentium imponendo. »

Ce bourg de S. Estiene à ce que se peut comprendre des confrontations mises en cest article debvoyt estre au lieu où de présent sont les esglises et cloistre des frères Jacobins qui n'y estoint encorés lhors de la datte de ce titre, mais y feurent fondés bien tost après, scavoir l'an 1283.

« Item super eo quod comes asserebat airale quoddam quod est infra portale civitatis Ruthenæ quod contiguatur cum muro dictæ civitatis et cum domibus quæ sunt Guidonis de Penavaire, et super eo quod etiam asserebat idem comes locum vocatum lac Bolsy infra civitatem ad se pertinere, parte dicti episcopi in contrarium asserente, volumus et ordinamus quod cedant ad jus dicti episcopi et ad eum pertineat pleno jure, dicto comiti super hoc perpetuum silentium imponentes, et quod nullum jus sibi reclamare possit in prædictis.

» Rursus super eo quod idem comes asserebat quod episcopus, milites et cives Ruthenæ, qui forcias habent in dicta civitate tenentur eidem comiti tradere et reddere turres et forcias civitatis, et specialiter episcopus turrim rotundam domorum ipsius episcopi et castrum de Caldagosa ratione dominii, ut moris est in aliis quæ more senhoriæ traduntur, asserendo etiam idem comes quod ipse episcopus et capitulum et cives Ruthenæ debent novum comitem Ruthenæ recipere in eadem civitate cum processione et in episcopali cathedra assidere, statuimus, volumus ac etiam ordinamus hoc a modo videlicet quod dominus Henrricus, comes prædictus, et successores ejus accipiant promotionem comitatus ab episcopo, et episcopus eum promoveat qui comes debet fieri recipiendo cum cum processione sine procuratione et gravamine, et comes offerat unum pallium et faciat homagium episcopo, et postea episcopus assideat cum in cathedra sua, et ita erit comes. Hoc debet facere comes episcopo, et successores successoribus, ita ut quod de hiis dicitur inter omnes perpetuo observetur. Præterea episcopus tunc bona fide reddat comiti forcias militum et turrim rotundam quæ est in domo sua, quia fuit militis, et castrum de Caldagosa et alias turres militum civitatis qui sunt vel fuerunt vel erunt quandocumque, quibus recuperatis, comes bona fide similiter reddat episcopo sine omni gravamine et damno, nam et hoc alias comperimus fuisse inter eorum prædecessores amicabiliter terminatum.

«Super eo quod idem episcopus asserebat ipsum comitem indebite usurpasse domos quæ quondam fuerunt magistri Petri Aysselini, sitas in carreira Fratrum minorum, subtus hospitale de Altobracho, in pertinentiis civitatis, quas asserebat esse sub sua jurisdictione et districtu et sub omni teneri a capitulo Ruthenæ, pronunciamus et dicimus quod idem comes ponet easdem domos extra manum suam, et in eodem statu reponet quod erat quando ipse comes eas occupavit, retinentes nobis in prædictis potestatem corrigendi, emendandi et supplendi. Super aliis autem quæstionibus nondum decisis quas partes habent invicem, de quibus per nos nondum est terminatum, retinemus plenariam potestatem cognoscendi et terminandi et etiam ordinandi, prorrogantes dictum compromissum usque ad festum nativitatis Joannis Baptistæ proxime veniens. Et ibidem statim tam dicti domini episcopus et comes et ipse Florus pro se et suis et nominibus quibus supra omnia per dictos dominos compositores dicta et ordinata emologaverunt, ratificaverunt et approbaverunt, promittentes se ea perpetuo observare et contra in aliquo non venire. Actum Tolosæ in domo præpositi Tolosani, die Jovis, post festum B. Luciæ virginis, anno Domini MCCLXXVIII, in præsentia et testimonio religiosorum virorum D. R. abbatis Conchensis et domini abbatis Bonæcombæ, etc. »

Voilà ce que ces seinheurs arbitres ordonarent sur une partie des différens qu'estoint pour lhors entres les comte et évesque de Rodez. Mais par ce que il en restoit encores d'aultres à décider, la cognoiscence et décision desquels les arbitres s'estoint reteneue par la première ordonence, parce que les parties n'avoint encores esté asses amplement ouyes, après ce que par le ministère desdicts Martini et Cordua ils feurent à plain informés du droict de l'ung et de l'aultre le sabmedy après la feste S. Vincens, année que dessus, ilz y ordonarent comme s'ensuit.

« Quia per assertionem magistrorum Petri Martini et Guarnerii de Cordua jurisperitorum, quibus de concensu partium prædictarum examinationem quæstionum commiseramus, quam etiam per assertionem partium earumdem nobis constitit, quod comes asserebat carreriam del Bal, quæ alias dicitur Fratrum minorum intus portale et extra et etiam ultra Ulmos, esse de jurisdictione et districtu dicti burgi comitis ante dicti, faciendo ibidem justitias et tallias levando ab hominibus habitantibus in carreriis ante dictis et alias expletando, volumus et pronunciando etiam ordinamus quod carreria quæ procedit a portali quod est juxta seu prope conventum Fratrum minorum versus Ulmo santedictas sit de jurisdictione comitis a dicto portali usque ad quandam carreriam vocatam Pantarela, quæ est sub domo Fratrum minorum, et de dicta carryeirella de Pantarela versus dictas Ulmos dicta carrieira sit de jurisdictione dicti domini episcopi antedicti.

» Item volumus et etiam ordinamus quod comes delinquentes in jurisdictione sua, extra dictam carreriam episcopo remanentem, possit ducere et facere duci per dictam carreriam pro justitia facienda et in Ulmis et subtus Ulmos in dictos delinquentes ultima supplicia et membrorum mutilationes facere et palam exercere, ordinantes quod per præsentis articuli ordinationem nullum fiat præjudicium ordinationi nostræ super nundinis factæ et etiam faciendæ. »

La ruelle qu'est apelée en ces deus articles Pantarela se voyt encores de présent hors de la porte des Cordeliers et près d'ycele. Ele descent depuis la rue de S. Martre tout le long du jardin des Cordeliers jusques à une autre rue qu'est par dessoubz les Cordeliers et par dessus les prés apelés de Gorgan. Ceste petite rue s'apele maintenent de S. Antoine, à cause de l'image de ce sainct qui se voyoit, n'a pas encores long temps en ung nid enchâssé en la murailhe d'ycele. Et quant aux Ormeaux desquels est faicte mention auxdicts articles, où s'excerçoit la justice et condempnation de mort sur les délinquens, à ce que se voyt par le contenu desdicts articles, ils debvoint estre ou au foiral apelé d'Albespeires ou bien aux jardins qui sont de présent derrière l'esglise de S. Martre, entre les deux chemins conduisens de la vile audict foiral, l'ung venent de ladicte porte des Cordeliers, l'aultre de la porte de l'évesché, lequel endroit estoyt put estre pour lhors vuide et vaquant, estent toutesfois dans le sol et terroir de la cité. Ce lieu s'apeloit Ulmi ou Ormeaux parce que il y avoyt en cest endroit troys ormeaux plantés ; et parce que ce lieu, où la justice s'excerçoit sur les condampnés à mort ou mutilation de membre par les juges de l'ung et de l'aultre seigneur, causoit de grands différens entre eulx, quelque temps après. lhors que le pariage feut érigé en l'année 1316, pour oster la cause de toutz ces escandales, feut ordonné que ces trois ormeaux seroint coppés et que la justice ne se feroit plus en cest endroit, mais en quelque aultre que seroit advisé coumme nous verrons en son lieu.

« Item super eo quod idem comes asscrebat locum in quo ædificatum est castrum de Mureto esse de feudo ipsius comitis et ad se pertinere debere, dicto episcopo in contrarium asserente, dicimus et ordinando pronunciamus quod dictus locus et castrum ad episcopum pertineat pleno jure, ipsi comiti super hoc perpetuum silentium imponentes.

» Item super eo quod idem comes asscrebat se perturbari per D. episcopum vel ejus bannorium et per potentiam dicti D. episcopi in territorio quodam quod est subtus castrum de Caldagosa, quod confruntatur cum loco vocato lo Pertus et cum muro veteri, ex altera cum strata S. Ciricii qua itur versus Valleguier, levando ibidem in dicti comitis præjudicium bannum, quod idem comes de feudo suo esse dicebat et prohiberi a dicta perturbatione petebat, parte episcopi in contrarium asserente, pronunciamus et ordinando dictum D. episcopum a petitione prædicta absolvimus quantum ad hoc, eidem comiti perpetuum silentium imponentes. »

Le terroir que le comte par cest article présuposoit luy apertenir en fief est à mon advis ce cartier qu'est assis par dessoubs le chasteau de Caldegouse, contenent ung pred apelé prat Sorbet, une terre par dessoubs ledict pred, ensemble plusieurs jardins d'ung costé et d'aultre, ayant par dessus la douve du fossé et par dessoubs le chemin qu'est nommé audict article de S. Cerice, à cause de l'esglise portent ce nom qu'est tout contre, lequel chemin se nomme à présent Via cava. Pour le Pertus qui se treuve aussi nommé audict article, il porte aujourd'hui le mesmes nom ; mais alhors il estoit hors de la vile et contigu au susdict terroir, où aujourd'huy il est enclos dens les muralhes d'ycele, parce que depuis la vile a esté agrandie de ce costé là ; ne scachant bonement dire quel estoyt ce mur vielh du quel est parlé audict article, car la muralhe anciene de la vile estoyt pour lhors fort reculée de ce cartier là, coumme il se remerque encores.

« Præterea super eo quod idem comes asserebat quasdam domos à la Bulieyra, ante vallatum dicti burgi, confrontatas cum carrieyra de la Bullieyra et cum traversa qua itur de domo Petri Davinho versus domum Guilhermi Bornaçelli esse de feudo ipsius comitis et ab ipso teneri, et quod D. episcopus in ejus præjudicium jurisdictionem in habitantibus in eo hominibus ibidem excercebat, pronunciamus et volumus quod jurisdictio dictatarum domorum et ibidem habitantium sit D. episcopi antedicti, eidem D. comiti super silentium imponentes.

» Item super eo quod comes asserebat se et antecessores suos fuisse et esse in pocessione guidandi et ducendi animalia bayliviarum et alia transcuntia per stratam seu stratas quæ sunt in civitate et extra civitatem Ruthenæ, et recipiendi servitia pro guidagio, asserens hoc ad se pertinere, parte episcopi in contrarium asserente, dicimus et ordinando statuimus quod neque idem episcopus neque comes faciant neque excerceant guidagium de animalibus transeuntibus et ascendentibus sive descendentibus pro pascuis ad montana seu de montanis in carreria vel alicubi in pertinentiis civitatis, statuentes quod exinde nihil recipiant seu exhigant pro guidagio seu transitu antedicto.

» Præterea super eo quod idem episcopus asserebat sibi de jure competere, et nihilominus ex conventibus et compositionibus olim habitis inter comitem et episcopum jus faciendi muros et portalia et munitiones in dicta civitate et ejus suburbiis et confinibus cum custodia ad claudendum eadem, proponens quod idem comes ipse et ejus gentes injuste eum impediebant et in ejus præjudicium prædictos muros et portalia et munitiones facta in quibusdam locis dictæ civitatis et pertinentiis ejusdem, licet nullum jus assereret eumdem comitem habere impediendi, prædicta parte ipsius comitis in contrarium asserente, dicimus, pronuntiamus et ordinamus quod episcopus et cives licentiam habeant valla per civitatem faciendi et eam undique muniendi prout eis libitum fuerit, et quod comes eos in prædictis non impediat nec valeat impediri, ita tamen quod platea Sancti Stephani et carreria circa illam et ipsa vallata burgi sine aliquo impedimento remaneant, ita quod neutra partium ibi valeat ædificare per quod transitus valeat impedire.

» Rursus vero super eo quod idem episcopus proponebat quod idem comes tenebat et tenere faciebat nundinas in terra et proprietate ecclesiæ Ruthenæ intra districtum civitatis in locis vocatis de Albis petris et apud S. Ciricium aut in platea Sancto Ciricio cohærenti, proponens ipsum comitem prædicta faciendi jus aliquod non habere, statuimus et etiam ordinamus quod comes possit tenere et teneri facere nundinas in locis prædictis et leudas percipere et alia facere more solito et tempore, et quod idem comes ab ipso episcopo seu civibus non impediatur nec valeat impediri.

» Item super eo quod idem episcopus asserebat quod nundinæ quæ fiunt Ruthenæ in festo nativitatis B. Mariæ fuerunt et esse debent liberæ a leudis et pedagiis prima die nundinarum, dicens quod idem comes incipiebat de novo levare leudas et pedagia in ipsa prima die nundinarum dictarum libertates ecclesiæ violando, petens a prædictis prohiberi dictum comitem, a petitione prædicta absolvimus et reddimus absolutum.

» Item super hoc quod prædictus D. episcopus asserebat quod cum D. Hugo pater quondam D. Henrrici nunc comitis et antecessores ipsius D. Hugonis tenebant et tenere debebant ab episcopo Ruthenæ in feudum loca vocata de Petrabruna, de Thouels, de Copiaco et de Caystord, D. Hugo prædictus comes alienavit seu transtulit dicta castra seu loca in inferiorem personam, scilicet in dominum Archambaldum de Panato, quondam concessu episcopi minime requisito in magnum præjudicium episcopi antedicti, petens ut idem comes dicta castra vel loca in alium translata revocaret ad manum suam vel alia dicto episcopo recognosceret aut aliter satisfaceret prima ratione, pronuntiamus et etiam ordinamus quod comes ad cognitionem magistri Guarnerii assignet infra instans festum nativitatis B. Joannis Baptistæ eidem episcopo pocessiones seu loca æquivalentia ad loca seu castra de Caystord et de Copiaco, quæ teneat et se tenere recognoscat ab episcopo supradicto, ei faciat et homagium de eisdem, et si idem magister Guarnerius hoc non posset infra dictum festum terminare seu per eum vel alium terminatum non esset, ut est dictum, retinemus quod alium æquatorem seu taxatorem possimus deputare, cujus potestas duret usque ad festum B. Michaelis proxime subsequens, cujus arbitrio idem comes assignet pocessiones seu loca æquivalentia ad dicta de Caystord et de Copiaco, quod idem comes teneat et immediate se tenere a dicto episcopo recognoscat, et eidem episcopo faciat homagium de eisdem. Si vero assignatio prædicta facta non fuerit infra terminos antedictos, statuimus et ordinando pronuntiamus quod idem comes loca seu castra de Caystord et de Copiaco ad se revocet et recognoscat dicto episcopo se ab eo tenere et immediate teneat idem comes ab episcopo antedicto, et faciat ipse comes dicto D. episcopo homagium pro eisdem. A feudo vero et homagio castrorum vel locorum de Petrabruna et de Thoels, dictum D.

comitem absolvimus statuentes quod eumdem comitem ipse episcopus super istis de cætero non inquietet vel molestet, ipsi perpetuum silentium imponendo.

» Item super eo quod dictus episcopus asserebat mansum de la Gausebia cum suis pertinentiis esse de mandamento castri de Salis de Curans D. episcopi et ad se jure dominii pertinere, proponens quod idem comes immitebat seu immiti faciebat animalia ad pascendum in pratis, terris et pocessionibus dicti mansi in ejusdem D. episcopi præjudicium et gravamen, quanquam diceret eumdem comitem nullum jus habere faciendi, prædicta parte dicti D. comitis in contrarium asserente, pronuntiamus et ordinando judicamus dictum mansum pertinere ad dictum D. episcopum pleno jure, eidem comiti super dicto manso et ejus pertinentiis perpetuum silentium imponentes. »

S'ensuit après l'approbation de ladicte sentence faicte par lesdicts seinheurs, comte et évesque, et sur la fin se lict la datte en ceste sorte :

« Acta fuerunt hæc Tolosa in camera D. episcopi Tolosani die sabbati post festum S. Vincentii, anno Domini MCCLXXVIII, regnante Philippo rege Francorum, in præsentia et testimonio B. comitis Convenarum, etc.»

Ceste sentence arbitrale appaisa pour ce coup l'animosité de ces seinheurs, et mit en quelque sorte fin à leurs différens, bien que, coumme nous verrons apprès, leurs successeurs les feirent revivre avec une plus grande aigreur. A la vérité j'ay treuvé que en l'année MCCLXXXXIII il y eust quelque petite contestation entre le comte Henrry, duquel nous parlons, et messire Bernard de Monestiers pour lhors évesque, sur les marchés qui avoit acostumé se tenir come ils s'y tienent encores en la grande place du bourg, deus fois la sepmaine ; s'estent déliberé ledict évesque de l'empêcher parce q'uil soustenoit que c'estoit ung cemetière et q'uil estoit indécent de se servir en tels usages d'ung lieu sacré ou pour le moins bénit. A ces fins il feit faire quelques inhibitions et deffences aux consuls et habitans dudict bourg de ne tenir leurs marchés audict lieu. Mais le comte se doubtent que ce ne feut quelque artifice pour transférer les marchés en la place de la cité pour n'y avoir au bourg aultre lieu propre et capable pour cest effect, ne volant que l'évesque print la cognoiscence de cest affaire, il le feit évoquer en la court de mons^r le séneschal de Rouvergue par letres patentes de la chancelerie dattés du lundy « post festum B. Marci evangeliste, anno Domini MCCLXXXXIII, » que feut cause que l'évesque, consydérent que ce petit différent pourroit faire revivre toutes les autres disputes que leurs prédécesseurs avoynt eues ensemble, quitta ceste poursuite.

De l'érection du sceau rigoreux en la ville de Rodez par le comte Henrry 2.

CHAPITRE IX.

Ceste mesmes année de laquele nous venons de parler sur la fin du chapitre précédent, scavoir l'an MCCLXXXXIII, le comte Henrry érigea en la vile et jurisdiction de Rodez ung seel authentique et rigoreux, moyen coumme il luy sambloit fort propre pour couper chemin à la longueur des procès, pour le moins de ceulx qui concernent les exécutions dressées pour le payement des debtes portens obligation. Car il ordonoit par cest establissement que toutes obligations receues par main de notere et seelées de ce sceau eussent non seulement l'exécution parée, mais aussi que ceste exécution ne peut estre empêchée ni dilayée par aulcune opposition ains q'uelle eust son cours et effect, sans avoir esguard à aulcune tergiversation et ne peut estre révoquée que en deus cas seulement, scavoyr ou en cas de payement et solution, ou en cas q'uil y eust pacte ou convention élidant ladicte obligation ou qui feut contrere à ycele, volant que pour lhors l'affaire se traictât sommerement et sans aulcune involution de procès. Et parce que l'establissement de ce sceau n'est entendeu ni cogneu de toutz à cause de son antiquité, et que la practique d'yceluy ne s'exerce sincèrement suivent l'intention de son autheur, j'insèreray icy au long l'institution d'yceluy coumme elle feut dressée par le comte. L'ons y remerquera quelques faultes, pour ne m'avoir esté possible de treuver ung original assez correct.

« Nos Henricus Dei gratia comes Ruthenæ notum facimus universis quod pro communi utilitate et commodo nostro et nostrorum subditorum etiam et totius terræ nostræ, ut ejus votivam quietem in suis dominiis et ditionibus fœliciter præparemus, votis quorumdam nobis humiliter postulantium acquiescere justo moti desiderio, fœliciter cupientes. de concilio baronum, nobilium procerumque et sapientum nostrorum plurimorum statuta, ordinationes et constitutiones sequentes super regimine terræ nostræ et nostrorum subditorum in modum qui sequitur duximus faciendas ac etiam ordinandas.

» Statuimus ac etiam ordinamus quod in burgo nostro Ruthenæ et in vicecomitatu nostro Carlatensi a flumine Olti ultra versus Carladesium sit cancellarius pro nobis et nostro nomine, et per nos institutus unus cancellarius Ruthenæ et alius in Carladesio qui teneant sigillum curiæ dicti burgi et Carladesii ibi per nos institutum, de quo sigillo *contractus initi et confessiones in dicto burgo* Ruthenæ et alibi in comitatu et vicecomitatu Carlathensi et terra nostra ubilibet facti coram notariis ad hoc specialiter deputatis sigillentur, eorum inde facta per eosdem notarios instrumenta et scripturæ.

» Item statuimus quod notarii inde scribentes *et confessiones recipientes contractus* et citationes scribant et recipiant notas et tabularios suos teneant in aula nostra Ruthenæ, sedendo ibi saltem qualibet die post missam monachorum usque ad horam communem prandii, et post prandium usque ad horam debitam a judiciali audientia recedendi, et quod extra aulam nihilominus possint uti officio suo utique notarii prædicti in burgo Ruthenæ et pertinenciis ejusdem, hobediendo cancellario in præmissis referendo ea quæ inde fecerint, et aliter ipsi notarii nostri et eorum quilibet ad dictum sigillum per nos constituti cancellario nostro prædicto hobediant.

» Item statuimus hoc idem de sigillo nostro Carlatensi, scilicet quod cancellario Carlatensi dicti scriptores hobediant et refferant scripturas ad ipsum sigillum Carlatense deputati.

» Provideant de hiis quæ pertinent servientibus sigilli execcutoribus satisfiat per scriptores dicti sigilli in jure ipsorum servientium fraude aliqua minime adhibita.

» Item quod quilibet scriptor dictorum sigillorum recipiat, pro nobis recipiendis *confessionum*, tres denarios Ruthenenses et sex denarios pro *grossatione confessionis*, a triginta solidis infra, et, a triginta solidis supra, duodecim denarios pro *grossanda nota* confessionis cujuscumque, et de minori minus prout dictorum locorum cancellarius ordinabit.

» Item quod sigillum habeat inde xii denarios pro

qualibet confessione et quod inde cancellarius non amplius levet pro sigillo juxta superius ordinata.

» Item *quod confessiones et contractus* et præcepta inde facta non mandentur executioni per curiam dicti burgi seu vicecomitatus Carlatensis, citra quod dicto sigillo dicti burgi ceu vicecomitatus fuerint sigillatæ et sigillata, et quod ipsorum scriptorum sigilli quilibet refferat ac referre teneatur cancellario *notas ab eo sumptas et confessiones omnes* semel in anno per se, vel pluries, etiamsi ab ipso cancellario minime fuerint requisiti, et si contrahentes noluerint ea sigillare ne jus dicti sigilli possit fraudari minime super istis.

» Item quod citatio et quodlibet mandamentum inde emanandum a dicto cancellario et ejus dicti sigilli curia prædicta sigillentur dicto sigillo, et quod pro dicto sigillo leventur quinque denarii et scriptor una denarium pro scriptura citationis seu mandati cujuslibet solum et sive pluri.

» Item quod servientes qui exequentur prædicta nomine curiæ dicti burgi Ruthenæ vel Carlatensis *non pignorent debitorem* citra quam creditor fuerit de debito suo solutus, et tunc interesse creditorum computetur et veniat salarium servientis et per debitorem exsolvatur; et quod pro qualibet leuca qua inde ibit pro eundo et redeundo recipiat pro labore suo et expensis XII denarios solum, et sive pluri, ita tamen quod si eundem servientem oporteat ob longinquitatem itineris vel ob moram ipsius negotii pro quo ibit legitime exequendi per unam diem vel amplius demorari quod pro prima dieta qua stabit in ipso negocio, computatis dictis leucis in plus vel minus, non possit levare idem serviens amplius nisi quatuor solidos pro eundo vel redeundo inde tantummodo et sive pluri de qualibet jornata sive dieta, ut est dictum; ita quod octo leucæ vel plus usque ad decem leucas, si fuerit opus negotii, computentur pro jornata ; et si ultra unam jornatam steterit serviens causis prædictis vel altera earumdem vel quavis alia legitima et necessaria causa illius negotii pro quo fuerit occasione quod pro quolibet die qua stabit ultra primam recipiat duodecim denarios Ruthenensis monetæ de die qualibet in morando inde ulterius, ut est dictum, non tamen pro redeundo a loco dictæ executionis aliquid amplius ab inde levare debebit serviens prædictus ; adjicientes hiis quod si serviens qui inde mitteretur ibit quatuor leucas vel ultra quod tam pro eundo quam redeundo pro dicta dicta ordinatio servetur. Si vero minus quatuor leucis ibit et per totum diem steterit quod tunc pro expensis et labore suo tres solidos recipiat illa die pro illa dieta, et si plus stabit causis vel earum altera superius contentis quod ultra dictam primam diem recipiat duodecim denarios die quolibet pro expensis et labore et non ultra, ut est superius ordinatum, *statuentes quod cancellarius in executionibus quæ inde per servientes dicti sigilli fient ubique præcaveat diligenter ne ob cumulum portationis plurium ab uno serviente confessionum in jure nostro seu cujuslibet contrahentium* vel alterius cujuscumque fraus aliquatenus possit adhiberi, sed de cumulo juxta suum laborem inde exolvi faciat servientibus secundum *quantitatem cumuli confessionum* quas portabat et executionem pro quibus laborabit, non tamen amplius quam dictum fuit recipiendo serviens pro dieta, ymo minus aliquoties ob *cumulum confessionum* quas portabat secundum quod cancellario videbitur expedire.

» Item ordinatum est quod judex vel dictus cancellarius loco judicis ejusdem in dicto burgo sedeat dictis horis continue in aula prædicta dicti D. comitis et audiat, citet et cognoscat et exequi faciat executiones in prædictis qualibet die et alia peragat quæ necessaria fuerint ad omnia dicta superius et alia quæ istud tangunt ipsius sigilli negocium peragendo et ejus legitimam executionem, et hoc idem fiat in Carladesio ultra Oltum.

» Item quod dictus cancellarius dictum tenens sigillum sigillet et se gerat fideliter in prædictis juxta superius ordinata et in hiis quæ inde ad prædicta facienda et exequenda necessaria fuerint, cum fuerit opus de et cum concilio *judicis ordinarii* id est dicti judicis sigilli vel locum ipsius tenentis peragat peragenda secundum quod superius et inferius est contentum.

» Item statuimus quod scripturæ dicto sigillo sigillatæ mandentur executioni absque aliqua dilatione et sine aliqua procrastinatione debitorum vel aliter facienda per judicem vel cancellarium nostrum prædictum seu ipsius sigilli servientem seu servientes ipsi officio specialiter cum literis nostris deputatum vel etiam deputandos, et quod sigillatis dicto sigillo fides plenissima adhibeatur et stetur inter contrahentes et credatur plenissime ut sigillo authentiquo, et tanquam res judicata et pro re judicata habeantur contractus, confessiones et alia ipsius curiæ nostræ mandata dicto sigillo sigillata prout in cartis et literis inde factis et faciendis inter quoscumque contrahentes solummodo habitis conventum fuerit et contentum, nisi tamen solutionis vel pacti conventi obligationibus inde sigillatis contraria exceptio a parte debitoris in dicta executione facienda objecta fuerit ex adverso.

» Item statuimus quod proponens dictas exceptiones vel illarum alteram vel quamvis aliam justissimam et necessariam causam per quam dicta exequutio possit in parte vel in toto debite retardari : non admittatur proponens ad eam aliter nisi prius juraverit quod causa malitiæ non proponat neque etiam calumniose contra creditorem neque ad impedimentum exsecutionis prædictæ, sed quia scit verum esse quod proponit, et hoc idem facere teneatur pars agens seu deffendens et se contra dictam exceptionem opponens casu quo dictus excipiens hoc fieri petat ; quamquidem exeptionem postquam per dictum judicem seu cancellarium, ut est dictum, post dictum juramentum præstitum fuerit admissa probet pars eam proponens præcise infra quindecim dies continuos a die propositionis computandos, nisi testes per quos hoc probare habebit ab hinc tam longe fuerint quod ob longinquitatem locorum pars proponens non posset eos adducere et quod tunc hoc juret, ut est dictum, et quod tunc secundum oportunitatem et distantiam locorum eorumdem judex vel cancellarius vel serviens ad probandum proposita terminum certum assignet infra quem omnes suas productiones sub illo termino habeat producere et probare pars proponens quæ proposuerit ; ita quod ultra dictum terminum super hoc minime admittatur nisi probaverit suam intentionem, sed cum expensis inde factis exequatur plenissime quæ inde fuerint exequenda dicto sigillo sigillata, quas quidem expensas refundi faciat per partem non probantem parti alteri quam inde læserit super istis.

» Item statuimus quod si de injuria servientium dicti sigilli quis conquæratur quod ad judicem dicti sigilli seu cancellarium recurrat, qui quidem cancellarius seu judex seu locum suum tenens, vocato dicto serviente, coram se de dicta injuria statim vel infra duos dies ad plus cognoscat ac determinet et puniat puniendos juxta statuta dicti sigilli supra et infra super hiis ordinata ; adjicientes etiam quod de injuria judicis dicti sigilli seu cancellarii super executione dicti sigilli quis conquæratur dicendo quidem id contra sigilli statuta fuisse exequutatum *quod nos statim seu judicem nostrum ordinarium dicti loci super dicta injuria supplicando adire teneatur* et dictus judex noster ordinarius dicti loci, vocatis partibus coram se, super dicta injuria statim cognoscat et determinet si commode possit vel infra octo dies ad longius a tempore scientiæ computandos, ita quod ultra dictus conquærens super dicta injuria minime audiatur, et nolumus quod ab exccecutione dicti sigilli ad nos seu ad judicem nostrum dicti loci valeat aliter ut dictum est apellari sed tantum per viam supplicationis conquærentibus consulatur in hiis ut superius est jam dictum statim simpliciter et de plano.

» Si vero pars proponens in petendo vel excipiendo a se proposita et per suum juramentum asserta non probaverit statuimus quod actor inde puniatur in viginti solidos Ruthenenses nobis aut curiæ exsolvendos præter expensas quas victor inde fecerit ipsi victori a victo legitime refundendas et præter expensas quas judex dicti sigilli vel ordinarius apellationis seu cancellarius seu dicta sigilli nostri curia levarint a litigantibus legaliter ut levari consuetum est de præmissis.

» Rursus si creditores plus petendo quam sit debitum in effectum damnum inferant vel per servientes inferri *procuraverint pignorando vel aliter suo debitori*, statuimus quod illa vice exequatur dictus serviens ad expensas dicti creditoris et quod dictus debitor ipsi servienti pro labore suo et expensis illa vice nullatenus in aliquo teneatur.

» Item statuimus, volumus et dicimus quod per præcedentes sumptus *confessionibus* non intendimus aliquid innovare neque aliquid ab hiis detrahere vel augere.

» Item statuimus et etiam ordinamus quod notarii et scriptores curiarum nostrarum qui acta causarum scribant et processus et inquisitiones in terra et jurisdictione nostra et nostrorum judicum ubicumque rotulos suos pergameni faciant in latitudinem unius palmi pleni, ita quod quilibet palmus scripturæ contineat xxvi lineas in longitudinem palmi cum abbreviaturis et abbreviaturarum titulis quos decebit fieri legitime in eisdem et ita fideliter in scripturis et abbreviaturis earumdem circa hoc scribere et in scribendo se habere, ne in aliqua dolosa literarum protentione ex hiis quæ inde egerint ipsi scribentes non possint aliquatenus reprehendi, et quod quælibet linea de prædictis contineat inde ad minus quatuor viginti et quatuor literas præter titulos et abbreviaturas quas inde omni dolo abunde seposito fieri continget ; et quod quilibet dictorum notariorum dicta acta et processus scribentes accipiant pro qualibet palma a se scripta legitime, ut dictum est et de originali extrahendo vel translatando, sex denarios monetæ Ruthenensis curribiles, ita ut quod juxtæ taxationi hujusmodi plus non recipiant juxta numerum linearum a se ut ordinatum est scribendarum.

» Statuimus etiam quod ipsi scriptores prædictæ palmæ longitudinem, latitudinem nec non literarum distantiam et abbreviationes cum literarum protractionibus in conspectu sue habeant ad omnium et singulorum perpetuam memoriam præmissorum ne possint ad præmissa aliquam ignorantiam allegare.

» Statuimus etiam quod si contingat aliquem notariorum exire villa pro testibus recipiendis vel aliqua quavis causa legitima ad petitionem litigantium vel alterius eorum pro qualibet die qua stabit fideliter in negocio illo pro expensis et equitatura sua laboreque et salario tribus solidis sit contentus cujuslibet dictæ, salvo tamen eis salario pro scriptura quam faciet inde et levabit ultra hoc pro ut supra ordinatum est de scripturis.

» Item statuimus quod cum acta causæ cujuslibet scribent ipsi notarii die qualibet in originalibus curiæ nostræ pro qualibet causa ponendo eam in originali levet a qualibet parte quatuor denarios dictæ nostræ monetæ nisi libellus vel deffensiones vel alia scribi laboriosa fuerint in medio ipsius causæ proposita a partibus hinc vel inde, et quod tunc recipiant sex denarios Ruthenenses pro qualibet palma scripti computatione legali ad palmam actorum superius in rotulis taxatorum computatis in hiis quatuor denariis supradictis.

» Item statuimus quod de executione eorum quæ dicto nostro sigillo Ruthenensi vel Carlatensi fuerint sigillata alii judices nostri bajuli et servientes vel quicumque alii officiarii se nullatenus aliter quam dictum est intromittant, nec præsumant aliquid inde exequi vel mandare per se vel per alios nisi solum ea quæ eis per judicem nostrum dicti sigilli vel cancellarium dicti sigilli ad hoc per nos in dicto burgo vel Carladesio ut dictum est specialiter constitutos inde nominata fuerint vel mandata, *cui mandamento per cancellarium facto volumus firmiter hobediri*, scientes quod si contra fecerit propter hc. nostram indignationem circa hoc non immerito incurrent, et ultra a dicto nostro ipsius sigilli judice seu cancellario prædicto pœnam inde sustinebunt arbitrariam ab eis vel eorum altero delinquentibus ultra contenta superius indicendam et nostro ab inde ærario specialiter applicandam. Cui quidem nostro ipsius sigilli judici et cancellario prædicto et cuilibet illorum in et super hiis et aliis legitime pertinentibus mulctandi et puniendi quos inde reos invenerint et alia audiendi, cognoscendi et exequendi et complendi rationabiliter contenta superius nostram committimus potestatem quamdiu nostræ placuerit voluntati. Acta fuerunt hæc præsentibus dilectis et fidelibus viris nobilibus Hugone domino de Arpajone, Henrrico domino de Benavento. B. de Benavento, G. de Marcenaco, Manione de Rupe, et discretis viris dominis Geraldo, Gregori legum professore, P. Cambolas, Raymundo Maurelli, B. Bastida Rathonis, Raymundo Bourzes jurisperitis, et G. Bornazelli et S. de Ramis, P. Rossinhol, P. Carrieira burgi nostri Ruthenensis, necnon Raymundo de Amilhavo, Guilhelmus d'Escorailha consulibus dicti burgi et aliis multis viris ad hoc specialiter evocatis in domo qua habitat dictus D. de Marcenac, die Veneris, ante Cathedram S. Petri, anno Domini M°CC°LXXXXIII°, in quorum fidem et testimonium statutorum nostrorum omnium præmissorum sigillum nostrum scripturæ præsenti nostræ vicem authenticæ seu cujuslibet instrumenti vel alterius scripturæ publicæ continentis ad fidem in perpetuum et notitiam præmissorum habendam nunc et in perpetuum duximus apponendum. »

Voilà l'érection du sceau authentique et rigoreux establi par les comtes de Rodez en leur dicte vile tele que je l'ay peu treuver dans de copies ou extraictz vitiés et corrompus, coumme il se peut voir, ne m'ayant jamais esté possible de treuver l'original d'yceulx, que me faict entrer en opinion q'uil a esté esguaré ou supprimé à dessain par quelques ungs qui avoint intérest en cest affaire, lesquels nous ont produict au lieu d'yceluy de copies altérées qu'ilz ont faict parler come bon leur a semblé non aultrement que à leur profit. Au reste de la lecture de cest establissement apert asses que les comtes establirent ce sceau pour leur proffit, mais soubs ung beau et spécieux prætexte, scavoir pour abréger les procès et coper chemin aux fuites et chicanes des débiteurs. Car il veult que les instrumens obligatoires passés soubs ce sceau soynt non seulement guarentigiées et ayent l'exécution par ce, coumme tout le reste des instrumens prins par main de notere, mays aussi qu'uilz soint telement privilégiés que le débiteur ne soyt ouy, volant alléguer aultre exception ny deffence que l'une de ces deus ou solution et payement ou « pactum de non petendo » et oultre ce qu'uil n'aye juré qu'uil ne déduict ces exceptions colomnieusement ou frustratoirement pour esquiver et que encores y estent admis, il n'aye qu'ung seul delay de quinzene pour sa preuve, que monstre évidement que ceste poursuite se debvoit sommairement faire et coumme sens forme ni figure de procès. Mais à la longue les comtes ont esté frustrés pour le moings de ce poinct, veu que l'on n'observe à présent rien de ce qu'est porté par cest establissement, ayant esté lâchée la bride aux débiturs d'uzer d'autent de fuites qu'uilz pourroint faire par devant ung juge ordinere. Car bien qu'uil ne s'y parle d'aulcune opposition, les débiturs néammoings uzent d'ung aultre remède aussi long et aussi propre pour la chicane que l'opposition. C'est que pour éviter le payement du debte, ils observent du mesmes juge du sceau (de l'authorité duquel l'exécution se faict) letres de révocation d'ycele, et là dessus ilz practiquent toutes les tergiversations et fuites qu'uilz feroint devant ung aultre juge ; telement que à présent ce sceau rigoreux se treuve sens aulcune rigueur, les créanciers qui s'aydent d'yceluy estens entièrement frustrés de leurs intentions qu'est d'estre plustost satisfaicts de ce que leur est deu.

Des guerres de Guasconhe et de Flandres, ausqueles le comte Henrry feut amployé par le roy Philippe le Bel.

CHAPITRE X.

Les prédécesseurs de ce comte ne s'estoint guières meslés des affaires du royaume de France et n'avoint que bien peu suivy les armées de nous roys. Mais cestuicy feut le premier qui commença de se faire remerquer et cognoistre au service de leurs majestées. Il vivoyt durand le règne de Philippes le Bel, lequel n'entreprint aulcune guerre où le comte ne se treuva aussi suivy et bien acompaigné que aultre grand senheur du royaume, et nottement aux guerres que ce roy eut en Guascoinhe contre Edouard premier de ce nom, roy d'Angleterre, lequel sans avoyr esguard à l'homage et jurement de fidélité que luy mesmes peu avant avoyt presté au roy Philippe pour les terres et senheuries q'uil tenoyt de luy en France, q'uestoint les duchés de Guyene et de Normandie, les comtés d'Anjou, Le Mans, Poictou et Turaine, ni à leur entreveue de l'an MCCLXXXVI de laquele ilz s'estoint départis fort amys, treuva moyen de surprendre la vile de La Rochele et l'isle de Red par quelques ungs de ses capitenes. Et bien que en apparence il les désavoàt le roy ne prenent cela pour deniers contens le feit apeler au parlement de Paris coumme son vassal pour se voyr condampner à réparer ces tortz et griefs ; et par ce q'uil ne se présenta ni persone pour luy, feut ordoné par ladicte court fornie des pers de France que lesdicts duchés et comtés seroint saisies et mises ez mains du roy. Pour l'exécution de cest arrest et faire la saisie desdictes places feut despêché en Guyene messire Raould de Nesle, comte d'Eu et conestable de France, qui se saisit de la vile de Bordeaux et presque de tout le pays de Guyene. Ce voyage se feit en l'an mil deus cens quatre vingtz doutze, qui donna le comencement a ceste grande guerre que feut depuis entre les roys de France et d'Angleterre, et laquele dura plus de deus cens ans.

Le roy Edouard se voyant ainsin poursuivi envoya en Guyene une grande armée soubz la conduitte de Jean de Bretaigne, comte de Richemond, son nepveu, qui de premier abort reprint les viles de Bayonne, Potensac, Sainct Machaire, Cardailhac, Gironde et Rions. Mais le roy Philippe despècha tout aussi tost son frère Charles, comte de Valoys, avec une aultre armée pour arrester la furie des Anglois et recouvrer les viles perdues. Ce feut en l'année MCCLXXXXV que Charles descendit en Guascoinhe; auquel toutz les grandz seinheur de Guyene et de Languedoc se vindrent joindre; et entre aultres le comte Henrry, duquel nous parlons, suivi de toutz ses vassaulx et seinheurs gentishomes dépendens de la comté de Rodez. Non obstant que le séneschal de Rouvergue (qui avoyt mandement du roy d'assembler le ban et arrièreban) s'en volut formalizer et comprendre les gentishomes vassaulx de ladicte comté audict arrière ban, lesquels à ces fins il manda avec le reste de la noblesse de ce pays. Mais le comte feit opposer à ce mandement son procureur et remonstrer par luy audict séneschal que c'estoit à luy seul privativement à toutz aultres de conduire à la guerre, lhors que le ban et arrièreban de ce pays estoyt mandé, ses vassaulx et feudataires, ou de les faire conduire par son séneschal, coumme il avoyt déjà faict au commencement de ceste guerre, en laquele il avoyt suivi l'armée du roy, conduitte par mons^r le conestable par ung fort long temps et s'estant venu refraichir en ce pays pour quelques jours, il estoyt sur le poinct de s'y en retorner avec toutz ses vassaulx, tout ainsin q'uil résulte d'ung acte qui se voyt dans les archifs de la dicte comté du vi des calendes de juilhet, l'an mcclxxxxv ; en laquele se lisoict ces motz : « Requisivit dictus procurator dictum locum tenentem domini senescalli quod non compellat subditos feudatarios et omnes qui consueverunt sequi vexillum domini comitis ut accedant ad excercitum domini regis in Guasconiam ; ex eo quia cum dictus dominus comes commeatu accepto a præsidentibus excercitui supradicto redierit de eodem cum suis militibus feudatariis subditis et familia sua et ipse stet paratus cum eisdem ad exercitum dicti domini regis rursus accedere quod facere non posset, si sui subditi accederent sine eo. » D'où apert asses que le comte Henrry se treuva en personne à la guerre de Guascoigne, et que les comtes de Rodez avoint ceste faculté, lhors que le ban et arrièreban de ceste province estoyt mandé, de conduire les seinheurs et gentishomes de leur comté et les faire marcher soubz leur cornete sans que les séneschaulx de Rouvergue les peussent constraindre à marcher soubs la leur.

L'année suivante mcclxxxxvi le roy Edouard voyant que le comte de Richemont avoyt asses mal conduict ses affaires en Guascoinhe y envoya une aultre armée soubs la conduitte du prince Edmont son frère, auquel il donna pour conceilh Henrry, comte de Lyncole. Ceste armée aborda au pays de Médoc et de premier rencontre print L'Esparre, vile assise sur le golphe de Bordeaux, s'en estent déjà retorné en France Charles de Valoys, que feut cause que les Anglois corurent librement et sans résistence toute la

Guascoigne jusques en la vile de Bayone où le prince Edmont estent décédé de maladie, le comte de Lincole print la charge de l'armée et avec ycele s'en ala assiéger la vile de Daqs qui tenoit pour le roy Philippe ; lequel adverti de la descente des Anglois dressa une aultre armée q'uil envoya en Guascoigne, la conduitte de laquele il donna à Robert, comte d'Arthois, ung des plus valeureux et sage prince qui feut de ce temps là, et que à cause de sa grande vertu et naïfve bonté feut vulgairement apelé le noble ou le bon comte. Il estoyt filz de Robert, comte d'Artoys, frère du roy St. Louys et qui feut tué au vilage de la Massourre en Ægypte au voyage que le roy S. Louys y feit. Le comte d'Artois donc commendé par le roy Philippe s'en vint en Guascoigne sur le commencement de l'an MCCLXXXXVII. Et bien que le roy l'eust proveu de beles et grandes troupes, s'aprochant néammoing de deçà manda la noblesse de le venir treuver à L'Angon au xv. jour après la feste de la Magdalene pour lhors prochaine. Il escripvit entre aultres au comte de Rodez une letre que j'ay voleu ici insérer, tent pour l'antiquité du l'anguage, que aussi parce q'uil s'y peut remerquer beaucoup de particularités de ce voyage qui ne se treuvent dans nostre hystoire françoise :

« A hault et noble home et sage, son trèscher amy spécial monseigneur Henrry comte de Rodez, Robert cuens d'Artois salut et bon amour. Come ly enemy monseigneur ly roy ayent assiégé la cité d'Ayx molt efforciement par mer et par terre, si come monseignur Ogier de Mauléon qui est capitene de la dicte cité et ly communs aussi nous ont mandé et nous ont requis que nous les secourions briement, ou ladicte cité est en condition d'estre perdue. Nous qui de vostre layauté avons molt grande fiance et à bon droict spécialement à aydier et guarder l'honeur, monseigneur le roy et son royaume, ainsin que vous aves faict bien et loyaulment et à grandz trevaulx et à grandes peines, vous mandons et par monseigneur le roy prions et requérons de par nous si chèrement come nous poons plus come à nostre cher amy que vous si cher come vous aves l'honeur, monseigneur le roy et la vostre vous ayes à trouver à Langon le jour de la quinzene de la Magdalene prochaine, à tout quenques vous pourres avoyr de gens d'armes garnis de chevals et armes convenables en la manière q'uil apertient à vostre estat pour aler lever ledict siège, et scachies que des saleres de vous et de vostres gens desque vous partires de vous hostieaux jusques à vostre retourn nous vous fairons vostre gré si que vous vous entenrres pour payes. Et ne nous failes mie, vous aves nostre amour à toutjours. Donné devant le sabmedy avant la Magdelene l'an de grace MCCLXXXXVII. »

Le comte de Rodez ne failit de se treuver aux lieu et jour assignés, et acista toutjours ce prince qui constraignit ceulx du siège de la vile Dacqs de quitter et laisser la vile en sa liberté et après la levée du siège poursuivit de si près le prince de Lincole que l'ayant constraint d'accepter la batailhe il le deffit et mit toute son armée en rotte. Pendent ceste guerre le roy print le comte de Rodez soubz sa protection et sauvegarde, ensemble toutes ses terres et subjects coume j'ay veu par de letres patentes que luy en feurent despèchées, dattés du dimanche après la feste S. Michel MCCLXXXXVII. Par ycelles le roy mande et enjoinct à ses séneschaulx de Rouvergue, Beaucaire et bayly des montaignes d'Auvergne de faire jouyr paisiblement le comte de totes ses terres et seigneuries et oster totz les empêchemens que luy pourroint estre donés au contreire, pour estre ledict comte occupé à la guerre de Guascoigne où il estoyt amployé pour son service.

La guerre de Guascoigne ne feut pas plustost finie, q'uil s'en coummença une aultre contre le comte de Flandres pour l'occasion que je m'en vays desduire briefvement. Edouart, roy d'Angleterre, qui en voloit à bon escient au roy Philippe et ne cessoit de luy dresser toutjours quelque partie ou de luy faire quelque noveau enemy avoyt dès l'an MCCLXXXXV faict demander au comte de Flandres sa filhe en mariage pour le prince de Galles son filz, cuidant se prévaloir de son aliance contre le roy Philippe ; à quoy le comte de Flandres presta l'oreilhe et se traicta ce mariage si secrètement q'uil feut arresté et conclud au desceu du roy de France, le comte ne luy en ayant rien communiqué, quoy q'uil feut tenu de le faire coumme vassal et feudataire de la corone de France ; ce que offença telement le roy, que ayant envoyé quérir le comte et la comtesse sa femme soubs coleur de parler à eulx de quelque affaire importent, les arresta prisoniers dens le Louvre et avant que les laisser aler, il leur feit promettre de ne passer plus avant à ce mariage. Et pour assurence de ceste promesse les constraignit de libvrer entre ses mains Philippe leur filhe q'uil retint vers luy et laquele bientost après morut de regret.

Le comte de Flandres portant impatiement cest affront, des q'uil feut en ses terres, pratiqua une ligue, laquele feut enfin conclue et arestée en la vile de Gérarmont entre l'emperur Adolph, le roy d'Angleterre, les ducs d'Austriche et de Brabant, et les comtes de Flandres, de Gueldres, de Juliers, de Bar et d'Hollande contre le roy Philippe, lequel en ayant heu le vent ne feut négligent de se préparer de son costé pour leur résister, et ayant faict venir devers soy le comte d'Artois avec toute la noblesse de Gascoigne, ne volent que ceulx de la ligue eussent cest honeur que de le venir assailir en son royaume, marcha vers le pays de Flandres avec deus beles armées desqueles il en conduisoit une, et de l'aultre dona la conduicte au prince d'Artois. Le roy dès son arrivée au pays enemy mit le siège devant la vile de L'Isle où il demeura asses longuement. Mais cependent le comte d'Arthois, qui avoyt prins ung aultre chemin adverti que le comte de Juiliers luy venoit clorre le passage de s'aler joindre avec le roy, se résolut de luy doner la batailhe, et l'ayant chargé près la vile de Furnes le feit prisonier et mit en rotte toute son armée, après ung grand carnage d'ycele, que feut cause que la vile de L'Isle se rendit au roy, lequel estant par ce moyen faict mestre de la campaigne se saisit de tout le Westquartier, c'est à dire partie occidentale du pays de Flandres, ayant prins les viles de Douvay, Courtray, et de Bruges à la barbe de ces enemys qui se voyans abandonés de l'empereur Adolph et du duc d'Austriche, n'eurent aultre remède que de demender une trève que le roy leur acorda.

Voylà en peu de paroles le succès de ceste guerre de Flandres, durant laquele le comte de Rodez n'abandona jamais le comte d'Arthois avec lequel il marcha de Guascoigne en hors en Flandres avec toutz ses vassaulx et feudataires et de grand nombre d'aultre noblesse de Rouvergue. Pour supplir aux grands frais et despens q'uil luy convenoit faire en ce voyage, il jetta une imposition et tailhe sur ses subjectz, de quoy faire les comtes de Rodez avoynt pouvoir coumme cy dessus nous avons monstré discorent des authorités et prééminences de ceste comté.

Et bien q'uilz n'eussent acostumé lhors q'uilz imposoint quelque tailhe d'y comprendre que les roturiers et non les feudateres, si est ce que pour ceste fois à cause de la nécessité urgente le comte Henrry feut constrainct de les y comprendre. J'ay veu de ces letres patentes contenent une déclaration q'uil feit à Guailhard Aguasse, Guilhaume Bournazel, Pierre de Rames, et Pierre Carrière, chevaliers, ses vassaulx et habitans du bourg de Rodez que nonobstent que eulx et aultres ses vassaulx luy eussent donné secours en argent pour le voyage q'uil faisoit en Flandres pour le service du roy, et guerre que sa majesté y avoit, il n'entendoyt pour cela préjudicier aulcunement à la liberté et franchise desdicts feudataires, ains voloit que ce feut sans conséquence. Ces letres sont données à Arsac l'an MCCLXXXXVII, qu'est la mesme année que ceste guerre de Flandres feut commencée, ainsin que toutz nous hystoriens asseurent.

Du décès et testement de Henrry segond du nom, comte de Rodez.

CHAPITRE XI.

Nous avons cy devant monstré coumme ce comte s'aggréoit au faict de la guerre et à suivre les armées royales, ce que feut cause q'uil contracta ung grand nombre de debtes, son revenu ne suffisent à l'excessive despence à laquele il se plongeoit pour cest effect y alant toutjours acompaigné et suivi d'ung grand nombre de noblesse. Il ne vesquit pas fort longuement après le voyage de Flandres, et se creignent de ne la faire pas fort longue, il feit son testement en l'année MCCCI, par lequel il institua et laissa héretière en toutz et chescungs ses biens madame Cécile, comtesse d'Armaignac, quoy qu'ele feut la plus jeune de ses quatre filhes, desqueles nous avons cy devant parlé ; mais ce feut pour joindre et unir ensemble les deus comtés d'Armaignac et de Rodez, qui au moyen de ce mariage ont depuis en çà demuré unies. Ce testement feut faict à Villecer près d'Aubigny en ladicte année MCCC ung. Il laissa par yceluy de grandz légatz à ces aultres troys filhes. Car à madame Ysabeaulx femme de messire Geoffroy du Pont il léga la viconté de Carlat. Au moyen de ce légat la viconté de Carlat feut séparée de la maison de Rodez, par ce que ces mariés Geoffroy du Pont et Ysabeaux de Rodez la tindrent et possédarent pendent leur vie coumme feit aussi quelque temps après eux Bernard de Pons, leur filz et héretiers. Mais enfin il la vendit à Jean de France, duc de Berry, filz du roy Jean et frère du roy Charles 5, lequel l'ayant jouye quelque temps, mariant madame Bone sa filhe avec Bernard, comte d'Armaignac et de Rodez, luy constitua en partie de ladicte dot ladicte vicomté de Carlat et par ce moyen ycele vicomté advint en la mayson de Rodez, coume nous dirons à la poursuite de ceste hystoire, lhorsque nous parlerons dudict Bernard qui feut conestable de France. A madame Valbourgues, femme à messire Gaston d'Armaignac, laissa la viconté de Creysseilh et baronie de Roquefueilh ; et à madame Béatrix, femme de messire Bertrand de La Tour, il légua les baronies de S. Christople et Escourailhes, assises en Auvergne, oultre la soumme de deux cens libvres de revenu annuel qu'il luy assigna sur la comté de Rodez jusques à ce queles auroint esté assises sur quelque terre, coumme quelque temps après il feut faict ;

car pour lesdictes deux cens libvres de revenu leur feut bailé la place de Vilecomtal. Ces legatz sont conceus avec quelques substitutions au moyen desquelcs lesdictes viconté de Creysseilh et baronie de Roquefuelh feurent depuis réunies audict comté, coumme nous dirons après. Et bien que le comte Henrry feit pour lhors ce testement, il ne morut toutesfois tout incontinent après yceluy, car il vesquit encores deus ou troys ans. Je treuve que l'année mil troys cens et troys il passa certain contract avec le comte d'Armaignac son beau filz, par lequel en payement de dix sept mile libvres q'uil avoyt receues de luy par emprunt, il luy enguagea la comté de Rodez et viconté de Creysseilh, pour en jouyr jusques à ce que du revenu desdictes places le comte d'Armaignac se feut rembourcé de ladicte soumme. Il ne tarda guères après à mourir, car s'il ne morut ceste année là, ce feut pour le moings sur le coummencement de l'année MCCCIII, parce q'uil se treuve que en ladicte année madame Cécile coummença de prendre le titre de comtesse de Rodez. Il morut dans le chasteau de Guaje et feut ensepveli au monastère de Boneval, où encores se voyt son sépulchre au cloistre tout contre les degrés par lesquels l'on monte dudict cloistre dans l'esglise : son corps y feut aporté avec ung grand et magnifique convoy, toutes les parroices de quatre ou cinq lieues des environs y ayant esté convoquées, une infinité de torches environent le corps suivi de la pluspart de la noblesse de Rouvergue et d'une infinité de peuble. Il se voit dans l'esglise de Boneval en la chapele des comtes de Rodez une inscription dens laquele est parlé de la sépulture de Bernard, comte d'Armaignac et de Rodez, conestable de France, que celuy qui l'a dressée pence estre ensepveli dens ladicte esglise. Il y adjoste que à ladicte sépulture feurent présens neuf cens prebstres, qu'il y eust deus mile deus cens torches alumées, et que ladicte esglise feut environée ou tapissée de cent quarante draps d'or. Mais je pence que celuy qui a faicte ceste inscription c'est trompé, et pençant parler de la sépulture du comte Bernard il parle de cele de Henrry segond du nom, parce que coumme nous monstrerons plus à plain cy après lhors que nous discourrons de la mort dudict comte Bernard, son corps ne feut jamais porté ni ensepveli en ladicte abbaye de Boneval, de sorte q'uil fault raporter ce q'uil en dict à la sépulture du comte Henrry du quel nous parlons ; et de vray j'ay veu ung dessaing de l'ordre qui se debvoit observer en sa pompe funèbre que s'aproche fort de ce q'uest porté en ladicte inscription.

Au reste ce feut ce comte qui bastit le chasteau de Guaje suivent le dessain que son père Hugues 3 en avoyt faict. La despense q'uil amploya en cest édifice feut grande coumme le dessaing en estoit grand et magnifique selon le temps. La maison feut composée de quatre grands corps de logis environens une grande et spacieuse basse court ; chaque corps ou quartier enrrichi de quatre tours distentes esgualement l'une de l'autre et basties d'une mesme façon, toutes sortens dans les foussés et servans de cabinetz et guarde robes aux chambres. Ceste ordonnence se peut encores remerquer en ung cartier dudict chasteau ; car aux aultres elle fut changée par feu monsieur le cardinal d'Armaignac, qui remit ce chasteau et l'agença de beaucoup pendant le temps q'uil jouyt du revenu d'yceluy, luy ayant esté concédé sa vie durant par madame Marguerite, reyne de Navarre. Avant que ceste place feut bastie, les comtes de Rodez se tenoint à Montrozier, lieu distent dudict Guaje environ ung cart de lieu, où ils avoint choisi leur principal manoir, depuis qu'uilz quittarent leur première habitation et anciene maison de la Sale contal de Rodez. En ce comte Henrry failit la lignée masculine des comtes de Rodez, qu'avoyt continué de père en filz jusques à luy, depuis que la comté de Rodez feut démembrée de cele de Tolouze, c'est à dire depuis Richard et Hugues, père et filz, premiers comtes de ceste lignée. Lhors de son décès il possédoit la comté de Rodez, les vicontés de Carlat, Murat et Creysseilh, et les baronies de Roquefuelh ou Mayrueys, Sainct Christofe et Escorailhe.

De madame Cécile comtesse de Rodez et des différens qu'ele eust avec ses seurs et bele mère.

CHAPITRE XII.

Après la mort de Henrry segond du nom, comte de Rodez, madame Cécile sa filhe et son héretière, femme de Bernard, comte d'Armaignac, print pocession de la comté de Rodez. Le premier acte qu'ele feit coume contesse feut de confirmer les privilèges de la vile ou bourg de Rodez, ce qu'ele feit le lundy après la feste de S. Foy l'an MCCCIIII. Et par mesmes moyen dona ou remit auxdicts habitans les Albergues que ces prédécesseurs comtes de Rodez avoint acostumé prendre ou lever sur eulx. C'est ung droict seigneurial asses fréquent en ce pays, par lequel le subject est tenu de norrir en sa maison son seigneur féodal avec tel nombre de chevaliers qu'est porté par les titres ung jour ou deux et quelque foys de luy donner ung seul repas. Il vient de ce vielh mot françois héberger qui vault autant à dire que loger ou recepvoir en sa maison. Les Alemans et Françoys en forgèrent ce mot latin « albergare », que se rencontre souvent en la lecture des vieulx libvres et des anciens titres.

Ceste dame receut beaucoup de traverses et fâcheries de ses seurs, qui portoint impatiement de la voyr préférée à elles en la comté de Rodez et aultres biens de la maison de Rodez, bien qu'eles feussent ses aynées et qu'elle feut la plus jeune d'eles. Madame Ysabeaux, mariée avec le seigneur de Pons, qu'estoyt l'aynée des filhes feut la première qui se mit aux champs et querela la comté de Rodez, soustenant ycele luy apertenir par droict d'aynesse et de primvol se retira du roy auquel elle présenta requeste pour estre receue à l'homage de ladicte comté, coumme luy estent escheue par droict successif après la mort de son père qui n'avoyt laissé aulcung masle, elle estent sa filhe ainée. Mais madame Cécile advertie de ce s'oposa aux dessains de sa seur et remonstra que c'estoit à elle à qui et ladicte comté et la généralité des biens de son dict feu père apertenoint, à cause du testament par luy faict, portent institution héréditere en sa faveur : sur quoy estans elles renvoyées au parlement de Paris remirent leurs playdoyers et titres. Madame Ysabeaux se fondoyt sur une costume qu'elle maintenoit estre en ce pays, que quant quelque duc ou comte décédoit, son ayné filz masle, s'il en avoyt, ou en deffault de masles l'aynée de ses filhes luy succédoit, eust il faict testament ou non. Et bien que je n'aye treuvé que ceste costume aye jamais esté observée en ce pays, elle la metoit toutes foys en avant coumme j'ay remerqué par ung de ses playdoyers duquel je metrai icy deux articles seulement pour faire apparoir de son intention.

« Item que tent d'uzage coume de costume quant aulcung cuens ou baron de semblant condition muert audict pays et laisse plusieurs fieus ou filhes li aysné fieus ou aisnée filhe, là où n'y a hoir masle, vient ou doybt venir pour le tout à la succession de ladicte conté, duché ou baronie et tout luy apertient coumme la légitime que luy est deue par droict de nature, mesmement coumme duchés, comtés ou baronies sont indivisibles et deues pour raison de la première engendrance à l'aisné ou à l'aisnée en cas des susdits. Item que tent d'uzage coume de costume du pays et des lieux desquieux question est de la sénéschaulcée de Rouvergue et des lieux voisins, de long temps appreuvés et guardés par tant de temps q'uil suffit, ainsin est que quant aulcuns comte, duc ou baron muert et il laisse plusieurs enfens, s'il muert en testament ou sans testament ou à qui qu'il done la comté, duché ou baronie, ly aynes doibt avoir ou à la succession de la dicte duché ou comté parvenir espécialement le chef de la graïgneur, dignité, etc. »

L'on voyt asses par ces deus articles que l'intention de ladicte dame estoyt seulement fondée sur ceste costume imaginere, laquele d'aultre part estoyt fort et ferme debatue par madame Cécile, metent ycele en faict que la comté de Rodez estoyt assise en pays de droict escript par lequel ung chescun peut librement disposer en cas de mort de ses biens et que le feu comte Henrry leur père avoyt faict testament par lequel il l'avoyt laissée hérétière en toutz et chescungs ses biens, dont s'arrestoyt qu'ele debvoyt estre receu à la foy et homage dont il estoyt question et non sadicte seur. Ce procès feut poursuivi asses longuement et jusques en l'année MCCCXII, que ladicte court en dona l'arrest que s'ensuit :

« Philippus, Dei gratia, Francorum rex, universis

præsentes litteras inspecturis salutem. Notum facimus quod lite mota in curia nostra inter Ysabellam filiam defuncti Henrrici quondam comitis Rutenæ cum auctoritate Gaufredi de Ponte, mariti sui, ex parte una, et Ceciliam filiam ejusdem comitis cum authoritate comitis Armeniaci mariti sui ex altera, super eo quod dicta Ysabellis tamquam primogenita dicti comitis Ruthenæ petebat per nos admitti et recipi in fedelitate et homagio nostris de comitatu Ruthenæ et ejus pertinentiis, prout dictus D. comes Ruthenæ tempore quo vivebat erat in homagio nostro ratione dicti comitatus et pertinentiis ejusdem, dicta Cecilia in contrarium dicente ipsam Ysabelim non esse recipiendam ad fidem et homagium nostrum de dicto comitatu et ejus pertinentiis ; eo quod dictus D. comes Ruthenæ in suo testamento eandem Ceciliam hæredem instituerat in toto comitatu Ruthenæ et pertinentiis ejusdem quod facere potuerat secundum consuetudinem terræ Ruthenæ, quæ regitur jure scripto pluribus consuetudinibus, rationibus et factis contrariis super hiis propositis hinc et inde super quibus inquiri fecimus veritatem vocatis partibus. Inquesta igitur super hiis facta de mandato nostro ad judicandum ad nostram curiam reportata, visa et diligenter examinata, visoque testamento dicti deffuncti ac viso quodam instrumento manu Guilhelmi faissas publici notarii nostri scripto et signato ac sigillo nostro Montis Domæ sigillato continente quod dictus Gauffridus et Ysabellis expresse per duo instrumenta promiserant quod ipsi contra testamentum seu ordinationem ultimam dicti comitis Ruthenæ per se vel alium non venirent, quia per dictam inquestam et testamentum ac instrumentum prædictum inventum est et sufficienter probatum quod dictus comes Ruthenæ prædictam Ceciliam filiam suam naturalem ac legitimam uxoremque dicti comitis Armeniaci hæredem suam instituit in toto burgo et toto comitatu Ruthenæ prout protenditur et durat a flumine Tarni usque ad fluvvium de Trueire cum omnibus juribus, pertinentiis, castris, dominationibus et omnibus aliis ad prædictum comitatum spectantibus; hoc etiam adjecto quod ipse voluit et ordinavit quod castra et castellaniæ de Petra Bruna, de Thoellis, de Copiaco, et de Caistord, et etiam quidquid est ultra flumen de Trueyre in castro et castellania seu bailoina castri de Interaquis et ipsum castrum sint de comitatu prædicto Ruthenæ, quodque dicta Ysabellis et Gaufridus ejus maritus expresse per sua juramenta promiserint dicto comiti et ejus hæredibus quod ipsi contra testamentum et ordinationem ultimam factam vel faciendam per dictum comitem Ruthenæ per se vel per alium non venirent quoquo modo; quia etiam inventum est dictam Ceciliam sufficienter probasse consuetudines per eam allegatas, per curiæ nostræ judicium dictum fuit quod prædicta requesta dictæ Ysabellis non fiat quantum ad dictum comitatum Ruthenæ et ejus pertinentiis et quantum ad loca superius designata qua loca in testamento prædicto dicti comitis Ruthenæ nostra vidit curia contineri debere et censeri de dicto comitatu Ruthenæ secundum ipsius testatoris ordinationem in cujus rei testimonium præsentibus literis nostrum fecimus apponi sigillum. Actum Parisiis in parlamento nostro die veneris ante diem Palmarum anno Domini M°CCC° duodecimo. »

Par cet arrest ne feut ordoné que ladicte dame Cécile seroit mainteneüe en pocession de ladicte comté par ce que la question principale n'estoit sur ladicte mainteneüe, mais sur la requeste faicte par ladicte dame Ysabeaulx d'estre receüe en homage, de laquele elle feut démise, et bien que ce feut asses pour et ung vray préjugé pour la maintenue et propriété, si est ce toutes fois que ladicte dame de Pons picquée au possible de se voyr postposée à sa seur plus jeune quele, après la mort de ladicte dame Cécile (laquele ne tarda guières à morir après cest arrest), mist de rechef le fer au feu et de nouveau feit apeler en ladicte court Bernard comte d'Armaignac père et légitime administratur de Jean son filz et de ladicte Cécile contre lequel elle remit sa demande sur la propriété de ladicte comté, desduisent presque les mesmes faictz qu'ele avoit desduictz en la première instence, chengeant seulement les conclusions et s'arrestent à ce que la comté de Rodez luy debvoit estre adjugée, et le comte d'Armaignac au nom q'uil le prenoit condampné à luy en laisser la pocession vuide avec restitution des fruictz depuis la mort du feu comte Henrry, qu'ele estimoyt à cent cinquante mile libvres. Ce procès print un si long traict q'uil dura entre culx ou leurs successeurs plus de quatre-vingtz ans, scavoir jusques en l'an MCCCLXXXXIX, q'uil y intervint accord entre Bernard, pour lhors comte de Rodez, et Regnault, s. de Pons, par lequel ledict sieur de Pons quitta audict comté toutz les droictz q'uil pouvoit prétendre en ladicte comté de Rodez, moyenent la somme de cinq mile francz d'or qui luy feurent deslivrées. Ce messire Regnault de Pons est celuy duquel parle Froissard en son premier volume, chap 295, quant il dict que ledict s^r de Pons quittant le parti des Anglois se remit en l'hobéyscence du roy de France contre le gred de sa femme et de ses subjectz qui demurarent Anglois. Il le faict ung des plus grands seigneurs du Poictou.

Voylà tout ce que nous avons peu treuver du procès de ces deus seurs. Madame Béatrix, leur autre seur, que nous avons dict avoyr esté mariée avec le baron de La Tour, en Auvergne, meit semblablement en qualité madame Cécile, non qu'ele querelât la comté, ni la généralité des biens de leur feu père, come madame Ysabeaux, mais elle la feit apeler à deus fins : l'une à ce qu'ele feut teneue luy assoir sur quelque terre ou place de la comté la soumme de deus cens libvres, que lui avoyt esté léguée en revenu annuel par leur feu père, oultre les baronies d'Escourailles et S. Christofle ; l'aultre à ce que sadicte seur feut condampnée à luy suplir le surplus de sa légitime, présuposent que ni la dot à elle constituée ni le légat a elle delaissé par le testement de son dict feu père, ne revenoit à ce que justement luy pouvoit compéter pour sa légitime, sur quoy y eust aussi une longue suite de procès qui dura par ung fort long temps entre eles ou leurs successeurs. Et enfin ayant esté par arrest de la court du parlement de Paris de l'an MCCCXXVII commis messires Amaulrry de Narbone, seigneur de Talairan, et Arnault de Castelnau, seigneur dudict lieu pour l'assiete desdicts deus cens libvres, lesdicts commisseres procédens au faict de leur commission bailarent et assignarent audict s^r de La Tour pour les dictes deus cens libvres la ville et mandement de Vilecomtal en propriété, laquele depuis par eulx feut vendeue au seigneur de Vallon. Ces commisseres ne touchèrent que à l'assiete desdites deus cens libvres de revenu et l'aissèrent encores les parties en procès pour le suplément de la légitime. Mais quelques années après, scavoir l'an MCCCXLIII, se trouvans Jean premier du nom, comte de Rodez, et Bertrand de La Tour, en la vile d'Avignon, ils remirent ce différent à deus arbitres, l'ung apelé Me Piere d'Allodio, et l'aultre Me Estiene de Boussiac, qui les debvoint tirer hors de différent, après les avoir ouys, ou quant ils ne le pourroint faire en debvoint faire leur raport au sainct Père pour en estre ordoné ainsin q'uil apertiendroit. Je n'ay peu treuver ce que en feut ordonné, mais je pence bien que sa Saincteté les tira hors de procès, car les parties ne poursuivirent plus avant cest affere. Ce pape estoyt Clément VI, de la maison de Beaufort, depuis résolue en cele de Canilhac.

Mais pour revenir à madame Cécile, comtesse de Rodez, contre laquele ses seurs se bandèrent de la façon que nous venons de dire, elle eust ung autre différent avec madame Anne de Poictiers, sa bele mère, sur la répétition de ses dot et augment, ensemble sur l'usufruict dès places de Marcilhac, Sales Contaux, Agen et Guaje qu'ele disoit luy avoir esté délaissées par ledict feu comte, son mary, pour en jouyr sa vie durant, et néammoins aussi sur ccc libvres de revenu à elle légués sur la place d'Antraigues. Ce proces feut aussi poursuivi en la mesmes court de parlement de Paris, pendent lequel parties remirent leur différent au comte de Forestz, lequel le XI des calendes d'apvril, l'an MCCCVIII en dona sa sentence arbitrale par laquele madame Cécile feut condampnée à rendre à sa dicte bele mère la dot qu'ele avoyt aporté à son feu mary et l'augment d'ycele, et pour l'usufruict des dictes places de Marcilhac, Sales, Agen et Guaje la dicte dame Cécile seroit teneue luy payer pour une fois la soumme de troys mil cent libvres coumme aussi de luy payer annuelement la soumme de ccc libvres, tant qu'ele vivroyt lui estens à ces fins affectz et hypotéqués les revenus de la place d'Antraygues. Ceste sentence feut donée à Paris en présence du comte d'Armaignac, mari de ladicte dame Cécile et de messire Aymar de Poictiers, comte de Valence et Dye, frère de ladicte dame Anne de Poictiers et fesent pour elle, qui l'acceptèrent, coumme feirent aussi après lesdictes dames ; et par ce moyen ce procès print fin.

Après que madame Cécile se veit paisible en la comté de Rodez au moyen de l'arrest par elle obtenu contre la dame de Pons, sa seur, elle se délibéra d'aler prester la foy et homage qu'ele debvoyt au roy pour la comté de Rodez ; et à ces fins en la companie du comte d'Armaignac, son mari, elle s'achemina en la vile de Paris, où elle feit son homage entre les mains du roy. Nous avons cy devant dict que la comté de Rodez relevoyt de celle de Tolouze et avoint acostumé les comtes de Rodez prester leur homage auxdicts comtes de Tolouze. Mais depuis que la comté de Tolouze feut unie à la corone de France, ils commencèrent d'en faire l'homage au roy, et depuis ont toutjours continué d'ainsin le faire ; de sorte que au jourd'huy les comtes de Rodez ne recognoissent que le roy seul.

Ceste dame Cécile feut une des plus sages, vertueuses et prévoyentes dames qui feussent de son temps. Toutz les affaires de la comté de Rodez passoint par ses mains, auxquels elle provoyoit avec très grande discrétion et prudence. Aussi se tenoyt elle à ces fins le plus souvent dans la vile de Rodez, où elle estoit fort honorée et respectée des habitans ses subjectz. A leur réquisition le comte d'Armaignac, son mari, et elle feirent une très bele ordonence sur la vente des denrées et vivres qui se débitoint dans Rodez, et nottemment sur la manufacture des draps. Ce règlement se voyt encores dans la maison de vile du bourg, et seroit besoing qu'il feut mieulx observé qu'il n'est. Elle permit aussi auxdicts habitans bastir une maison de vile pour les assemblées qu'il leur conviendroit faire lhors que l'occasion se présenteroit pour prouvoir aux affaires de leur commune, leur confirmant la permission que au paravant leur avoyt esté donée d'éslire anuelement des consuls pour l'administration de leurs affaires communs, et donent tel reiglement sur l'élection et nombre d'yceulx qu'ilz seroint tenus annuelement nommer au seigneur comte ou en son absence à son séneschal ou juge de la vile, quant le séneschal ni seroyt point, neuf persones de qualité requises, desquelles ledict seigneur comte, ou en son absence, ledict séneschal ou juge en esliroint six pour subir ladicte charge consulere ; leque nombre, pour avoyr esté remerqué et jugé trop grand, feut depuis réduict à six pour la nomination, et à quatre pour l'élection. Dona aussi ladicte dame auxdicts habitans la faculté de dresser en leur vile ung poix public et commun où toutes marchendises, concistens en poix, seroint poisées, mesmes toutz les habitens dudict bourg seroint tenus venir poiser les bledz qu'uilz voldroint faire mouldre avant que de les aporter au molin, et semblablement d'y faire poiser leurs farines, quant ils les raporteroint du molin ; duquel poix les consuls auroint la guarde et gouvernement, leur permetent de lever sur chasque cestier de bled qui s'y poiseroit ung denier Rhodenois oultre les aultres émolumens de toutes aultres merchendises qui s'y poiseroint. Permit aussi ladicte dame auxdicts consuls et habitens la faculté du ban, qu'est ung certain degré de jurisdiction que se treuve quelque foix donnée aux seigneurs plus bas justitiers, pour cognoistre des domages qui se donent par le bestailh ou aultrement aux terres et pocessions des ungs et des aultres, et pour l'excercisse dudict ban leur permit d'avoyr de serviteurs banniers qui seroint tenus d'apporter bastons armoyés des armoiries du comte, qu'estoit ung lion, et de celes de la vile, qu'estoint troys rouves. Elle leur oultroya ces troys facultés à la charge de luy en faire homage, et à ses successeurs comtes, soubz la prestation annuele d'ung pere de gans blancs pour le poix, d'une lance à fer blanc pour le ban, et d'ung pere d'esperons dorés pour la maison de vile.

Ceste dame ne vesquit pas fort longuement, ains morut en l'année MCCCXIII laissent deus enfens seulement : ung masle que feut après elle comte de Rodez soubz le nom de Jean premier de ce nom, et une filhe, nommée Malte, que morut jeune sens estre mariée. Le corps de la dicte dame Cécile feut ensepvely dans l'esglise des Cordeliers de la vile de Rodez, non dans cele qui se voyt de présent audict couvent, parce que elle n'estoit encores bastie, mais dans la vielhe esglise, laquele après le bastiment de cele qui s'y voit de présent, servit par ung long temps de réfectoire aux religieux, et lhors que la novelle esglise feut consacrée, le corps de ladicte dame ensemble celuy de madame Mascaronne de Cumenge, femme dudict comte Henrry segond et mère de ladicte dame Cécile, laquele avoyt esté ensepvelie en ladicte esglise vieilhe, feurent transferés en ladicte esglise novelle, où elles reposent de présent coumme il se voyt dans le libvre des obitz ou anniverseres qu'est en la sacristie dudict couvent, où se lisent ces mots : « Item anno Domini M° CCC° XXV° in festo beati Gregorii corpora dominarum Ceciliæ et Mascarosæ fuerunt translata in ecclesia nova et etiam corpus Hugonis fratris dictæ dominæ Ceciliæ cum aliis de genere comitali in qua ecclesia ex tunc fuere celebrata divina. » De ce petit mémoire nous pouvons comprendre que le comte Henrry, outre les quatre filhes q'uil laissa à luy survivantes, avoyt heu ung filz nommé Hugues qui morut avant son père duquel nous n'avons faicte mention, parceq'uil ne se treuve mémoire de luy en aultre part, et ne scay qu'ele feut sa mère des troys femmes que ledict comte eust.

Ladicte dame Cécile feit testament, par lequel elle laissa héretier en toutz et chescuns ses biens, Jean son filz, en la persone duquel feurent après joinctes les deux comtés de Rodez et d'Armaignac. Elle fonda par ce testament cinq chapeles : la première au chasteau de Montrouzier, la 2 au chasteau de Guaje, la 3 au chasteau de Trépadou, la 4 au chasteau d'Ayssène, et la dernière à l'Hospital S. George qu'est à Boazou, dépendent de l'Hospital d'Aubrac, laissent a chascune d'yceles revenu souffisent pour l'entretenement d'ung chapelain. Par le mesmes testament elle charge son héretier porter à jamais les armes de la comté de Rodez, qu'estoyt, coumme nous avons déjà dict, un lion rempent, et où il seroyt aussi comte d'Armaignac, de les joindre avec celes d'Armaignac, qu'estoyt ung aultre lyon. Et ce feut la cause que ledict Jean, son héretier, en la persone duquel ces deus comtés demurarent joinctes, composa ses armoiries de quatre lyons q'uil escartela ou divisa en quatre cartiers, metent en chescung d'yceulx ung lyon ; et ce feut toutjours despuis et sont encores de présent les armoyries de ces deux comtés.

LIBVRE TROISIÈME

DES

COMTÉS DE RODEZ ET D'ARMAIGNAC

APRÈS L'UNION DE CES DEUX COMTÉS

De la comté d'Armaignac ; source et origine d'ycele, et de ses comtes, jusques à Bernard, mari de madame Cécile, comtesse de Rodez.

CHAPITRE PREMIER.

Après le décès de madame Cécile, comtesse de Rodez, le comte d'Armaignac, son mari, teint ceste comté, non coumme comte d'ycele, mais coumme père et légitime administratur de son filz Jean qui en estoit le vray héretier, encores fort jeune de âge mais de très bele espérance. Et de tant que ces deus comtés de Rodez et d'Armaignac feurent unies en sa persone, et que jusques icy nous n'avons parlé que de la comté de Rodez, et non de cele d'Armaignac, parce que dores en avant il nous fauldra discourir de l'ung et de l'aultre conjoinctement, il sera bon, avant que passer plus oultre, de monstrer d'où est descendeue ceste comté d'Armaignac, et quelz avoint esté les prédecessurs de ce Bernard, comte d'Armaignac, mari de madame Cécile. Mais parce que l'on tient coumme pour tout certain et asseuré que la comté d'Armaignac a esté tirée du duché de Guascoigne, nous ne pourrions bonement entendre coumme il en feut demembré, sens toucher premièrement quelque chose de la source et origine de ceste duché ; ce que nous ferons briefvement, sens nous y arrester beaucoup.

C'est sens aulcung doubte que les Guascons sont sortis d'Espaigne. C'estoit ung peuble qui habitoit premièrement les mons Pyrénées, du costé qu'ilz reguardent l'Espaigne, et s'estendoyt fort avant en la plene, qu'est au pied desdicts montz, en cest endroict où est pour le jour d'hui le royaume de Navarre, lequel en sa plus grande partie estoyt habité par ce peuble fort ancien et duquel Silius Italicus faict mention en ces vers :

> Nec Ceretani quondam Tyrinthia castra,
> Aut Vasco insuetus galeæ, ferre arma morati.

Ptholomée et Strabo en parlent aussi, et metent Pampelune (qui a esté et est encores la principale et capitale vile du royaume de Navarre) soubs les enclaves de la Gascoigne. Voicy coumme en parle Ptholémée (1). « Post Vardulos sequuntur Vascones quorum Mediterraneæ civitates Iturissa, Pampelon, Byturis, etc. » Peu avant au mesmes chapitre, il avoyt enclos une partie des mons Pyrénées dans la province de la Guascoigne.

Strabo (2) en dict presque autent. « Supra Jacetanos (dict-il) ad septentrionem gens incolit Vasconum inter quos Pampelon sita est veluti Pompeiopolis. Pyrenes vero ipsius latus in Hyspaniam vergens consitum est variis arboribus, materiæ multitudine et quæ semper virens germinat. Alterum vero Galliam spectans nundum omnino, etc. »

---

(1) Ptholo. lib. Geogra. 3. c. 6.
(2) Strabo.

De ces deus autheurs et de ce que en dict aussi Pline, libvre 4, chap. 20 (1), nous pouvons comprendre que tout ce quartier, q'uest aux environs de Pampelune, prenent tout le long des mons Pyrénées du costé d'Espaigne, estoyt habité par les Guascons, et ausquelz la chrestienté doybt beaucoup pour avoyr, eulx seuls, avec les habitans des montaignes apelées les Astures, résisté aux Sarrazins, et relevé la religion catholique, que les Maures avoynt folé aux piedz par tout le reste des Espaignes et qui plus est d'en avoyr en fin chassé ceste cruele et barbare nation. Car il est ainsin que les Sarrazins estans venus en Espaigne et ayans guaigné sur les Goths qui la seigneurioint pour lhors ceste grande et insigne batailhe l'an de nostre Seigneur Jésuchrist sept cens dix, en laquele le roy Roderic feut tué, se rendirent bien tost après mestres d'ycele, et dans peu de temps la guaignèrent toute hors mis ce petit coing que comprenoit seulement les montaignes des Astures et ce pays de Guascoigne duquel nous parlons maintenent, qui se deffendit fort valureusement soubs la conduicte d'ung seigneur nommé Guarcias Ximenius, descendu du sang Gothique, et qui feut le premier roy de Navarre et du pays que pour lhors se nommoyt Soubrarbe; de sorte que par ung long temps après les roys de ce pays feurent apelés roys de Soubrarbe ou de Gascoigne, et n'a pas six cens ans q'uilz portoint encores ce titre, coumme le monstre bien Terraphe, en son libvre de Regibus Hyspaniæ, soubz Alphonce V, où parlent de Sanctius major, roy d'Arragon et des enfens q'uil eust de son segond mariage, contracté avec une filhe de *Sanctius Gundissalvius*, nommée Majora : « Ex ea

---

(1) Plinius, lib. 4, Hist. natur. c. 20.

(dict-il) liberos habuit Ferdinandum postea Legionis et Castellæ regem, Guarciam Navarræ, et Sanctium quem nonnulli Gonsalvium nominant, hic rex Gasconiæ sive Sobrarbæ fuit. »

Vasée en sa chronique d'Espaigne soubs l'an mil doutze, estant sous le propos de ce mesmes Sanctius major, en dict tout autent que Terraphe : « Habuit (dict-il) hic rex quatuor filios ex diversis uxoribus, Garciam, Ferdinandum, Sanctium, Ranimirum quibus regna sua divisit. Et Garciæ quidem dedit regnum Navarræ, Ferdinando Castellæ, Sanctio, quem alii Godissavium apellant, Vasconiæ et Sobrarborum, Ranimiro Arragoniæ, etc. »

Des paroles de ces deus autheurs apert asses que Sobrarbe et Gascoigne n'estoint qu'ung mesmes pays, j'entens de la vieilhe Guascoigne, assise en Espaigne, et non de la nostre, qu'est en France, et laquele, à la différence de la première, nous pouvons apeler novelle, pour estre plus récente que l'autre et pour en estre descendeue. Quelques chroniqueurs d'Espaigne, parlans de ceste novele Gascoigne, q'uest deçà les mons, l'appelent Vasconiam Aquitanicam, à la différence de celle d'Espaigne. Surita l'appele toutjours ainsin, et, coume nous venons de dire, elle est descendeue de la vieilhe Guascoigne d'Espaigne, ce que se feit en la sorte que je m'en vays dire.

Quelques années avant ce Sanctius major, duquel nous venons de parler, une partie de ce peuble qui habitoit la vieilhe Guascoigne passa les mons Pyrénées pour s'en venir conquérir et habiter ce quartier de France que nous avons apelé la Guascoigne novele. L'on ne peut cotter l'année en laquele cela advint pour le moings præcisément, pour ne se trouver autheur qui en parle par exprès. Mais je vouldrois croire que ce feut environ l'an cinq cens quatre-vings-dix, ou bien peu après ; parce que Grégoire de Tours marque sur ceste année une cource que les Guascons d'Espaigne feirent sur ce pays là, qu'ilz ravagèrent et pilhèrent à leur aise, sans qu'uil feut au pouvoir d'Astronauld, capitene général ou gouvernur pour le roy de France au pays Tolosain, de les en guarder, bien que souvent il se feut mis en debvoir de le faire. Voycy coumme cest autheur en parle au 9 libvre de son hystoire de France, chap. 7. (1) « Vascones vero de montibus prorumpentes in plana descendunt, vineas agrosque depopulantes, domos tradentes incendio, nonullos adducentes captivos cum proceribus : contra quos sæpius Astrounaldus dux (Tolosanus) processit sed parvam ultionem de eis exercuit. » Il est aisé de colliger de ce lieu que les Guascons habitoint les mons Pyrénées, mais du costé d'Espaigne, et qu'ilz fesoint plusieurs courses sur ce quartier de France que maintenent porte leur nom, et q'ui leur estoyt si voisin que pour y venir ilz n'avoint aultre peine que de descendre les montaignes où ils habitoint. Je pence bien que du premier coup ilz ne s'en rendirent pas les mestres ; mais, par leurs fréquentes et réitérées courses, ils l'esbranlèrent de tele façon qu'uil leur feut après facile de s'en emparer, ce qu'ilz ne tardèrent guieres de faire ; parce qu'il est certain que du temps de Dagobert, roy de France, que feut environ XL après, ils s'en estoint déjà saisis, voyre lui avoint déjà donné le nom de Guascoigne : car Aimoyn, le moine, sur le règne de Dagoubert asseure que Aribert, son

---

(1) Grego. Turo. lib. hyst. Franc., 9. c. 7.

frère (auquel le royaume d'Aquitaine avoyt esté bailé pour son apanage) vainquit et mit soubz son hobeyssence ce peuble Guascon, qui s'estoyt déjà venu loger au pays qui de leur nom feut apelé Guascoigne, borné des mons Pyrénées, de la mer Océane et de la Garonne. Voycy ces paroles au lib. 4, ch. 6, de Gestis Francorum (1).

« Collataque ei (il parle d'Aribert) provincia quæ a ripa Ligeris Vasconiam versus extenditur usque ad Pyrænei juga montis qui Galliam ab Hyspania disterminat, pactum etiam cum eo scripto pepigit ut privato contentus habitu nihil aliud de paterno sperare deberet regno. Qui ubi potestatem adeptus est sedem regni Tolosam erigens sensu non ut putabatur tardus verum natura acris ad obeunda negotia statim ingenio suo materiam adinvenit. Anno enim tertio postquam regnare cœperat totam Vasconiæ terram subegit atque regnum suum latius effecit. »

Vous voyes par ce petit discours d'Aimoynus coumme déjà au coummencement du règne de Dagobert les Guascons c'estoynt non seulement saisis de ce pays là, mais qu'uilz s'y estoint déjà fort anchrés et fortifiés, jusques à luy avoyr imposé et donné leur nom, vou que Aymoin ne apele aultrement ceste terre que « Vasconiam » que monstre évidement qu'uil y avoyt déjà quelque temps qu'uilz s'en estoint emparés. Il fault donc que ce feut après ces premières courses desqueles parle Grégoire de Tours au lieu cy dessus anmené. Or, quelques temps après que Aribert les eust ainsin chastiés et rengés à son hobeyscence, ils feirent aultre foys révolte,

---

(1) Aimoynus monachus, lib. 4, de Gest. Franc., ch. 6.

prenent occasion sur la mort d'ycelui, lequel seul ils disoynt avoyr recognu pour seigneur et que sa mort les debvoit rendre quittes de leur promesse. Mais le roy Dagobert, à qui les terres et seigneuries de feu Aribert son frère demurarent acquises par la loy de réversion, ne prenent ceste excuse pour deniers contens, ayant envoyé une armée contre eux les remit en son hobeyscence et constraignit à le recognoistre pour leur souverain. Depuis ce temps là ils demurarent toutjours soubz le joug des roys de France, il est vray que non pas continuelement et sans quelque infraction de leur fidélité; car, coumme c'estoit ung peuble remuant et martial, il ne demuroit guères en repos, ains à la moindre occasion qui s'offroit, ils se mettoint aux champs et faisoint quelque algarade ou révolte. Toutesfois, ils estoint toutjours après menés à la raison par nous roys. Ils avoint des seigneurs et princes naturels, que je treuve quelques fois avoyr esté apelés ducs et quelques fois comtes, qui recognoissoint les roys de France pour souverains. Mais c'estoit mal envis et en tent q'uilz y estoint constraintez par armes et non aultrement; lesquels seigneurs ils ne voloint prendre des mains de nous roys, ains les eslisoint eulx mesmes.

Il ne seroit pas possible de nommer ces ducs ou comtes l'ung après l'autre et cotter le temps q'uilz comendèrent à ce peuble, pour ne se trouver aulcune chronique ou hystoire particulière d'eux. Mais parmy les hystoires et chroniques de France, il se treuve mémoire de quelques ungs en passent, coumme d'ung apelé Lupus, qui comendoyt aux Gascons durent le règne du roy Pepin et commencement de celuy de Charles le grand. Cestuilà ayant retiré chez soy Hunnauld, duc d'Aquitaine, auquel ce roy avoyt donné la chasse, feut sur le poinct d'encourir son indignation et attirer sur luy tout l'effort de la guerre que le roy avoyt coummencée contre Hunnauld, s'il ne le luy eust mis ez mains promptement coumme il feit. Sigebert et l'abbé d'Ursperge metent cest événement soubz l'an 769 (1). Et l'autheur du supplément d'Aymoyn, lib. 4, chap. 68, en parle en ceste sorte (2). « Carolus Engolismam civitatem Aquitaniæ proficiscitur, et inde contractis undique copiis fugientem undique Hunoldum persequitur, parumque abfuit quin caperet, sed ille notitia locorum, in quibus regis exercitum latere poterat, liberatus est. Dimissa Aquitania Vasconiam petiit tutum se ibi fore arbitratus. Erat tunc Vasconensis dux Lupus nomine, cujus fidei se Hunnoldus comittere non dubitavit, ad quem rex missa legatione jubet sibi per fugam reddi ea conditione mandata, ut, si dicto non obediret, sciret se bello Vasconiam ingressurum neque inde prius digressurum quam illius inhobedientiæ finem imponeret. Lupus minas regis pertimescens Hunnoldum et uxorem ejus sine cunctatione reddidit, et se quoque quæcunque imperaretur facturum spopondit. » Le mesmes autheur au cent et septième chapitre de son dict 4 libvre (3) faict mention d'ung aultre duc de Guascoigne, du mesmes nom que le précédent, et auquel il donne le surnom de Centullimisco. « Simili modo (dict-il) et Lupus Centullimisco (qui cum Berengario Tolosæ comite et Wexnario Arverniæ comite prælio conflixit, in quo et fratrem Guarsandum singularis amentiæ hominem

---

(1) Sigebertus et abbas Ursperg. sub anno 769.
(2) Aymoin, mon. lib. 4, de Gest. Franc. c. 68.
(3) Idem, lib. 4. 107.

amisit, et ipse, nisi sibi fugiendo consuluisset, prope interitum fuit) cum in conspectum imperatoris venisset, ac de perfidia, cujus a memoratis comitibus arguebatur, se purgare non potuisset, et ipse temporal est deportatus exilio. » Et bien que en ce lieu Loup ne se trouve qualifié du titre de duc de Guascoigne, si est ce toutesfois que parce que le mesmes autheur en dict à la suite de ceste hystoire, il apert asses que ce seigneur estoyt duc de Guascoigne. L'autheur des Annales de France, que feu mons^r Pithou feit metre en lumière, il y ha quelques années, avec Floart et Nithard, faict mention d'ung aultre duc de Guascoigne nommé pareilhement Loup, mais avec le surnom de Lancinere. Voyci coumme cest autheur en parle soubz l'an 932 (1). « Ragemundus et Ermingaudus principes Gothiæ regi se Rodulpho comittunt, Lupus quoque Lancinarius, Vasconum dux, qui equm ferebatur habere centum annorum adhuc tamen validissimum, etc. » Du temps ou règne de Robert filz d'Hues Capet vivoyt ung comte d'Angolesme nommé Guilhaume Taillefer, le filz duquel nommé Aldouyn esposa Alauzie, filhe de Sanche, duc de Guascoigne, laquele feut soubçonnée d'avoir faict mourir par charme ou sorcelerie son beau père qui morut l'an mil xxvIII. Ce Sanche que nous qualifions icy duc de Guascoigne n'est apelé que comte par Surita (2) annaliste Arragonois, qui parle de luy en l'année mil xxv où il l'apele Sanche Guilhaume, comte de la Gascoigne Aquitanique, et asseure l'avoir trouvé mantioné en ung titre ancien du comte de Barcelone, Bérenger

---

(1) Auther innominatus, sub ann. 932.
(2) Surita, sub anno 1025.

Raymond, portent confirmation des privilèges octroyés aux habitants de la vile et comté de Barcelone. Il en parle ainsin au premier libvre de ces annales, ausqueles il donne le titre d' Judices rerum Arragonicarum, soubz l'an mil xxv.

« Anno incarnationis Domini m⁰ xxv, aera m. LXIII, indictione VIII, anno XXVIII regni Roberti Francorum regis, Berengarius Raimundus Barcinonensis comes, libertatis tuendæ jura, possessiones bonaque civibus Barcinnensibus et totius ejus ditionis incolis confirmat atque sanxit, una cum uxore Sanctia quam infantem nominat et filiam potentissimi comitis Sanctii asserit, ut Sanctii Castellæ comitis filiam aut Sanctii Guilhelmi Vasconiæ Aquitanicæ fuerit, qui eadem vixere ætate. Vetusta enim monumenta et privilegia extare video a Sanctio rege hoc ipso anno irrogata quibus Simenæ reginæ ejus matris et majoris reginæ uxoris, Garciæ Ramiri Gonsalvi et Ferdinandi filiorum fit mentio et Sanctius Guilhelmus Vasconiæ et Berengarius Barcinonensis comites, qui scribendo affuere commemorantur. »

Il se voyt aussi dans les archifs de l'église archiépiscopale d'Auch ung titre faisent mention d'ung comte de Guascoigne nommé Bernard ou Bertrand, lequel dona à la dicte esglise la supériorité ou homage de la comté d'Armaignac avec certaine rente ou censive annuele. Et parce que ce titre touche quelque chose de la comté d'Armaignac, de laquele nous avons entreprins de traicter particulièrement en ce chapitre, nous le metrons icy tout au long, parce que il nomme quelques comtes d'Armaignac desquels ilz nous fauldra parler cy après. Nous en aurons cy devent aporté une partie. Ce titre donc est conceu en ces termes :

« Quoniam posteritatem nostram de adeptis B. Mariæ

donis ignorare nolumus stilo memoriæque mandantes futuris omnibus innotescere curavimus B. Vasconum comitem consulatum Armeniacensem, quem ipse suique antecessores libere possederant sub B. Mariæ sedis dominio mancipari, illud idem quoque Bigerritanorum consul fecerat qui sui consulatus dominium S. Mariæ de Podio subjugaverat ; et quia de bonis sumenda sunt exempla, prædictus Vasconum comes vovens vovit, constituensque constituit se suosque filios et nepotes nepotumque successores singulis annis in die Assumptionis B. Mariæ hoc tributum reddituros, videlicet duo modia frumenti et tres porcos et unum creatum et duodecim sextaria vini pro Armeniacensi consulatu. Hoc vero pacto ut si quis de successorum progenie contradixerit ab ejusdem sedis archiepiscopo excomunicetur donec ad dignam ablatorum restitutionem et in futurorum reddendorum veracem promissionem archiepiscopo et canonicis ejusdem sedis venerit anathematis vinculo in perpetuum subjaceat. Factum est autem in diebus Geraldi, comitis Armeniacensis, cum canonici B. Mariæ solito more prædictum redditum a Geraldo et ejus filio Bernardo exhigerent, venit ipse et filius ejus B. in capitulum Auxensem, et veniam petentes dixerunt se pro prædicto tributo singulis annis duodecim solidos reddituros : depacti sunt ergo in manu domini Guilhelmi archiepiscopi se singulis annis XII solidos in nundinis nogaroli de redditibus duarum portarum veteris burgi reddere. »

Il ne se treuve poinct de datte en ce titre ; mais il fault croire qu'uil est de l'an 1270 ou 1280, quelque peu avant ou après ce temps là, parce que ces deucs comtes, père et filz, desquels y est faicte mention, vivoint environ ce temps là, Bernard filz estent celuy qui espousa madame Cécile de Rodez.

Gérauldt père vivoit environ l'an 1270, car il se trouve en nos annales de France, que Philippe le Hardy, filz du roy S. Louys, offencé de ce que le dict Gérauld, comte d'Armaignac, et Rogier Bernard, comte de Foix, son beau frère, avoint mal traicté ung gentilhome de Guascoigne qu'il aymoit, il entreprint une guerre contre eulx, et s'en vint luy mesmes en personne avec une grande armée en Guascoigne, où il assiégea ledict comte de Foix qu'il print en l'année 1272, et pour le filz dudict Gérauld, nommé Bernard comte d'Armaignac, nous avons cy devant monstré coumme après la mort de son père il espousa madame Cécile, filhe d'Henrry, comte de Rodez, en l'année 1298 ; de sorte que cest homage, faict à l'esglise Nostre-Dame d'Auch par ces deus seigneurs comtes d'Armaignac père et filz, feut faict au temps que nous venons de cotter. Voylà donc toutz les ducs ou comtes de Guascoigne que j'ay peu remerquer. Mais à mon advis de leurs temps le pays de Guascoigne n'estoyt de si grande estendeue qu'ele est de présent, et ne comprenoit coumme il faict aujourd'huy la comté de Foix, ni ce que les comtes de Tolouze tenoint ez environs de leur vile par delà la Garonne ; mais seulement le pays de Bearn, Bigorre, Armaignac, Fezenzac, Astarac et quelques aultres terres qui depuis ont esté erigées en comtés ou vicomtés, tirées du corps de la Guascoigne pour appannager les enfens de ceste maison.

Revenons donc au discours que nous comencions de faire des ducs ou comtes de Guascoigne. Il seroit bien difficile coumme nous disions de treuver quel en feut le premier duc, ny scavoir quels feurent ses successeurs, l'ung après l'autre, parce que ceste duché ne venoit par succession de père à fils, mais estoyt élective, ce que feut entre eulx observé jusques à Sanche Mitarre, filz puisné du roy de Castilhe, lequel estent eslu duc par les Guascons rendit ceste duché héréditaire à ces enfens et à leurs successeurs. Monsieur Chopin en ses libvres De domanio Franciæ faict mention de ce Sanche Mitarre. Mais il se fault en ce q'uil le faict seulement comte d'Armaignac, bien q'uil feut seigneur de toute la Guascoigne. Voicy coumme il en parle au chap. VI de son troisième libvre (1) : « Cœpit hic principatus (dict il, parlent du comte d'Armaignac) a Sanctio Mitarra Castulonensis regis minore filio, quem Vascones, auctore populi conventu, a patre petierunt Armeniacæ ditionis principem designatum. » Il est bien vray coumme nous dirons après q'uil feut le premier qui sépara le pays d'Armaignac du reste de la Guascoigne en faveur d'ung sien filz, mais non que de luy il feut esleu par les seuls habitans d'Armaignac pour estre leur seigneur, car il feut esleu en général par toutz les Guascons pour estre leur seigneur. J'ay devers moy ung petit mémoire des comtes d'Armaignac fort ancien, où se lisent ces motz : « Sanctius Mitarra de Castella fuit primus comes Vasconiæ, electus regnante propheta Jesv. » Ces derniers motz « Regnante propheta Jesu » nous metent en grand doubte sur l'année que ceste élection feut faicte. Car de la voloir raporter au temps de l'excomunication laxée sur le roy Philippe premier, que feut en l'année mil quatre vingtz-quinze, coumme quelques ungs sont d'advis que ceste année feut remerquée par ces motz « Regnante propheta Jesu » à cause que l'on n'ozoit metre ez instrumentz la datte de l'année du règne de

---

(1) Rena. Chopinus, de doma. Franciæ, lib. 3, c. 6.

ce roy de craincte de l'interdiction, cela ne se peut, veu que la succession des ducs ou comtes de Guascoigne que nous desduirons après monstre assez que cela debvoyt estre long temps au paravant. Et de moi j'ay esté toutjours et suis encores de l'opinion du seigneur du Tilhet, qui tient que ces motz là, q'uon treuve quelques foys aux vieulx instrumentz, ne se doibvent raporter au temps de l'excommunication du roy Philippe ; mais que c'estoyt une façon de parler que les anciens avoint équipollent à cela de laquele nous uzons de présent, en la date de nous instruments quand nous disons : l'an de grace, ou de l'incarnation de Nostre Seigneur. Et vouldrois croire que celuy qui dressa ce mémoire, ne scachant en quel temps l'élection de Sanche Mitarre feut faicte, à tout hazard et pour ne se failir y volut amployer ceste phrase, de laquele il voyoyt que en ce temps là l'on uzoyt asses communément. Mais quoy q'uil en soit, je n'ay trouvé en aulcung autheur appreuve qui estoyt ce Sanche Mitarre, ni de quel roy de Castilhe il estoyt filz. Il est bien vray que ces noms de Sanctius et de Garcias estoint fort familiers aux comtes et roys de Castilhe : je dis nommément aux comtes, parce que la Castilhe n'avoyt du commencement que de comtes pour seigneurs, et ne feult érigée en royaume jusques à Sanctius Major, que feut environ l'an mil doutze. Et ne seroit peut estre hors de raison de croire que Sanche Mitarre feut ung de ces enfens ou petit filz, bien toutesfoys que Tarraphe, Vazée, Mariana ni Surita n'en fassent aulcune mention.

Il nous fault maintenent venir aux successeurs de ce Sanche Mitarre, parce que de l'ung d'yceulx sortirent les comtes d'Armaignac desquels nostre intention est de parler. Et en ce discours nous suivrons la foy de ce petit mémoire duquel nous avons faicte mention, sans aultrement voloir obliger la nostre. Sanche Mittarre donc eust troys enfens : Sanche Garcie, Guilhaume Guarcie et Arnauld Guarcie, aux quels il despartit la duché ou comté de Guascoigne en ceste sorte : à Guilhaume Guarcie son segond filz, il laissa le pays d'Armaignac à titre de comte ; à Arnauld Guarcie, son plus jeune filz, il dona Astarac avec pareilh titre de comte ; et à son ayné filz, Sanche Guarcie, il laissa aussy le reste du corps de la Guasconhe soubz le titre de comte, tout ainsin q'uil l'avoyt trouvé. D'yceluy sortirent deus filz, l'ung desquels feut nommé du nom de son père, Sanche Guarcie, et l'aultre Guilhaume Guarcie, du nom du comte d'Armaignac, son oncle. Je ne trouve aulcune postérité d'Arnauld Guarcie. Aussi ce n'est pas mon intention que de parler de sa descente, ni aussi de cele de Sanche Guarcie, comte d'Armaignac, qui laissa deus filz masles, scavoir Bernard Lusc et Otton Falt, desquels Bernard Lusc, ayné, feut comte d'Armaignac après la mort de son père, et Otton Falt eust pour son partage Fesenzac soubs le titre de comte.

Nous poursuivrons premièrement la descente de cest Otton Falt puisné, pour après revenir à cele de Bernard Lusc. Otton Falt donc, conte de Fezenzac, eust ung filz nommé Bernard Otton qui luy succéda en ladicte comté de Fesenzac et laissa ung filz nommé Aymery, qui après son père feut comte de Fezenzac. D'Aymery sortit ung filz, nommé Astronove, qui ayant aussy succédé en ladicte comté, morut sens masles, et layssa une seule fille, nommée Adelays, qu'est autent que Alix, laquele ne laissa aussi que une aultre seule filhe apelée Béatrix. Et parce aussi que ceste Béatrix ne laissa aulcungs enfens masles ni femeles, la comté de Fesenzac feut réunie en la maison d'Armaignac en faveur des descendens de Bernard Lusc, en la descente duquel il nous fault maintenent revenir.

Bernard Lust ou Lusc, comte d'Armaignac, que nous avons dict avoyr esté filz ayné de Guilhaume Guarcie comte d'Armaignac, feut comte d'Armaignac après la mort de son père, et fonda le monastère de Sainct Orenx en la vile d'Auch. Il eust ung filz nommé Bernard Trenqueléon, qui luy succéda en ses biens et layssa ung filz nommé Bernard Tymapale qui feit bastir et fonda le monastère de S. Jean de Sainct Mont, et luy succéda esdictes comtés d'Armaignac et de Fesenzac et aultres biens de ladicte maison. Bernard Tymapale eust ung filz nommé Gérauld, lequel luy ayant succédé esdicts biens les laissa à ung sien filz nommé Bernard. Ce Bernard, comte d'Armaignac, dernier des descendens de Bernard Lusc en ligne directe, morut sens enfens masles, ni femeles, et sens faire testement, de mode que ung seigneur Guascon viconte de Lhomaigne et d'Hault Villar, soy disent héretier de quelque dame proche parente de Bernard qui estoyt décédé intestat et sens enfens, se porta pour comte d'Armaignac, et s'empara de la plus part des places de ladicte comté, bien quele apertoint par droict de succession légitime à Géraut, viconte de Magnoac, son nepveu à cause de sa feme, mais qui estoyt du vray estoc d'Armaignac et descendu d'ung des enfens ou petitz filz de Bernard Lusc. Et d'autent qu'il se trouva lhors de la mort dudict Bernard, comte d'Armaignac, en fort bas eage, il n'eut le moyen de résister à la force et violance de son dict oncle; mais estent luy venu en eage de virilité recouvra par armes les comtés d'Armaignac, de Fezenzac et aultres terres de ladicte maison. Ce feut le père de Bernard d'Armaignac qui espousa madame Cécile, comtesse de Rodez, et qui nous a donné subject d'entrer en ce discours. C'est aussi ce Bernard qui avec son père Géraut eurent différent avec l'esglise métropolitaine d'Auch, pour la supériorité et homage que ladicte esglise prétendoyt sur la comté d'Armaignac, à cause de la donation qu'en avoyt esté faicte à ladicte esglise par ung comte de Gascoigne, nommé Bernard ou Bertrand, coumme nous avons dict cy dessus. Mais enfin ilz en tombèrent d'acord par lequel ces deus comtes père et filz recogneurent les droictz de ladicte esglise, et la censive annuele, qu'encienement estoit en bled et vin, feut réduicte en argent. Nous avons cy dessus inséré tout au long ce titre, mais parce q'uil y est faicte mention expresse de ces deus seigneurs, père et fils, nous metrons encores icy les derniers motz d'yceluy, ez queles il se parle d'eux : « Factum est autem in diebus Geraldi comitis Armeniaci, cum canonici B. Mariæ solito more prædictum redditum a Geraldo et ejus filio B. exhigerent, venit ipse et filius ejus B. in capitulum Auxensem et veniam petentes dixerunt se pro dicto tributo singulis annis XII solidos reddituros. Depacti sunt ergo in manu domini Guilhelmi archiespicopi de singulis annis XII solidos in nundinis nogaroli de redditibus duarum portarum veteris burgi reddere. » Il nous fault maintenent venir aux enfens dudict Gérauld, qui en eust plus que de ce Bernard duquel nous avons commencé de parler. Mais avant q'uentrer en ce discours, il nous fault ung peu arrester et rechercher la source et origine d'une querele que ce coummença entre ce Gérault et le comte de Foix, laquele causa une grande et dengereuse guerre entre ces deus maisons; les premières et principales de toute la Guascoigne que dura plus de cent ans après, et parce que en la suitte de nostre hystoire il nous conviendra souvent parler de ceste guerre, il fault nécesserement voyr d'où elle procéda.

Du coumencement et source de ceste grande guerre que dura par ung si long temps entre les maisons d'Armaignac et de Foix.

CHAPITRE II

Gérauld, comte d'Armaignac et de Fezenzac feut ung seigneur très magnanime et valeureus, qui paraissoit par dessus toutz les grands seigneurs de Guascoigne qui vivoint de son temps, entre lesquels estoit Gaston, quatrième de ce nom, viconte de Bearn, que quelques hysteriens apelent de Moncade, titre qui avoit particulièrement apertenu à son ayeul, Gaston 3 du nom, et à Guilhaume, son père, l'ung et l'aultre vicontes de Béarn, pour estre sortis de ceste grande maison de Moncade, des premières et plus signalées du royaume d'Arragon; ce que a donné occasion à l'annaliste de Foix d'équivoquer et prendre l'ung de ces deus Gastons pour l'aultre, scavoir l'ayeul ou père grand pour son petit filz l'hors qu'il dict ce Gaston 4 du nom, duquel nous parlons, avoir esté esleu par les Biarnois ou par eulx postulé et demandé à Guilhaume seigneur de Moncade, grand scéneschal d'Arragon, pour estre leur prince ou seigneur; en quoy il s'est lordement abuzé, car ce feut Gaston 3, qui feut eslu par les

Biarnois, et non cestuycy qui n'estoit point estrenger du pays de Béarn, ni recherché d'ailheurs pour venir seigneurier en Biarn, ains en estoyt natif et parvenu à la principauté de Béarn par succession de sa mère ; estend ainsin que Gaston 3 viconte de Béarn, sorti de la maison de Moncade et choisi par les Biarnois pour leur seigneur, ne laissa que une seule filhe nommée Garsende, laquele luy succéda en la viconté de Béarn. Cele là ayant esté mariée avec ung seigneur Arragonois, sorti aussi de la maison de Moncade eust de ce mariage Gaston 4 duquel nous parlons, qui teint après sa mère ladicte viconté. C'est Surita (autheur que si souvent nous avons ammené) qui le monstre fort évidement soubz l'an 1222, où il parle de ce mariage de dame Garsende avec Guilhaume de Moncade en ces termes (1) : « Guilhelmus Moncada qui Garsendam Beneharnensem vicecomitem duxerat et ejus ditionis dominabatur summa potentia adolescens. » Et quelques années après ayant parlé de la mort de ce Guilhaume de Moncade, viconte de Béarn, qui feut tué l'an 1229 en l'isle de Majorque, où il estoyt alé avec de beles et grandes troupes, q'uil avoit tiré de Guascoigne, à l'ayde et secours du roy Jacques d'Arragon pour la conqueste de ceste isle, ce mesme autheur faict mention de nostre Gaston 4 que son père laissa si petit et en si bas eage que le roy Jaques feut constrainct de luy donner pour curaturs ou directurs de ces affaires deus seigneurs de l'armée qu'il nomme Raymond Alemand et Raymond Bérenger Agère (2). « Atque hiis (dict-il parlent de quelques commis-

---

(1) Surita in Judicibus Arrago. sub an. 1222.
(2) Idem sub anno 1229.

seres que le roy avoyt commis à la distribution d'ung grand butin qu'avoyt esté faict à la prinse de la vile principale de Majorque) adjungit Raymundum Alemanum et Raymundum Berengarium Agerem, curatores datos Gastono Beneharnensis comitis filio. » Depuis donc que ce Gaston 4 succéda à sa mère, dame Garsende, en ladicte viconté, il ne pouvoit estre dict prince estrenger, et n'avoyt que faire de l'élection du peuble pour venir à ceste principauté depuis qu'il y estoit apelé par droict de succession ; veu que les élections n'avoint plus de lieu en ceste maison de Béarn que je pence n'estre aultre que cele de Guascoigne de laquele nous avons cy devant parlé, mais pour lhors telement démembrée et diminuée par tant de légitimes, qu'en avoint esté tirées coumme des comtés d'Armaignac, Perdiac, Fezenzac, Bigorre, Astarat, vicomtés de Lomanhe, Hault-Villar, Maignoac et aultres baronies, places et seigneuries qu'en avoynt esté démembrées qu'uil ne restoit que le seul pays de Béarn, duquel les seigneurs avoynt prins le nom et quitté celui de Guascogne, du grand corps de laquele ils ne tenoint plus qu'une petite portion.

Ce Gaston 4, seigneur ou viconte de Béarn, feut marié avec une dame nommée Malte que ledict annaliste de Foix nous veut faire croire avoir esté filhe d'Esquibat, comte de Bigorre, ce que ne peut estre ; car bien que c'est Esquibat se treuve avoyr aultre foys teneue la comté de Bigorre et en avoyr porté le titre de comte, il est certain neammoings qu'uil morut sens enfens ni filhes, coumme il résulte asses d'ung conceilh de Panorme, que se voit dans la partie troisième de ces conceilhs troisième en nombre (1),

---

(1) Panormita, parte 3. conciliorum, conc. 3.

par léquel il respond à ung faict que luy feut proposé de la part du comte de Foix sur la succession de la comté de Bigorre où il est faicte mention de cest Esquibat, qui morut coumme il est la porté, sens enfens masles ny femeles. Il nous fault donc rechercher d'ailheurs de quele maison estoyt yceue ceste dame. Monsieur Pasquier en ces recherches l'apele Mathilde, et Panorme en son dict conceilh la nomme Mathée ; d'aultres coumme le seigneur du Tilhet luy donnent le nom de Marte. Mais Guaribay, autheur Espaignol asseure que son vray nom estoit celuy de Matte ; et de vray en toutz les titres anciens elle se trouve ainsin apelée.

Et pour résouldre ce dobte la vérité en est telle que dame Peyronele, comtesse de Bigorre, de laquele Panorme au conceilh cy dessus cotté, et le seigneur du Tilhet au premier de ces mémoires sur la branche de Montfort l'Amaury, font mention, feut mariée en quatre divers lictz ; car en ces premières nopces elle espousa Gaston, tiers de ce nom, viconte de Béarn, ayeul de Gaston 4, duquel nous venons de parler ; et de ce mariage elle n'eust aulcungs enfens ni filhes, que feut cause que après la mort dudict Gaston 3 elle retira avec soy la comté de Bigorre, laquele pour c'este fois ne demura unie à la maison de Béarn. Il est bien vray que coumme nous avons touché cy dessus ce Gaston 3 laissa une filhe nommée Garsende qui luy succéda en la viconté de Béarn ; mais il ne l'avoyt heue de ladicte dame Peyronele ains d'une aultre dame q'uil avoyt espousée en son précédent mariage. Pour la segonde foix ladicte Peyronele feut mariée avec Guy de Montfort, filz puisné de Simon de Montfort comte de Lycestre, qui vers ces cartiers s'amploya si courageusement et avec si grand zèle et affection contre les hérétiques Albigeois, que en fin il y laissa la vie. De ce mariage ladicte dame heut deus enfens masles et deus filhes. Le filz aisné feut Esquibat et le puisné feut Jordain qui morut jeusne sens lignée. Les filhes furent Alix, mariée au viconte de Turene, et Mahaut laquele espousa le comte de Thyer. Esquibat teint pour quelque temps la comté de Bigorre et ce porta pour comte d'ycele. Je ne scais si ce feut par donation que sa mère luy en heut faicte ou par simple concentement et permission d'ycele; mais tant y ha que lui morant sens enfens masles ni femeles; ceste comté revint à ladicte Peyronele, sa mère, laquele se remaria en troisième lict avec un seigneur que du Tilhet apele Aymery de Rangone. Je vouldrois croire que l'imprimur c'est faili en cest endroict et que au lieu de Narbone il y a mis Rangone, parce que il ne se trouve point q'uil y heut pour lhors vers ces cartiers maison aulcune ainsin apelée. Et il se trouve que en ce temps là vivoyt Amaulrry ou Aymery, viconte de Narbone. Mais de ce mariage ne sortirent aulcungs enfens, de sorte que ledict sieur de Rangone ou de Narbone estent mort, ladicte dame se remaria pour la quatrième foys avec ung aultre seigneur de Guascoigne, nommé Boson de Mattas ou plustost de Mattan, du quel mariage elle eust une filhe nommée Matte, qu'est cela de laquele nous parlons et qui nous a jetté sur ce discours.

Ceste Matte, filhe de Bozon de Mattas et de dame Peyronele de Bigorre, succéda à sa mère en ladicte viconté de Bigorre, et feut mariée coumme nous avons déjà dict avec Gaston 4 du nom, viconte de Béarn, que feut pour la segonde fois que la maison de Bigorre s'allia avec cele de Béarn. La première alliance avoyt esté par le mariage de madame

Peyronèle avec Gaston 3 de ce nom, viconte de Béarn, coumme nous avons déjà monstré. Et la segonde feut ceste cy de madame Matte avec Gaston 4 viconte aussi de Béarn, du quel mariage sortirent quatre filhes sens aulcung masle, scavoir Constence aynée, laquele feut acordée à Alphonce filz du roy Jaques d'Arragon, mais le mariage ne sortit à effect à cause de la mort d'Alphonce qui morut pendent les fiançailles. Surita soubz l'an 1260 (1) : « Regis filius Alphonsus Constantiam Gastonis Benebarnensis filiam uxorem duxit. Brevi eæ nuptiæ, factis sponsalibus, morte Alphonci funestantur, qui nullis superstitibus liberis decedit. » Il ne se trouve poinct que ladicte Constance se remariât avec aultre. Elle morut sens lignée.

La segonde filhe qui sortit du mariage dudict Gaston et de ladicte Matte feut nommée coumme sa mère et porta le mesmes nom de Matte. Cele là feut mariée avec Gérauld d'Armaignac du quel nous parlions au commencement de ce chapitre. La troisième feut Marguerite, mariée avec Rogier Bernard, neufvième comte de Foix ; et la dernière nommée Guilhemète feut fiancée avec Sance, filz du roy de Castilhe, coumme l'assure le mesmes Surita soubz l'an 1270 (2) en ces termes : « Guilhelma Moncada Gastonis vicecomitis Beneharnensis filia Sanctio Castella regis filio despondetur. » Mais ce mariage ne feut consummé ; de sorte que et Constance première et Guilhemète filhe dernière morurent sens postérité, et ne resta ausdicts Gaston et Matte que les aultres deus filhes segonde et troisième dudict ma-

---

(1) Surita sub anno 1260.
(2) Surita sub anno 1270.

riage, qu'estoint Matte mariée au comte d'Armaignac, et Marguerite mariée au comte de Foix, desqueles sortit cete grande querele entre ces deus maisons de Foix et d'Armaignac. Et bien q'uil soit certain que ce feut à cause d'elles, la source toutesfois et origine en est incertaine. Les ungs la raportent à une occasion, et les autres à une aultre. Si nous en volions demeurer au dire du chroniqueur de Foix (1), ceste difficulté demeureroit bien tost résoleue, car il le tranche court, et dict que du mariage de Matte (filhe coumme il présuppose, mais erronéement, d'Esquibat) et de Gaston 4 viconte de Béarn sortirent seulement deus filhes : l'une apelée Matte, qui feut mariée avec Gérauld, comte d'Armaignac, l'autre avec Rogier Bernard, comte de Foix. Et par ce que ce Gaston, sire de Béarn, père desdictes filhes eust une grande guerre contre ung roy de Navarre, q'uil ne nomme pas à cause de certaine place que le Navarrois occupoit sur luy, il apela à son ayde et secours ces deus beau filz, les comtes d'Armaignac et de Foix. Que celuy de Foix feut fort prompt à ceste semmonce et luy ammena de grandes et belles tropes, avec lesqueles il le servit fort fidèlement durent ceste guerre ; ce que ne feit le comte d'Armaignac qui ne se mit en aulcung debvoir de secourir son beau père, lequel feut si oultré et despité de ce reffus que, après ceste guerre (que se termina par ung accord qui feut entre ces deus seigneurs traicté par l'entremise du comte de Foix), estant de retourn en son pays de Béarn, il assembla les troys estatz d'yceluy ausquels ayant faicte sa plaincte contre le comte d'Armaignac, et leur faict entendre

(1) Author Fuxensis hystoriæ.

l'ingratitude d'yceluy, de l'advis de toute l'assamblée il l'exhéréda coumme feit aussi sa femme, comtesse de Bigorre, et toutz ensemble donèrent leurs biens au comte de Foix, l'investisens d'yceuls ; à qui au mesmes instent toute la noblesse tent de Bigorre que de Béarn feirent homage de leurs terres et seigneuries, le recognoiscens pour leur seigneur ; ce que le comte d'Armaignac print tellement à cœur q'uil n'eust jamais plus amitié avec le comte de Foix, ains tout incontinent après la mort de son beau père et mère, il le mit en qualité sur la succession des biens de ces deus maisons ; dont sortirent après toutes ces guerres si grandes et longues qui feurent entre eulx et leurs successeurs. Voylà en peu de motz ce que cest hystorien en dict, la créance duquel demeure fort esbranlée en ce q'uil met en jeu ung roi de Navarre, bien q'uil soyt très certain que au temps q'uil cotte de ceste guerre, la metent soubz l'an 1284, il n'y avoyt aulcung roy de Navarre ; par ce que Henrry comte de Brye et de Champaigne, roy de Navarre, estoyt décédé dez l'an 1283, ayant délaissé une filhe, nommée Jeanne, fort petite et en bas eage, laquele succedent au royaume de Navarre, feut après reyne de France et espousa le roy Philippe le bel, en l'année 1285. Et par ainsin du temps de ceste guerre imaginere de Béarn il n'y avoit aulcung roy de Navarre contre lequel le sire de Béarn peut avoir guerre.

Froissard, parlant de ceste querele que feut entre ces deus comtes de Foix et d'Armaignac et discourant de l'occasion d'ycele, en reffère bien la cause à ceste exhérédation provenant du reffus que le comte d'Armaignac feit à son beaupère de le venir secourir en ceste guerre. Mais il ne dict pas, coumme l'annaliste de Foix, que ce feut contre le roy de Navarre, ains contre ung roy d'Espaigne, sans particuliariser de quel royaume, ni aultrement nommer ce roy. Et tout ce qu'il en dict est fondé sur la relation q'ung gentilhome de Béarn luy en feit, sans bailer de plus grandes asseurences de son discours que le seul discours que ce seigneur luy en feit de chose q'uestoyt adveneue plus de cent ans au paravant. C'est au troisième volume de ces hystoires, chapitre 7, q'uil en parle. Et bien que ces deus autheurs s'acordent en ce que l'ung et l'aultre fondent la source de ceste querele sur c'este exhérédation, je ne metroys toutesfois grande foy et créance sur leur dire. Car, oultre ce que nous en avons dict cy dessus, il n'est pas vraysemblable que le comte d'Armaignac eusse volu faire ceste faulte et commetre une tele erreur en ses affaires que d'abandoner son beaupère en ung si grand besoing ; veu mesmement l'espérence q'uil debvoyt avoyr de la succession d'yceluy pour avoyr en mariage sa filhe aynée. Et moins encores est il croyable que ce seigneur de Béarn eusse voleu punir sa filhe d'une faulte qu'ele n'avoyt pas commise, et de la voloir forclorre de ses biens par ce que le mari d'ycele l'avoyt tent mesprisé que de l'abandoner en sa nécessité.

Ce petit mémoire duquel j'ay parlé cy devent, et que j'ay proposé de suivre en ce discours, ne faict aulcune mention de l'exhérédation du comte d'Armaignac, mais rend une aultre occasion de la guerre que intervint entre ces deux maisons en laquele je trouve plus de vérisimilitude. Il dict que Gaston 4, vicomte de Béarn, mariant sa filhe Matte avec Gérauld, comte d'Armaignac, luy constitua en dot la place et seigneurie d'Ausan, et que venent à décéder il luy légua encores par son testament les places de Tursan, Gavardan et Captios ; desqueles après le décès dudict seigneur, le comte de Foix s'empara et ne les volut rendre au comte d'Armaignac, à occasion de quoy s'alluma une grande guerre entre eulx, et que en fin le comte d'Armaignac reprint ces places. Je pence bien que ce mémoire s'aproche ung peu plus de la vérité que ne font les deus autheurs susnommés. Mais il ne dict pas encores tout ; car s'il ne feut esté question entre eulx que de ces troys places de Tursan, Gavardan et Captios, à quel propos eussent ils meslé entre leurs respectives demandes et prétentions la comté de Bigorre, coumme ils feirent au procès qu'ilz eurent après, laquele comté la court du parlement de Paris feut constraincte de metre en sequestre pour empêcher q'uilz ne vinssent aux mains à cause d'ycelo ? Je vouldrois donc croire que les inimitiés et quereles de ces deus seigneurs beaux frères vindrent principalement du mescontentement que le comte d'Armaignac receut de ce que le seigneur de Béarn et madame Matte sa femme, disposant de leurs biens, feirent héretière leur filhe, la comtesse de Foix, la præferens à la comtesse d'Armaignac son aysnée ; ce q'uil pença estre advenu par les practiques et artifices du comte de Foix. Mais non ozant faire semblent ouvertement print le prætexte sur ce que sa femme n'avoyt esté asses appenagé par le testement de ses père et mère, qui ne luy avoynt laissé que ces deus ou troys places de Tursan, Gavardan et Captios de beaucoup moindre valeur que n'estoyt la part et portion que luy pouvoit apertenir pour sa légitime, sur quoy il mit en qualité le comte de Foix et de là s'enflama entre eulx ceste grande et longue guerre.

Or donc que ceste inimitié print sa source il est

tout certain qu'estant décédé Gaston de Moncade, sire de Béarn, en l'année MCCLXXXXI, et s'estent le comte de Foix emparé des pays de Béarn et de Bigorre, le comte d'Armaignac se mit à la traverse et intenta procès en la court du parlement de Paris. Et coumme c'est le train des procès mesmes entre les grands que d'ammener de grandes haynes et animosités entre les parties et en fin une guerre ouverte, ces deus grands seigneurs s'aigrirent de tele façon l'ung contre l'aultre, que le comte d'Armaignac defféra de trahison celuy de Foix au roi Philippe le bel, fondent sa délation sur ce que c'estoit passé en Catheloigne du vivent de Philippe troisième, au voyage que ce roy y feit pour faire la guerre au roy d'Arragon, où il assiégea la vile de Girone, et la pressa de si près, que les assiégés n'avoint aultre remède, à faulte de vivres et munitions de guerre, que de se rendre à discrétion ; ne feut que le comte de Foix, qui estoit en l'armée du roy, se mit en avant pour traicter ung accord, en donnent à entendre au roy qu'ilz avoynt plus de vivres et munitions qu'il ne leur en falloit pour tenir cinq ou six moys, feit tant, que sa majesté les print à une fort honorable composition pour eulx, que feut cause que l'on heut quelque soubçon contre le comte, après que les assiégés estens sortis l'on eust recogneu l'estat de la vile, et vérifié qu'il n'y avoyt pas de vivres pour tenir plus que de deux ou troys jours. Le comte d'Armaignac prenent cela pour une peure trhayson l'en defféra coumme j'ay dict au roy ; sur quoy, estens intervenu les démanties et cartels en tel cas acostumés, sa majesté leur concéda le duel et combat en camp clos ; leur assignent à ces fins le lieu du combat à Gisors en Normandie et le jour à la feste de la Pantecoste. Ces deus comtes ne faillirent se trouver au jour et lieu assignés, ung chescun d'eux acompaigné de grand nombre de noblesse. Estens donc arrivés à Gisors où le roy estoyt aussi avec la pluspart des princes du sang, en leur présence les deus combatans entrèrent au camp, qui à ces fins avoyt esté dressé. Mais coume les juges du camp visitoint leurs armes et que les parrains les exhortoint à bien faire leur debvoir, Robert d'Arthois prince du sang, amy de toutz les deus, et qui cognoisçoit bien leur valeur, et estoyt informé des grands services que l'ung et l'aultre avoint faicts à la corone de France pour en avoyr esté luy mesme tesmoing oculaire en la guerre de Guascoigne, de laquele nous avons cy devent parlé, supplia sa majesté de leur voloir interdire le combat et tâcher de les metre d'acord, ce que le roy trouva bon; et leur ayant par l'ung de ces héraultz faict deffences de ne passer plus avant au combat, ils se retirarent du camp; mais non que sa majesté les peut metre d'acord, ayns continua leur hayne coumme devant, voyre s'augmenta de plus en plus, de sorte que quelque temps après, le roy ayant faict son lieutenent général en Guyene le comte de Foix, il feut constrainct d'exempter de son hobéyscence le comte d'Armaignac, ses terres et ses subjects, pour ne les aigrir davantage, et ne donner occasion au comte de Foix de s'avantager sur celuy d'Armaignac.

Voilà le coummencement et premiers traictz de ceste guerre qui dura si longtemps après entre ces deux maisons. Gérauld, comte d'Armaignac et de Fezenzac, qui dona coummencement à ceste querele, ne tarda guières après à morir. Du mariage par luy contracté avec dame Matte de Béarn, il layssa troys enfens masles : Bernard, qui après le décès de son père feut comte d'Armaignac et de Fezenzac, et qui espousa, ainsin que nous avons déjà dict, madame Cécile, comtesse de Rodez ; Gaston, viconte de Fezenzaguel et Broulhes, qui espousa madame Walbourgues de Rhodez, seur de ladicte Cécile, avec la viconté de Creysseilh et baronie de Roquefeuilh, et Roger, viconte de Manhoac, qui quitta ladicte viconté pour se faire home d'esglise, et feut eslu archevesque d'Auch.

Bernard n'eust pas plustost prins pocession de la comté d'Armaignac q'uil eust une attaque avec Gaston, comte de Foix, qui avoyt aussi succédé à Roger Bernard, son père ; et ce à cause que le comte de Foix ayant trouvé sur les champs le séneschal d'Armaignac, à son avantage, lui avoyt coru sus et doné la chasse, oultre q'uil avoyt prins quelques places sur le comte d'Armaignac, lequel offencé de ses entreprinses se feusse volontiers jetté aux champs pour en avoyr sa revenche. Mais se souvenent des deffences faictes à leurs pères par sa majesté à Gisors, il pença q'uil feroit mieulx d'en avoyr sa raison par la voye de la justice. Et s'estent à ces fins retiré du roy, il luy feit plainte de ce que, contre ces deffences et au grand mespris d'yceles, il avoyt esté en diverses sortes harassé et agredé par le comte de Foix; lequel s'estent aussi présenté par devent sa majesté, coumme l'ung et l'aultre desduisoit ces raisons, ils se picquarent si aigrement, que toutz deus supplièrent le roy leur voloir permetre le combat : à quoy sa majesté ne voleut entendre, prévoyant les inconvéniens qui s'en pourroint ensuivre, ains au contraire leur fortifia les inhibitions de n'attempter rien les ungs sur les aultres. C'est ce que l'annaliste de Foix en dict. Mais la vérité est tele que ces provocations et semonces au combat feurent faictes en jugement et au procès q'uestoyt encores pendent entre eulx en la court du parlement de Paris, sur lesqueles l'an mcccix la court prononça cest arrest, q'uil ny avoyt lieu de combat, pour estre audict procès question de droict et non de faict. Le quel arrest est ammené par monsieur Chopin au lib. 3 de domanio Franciæ, chapitre 26 (1). « Paulatim (dict il parlent de ces combatz) ferimus iste digladiandi mos temperatus, accisus, et ad extremum abolitus fuit. Primum enim decrevit senatus in causa Fuxensis et Armeniaci comitum non ineundum in quæstione juris singulare prælium cum de facto liqueat anno m° ccc° ix°. » Nous poursuivrons après la suite de ceste querele.

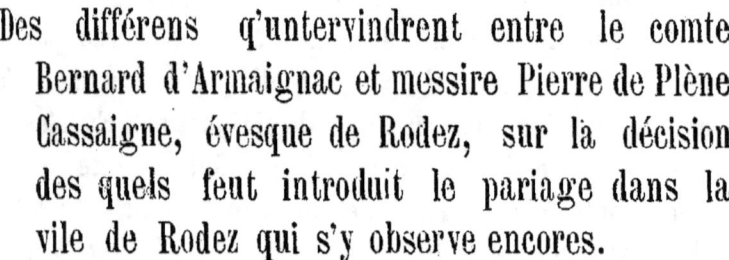

Des différens q'untervindrent entre le comte Bernard d'Armaignac et messire Pierre de Plène Cassaigne, évesque de Rodez, sur la décision des quels feut introduit le pariage dans la vile de Rodez qui s'y observe encores.

CHAPITRE III.

Nous nous soummes ung peu esloignés de nostre subject pour monstrer que c'estoyt que de la comté d'Armaignac, ce que semble avoyr esté nécessere, depuis que nous estions toumbés sur le mariage de Bernard, comte d'Armaignac et de madame Cécile,

---

(1) Chopin, lib. 3, de doma. Fra. ca. 26.

comtesse de Rodez ; et que à cause d'iceluy ces deus comtés feurent unies ensemble et ont depuis toutjours demeuré unies. Il fault maintenent reprendre le cours des affaires de cele de Rodez que nous avons laissés sur la mort de ladicte dame Cécile, après laquele son mari print en main ladicte comté, coumme père et légitime administratur des personne et biens de son filz Jean, qui en estoit le vray comte. Et coumme c'estoyt une chose presque ordineire et coumme fatale que les évesques et comtes de Rodez feussent si mal ensemble, q'uilz ne pouvoint durer longuement sens quelque différent, le comte d'Armaignac ne demura guières sens querele contre l'évesque, qu'estoyt alhors ung religieux de l'ordre de S. Benoist, nommé Pierre de Plène Cassaigne, home de grande souffisence et capacité, feut pour les sciences, feut pour les affaires, et duquel les papes qui feurent de son temps, scavoir Clément V et Jean XXII s'aidèrent fort pour les affaires et négotiations d'Orient, où il feut légat apostolique et patriarche de Hyérusalem coumme nous avons plus à plain monstré en sa vie.

Leur querele vint principalement sur la guarde des foyres, à cause que l'évesque en volait avoyr la charge ou superintendence, soustenent que c'estoyt à luy, quant les foires se tenoint en la cité de Rodez, de prouvoir à ce que aulcune escandale n'y survint, et d'y envoyer de gens en armes pour y tenir toutes choses en ordre et en leur debvoir, et autrement faire que les merchans et aultres estrengers y vinssent en toute assurence. Prétendoyt aussi que quant quelque crime y estoyt commis c'estoyt à luy d'en faire faire la punition par son juge temporel. Au contrere le comte au nom de son filz soustenoyt ceste charge apertenir au comte privativement à tout aultre ;

que de tout temps il en avoyt esté ainsin uzé, et que mesmes les seigneurs évesque et séneschal de Tolouze, par leur sentence arbitrale de l'an mil CCLXXVIII, avoint adjugé aux comtes la guarde de toutes les foires que se tenoint dans Rodez, tent en bourg que en la cité, de laquele sentence persone n'avoit apelé ni réclamé.

Ce différent s'esmut entre ces deux seigneurs en l'année MCCCXV quelque peu avant la feste de S. Pierre et de S. Paul sur la fin du moys de juing, auquel jour se tient une foire en la vile de Rodez au terroir d'Albespeyres, q'uest au jourd'huy le grand foyral de la cité; que feut cause que s'aprochent ceste foyre, ung chescun de ces seigneurs se mit en debvoir de se préparer à maintenir son droict. Les habitans de la cité, ensemble messieurs du chapitre soubstenoint l'évesque; et ceulx du bourg deffendoient la cause du comte, telement que voilà la vile partie en deus factions. Le jour de la foire venu le vicaire général de l'évesque qui estoit alhors absent de ce dyocèse envoya de bon matin ung nombre de soldats aux faux bourgs de Saincte Marthe, près lequel est assis le terroir de Albespeyres où la foyre se debvoyt tenir. Ces soldatz se saysirent d'une maison ou tour qu'estoyt en cest endroict pour y tenir ferme en cas q'uilz seroint assailis par ceulx du comte, lequel estoyt pour lhors au chasteau de Sales Contaux, où il assambloit la noblesse du comté Rodez pour la conduire en Flandres, à la guerre que le roy Louys Hutin avoyt contre les Flammans, duquel il avoyt mandement de le venir trouver avec tout autant de forces q'uil pourroit ammener. Et là, estent adverti des dessaings de l'évesque ou de son vicaire général, envoya une companie de gascons, de celes qu'il avoit faict venir pour son voyage, lesquels conduicts par ung gentilhome gascon, nommé de Montcalen, et suivis de la commune du bourg, s'en vindrent trouver les gens de l'évesque, qui soutindrent quelque peu l'effort des gascons à l'ayde de ceulx de cité, qui estoint à ces fins sortis ; mais voyens quelques ungs des leurs par terre, partie se retirèrent dens la vile, et partie dens ceste tour où encores ils teindrent bon quelque peu jusques à ce que les gens du comte ayans mis le feu à ycele, ils feurent constrainctz de se sauver au mieulx q'uilz peurent, non sans quelque perte, car il y en demeura des leurs xv ou xvi, oultre quelques ungs qui feurent blessés, coumme j'ay veu par une inquisition qui en feut faicte par le juge maje de Rouvergue ; lequel y estent accoureu tout aussi tost q'uil en feut adverty, empêcha que ces affaires ne s'aigrirent pas plus avant en danger, que, sans sa présence, il y eust heu ung plus grand désordre, parce que les communes s'estans mises en armes d'une part et aultre estoint prestes à s'entrechoquer.

L'évesque adverti de c'est accident jetta tout aussi tost une excommunication contre le comte et ung interdict sur le commun du bourg, bien que son vicayre eust déjà commencé d'y faire procéder par inquisition. Et s'aigrirent les affaires en tele sorte entre eulx q'uilz entrarent fort avant en procès, où il ne feut pas seulement question de la guarde des foires mais s'y meslarent beaucoup d'aultres différens et singulièrement de la jurisdiction de la vile, bornes et limites d'ycele. Mais et ledict sieur juge maje et les aultres grands seigneurs du pays se mirent tout aussi tost en debvoir d'estaindre ce feu, pour le moings d'empêcher q'uil ne passât plus avant ; et feirent tant que ils leur feirent remetre toutz les différens q'uils avoyent ensemble à messire

Guilhaume 4 du nom, évesque de Mande et comte de Gévaudan qui estoit estimé des plus capables et suffisens, feut en droict civil, feut au droict canon, qui se trouvassent en ce temps là au royaume de France. C'est ce grand personage Guilhelmus Duranti qui nous a laissé ceste belle euvre q'uil a intitulée : Rationale divinorum officiorum. Ce feut à ce seigneur que l'évesque de Rodez, ceulx de son Chapitre et les consuls de la cité d'une part, le comte, les consuls ou habitans de la vile et bourg de Rodez d'aultre remirent toutz ces différens, pour en cognoistre et ordoner et décider avec conseilh ou sans conceilh, tout ainsin q'uil trouveroit bon et plus expédient.

Après ce donques que les parties eurent d'ung costé et d'aultre remis leurs dires par escript, produict les actes et instrumens et preuvé tout ce q'uilz peurent cognoistre pouvoir servir à leur cause, ledict seigneur arbitre avec l'advis et conceil de messires de Ferrières, séneschal de Rouvergue, Pons d'Homeillac et Robert de Roye, comis et députés par le roy à la réformation de son domaine de Rouvergue, qui de fortune se trouvèrent pour lhors en ce pays, donna sa sentence arbitrale, laquele il pronunça sur le lieu mesmes où l'excès avoyt esté commis, et ce le dernier jour du mois de mars MCCCXVI, neuf moys après ledict excès; laquele sentence feut acceptée par toutes les dictes parties. Et d'autant qu'ele est fort remarquable et que par ycele les deus jurisdictions de la vile de Rodez qui estoynt au paravant séparées feurent joinctes ensemble pour ne faire deslhors en avant q'ung mesmes corps et une seule court et jurisdiction unie et incorporée en forme de pariage, nous insérerons icy les articles d'ycele, obmis le coummencement et la fin, où ne se trouve que les clauses acoustumées et communes.

« Pronunciamus, laudamus, deffinimus, declaramus, præcipimus, arbitramur et ordinamus pacem et concordiam inter dictas partes perpetuo esse servandam, et pactum et transactionem, pro bono pacis et concordiæ, de hiis quæ controversa erant seu esse poterant inter dictas partes ac scandalorum et periculorum materiam præparantia, servare præcipimus sub pœna et juramento in compromisso contentis. Quam quidem pœnam et juramentum in omnibus et singulis infra scriptis per nos dicendis, laudandis, deffiniendis, declarandis, et ordinandis, transigendis seu paciscendis pro repetitis habere volumus in hunc modum.

» 1. In primis siquidem attendentes et considerantes plura homicidia fuisse ex dicta discordia utrinque hactenus perpetrata, et quod sancta et salubris est cogitatio pro deffunctis exorare ut a peccatis absolvantur, dicimus, præcipimus, pronuntiamus, laudamus, deffinimus, declaramus, arbitramur et ordinamus, ex dicta potestate nobis concessa et sub pœna et juramento prædictis, quod, pro animabus dictorum occisorum et specialiter quatuordecim qui in nundinis in festo Apostolorum Petri et Pauli proxime labso interfecti fuerunt, constituantur duæ capellæ perpetuæ, et quadraginta libræ Turonenses reddituales assignentur eidem capellæ pro dote et substentiatione duorum capellanorum perpetuorum qui pro hiis interfectis et occisis perpetuo celebrabunt, declarationi nostræ reservantes a quo vel a quibus dictæ XL libræ Turonenses assignabuntur pronuntiare et in quo loco capellæ constituantur memoratæ et ad cujus præstationem spectent, cum adhuc deliberare debeamus de hiis cum partibus supradictis.

» 2. Item et quod pro animabus dictorum interfectorum et specialiter pro dictorum XIIII dentur pro amore Dei mille libræ Turonenses quæ distribui volumus inter parentes, liberos, uxores et alios proximos dictorum xiiii ultimo interfectorum, et inter alios qui in dictis nundinis vulnerati fuerunt, dictam distributionem fieri volentes per personnas quæ ad hoc duxerimus deputandas, et prædictas mille libras solvi a dictis partibus seu earum altera prout et quibus per nos seu alios vice nostra injungens.

» 3. Item quod domus prædicti capituli Ruthenensis quæ in dictis nundinis combustæ fuerunt integraliter et sufficienter reparentur et damna habitatoribus ex integro emendentur et absque more dispendio secundum arbitrium nostrum vel eorum quos ad hoc duxerimus deputandos ad expensas dictarum partium seu alterius corumdem, prout per nos seu dictos deputandos a nobis præcipietur eisdem.

» 4. Item cum, obtentu homicidiorum et incendiorum ac damnorum prædictorum in dictis nundinis ultimo perpetratorum illatorum et datorum, burgus Ruthenæ et terra quam dictus D. comes Ruthenensis habet in diœcesi Ruthenensi fuerunt per vicarios dicti D. episcopi Ruthenensis in legatione sua existentis certa forma ecclesiastico supposita interdicto, suspendimus in hiis scriptis propter bonum pacis et concordiæ, ex potestate a prædicto D. episcopo nobis concessa, dictas sententias interdicti usque ad quindecimam instantis festi Pantecostes, in antea prædictum interdictum in eo statu et vigore in quo in præsentiarum est esse volentes, declarantes et ordinantes ex potestate et sub pœna ac juramento præmissis : nulla alia innovatione circa ipsum interdictum vel provocatione, vel appellatione interponendis seu faciendis ad ejus enervationem, vel contra ipsum nisi per nos interim aliud fuerit ordinatum. Quoad prædicta emenda et satisfactio homicidiorum, incendiorum et damnorum propter quæ dictum interdictum latum extitit per nos supra ordinata sint exequuta, reservantes nobis potestatem dictum interdictum semel et pluries suspendendi, tollendi, reducendi in statum pristinum vel denuo feriendi prout nobis videbitur expedire.

» 5. Item cum, propter dictas nundinas et earum guardiam et custodiam, jurisdictionem ac jurisdictionis excercitium in ipsis nundinis et ad eas confluentibus et in locis dictis nundinis circumpositis, nec non et propter communitatem civitatis et burgi prædictorum, in quibus episcopi et comites Ruthenæ divisim et separatim jurisdictioni hactenus temporali præfuerunt, non solum dicto homicidio et incendia ultimo perpetrata, verum etiam longe plura alia et gravissima scandala, guerrarum discrimina et inexplicabilia dampna et pericula animarum, corporum et rerum patriæque turbatio et pacis violatio hactenus provenisse noscuntur, dicimus, pronuntiamus, declaramus paciscendo et transigendo inter dictas partes ex potestate et sub pœna ac juramento prædictis propter bonum pacis et concordiæ et ne deinceps dicta homicidia, incendia, scandala, pericula et guerrarum discrimina amplius accidere valeant, quod dictæ nundinæ ac earum jurisdictio et emolumenta, guardia et custodia nec non alta et bassa ac omnimoda jurisdictio, correctio et exequutio temporalis, merum et mixtum imperium, superioritas quælibet seu ressortum quod prædicti episcopus et comes Ruthenæ tenent et habent divisim et separatim seu tenere et habere visi sunt in civitate et burgo Ruthenæ et suburbiis ac villa seu loco de Monasterio et pertinentiis ac adjacentiis eorundem civitatis et burgi ac villæ, quas quidem adjacentias et pertinentias in prædicta nostra pronuntiatione, declaratione seu ordinatione intelligi volumus et declaramus prout confruntantur et limitantur parrochiæ ecclesiarum dictorum civitatis et burgi ac villæ de

Monasterio, scilicet B. Mariæ, sancti Martini, sancti Fælicis, sancti Amantii, sanctæ Catherinæ, sancti Stephani de Monasterio et sanctæ Marthæ. Et dictæ jurisdictionis altæ et bassæ, meri et mixti imperii, superioritatis et ressorti excercitium, explectatio, coerctio et executio in locis prædictis et super omnes emendæ, oblationes et condemnationes, emolumenta et obventiones quæcumque, qualiacumque et a quibuscumque personis ad forum secularem pertinentibus quoquo modo ex dictis jurisdictione alta et bassa, mero et mixto imperio, superioritate et ressorto provenientia et emolumentum sigilli quod dictus comes in burgo Ruthenæ ac ejus pertinentiis percipere consuevit, sint eidem episcopo et comiti Ruthenæ ac eorum successoribus perpetuo ac pro indiviso communia et quod per officiales communes communiter et ad communem utilitatem communi nomine regantur et explectentur.

» 6. Item quod nunquam in dicta civitate, burgo et villa Monasterii et aliis locis possit per episcopum seu ejus nomine absque dicto comite Ruthenæ seu aliis vice ipsius, nec non per dictum comitem seu ejus nomine, absque dicto episcopo seu aliis vice ipsius aliqua alta vel bassa jurisdictio vel justitia, merum vel mixtum imperium, superioritas vel ressortum seu eorum executio vel coerctio temporalis quomodolibet excerceri.

» 7. Item quod non possit per eos vel eorum successores in dictis locis aliqua jurisdictio temporalis de novo acquiri quocumque titulo quin communis sit inter eos et successores eorumdem, et quod communicata inter eos nunquam in alias possint transire personas, collegia vel universitates cujuscumque dignitatis, excellentiæ vel conditionis existant, nisi ambæ partes concordarent vel per nos aliud contingeret ordinari et si contrarium contingeret non habeat firmitatem contrariumque faciens jure suo privetur et parti alteri acquiratur. Item quod una pars aliam ad divisionem dictæ jurisdictionis altæ vel bassæ, meri vel mixti imperii, superioritatis vel ressorti ac aliorum communicatorum ne valeat quomodolibet provocare.

» 8. Item dicimus, declaramus, laudamus, præcipimus, arbitramur et ordinamus paciscendo et transigendo inter dictas partes ex potestate et sub pœna ac juramento prædictis quod idem episcopus Ruthenæ hinc ad Pentecosten teneatur eidem comiti dare ad arbitrium nostrum seu deputandorum a nobis congruam sufficientem et rationabilem recompensationem pro dictis nundinis et eorum custodia, leudis, sigillo, si plures et honorabiliores essent in burgo et villa de Monasterio ad ipsum comitatum pertinentibus, pedagia tamen et mensura bladi, petra vulgariter appellata, et tallia burgi et villæ Monasterii ac moneta de proprietate existentibus comitis memorati retentis extra dictam communionem per eumdem comitem absque tamen aliqua jurisdictione et coercitione nisi eadem communicare voluerit in futurum.

» 9. Ordinamus insuper, quod tres ulmi in quibus justitiæ fieri consueverant, qui sunt in aspectu civitatis et burgi prædictorum, incontinenti præcidantur et tollantur omnino, nec in locis in quibus erant seu prope furcæ aliquæ deinceps erigantur, ne publicum offendant spacium et aspectum, sed in aliquibus communibus convenientibus et ad hæc aptis furcæ ejusmodi erigantur.

» 10. Volentes etiam et decernentes ut dictus episcopus, ex nunc prodicta recompensatione ut per nos seu deputandos a nobis declaratum seu ordinatum fuerit facienda et pro jure quod super hoc eidem comiti competere potest, obliget nobis pro comite supradicto *castrum suum de Salis quoad ejus jurisdictionem et emolumentum temporale duntaxat quod per dictos communes officiales regatur et explectetur nostro nomine pro jure dicti comitis* et emolumentum dictorum communicatorum et dicti castri tradendi in recompensationem prædictam, quousque recompensatio facta fuerit memorata : qua facta dictum castrum revertatur ad liberam ordinationem et potestatem episcopi memorati, et emolumenta dictorum locorum communicatorum inter dictos episcopum et comitem communiter dividantur.

» 11. Item dicimus, pronuntiamus, declaramus, laudamus, præcipimus, deffinimus, arbitramur et ordinamus paciscendo et transigendo inter dictas partes. ex potestate et sub pœna ac juramento prædictis, quod quascumque jurisdictiones temporales et mera vel mixta imperia dictus episcopus seu ejus prædecessores acquisierunt hactenus a XL annis citra infra vel intra mandamenta castrorum dicti comitis, seu dictus episcopus vel ejus successores in posterum acquirent eidem comiti pro recompensatione sufficienti ad arbitrium nostrum vel proborum virorum a nobis deputandorum vel · ab eis communiter assumendorum dimittere teneatur; et ad idem teneatur dictus comes Ruthenæ et ejus successores vice versa de jurisdictione, mero vel mixto imperio, quæ per cum vel ejus prædecessores infra dictum tempus aquisita sint vel ipse aut ejus successores in posterum acquirent infra mandamenta castrorum episcopi memorati, et eidem servetur in leudis dictorum locorum communicatorum quæ ex confiscatione seu alias provenirent in posterum ad comitem supradictum et ejus successores, ut pro recompensatione prædicta eidem episcopo et ejus successoribus communicare teneantur.

» 12. Item dicimus, pronuntiamus, declaramus, laudamus, præcipimus, deffinimus, arbitramur et ordinamus paciscendo et transigendo inter dictas partes ex potestate et sub pœna et juramento prædictis, quod prædicti episcopus et comes et eorum in posterum successores et capitulum loco episcopi sede vacante *eligant seu assumant concorditer per se vel per alium seu alios deputandos ab eis bailivium et judicem in civilibus et criminalibus ad annum vel amplius tempus prout eis videbitur expedire, per quos quidem bailivum et judicem seu alios ab ipsis episcopo et comiti deputandos regantur et instituentur civitas, burgus et villa prædicta,* alta et bassa justitia, merum et mixtum imperium, superioritas et ressortum communicata communi nomine episcopi et comitis et ad communia vadia et stipendia, et per eos explectentur prædicta modo et forma quibus ante prædictam nostram pronuntiationem seu ordinationem regebantur et explectabantur divisim per dictos episcopum et comitem seu alios vice eorum, servatis libertatibus, franchesiis laudabilibus et approbatis consuetudinibus civium ac burgensium ac habitantium locorum prædictorum, a quibus baylivio et judice. servientes et alii officiales ac ministri eis necessarii assumentur, et in ipsa communi curia et ejus sigillo, baccillis, penuncellis ac vexillis habeantur arma communia episcopi et comitis.

» Et constituantur per eosdem episcopum et comitem vel alios deputandos ab eis duo notarii vel plures ad scribendum processus et acta communis curiæ supradictæ ad emolumenta recipienda ejusdem et ad tenendum sigillum commune de quibus quater in anno dicto episcopo et comiti seu deputandis ab eis in præsentia baylivii et judicis prædictorum fidele compotum reddere et quæ hiis superfuerint de emolumentis curiæ memoratæ (solutis eorumdem officialium stipendiis et aliis quæ pro necessitatibus dictæ communis curiæ expensa fuerint) tradere teneantur episcopo et comiti antedictis seu aliis deputandis ab hiis.

» Cæterum, si dicti episcopus et comes in electione seu assumptione prædictorum baylivii, judicis ac notariorum concordare nequiverint, ponat unus baylivium et alius judicem et unus unum notarium et alter alium communi nomine illo anno, vel per episcopum et comitem si maluerint detur pro illa vice amicis communibus potestas creandi officiales qui absque communi licentia episcopi et comitis prædictorum ab eorum officiis diutius nequeant absentari.

» Omnesque in præsentia ipsorum episcopi et comitis seu deputandorum ab hiis et consulum civitatis et burgi prædictorum jurent publice sua officia legaliter observare et alia quæ seneschallus et judex major et alii officiales regii senescalliæ Ruthenensis jurare consueverunt ac etiam compositionem præsentem ac omnia et singula contenta in ea et servare libertates, franchesias ac laudabiles et approbatas consuetudines civitatis, burgi et villæ Monasterii prædictorum, quibus quidem officialibus communibus omnes de civitate, burgo, villæ Monasterii et de aliis locis communicatis parere et obedire teneantur in hiis quæ pertinent ad officia eorumdem sicut ante parebatur divisim episcopo et comiti antedictis.

» Præfati autem baylivius et judex teneantur ad requisitionem comitis vel gentium suarum servientes et alias personas necessarias deputare ad cohercendum et distringendum pedagia, monetam, mensuram bladi sive petram eidem comiti specialiter reservata extra communionem prædictam et nihilominus exequi prædicta in personis propriis eorumdem.

» Sane declaramus, deffinimus et ordinamus, arbitramur et pronuntiamus ex potestate prædicta a dictis partibus nobis concessa, quod a præsenti nostra ordinatione, pronuntiatione, laudo et arbitrio et contentis in eis, nullum prorsus præjudicium generetur capitulo Ruthenensi quoad illa quæ inter episcopum et capitulum et comitem Ruthenæ contentiosa existunt de quibus per nos non est aliquid deffinitum.

» Item declaramus, deffinimus, arbitramur et pronuntiamus ex potestate prædicta a dictis partibus nobis concessa, quod omnia feuda quæ dictus episcopus et comes habent et tenent divisim in dictis civitate ac burgo et villa de Monasterio, suburbiis et pertinentiis eorumdem per me superius per parrochias limitatis cum recognitionibus fidelitatibus ac homagiis et aliis deveriis eorumdem et omnes terræ, censivæ, emphiteuticariæ, allodia et prædia quæcumque rustica vel urbana, census, usatica laudimia, servitutes, proventus et emolumenta quæcumque ad jurisdictionem altam et bassam, merum vel mixtum imperium, superioritatem vel ressortum, leudas seu sigillum, nundinas et earum custodiam supra communicata non expectantia eisdem episcopo et comiti ac successoribus eorum absque aliqua communia remaneant sicut prius cum confiscationibus, incursibus et incurrentiis eorumdem, quantum ad immobilia bona nisi per nos fuerit aliud ordinatum bonis mobilibus et se moventibus non pertinentibus ad feudi res seu proprietates, prædia rustica vel urbana et alia supradicta communiter inter dictum episcopum et comitem Ruthenæ et successoribus eorum dividendis et communicandis si ex debito vel ex quacumque alia causa ea incidere contigerit in excurrentiam vel comissum seu alias vacare.

» Item declaramus, deffinimus, ordinamus, arbitramur et pronuntiamus ex potestate nobis concessa, quod pronuntiatio ac declaratio dudum facta inter episcopum et comitem supra dictum per reverendum in Christo patrem D. Bernardum quondam episcopum Tolosanum et nobilem et potentem virum Eustachium de Bello Marchesio, tunc senescallum Tolosanum, arbitraria potestate a partibus data eisdem in sua remaneat firmitate quantum ad omnia et singula capitula contenta in eadem in quibus per præsentem nostram ordinationem, pronuntiationem vel declarationem non speciatim derrogatum seu in aliis aliud immutatum vel contingeret in posterum immutari et specialiter circa contenta in ordinatione prædicta super promotione comitis Ruthenæ et homagio per ipsum comitem faciendo et fortalitiis reddendis ipsi comiti et aliis juxta ordinationem faciendis.

» Item declaramus, deffinimus, ordinamus, laudamus et arbitramur ex potestate nobis concessa et de voluntate partium prædictarum, quod liceat dictis episcopo vel comiti seu successoribus ac officialibus eorumdem in dictis civitate et burgo et locis communicatis audire extraordinarie causas ad eorum cognitionem divisim pertinentes et extraordinarie disponere de eisdem.

» Et quod dictus comes vel ejus successores et idem episcopus vel ejus successores non habeant in castris et locis reservatis eisdem aliquod sigillum, sed ab omnibus de eorum terris etiam non communicatis ad sigillum commune habeatur recursus et fiat districtio et coerctio communi nomine episcopi et comitis vigore sigilli ejusdem *pro cujus quidem sigilli recompensatione episcopus Ruthenensis prædictus capita solidorum* (1) *tribuat quod in civitate Ruthenæ*

---

(1) **Capita solidorum.**

a litigantibus habere consuevit dicti sigilli qualitate et valore servatis.

» Item dicimus, pronuntiamus, laudamus, præcipimus, deffinimus, declaramus, arbitramur et ordinamus paciscendo et transigendo inter dictas partes ex potestate et sub pœna et juramento prædictis, quod episcopus Ruthenæ qui nunc est et pro tempore erit contra comitem Ruthenæ et ejus successores nec comes Ruthenæ et ejus successores contra dictum Ruthenæ episcopum et ejus successores contra præsentem nostram pronuntiationem, declarationem, præceptum et ordinationem nunquam ex contrario facto vel longa pocessione vel quasi usu, consuetudine, præscriptione vel privilegio seu jure vel beneficio alio quocumque valeant se juvare, et quod præsentem nostram pronuntiationem, declarationem et ordinationem per reverendum patrem D. archiepiscopum Byturicensem et apostolicam Sedem et per dictum D. regem si nobis et dicto episcopo et comiti visum fuerit procuretur bona fide et pro eorum posse communibus sumptibus approbari ac etiam confirmari et quod incontinenti per viam pactionis, transactionis et amicabilis compositionis et eo modo quo melius effectum sortiri valeat dicti episcopus et comes et capitulum approbent, ratificent et emologent pronuntiationem, declarationem seu ordinationem nostram præsentem et omnia et singula contenta in eadem et quod idem Joannes comes Ruthenæ cum ad adultam ætatem pervenerit, ratificet, et emologet, approbet et juret compromissum in nos factum cum omnibus ejus clausulis et pronuntiationem nostram ac omnia et singula supradicta sub pœna prædicta et hoc teneatur efficaciter approbare D. comes Armeniaci et Fezenzaci pater et legitimus administrator Joannis comitis Ruthenæ sub pœna et juramento prædictis.

» Rursus retinemus nobis et aliis deputandis a nobis specialiter et expresse potestatem plenariam dictam pronuntiationem, deffinitionem, declarationem, laudum et arbitrium nostrum in totum vel in partem mutandi, corrigendi, addendi, minuendi, interprætandi, declarandi, paciscendi seu transigendi, et super eo quod supradictum capitulum conquæritur ratione dictarum nundinarum se gravari in locis de Albis Petris et contiguis, et super omnibus aliis et singulis de quibus nundum pronuntiamus nec ordinamus, dicendi, laudandi, arbitrandi, pronuntiandi, ordinandi, deffiniendi, paciscendi et transigendi seu declarandi semel et pluries quando ubi et prout nobis videbitur expedire. Acta fuerunt hæc per nos Guilhermum episcopum Mimatensem et comitem Gabalitanum, in podio de Albis Petris juxta oratorium situm in parrochia ecclesiæ majoris B. Mariæ civitatis Ruthenæ, anno dominicæ incarnationis M° CCC° XVI°, die ultima mensis martii, in quorum, etc. »

Ceste sentence feut prononcée en présence des parties qui y acquiscèrent, et par ycele demeure encores policée la jurisdiction de la vile de Rodez, commune entre les évesques et comtes que l'on apele vulgairement la court du pariage, mot dérivé a pariatione, c'est à dire adæquatione, parce que ces deus seigneurs, quant à ce que concerne ceste jurisdiction sont pers et esgaux ensemble, n'y ayant l'ung plus d'authorité que l'aultre. Et ainsin se doybt entendre ce que l'on trouve souvent au grand costumier de France que deus ou troys frères tiennent en pariage ou parage, c'est à dire qu'ilz sont entièrement esgaulx, non pas quant aux parties ou parceles du fief, qui sont le plus souvent inégales, mais quant à la dignité et authorité du fief, qu'est entre eulx pareilhe, coumme le monstre fort bien Jean le Boutelier en sa Soumme rurale en ses motz : « Si coumme (dict il) es lieux de Normandie ou ez fiefz des fraires venens de père, l'ayné en porte le gros et les puisnés ont le tiers. Cele partie est tencue en parage car ilz sont paraux en fiefs, jacoyt ce que l'une soyt plus grande que l'autre. Et toutesfois le tiennent ils aussi noblement que l'ayné tient le gros et si sont paraux en lignage. »

Tout aussi tost après la prolation de ceste sentence, pour donner quelque coummencement à l'exéquution d'ycele, l'évesque et le comte nommèrent, pour l'exercisse de la justice audict pariage ou court entre eulx commune, d'une commune voix, un baily et ung juge. Le juge feut mestre Pierre de Pesseyrol, et le baily feut Raymond de Pruhines, damoyseau, seigneur dudict lieu, d'où nous pouvons colliger que le bailly dont est faicte mention en ceste sentence arbitrale debvoyt estre de robbe courte et home d'espée. Et de vray vers les quartiers de France, où tels estatz sont plus fréquens que en ce pays, les baillys sont de robe courte, car ceulx que nous apelons en ce pays de Guyene et de Languedoc séneschaulx, en France sont apelés bailys, que veult autant à dire que guardiens ou conservaturs de la justice, car bail ou bailye en vieulx language françoys ne veult aultre chose dire que guarde. Mais toutesfois à présent et le baily qui y est mis par l'évesque, et le juge qui y est mis par le comte sont toutz deus de robe longue, n'ayans aulcune authorité ni prééminence l'ung sur l'autre, ayns toutz deus esgaux en pouvoir, exercens communément et en mesmes court la justice, quant aux instructions seulement des procés ; car quant aux vuidanges d'yceulx chescung juge les siens, scavoir le baily ceulx qui sont de la cité, et le juge ceulx qui sont de la vile ou bourg, contre la teneur de ladicte sentence, par laquele rien pour ce qu'est de la justice ne debvoyt demurer en particulier. Ains se debvoyt la jurisdiction et quant aux instructions et quant aux sentences et jugemens exercer communément sens aulcune distinction de cité ou de bourg et sens faire aulcune différence des lieux. En cela donc aujourd'hui ceste sentence n'est observée ny aussi en ce que toutz les émolumens provenens de la jurisdiction debvoint estre communs entre ces deus seigneurs évesque et comte et se debvoint partir esgalement entre eulx, feut ce des greffes, baylies, esmaudes et aultres obventions de la justice. Et toutesfoys de présent l'évesque prent les émolumens de ces greffes et aultres revenus de sa justice de cité et le comte ceulx de la justice du bourg. Nous verrons cy après d'où vint ceste altération.

Mais pour revenir à nostre propos lesdicts de Pruhines et de Pesseyrol feurent les premiers baily et juge de Rodez après l'establissement du pariage, et à yceulx mesmes, par ordonnence dudict seigneur arbitre feut commise la régence de la judicature de Sales de Curan, pour l'exercer au nom dudict sieur arbitre et au proffit commun desdicts seigneurs évesque et comte jusques à ce qu'il auroyt esté proveu au comte sur la récompence ordonée par les 8, 10 et 11 articles de ladicte sentence; pour raison de laquele récompense y eust par après entre lesdictes parties une très grande dispute et altercation, que causa une beaucoup plus longue procédure qu'il n'en y avoyt eue au paravant; le tout par devant ledict sieur arbitre qui s'en estoyt réservée la cognoiscence, et lequel il procéda à plusieurs actes tent dans la vile de Rodez que en celes de Paris et d'Avignon, sans toutesfois q'uil vint jusques là que d'en donner aulcune sentence diffinitive. Ains demurarent les affaires en cest estat, sauf quant à l'exercisse de la jurisdiction de Sales, duquel l'évesque ou son successeur recouvra subtilement et en tira les régens qui y avoint esté commis tout belement et sens faire grand bruict ; et ce en l'année mcccxxxix durant laquele s'estent commis audict Sales ung excès de quelque feme enceinte accusée d'avoyr tué son fruict, le juge du temporel en l'évesché de Rodez s'ingéra au nom dudict évesque et de l'advis d'yceluy de cognoistre dudict meurtre, bien que cela apertint ausdicts regens. De quoy advertis, les officiers du comte s'en volurent formaliser contre l'évesque ; mais, consydérens que cela pourroit faire revivre les quereles qui estoint dejà assoupies, s'advisarent de pacifier cela doucement par ung expédient que les officiers de l'évesque trouvarent bon, coumme il se peut remerquer d'ung acte de ladicte année mcccxxxix qui se trouve encores. Je vouldrois croire que pour lhors entre les deus seigneurs évesque et comte et leurs officiers feut advisé, pour assoupir ce procès encores pendent pour raison de ceste récompense, que eulx et leurs juges jouyroint particulièrement et séparéement des émolumens et revenus de leurs jurisdictions, scavoir l'évesque de ceulx de la cité et le comte de ceulx du bourg ; et que à ces fins chescung d'eux auroit son juge à part ; celuy de l'évesque print le titre de baily, et celuy du comte retint le nom de juge, la jurisdiction desquels demureroit unie et joincte en ung corps et court entre eux commune, comme depuis il a esté observé ; le reste du contenu en ladicte sentance demurent en son entier, et par ce moyen cessa la poursuite de ceste récompence. Car depuis ceste année il ne se treuve poinct que rien y aye esté plus poursuivi.

Or bien que ce pariage duquel nous venons de parler eust esté ainsin ordonné et establi au grand proffit, bien et utilité de ceste vile de Rodez, et que l'évesque de Mande y eust procédé avec l'advis et conceilh du séneschal de Rouvergue et des deus commisseres députés par sa majesté pour la refformation du domaine royal de ceste province, si est ce que à la poursuite et instence de monsieur le procureur général du roy qui soustenoyt y avoir lieu de commis pour avoyr lesdicts sieurs évesque et comte procédé à ce pariage sans la licence et permission de sa majesté, yceluy pariage feut mis soubz la main du roy ; à laquele mainmise lesdicts sieurs comte et évesque s'opposèrent. Et sur ceste opposition fut formé procès en la court du parlement de Paris, par laquele enfin feut donné arrest, au proffit desdicts seigneurs le xxiiii juing mcccxxxvii, tel que s'ensuit :

« Philippus, Dei gratia Francorum rex, senescallo Ruthenensi aut ejus locum tenenti salutem. Cum, pendente causa in curia nostra inter procuratorem nostrum ex parte una et episcopum Ruthenensem ac comitem Armeniaci et Ruthenæ ex altera, super eo quod dictus noster procurator dicebat, quod pariagium factum dudum inter ipsos episcopum et comitem qui tunc erant civitatis et burgi Ruthenæ nobis extiterat forefactum seu ceciderat in commissum, quod sine permissu nostro et licentia erat factum, procuratore dictorum episcopi et comitis dicente quod manus nostra in ipso pariagio per nos esset apposita sine causæ cognitione et ita ante omnia debebat amoveri cum potestatione de procedendo ulterius in causa ut esset rationis plures rationes allegando, nostro procuratore in contrarium proponente, curia nostra auditis dictis partibus ab inde manum nostram amoverit, mandamus vobis quatenus dictam manum nostram de dicto pariagio et omne impedimentum ibidem appositum ex dicta causa amoveatis seu amovere faciatis et quidquid in contrarium factum fuerit ad statum pristinum et debitum reducatis aut faciatis reduci. Datum Parisiis, in parlamento nostro, die xxiiii junii, anno M°CCC°XXXVII°. »

Voylà coume se passa ceste querele esmeue entre l'évesque de Plène Cassanhe et le comte Bernard d'Armaignac coumme père et légitime administratur des persone et biens de son filz Jean, comte de Rodez; laquele feut cause de l'establissement du pariage, invention aussi fructeuse et utile pour la vile de Rodez que aultre que jamais y eust esté au paravant excogitée, car par ycele toutz les différens qui avoynt esté par si long temps entre les comtes et les évesques et qui renaissent l'ung de l'aultre coumme les testes d'une hydre feurent du tout terminées et y eust depuis ce temps la très bone intelligence et amitié non seulement entre ces seigneurs et leurs successeurs, mais aussi entre les deux communes du bourg et de cité, qui avoint acostumé de prendre le faict et cause de leurs seigneurs.

Le comte Bernard ne vesquit pas longuement après ceste sentence arbitrale; ains morut en l'année mil CCCXXI, laissent de luy et de madame Cécile ung filz et une filhe. Le fils feut Jean premier de ce nom, qui succéda à ses feus père et mère aux biens de Rodez et d'Armaignac. Il estoyt encores fort jeusne quant son père morut, de sorte que son oncle Roger d'Armaignac auquel la viconté de Manhoac avoyt esté baylée pour sa légitime, mais qui depuis feut archevesque d'Auch, feut son tutur et gouvernur des biens de Guascoigne. Et le gouvernement de la comté de Rodez et aultres terres qui en dépendoint, feut bailé à messire Amaulrry de Narbone, seigneur de Taleyran, son cousin germain du costé de sa mère, madame Cécile, et lequel en toutz les actes que j'ay veu de luy concernens les affaires de ceste comté de Rodez, je trouve porter le titre de régent la comté de Rodez pour Jean comte d'Armaignac. Toutesfoys j'ay veu titre dudict Roger de l'année 1333, donné dans la vile de Rodez et pour les affaires dudict comté, auquel ledict Roger prent le titre de régent, non seulement la comté d'Armaignac et Fezenzac, mais aussi la comté de Rodez et de toutes les terres apertenens à son nepveu mineur comte desdicts comtés. Il ne teint pas longuement ce gouvernement parce que le comte se maria bien tost après et avec sa femme print l'administration de ces biens coumme nous verrons au chapitre suivent. La filhe feut nommée Matte, laquele feut mariée avec messire Bernard de Hésy, sire d'Albret, duquel mariage sortit messire Aynemont d'Albret, père de Charles d'Albret, conestable de France, qui après renouvela les aliances de sa maison avec cele d'Armaignac, coumme nous dirons en son lieu.

De Jean premier de ce nom, comte de Rodez et d'Armaignac, et de son premier mariage avec madame Régine de Gout.

CHAPITRE IV.

Jean premier de ce nom, bien que pour sa jeunesse ne peut tout incontinent après la mort de son père vaquer à l'administration de ces biens, print néammoings le titre de comte de Rodez et d'Armaignac, ayant esté lesdicts deux comtés, ensemble toutz les aultres biens de ces deus maisons, résolus et unis en sa persone. Ce feut ung fort grand et valeureux seigneur, qui se feit pour tel remerquer et recognoistre en toutes les guerres que le roy Charles V eust contre les Anglois, durent lesqueles il feit de services fort notables à sa majesté. Aussi feut il chéry, aimé et favori d'elle autent ou plus que seigneur de ce royaume.

Il feut marié en deus divers lictz : premièrement avec madame Régine de Gout, de laquele il n'eust aulcungs enfens ; aussi ne demurarent ils longuement en mariage, parce qu'ele morut l'an MCCCXXV, laissent son mari vif, qui n'avoyt encores attaint l'eage de vingt ans, coumme il se voyt au procès qu'il avoyt contre l'évesque de Rodez sur la récompence portée par la sentence arbitrale de l'évesque de Mende, lequel feut fort poursuivi en ceste année MCCCXXV, durent lequel, ayant le comte constitué de procureurs pour se présenter pour luy devent ledict sieur évesque et faire quelques réquisitions qui importoint, les agens de l'évesque de Rodez impugnoint ceste procuration coumme faicte par ung minur, ce que les procureurs du comte ne nioint pas, mais soustenoint qu'il avoyt attainct l'eage de xx ans. Je ne scais quel dot feut constituée à ceste dame, par ce que le contract de son mariage ne se trouve poinct ; mais il est bien certain qu'ele estoyt filhe unique d'ung fort riche et oppulent seigneur, scavoyr de messire Bertrand de Gout, vicomte de Lomanhe et de Haut Villar, seigneur de Villendrau, Blanchefort, Albenas, Porcel, Castres, Villelade, Verrines, Montségur, Puyguilaume, Pertus, Meyrenic, Penne, Vaderou, Castelgeloux et de Montilz : belles et fortes places, partie en Gascoigne, Bazadès, Agenois, Périgort, et partie en Provence.

Et bien que le comte Jean n'eust lignée de ceste dame, nous ne laisserons portent de dire quelque chose de sa maison pour avoyr esté ycele fort illustre, et avoyr tenu fort honorable reng en ce royaume du temps mesmement du pape Clément V qui en estoyt sorti, et qui estoyt oncle de ceste dame de laquele nous parlons. Le père de ce pape estoyt Bertrand de Gout, chevalier et grand seigneur au pays de Bazadois, saisi de plusieurs terres et grandes places, tent au dyocèse de Bazas que au reste de la Gascoigne, desqueles la principale estoyt Villandrau, en ce temps là apelée Vinhandrau. Ce seigneur de Villandrau, surnommé de Gutto ou de Gout, tel estoyt le nom de la maison et non de Bottho ou des Agutz, coumme quelques ungs ont volu dire, eust deus enfens masles, Arnault Garcie de Gout, qui succéda coumme ayné à son père, et Bertrand de Gout qui print l'estat d'home d'esglise et feut premièrement archevesque de Bourdeaux et après pape soubz le nom de Clément cinquième, coumme nous avons dict, home très docte et doué de grandes et rares vertus. Nous parlerons premièrement d'Arnault Guarcie pour après dire quelque chose de son frère Bertrand. Oultre ces deus frères, il y en avoyt ung aultre nommé Gailhard de Gout, le testament duquel se trouve encores datté du 16 janvier 1305, où il se dict frère du pape Clément 5 et maréchal de la saincte Esglise romaine ; par yceluy il faict son héretier universel ledict Arnault Guarcia son aultre frère.

Arnauld Garcie, son frère ayné, héretier de leur maison, feut marié troys fois : la première avec une dame nommée Blanche ; la segonde avec une aultre nommée Horable. Je n'ay peu trouver de queles maisons l'une et l'aultre de ces deus dames avoint esté. La troysième foys il feut marié avec une filhe de la maison de Mauléon, nommée Miramonde. De ces troys femes il laissa deus enfens masles, l'ung nommé Bertrand de Gout, vicomte de Lomaigne et d'Autvillar, père de dame Régine, de laquele nous parlons, et l'aultre feut nommé Arnault Garcie, qui feut marquis d'Ancone, duquel nous dirons après quelque chose. Oultre ces masles il aissa cinq filhes : Régine, femme de messire Bernard de Durfort, duquel mariage descendirent ceulx de la maison de Duras ; Marquèse, femme d'Arnault de Durfort ; Judie, femme d'Amelin de Barres ; Hélyps, femme d'Amans de la Mote ; et une aultre Régine ou Régiole qui feut mariée avec Gausseran de Pons. Cest Arnaut Garcie feit son testament que j'ay veu, datté du VI janvier MCCCXI. Par yceluy après avoyr laissé ung grand nombre de légatz à ces aultres enfens ou filhes, il institue héretier en toutz ses biens Bertrand de Gout son ayné. Dans ce mesmes testement il faict mention du pape Clément V, q'uil prie humblement de se voloir souvenir de quelques siens serviturs gens d'esglise que son plesir feut de leur voloir faire du bien. J'ay remerqué n ce testement que bien qu'il feut fraire germain de ce pape, il ne le nomme poinct son frère, ce que à mon advis il faict par humilité et modestie à cause de la dignité papale. Nous verrons cy après coumme et à quel titre lesdictes vicomtés de Lhomaigne et Haultvillar apertenoint à ces deus seigneurs père et filz.

Bertrand de Gout, filz et héretier d'Arnault Garcie se maria avec madame Béatrix, vicomtesse de Lautrec et engendra d'elle une seule filhe, Régine de Gout, qu'est cele de laquele nous parlons, première femme de Jean premier du nom, comte d'Armaignac et de Rodez. Il augmanta de beaucoup les biens que ses prédécesseurs luy avoint layssés au moyen des biensfaictz du pape Clément V, son oncle, et du roy de France, Philippe le bel ; car par ce moyen il feut faict viconte de Lomanhe et d'Hault Villar coumme nous dirons après, acquit aussi aux pays Bordelois de fort belles terres et seigneuries que luy feurent vendeues par messire Hues de Conflans, grand·séneschal de Champaigne ; il en acquid aussi beaucoup d'aultres en Provence, et entre aultres la place et seigneurie du Montilh et morut en l'an MCCCXXIII, laissant madame Régine sa filhe unique déjà mariée et comtesse d'Armaignac, héretière en toutz et chescungs ses biens avec substitution à ces enfens, si elle en laissoit aulcungs, et en deffault d'yceulx à ses seurs, tantes de ladicte Regine, en certaines places q'uil spécifie par son testement, faict et récité au chasteau de Villendrau le XIX may, l'an MCCCXXIII, par lequel il laysse ung grand nombre de légatz p ies; entre aultres il charge son héretière de fonder une chapele audict chasteau de Villandrau pour faire prier Dieu pour son âme et cele du pape Clément, son oncle, enjoignent estroictement à sadicte héretière d'acquiter entièrement les légatz délaissés par sondict feu oncle, que monstre évidement qu'uil estoyt son héretier, combien que je n'aye jamays peu trouver le testement dudict pape Clément.

Cy dessus en l'avant propos de cest euvre, nous avons dict que feu monsieur Beloy, advocat du roy en la court du parlement de Tolouze, feit ung plaidoyer, en ladicte court le XVII septembre M VI cent VII, trèsdocte sur la vérification de l'édict du roy sur l'union et incorporation de son ancien patrimoine et domaine de Navarre en celuy de la corone de France, faict par sa majesté en ladicte année, en l'adresse duquel playdoyer il luy pleut me faire ceste honneur que de s'ayder des mémoires que j'avoys envoyées à Tolouze sur ung aultre subject concernent ledict ancien domaine de Navarre, d'Albret, de Foyx, d'Armaignac et de Rodez, et sur lesqueles il bastit tout sondict playdoyer en ce que concerne les maisons de Rodez et d'Armaignac, la généalogie et succession d'yceles, lequel il feit depuis imprimer sens faire mention desdictes mémoires, ny dire d'où il avoyt puisé ce qu'uil en disoit. Mais estent sur cest endroict où nous sommes de la maison de Gout et de ceste dame Régine qui en estoyt extraicte, il a æquivoqué sur le nom d'ycele pencent que celle de laquele nous parlons eust esté mariée en deus divers lictz : premièrement avec messire Bernard de Durfort, seigneur de Duras, et après avec Jean premier du nom, comte d'Armaignac, bien que la vérité soyt tele, que ceste dame Régine ne feut mariée qu'une foys, scavoir avec ledict comte d'Armaignac, duquel elle ne laissa aulcune lignée. Mais ce feut sa tente nommée du mesmes nom qu'ele que feut mariée avec messire Bernard de Durfort, seigneur de Duras, duquel mariage sortit ung filz nommé Jean de Durfort, contre lequel ledict comte eust ce grand procès, en la court du parlement de Paris, pour raison des biens de ladicte Régine, sa cousine germaine, que feut terminé par acord ou sentence arbitrale l'an mcccxxvii. Si ledict seigneur Beloy eust veu les testemens de Bertrant de Gout de l'an mcccxxiiii et celuy de madame Régine, sa filhe, de l'an mcccxxv, duquel il faict bien mention, mais sur la foy de mesdictes mémoires sens aultrement les avoyr leus, il ne feut teumbé en ceste ambiguité ; et est aisé à voyr q'uil a équivoqué sur le nom de ceste Régine, ayant prinse la niepce pour la tente parce que nous mémoires, qui d'ailheurs estoint fort courtes et concises au respect de cest euvre (d'où elles estoint tirées), ne faisent mention que de la niepce, n'estent requis de parler de la tente pour le subject à raison duquel elles avoynt esté dressées. Au mesmes playdoyer ledict seigneur Beloy dict que dame Béatrix, vicontesse de Lautrect, passa vente au comte d'Armaignac de toutz les biens de ladicte dame Régine sa mère, laquele vente feut après authorisée par la court du parlement l'an mcccxix. De sorte que par là il faict dame Régine mère de ladicte dame Béatrix, et c'est tout le contrere ; car ceste dame Béatrix, vicontesse de L'Autrect, feut mariée avec messire Bertrand de Gout, duquel mariage sortit ladicte dame Régine, q'uestoyt par ce moyen filhe et non mère de ladicte dame Béatrix. Je ne veus pas nier que ladicte vente n'y feut, mais c'estoynt des droictz que pouvoint apertenir à ladicte dame Béatrix, coumme mère sur les biens de ladicte Régine sa filhe ; car à quel propos avoyt ladicte dame Béatrix vendu toutz les biens ayans apertenu à ladicte Régine au comte d'Armaignac depuis que le comte avoyt esté institué héretier d'ycele par son testement de l'an mcccv, coumme ledict seigneur confesse luy mesmes.

Depuis que nous avons parlé d'Arnault Garcie, premier filz de Bertrand de Gout, seigneur de Villandrau, il nous fault maintenent suivent nostre promesse dire quelque chose de Bertrand son segond filz, que nous avons dict avoyr esté archevesque de Bourdeaux, d'où il monta à une beaucoup plus grande dignité, car il parvint à la dignité papale et feut apelé à ycele après la mort de Benoict onzième. L'élection d'yceluy feut tele que nous alons desduire afin de descouvrir la cause pour laquele le roy Philippe le bel feit tent de faveurs, dona et despartist tent de biens à ses frère et nepveu. Voycy donc coume ceste élection est racontée par S. Antonin, archevesque de Florence, en la troisième partie de sa Chronique, titre 21, chapitre 1.

Après la mort du pape Bénédic XI q'uadvint sur la fin de juilhet mcccIIII, estent sa Saincteté pour lhors à Péruse, les cardinaux qui se trouvèrent à sa mort entrèrent au conclave pour procéder à novele élection. Mais ilz n'y feurent pas plustost enfermés, q'uilz se virent portés et divisés en deus factions : les ungs voloient eslire un pape qui feut Italien de nation, les aultres en voloint ung de France. Ces derniers le faisoint en faveur du roi Philippe le bel, qui avoyt esté enemy de Boniface VIII prédécesseur de Bénédic XI, estans leurs inimitiés alors si avant que le roy Philippe, se ressentent de l'excommunica--tion que Boniface avoyt jettée contre luy, s'estoyt résolu à quel prix que ce feut de faire condampner sa mémoire, et, n'en estent peu venir à bout durent le pontificat du pape Bénédic successeur immédiat de Boniface, tâchait à ce coup faire eslire ung pape duquel il peut disposer à sa volonté. Ce feut la cause q'uil attira à son parti ung grand nombre de cardinaulx qui estoint au conclave, desquels le principal chef estoyt le cardinal d'Ostie, nommé Nicolas du Prat, qui ne s'espargnoit aulcunement à faire eslire quelqu'ung qui feut affectioné au roy de France. Mais ses dessaings estoint traversés par le cardinal Caietan, nepveu du feu pape Boniface qui voyoyt bien où tendoint les dessains et du cardinal d'Ostie et du roy, et, pour y obvier et rompre leur coup, il faisoit tout ce q'uil pouvoit, estent assisté d'ung bon nombre de cardinaulx qui soustenoint son parti. Ilz s'estoint telement bandés et opiniatrés les ungs contre les aultres, q'uil ne se pouvoit trouver entre eulx aucune voye d'acord.

En fin ayans demeuré environ neuf moys en ces altercations, le cardinal d'Ostie, home fort acord, s'advisa d'ung expédient qui n'estoit pas pire. S'adressent donc au cardinal Cayetan luy remonstre les grands maulx et désordres que leurs divisions et factions causoint en l'Esglise de Dieu, de quoy il leur conviendroit ung jour respondre devant sa saincte Majesté q'uil estoyt désormais temps de se rejoindre et réunir leurs cueurs, et en ce faisent choisir unanimement quelque bon pilote pour gouverner la nacele de S. Pierre; qu'il s'estoyt advisé d'ung expédient fort propre, coumme il luy sembloit, pour doner fin à leurs si longues disputes et contestations q'uestoit que ceulx qui soustenoint son parti nommassent troys du parti françoys, tels q'uils adviseroint entre eulx, desquels dans XL jours après luy et les siens en esliroint ung pour estre pape, ou bien que le cardinal treuvât bon que ceulx du parti françoys nommassent troys Italiens pour d'yceulx dans mesmes terme de xl jours en estre eslu ung par le cardinal Cayetan et ceulx de son intelligence pour estre pape. C'est expédient estent trouvé bon par le cardinal Cayetan et les siens, ilz souffrirent d'entrer en nomination des troys Françoys, pencens les choisir si contreres au roy de France, qu'il ne se pourroit aulcunement prévaloir d'aulcung d'yceulx. Et de faict ils en nommèrent troys, des plus grands enemys que le roy eust en tout son royaume, entre lesquels feut messire Bertrand de Gout, archevesque de Bordeaux, qui estoyt pour lhors fort aigri contre le roy, de ce que quelques années au paravant sa majesté ayant envoyé en Guascoigne son frère Charles, comte de Valois, pour résister aux courses et effortz des Anglois, qui tenoint alhors la Guyenne, s'en alant ce prince assiéger la vile de S. Sever, où il y avoyt une garnison d'Anglois, il passa avec son armée par Villandrau et aultres terres de messire Arnault Garcie, frère dudict archevesque, lesqueles il gasta et ruina. Je ne scais bonnement si ce prince avoyt opinion que le seigneur de Gout et son frère l'archevesque favorisassent la cause des Anglois, mais tant y a que ces deus frères s'en ressentirent de tele façon qu'ilz en volurent depuis à bon escient au roy, prenens ouvertement le parti des Anglois contre sa majesté, jusques à ce qu'ilz se feurent réconciliés, ce que advint au moyen de ceste nomination de laquele nous parlons.

Car le cardinal d'Ostie qui n'avoyt prins le délay de xl jours pour aultre consydération que pour avoyr le loisir d'en advertir le roy, luy despécha tout incontinent après ung courrier pour luy donner advis de ce q'uil avoit exploicté, et q'uil tâchât, à quel prix que ce feut, de se rendre amy l'archevesque de Bourdeaux, parce q'uil estoyt en son pouvoir de le faire pape et le feroit si sa majesté le trouvoit ainsin bon. Le roy adverti de cela ne fault tout aussi tost d'envoyer prier l'archevesque de se trouver en certain lieu, q'uil luy assigna pour luy communiquer ung affaire d'importence qui se passoit. Et s'estens abouchés ilz se réconciliarent moyenent certaines promesses q'uilz se feirent respectivement. Le cardinal d'Ostie, adverti par sa majesté de ceste réconciliation secrète, procéda tout aussi tost avec les cardinaulx de son intelligence à l'élection de l'archevesque de Bordeaux, que feut approuvée par toutz ceulx du Conclave. Et ayans envoyé l'élection audict seigneur archevesque, yceluy l'ayant acceptée, manda venir toutz les cardinaulx en la vile de Lyon, où il feut coroné en fort grande magnificence au mois de novembre mcccv, prenent le nom de Clément V. Après lequel coronnement il ordona son siège en Avignon où luy et ses successeurs se tindrent par l'espace de septente quatre ans. Pendent son pontificat il eust plusieurs conférences avec le roy Philippe duquel il retira de grandes commodités pour messires Arnauld et Bertrand de Gout ses frère et nepveu, qui par ce moyen obtindrent de don gratuit de sa majesté les vicontés de Lomanhe et Hault Villa, la vile de Lectore et la seigneurie de Montségueur.

Ces deus vicontés de Lomanhe et de Hault Villar ensemble la vile et mandement de Lectoure et Monségur avoint esté recouvertes par le roy Phelippes le bel dès l'année mil ccci, au moyen de certaines eschanges passées avec messire Hélye de Talairan, comte de Perigort. Je ne scaurois bonement dire à quele intention sa majesté volut avoyr ces places et seigneuries. Mais tent y a que les ayant en son pouvoir il les donna à Phelippe son segond fils, lequel à ces fins il émancipa ainsin que j'ay veu par acte du 10 jour du mois de décembre 1305. C'est ce Phelippe qui feut roy de France après Louys hutin et qui feut apelé Philippe le long. Quelques années après, estent déjà parvenu au pontificat Clément V, le roy qui ne taschoit que de l'obliger à soy aux fins d'en obtenir ce qu'il desiroit se feit remetre en ses mains par sondict filz lesdictes vicontés et villes de Lectoure et de Montségur, desqueles il feit don à messires Arnault et Bertrand de Gout, son filz, frère et nepveu dudict sainct Père ; voyant bien qu'il ne luy scauroit faire ung plus grand plaisir que d'agrandir les siens. Et par ce moyen aussi il satisfaisoit en partie aux domages et ruines qui avoint esté apportés ez terres et bien dudict messire Arnauld et Bertrand, père et filz, par son frère le comte de Valois, ce que se peut colliger des letres dudict don dattées de ladicte année MCCCV et XIIII décembre et lesqueles se trouvent chargées de ces motz : « In servitiorum per ipsum dominum Arnaldum et suos eidem D. regi Philippo et suis impensorum remunerationem et satisfactionem damnorum et expensarum pro servitio dicti regis Philippi sustentorum et passorum. » Que démonstrent assez ce don avoir esté faict pour contenter le pape et desdomager les siens des pertes par eulx souffertes à cause du passage de l'armée dudict seigneur comte de Valois, et pourroit estre aussi que cela avoyt esté arresté par quelq'ung des articles secretz accordés entre le roy et le pape à leur première entrevue ; car ce don feut faict tout incontinent après son sacre.

Mais pour revenir à madame Régine femme du comte d'Armaignac, sur le propos de laquele nous nous soummes donné carrière à parler de la maison de Goût elle ne survesquit guières après la mort de son père, car elle morut dens ung an après. Et avant que décéder elle feit son testament le XII aust MCCCXXV (1) par lequel elle institua héretier en toutz ses biens que luy avoint esté délaissés par son père le comte d'Armaignac, son mari, ce qu'ele ne pouvoit valablement faire, j'entens pour la généralité des biens qui avoint apertenu à son père, veu le testement d'ycelui et substitutions y conteneues, lesqueles demuroint ouvertes par sa mort, attendu qu'ele décédoit sans enfens et par ainsin ne pouvoit disposer de sa légitime et quarte. Mais quoy que ce soit lesdictes vicontés de Lomanhe et Hault Villar, la vile de Lectoure et seigneurie de Monségur, ensemble plusieurs aultres places ayans apertenu à ceste maison demurarent audict comte pour les droicts que luy pouvoint compéter sur les biens de ceste maison à cause de sa femme de laquele il estoit héretier. A ces fins ayant passé quelques acords et transactions tent avec les tantes de sa dicte femme que avec le seigneur de Duras, sorti coumme nous avons déjà dict de l'une d'yceles.

Il eust aussi ung grand procès en la court du parlement de Paris contre le procureur général du roy à cause des vicontés de Lomanhe et Hault Villar, Lectoure et Monségur contre lequel il obtint arrest l'an MCCCXXXII. Toutesfoys le roy Philippe de Valois, ayant quelque affection à ces viles et vicontés, je ne scais pourquoy il pressa tent ledict comte, qu'il

---

(1) Segond jour d'aust.

luy céda tout le droict q'uil avoyt sur yceles, moyenent la comté de Gaure que sa majesté luy baila en récompence desdictes places, et ce par les eschanges qu'ilz en passarent au moys d'octobre MCCCXXXVI. Mais quelque temps après, scavoir en l'année MCCCXLIII, ledict comte d'Armaignac, désirent reavoir toutes ces places, présenta requeste au roy, luy remonstrant q'uil avoyt esté grandement lezé en ces permutes par les moyens quil desduisoit, supplient sa majesté de voloir avoir esguard à ladicte lézion et lui prouvoir sur ycele. A laquele requeste le roy inclinent luy feit relaxe desdicts vicontés et viles, concentent à la récision desdictes permutes. Et parce que sa majesté recognoissoit avoyr receu beaucoup de bons et agréables services dudict comte, desquels il desiroyt le récompencer, il luy feit don gratuit de ladicte comté de Gaure, et par ce moyen lesdictes vicontés de Lomanhe et Haut Villar, vile de Lectoure et seigneurie de Monségur, ensemble la comté de Gaure demurarent au comte d'Armaignac et jusques à présent ont demeuré incorporées ez biens de ceste maison.

Du segond mariage de Jean premier de ce nom, comte de Rodez et d'Armaignac avec madame Béatrix de Clermont, comtesse de Charolois.

CHAPITRE V.

Estent décédée madame Régine de Gout, première femme de Jean, comte d'Armaignac et de Rodez, il se remaria en segondes nopces avec madame Béatrix de Clermont princesse du sang et feut ce mariage conclud et arresté en la présence du roy Charles le bel, estent pour lhors sa majesté au chasteau du Moncel les Pons Saincte Massence, coumme j'ay veu par letreles patentes de ce roy contenens les pactes et conventions de ce mariage, desqueles j'ay voleu insérer ici une partie. « Charles par la grace de Dieu roy de France et de Navarre scavoir faisons à toutz présens et advenir que au traicté du mariage de nostre amé et féal Jean, comte d'Armaignac et de Rodez, et de nostre cousine, damoysele Béatrix de Clermont, a esté ordoné et acordé par lesdicts comte et damoysele en la présence de nous et de notre conseilh en la manière que s'ensuit : Premièrement, que ledict comte d'Armaignac et de Rodez aura ladicte damoisele Béatrix de Clermont à femme, si saincte Esglise s'y accorde, et tendra durant le mariage toutes les terres, héritages et aultres biens que la dicte damoyselle a à présent et aura à l'advenir; ni elle ne pourra ordoner durant le mariage par contract entre vifz ou entre mortz que lesdicts héritage ou terres vienent ou soint transportées audict comte d'Armaignac, ny par moyen ni sens moyen, ni directement ni par oblique, ni en aulcung du linage si n'estoit ez enfens dudict mariage. Et la dicte damoysele sera douée dudict comte de V mil libvres de rente. » Et ce que s'ensuit que seroyt trop long d'insérer icy. « Doné en nostre maison de Moncel les Pons Saincte Massence, l'an de grace mcccxxvii. Et ung peu plus bas : « Présens pour le comte l'évesque de La Vaur, son oncle, messire Arnauld de l'Andorre chevalier et les plaiges susdicts. »

Cest évesque de La Vaur estoyt Rogier d'Armaignac, oncle dudict comte et son tutur pour les biens de

Gascoigne qui après feut évesque d'Auch. Quelques ungs ont volu dire qu'uil feut aussi cardinal et y a quelque apparence de le croyre, ainsin veu l'alliance si proche dudict comte son nepveu avec le pape Clément V. Toutesfois je n'en ay rien treuvé d'asseuré et Onuphre ne le met poinct au nombre des cardinaulx en son livre qu'uil a faict des papes et des cardinaulx. Or, bien que ceste princesse ne soyt nommée aux letres de ce mariage comtesse de Charolois, si est ce qu'ele l'estoyt, ou pour le moings ce comté luy escheut pendent son mariage, car en son testament elle prent ce titre de comtesse de Charolois et est ainsin titrée au mémoire que nous ammènerons tentost tirée du convent des Cordeliers de Rodez et en une fondation qu'ele faict audict convent de certaines messes pour lesqueles elle done cent florins d'or audict convent ; et pour le payement de ceste soumme oblige les revenus de sa comté de Charolois.

Mais parce que quelques ungs pourroint entrer en doubte sur deus choses que nous venons d'asseurer, l'une que ceste dame feut princesse du sang de France, l'aultre sur la comté de Charolois, à quel titre elle luy apertenoit, il est besoing avant que passer plus oultre d'esclaircir ces deus poinctz, ce que nous fairons tout ensemble et par ung mesmes moyen. La vérité donques est tele que la comté de Charolois feut démembrée de la maison de Bourgoigne, j'entens de cele de la première branche ; et que madame Béatrix de Clermont de laquele nous parlons estoyt issue de Robert, comte de Clermont en Beauvoisis, filz du roy S. Louys, et voicy par quel moyen. Archembauld de Bourbon dict le jeune, sire de Bourbon, et filz ayné d'Archembauld le grand, de son mariage avec Yoland de Chastilhon, comte de S. Paul, n'eust aulcungs enfens masles, mais seulement deus filhes, Mahaut et Agnès, lesqueles feurent conjoinctes à deus princes de ladicte maison de Bourgoigne, filz de Hues 4, duc de Bourgoigne. Celuy qui espousa Mahault s'apeloit Eudes, et celuy qui print Agnès avoyt à nom Jean. Venens ces deus seurs en partage des biens, terres et seigneuries de leur père auquel elles succédarent par esgales partz, la seigneurie de Bourbon escheut à Agnès, q'ue feut cause que son mari Jean de Bourgoigne porta le titre de sire de Bourbon lequel pour son appanage de la maison de Bourgoigne eust entre aultres terres la comté de Charolois.

Du mariage de Jean de Bourgoigne et de dame Agnès de Bourbon sortit une seule filhe, nommée Béatrix, laquele coumme filhe unique succéda à ses père et mère, et feut après mariée avec monsieur Robert de France, filz du roy S. Louys et chef de ceste trèsnoble et trèsillustre race de Bourbon que règne à présent en France. Ce Robert eust pour son appennage la comté de Clermont en Beauvoysis et laissa de son mariage avec ladicte Béatrix de Bourgoigne troys filhes : Blanche, Marie et Marguerite ; et troys filz, le premier desquels feut Louys de Clermont, premier duc de Bourbon, parce que le roy Philippe le bel, volent recouvrer de luy la comté de Clermont luy bayla quelques aultres terres en récompence et luy érigea en titre de duché la seigneurie de Bourbon, de sorte que les descendens dudict Louys, premier duc de Bourbon, ont depuis toutjours porté le nom et titre de Borbon, ou les frères dudict Louys retindrent celuy de Clermont. Ces deux frères feurent Jean et Pierre de Clermont. Le dernier print l'estat d'home d'esglise et feut archidiacre de Paris ; et Jean feut marié avec

Jeane, seur et héretière du comte de Soissons; cestuycy venent en partage avec son frère Louys, duc de Bourbon, eust pour sa part ou légitime la comté de Charolois que n'estoyt encores que simple baronie, mais qui en sa faveur feut érigée en comté. De son mariage avec ladicte dame de Soyssons, il eust deus filhes, Jeane de Clermont, mariée avec Jean premier du nom, comte de Boloigne, et Béatrix de Clermont, de laquele nous parlons, segonde femme de Jean, comte d'Armaignac, et laquele eust, pour sa part et portion des biens de ses feus père et mère, ceste comté de Charolois.

De ce dessus donc demeurent asses vérifiés ces deus poinctz que nous avons prins à preuver, scavoir que madame Béatrix estoyt sortie du sang de France et que la comté de Charolois lui estoyt escheue par succession. Monsieur Chopin en son troysième libvre De domanio Franciæ, chap. 12, croit que ceste comté feut aportée à la maison d'Armaignac par madame Eléonor de Bourbon. « Charolensem comitatum (dict il) primitus tradidit Robertus Burgundiæ dux Roberto comiti Claromontano in partem uxorii patrimonii cum uterque Borbonias heroides conjugio sibi adjunxissent. Tum a Ludovico duce Borbonio datur Jano fratri natu minori in fiduciaria hæreditate dividunda anno M°CCCXIII. Dehinc ad Armeniacum devolutus contractis cum Leonora nuptiis Jacobi Borbonii filia hærede. » Mais je ne scais d'où ce docte personage a tiré ce q'uil en dict dens peu de motz. Il se fault en troys ou quatre endroicts; car premièrement ce Robert de Bourgoigne, q'uil asseure avoir prins une filhe de la maison de Bourbon, ne s'apeloit de ce nom, ains se nommait Jean ; pour ung segond il dict que Robert, duc de Bourgoigne, et Robert, comte de Clermont, prindrent deus filhes de Bourbon; et nous avons monstré, et ce voyt asses par la généalogie de ceulx de Bourgoigne que deus frères de ceste maison prindrent deux seurs de cele de Bourbon; et finalement il dict que la comté de Charolois feut aportée à la maison d'Armaignac par madame Eléonor de Borbon qu'estoit filhe de Jaques de Bourbon comte de la Marche, laquele ne feut jamais mariée à aulcung comte d'Armanhac, ains elle feut seulement mariée avec Bernard d'Armaignac, filz puisné du comte Bernard d'Armaignac, conestable de France, lequel Bernard filz ne succéda jamais au gros des biens de ceste maison. Il luy feut bailé seulement pour sa légitime la comté de Perdiac, long temps après que ces père et oncle se feurent deffaictz de ceste comté de Charoloys et l'eurent vendue à Jean, duc de Bourgoigne, père de Charles duc de Charolois, coumme nous dirons après en son lieu. La vérité donques est tele que nous la venons de dire, que se feut madame Béatrix de Clermont qui aporta ceste comté à la maison d'Armaignac, au moyen du mariage q'uele contracta avec le comte Jean d'Armaignac. Et oultre ce que nous en venons de dire, cela se vérifie clerement par ung libvre, que se voyt dens le convent des Cordeliers de la vile de Rodez, servent de mémoire pour les obitz ou anniverseres fondés en l'esglise dudict convent dens lequel le jour du décès de ceste dame, enterrée dens ladicte esglise, est marqué par ces motz: « Anno Domini M°CCC°LXIIII°, in festo S. Ludovici regis obiit illustris domina et claræ memoriæ domina Beatrix de Claromonte, domina de Carroles et comitissa Armeniaci et Ruthenæ, cujus avus fuit filius S. Ludovici regis supradicti, quæ fuit maxima mater nostri ordinis Minorum et sepulta cum habitu quem in vita sana existens fra-

21

tribus coram se congregatis cum summa devotione et lachrymis requisivit et demum morti proxima in viva et sana existens memoria sibi præsentari fecit ac super se cum corda extendi. Quo facto, lecta recommandatione a fratribus et ipsam et ut sibi erat possibile respondente sine faciei ac corporis agitatione velut dormiens non sine adstantium admiratione in Domino in hoc conventu devotissime obdormivit. » Entre aultres légatz qu'ele layssa audict convent, qui sont en grand nombre, feut celuy duquel nous avons parlé cy dessus, par lequel elle obligea les revenus de sa comté de Charolois. Ce mesmes libvre d'où nous avons tiré ce que nous venons de dire en parle en ceste sorte : « Item legavit pro quinque missis celebrandis perpetuo in capella S. Joannis Baptistæ centum florenos auri accipiendos super redditus comitatus de Caroles et voluit quod dicti centum floreni portarentur per hæredes seu illos qui levabunt emolumenta illius comitatus D. officiali Ruthenæ vel patri spirituali conventus ad eos expendendos in usus fratrum juxta directionem guardiani. »

Depuis que nous soumes teumbés sur ce libvret de mémoires des Cordeliers, nous metrons icy ung acte généreux de ceste princesse qui y est raconté, duquel nous pourrons comprendre la piété et dévotion de ceste dame et le grand zèle et affection qu'ele portait à cest ordre de religieux pendent la guerre des Anglois après q'uilz eurent esté chassés de la vile de Rodez, laquele ils avoint eue détenue en leur pouvoir environ cinq ans, coumme toutes les aultres de la Guyene, suivent le traicté de Brétigni. Les habitens d'ycele, se craignens d'une surprinse et de ne teumber en leurs mains une aultre foix, s'estoint délibérés de razer le convent

des Cordeliers, parce q'uil estoyt tout contre la
porte du bourg, apelée, pour cause de ceste proximité, la porte dez Cordeliers, et si dangereuse que
la vile ne se pouvoit dire asseurée, tent que ceste
maison demeureroit de la sorte. Mais ceste princesse s'opposa fort et ferme à la démolition qu'en
estoyt déjà résoleue, et affin de contenter ceulx de
la vile et les asseurer de ce costé là, elle se
délibéra de fortifier en tele sorte ce convent q'uil
demeurât hors de denger des enemis et de le mettre
en tel estat q'uil feut pour se deffendre à leurs
effortz. A ces fins elle environa le convent d'une
forte murailhe et rempart muni de troys grosses
tours, les deus boutz duquel elle feit venir jusques
à la murailhe de la vile, les joignent à ycele, de
tele façon que ce convent feut mis coumme dedens
par le moyen de ceste fortification qui au paravant
en estoit du tout hors: L'on voyt encores et ledict
rempart et les tours aussi beles et fortes que celes
de la vile. Il sera bon de metre icy le discours
qu'en est faict en ce mémoire, par ce que par yceluy
l'on verra et remerquera mieulx le zèle et courage
de ceste bone dame ez affaires qui concernoint le
service de Dieu, jusques à s'abaisser et se soubmetre à ce degré d'humilité que de servir elle
mesmes avec ses damoyseles et aultres ses domestiques de maneuvre aux massons. Voycy ce q'uil
en dict parlent d'elle : « Hæc cum ageretur de
hujus conventus destructione assumpsit sibi cor et
vires ad claudendum conventum et uniendum cum
villa. Quod cum quasi impossibile reputaretur, tum
propter villæ et episcopi impugnationem, tum propter
sumptus rerum necessariarum improvisionem, hiis non
obstantibus, ipsa manum suam mittens ad fortia,
tam de elæmosinis conventus quam de elæmosinis

per ipsam oblatis aut procuratis infra duas æstates in stuporem omnium intuentium dictam clausuram ordinari et fieri, et a carreria in carreriam compleri fecit ; nec posset exprimi devotio nec affectio quam dicta domina ad dictam clausuram ferebat, cum ipsa, quæ tanta domina erat, manibus propriis interdum portaret cæmentum et lapides ad opus præfatum et frequenter suas filias et alios suos familiares cogeret et animaret ad simile faciendum. » Oultre la grande despence qu'elle amploya à ce bastiment elle presta au convent six cens florins d'or pour supplir à ceste besoigne et enfin leur remit ce debte.

Du mariage de Jean, comte d'Armaignac et de Rodez, avec madame Béatrix de Clermont sortirent deus filz et deus filhes. Les filz feurent Jean, qui après son père feut comte d'Armaignac et de Rodez, soubz le nom de Jean 2, duquel nous parlerons après et Bertrand marié du vivant de son père qui luy donna la comté de Perdiac et les baronies d'Ordan et Biran. Ce Bertrand dudict mariage eut ung filz, nommé Bérauld ou Gérauld, qui, ayant commis quelque félonie contre Bernard d'Armaignac, conestable de France, son cousin et seigneur, feut par luy constitué prisonnier, où il feut par lui détenu par asses long temps et en fin y morut. Et par ce moyen lesdicts comté de Perdiac et baronies d'Ordan et Biran, toumbées en commis, feurent réunies ez biens de ladicte maison d'Armaignac. Je scais bien que monsieur Beloy en son plaidoyer, duquel nous avons parlé cy dessus, discourt aultrement de ceste réunion de Perdiac, mais mal soubs son support. Les filhes feurent Jeane et Matte, desqueles Matte puinée feut mariée avec Jean infant d'Arragon, duc de Géronde, filz de Pierre 4 de ce nom, roy d'Arragon, à laquele Mathe feut constitué en dot la soumme de cent cinquante mile francs d'or, ainsin que j'ay veu par les pactes de ce mariage de l'an MCCCLXXII. Ce Jean feut après la mort de son père roy d'Arragon. Surita, in judicibus Arragonicis (1), parle de ce mariage : « Junio mense (dic til soubz ledict an 1372), Barcinone Joannes Gerundæ dux Matham Joannis Armeniacensis comitis sorrorem in matrimonium ducit. Dos CL M francorum dicitur. » Je ne scais pour quoy il apele ceste dame seur du comte d'Armaignac, veu que le père d'ycele estoyt encores vivent, car coume nous verrons après il ne morut que l'année 1373. Deus ou troys ans au paravant ce Jean duc de Gérunde avoyt fiancé madame Jeanne de France, filhe du roy Philippes de Valoys. Mais coumme l'on la conduisoit en Arragon elle tumba malade en la vile de Béziers où elle morut, coumme le mesmes autheur Surita le monstre soubz l'an MCCCLXX (2). Monsieur du Tilhet, en ses mémoires sur le roy Philippe de Valoys dict que le duc de Gérunde après la mort de madame Jeane de France se maria avec Joland de Bar, sans faire mention du mariage de Mathe d'Armaignac, en quoy il se fault. La filhe aynée descendeue du mariage de Jean premier, comte d'Armaignac et Rodez et de madame Béatrix de Clermont, coumme nous avons dict, feut nommée Jeane, laquele feut mariée avec monsieur Jean de France, filz du roi Jean, auquel avoyt esté bailé en apennage les duchés de Berry et d'Auvergne et comté de Poictou. Ce mariage feut solemnisé en l'esglise des Cordeliers de la vile de Rodez le jour et feste de saint Luc, l'an MCCCLIX,

---

(1) Surita, in Judicibus Arrago., sub anno 1372.
(2) Surita, sub anno 1370.

ainsin que demure attesté par le libvre mémorial dudict convent que nous avons souvant ammené cy devent. « Item (dict-il), anno Domini Mº CCCº LIXº, decima septima die octobris in vesperis beati Lucæ evangelistæ, illustris vir dominus Joannes comes Pictaviensis, filius domini nostri regis Franciæ scilicet domini Joannis desponsavit hic scilicet in ecclesia fratrum Minorum Ruthenæ et in uxorem accepit dominam Joannem filiam domini nostri comitis Ruthenæ et Armeniaci, domino Raymundo de Agrifolio episcopo Ruthenense matrimonium celebrante, ubi fuit tanta solemnitas qualis nunquam antea fuerat in conventu isto, fratre Raymundo Blanchi guardiano existente. » Je n'ay peu treuver le contract de ce mariage, ni scavoir quele dot feut constituée à ceste dame, et veus croire qu'ele feut fort grande, attendu que le comte, pour y supplir, feut constrainct d'imposer sur ces subjects de la comté de Rodez une tailhe de la soumme de VI mil II cens florins d'or. A ces fins feurent convoqués les troys estatz de ladicte comté pour en faire le département.

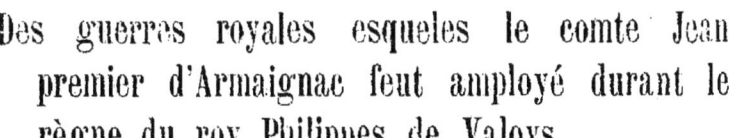

Des guerres royales esqueles le comte Jean premier d'Armaignac feut amployé durant le règne du roy Philippes de Valoys.

CHAPITRE VI.

Le comte d'Armaignac, Jean premier de ce nom, feut de son temps estimé ung des plus braves et valeureux seigneurs qui feussent alhors en France. Nous roys n'eurent durent sa vie guerre quelconque où il ne feut amployé, et où il ne se trouvat des premiers, toutjours bien suivy et acompaigné de la noblesse tent de Rouvergue que de Guascoigne, et q'uil n'y feut honoré de beles et grandes charges. Il se trouva (bien que encores fort jeune) en la batalhe de Cassel, guaignée sur les Flamens, par le roy Philippes de Valois, le jour et feste de sainct Barthélemy, l'an mil cccxxviii. C'estoyt la première année du règne de ce roy, lequel, ayant receu advis de la révolte de se peuble contre leur duc Louys, assambla de grandes forces pour remetre ce peuble à son debvoir et le renger à l'hobéyscence de son seigneur, coumme il feit après avoyr guagné ceste mémorable batalhe où feurent tués doutze mil Flammens. En ycele sé trouva ledict comte coumme j'ay veu par titre du iiii mars mcccxxviii, par lequel il quitte aux consuls et habitans de la vile et bourg de Rodez une talhe et imposition portée sur eulx à son nom et pendent son absence par mestre Bernard Saumade, son juge, à cause du service qu'il faisoit au roy en ceste guerre où il estoyt en personne avec de beles troupes.

Quelques années après, scavoir en l'an mcccxxxix, Edouard troysième du nom, roy d'Angleterre, deffia le roy Philippe de Valoys et descendit en France avec une forte et grende armée, contre lequel ledict roy Philippe feit une fort notable assemblée de ducs, comtes et aultres grands seigneurs du royaume, entre lesquels feut apelé le comte d'Armaignac. Ces deus roys se rencontrèrent avec leurs armées entre Virefosse et la Flammanguière, deus grands bourgs assis au pays de Thyerasse où l'on croyoyt debvoir esté donné batalhe et laquele avoyt esté assignée et acceptée, mais en fin ne feut donnée, ains se retirèrent les deus armées après quelques légères escarmouches. Froyssard, au premier volume de son hystoire, chap. XLII (1), faict dénombrement de toutz les grands seigneurs de France qui se trouvèrent avec le roy en ceste armée, entre lesquels il n'oblie le comte d'Armaignac. « Or, dirons nous (dict il) du roy de France, il eust en son ost unze vingtz bannières, quatre roys, six deucz, XXVI comtes, et plus de quatre mile chevaliers, et des communes de France plus de quarante mile. Les roys qui estoint avec le roy Philippes estoint le roy de Behaine, le roy de Navarre, le roi David d'Escosse ; et après eulx le duc de Normandie, le duc de Bretaigne, le duc de Bourbon, le duc de Lorraine, le duc d'Athènes ; des comtes, d'Alançon, frère du roy de France, le comte de Blois, le comte de Bar, le comte dauphin d'Auvernhe, le comte d'Armaignac, le comte de Forès, le comte de Foix, le comte de Longueville, le comte d'Estampes, le comte de Vendosme, le comte de Harcourt, le comte de St Pol, le comte de Guynes, le comte de Boloigne, le comte de Rossi, le comte de Dammartin, le comte de Valentinois, le comte d'Ausserre, le comte de Sancerre, le comte de Genève et le comte de Dreux. »

L'année après, que feut l'an MCCCXL, le roy d'Angleterre suivent la résolution prinse en l'assemblée de Villenort (où il s'estoyt treuvé avec les seigneurs tenens son parti et les députés de Flandres, Brabant et Hynault) s'en vint assiéger la vile de Tornay dans laquele par le coummandement du

---

(1) Froissard, volume premier de son hystoire, chap. 12.

roy Philippe s'estoyt jetté le comte d'Eu, conestable de France, avec ung grand nombre de noblesse qui soustint fort valureusement ce siège par ung fort long temps. Mais creignent le roy que à la longue à faulte de vivres il ne feut constrainct de se rendre se délibéra à force lever le siège ayant avec luy, ainsin que l'atteste Froissard, chap. 52 de son premier volume (1), les ducs de Bretaigne et de Bourgoigne, et les comtes d'Alençon, de Flandres, d'Armaignac, de Forès, de Blois et aultres. Pendent ce siège et les armées estent près l'une de l'aultre, par le moyen de madame Jeanne de Valoys, seur du roy Philippe, et mère du comte d'Hainaut, feut ouvert quelque traicté de paix. Et pour acheminer ce coummencement à quelque bone et heureuse fin feurent députés d'ung costé et d'aultre quelques seigneurs de marque entre lesquels ce mesmes autheur Froyssard, chap. 64 de son premier volume (2), nomme le comte d'Armaignac. « De la part du roy de France (dict il) feut envoyé Charles, roy de Behaigne, Charles, comte d'Alançon son fraire, l'évesque du Liège, le comte de Flandres et le comte d'Armaignac. De la partie du duc d'Angleterre y feurent envoyés le duc de Brabant, l'évesque de L'Incole, le duc de Guerles, le duc de Juilhers et monseigneur de Haynaut. » Il dict après que ces seigneurs, n'ayans peu conclurre une paix entière, arrestarent trèves pour ung an au moyen desqueles le siège de Tornay feut levé.

Bernard de Girard, seigneur du Hailan, libvre 8 de son hystoire de France, insère en ycele ce

---

(1) Froyssard, 1 vol., chap. 52.
(2) Froissard, prem. vol., chap. 64.

traicté de paix. On treuve tout au long q'uil datte du lundi 20 septembre 1340. Le coummencement duquel est tel : « A toutz ceulx que ces présentes verront salut et cognoiscence de la vérité par nous, Jean par la grâce de Dieu roy de Boême et comte de Luxembourg, Arnoul évesque du Liège, Raoul duc de Lorraine, Amé comte de Savoye et Jean comte d'Armaignac, scavoir faisons, etc. » D'où l'on peut inférer que Froissart c'est fali au dénombrement de ces députés, entre lesquels il met le comte d'Alançon et celuy de Flandres qui ne se trouvent poinct nommés en ce traicté et obmet le duc de Lorraine et le comte de Savoye qui y sont nommés et signés.

Ce lieu de Froyssard monstre évidement que le comte tenoyt grand et honorable reng en ceste armée depuis q'uil feut choisi pour ung des députés en ce traicté avec de si grands princes tels qu'étoint le roy de Bohême et monseigneur d'Alançon, frère du roy.

Ce mesmes comte feit quelque temps après de grands et seignalés services à la corone de France en Guascoigne, durant les guerres Angloises, singulièrement en l'année MCCCXLV que la guerre y feust fort eschaufée à cause d'une armée que le roy d'Angleterre y avoit envoyée soubs la conduicte du comte d'Herby, qui print Angolesme, Bergerac et quelques aultres viles et chasteaux en asses bon nombre, ce que voyant le roy Philippe y envoya son filz Jean, duc de Normandie. Ce jeune prince ayant dressé une fort bele et guailharde armée s'en vint à Tholouze et passent par le pays de Rouvergue y trouva de grandes troupes que le comte d'Armaignac en l'attendent y avoyt déjà assemblées, coumme Froyssard l'asseure. Et s'estent ce prince joinct avec ledict comte et ses troupes, poursuivit son chemin vers Tholouze d'où il deslogea pour aler en Guyene, où il reprint la vile d'Angolesme et quelques aultres places. Et estent alé metre le siège par devent le fort chasteau d'Aiguilhon, il n'eust loisir de le forcer parce que ayant receu advis de la perte de la batailhe de Crécy et lui estent mandé par son père de s'en venir le trouver en toute diligence, il feut constrainct lever le siège et s'en retorner en France. Et de tent que en ce voyage il s'estoit fort servi du comte d'Armaignac pour l'affectioner d'avantage au service du roy, il luy dona de l'imposition de quatre deniers pour libvre que le roy avoit jettée sur la Guyene ; ce que pouvoit monter la cotte de ses subjectz en la comté de Rodez, viconté de Creysseilh et aultres ses terres de par deçà, coumme j'ay veu par les patentes dudict duc de Normandie donées à Limoges l'an MCCCXLV, esqueles ce prince est nommé Jean filz du roy de France, duc de Normandie, de Guyene, comte de Poictou et d'Anjou. C'est celuy qui feut roy de France après la mort de son père Philippe de Valois.

Au reste nostre comte d'Armaignac feut aussi au voyage que le roy Philippe feit à Calais pour secourir ceulx de ceste vile qui estoint estroitement assiégés par le roy Edouard en l'an MCCCXLVII. Froyssard, au chapitre 144 de son premier volume (1), le met au reng des seigneurs qui y acompaignènent le roy qui ne peut alhors rien guaigner sur l'Anglois pour s'estre yceluy si bien fortifié qu'uil feut impossible de le forcer ni de le faire venir au

---

(1) Froissard, prem. volume, chapitre 144.

combat, de sorte que le roy feut constrainct de s'en retourner et abandonner les assiégés qui peu après se rendirent au roy d'Angleterre.

Des guerres que le roy de France Jean eust contre Edoard, roy d'Angleterre, esquelles Jean premier du nom, comte d'Armaignac, et son filz, feurent amployés.

CHAPITRE VII.

L'on treuvera peut estre hors de propos que je divague de ceste façon et sorte par fois du subject que j'ay prins à traicter, qu'est des comtes de Rodez, pour me jetter sur l'hystoire de France. Mais ceulx qui entreront en ceste opinion m'excuseront s'il leur plaict sur la nécessité qui m'y constrainct, par ce que les affaires de ce comté, duquel nous parlons et de quelques aultres qui suivent après, sont telement joinctz et celés avec l'hystoire de nous rois, qu'il n'est possible traicter des actions desdicts comtes que par mesmes moyen je ne dise quelque chose des guerres et affeires de France ; ce que peut estre ne sera sens quelque fruict parce que ez chartes et documens des anciennes et grandes maisons de ce royaume se treuvent le plus souvent de titres et monumens qui donnent une grande clerté et lumière à l'hystoire générale de France, voyre par fois l'on y treuve de particularités et remarques que nous hystoriens et chroniqueurs n'avoint sceu. Ayans donc veu ce que se passa ez guerres Angloises durant le règne du roy Philippe de Valois, voyons maintenent ce que advint durent le règne de son filz.

Après la mort du roy Philippe, qui advint l'an MCCCLI, Jean, duc de Normandie, son filz ayné, luy succéda à la coronne, que feut ung règne fort desastré, à cause de sa prison, coumme nous verrons. Il feut fort affectionné à la maison d'Armaignac, non seulement au comte, mais aussi à son filz, duquel Froyssard faict souvent mention, soubz le nom de messire Jean d'Armaignac, l'apelent ainsin à la différence coumme je croy de son père q'uil désigne par le nom de comte d'Armaignac. Et bien q'uil feut encores fort jeune, si est ce que le roy Jean la mesmes année q'uil vint à la corone l'envoya en Guascoigne avec quatre cens homes d'armes et huict cens soldatz à pied pour s'opposer aux courses et entreprinses des Anglois, qui s'accageoint et ruinoint tout le pays, coumme j'ay apprins de une patente de ce roy dressée à ces trésoriers généraulx des guerres, par lesqueles il leur mande payer ledict seigneur d'Armaignac filz et ses gens de leur solde et leur faire faire monstre moys par moys. Ces letres sont teles : « Joannes, Dei gratia Francorum rex, dilectis et fidelibus thesaurariis guerrarum nostrarum vel eorum locum tenentibus, salutem. Cum nos dilectum et fidelem consanguineum nostrum Joannem de Armeniaco primogenitum dilecti et fidelis consanguinei nostri comitis Armeniaci serviturum nobis in guerris Gasconiæ cum quatuorcentum hominibus armorum et octingentis servientibus peditibus ad nostra vadia consueta duxerimus retinendum, mandamus vobis et vestrum cuilibet quatenus dictis hominibus armorum et servientibus dicta vadia juxta monstras suas exsolvatis seu exsolvi faciatis et harum testimonio cum litteris recognitoriis de recepto quidquid eisdem propter hoc exsolveritis in vestris computis allocari volumus et mandamus. Datum apud sanctam Geniam die xxii maii, anno Domini mccclı. » Suivent ces letres, les trésoriers des guerres luy bailarent descharge sur le recepveur de Carcassonne pour luy fornir chesque moys la soumme de iii mil v cens libvres, coumme se voyt par les letres desdicts trésoriers portens ladicte descharge attachée aux précédentes.

Tout ainsin que ce jeune seigneur estoyt employé aux guerres de Gascoigne, son père l'estoyt aussi en mesmes temps ez guerres que le roy avoyt contre les mesmes enemys au pays de Normandie, esqueles il servit le roy avec grand nombre de chevaliers et aultres gens de guerre, coumme j'ay veu par une quittance dudict comte faict à ung trésorier des guerres du roy que je insereray icy par ce que l'on y peut remerquer tous les ordres et degrés de chevalerie tels que s'observoint le temps passé. « Nous, Jean, comte d'Armaignac, de Rodez, de Fezenzac, vicomte de Lomanhe et d'Hault Villar, avons heu et receu de Jean Chaumel, trésorier des guerres du roy monseigneur, par les mains de Benoict Cailemoton, son lieutenent, et en prest sur les guages de xii chevaliers banneretz, xlviii chevaliers bachiliers, ii cens xl escuiers, deus cens haultbergeons et deus cens sergens à cheval, déservis ou à déservir en ces présentes guerres ez cartiers de Normandie et ailcurs, la soumme de neuf mil v cent x libvres, desqueles ix mil v cent x libvres nous nous tenons à bien payés et en quittons le roy mondict seigneur, sondict trésorier de guerres, son lieutenent et toutz aultres en qui quittence en peut et doybt apertenir. Donné soubz nostre seel le XVI aust MCCCLI. » Je ne diray ici quels estoint ces chevaliers banneretz et bachiliers, parce que l'on le peut voyr dens les mémoires du seigneur du Tilhet et aultres qui ont escript de ces matières.

Quelque peu après le roy Jean recognoiscent les grands et notables services que le comte d'Armaignac lui avoyt faictz et continuoit de faire toutz les jours, luy dona, coume nous avons cy dessus monstré, la comté de Gaure et, oultre ce, le feit son lieutenent général en L'Anguedoc gouvernement de beaucoup plus grande estendeue qu'il n'est à présent, par ce que il contenoit pour lhors non seulement tout le pays de Languedoc, mais, oultre ce, tout le cartier de Guiene qui estoyt de l'hobéyscence du roy et non occupé par les Anglois; de sorte que les gouvernurs de Languedoc avoint sur les bras les Anglois auxquels il failoyt qu'ilz résistassent. Surita, autheur Arragonois, parlent de nostre comte d'Armaignac, estant ung peu plus qu'il ne doybt la charge de ce gouvernement concédé par le roy Jean au comte d'Armaignac, car il le faict gouverneur de tout le royaume. Voici coume il en parle soubs l'an MCCCLV (1) : « Qum in ea sententia perstat (Petrus rex Arragonum) ut Joanna, natu major filia Ludovico Francorum regis filio nubat interventu Joannis, Armeniacensis comitis, regni Galliæ procuratoris, etc. » Aussi voyant qu'il s'estoyt trop avancé parlent de ce mesmes comte soubz l'an MCCCLVII (2), il restreint ce gouvernement au seul

---

(1) Surita, sub anno 1355.
(2) Surita, sub anno 1357.

Languedoc. « Quam misera et calamitosa esset tunc Galliarum conditio (c'est après la batalhe de Poictiers et prison du roy Jean qu'il parle), huic perpendi potest quod Joannes Armeniacensis comes, Gotticæ provinciæ procurator, summopere a rege contendit ut militares manus ex Arragonia et Catalonia ducere sibi liceat : quæ regi Francorum stipendia Anglico bello mereri velint. » Froissard parlent de luy soubs l'an MCCCLV ne luy baile aussi que le gouvernement de Languedoc. Voici coumme il en parle au chap. 154 du premier volume (1). « Item, au mois d'octobre MCCCLV le prince de Galles, qui estoit ayné filz du roy d'Angleterre, ala en Guascoigne et jusques au près de Tolouze, puis passa la rivière de Garonne et ala en Carcassone et ardit le bourg. Mais il ne peut forfaire à la cité, car elle feut deffendeue, et de là ala à Narbone, ardant et exilant le pays, et au mois de novembre retourna à Bordeaux à tout grand pilhage et foison de prisoniers, sans ce qu'il trouvât qui luy donât aulcune chose à faire. Et toutesfois estoint au pays le comte d'Armaignac, lieutenent du roy en Languedoc, monseignur de Foix, monseign. Jacques de Bourbon conestable de France, et monse. Jean de Clermont mareschal de France, à plus grande companie que n'estoit le comte de Galles. » Mais oultre le premier que dessus de ce gouvernement nous en avons une plus particulière que nous pouvons prendre des letres d'estat que le comte d'Armaignac obtint de Charles, duc de Normandie, premier né du roy Jean et lieutenant général en France, pendent la prison du roy Jean son père, et ce pour

---

(1) Froissard, volume premier, chap. 154.

faire surseoir la poursuite de toutz ses procès pour l'occupation qu'il avoyt ez guerres coumme lieutenent du roy en Languedoc, dans lesquoles se lisent ces motz : « Cum dilectus et fidelis comes Armeniaci, noster consanguineus conciliarius et locumtenens in partibus Occitanis ex parte nostra destinatus, adeo sit ratione dicti sui officii ac aliis certe de causis et etiam propter guerras occupatus, quod sine magno periculo damnoque dicti domanii nostri et reipublicæ coram vobis litigare et causas suas prosequi non valeat. » Elles sont dattées du ix juilhet MCCCLVII, sub sigillo Castelleti Parisius in absentia magni, qu'est pour confirmer ce que le seigneur de Beleforest en son hystoire de France asseure que durent la prison du roi Jean et avant que son filz Charles feut décleré régent l'on seela les despêches avec le seaul du Chastelet en l'absence du grand qui avoyt esté prins avec le roy.

L'année avant la date de ces letres, scavoir l'an MCCCLVI et le xxvii septembre avoyt esté donée et perdue la batalhe de Poictiers en laquele le roy Jean avoyt esté faict prisonier par Edouard prince de Galles et conduit en Angleterre, ce que causa de divers et terribles accidens en ce royaume que l'Anglois ravageoit d'ung costé, et Charles, roy de Navarre, par ces menées vexoit et travailhoit d'aultre. Toutesfoys en fin le duc de Normandie coume filz ayné du roy ayant accepté la régence du royaume y meit si bon ordre que, avec l'ayde de Dieu, il se conserva en son entier. Le comte d'Armaignac voyent les affaires si esbranlés et déplorés en ce royaume ne volut manquer à son debvoir, ains amployer et ses moyens et son authorité à la conservation d'yceluy. A çes fins il assembla les troys estatz de son gouvernement où il feit résouldre que

le pays de Languedoc ayderoit monsieur le régent
de cinq mil homes à cheval souldoyés au despens
du pays, tent que le roy demureroit prisonier.
Feut aussi résolu en ceste assemblée que jusques à
l'entière délivrence de sa majesté toutz les habitens
dudict pays yroint habilés de dueilh et quitteroint
toutes robes de coleur et aultres bobances en leurs
habitz, coumme or, argent et deschiquetures.

Le roy demura ung fort long temps prisonier en
Angleterre pour les grandes difficultés qui se treu-
varent sur son eslargissement ; mais en fin il feut
deslivré au moyen d'une paix qui feut conclue et
arrestée en ung bourg près de la vile de Chartres
nommé Brethegni le xxv mai mccclx. De ce vilage
elle prinst son nom et feut toutjours apelée la paix
de Brethigni, fort désavantageuse au reste pour les
François, car par ycele le roy d'Angleterre debvoit
avoir en toute souvereneté l'entière duché de Guiene,
la vile et toute la comté de Poictiers, le fief de
Thouars et de Belevile, la Rouchele et tout le pays
de Xainctonge, Angoulesme et tout le pays d'Angou-
mois, la vile d'Agen et tout le pays d'Agenois, la
vile de Périgort et tout le pays de Périgueux, les provinces de Limouzin, de Quercin, Rouvergue, Bigorre
et la pluspart de la Guascoigne avec toutz homages
et ressortz et oultre ce encores la viconté de Mons-
truelh, la comté de Ponthieu, Calais, Marle, San-
gale, Boloigne, Wales, Ouye et Guines. Pour effectuer ceste paix et faire remetre les viles et fortes
places de ces provinces au pouvoir des Anglois
feurent députés commisseres de la part du roy de
France le mareschal de Boucicauld et de la part de
celuy d'Angleterre messire Jean Chandos, qui après
feut establi régent en la principauté d'Aquitaine, car
ainsi apelarent les Anglois ceste duché. Ces com-

misseres se mirent aux champs pour le faict de leur commission en juilhet MCCCLXI, et eurent achevé en jenvier après, coumme j'ay trouvé dens ung mémoire des ordonences donées sur le faict des monoyes depuis l'an MCC quatre vingt XVII, jusques en l'an MCCCCXXII, que j'ay devers moy, parmi lequel se trouvent ces motz que j'ay mis en françoys bien q'uilz soint conceus avec le reste dudict mémoire en lenguage vulgaire de ce pays. « Est à notter que l'an MCCCLXI en juilhet le roy de France apelé Jean coumença à rendre toute la duché de Guyene et séneschaulcée de Rouvergue au roy d'Angleterre nommé Edoard, et le roy envoya pour libvrer ledict duché au roy d'Angleterre monsieur de Boucicaut, et le roy d'Angleterre envoya pour le recepvoir messire Jean Chandos qui eurent achevé en jenvier après. »

Quelques ungs s'esmerveilheront peut estre que ceste paix si nécessere qu'ele estoit pour la France tarda tent à s'exécuter, veu que elle avoyt esté conclue coumme nous avons dict dès l'an MCCCLX au moys de may, et ne coummença de s'exécuter jusques au moys de juilhet MCCCLXI. Mais je pence, quant à moy, que plusieurs difficultés qui se présentèrent sur la reddition des viles en feurent cause, par ce que les seigneurs de Guascoigne et de ce pays et sur toutz le comte d'Armaignac portoint impatiement de se voyr aliéner de la corone de France, et metre entre les mains d'ung prince auquel par si long temps et avec si grande animosité ils avoint faicte la guerre, considérens mesmement que le roy ne se retenoyt aulcune souvereneté ni ressort sur eulx, ce que ces seigneurs soustenoient sa majesté n'avoir peu faire. Nous entendrons mieulx leurs raisons par ce q'uen dict Froissard qui au chap. 214

de son premier volume (1) en parle en ceste sorte :
« Ilz s'esmervesloient fort (dict il parlent de ces seigneurs) du ressort dond le roy de France les quittoit, et disoint aulcungs q'uil ne lui apertenoit point de les quitter, et que par droict il ne le pouvoit faire, car ilz estoint en la Gascoigne trop ancienement chartrés et privilegiés du roy Charlemaigne qu'il ne pouvoit metre les ressortz en aultre main que en la siene. Et pour ce ne volurent ces seigneurs du premier coup hobéyr à lui. Mais le roy de France qui voloit tenir et à son pouvoir acomplir ce qu'il avoit juré et seellé y envoya messire Jacques de Bourbon, lequel appaisa la plus grande partie et devindrent homes ceuls qui le debvoint devenir au roy d'Angleterre, coumme le comte d'Armaignac, le sire d'Albret qui à la prière du roi de France et de messire Jacques de Bourbon, son cher cousin, hobéirent, mais ce feut bien envis. » Teles sont les paroles de cest autheur desqueles est aisé à colliger que ces seigneurs donarent bien leurs corps au roy d'Angleterre quant ils le recogneurent pour leur seigneur ; mais que leurs cueurs demurarent entièrement François, ce q'uilz donarent bien à cognoistre quelque temps après quant l'occasion s'en offrit coumme nous verrons en son lieu.

(1) Froissard, prem. volume, chap. 214.

Renovelement des quereles d'entre les contes de Foix et d'Armaignac.

CHAPITRE VIII.

L'édict de paix ayant esté exécuté et le roy d'Angleterre rendu paisible de tout le duché d'Aquitaine, il y envoya son filz ayné le prince de Galles pour y commender en son absence et tenir les nouveaux subjects en son hobéyscence. Ce prince arriva en la vile de Bourdeaux sur la fin de l'année MCCCLXII, où il feut recueily de toute la noblesse de Guascoigne, mesmes des comtes de Foix et d'Armaignac, q'uil tâcha de se réconcilier, et feit cesser la guerre ouverte que c'estoit renovelée au paravant entre eulx de laquele il nous fault maintenent parler.

Nous avons cy devent monstré la source et origine de ceste querele qu'estoit entre ces deus maisons et coumme les prédécesseurs de ces deux seigneurs s'estoient souvent apelés en duel ou combat singulier mais empêchés d'en venir jusques à ceste extrémité par les deffences que nous roys et leur court de parlement leur avoyt souvent faictes de ne se batre. Gaston Phébus, comte de Foix, et Jean premier, comte d'Armaignac, vivoint du temps que Edouard prince de Galles vint à Bourdeaux; ceulx là continuoint plus que jamais les inimitiés qui s'estoint embrasées entre ces deus maisons, et voyans que à cause de la prison du roy Jean tout estoyt en désordre en ce royaume et que l'authorité de la justice y demuroit fort abbatue, ils quittarent le procès q'uilz avoint en ladicte court et prindrent résolution de s'attaquer à guerre ouverte, ce que au paravant ils n'avoient ozé faire defférent ce respect et honeur à la justice et craignent l'indignation de nous rois. Mais voyent celuy qui règnoit alhors prisonier et monsieur le régent son filz encores fort jeune et sens grande authorité ilz se mirent aux champs ayans d'ung costé et d'aultre faicte de grandes assamblées de noblesse et aultres gens de guerre. Toutz les seigneurs et gentishomes de Guascoigne et de Rouvergue s'estoint telement partis et divisés q'uil n'y avoyt aulcung en toutes ces provinces qui ne soustint le parti de l'ung et de l'aultre. Du costé des comtes de Foix estoint les comtes de Lisle et de Cardone, le viconte de Conserens, les seigneurs de Palies et de Castelbou et aultres seigneurs en grand nombre ; d'aultre part le comte d'Armaignac avoyt avec luy le sire d'Albret et ses deus frères, le comte de Cumenge, les seigneurs de Montlausun, de Favars, de Pardailhan, de Terride, de Montesquieu, de La Barthe, Manant de Barbazan, ung seigneur Gascon apelé le Forlit de Santrailhes et plusieurs aultres.

Les terres de ces deus comtes estoint si proches et leurs places si voisines qu'il estoit impossible que tous les jours il n'y eust quelque rencontre ou quelque place de prinse d'ung costé ou d'aultre. La guerre estent ouverte et si furieusement poursuivie entre eulx, counme si ce eust esté entre deus roys ou princes souverains, ils se maintindrent en ceste façon quelques années à la grande foule et ruine du pouvre peuble. Enfin ils se résolurent de terminer leur différent par une batalhe et s'estens assignés le lieu et champ de batalhe près de la vile de Launac non guière loing de cele du Mont de Marsan le jour de sainct Nicolas, du moys de décembre

CHAPITRE VIII.

MCCCLXII, ils ne faillirent de se treuver au lieu assigné acompaignés de grandes troupes et d'ung fort grand nombre de noblesse où après avoir mis en ordre de batalhe leurs armées ils coummençarent une meslée fort cruele et sanglente, la fin de laquele feut si malheureuse au comte d'Armaignac qu'ayant perdu la batalhe il y feut faict prisonier, ensemble le sire d'Albret, le comte de Cumenge et la pluspart de la noblesse qu'estoyt avec eulx, les quels feurent conduictz en divers chasteaux et fortes places où ils feurent guardés, jusques à avoyr acordé de leur rançon. Froissard au v chapitre de son III volume (1) discourt fort au long les particuliarités de ce combat, coumme faict aussi l'annaliste de Foix (2). Mais l'ung et l'aultre asseurent une chose que je n'ozerois avancer si je ne le trouvois pas escript que ceste prinse valut au comte de Foix ung million de libvres. Froissart exprime ce million par ces motz : dix fois cent mile libvres. Ils passent encores plus avant que ceste soumme feut bailée pour la seule rançon du comte d'Armaignac et de ses domestiques, ce que je ne croyrois pas volontiers si ce n'est que l'on volut dire que le comte d'Armaignac paya la rançon non seulement siene mais de toutz les seigneurs ses partisens qui feurent prins avec luy, ce que peut avoyr quelque apparence parce que ilz s'estoint mis en cest hazard pour luy.

Quoy qu'il en feut il est asseuré que ceste prinse costa bon au comte d'Armaignac, et que lhors qu'il sortit hors des mains du comte de Foix il

---

(1) Froissard, 3 volume, chap. 5.
(2) Annales de Foix.

luy demura encores redevable du reste de ceste rençon en deux cens cinquante mile libvres. Ceste batailhe avoyt esté donée quelques mois avant l'arrivée du prince de Galles à Bourdeaux. Et prévoyent ce prince les désordres que ceste querele pourroit aporter à ses affaires et coume à la longue l'ung ou l'aultre de ces deus seigneurs se pourroint retirer du roy de France et par ce moyen estre cause d'altérer la paix que novelement ils avoint accordée, et trobler l'estat de sa novele principauté, coumme il estoyt ung des plus sages et advisés princes qui feussent de son temps, se résolut de tramer quelque acord entre eulx, ce qu'il feit en apparence, mais non si solidement qu'il ne restassent quelques rancines d'inimitié à arracher, lesqueles répullularent quelque temps après et feurent cause de plus grands maulx que devent ; car le comte de Foix ne volut jamais quitter au comte d'Armaignac ce qu'il luy debvoyt du reste de ceste rançon pour le moins entièrement, bien que le comté d'Armaignac employât toutz les expédiens et moyens qu'il peut excogiter pour l'y faire condescendre jusques à luy en faire parler par la princesse de Galles, car le prince s'en excusa ; mais ceste dame ne peut aultre chose guaigner sur luy, s'il n'est qu'il quitteroyt de ceste rançon la soumme seulement de lx mil libvres, coumme l'asseure Froissard au lieu que dessus où l'on pourra voyr au long le discours qu'il en faict.

De la guerre que le prince de Galles entreprint en Espaigne pour remetre le roy dom Pierre en son royaume de Castilhe.

CHAPITRE IX.

Nous laisserons les affaires des comtes de Foix et d'Armaignac pour revenir au prince de Galles qui tâchoit de tout son pouvoir s'acquérir le cueur des seigneurs de Guascoigne, la pluspart desquels ne pouvoint gouster que à regret l'hobéyscence d'ung prince estrenger. Toutesfoys ilz dissimuloint le mieulx q'uils pouvoint, attendent leur poinct. Le prince n'avoit demuré à Bourdeaux que troys ou quatre ans quant la guerre d'Espaigne survint, de laquele il nous convient nécesserement parler, par ceque elle fornit de subjet aux seigneurs et viles de Guascoigne et aultres provinces que avoint esté bailées au roy d'Angleterre par le traicté de Brétigni de se remettre en l'hobéyscence du roy de France et sortir de cele des Anglois coumme nous desduirons après avoir touché quelque chose de l'occasion de ceste guerre et du succès d'ycele.

Dom Pietre roy de Castilhe, filz d'Alphonse, vivoit en ce temps là ; prince fort vitieux rempli de très mauvaises qualités, tiran à l'endroict de ses subjects, rebelle et déshobéyssent à Dieu et à son esglise, mesmes voloyt on dire qu'il avoyt quelques secrètes intelligences avec les Maures ou Sarrazins, telement que nostre sainct Père le pape en recepvoit toutz les jours de grandes et novelles plainctes et l'avoyt souvent exhorté de se voloir corriger. Mais le voyent du tout endurci il feut constrainct de l'excommunier et déclerer son royaume vacant, duquel feut proveu ung sien frère bastard nommé Henrry de Trastemare qui à ces fins feut légitimé par sa saincteté. Et ayant esté le roy de France (qu'estoit alhors Charles V) prié de luy donner de moyens pour chasser dom Pierre hors de Castilhe y employa messire Bertrand Du Guesclin, depuis conastable de France, qui dans peu de temps leva une belle et grande armée de laquele feut chef messire Jean de Bourbon, comte de La Marche, ayant avec lui ledict sieur Du Guesclin pour luy servir de conseilh et adresse à cause de sa jeunesse.

Ceste armée ayant marché vers l'Espaigne y arriva sur le moys de janvier l'an MCCCLXVI, coumme le chroniqueur d'Arragon Surita atteste (1), où elle exploicta si bien que dans peu de jours dom Pierre feut chassé de son royaume et constraint d'aler mendier le secours des princes estrangers. Et parce que le prince de Galles et d'Aquitaine estoyt en ce temps là fort renommé au faict des armes et tenu pour ung fort et magnanime et valureux prince, il se retira de lui et feit tant que ce prince luy promit secours et de s'en venir luy mesmes en Espaigne pour luy remetre la corone sur la teste; q'uil feit, ayant prins avec luy toutz les grands seigneurs de Guascoigne et nottement le comte d'Armaignac, qui en ce voyage feut suivi d'ung fort grand nombre de seigneurs et gentishommes tant d'Armaignac que de Rouvergue et se porta aussi bien et valeureusement que aultre seigneur de l'armée. Froissard parlent de ceste guerre faict

_____

(1) Surita, sub anno 1366.

une fort honorable mention de luy le métent toutjours des premiers après les princes, mesmes au discours de la batalhe de Navarre en laquele le comte d'Armaignac eust la conduicte de l'une des batalhes.

En ycele la fortune feut pour le prince de Galles qui, au moyen du gain de ceste journée que fut donée le 3 jour du moys d'apvril 1367, remit domp Pierre en son royaume. Il est vray que ce voyage ne feut guières heureux pour luy ni pour le reste des Anglois, car il feut cause de la ruine de leurs affaires en France et de l'entière perte que quelques années après ils feirent de la duché ou principauté (ainsi l'apeloint ilz) d'Aquitaine, parce que le prince pour dresser ceste armée et se metre en tel esquipage qu'uil convenoit à ung prince de sa qualité feut constrainct d'entrer en une despence si grande et escessive que non seulement il espuisa toutes ses finences, mais encores il luy convint tent en avant que après ce voyage jetter de grandes et excessives impositions sur ses subjects, lesqueles servirent de prétexte aux seigneurs de Guascoigne de soubstenir le peuble et se tirer de son hobéyscence et faire ce que dès longtemps au paravant ilz avoint envie de faire. Car ce prince estent revenu à Bourdeaux pour se rembourser des grands frais qu'uil avoyt espansés en son voyage, oultre les précédentes impositions qu'uil avoyt faictes avant yceluy, en jetta une de noveau que le peuble trouva fort cruele et insuportable, veu que par ycele chesque feu, c'est à dire chesque maison ou familhe estoyt cottisée vingt souls que Froissard, ayent esguard à la monoye qui pour lhors couroit en France, apele franc. Et parce que ceste imposition estoit faicte par feus l'on luy imposa le nom de fouage. Froissart l'apele ainsin au chapitre 244 de son premier volume (1). « En ce temps (dict-il parlent de l'an 1368) feut le prince de Galles conceilé de lever ung fouage en Aquitaine. » Et quelque peu après : « Cependent toutjours procédoit le prince sur le faict du fouage lequel s'il eust esté mis à exploict eust valu par an xii cens mile francs pour payer seulement par feu ung franc, le fort pourtent le foible. Les titres que j'ai veu faisens mention de ceste imposition ne parlent point de franc, mais disent qu'uil feut imposé sur chasque feu ung guyanes qui pouvoit valoir autant que le franc c'est à dire vingt sols. C'estoit une espèce de monoye que les Anglois feirent forger tandis qu'uilz teindrent l'Aquitaine, à laquele monoye ils imposèrent le nom de leur duché de Guyene et l'apelarent guyannes ou guyanèses en languaige de ce pays.

Mais d'autent que nous somes tumbés sur ce propos et que le roy d'Angleterre ou le prince son filz pendent le temps q'uil teindrent la Guyene feirent forger dans la vile de Bourdeaux diverses espèces de ceste monoye il ne sera hors de raison de nous destorner ung peu de nostre subject pour voyr q'uele estoyt ceste monoye, combien d'espèces il y en avoyt et quel cours on leur donnoit. J'ay faicte mention n'aguières d'ung mémoire que j'ay devers moy de toutes les monoyes que feurent forgées en France depuis l'an mil cc quatre vingt xvii jusques à l'an mil ccccxxv, qui nous donera clerement entendre quele monoye estoint ces guyannes et satisfera au reste de tout ce que nous cerchons. « Est à notter (dict ce mémoire) que l'an mil ccclxii en janvier le roy d'Angleterre feit forger au duché

---

(1) Froiss., volu. premier, chap. 244.

de Guyene monoyes d'or apelés guyanes et dona en marc d'or LX guyanes. Item feit faire monoye d'argent apelée grand guyane à neuf deniers de loy et quatre souls de tailhe courans pour vingt deniers la pièce. Item fit petitz guyanes à XI deniers de loy et XVIII souls VII deniers de tailhe courans pour cinq deniers pièce. Item feit forger guyanes noirs à deus deniers XVI grains de loy et XVIII souls neuf deniers tailhe courans pour ung denier la pièce, et dona cours au guyanes d'or pour XVI souls IIII deniers guyanes; et au florin pour treptze soulz guyanes. Dura ceste ordonence dez monoyes dez l'an MCCCLXII, jusques en l'an MCCCLXIIII en jenvier; auquel an et moys le roy d'Angleterre dona la principauté d'Aquitaine à nostre seigneur le prince, lequel feit faire les monoyes que s'ensuivent. L'an MCCCLXIIII au moys de jenvier dona le prince en marc d'argent cinq libvres XV souls. Item en marc d'or LXVIII guyanes. L'an MCCCLXIIII au moys de septembre dona le prince en marc d'argent cinq libvres XV souls. Item en marc d'or LII nobles. L'an MCCCLXV le 15 d'octobre dona le prince en marc d'argent VI libvres V souls. Item en marc d'or LII nobles. Et est à noter que l'an MCCCLXV le XVIII du moys de mars nostre seigneur le prince feit faire novele monoye d'or apelée fort guyanes courans pour XX souls guyanes la pièce et dona en marc d'or LXVII fortz. Quant à l'argent il ne chengea rien, mais valoit pour l'hors le marc d'argent VI libvres V souls. » Voilà de cinq sortes de ceste monoye que l'on apeloit guyanes, scavoir guyanes d'or courens pour XVI souls IIII deniers, guyanes d'argent grands courens pour XX deniers pièce, guyanes petitz d'argent ayans cours pour cinq deniers, et guyanes noirs courens pour ung denier pièce. Oultres lesqueles quatre spèces de guyanes le prince en l'année 1365 feit forger une aultre v^e spèce de guyanes en or apelée fort guyanes courens pour vingt souls, desquels à mon advis Froyssard veut entendre par ce q'uilz estoint de la valeur d'ung franc qui avoyt alhors cours en France pour vingt souls ; et pourroit on dire avec grande vérissimilitude que Froyssart avoyt escript en cest endroict fort et non franc, mais que ceulx qui ont volu corriger ces libvres (je diroys mieulx corrompre) soubz coleur de les metre en meileur languàge ne scachens que c'estoit que fort y mirent franc. Il n'est pas croyable que le prince de Galles, qui faisoit forger monoye en sa principauté d'Aquitaine et à laquele il metoit nom tout divers à cele de France, eusse jetté ceste imposition en aultre monoye que en la siene et que Froissart qui estoyt domestique de ce prince eust ignoré le nom de la monoye que son mestre avoyt faicte forger ung ou deus ans seulement de devant.

Quoy que ce soit il est tout asseuré que ceste imposition feut jettée sur toute la principauté d'Aquitaine. Froyssard qui en parle fort particulièrement asseure que ce feut par l'advis et conceilh de l'évesque de Rodez qui estoit pour lhors chancelier dudict prince et par les mains duquel toutz ses affaires passoint. Le prince pour faire agréer à ses subjects ceste imposition convoqua les troys estatz de toute sa principauté, que Froissard à la mode d'Angleterre apele parlement, en la vile de Nyort où ilz se treuvèrent partis en leurs opinions ; car ceulx de Poictou, de Xainctonge, de Lymouzin et aultres de par de là agréoint asses ceste imposition ; mays ceulx de la Haulte Guascoigne, de Rouvergue, Quercy, et aultres de par deçà ne voloint concentir à ycele, estens dessoubz

main poussés par le comte d'Armaignac et aultres seigneurs qui luy adhéroint. Leurs raisons sont fort au long desduites par Froyssard qui en discourt en particulier, et par son discours nous entendrons mieulx coumme cest affaire se passa. Voycy donc coumme il en parle au 240 chap. de son premier volume (1).
« Pendent que ces companies séjournoint ainsin en France (il parle des companies des gens de guerre qu'estoint reveneues d'Espaigne avec le prince, lesqueles il avoyt faict sortir d'Aquitaine et rejetées sur le pays de l'hobéyscence du roy de France) feut le prince de Galles conseilé d'aulcungs de son conceilh de lever ung fouage en Aquitaine et par espécial y meit grand peine l'évesque de Rodais en Rouvergue, car l'estat du prince et de madame la princesse estoit adonques si grand que nul prince ne l'avoit si grand. Au conceilh de ce fouage feurent apelés les barons de Guascoigne, de Poictou, de Xainctonge, de Rouvergue (auxquels il apertenoit à parler) et plusieurs des cités et bones viles d'Aquitaine. Là leur feut remonstré à Nyort où ce parlement estoit assamblé, spécialement et généralement par l'évesque de Roudais, chancelier d'Aquitaine, et présent le prince, en quele manière l'on voloit lever ce fouage, et que ledict prince n'avoyt mye intention de le lever ni faire courir en son pays, fort seulement cinq ans tent qu'uil feut appaisé du grand argent q'uil debvoit et avoyt acreu par le voyage d'Espaigne. A cele ordonence tenir estoynt asses d'accort les Poictevins et ceulx de Xainctonge, de Limosin et de La Rochele ; parmi ce que le prince debvoit tenir ses monoyes estables sept ans. Mais ce propos reffusoint ceulx des Haultes

---

(1) Froiss. premier vol. chap. 240.

Marches de Guascoigne, comme le comte d'Armaignac, le sire d'Albret son nepveu, le comte de Cominges, le vicomte de Carman, le sire de La Barde, le sire de Cande, le sire de Pincornet et plusieurs grands barons des Marches, cités et bones viles de leur ressort, et disoint que de tout temps passé qu'uilz avoint hobéy aux roys de France n'avoint esté grevés ne pressés d'aulcungs fouages, subcides, imposition ni gabeles, ne ja ne le seroint tent que deffendre le pourroint et que leurs terres et seigneuries estoint franches et exemptes de toutes debtes et que les tenir en tel estat leur avoyt juré le prince. Non obstent ce pour eulx despartir amiablement de ce parlement dudict prince ils respondirent qu'uilz en auroint advis eulx retornés en leurs pays à plusieurs prelatz, évesques, abbés, barons et chevaliers auxquels il apertenoit bien d'en parler en plus grande délibération qu'uilz n'avoynt en paravant. Et le prince de Galles et son conseilh n'en peurent lhors avoir aultre chose. Ainsin se despartit ce parlement de la ville de Niort et retornèrent chescung en son lieu. Mais il leur feut commendé par le prince qu'uils feussent toutz revenus dans ung jour qui assigné leur feut. »

Voylà le coummencement du discours que Froissart faict sur le faict de ceste imposition. Il dict après que l'évesque de Rodez avoyt donné c'est advis au prince et qu'il poussoit fort ceste roue contre l'advis de messire Jean Chandos, ce grand et magnanime chevalier Anglois qui, voyant plus clair en ceste affaire que ne faisoit l'évesque de Rodez, dissuadoit au prince ceste imposition comme très dengereuse et périlheuse pour les affaires de la novelle principaulté, ainsin que l'événement et poursuite de ce dessain le feit clerement apparoir. Froissart ne désigne point aultrement cest évesque par son nom; mais nous faisons voyr en nous Evesques de Rodez que c'estoyt messire Bertrand (1) de Cardailhac évesque de Rhodez et oncle de Jehan de Cardailhac, qui fut aussi évesque, de la maison de Cardailhac, qu'est à présent représentée par les seigneurs de Viole.

Du discours que nous venons de faire résulte asses que le comte d'Armaignac prenoit plus de peine que tout aultre à rompre le dessaing du prince sur ceste imposition, et coumme nous avons déjà dict il ne povait goster cete novelle domination des Anglois, car il n'avoit quitté l'hobéyscence du roy de France que par force et pour hobéyr aux coummandemens si souvent réitérés que sa majesté luy en avoyt faictz ; telement qu'il ne cerchoit que une occasion de se départir de la seigneurie des Anglois, et

---

(1) Le manuscrit de Bonal portait originellement *Jean* au lieu de *Bertrand*, etc. Une main étrangère a substitué anciennement, par une rature et un renvoi, *Bertrand*... à *Jean*. D'autre part, une fiche, probablement de l'auteur, qui avait été épinglée au manuscrit vers cet endroit a disparu. La rectification est non seulement conforme à l'histoire, mais même aux *Evesques de Rodez*, ainsi que le témoigne M. Boisse, président de la Société, sénateur, dans une de ses lettres :

« Au reçu de votre lettre du 5 mai 1880, je me suis empressé d'aller consulter, à la Bibliothèque nationale, le manuscrit, ou plutôt la copie du manuscrit de Bonal « *Les Evéques de Rodez.* »

L'évêque dont il est question dans le passage que vous me citez (Liv. III ch. 9) est bien évidemment Bertrand de Cardailhac comme l'indique le renvoi, et non Jean de Cardailhac.

» Il ne peut y avoir de doute à cet égard, puisque la ville de Rodez a été affranchie du joug des Anglais en 1368 et que c'est en 1371 seulement que Jean de Cardailhac « print l'administra» tion de l'évêché de Rodez, au moyen de la résignation que son » oncle lui en fit... » (Les mots entre guillemets sont textuellement extraits du manuscrit que j'ai consulté.) »

(Note de la Société des lettres, sciences et arts de l'Aveyron.)

se présentant ceste cy, il la print au poil. Oultre le regret qu'il avoyt de se voyr aliéné à la corone de France, il avoyt quelques particulières occasions de mescontentement contre le prince soit pour le reffus qu'uil avoyt eu de luy, en la vile de Tarbe, d'intercéder envers le comte de Foix pour la rémission de sa rençon, soit pour ce que s'estoit n'aguières passé entre le prince et le sire d'Albret. C'est (coumme le raconte Froissart) que avant le voyage d'Espaigne, coumme le prince eust déjà promis à dom Pietre de luy donner secours au recouvrement de son royaume; ung jour passent le temps avec ses barons et seigneurs, parmi lesquels estoyt le sire d'Albret, il luy demanda s'il pourroit faire estat de luy, en ceste guerre, et à quel nombre de gens il le viendroit servir. A quoy le sire d'Albret respondit qu'uil pouvoit faire estat asseuré de luy, et qu'uil le viendroit servir avec mile lances, de quoy le prince demura tout esmerveilhé et dict sur le champ qu'il le retenoyt avec ces mile lances. Cela feut cause que le sire d'Albret se mit tout aussi tost en debvoir de recouvrer gens, affin qu'uil peut tenir parole au prince, que ne feut sens entrer en de grands frais. Néammoings ayant déjà arresté ceulx qu'uil luy failoyt, il eust contrere mandement du prince, scavoir de donner congé à huict cens lances, et de n'en retenir que deux cens; car il n'estoyt pour plus couché en l'estat. De quoy le seigneur d'Albret feut si piqué que sur la chaude il escripvit une letre plaine de fougue au prince qui s'en offença estrengement et de tele sorte que poussé par quelques ungs qu estoint lhors près de luy peu affectionés audict sieur d'Albret, il se feut mis au champs pour luy courir sus, sans ce que le comte d'Armaignac (à qui le sire d'Albret respondoit de nepveu, coumme filz de madame Matte d'Armaignac, seur dudict comte), adverti de ce mauvais message s'en vint tout incontinent à Bourdeaux et feit tent envers le prince par le moyen de messire Jean Chandos, conestable d'Aquitaine, et messire Thomas de Phelleton, grand séneschal dudict pays, q'uil s'appaisa ; mais de tele façon que le comte cogneut bien que ceste hayne demeuroyt couverte dans le cueur du prince et que ung jour il pourroit metre à exécution la vengence q'uil sembloyt couver dans son âme, laquele il ne différoit pour lhors que pour la presse du voyage d'Espagne. Et de vray, depuis ce temps là, et luy et ledict d'Albret se teindrent toutjours sur leurs guardes, advisens cependent de se fortifier d'aliances coumme ilz feirent, car bien tost après le retourn dudict voyage le sire d'Albret espousa madame Ysabeaux de Bourbon, filhe de Pierre premier du nom, duc de Bourbon ; laquele aliance le prince porta si impatiement q'uil ne se peut tenir d'en faire quelque démonstration, ce que venu aux oreilhes du comte d'Armaignac qui avoyt procuré ceste aliance, il juga bien que le prince luy en demureroit toutjours mal affectioné ; et pence que ce feut une des raisons qui l'esmurent à se formalizer contre ceste imposition, et de solliciter les aultres seigneurs de Guyene et les viles d'en faire de mesmes pour les aliéner petit à petit du parti du prince, leur faire quitter son hobéyscence et en fin les enguager à la guerre contre luy coumme il advint.

De l'apellation relevée par le comte d'Armaignac, et ses adhérens, de l'imposition du fouage jettée sur l'Aquitaine par le prince de Galles.

CHAPITRE X.

Nous avons cy devent monstré coumme l'assemblée de Niort se despartit sens rien résouldre sur l'impost requis par le prince de Galles, ce qu'advint en partie par les menées du comte d'Armaignac, qui ne cerchoit qu'ung prétexte pour se tirer de l'hobéyscence des Anglois et se remetre en cele du roy de France. Mais ne voulent estre seul, il guaignait tent qu'il pouvoit des seigneurs et de viles pour en faire de mesmes que luy, ce fouage lui servent de beaucoup pour venir à son intention, et feit tent qu'il en attira ung grand nombre à son parti, auxquels il persuada de se retirer du roy de France et de relever une apellation à luy de ceste imposition; bien toutesfois que par le traicté Bretigni le roy de France eust bailé à celuy d'Angleterre la principauté d'Aquitaine avec toute souvereeté et expressément renoncé à toutz ressortz coumme nous avons dict. Mais il vaudroit mieulx de raconter ce que se passa sur cest événement avec les propres motz de Froissart duquel toutz nous hystoriens ont puisé ce q'uilz en ont dict. Nous avons dejà veu ce que se passa sur ceste imposition avant et durant l'assemblée de Niort. Voyons maintenent dens le mesmes autheur ce que se feit après ycele.

« Or, retornèrent (dict il au chapitre 240 de ce

premier volume) (1) ces barons et ces seigneurs de Gascoigne en leurs pays qui bien affermoint que sur l'estat d'où partis estoint devers le prince plus ne retourneroint ni que ja pour faire guerre au prince ce fouage ne courroit en leurs terres. Ainsin se comença ce pays à rebeller contre le prince et vindrent en France les seigneurs d'Armaignac, d'Albret, de Cuminge, de Périgord et plusieurs aultres prélatz, barons, chevaliers et escuiers de Guascoigne, et mirent plaintes en avant à la chambre du roi de France (lesdicts roy et ses pers présens) sur les griefz que le prince leur voloit faire ; et disoint qu'ilz avoint ressort au roy et que à luy se debvoit retraire et retorner coumme à leur seigneur souverain. Le roy de France qui ne voloit pas aler contre la paix jurée avec le roy d'Angleterre se dissimula sur ces paroles et y respondit moult à point, disant à ces barons de Guascoigne : « Certes, » Seigneurs, la jurisdiction de nostre héritage vouldrions » nous bien guarder et augmenter ; mais nous avons » juré après notre seigneur de père plusieurs articles » en la paix desquels il ne nous souvient pas du » tout si en regarderons et visiterons les letres. Et » tout ce que sera et pour nous et pour vous le vous » ayderons à guarder et vous metrons en accord » avec nostre trescher nepveu le prince de Galles. » Car par avanture n'est-il pas bien conseilhé de » voloir que vous et vous subjects ne demouries en » vous franchises? » De ces responses se contentèrent moult les Gascons et se teindrent à Paris de les le roy sens eulx vouloir retorner en leurs pays, de quoy le prince n'estoit pas bien content et

---

(1) Prem. volume de Froissard chap. 210.

toutjours persévéreroit en son conceilh sur l'estat de ce fouage. »

Voylà le discours que Froissard faict sur ce remuement, à voir lequel il sembleroit que le comte d'Armaignac n'estoyt pas le chef et conducteur de ceste entreprinse, mais q'uil y coopéroit seulement coumme ung des aultres seigneurs q'uil nomme. Mais la vérité est telle que c'estoyt lui qui conduisoit ceste barque et qui avoyt fort avant comuniqué en secret avec le roy de c'est affaire et déjà arresté entre eulx ce qui se debvoit faire sur ceste apellation et les moyens q'uil failoit tenir pour la relever et poursuivre. Et quoy que Froissard au lieu que nous venons d'ammener, et plus encores au 246 chap. de ce premier volume (1), asseure que le roy faisoit grande difficulté d'admetre ceste apellation, voyant que par ceste porte il faisoit entrer la guerre en son royaume, la vérité est tele que c'estoit le roy qui avoit practiqué dessoubz main le comte d'Armaignac (qui de soy y estoit tout porté par les raisons que nous avons cy devant desduites), à faire ce remue mesnage; car ils avoint déjà passé entre eulx certaines conventions par lesqueles le roy prometoit audict comte (affin q'uil relevât à soy ceste apellation et attirât à luy tent de seigneurs et viles de Guascoigne q'uil pourroit) les comtés de Bigorre et de Gaure, les viles de Montréal, de Monssin, et aultres viles et chasteaux de Gascoigne jusques au nombre de vingt ou xxv, coumme il se voyt par les letres patentes du roy, contenens les conventions q'uilz passarent ensemble sur ce subject; lesqueles nous insèrerons icy parce que elles es-

---

(1) Froissard chap. 216 du prem. volume.

claircissent fort le faict de ceste apellation et monstrent au doybt d'où elle procéda et qui en feut le vray moteur.

« Charles, par la grace de Dieu, roy de France, à toutz ceulx qui ces présentes verront, salut. Scavoir faisons que coume nous ayons faict certain acord et traicté avec nostre très cher et aymé cousin le comte d'Armaignac sur certaines choses touchans les renunciations de la souvaireneté et ressort du pays et duché de Guyene, nous audict comte avons promis et prometons en bone foy et parole de roy luy doner et ottroyer pour luy, ses hoirs et successeurs et qui de luy auront cause (faictes toutesfois et acomplies les conditions mises audict traicté) les cités, viles et chasteaulx et forteresses qui s'ensuivent ; c'est à scavoir les comtés de Bigorre et de Gaure, item les lieux et viles de Montréal, de Messin, de Francequas, d'Astefort, de Laverdat, de Fageiroles, de Caudcrens, de Viémie, de Mas d'Agen, de Liards, de Sarrefond, de Métage, de Montguilhen, la moytié de la viconté de Juilhac avec l'homage de l'aultre moitié, le lieu de Cordone, les homages de Casaubon et Casaubondis, de Podenas, d'Asten, de Forceis, de La Roche, de Fordis, de Vilenovele et les homages d'Asteford avec les premières apellations et ressortz des comtés, villes et lieux. dessusdicts et avec les apellations et premiers ressortz de la vile et cité de Lectoure. Doné à Paris au moys de juilhet MCCCLXVIII. » Et bien que les conventions acordées entre le roy et le comte d'Armaignac mentionées ezdictes letres n'y soint insérées elles y sont toutes fois attachées de ceste tenur.

» C'est à scavoir que au cas que le roy d'Angleterre ou le prince de Galles, son ayné filz, nous adverseres pour cause des apellations, souveraineteś et ressortz du pays et duché de Guyene, ou aulcune d'yceles choses, nous feroit ou comenceroit guerre, ou cele qui avoint coummencée continueroit venant contre la paix par eulx promise et jurée, le comte d'Armaignac, nostre cousin, sera tenu de nous ayder et conforter contre nous adverseres.

» Item que en cas que ledict comte pour les griefz à luy faictz par nousdicts adverseres aura apelé à nous, ledict nostre cousin apelant ne pourra délaisser ledict apel ni rentrer en l'hobéiscence du roy d'Angleterre ou son filz le prince de Galles, si ce n'estoit de nostre acord ou concentement; ni ne poura concentir, coumme dict est, sens nostre concentement que ledict roy d'Angleterre ou le prince ayent le derrein ressort ni la souveraineté royaulx de luy ni de son pays.

» Item, que ledict comte après avoir à nous apelé, coume dict est, ne pourra faire aulcungs pactes, traictés, acords ni treuves quelconques pour luy, ses adhérens ni pour leurs pays sens nostre concentement ou de celuy que pour le temps seroit pour nous sur le pays.

» Item, que nostredict cousin apelant sera tenu de tout son pouvoir par luy, ses amys, subjects et alliés nostre faict soustenir et ainsin debvons nous faire de luy selon que nous aurons plus ou moings affaire en nostre royaume en bone foy guardant d'une part et d'aultre.

» Item, que si la guerre que nous sera comencée par nosdicts adverseres n'estoit en Guyene et que nous volussions que ledict comte apelant nous veint servir ez troys séneschaulcées de Tolouse, Carcassone et de Beaucaire ou en l'une d'yceles ou ez pays d'Auvergne, de Berry ou de Torene, ledict comte sera tenu de nous y servir en prenent les guages coume nous les bailerons à nous aultres gens aveques estat pour luy raisonable ou que lesdicts roy d'Angleterre ou le prince chevaucheroint ou feroint chevaulcher à grand ost.'

» Item, après que ladicte apellation par nostre dict cousin aura esté faicte et par nous reçue, et guerre pour ce par nos dicts adverseres contre nous coumencée après ledict apel par nous receu coume dict est et dones rescriptz nostre dict cousin son fils ni leurs hoirs et successeurs n'entreront jamais en l'hobéiscence du roi d'Angleterre, ni du prince son filz, ni ne pourront renoncer sens nostre licence et concentement à ladicte apellation par eulx faicte, ni ne concentiront jamais que ledict roy d'Angleterre ni le prince ayent la dernière souvereneté ou ressort d'eux ni de leurs terres ou pays si ce n'estoit de nostre concentement ou de nous successeurs roys de France qui pour ce temps seront. »

Il apert asses de ces conventions et traicté que c'estoyt le comte d'Armaignac qui en ce remuement estoyt le conductur de tout et qui faisoit jouer toutz les aultres ressortz poussant et metant en avant toutz ces seigneurs de Guascoigne, mais que le roy estoit le motif de tout et que secretement il induisoit le comte à interjecter ceste apellation, laquele en fin seroit cause de l'ouverture de la guerre qu'il désiroit, mais n'en voloit estre reputé l'aucteur. Ce n'est pas sens cause si nous hystoriens ont donné le surnom de sage à ce roy, car il l'estoyt à la vérité et ung des plus acords et prévoyans roys que nostre France aye jamais eu. Au reste, il semble que le comte d'Armaignac avoyt esté practiqué dès long temps auparavant, car son filz estoit devenu home lige du roy de France et lui avoyt presté screment de fidélité et de le servir envers toutz et contre toutz dès l'an MCCCLXVI, moyenent la pencion annuele de quatre mile libvres, coume j'ai veu par les letres d'assignation de ceste pencion sur les chastelenies de Sainct Jougous et S. Jean de Love dattées du XVIII aust MCCCLXVI ; que done assez à entendre que le comte d'Armaignac avoyt le cueur tout françoys et q'uil n'attendoyt que quelque bone occasion pour le retirer de l'hobéyscence des Angloys.

Coume le roy Charles V receut l'apel du comte d'Armaignac et de ses adhérens sur l'imposition du fouage et des raisons qui le portèrent à ce faire.

CHAPITRE XI.

Nous avons dict cy devent que le roy Charles faisoit semblent de ne voloir escouter les seigneurs de Gascoigne et de trouver de grandes difficultés sur leur requeste. Mais ce n'estoit que en apparence extérieure pour monstrer q'uil voloit religieusement guarder la paix de Brétigni, et d'ailheurs son oncle le duc de Berry et bon nombre d'aultres grandz seigneurs de France estoint encores en ostage en Angleterre depuis la deslivrence du feu roy son père, lesquels il voloit recouvrer, ce q'uil n'eust sceu faire, s'il eust acordé ci devent aux Gascons leur requeste ; car il voyoyt bien que les Angloys prendroint cela pour une infraction de la paix. Il se dissimula donc jusques au retourn desdicts ostages, lesquels estens de retour en France il passa oultre à la réception dudict apel, mais ce feut en forme de jugement et en sa court de parlement avec l'advis et conceilh des pers de France et aultres seigneurs de sa dicte court, ouys le comte d'Armaignac et ses adhérens, qu'estoint le seigneur d'Albret, les comtes de Périgort et de Cumenge, le vicomte de Carmaing, le seigneur de La Barde de Pincornet et aultres en assez grand nombre. Froissard, au 247 chapitre de son premier volume(1) parle de ceste réception d'apel en ceste sorte : « Tant feut le roy de France conseilhé et exhorté de ceulx de son conceilh et soigneusement supplié de ses Gascons q'ung apel feut faict et formé pour aller en Aquitaine apeler le prince de Galles en parlement à Paris, si contenoit ledict apel coume lesdicts Gascons se plaignoint de certains grands griefs que le prince de Galles et d'Aquitaine leur voloit faire et à leurs gens et de ce lesdicts Gascons apeloint et tiroint à ressort le roy de France, si coume de son droict ils avoint prins et ordonné pour leur juge. » Il poursuit après et monstre coumme le roy ou sa court de parlement despêcha ung chevalier et ung clerc de droict pour aler inthimer cest apel au prince de Galles et luy donner assignation pour le voyr poursuivre en ladicte court de parlement q'uil apele la chambre des pers.

Il ne dict pas quel prétexte l'on trouva à ceste réception d'apel veu q'ue il semble et le tenoit ou alhors pour tout résolu que le roy de France par la paix de Brétigni avoyt renoncé purement à toute

---

(1) Froissard, premier volume •chap. 247

souveraineté et ressort q'uil pouvoit prétendre sur la
Guyene, et si failoit il doner quelque coleur à ceste
réception. Mais la vérité est tele que le roy et ceulx
de son conceilh soustenoint que le feu roy Jean
n'avoit par ceste paix renoncé entièrement à la souveraineté de Guyene, mais seulement promis de
surceoir à l'usage et excercisse d'ycele jusques à la
feste de S. André pour lhors prochaine. Ceste raison
ne se trouve dans Froissard ny dans aulcung aultre
hystorien françois; mais je la tire d'une letre missive que en ce temps là le roy escripvit au seigneur
de Sévérac par laquele sa majesté luy done advis
de la réception de cest apel et des raisons tent et
quent que l'avoint induict à ce faire. Je ne feray
difficulté de l'insérer ici bien q'uele soit fort longue
par ce que ces raisons s'y voyent fort particulièrement desduites et qu'eles ne se trouvent en aulcung
autheur q'uaye pour encores esté mis en lumière.

« De par le Roy.

» Sire de Sévérac,

» Nous soumes advertis q'uacunes persones s'efforcent et veulent effortier de semer et publier au
pays de Guyene que nous volons venir contre le
traicté de la paix faicte entre nostre trèshonoré
seigneur et père dont Dieus ait l'âme d'une part,
et trésaimé frère le roy d'Angleterre d'aultre, et
commencier matière de discort pour ce si come
ilz disent que nous avons receus les apellations
faictes à nous et à nostre court de parlement de
plusieurs nobles et bones viles du pays de Guyene
qui ont apelé à nous et à nostre dicte court de
certaines indictions et fouages que nostre trèscher
et trésamé nepveu le prince de Galles, duc de
Guyene, de novel a décerné et comandé estre levés

sur toutz les subjects dudict pays; et s'efforcent de vous doner à entendre que nous ne le pouvons faire par le traicté de ladicte paix et que ledict pays est hosté de nostre souvereneté ni ne doibt plus ressortir à nous. Et par ce que par teles persuasions ne contenans vérité vous ne feussiez deceu, et aussi q'uil peut estre qu'aulcunes persones simples dudict pays pourroint avoyr ignorence dudict traicté de paix, vous faisons scavoir q'uil est vérité que plusieurs nobles grands seigneurs et bones viles dudict pays de Guyene sont venus par devers nous et nous disent q'uilz avoint apelé de nostredict nepveu à nous et à nostre dicte court de parlement desdictes indictions et fouages que nostredict nepveu avoyt ordonées et mises sur ledict pays sans leur concentement et en metoint le pays en perpetuele servitude contre leurs franchises et libertés anciènes, lesqueles leur debvoint estre teneues et guardées par ledict traicté de paix et de plusieurs griefz dépendens desdictes indictions et fouages et aultres griefs q'uilz disoint q'uilz esclairciroint en temps et lieu par devant nous. Et nous ont requis coume nous devanciers roys de France ayent esté toutjours leur seigneur souverain, et à nous et à nostre court ayent toutjours acoustumé de recourre et ressortir et non aileurs des griefs que faictz leur estoint des ducs de Guyene, quant ilz y estoint, ou de nous séneschaulx, quant le domaine de la duché estoyt en nostre main, que nous les reccussions à leurs apellations et leurs divisions, ressortz et adjournemens en causes d'apel, protections, sauveguardes et inhibitions acoustumées en tel cas. Et disoint que si nous leur reffusions de droit et de justice, ils auroint occasion de se plaindre de nous; et de ce nous sommarent et requirent à grande instance par

plusieurs fois, et sur ce eusmes grande et meure
délibération avec nostre conceilh. Et par ce que
clairement est contenu audict traicté, que les souverainetés et ressortz dez pays bailés en domaine par
la dicte paix à nostre dict frère le roy d'Angleterre,
demeuroint et demurent à nous en autel estat et
en ycele mesmes manière et entièreté q'uil estoyt
au temps dudict traicté ; et nostredict seigneur et
père par ladicte paix promit à surceoir d'uzer des
dictes souverainetés jusques à la Saint Andrieu qui
feut en l'an mccclxi, tant sulement laquele est
passée long temps y a, et aussi ledict jour passé
en pouvons et debvons uzer aussi entièrement coume
onques feirent nous devanciers et que de riens n'en
soumes forclos. N'onques nous devenciers ni nous
révocasme ni y celes ne transportâmes hors de nostre
main ainçois feurent par exprès reservées en la
translation domayne coume dict est. Consydérans
aussi que par ladicte rétention et réservation des
dictes souvairenetés et ressortz droict estoit et est
acquis et intérets auxdicts apelés d'apeler et ressortir
à nous, et ainsin qu'il est à nous d'avoir le ressort ;
ce que sens failir de justice (ce que nous devenciers
ne feirent à leurs subjets et nous ne ferons si Dieu
plaict) ne pouvons ni debvons reffuser leursdictes
apellations. Et pour ce les avons receues, et doné
adjournemens, inhibitions, sauvegardes et protections, ainsin qu'ont nous devenciers acostumé de
faire à vous et à toutz nous aultres bons subjects
dudict pays qui toutjours ont esté de la corone
de France, guardée et rendeue louyauté et hobéyscence ;
affin que vous pussies mieulx scavoir la vérité des
choses dessus et q'uil vous peut clerement apparoir
que nous ne faisons ni avons faict en rien contre
ledict traicté, mais selon yceluy ce que nous pouvons

faire, nous vous en advisons affin que vous ne feussiez deceu par vous doner à entendre le contraire, et aussi affin que vous soies advisés de faire toutjours vostre debvoir tel coumme subject doybt faire à son seigneur souvairain et que soubz l'ombre d'ignorence ne vous en peussies excuser, car nous tenons fermement que sciement vous ne ferez que ce que faire debvres. Doné à Paris le III jour de décembre. »

Voilà les letres envoyées par le roy au seigneur baron de Sévérac desqueles il se descouvre plus de particularités concernens ceste apelation ou réception d'ycele qu'il ne s'en trouve dens tout le discours de Froyssard, après lequel toutz nous aultres hystoriens en parlent, et ne pence pas que le roy escripvit seulement audict seigneur de Sévérac. Je croy qu'il feit de semblables letres à toutz les seigneurs et bones viles de Guyene pour leur hoster toutes les mauveses impressions, qui leur pouvoint estre données sur ce subject et leur faire voir qu'il n'avoit eu ceste réception d'apel contrevenu au traicté de Brétigni coume les Anglais en faisoint courir le bruict. Il cause sa justification sur ce que le feu roy, son père, n'avoit par ladicte paix renoncé purement à la souveraineté et ressort de la Guyene, mais promis seulement de surseoir l'excercisse de ladicte souveraineté pour le temps spécifié et lequel depuis estoit expiré. A la vérité il se voyent de letres ou chartres de ceste paix qui parlent de ceste façon là, et nottement celes que Denis Sauvage met tout au long en ses notes sur Froissard donées à Brétigni le XXV may MCCCLX, que je vouldrois croire estre la première chartre que feut despêchée sur ceste paix et que c'est cele que l'on nomma la chartre de Brétigni. Je metrai icy les motz d'yceles concernens ces surcéances. « Aussi nous a promis nostredict frère (c'est le roy d'Angleterre qui parle du roy de France) que luy et ses hoirs surcoirront d'uzer des souverainetés et ressortz jusques aux termes dez renunciations en toutes les cités, comtés, viles et chasteaux, terres, pays, forteresses, isles et lieux que nous tenions au temps dudict traicté et lesqueles nous doybvent demurer par yceluy et aux aultres qui à cause dudict traicté nous seront bailées et qui doibvent demurer à nous et à nous hoirs sens ce que nostredict frère, ses hoirs, à cause de la corone de France jusques aux termes dessus esclaircis et yceux durans puissent uzers d'aulcungs services et souverainetés ni demander subjection sur nous, nous hoirs ou nos subjects d'yceles présens, ou advenir ni quereles, ni appeaulx en leurs courtz, recepvoir ni escripre à yceles ny de jurisdiction aulcune uzer à cause desdictes comtés, cités et viles, etc. »

Mais je ne vouldrois asseurer que ce feut la chartre de ceste paix sur laquele le roy fondoit sa justification par ce q'uele ne faict aulcune mention de la feste de S. André. Mais en général jusques aux termes des renonciations il pourroit estre q'uil y en avoyt une aultre qui préfigoit en particulier ce terme de la S. André ; car les letres de ceste paix feurent refaictes troys ou quatre fois. Celes mesmes que Froissard aporte au 212 chapitre de son premier volume (1) ne sont pas les premières que feurent dressées à Brétigni, car ce sont celes qui feurent refaictes à Calais, lhors que le roy Jean y feut ramené d'Angleterre et eslargi de sa prison,

---

(1) Froiss. chap. 212 de son prem. volume.

qui sont dattées du xxiiii octobre mccclx, ou celes de Brétigni sont du xxv du précédent moys de may. Fault voir les letres du 26 octobre 1360, insérées en l'annotation 86 de Denis Sauvage, sur le premier volume de Froissart où il est parlé du terme jusque à la feste de S. André. Je suis en ceste opinion que nous roys réservarent quelques unes de ces letres pour s'en servir en temps et lieu et recouvrer ung jour au moyen d'yceles ce que pour lhors leur estoyt extorqué par une violente mais du tout urgente nécessité et avec une tele rudesse et si barbare cruauté que l'on eust jamais auparavant veue ni ouye, coume ils feirent à ce coup que l'occasion s'en offrit.

Pour donc revenir à nostre propos, l'appellation du comte d'Armaignac et de ses adhérens ayant esté receue en la court du parlement et le prince de Galles y ayant esté assigné pour la voir poursuivre, la guerre feut déclarée et ouverte par tout le pays de Guyene. La première vile qui se remit en l'hobéyscence du roy de France, quitant cele de l'Anglois, feut la vile de Rodez coume j'aprens par le mémoire des monoyes de laquele cy-devant j'ai faicte mention où se lisent ces mots : « L'an mccclxviii, et le xvii jour du moys de septembre, la vile de Rodez avec toute la comté d'anglois se feit françois, et monsieur David Coderc, lieutenent du séneschal de Rouvergue pour le prince d'Aquitaine, vint par devant ladicte vile en armes le mesme jour. » Je dis que ce feut la première par ce qu'elle se déclara au moys de septembre et l'apellation des seigneurs gascons (que feut cele qui ouvrit la porte à la guerre) ne feut receue que en j'envier après, coumme il se collige de ce que Froissard en dict ès 246 et 247 chapitres de son premier volume (1), prenent le coummencement de l'an à l'Incarnation et non à la Nativité coume il le faict toutjours ; de sorte que à ce comple ladicte vile se rendit françoise avant l'ouverture de la guerre, de quoi le roy luy sceut si bon gred que, en recognoiscence de ce, luy concéda beaucoup de privilèges qui se voyent encores dens les maisons communes tent du bourg que de la cité, toutz lesquels sont fondés sur ce que de tout temps ceste vile avoyt esté affectionnée et fidèle à la corone de France et q'uele avoit esté la première que c'estoit tirée de l'hobéyscence des Anglois pour se remetre en la siene.

De ce remuement advenu en la vile de Rodez estent adverti, le séneschal de Rouvergue, qui se tenoit alhors à Villeneufve d'Agenois, se délibéra tout aussi tost s'en revenir en Rouvergue, pour voyr que c'estoit et y doner tel ordre q'uil verroit estre nécessere. S'estent donc mis en chemin avec LX lances et CC archers il tumba en une embuscade que luy avoit esté dressé à deus lieues de Montauban vers le pays de Rouvergue par les comtes de Cumenge et de Périgort, lesquels, estens en ceste saison en la vile de Caussade apertenent au comte de Périgort et scachens que le séneschal s'en venoit en Rouvergue pour l'occasion que dessus, l'alarent attendre en chemin et le chargarent si rudement, q'uil feût constraint de se sauver dans Montauban à course de son cheval, laissent ses gens à la mercy desdicts comtes qui en mirent en pièces une partie et feirent les aultres prisoniers. Froissart faict bien mention de ce rencontre au CCL^e chapitre de son pre-

---

(1) Froissard, chap. 246 et 247 du premier volume.

mier volume (1). Mais il se fault en ce q'uil, que
ledict séneschal (qu'il appele messire Thomas Wache,
combien q'uil s'apelât de Withevale) s'en vint après
en la vile de Rodez laquele il rafreschit de vivres
et de munitions de guerre, bien que pour lhors
ceste vile ne feut plus en son hobéyscence s'en
estent auparavant distraicte coumme nous avons dict.
Mais il s'est en cela abusé ayant prins Rodez pour
Vilefranche, pencent coumme c'est la vile capitale
de Rouvergue que là aussi deubt estre le siège du
séneschal ce que n'est. L'on doybt en cela adjouster
plus de foy au petit mémoire que nous avons
ammené cy-dessus escript par ung qui vivoit de ce
temps là, qui estoyt sur le lieu et qui veit tout ce
que s'y passa, que à Froissard, qui n'estoit de
Rouvergue ni de ce temps là, et dans les libvres
duquel se peuvent remerquer mile fautes mesmes sur
les noms propres et nottemment de ceulx des viles,
prenent le plus souvent l'une pour l'aultre : coumme
en ce mesmes chapitre parlant de la vile de Milhau
qu'est en Rouvergue, dans laquele il dict que ce
séneschal se retira, il l'apele Milan ; et ainsin
de plusieurs aultres.

A l'exemple de la vile de Rodez, toutes les aultres
du pays de Rouvergue revindrent bientost après en
l'hobéyscence du roy de France, hormis deus, scavoir
la vile de Milhau et une aultre forte place que
Froissart apele tantost Wanclere ou Wauclere et tantost
La Roche de Wauclere. Voicy coumme il en parle
au 259 chapitre dudict premier volume (2) : « En ce
temps avoyt ung séneschal en Rouvergue très-

---

(1) Froissard, premier volume, chap. 250.
(2) Froissard, premier volume, chap. 259.

vailant home et bon chevalier anglois qui s'apeloit de Wacche (il y fault coumme nous avons déjà dict de Wuitevalle). Cestuy tenoit la vile et chastel de Milan (il y fault de Milhau) à une journée de Montpelier. Or combien que le pays d'alentour luy feut torné et conquis si teint-il ladicte garnison de Milhau plus d'ung an et demy et une aultre forteresse en Bretaigne qu'on apele Wauclere, et feit en ce temps plusieurs beles chevaulchées et issues honorables jusques à ce que messire Bertrand Du Guesclin le bouta hors. » Il est aisé à voyr q'uil y a faulte au nom de ceste forteresse que c'est autheur apelle de Wauclere ; car le pays de Bretaigne où il la met est plus de cent lieues de Rouvergue du quel il parle en cest endroict, et si en tout ledict pays de Rouvergue et provinces circumvoisines ni a aulcune vile ni fort qui s'apele de ce nom de Wauclere ; et toutesfoys ceste place de laquele il parle estoyt assise dans le pays de Rouvergue coumme apert asses par son discours. Le mesme autheur au chapitre 297 dudict volume (1) parlent de la reddition que ce séneschal feit de ces deus places, Milhau et cele dont nous parlons, ez mains du conestable Du Guesclin, y ayant esté constrainct par force d'armes, apelle ceste-cy La Roche de Wauclere, que me faict entrer en opinion que c'est le fort que nous apelons ce jourd'hui La Roque Valsergue, une des plus fortes places de Rouvergue, assise sur ung rocher hault et éminent, distent de trois à quatre lieues seulement de la vile de Milhau, et pour le mot de Bretaigne joinct à

---

(1) Froissard, premier volume, chap. 297.

celuy de Wauclere je pence q'uil le fault du tout rayer coumme supposé.

Quant à la vile de Milhau de laquele Froissart parle au mesmes lieu, elle demeura ez mains des Anglois longtemps après que la vile de Rodez se feut rendue françoise. S'estent retiré dans ycele, le séneschal de Rouvergue messire Thomas de Withewalle, car c'est ainsin q'uil s'apeloit coumme j'ai vérifié avec ung bon nombre de titres faisent mention de luy que j'ai veus, et non de Wucke ni de Wulquefere (coumme l'apele Froissard), et à la déduction que cest autheur en faict il n'en sortit jusques en l'année MCCCLXXI, que le conestable Du Guesclin estent venu en ce pays de Rouvergue avec une grande armée l'en chassa et le constraignit de la rendre, ensemble le fort de La Roque Valsergue qu'estoint les deus seules places que les Anglois tenoint encores en ce pays de Rouvergue. Mais voyons coume Froissard parle de la reddition de ces deus places. « Si çe partirent (dict-il au 297 chapitre de son premier volume) (1) ces gens d'armes et chevaucharent oultre aveques le conestable ez parties de Rouvergue, et les aulcungs chefz des seigneurs vindrent en Avignon voir le pape Grégoire et le duc d'Anjou qui se tenoit aveques luy ; tantost après ceste visitation, et que ces seigneurs eurent parlé au duc d'Anjou, se despartirent de ladicte cité d'Avignon et se retirarent avec le conestable que chevaulchoit en Rouvergue et conquéroit viles et chasteaux sur les Anglois, si s'en vindrent devant la vile de Milhau, laquele messire Thomas de Wulquefere (il y fault Withevalle coumme nous venons de dire) tenoit et

---

(1) Froissard, chapitre 297 du prem. volume.

avoyt teneue tout le temps, et l'assiègèrent, et aussi La Roche de Wauclere (il y fault La Roque Valsergue, comme nous avons aussi dict), mais le chevalier anglois par composition les rendit audict messire Bertrand. »

Ces sièges et redditions de Milhau et de La Roque Valsergue advindrent en l'an mccclxxi et fault nécesserement q'uil le soit ainsin, par ce que le lieu de Froissard que nous venons d'amener porte que une partie des seigneurs qui venoint en Rouvergue avec le conestable s'en alarent en Avignon voir le pape Grégoire unzième qui avoyt esté créé pape quelque peu auparavant, scavoir le 29 décembre mccclxxi. Onuphre, en son libvre De pontificibus romanis (1), met sa création « sub tertio calen. januerii anno mccclxxi. » Il fault donc nécesserement dire si nous volons croire Froissard que ce siège de Milhau feut en ladicte année mccclxxi ; et toutes fois les habitens de Milhau soustienent fort et ferme q'uils s'estoint rendus françois dès l'année mccclxix, que à ces fins ilz avoint envoyés des députés à Tolouze devers le duc d'Anjou, frère du roy Charles et gouvernur du pays de Languedoc, lesquels passarent avec luy certaines conventions au moyen desqueles ils recogneurent le roy et quittarent le parti des Anglois coumme ilz font voyr par les letres patentes dudict seigneur duc, donées audict Tolouze en febvrier mccclxix. Mais non obstent ces letres, il me semble que Froissard est fort croyable en cest endroict despuis q'uil y discourt ce siège que ne pouvoit estre que fort notable, veu q'uil estoyt faict par le conestable Du Guesclin, les gestes

---

(1) Onuphrius in libro De pontific. roma. in Grego. 11.

du quel sont si mémorables et remercables parmi les hystoriens qu'eles ne peuvent estre ni cachées ni déguisées, et que d'ailheurs celuy qui a escript sa vie faict mention de ce siège qu'uil met en ladicte année MCCCLXXI. Pour les letres patentes du duc d'Anjou, je croy fermement qu'eles sont véritables, mais que les habitans de Milhau ne peurent effectuer leur promesse, par ce que le séneschal de Rouvergue pour le prince Galles se rendit le mestre dans leur vile et qu'uil ne feut en leur pouvoir de l'en tirer.

Au reste, le comte d'Armaignac durant ceste guerre s'employa de tout son pouvoir au service du roy, suivent avec de grosses troupes le duc d'Anjou, lequel en toutz ces affaires de guerre et entreprinses se gouvernoit par l'advis et conseilh dudict comte, et ozerois croire qu'uil feut cause de la reprinse de la pluspart des viles de la Guyene. Aussi soustenoyt-il une despence excessive et tele qu'uil luy eusse convenu à la longue vendre ou enguager la pluspart de son bien pour y supplir, sans les moyens qu'uil retiroit du roy, qu'ui luy ordona dès le coummencement et ouverture de ceste guerre une pention annuele de cent mile francs d'or tent que ceste guerre dureroit. Je n'ay peu trouver le brevet de ceste pention ; mais j'ay leu bon nombre de letres patentes du roy qui en faisoint mention et entre aultres celes icy données à Paris le XXIIII febrier MCCCLXXI. « Charles, par la grace de Dieu, roy de France, à toutz ceulx qui ces letres verront, salut. Scavoir faisons que coume de LX mil francs d'or que deubs estoint à nostre cher et féal cousin le comte d'Armaignac pour prest qu'il en feit pièça à nostre trèscher et trèsamé frère, le duc d'Anjou nostre lieutenent en la Languedoc pour nous besoignes, et de cinquante mile francs qui deubs estoint à nostredict cousin des termes précédens le terme de demy juilhet dernièrement *pour cause de sa pencion de cent mile francs d'or par an*, que ottroyée luy avons à prendre sur la moytié des reveneus des impositions de doutze deniers pour libvre en ladicte Languedoc pour la guarde de ses forteresses et pour faire la guerre à nous enemys durant la guerre entre eulx et nous, etc. » Et une aultres letres donées aussi à Paris le vi d'octobre, mesmes an, le coummencement desquelles je metrai icy : « Charles, par la grace de Dieu, roy de France, à nous amis et féaulx conseilers Pierre Scotisce, maistre de nous comtes, et Phelippe de S. Pierre, nostre trésorier, et à nous aultres gens de nostre conceilh et de celuy de nostre trèscher frère, le duc d'Anjou nostre lieutenent ez parties de la Languedoc, salut et dilection. Coumme à nostre trèscher et féal cousin le comte d'Armaignac soynt deus L mil francs d'or des termes passés et précédens le terme de juilhet dernier passé, *pour cause de cent mile francs d'or* qu'ottroyé luy avons à prendre par an à quatre termes ou quarterons tant coume durera la guerre que nostre adversere d'Angleterre nous a commencée sur l'imposition de doutze deniers pour libvre ez parties de Languedoc, scavoir faisons, etc. » Le comte coumença de jouyr de ceste pencion dès le moys de jenvier, mccclxviii, que lesdictes guerres coummencèrent, et ce sur l'ordonence expresse que le roy donna sur une difficulté que les trésoriers faisoint, du jour qu'uil en failoit coummencer le payement. J'ay veu les letres de ladicte ordonence donées à Melun l'an mil cccLxxI, contenens que coume le roy, au coummencement que le comte d'Armaignac releva le susdict apel, luy eust ordoné une pencion annuele de cent mil francs d'or, tant que le roy d'Angleterre luy feroyt guerre, payable ladicte pencion à quatre termes et quartiers, et que sur le coummencement des payemens d'ycele y eust eu différent entre les trésoriers et ledict comte disans les trésoriers que la première paye d'ycele ne debvoit estre si non du jour que la guerre coummença, ledict comte présuposant au contrere la paye debvoir coummencer dès le jour q'uil releva ledict apel par ce que dès lhors il commença d'entrer en frays : sur ce sa majesté par son ordonence déclere son intention avoyr esté tele que le premier quartier d'ycele pencion coummençât le xv jenvier mil ccc lxviii.

Du décès de Jean premier de ce nom, comte d'Armaignac et de madame Béatrix de Clermont, sa feme.

CHAPITRE XII.

Après que Jean, comte d'Armaignac et de Rodez, premier de ce nom, eust faict pour le service du roy tout ce que ung bon, loyal et fidèle subject est tenu de faire, et q'uil eust receu se contentement que de voyr les Anglois chassés hors de la Guyene ou pour le moings si esbranlés q'uilz estoint sur le poinct de quitter ce peu q'ue leur restoit pour reprendre le chemin d'Angleterre coume ilz feirent bientost après, il passa de ceste vie en l'aultre et morut en l'année mil ccclxxii, estent teumbé malade à Belmont, dyocèse de Montauban où il décéda. Et avant son décès feit son testement le IIII apvril MCCCLXXIII, par lequel il institua Jean, son filz ayné, héretier en toutz et chescungs ses biens. L'hors de son décès il estoyt saisi des comtés d'Armaignac, de Rodez et de Fezenzac, vicontés de Carlat et Murat, Lomanhe, Hault-Villars et Manhoac, baronies de Mauléon, Bénaven et aultres terres et seigneuries en bon nombre, de sorte que en ce temps là il estoit tenu pour ung des plus grands seigneurs de France. Du vivent de ce comte, la baronie de Bénavent feut joincte à la comté de Rodez au moyen du testement de messire Bernard de Benaven du III may MCCCL (1), par lequel il institua héretier en toutz ses biens le comte duquel nous parlons ou bien celuy de ses enfens qui luy succèderoit en la comté de Rodez, volent et ordonent que la baronie de Bénavent demurât pour toutjours joincte et unie à la comté de Rodez, sens que jamais ele en peut estre séparée. Nous avons dict cy dessus quelque chose de ceste baronie.

Madame Béatrix de Clermont estoyt décédée neuf ans auparavant, car coumme nous avons cy-dessus vérifié par le libvre des anniverseres des Cordeliers de Rodez, elle morut l'an MCCCLXIIII, le jour et feste de S. Louys, son bisayeul. Nous répèterons encores icy les mesmes motz que nous avons aportés cy devent prins dudict libvre. « Anno M°CCC°LXIIII, in festo S. Ludovici regis obiit illustris domina et claræ memoriæ domina Beatrix de Claromonte, domina de Carroles et comitissa Armeniaci et Ruthenæ, cujus avus fuit filius S. Ludovici regis supradicti. » Elle

---

(1) Union de la baronie de Bénaven à la comté de Rodez.

avoyt faict testement troys ans auparavant scavoir l'an mccclxi, dens lequel elle se done le titre de comtesse de Charolois et institue héretier en toutz et chescung ses biens son filz Jean d'Armaignac, laissent pour executurs de sondict testement son mari le comte d'Armaignac, leur filhe, madame Jeane, duchesse de Berry et comtesse d'Auvergne, les ducs de Berry, de Bourgoigne et de Bourbon, le comte de Perdiac, les évesques de Rodez et de Mascon, et les abbés de Cluny, de Bonecombe et de Boneval et plusieurs aultres grands seigneurs. Son corps feut ensepveli en l'esglise vieilhe desdicts Cordeliers, mais depuis transféré en la novele.

De Jean segond du nom, comte d'Armaignac et de Rodez, apelé le comte gras, de sa feme et enfens.

CHAPITRE XIII.

Estent décédé coume nous venons de dire Jean premier de ce nom, comte de Rodez et Armaignac, son fils Jean que nous nommerons segond et que de son temps l'on apeloit vulgairement le comte gras, luy succéda en toutes ses terres, comtés et seigneuries. Du vivent de son père, il avoyt déjà espousé madame Jeane de Périgord, filhe aynée de Rogier Bernard, comte de Périgord, à laquele feut constitué en dot la soume cinquante mile florins d'or payables aux termes que seroint ordonés par nostre

S. Père le pape Innocent VI. Le contract de ce mariage feut pasé à Chasteau Gailhard, le xxi octobre mil ccclix. J'ay veu quelques mémoires que ladicte dame apporta en dot la baronie de Caussade à la maison d'Armaignac ; mais ceste constitution de dot n'en parle en aulcune façon. Je ne veus pas nier que au moyen de ce mariage ladicte baronie n'aye demuré acquise à ceste maison ez biens de laquele elle se treuve encores de présent joincte. Mais ce feut que ledict Rogier Bernard, comte de Périgord, ayant délayssé ung fils masle nommé Archambauld qui luy succéda en toutz ses biens, yceluy Archambauld et les enfens q'uil eust décédarent sens enfens délayssent ladicte Jeane, comtesse d'Armaignac, leur tente, laquele leur succéda non seulement en ladicte baronie, mais aussi en toutz les aultres biens de Périgord (1). Ceste baronie conciste en cinq beaux et grands mandemens, scavoir en celuy de la vile de Caussade que se trouve aujourd'hui enguagé à monsieur le baron de Paliès, en celuy de Molières, de Montalzat, de la Françoise et de Saincte Lieurade. Monsieur Beloy en son playdoyé, duquel nous avons cy dessus faicte mention parle de ceste baronie de Caussade ; mais, sauf son respect, avec tele confusion que l'on n'y peut rien entendre. Il me semble toutes fois q'uil veut dire que le comte d'Armaignac estent saisi de ceste baronie, sans dire à quel titre, l'an mcccxxxvi en feit homage au roy Philippes de Valois, ce que ne peut estre, veu que coume nous avons déjà dict, ceste baronie feut acquise à la maison d'Armaignac par le moyen du mariage de madame Jeane de Périgort,

---

(1) Union de la baronie de Caussade à la comté de Rodez.

lequel mariage ne feut contracté que en l'année MCCCLIX.

Au reste de ce mariage sortirent deus enfens masles Jean et Bernard, qui feurent comtes de Rodez et d'Armaignac l'ung après l'aultre, coume nous verrons en son lieu, et estoint déjà nais lhors du décès de Jean premier, leur ayeul, qui les nomme en son testement. Et oultre ces deus enfens, le comte Jean eust de sadicte feme une filhe nommée Béatrix coumme son ayeule, laquele feut mariée deus fois ; la première avec Gaston de Foix, fils unique de Gaston Phœbus, comte de Foix, et depuis avec messire Barnabé, vicomte seigneur de Milan, desquels deus mariages nous discourrons plus au long cy après.

Coume ce comte Jean succéda ez biens de son père Jean premier, aussi lui succéda-il au zèle et affection q'uil avoyt toutjours portée aux bien et service de la corone de France ; et déjà, du vivent de son père, il en avoyt monstré de grandes et évidentes preuves, ayant toutjours esté employé aux guerres contre les Anglois, durent lesqueles il eust soubz sa charge quatre cens homes d'armes et huict cens soldatz à pied, payés et souldoyés aux despens du roy, avec lesquels il suivit toutjours le duc de Berry, son beau-frère. C'est celuy coume nous avons cy devent remerqué duquel Froissard faict si fréquente mention soubz le nom de messire Jean d'Armaignae, pendent que le père vivoyt. Car après le décès d'yceluy, il lui donne le titre de comte d'Armaignac. Si monsieur Beloy eusse remerqué cela et eusse mieulx observé mes mémoires sur lesqueles il bastit la plus part du playdoyé q'uil feit l'an 1607 sur la vérification de l'édict d'union de l'ancien domaine de Navarre, il n'eusse advancé ce q'uil dict en yceluy, que ce feut Jean segond du nom, comte d'Armaignac qui releva les apellations du prince de Galles desqueles nous avons cy devant parlé, en quoy ledict sieur Beloy se fault, car la vérité est tele que ce feut Jean premier, son père, qui interjeta ces apellations coumme nous avons cy dessus vérifié, tent par ce que Froissard en dict, que par les articles secretz convenus sur ce subject entre le roy Charles V et ledict comte Jean premier que nous avons aportés dattés du moys de juilhet MCCCLXVIII, et les verrons encores plus clèrement cy après par les letres patentes du mesmes roy de l'an MCCCLXVIIII, ung an après la mort du comte Jean premier, portens déclaration faicte par sa dicte majesté que ledict comte d'Armaignac s'estoit loyalement acquité de tout ce que il estoyt tenu de faire par lesdictes conventions. J'ay volu faire ceste petite digression affin que persone ne s'abuse sur le dire dudict sieur Beloy qui a pencé, par ce que le comte de Périgort feut de la partie avec le comte d'Armaignac pour relever ces apellations, que ce feut ce comte Jean segond qui maniait cest affaire et qu'il y attira le comte de Périgort, son beau-père. Mais coume nous venons de dire, ce ne feut ce comte mais bien son père Jean premier qui feit ce bon service au roy Charles V.

Et bien que les plus grands effortz de la guerre des Anglois feussent passés lhors du décès de sondict père, il feut néanmointz continué en son appoinctement, que luy avoyt esté du commencement ordoné pour ce que le concernoit. Mais pour la pencion de cent mile francs d'or que le roy faisoit à sondict feu père, elle luy feut réduicte à trente mile francs d'or, coumme j'ay veu par de letres patentes du duc d'Anjou, lieutenent du roy et gouvernur pour ce temps là au pays de Languedoc, donées à Montauban le viii juing mil ccclxxiii que feut peu de jours après le décès du père, parties desqueles nous insérerons icy. « Louys, filz du roy de France, frère de monsieur le roy et son lieutenent en toute la Languedoc, duc d'Anjou et de Toraine, comte du Mayne, à toutz ceulx que ces présentes letres verront, salut. Scavoir faisons que pour la trèsbone et singulière amour et affection que nous avons eue et avons à nostre trèscher et trèsamé cousin le comte d'Armaignac, tent pour raison d'affimité de lignage coume pour la grande amour et bone volonté que nous savons q'uil a et a eue toutjours à monseigneur, à nous et au bien du royaume; considéré aussi la grande pention que de l'ordonence de monseigneur nostre cousin son père, n'aguières trespassé de ce siècle, prenoit chescung an sur les deniers de monseigneur ou du pays de Languedoc pour luy ayder à soustenir la guerre de monseigneur ez parties de Guyene et pour la guarde, tuition et seurté de sa terre et pays, de laquele pention (dont nostre dict cousin s'est du tout soubsmis à nostre volonté et ordonence) nous ne le volons du tout demurer despouilhé et estre improveu mesmement q'uil a encores certaines terres ez frontières des enemis. Et de son service monseigneur et nous poons et attendons estre grandement confortés au faict de ceste conqueste de Guyene; mais attendans lesdictes choses et pour bien d'amitié et de faveur le volans prouvoir et secourir d'aide aulcunement, avons à nostre cousin oultre les guages de luy et des gensdarmes de sa reteneue q'uil a et aura en nostre service et l'estat que pour ce luy avons ordoné et aussi oultre les arrerages qui estoint deus à sondict père, dont l'avons assigné, ordonné et ottroyé, ordonons et ottroyons, par ces letres de nostre propre mouvement et grace spécial et de l'auctorité royal dont nous uzons en ses parties, une pencion de trente mile francs d'or par an et ce que s'ensuit ezdictes letres que porte assignation sur les deniers de Languedoc à quatre termes. »

Ceste pencion de trente mile francs d'or luy feut après confirmée par le roy au voyage q'uil feit devers sa majesté en l'année MCCCLXXIIII pour luy prester homage et fidélité des comtés, terres et seigneuries q'uil tenoit du roy ; ce q'uil feit fort solemnelement. Et si encores obtint déclaration de sa majesté coumme son feu père s'estoit dignement acquité de ses promesses portées par les traictés et conventions passées avec sa majesté sur l'apel q'uil debvoyt relever du fouage imposé sur la Guyene par le prince de Galles, ainsin q'uil apert par les letres que le roy luy en feit despêcher que nous insèrerons icy, par ce que elles confirment clerement que ce feut le comte Jean premier du nom qui passa lesdictes conventions avec sa majesté et releva l'apel du prince de Galles et non Jean 2 son filz, contre l'opinion dudict sieur Beloy. « Charles, par la grace de Dieu, roy de France, scavoir faisons que coume nous ayons faict avec nostre feus cousin le comte d'Armaignac, que Dieu absolve, père de nostre trèscher et féal cousin Jean, comte d'Armaignac, que à présent est, certain acord, traicté et convenences touchant les renunciations, souverainetés et ressortz du pays et duchés de Guyene, par lesquels traictés, acordz et convenences nostredict feu cousin nous eust promis et juré faire et acomplir certaines choses tochant yceles renunciations, souverainetés et ressortz ; et nous aussi eussions promis doner et ottroyer à nostredict cousin héréditablement pour luy, ses hoirs et successurs, certaines comtés, villes, chasteaux, terres et seigneuries ez pays et duchés dessusdicts; ycelles conditions toutesfois par ledict feu comte à nous promises audict traicté par luy faictes et acomplies lesqueles conditions s'ensuivent. » Ces conditions ou conventions sont après insérées de mot à mot ezdictes letres en la mesmes forme que nous les avons mises cy devent et lesqueles nous obmetrons icy pour n'uzer de redite, après lesqueles s'ensuit ezdictes letres. « Si coume toutes ces choses audict acord, traictier et convenances dessusdictes seelés des seaulx de nostredict cousin le comte d'Armaignac, sont plus à plain déclerées et conteneues; et nostre dict cousin, le comte d'Armaignac, qu'est à présent, nous a requis que coume son père le feu comte d'Armaignac et luy aussi, nous ayent faict, tenu, gardé et acompli tout ce que par ledict traicté et acord nous avoyt promis, coume dict est : que sur ce nous luy volions doner nous letres, et aussi souffisement informés et acertenés tant par l'expérience du faict coume par la relation de nostre trèscher et trèsamé frère le duc d'Anjou et de Touraine, nostre lieutenent ezdictes parties, qui, depuis et avant lesdicts traictés, accords et convenences faictes à part nous, est et demure audict pays, et des choses dessusdictes avons plaine cognoiscence que nostredict cousin le feu comte d'Armaignac et nostredict cousin son filz, qu'est à présent comte d'Armaignac, ont à nous apelé en la guerre mëue contre nousdicts adverseres, nous ont toutjours aydé et conforté, ne depuis ce n'ont faict pactis aulcunes, trèves, traictés ou acord avec nousdicts adverseres ; ains ont toutdis nostre faict et partis tent par eulx coume par leurs amys et alliés de tout leur poer gardé et soustenu sens entrer aulcunement en l'hobéyscence de nosdicts adverseres, et aultrement ont faict, tenu et gardé et accompli bien loyalement toutes choses ainsin par eulx à nous promises et acordées, et encor plus pour graigneur acomplissement desdictes choses par eulx à nous ainsin promises nostredict cousin, le comte d'Armaignac qu'est à présent, est entrés en nostre foy et nous a faict homage coume à duc de Guyene de toutes les comtés, viscontés, villes, chasteaux, forteresses et aultres terres et seigneuries q'uil tient et doybt tenir des ducs de Guyene oudict duché, et avec ce nous a recogneu coume souverain seigneur dudict duché, coume par les letres sur ce faictes par nostre dict cousin, lesqueles nous avons par devers nous, puet apparoir. Nous de toutes ces choses dessusdictes ainsin par nousdicts cousins par lesdicts traictés et acord à nous promises et acomplies du temps passé, nous tenons pour bien contens et en quittons nosdicts cousins et chascung d'eus par la tenur de ces présentes ; et affin que ce soit ferme chose et estable à toutjours nous avons faict metre nostre scel à ces présentes, sauf en tout aultre chose nostre droict et en toutes de l'autruy. Donné en nostre hostel les S. Pol à Paris, le premier jour d'apvril MCCCLXXIIII et de nostre règne le XI. »

Il apert asses du contenu de ces letres que le comte d'Armaignac duquel nous parlons feit pour lhors homage au roy de toutes ses comtés, viscontés, terres et seigneuries. Mais de tent q'uil se croignoit que à l'advenir (coume toutes choses sont subjectes à révolution) le roy ne feit quelque autre traicté avec le roy d'Angleterre au moyen duquel il luy cédât de rechef la souveraineté, ressortz et homages de Guyene, ne volant à l'advenir tumber en ceste extrémité que d'estre réduict une aultre foix en l'hobéyscence de l'Anglois et se voyr mal traicté de luy, en hayne de ce que luy et son feu père avoyt brassé contre luy. Il obtint en conséquence de son homage promesse du roy que de n'estre jamais aliéné de la corone de France, de quoy sa majesté luy feit despècher letres de mesme datte que les précédentes desqueles j'ai extraict ces motz concernens ladicte promesse. « Nous, pour la grande amour et affection que nous avons et au bien de nostre royaume et pour l'évident proffit et utilité de nous et nous successurs, et pour certaines aultres justes causes et consydérations à ce nous mouvans, à nostredict cousin avons promis et prometons par ces présentes en bone foy et parole de roy, que nostredict cousin, ses hoirs et successurs, leurs foix et homages, ressorts ni souverainetés d'eulx ni de leurs comtés, viscontés, baronies, seigneuries et aultres terres q'uilz tienent à présent et pour le temps advenir tiendront nous, nous hoirs et successeurs roys de France, ne metrons hors de nostre main ni ne transporterons en quelque persone et pour quelque cause que ce soit sans la volonté et assentiment de nostredict cousin, ses hoirs et successeurs; et à ce faire tenir et acomplir perpétuelement, obligeons nous, nous hoirs et successurs, etc. »

Nous avons cy devent monstré coume lhors de l'apellation interjectée par le comte d'Armaignac le roy lui promit de luy doner héréditablement pour luy, ses hoirs et successeurs à l'advenir la comté de Bigorre, ensemble vingt et quatre ou vingt et cinq places, que viles, que chasteaux de Gascoigne, après que le comte auroyt acompli les pactes et conventions conteneues au traicté que dessus, ce que ayent esté faict, et le roy, comme nous venons de dire, ayant décleré au comte Jean 2, son filz, q'uil se tenoyt pour content et satisfaict de tout ce que lui avoyt esté promis de la part dudict comte, volant sa majesté effectuer aussi de sa part la promesse q'uil avoyt faicte audict comte de luy donner lesdicts comté et places. Mais ne pouvent le faire pour respect de la comté de Bigorre sans offencer le comte de Foix qui prétendoyt quelque droict sur ycele, ainsin que nous avons cy devent dict, ne volant perdre à ceste occasion ledict comte de Foix, qui pour lhors luy estoyt nécessaire pour s'en servir contre l'Anglois, feit tent envers le comte d'Armaignac que, au lieu de la comté de Bigorre, il se contenta de la seigneurie des montaignes et quatre chastelenies de Rouergue concistent en quatre beles et fortes places, scavoir la vile de S. Genieys, La Roque Valsergue, La Gyole et la vile de Cassanhes Begoignès, ensemble du droict du comun de paix dépendant desdictes chastelenies, à tele charge toutes foix que sa majesté luy prometoit en parole de roy de ne transporter en persone quelconque et pour quelque cause que ce feut ladicte comté de Bigorre sens la volonté expresse dudict comte, sur laquele promesse Panorme (1) feut consulté par le comte de Foix, coume luy mesme dict en ung de ces conceils qu'est le troisième en nombre de la segonde partie d'yceulx « in 19 dubio, » où il apele ceste promesse « privilegium ». De tout cela le roy luy feit despêcher letres dattées de mesmes datte que les précédentes du premier d'apvril MCCCLXXIIII, lesqueles nous ne

---

(1) Abbas Panormita in 2. parte concilio, concil. 3.

metrons icy au long pour éviter prolixité ; mais nous y insèrerons seulement la clause contenent ladicte subrrogation. Le roy donc par ses letres après le narré des conventions passées entre luy et ledict feu comte d'Armaignac, et monstré que pour cause d'yceles il luy avoyt promis bailer entre aultres places la comté de Bigorre après avoyr aussi dict qu'il n'estoyt en son pouvoir de luy bailer ladicte comté au lieu d'yceles lui faict transport desdictes 4 chastelenies et comun de paix en ces termes : « Par ces présentes et pour certaines aultres causes et consydérations qui à ce nous meuvent et ont meu et aussi pour l'évident profit et utilité de nostredict royaume avons faict certain trecté et acord avec nostre cousin Jean, comte d'Armaignac, qui à présent est, par lequel pour et en recompensation de ladicte comté de Bigorre et appertenences, et du droict et action que nostredict cousin avoyt et pouvoit avoir ou réclamer en ladicte comté de Bigorre et appertenences, à nostredict cousin avons bailé et délivré, bailons et délivrons et en luy transportons de nostre certaine science et puissence royaulx par ces présentes pour luy, ses hoirs et successurs héréditablement et perpétuelement les villes, chasteaux, chastelenies et bailies de La Roque Valsergue, de Sainct Genieis, de La Guiole et de Cassaignes Bégognès, assises en la séneschaulcée de Rouvergue avec les premières apellations et ressortz d'yceles et avec toutz les droicts, homages, vasselages, comun de la paix, jurisdictions, bois, preds, eaues, forestz, moulins, censives, laudumes, rentes, revenues, profitz, émolumens, apertenences et dépendences quelscunques desdictes viles, chasteaulx, chastelenies et bailies et chescune d'yceles, à nous, nous hoirs et successeurs roys de France l'homage et souveraineté, etc. » Après ces letres en feurent despêchées d'aultres contenens la promesse faicte par le roy audict comte de ne transporter en aultre persone ladicte comté de Bigorre, de quoi ledict comte se volut asseurer affin que le roy ne la baylât au comte de Foix, son ennemy, qui y prétendoit aussi quelque droict, ainsin que nous avons dict cy dessus.

Renovelement de guerre entre les comtes d'Armaignac et de Foix, et de la paix que feut entre eulx arrestée.

CHAPITRE XIV.

Estent ce noveau comte revenu de la court avec toutes ces provisions desqueles nous venons de parler, la guerre ne tarda guières à se renouveler entre ces deus maisons de Foix et d'Armaignac, laquele avoyt demeuré assoupie pendent les guerres des Anglois. Je ne scaurois bonement dire quele feut l'occasion de ce renovelement. Mais tent y a que le comte d'Armaignac feit une grande assemblée des seigneurs qui suivoint son parti et d'aultres gens de guerre avec lesqueles il ala metre le siège devent la vile de Casères, assise sur le bort de la rivière de Garone apertenent au comte de Foix, laquele il print d'assaut. Mais il ne feut pas dedans que son enemy, qui avoyt aussi de sa part faict une aultre grande assemblée de gens de guerre, le vint assiéger et le print de si court que il n'eust moyen de faire aulcune provision de vivres ou aultres munitions de guerre ; de quoy le comte de Foix bien adverti ne volut essayer de forcer la vile, mais se délibéra de les avoyr à la longue par famine. Les ayans donc bloqués de grandes tranchées et fortes barrières les constraignit dans quelques mois de parler et demander composition que leur feut acordée avec de conditions toutesfoys fort désavantageuses pour les assiégés. C'est de se rendre à discrétion saulf la vie et q'uilz sortiroint par la brèche q'uilz estoint entrés. Il ne retint que quelque vingtaine des plus seignalés. Froyssard au 3 chapitre de son dernier volume (1) en nomme quelques ungs, scavoir : le comte d'Armaignac, messire Bernard d'Albret, messire Manant de Barbazan, messire Raymond de Benac, et messire Bénédic de La Corneilhe que je pence debvoir estre prins pour le seigneur de Cornilhan, toutz lesquels il meit à rançon de deus cens mile libvres, q'uil leur convint payer avant que pouvoir estre eslargis.

Estent le comte d'Armaignac sorti de prison, il recomença la guerre, laquele feut si cruelement poursuivie entre ces deus seigneurs que ung grand cartier de Gascoigne en demeura en friche et comme désert et ung bon nombre de places et viles ruinées ez pays de Cumenje, Gaure, Estarac et Magnoac, de sorte q'uil ne fault raporter les ruines, le reliqua desqueles l'on y voyt encores, à la guerre des Anglois, mais bien à ceste malheureuse et dampnable querele que pença estre cause de la désolation entière de la Gascoigne. Froyssard en parle fort au long aux 5, 6, 7 et 8 chapitre de son 3

(1) Dernier vol. de Froiss., chap. 3.

volume (1), et de ce q'uil en dict l'on peut cognoistre la furie et rage cruele de laquele ces seigneurs uzoint les ungs contre les aultres ; elle dura jusques en l'an MCCCLXXIX que le roy, voyant l'importence de cest affaire et le préjudice q'uil pouvoit aporter à son service, leur envoya faire deffences de ne passer plus avant en ceste querele à peine de teumber en son indignation. Et ce pendent il meit de gens après pour les metre d'acord, lesquels trouvèrent ung expédient fort propre pour les réconcelier, ce feut d'ung mariage entre Gaston, filz du comte de Foix qui estoit encores fort jeune, mais d'une trèsbelle spérence ; et Béatrix, filhe du comte d'Armaignac, laquele à cause de sa beauté, grace et gailhardize estoit communément apelée la gaye Armaignagoise, coume le remerque fort bien le seigneur de Beleforest en son Hystoire françoise, et je l'ay ainsin trouvé nommée en quelques vieulx titres. Le dict sieur a mieulx rencontré en cela que lhors q'uil asseure q'uele estoit héretière des biens d'Armaignac, ce qu'ele ne feut jamais, y ayant deus enfens masles, Jean et Bernard, ses frères, qui par la disposition et dernière volonté de leur ayeul estoint substitués à leur père l'ung après l'aultre.

Je n'ay peu trouver les articles de ceste paix ni les pactes de ce mariage ; bien ay je veu la quittance que ceste dame feit à ces père et mère de tout ce que luy pouvoit compéter sur leurs biens moyenent la dot à elle constitué qu'est dattée du v apvril MVLXXIX, par le narré de laquele est faicte mention des grandes guerres et

---

(1) Froiss., volu. 3, chap. 5, 6, 7, 8.

dissentions q'uavoint esté entre ces deus maisons d'où estoint sortis tent de désordres et que en fin certains leurs amys inspirés du S. Esprit c'estoint mis après à les accorder et y avoint si dextrement et heureusement procédé que en fin ils avoint résolu entre ces deus seigneurs une paix finale pour plus grande assurence de laquele ils avoint tramé ce mariage. Au pied de la quittance est insérée l'acte du mariage contracté par paroles de présent entre ces deus jeusnes seigneur et dame le mesmes jour au chasteau de Manciel. Elle est en latin conceue en ces termes : « Postque eadem die circa horam vesperarum in dicto castro in præsentiâ mei notarii et testium infra scriptorum personaliter constitutus dominus Bernardus de Verusi, licenciatus in decretis, judex Bearni, dominus Petrus de Garastano et dominus Bernardus de Diet, milites terræ Bearni ad postulationem reverendi in Christo patris domini Viguerii, episcopi Lactorensis, asseruerunt medio juramento per ipsos et eorum quemlibet præstito quod papa Gregorius sanctæ memoriæ XI dispensaverat, seu ejus penitentiarius cardinalis, quod matrimonium fieret et posset fieri inter Gastonem, filium comitis Fuxi, ex unâ parte, et Beatricem de Armeniaco filiam legitimam et naturalem domini Joannis, comitis Armeniaci et quod ipsi viderant literas apostolicas dispensationis antedictæ quodque die hodiernâ debebant esse in civitate Lactorensi, quibus sic affirmatis et concessis præfatus dominus episcopus ibidem processit ad dictum matrimonium perficiendum per verba de præsenti. Sic quod dictus Gasto de Fuxo, filius comitis Fuxi, tenens manum dicti domini episcopi et etiam tenens manum dextram dictæ dominæ Beatricis, dixit quod ipse accipiebat in uxorem suam per verba de præsenti dictam Beatricem de Armeniaco. Et dicta domina Beatrix dixit etiam quod ipsa accipiebat eodem modo, in dominum et virum seu sponsum suum per eadem verba de præsenti dictum Gastonem de Fuxo, et in signum et majorem firmitatem dicti celebrati matrimonii dicti conjuges osculo pacis dictum matrimonium confirmaverunt, etc. »

Ce mariage bien que parfect coume célébré en la face de l'Esglise par paroles de présent ne feut jamais consommé par copule charnele pour la junesse des parties, ce jeune seigneur n'ayant que onze à doutze ans alhors et bien tost après il mourut, n'ayant jamais cohabité avec sa feme. Nous ne discourons icy son infortunée mort par ce que l'on la pourra voyr au long dans Froyssard qui, au chapitre 8 de son 3 volume (1), la descript fort amplement. Après sa mort, madame Béatrix, sa femme, demeura vefve asses long temps, mais après elle se remaria avec messire Bernabé Vicomte, seigneur de la vile de Milan en Lombardie, et non visconte coume pence l'annaliste de Foix, qui a æquivoqué sur ce nom de Viconte, le prenent pour ung titre de dignité au lieu d'ung nom propre de ceste illustre familhe de Milan, apelée des Vicomtes, coume nous remonstrerons cy après, lhors que nous parlerons plus à plain de ce mariage. J'ay veu ung petit mémoyre portent que ceste dame feut mariée après la mort de Gaston de Foix avec le duc de Clèves, mais ne scay d'où a esté tyré cela, car je n'ay rien peu trouver aileurs de ce mariage. S'il estoyt ainsin, il fauldroit dire que ceste dame avoyt eu troys maris.

(1) Froiss., 3 vol., chap. 8.

Pour revenir aux guerres des Anglois, bien qu'eles se feussent fort refroidies, à cause de l'absence du prince de Galles (qui estant teumbé en hydropisie feut constrainct de quitter sa principauté d'Aquitaine, pour s'en retourner en Angleterre avec sa femme et enfens où bien tost après il morut) si estce qu'il y avoyt encores quelques villes qui tenoint pour les Anglois coume Bordeaux, Bergerac et quelques aultres. Ceulx de Bergerac (où le prince de Galles avoit layssé une grosse guarnison) faisoint une infinité de cources et par yceles guastoint tout le pays des environs ; de quoy le duc d'Anjou adverti print résolution de les assiéger, et à ces fins dressa une grande armée, ayant mandé toutz ces amys de s'y voloir trouver et entre les aultres le comte d'Armaignac. Froyssard l'atteste ainsin au premier chapitre de son segond volume (1). « Et partant (dict il) il advisa de faire ung puissant et grand mandement, si en escripvit à messire Jean d'Armaignac que à ce besoing ne luy voulsit failir, et envoya aussi devers le seigneur d'Albreth, et avoyt mandé en France le conestable et le mareschal de France, messire Louys de Sancerre, etc. » Quelque peu après, parlent du siège que le duc d'Anjou mit devent Bergerac : « Là estoyt avec le duc d'Anjou grands gens et nobles : premièrement messire Jean d'Armaignac à grande rente, le conestable de France aussi à grande charge, messire Jean de Sancerre, messire Jean de Bueilh. » En ces deus endroictz il ne baile le titre de conte audict d'Armaignac, bien q'uil feut déjà comte par ce que du vivant de son père, il l'apeloit toutjours messire Jean d'Armaignac.

(1) Froiss., segond vol., chap. 1.

Ce siège dura quelque temps, mais en fin les assiégés se rendirent coume feirent bientost après les villes de Castilhon sur la rivière de Dordonhe, Sauveterre, S. Machaire, Duras et plusieurs aultres.

Le duc d'Anjou ne demeura pas longuement après la reddition de ces villes en ces cartiers de Guyene et de Languedoc, par ce que le royaume de Sécile luy ayant esté destiné, où il failoit q'uil s'acheminât, il luy convint se retirer en France pour faire les préparatifs de son voyage. Il s'arresta en France plus qu'il ne pençoit, à cause du décès asses soubdain du roy Charles V, son frère, qui, ayant laissé successeur de la corone son fils Charles VI fort jeune d'eage, le duc d'Anjou feut déclairé régent du royaume de France, et le duc de Berry feut en sa place faict gouvernur de Guyene et de Languedoc, au quel gouvernement du commencement il feut traversé par le comte de Foix qui, soustenu par ceulx de Tolouze et ayant je ne scais coument recouvertes quelques provisions de ce gouvernement, s'ingéra en l'excercisse d'yceluy et print le titre de gouvernur de Languedoc. Mais en fin le roy ayant décleré sa volonté estre tele que le duc de Berry, son oncle, jouyt dudict gouvernement, ce trouble cessa et le duc en estent demeuré paisible feit son lieutenant général par toute l'estendeue dudict pays le comte d'Armaignac, son beau frère, qui en l'année MCCCLXXX ung ala recevoir ledict duc, venent en son gouvernement avec une troupe de VIII cens homes d'armes. Et par ce que ces gens ne se pouvoint entretenir sans grands frais et despens le duc luy ordona pour chesque mois la soume de six cens francs d'or à compter dès le premier jour de may MCCCLXXXI. Et parce que, attendent l'aveneue dudict duc il avoyt entretenu ung grand nombre de gend'armes pour la deffence du pays, le duc luy feit deslivrer la soumme de quatre mile francs pour se rembourser desdicts frays. Les letres de ceste assignation sont du 30 may de ladicte année données en la vile de Brende où le duc estoyt alhors, poursuivent son chemin pour s'en venir en Languedoc et par aultres letres du XXVI aust MCCCLXXXI donées à Carcassones luy ordona neuf miles francs pour quelques aultres frais et despens. J'ay veu toutes ces letres ezqueles ce duc prent ce titre : « Jean, fils du roy de France, duc de Berry et d'Auvergne, comte de Poictou, lieutenent de monseigneur le roy en nosdicts pays et en toute la Languedoc et duché de Guyene. »

Le duc de Berry demura deus ans sur son gouvernement pendent lesquels il feut toutjours assisté du comte d'Armaignac par l'advis et conseilh duquel il se gouvernoit en toutz les affaires de sa charge. Mais en fin il feut mandé par le roy pour s'en venir l'assister au voyage de Flandres qui feut en l'an MCCCLXXXII contre les habitens de Gant et de quelques aultres villes qui s'estoint révoltées contre leur duc, en faveur duquel ce voyage feut entreprins à la solicitation du duc de Bourgoigne, son beaufilz. Le duc de Berry, ainsin mandé par le roy, s'y achemina avec la pluspart de la noblesse de son gouvernement. Mais, prévoyant que les comtes de Foix et d'Armaignac metroint tout en désordre avec leurs quereles que sembloint se voloir renoveler depuis la mort du jeune Gaston de Foix, il tascha de les reconceler ensemble et de leur oster toutes les occasions qui les pouvoint metre en Castilhe, ce qu'uil feit et de tele façon que, durent tout ce voyage, ilz se portèrent fort doulcement ensemble, ayans et l'ung et l'aultre ammené avec eux toutz leurs vassaulx en trèsgrand nombre. Toutz ceulx qui ont escript de ce voyage s'acordent en cela, que l'armée feut trèsgrande et bele, que le roy, bien que fort jeune, y volut estre en personne et que toutz les affaires réussirent au grand honeur des Françoys, qui guaignèrent sur les Gantois ceste mémorable batailhe de Rosebeque en laquele demurarent sur la place xxv ou xxx mile Gantoys avec toutz leurs chefs, et entres aultre Philippe d'Artevele, autheur de ceste guerre. Elle feut donnée le xxv novembre MCCCLXXXII.

Coume les habitans dez pays d'Auvergne, Rouvergue et Givaudan se mirent en la protection du comte d'Armaignac contre les companies des voleurs tenans le parti des Anglois, et de la mort dudict comte.

CHAPITRE XV.

La batailhe de Rozebeque, guaignée par les François, et les Gantois ayans recogneu leur comte, le roy congédia son armée, sauf le duc de Berry que il reteint devers soy ; lequel despècha tout aussi tost le comte d'Armaignac en son gouvernement pour y continuer sa charge de lieutenant général, mays sans aulcunes forces, les finances du roy ayant esté espuisées en ce voyage, ce que les habitans dez pays d'Auvergne, Rouvergue et Givaudan trouvarent fort mauvais, par ce que durant ce voyage de Flandres ils avoint esté travalhés estrengement par les guarnisons de ces voleurs que l'on apelloit les routes et companies, qui tenoint ung bon nombre de fortz sur la frontière desdicts pays, car la guerre des Anglois c'estoyt alhors convertie en vrayes voleries et en ung vray et pur brigandage, de sorte que l'on ne combatoit plus en gros, ne tenens plus les Anglois la campaigne, car ils s'estoint retirés en Angleterre; mais quelques voleurs françois, faisens toutes fois semblant de tenir le parti des Anglois, s'estens saisis des plus fortes places qu'uilz avoint pu surprendre sur les limites desdicts pays d'Auvergne, Quercy, Rouvergue et Givaudan, de là en hors ils faisoint mile maulx et désordres, pilheus et rançonans les merchans et aultres qu'uilz pouvoint trouver; ils foisoint contribuer les pauvres paysens et aultres qui habitoint les champs à leurs guarnisons, sur lesquels ils imposoint teles soummes que bon leur sembloint, que les pouvres paysens estoint constrains ung moys après aultre leur aporter dans leurs fortz ou aultrement. Ils n'estoint assurés ni en leurs persones, ni en leur bestailh, ni en la perception de leurs fruictz. Ces contributions s'apeloint vulgairement « A pactis » coume j'ay treuvé en ung bon nombre de vieulx titres. Froissard aussi les apele de ce mesme nom. C'estoyt ce que nous apelions en ce pays durant le malheur de nous dernières guerres Buletes, parce, à mon advis, que elles estoint notifiées par buletins à ceulx qui y debvoint contribuer. La pluspart de ces fortz estoint coume nous venons de dire sur les frontières d'Auvergne et de Rouvergue : tels qu'estoint Pozols, Puechpeyroux, Aygo, Curvala, Cassuerjol, Vallon, Aloyse, Miramont, Carlat et aultres. Entre les chefs de ces voleurs, il y en avoyt deus plus insignes et remerquables, l'ung nommé Teste noire, breton de nation, l'aultre Mérigot Marcel coume l'apele Froyssard. Mais coume nous dirons après, il s'apeloyt Mérigot Marches ou Marques et estoit lymosin de nation. Teste noire s'estoyt saisi du chasteau de Ventadour, et Marques tenoyt Cassurjol, Aloyse, Carlat et Valon, places fortes et en ce temps là teneues pour imprenables. Faisens donc les habitens desdicts pays d'Auvergne, Quercy, Rouvergue et Givaudan estat que le duc de Berry estent de retourn en ce pays, les deslibvreroit de toutes ces misères, ilz se veirent descheus de leur espérance, depuis q'uil ne revenoit en ce pays et q'uil n'y envoyoit aulcunes forces. Cela feut cause q'uils se retirarent du comte d'Armanhac, pour par son moyen trouver quelque remède à leurs malheurs.

Quelques années au paravant, scavoir en l'an MCCCLXXXI, le duc de Berry n'estent encores venu en son gouvernement de Languedoc, les habitens de la vile d'Orleac ne pouvens plus endurer les ravages que ceulx des garnisons de Carlat et d'ung aultre chasteau nommé d'Auzon faisoint ez environs de leur vile, s'estoint dressés au comte d'Armaignac pour le prier de voloir prendre leur protection et de les garantir et deffendre de ses voleurs, ce q'uil leur avoyt promis moyenent la soume de mil cinq cens francs d'or qu'ilz luy offrirent pour supplir aux frays et despens qu'il convenoit faire pour l'entretènement des gens de guerre requis à cest effect, de quoi ils se trouvèrent fort bien et feurent allégés des courses de ces pilhartz.

Cela dona quelque goust aux habitens du pays de Rouvergue d'en faire de mesmes, lesquels, se voyens frustrés de l'attente q'uilz avoint sur le duc de Berry, se retirèrent dudict comte, le priens de voloir entendre à la tuition et deffence de leur pays ; ce q'uil leur promit faire, non en intention de forcer et prendre ces fortz et en chasser entièrement les guarnisons, car il voyoyt bien que cela luy seroyt de toutz poincts impossible pour n'avoir pour lhors aulcunes forces, mais pour guaigner ce poinct à l'endroit de ces voleurs q'uilz ne coureussent plus sur le pays de Rouvergue, et que les chemins y demurassent libres pour le traffic et commerce ; chose fort estrenge et laquele nous ne pourrions croire si nous n'en avions veu autent par expérience en ces guerres dernières q'une poignée de bélistres eut ce pouvoir que de constraindre tout ung pays à venir à composition, et que le roy s'en souciât si peu des misères et calamités de son pauvre peuple. Mais pour ce dernier poinct, il en fault, à mon advis, raporter la cause aulx grandes et urgentes ocupations que sa majesté avoyt alhors ; et que aussi d'aileurs les places que ces voleurs tenoint estoint si bien munies et assises en des lieux si fortz et inaccessibles q'uil estoyt impossible de les en tirer par force.

Pour donc prouvoir à ces désordres et adviser aux moyens plus expédiens pour les faire cesser, les troys estatz de ceste province s'assemblèrent en la vile de Rodez, du mandement et authorité de messire Arnauld de Landorre, baron dudict lieu et sénéschal pour sa majesté du pays de Rouvergue, le III jour du moys de mars MCCCLXXXIII. Et s'y trouvèrent messires Jean Ségur, vicaire général de monsieur l'evesque de Rodez, Pierre de S. Exupère, baile du chapitre Nostre Dame de Rodez, pour et au nom dudict chapitre, Aymeric de Niel pour le domp d'Albrac, Guilhaume Bruny pour l'abbé de Conques, Dordé Lunel pour l'abbé de Boneval, Gérauld

Ginestel, scindic du monastère de Bonecombe, pour l'abbé dudict monastère ; Sicard Cabes pour l'abbé de Beaulieu. De la noblesse s'y trouvarent messire Brenguier de Castelpers, seigneur et baron dudict lieu ; Jean Blanc pour le seigneur de Chasteauneuf, Hugues Cabanes pour le seigneur de Roquefeuilh ; noble Jean de Bruzon, seigneur de Mélac ; messire Sicard Raphin, chevalier ; Forton Valele pour la noblesse de la Basse Marche ; Guy de Mostuejols, seigneur dudict lieu, tent pour luy que pour le seigneur de Sévérac ; messire Renauld de Vezin, chevalier, et noble Gautier d'Azémar, seigneur de Vilelongue. Du tiers estat y estoint les consuls de Rodez, de Milhau, de Compierre, de Brusque, de S. Rome de Tarn, de Roupeyrous, de Sauveterre et de beaucoup d'aultres viles.

Ces estatz ainsin assamblés, après avoir longuement traicté des moyens qui se pouvoint excogiter pour se guarentir de ceste canailhe, n'en trouvèrent de plus expediens que de se jetter entre les bras du comte d'Armaignac, le prier de voloir avoyr pitié de ce pauvre peuble et d'en prendre la protection et deffence, et en ung mot de faire tent avec les capitenes des garnisons de Curvala, Carlat, Pozols, Aygo, Aloyse, Miramon, et Puechpeyrous que les courses et ravages q'uilz foisoint sur ce pays cessassent en tele sorte que le négoce et commerce demurât libre et les paysens assourés en leurs maisons. Et pour contenter les chefz de ces garnisons luy feirent deslivrer septze mil francs d'or. J'ai véu les conventions que feurent à la suite de ceste assemblée accordées entre le comte et les députés desdicts estatz desqueles je ne metray icy que deus articles qui donent assez à entendre leur intention. Ilz sont en latin coume la pluspart des actes qui se dressoint alhors en ce langage. Mais je les torneray en françois : « Item, a esté acordé entre ledict monsieur le comte et les gens desdicts troys estatz que coume il ne luy eust esté possible par aulcung moyen faire avec les Anglois que toult habitent de Rouvergue portent passeport ou asseurence de quelque une de leurs garnisons ne feut arresté ni emprisoné par aulcung desdicts Anglois, ains peut aler asscuréement par tout le pays d'Auvergne et de Rouvergue en monstrant ledict passeport, ledict monsieur le comte feroit que en portent passeport de ceulx de Curvala, Carlat, Posols, Aygou et Alouyse l'on seroyt asseuré par tout tant desdictes garnisons que de toutes aultres. Item le susdict comte promettoit de faire avec les Anglois q'uilz ne contraindroint dès lhors en avant lesdicts habitans de venir faire bastimens et manuvres en leurs fortz ni leur contribuer en aulcune façon, argent ou vivres ; que s'il ne pouvoit guagner ses deus poinctz et aultres précédens sur eulx, il seroit tenu leur faire la guerre fort et ferme pour réprimer leurs courses, et que à ces fins toutes les places fortes qu'estoint auprès des fortz des enemys, luy seroint livrées et mises en son pouvoir. D'où nous pouvons comprendre que l'intention dudict pays estoit de tenter premièrement quelques moyens doulx et paisibles pour réprimer les insolences des enemys, attendant que le roy leur envoyât quelque armée pour en délivrer du tout le pays, et en cas que l'on ne pourroit guaigner ce point venir à la force ouverte. » Par le narré de cest acte résulte clèrement que le pays de Rouvergue se trouvoit alhors en trèsgrande désolation. J'en ay icy volu insérer quelques motz qui le monstrent asses. « Attendentes etiam copiam et infinitum numerum Anglicorum latrunculorum qui in maximo numero circumqunque *patriam* Ruthenæ *more columbarum volantium hinc et inde destruunt occidendo, apprisonando, affogando fortalitia quibus bono modo de præsenti attentis maximis negotiis regiis et longa distantia coronæ regiæ resisti non potest nisi per eumdem egregium principem et dominum comitem Armeniaci, etc.* » Bien que en cest acte ces pilhards soint apelés Anglois, ils ne l'estoint pas pourtent véritablement, ains, coumme nous avons déjà dict cy devent, ils estoint la pluspart François qui avoint néammoings durant les précédentes guerres suivy le parti des Anglois, lesquels ayans esté tirés de ce pays restarent ces voleurs vulgairement apelés les Rotes ou Companies, et yceulx s'estens saisis d'ung grand nombre de places sur les frontières d'Auvergne, Lymouzin, Quercy, Rouvergue et Givaudan sens aultre chef principal que leurs simples capitenes faisoint ces désordres que nous venons de dire sur le plat pays coumme l'on peut amplement voyr dens l'hystoire de Froyssard.

Les habitans du pays de Givaudan, suivent l'exemple de ceulx d'Auvergne et de Rouvergue, se mirent aussi soubz la protection dudict comte, coume j'ay apprins par la délibération q'uen feut prinse en une assemblée des estatz de ceste province que j'ai veue, et ledict comte, suivent sa promesse, teint ces volurs de si court qu'ilz ne feirent plus les ravages q'uilz avoint acoutumé de faire auparavant. Aussi le roy, en récompense de ce service, luy dona toutz les deniers des aydes qui avoint esté imposées de son authorité, tent sur la comté de Rodez, que aultres terres de Rouvergue apartenens audict comte coumme j'ay veu par letres patentes dudict don en datte du xxvii juing mil cccLxxxIII.

Le comte ne jouyt pas longuement de ce don,

parce que s'en estent alé en la vile d'Avignon vers le pape Clément VII, qui avoyt esté eslu l'an MCCCLXXVIII, en scysme contre Urbain sixième, et qui avoyt remis le siège pour la segonde fois en ladicte vile d'Avignon, duquel pape ce comte estoyt fort chéri, il y morut de maladie l'an MCCCLXXXIIII, dans le palais papal, assis sur la rivière du Rhosne. Troys ans avant son décès, il avoyt faict testement qui se voyt encores datté du IIII jenvier MCCCLXXXI, estent luy pour lhors dans son chasteau de Gaje, non attainct d'aulcune maladie que me faict croire que ce feut sur l'appréhension du voyage de Flandres ; par yceluy il faict hérétier son fils ayné, Jean d'Armaignac, et en cas qu'uil décèderoit sens enfens, luy substitue son segond filz, Bernard, auquel il lègue la baronie de Casaubon qu'uil avoyt de nouveau acquise, cele des Angles en Bigorre, et quelques aultres terres et seigneuries, oultre troys mil libvres de rente annuele que debvoyt estre assise en Rouvergue ou Guascoigne, coumme seroyt advisé par son héretier ; lègue aussi à Béatrix d'Armaignac, sa filhe, vefve de Gaston de Foix, la soume de dix mil libvres par dessus la dot que lui avoyt esté constituée au contract du mariage avec ledict Gaston et sur son décès il feit ung codicille audict Avignon, le XXV may MCCCLXXXIIII, par lequel il confirma simplement son testement eslisent sa sépulture en la grande esglise d'Auch, au tombeau de ses prédécessurs et morut le lendemain de la datte dudict codicille. Et parce que il foisoit en ce temps là ung extrême chauld et qu'uil eust esté fort difficile de transporter durent yceluy le corps en la vile d'Auch, il feut advisé de l'ensepvelir pour ung cependant en l'esglise Nostre Dame de Domps, en Avignon, et de laisser son corps en dépost et cou-

mende aux chanoines de ladicte esglise, jusques à ce
que l'on eust le moyen de le transférer à Auch ; et
cependent lesdicts chanoines s'obligèrent de le rendre
toutes les foys qu'ilz en seroynt requis. J'ay veu
l'acte de ceste obligation du xxvi may mccclxxxiiii.

Bien que, au temps du testament de Jean 2,
Béatrix d'Armaignac, sa fille, feut vefve (car elle
y est ainsin qualifiée) si est ce que lhors de la
mort d'yceluy, elle avoyt esté remariée avec le filz
de Barnabé Viconte, seigneur de Milan, apelé de
mesme nom que son père, coume j'ay apprins d'une
letre missive du 13 juilhet 1384, envoyée par
ledict Barnabé, père, à Jean 3 du nom, comte
d'Armaignac, pour se condoloir avec luy de la mort
de son feu père, et par mesme moyen luy donner
advis de la mort de sa femme q'uil nomme Régine
de l'Escale. Elle estoit sortie de ceulx de l'Escale,
seigneurs de Vérone. Jules et Joseph Scaligers, père
et filz, très doctes persones que nous avons veu
naguières en France se disoint estre descendus de
ceste maison. Par ceste mesmes letre, le seigneur
Barnabé avertit ledict comte que sa seur, madame
Béatrix, estoit déjà enceincte. Il se done le titre en
la subscription de ceste letre de Barnabé Viconte,
seigneur de Milan, général vicaire de l'Empire.

Ce comte Jean 2 du nom augmenta la comté de
Rodez de deus grandes places et seigneuries. L'une
feut la baronie de Caussade (1) q'uescheut à sa
maison par le moyen de madame Jeane de Périgueux,
coumme nous avons jà monstré ; l'aultre, la baronie de
Castelnau de Montmiral (2) qui d'ancieneté dépendoit

---

(1) Acquisition de Caussade.
(2) Acquisition de la baronie de Castelnau de Montmiral.

du domaine de la corone de France. Mais le roy
Philippes le Long, pour s'obliger de plus en plus
le pape Jean 22, l'avoyt donné en pur don à
messire Arnauld Trian, nepveu de sa Saincteté,
coumme j'ai veu par letres patentes dudict roy, portens
ledict don en datte de l'an mcccxx, par lesqueles
sa majesté déclère son intention estre tele quiceluy
de Trian feut recognu par toutz les subjects et
habitans de ladicte baronie pour leur vray et naturel seigneur, et coume telz q'uilz eussent à luy
faire homage et prester le jurement de fidélité, tel
q'uilz estoint tenus de luy faire lhors que ceste place
estoyt entre ses mains. Après le décès dudict de
Trian, qui téint ladicte baronie asses longtemps,
luy succéda en ycele messire Louys de Trian, son
filz qui, le segond jour d'octobre mccclxxviii ou
1382, en passa vente pure au comte d'Armaignac, duquel nous parlons, pour le prix de dix m
francs d'or.

De Jean 3 de ce nom comte d'Armaignac et de Rodez et de son mariage et enfens.

CHAPITRE XVI.

Estent décédé Jean segond de ce nom, comte de
Rodez et d'Armaignac, son filz Jean luy succéda
ezdicts comtés et aultres biens de ladicte maison,
lequel nous nommerons Jean troisième de ce nom.
Il feut nourri avec madame Marguerite, comtesse de

Cumenje, filhe et héretière de messire Pierre Raymond, comte dudict Cumenge. Mais parce que il importe beaucoup de scavoir quel estoyt ce Pierre Raymond, père de ladicte Margüerite, pour bien et au vray entendre les droicts que ceulx de la maison d'Armaignac prétendirent après ce mariage, et à cause et suite d'yceluy sur ladicte comté de Cumenje, il est besoing de prendre ung peu de plus loing la généalogie de ce Pierre Raymond que nous tirerons de certaines mémoires fort vieilhes que j'ay devers moi portens au vray le factum d'ung procès qu'intervint long temps après. Ce de quoi nous parlons maintenent entre le roy Charles VII et Jean IV, comte d'Armaignac et de Rodez.

Bernard, comte de Cumenje, qui vivoyt environ l'an MCCCXXX, feut marié en ses premières nopces avec dame Marguerite, vicontesse de Turaine, et, par le moyen dudict mariage, la vicomté de Turaine luy demeura acquise, parce que ladicte Marguerite estent enceinte et tumbée en une grande maladie feit son testament par lequel elle institua héretier en toutz et chescungs ses biens le posthum ou postume qu'ele portait; et en cas que ledict posthum ou posthume décèderoit luy substitua le comte de Cumenje, son mary. Dens peu de jours après le testement elle enfenta une filhe après lequel enfentement elle morut laissent survivante ladicte filhe, laquele morut aussi dens six ou sept sepmenes après la mère. Et par le moyen d'ycele, en vertu de la substitution portée par le testement de ladicte Marguerite, il feut saisi de ladicte viconté de Turaine et aultres biens ayans apertenu à sadicte feue femme, desquels il ne peut jouyr toutesfois paisiblement et sens quelque troble qui luy feut donné par ung seigneur de Poictou, nommé

CHAPITRE XVI.

Regnauld du Pont, filz à Geofroy du Pont, seigneur de Ribérac, lequel présupposent ceste viconté de Tourayne luy apertenir, et que, en vertu de quelques précédentes substitutions, il estoyt apelé à la succession d'ycele si ladicte Marguerite moroit sens enfens, ce q'uil prétendoit estre advenu pour venir à ces attentes et monstrer que ladicte Marguerite estoit morte sens enfens, meit en avant une supposition de part et que ycele n'avoit jamais en effect esté enceinte, mais fainct seulement de l'estre; et que en fin ayent faict semblent de se délivrer avoyt supposé ceste filhe coume sortie d'elle, ce que n'estoit vray, mais une pure faincte et supposition. Sur quoy s'esmut ung grand procès en la court du parlement de Paris, en la poursuite duquel ledict Regnauld s'offrit de combatre en camp clos le comte de Cumenje, lequel soustenoit de son costé le part pour véritable et non supposé, et que sa dicte feue s'estoyt vrayement délivrée d'une filhe en présence de bon nombre de persones dignes de foy qui en déposeroint quant ainsin seroyt ordoné par la court, et que mesmes ladicte filhe avoyt receu baptesme par les mains de l'évesque de Carcassone. Et bien q'uil feut vray que ladicte filhe moreut quelques jours après coumme feit aussi la mère, si est ce toutesfoys que la vérité estoyt tele que la mère estoyt morte la première et que la filhe luy avoyt survescu de sept sepmaines ou environ, tout ainsin que Guido Pape le discourt plus à plain en ces décisions, question 623, qui asseure que, par arrest de ladicte court, ceste acusation feut admise. Mais il ne passe pas plus avant, s'il y eust combat ou non. Quoy q'uil en soit, il est véritable que, en vertu de ce testement ou disposition de ladicte Marguerite, la viconté de Turaine demura audict comte de Cumenje.

Ce Bernard, comte de Cumenje, viconte de Turaine et de Sarrières, seigneur de Gironsons et de Terre basse en Albigeois, après la mort de ladicte Marguerite de Turaine, sa première femme, se remaria. Et bien que je n'aye peu trouver ni le nom de sa segonde femme ni de quele maison il estoyt, il est certain toutesfoys que de ce segond mariage sortirent quatre enfens masles : Bernard, Pierre-Reymond, Guy et Jean. Avant que décéder il feit son testament par lequel il feit héretier en toutz ces biens Bernard, son filz ayné ; légua à Pierre Raymond, son segond filz, la viconté de Sarrières ; à Guy, son troisième filz, la seigneurie de Gironsons et de Terre basse en Albigeois. Et quant au dernier de ces enfens, il feut home d'esglize, feut premièrement proveu de l'évesché de Tholouze, bientost après érigée en archevesché, et d'évesque de Toulouze feut faict cardinal par le pape Jean 22. Onuphre en son libvre « de Summis Pontificibus et Cardinalibus » maict sa création au cardinalat soubz ledict pape en l'an MCCCXXIII en ces termes (1) : « Joannes Raymundi comes Convenarum Gallus ex episcopo Tolasano episcopus cardinalis Portuensis et S. Ruffinæ », d'où nous pouvons puiser son vray nom q'uestoyt Jean Raymond que je n'ay treuvé ailheurs.

Bernard ayné desdicts enfens après la mort de son père, Bernard premier, feut comte de Cumenge et viconte de Turaine. Il espousa dame Matha, filhe de Bernard Jourdain, comte de l'Isle en Jordain, duquel mariage sortit ung fils masle nommé Jean et troys filhes, bien que le factum duquel j'ay prins ceste généalogie n'en nomme que deus, Jeanne

---

(1) Onuphrius in Pont. Roma. sub Joanne 22.

CHAPITRE XVI.

qu'estoyt l'aynée et Eléonor ; mais la vérité est telle q'uil y en eust une aultre nommée Cécile, de laquele le testament de dame Mathe leur mère faict mention, lequel testament se voyt encores en datte de l'an MCCCL. Cele là qu'estoyt la plus jeune de toutes feut mariée avec Jacques d'Aragon, comte d'Urgel, filz puiné de Jacques du nom roy d'Aragon et frère de Pierre 4 du nom, roy aussi d'Aragon. Surita (1), chroniqueur Arragonois parle nomméement de ce mariage, soubz l'an MCCCXXXVI, en ceste façon : « Paucis ante obitum regis (il entent du roy Jacques qui morut en ceste année là) intermissis diebus nuptiæ Jacobi ejus filii et Ceciliæ Convenarum comitis et Mathæ ejus uxoris filiæ sunt depactæ, Raymundus per alta regiarum classium præfectus eam ob causam in Galliam legatur. » La raison, à mon advis, pour quoy nostre factum ne faict mention de ladicte Cécile est par ce que elle n'eust aulcung partage en bien pocessoire de son feu père, mais feut constrainte de se contenter de la dot que luy feut constituée en argent, non pas que son mari et elle n'en feissent instance ; car après la mort de Jean son frère, qu'avoit esté délayssé héritier par leur feu père, ils se mirent aux champs pour demander la succession de ladicte comté de Cumenje, mais par sentence arbitrale ilz en feurent démis, coume Surita mesmes confesse, car voicy coumme il en parle soubz l'an MCCC 40 (2). « Joanne Convenate comite vita functo Bernardi Convenarum comitis filio, Jacobus Urgellitanus comes regis frater actionem hæreditariam intendit quod Cæciliæ uxori

---

(1) Surita, sub anno 1336.
(2) Idem sub anno 1340.

successionis jus devolutum esset, atque eam pro hærede se gerere æquum videt, quæ soror Joannis esset. Cæciliæ causam res tuetur, interventu Joannis Nortmaniæ ducis Philippi Valesii Francorum regis filii, Caroli Alenzonii comitis regis fratris Ludovici Hyspani Claromontii comitis, Alphonsi Castellæ exhæredis filii, qui summæ consiliorum, rerum in Galliæ gerendarum præsunt. Francus Petrum Raymundum Convenatem exclusa Cæcilia in possessionem mittit. » Voilà donc pour quoy les mémoires contenens le factum que nous suivons en ceste généalogie ne faict mention de ceste Cécile par ce que elle n'eust aulcune part ez bien de sondict père. Revenons donc à la suite de ceste généalogie.

Après la mort de Bernard 2 du nom comte de Cumenje, Jean son filz, coumme héretier en toutz et chescungs ses biens, feut comte de Cumenje et visconte de Turaine, et néammoings aussi seigneur des places de Gironsons et de Terre basse, parce que, coumme est porté par lesdicts mémoires, Guy de Cumenje, troisième filz de Bernard premier, estent décédé sens enfans, lesdictes places estoynt retournées en la généralité desdicts biens suivant la disposition dudict Bernard premier. Mais ledict Jean ne jouyt pas longuement desdicts biens, car coume nous avons veu par ce que Surita en dict, il morut l'an MCCCXL, laissent en vie ces deus aultres seurs, Jeane puînée et Eléonor, qui venoit après, laquele (pour parler premièrement d'elle avant que venir à ladicte Jeane) eust pour son partage la viconté de Turaine et feut mariée avec Guillaume de Beaufort, filz d'aultre Guilhaume comte de Beaufort et de dame Jeane Rogière, seur du pape Clément VI, traictent ce mariage, le cardinal de Cumenje, oncle de ladicte Eléonor, avec ledict pape Clément VI qui estoyt oncle dudict de

Beaufort et croirois volontiers que ce feut le cardinal qui feit doner à ladicte Eléonor si bone part des biens de sondict feu père à cause de ceste alliance si favorable et avantageuse pour luy ; non que la viconté de Turaine feut alhors de si grand esclat qu'ele est de présent ; ce lustre luy feut donné en conséquence de ce mariage, parce que nous roys pour de plus s'obliger les papes, qui feurent deus de ceste maison de Beaufort, Clément vi et Grégoire xi, aggrandirent de beaucoup ceste viconté et de revenus et de beaux et grands privilèges q'uilz concédèrent aux seigneurs de ceste viconté desquels ils jouissent encores de présent. Ceste maison de Beaufort feut résoleue en cele de Canilhac.

Quant à Jeane, filhe aynée de Bernard 2 du nom, comte de Cumenje et seur dudict Jean aussi comte de la mesme conté, elle prétendoit ycele comté avec toutz les biens de la maison de Cumenje lui apertenir coumme la première des filhes dudict Bernard et seur dudict Jean. Et se treuvant dans ladicte maison lhors du décès de sondict frère, elle s'en saisit ensemble de toutz lesdicts biens. Mais ce ne feut pour en jouiyr paisiblement, parce que Pierre Raymond, filz du premier Pierre Raymond qui estoyt filz puîné de Bernard premier, et auquel nous avons dict la viconté de Sarrières avoyr esté léguée, et d'une filhe du comte de Montlausun, se meit à la traverse soustenent la succession des biens de ceste maison lui apertenir et estre apelé à ycele par la disposition de leurs prédécesseurs coume estant le plus prochain des masles qui estoint apelés avant les filhes. Ceste contestation estoyt pour exciter ung grand trouble en ceste maison et pour la ruiner et perdre entièrement, sans ce que le cardinal de Cumenje qui respondoit d'ocle à l'ung et à l'aultre trouva moyen d'acomoder ce différent par ung mariage, q'uil traicta entre eulx avec dispence du S. Père, par ce q'uils estoint cousins. Surita au lieu que nous venons d'ammener ne parle que de Pierre Raymond lhors q'uil dict que le roy de France adjugea lesdicts biens audict Pierre Raymond, sens feire mention aulcune de ladicte Jeanne, parce que ces deus parties feurent réduictes en ung par ledict mariage.

Du mariage de Pierre Raymond et de Jeanne, comtes de Cumenje, sortit une seule filhe nommée Marguerite qu'est cele que nous a jetté sur ce propos. Elle feut héretière de son père, mais de tele façon qu'ele feut ung peu maltraictée par le testement d'yceluy, car par ledict testement qu'est de l'an MCCLXXV il la faict bien héretière, mais il luy baile de substituer en cas qu'ele décèderoit sens enfens masles, et après eulx volut que ces biens vinsent au roy de France à la charge d'estre unis à la corone et de n'en pouvoir estre jamais distraictz, ni séparés; et en cas que les alièneroit en faict donation à nostre S. Père le Pape, de manière que par ce moyen il privoyt entièrement sa filhe de la disposition desdicts biens. Elle feut mariée troys fois : la première avec Jean troisième du nom, comte d'Armaignac, duquel nous parlons, lequel elle survesquit de fort long temps, n'ayant heu de luy que deus filhes sens aulcun masle, coume nous dirons bien tost. Après le décès du comte d'Armaignac qui morut environ l'an MCCLXXXIX, elle se remaria avec aultre Jean d'Armaignac, filz de Gérauld, comte de Perdiac, come nous dirons en son lieu, et celuy là décédé se remaria la troisième fois avec Mathieu de Foix qui feut ung des enfens de Archambauld de Grally et Ysabeaulx de Castelbo, comte et comtesse de Foix, et feut frère de Jean xv, comte de Foix. Ce troisième mariage feut malheureux à ceste dame par ce que elle feut si mal traictée de ce Mathieu de Foix qu'il la teint prisonière par ung long temps et jusques à ce que par coummendement du roy Charles vii, elle en feut tirée. Mais ce feut moyenent une promesse qu'elle feut constraincte de faire au roy de l'instituer héretier en toutz et chescungs ses biens. Sur son eslargissement feut faict certain traicté d'acord entre sa majesté, elle et ledict de Foix, par lequel ladicte conté de Cumenje demuroit au roy pour en jouyr dès lhors en avant, et toutz les aultres biens d'ycele debvoint estre jouys par ledict de Foix, sa vie durent, et aprés sa mort debvoint apertenir au roy moyenent certaine pencion et la jouyscence du revenu de quelques places que ladicte dame debvoyt avoyr sa vie durent. Mais elle estent en sa liberté désadvoa ce traicté coumme concenti par force et violence ainsin que j'ay veu par les mémoires desqueles j'ay parlé cy dessus qui débatent ledict traicté et respondent particulièrement à chesque article d'yceluy. Elle feit enfin quelque donation de ces biens au comte d'Armaignac, Jean 4, qui se meit en debvoir de les quereler et déjà il s'estoyt saisi de quelques places dépendens d'yceulx ; mais cela pença estre cause de sa ruine. Le roy Charles vii aians prins cesto poursuite si à cueur, que soubs quelques aultres prétextes il feit defférer de crime de leze majesté par son procureur général ledict comte, qui feut faict prisonier et détenu fort longtemps en la vile de Carcassone, coume nous dirons plus à plain en son lieu.

Revenent au fil de nostre hystoire, dame Marguerite de Cumenje avoyt esté premièrement acordée du vivent de Jean segond du nom comte d'Armaignac et de Rodez, à Bernard, son segond filz, ainsin que j'ay veu par les articles dressés sur ce traicté de mariage, lequel ne sortit à effect ains feut interrumpu par le décès dudict Jean, père, après la mort duquel Jean, son filz ayné qui luy succéda ez comtés d'Armaignac et de Rodez, frère dudict Bernard, la print à femme, de laquele il eust seulement deus filhes sens aulcung masle, scavoir Marguerite que feut mariée avec Guilhaume, viconte de Narbone et Jeanne qui espousa le seigneur de L'Esparre.

Il ne tarda guères après le décès de Jean 2, comte d'Armaignac, que le duc de Berry s'en vint de rechef en son gouvernement de Guyene et Languedoc. Et estent arrivé à Toulouze, le noveau comte de Rodez et d'Armaignac, son nepveu, le vint aussi tost trouver, qui feut receu de luy avec trèsbon acueilh ; et voyent ce prince coume il estoyt expédient et nécessere pour le service du roy d'employer ce jeune seigneur aux guerres contre les Anglois esqueles il pouvoit plus que tout aultre seigneur de Guyene ny de Languedoc, il luy dona mesme pouvoir que son père avoyt heu ezdicts pays, le y faisant son lieutenent ou coume l'on parloit alhors capitaine général. J'ay veu les letres de provision qu'il luy en feit despêcher donées à Tolouze, le xxvii octobre MCCCLXXXVI, portens ung fort ample pouvoir, et oultre ce pour l'affectioner encores davantage et luy doner moyen de supporter l'excessive despence q'uil luy conviendroit en ceste guerre, il luy ordona sept cens homes d'armes payés des deniers du roy à raison chesque home d'armes de xvi francs d'or pour moys et pour son estat mile francs chesque moys; de quoy il luy feit aussi despêcher letres données à Tolouze le XIII novembre an que dessus. Elles sont dressées aux généraulx des aides, ordonés pour le faict de la guerre au pays de Languedoc et duché de Guyene.

Mais parce que la despence que le comte d'Armaignac faisoit pour résister aux cources des guarnisons d'Auvergne, Quercy, Rouvergue et Albigeois excédoint de beaucoup les moyens que le duc de Berry luy avoyt mis en main, le roy en la mesmes année luy donna XXX mil francz d'or à prendre sur la recepte de Languedoc, coume apert par ses letres patentes données à S. Germain le XXVI jenvier mil CCC LXXXV, par lesqueles il luy confirme aussi les VII C homes d'armes et les mil francs chesque moys pour son estat que le duc de Berry lui avoyt acordés. Ces XXX mile francz qui n'estoint que pour une foix seulement feurent après convertis en pencion annuele tele qu'avoyt esté ordonée à sondict feu père, coume j'ay veu par letres patentes du duc de Berry du XXIX aust M.CCC LXXXVI faisens mention des provisions du roy porteus l'assignation de ceste pencion.

Des guerres que le comte d'Armaignac exploicta en Guyene contre les Anglois et de sa négociation avec les capitenes dez companies pour leur faire quitter les places fortes qu'ilz y tenoint.

CHAPITRE XVII.

Le comte d'Armaignac, ayant en mains toutz ces moyens que lui avoint esté donnés par le roy et le duc de Berry, se mit à bon escient après à faire la guerre aux Anglois qui restoint encores en Guyene. Et ayant laissé en Rouvergue son frère Bernard d'Armaignac, qui portoit le titre de comte de Charolois, avec bon nombre de gens de guerre pour faire frontière aux pilhards et voleurs des guarnisons des companies et routiers, il se meit aux champs avec une armée et exploicta si bien que dens peu de temps il remit en l'hobéyscence du roy environ trente places fortes qu'estoint encores entre les mains des Anglois, j'entens de celes qui tenoint véritablement pour le roy d'Angleterre et qui estoint de son hobéyscence, car celes qui estoint teneues par les routiers (desqueles nous avons dict quelque chose et parlerons encores plus à plain cy après) ne recognoissoint en aulcune façon le roy d'Angleterre, et n'estoyt de son hobéyscence ; ils ne faisoint la guerre que pour eulx et pour s'enrichir de leurs voleries, bien toutesfois qu'uils feissent parade du manteau des Anglois. Et bien que nous annalistes et chroniqueurs françoys ne fascent mention de cest exploict de guerre du comte d'Armaignac, par ce qu'uilz ne traictent guières que du général sens s'amuser aux particularités des provinces, si est ce toutesfoys qu'il n'y a rien de plus véritable q'uil se mit en la saison que je parle aux champs, et ravit des mains des Anglois ung bon nombre des places q'uilz tenoint encores en Guyene, j'ay treuvé le nom d'ycelcs en ung petit mémoire qui se voyt dens les archifs de la comté de Rodez. La tenur du quel est tele : « Ce sont les lieux que le comte d'Armaignac et de Cumenje a mis et faict venir en l'hobéyscence du roy monseigneur au temps de sa capitenerie, lesquels quand il feut faict capitene estoint en l'hobéyscence des Anglois : Unefuelhete, Combebruel, La Salvetat, Castelsagrat, Montjory, Saint Morin, Godorvile, Fossat, Montcamp, Montclar, Fencona, Puechbardac, Montsegur, Castelmoron, Chassanuel, Montault, Biron, Fagimont, Bazens, Espieux, Montesquieu, Preyssan, Montastruc, Belcastel, Le Castelat, La Guarde. » La pluspart desdictes places feurent prinses en l'année M. CCC. LXXXVI, et estoyt après le comte d'aler metre le siège devent celes que les pilhards occupoint en Auvergne, Rouvergue et aultres pays circumvoisins, quant il feut mandé par le roy pour se trouver au voyage q'uil avoyt résolu de faire en Angleterre.

Ce voyage feut arresté en l'an M. CCC. LXXXVI, et avoyt le roy délibéré de dresser la plus grande armée que eust encores esté veue en France. Il manda à toutz les princes et seigneurs du royaume se trouver à L'Escluse en Flandres où ceste armée se dressoit. J'ay veu la letre que sur ceste intention le roy escripvit au comte d'Armaignac par laquele il luy mandoyt le venir trouver, la part où il seroyt au premier jour de septembre avec cinq cens lances et deus cens arbalestriers, et au cas q'uil seroit empêché à la deffence du pays de Guyene qu'uil luy envoyât son frère avec deus cens lances de bone estoffe. Toutesfois et l'ung et l'aultre de ces deus frères se trouvèrent à l'armée laquele feut en fin rompue sens aulcung effect, par ce que le duc de Berry ne pouvoit trouver bon que le roy s'exposât au denger de la mer. Froissard, parlent de ce voyage au XLIV chapitre de son troisième volume (1), faict mention des deus frères d'Armaignac, s'estens trouvés en l'armée avec trèsgrand appareilh. « Et jà (dict il) plusieurs jeunes seigneurs du sang royal qui se désiroint avancer avoint croisé leurs nefz et boutés avant la mer en signifiant et disent : Je serai des premiers qui arrivera en Angleterre si nul y va. De ces tels estoint messire Robert et messire Philippe d'Artois ; messire Henrry de Bar, messire Piere de Navarre, messire Pierre d'Albret, messire Bernard d'Armaignac et plusieurs aultres. » Et au mesme chapitre parlent de la rupture de ce mesmes voyage, il dict que le comte d'Armaignac qui y estoit aussi venu en feut trèsmarri. « Qui eust lhors (dict cest autheur) veu les seigneurs courroucés, spécialement ceulx des loingtenes parties et marches qui avoint trevalhé et despendu leur argent à merveilhes. Et de ceux là y en avoyt de tels que le comte de Savoye, le comte d'Armaignac, le comte Daulphin d'Auvergne et cent grands barons qui se despartoint moult envis sens avoir veu l'Angleterre : aussi faisoit bien le roy. »

Mais nous n'avons que faire de parler plus avant de ce voyage depuis qu'uil ne feut poursuivi: Nous retournerons aux comtes d'Armaignac et de

---

(1) Froissard, vol. 3, chap. 44.

Charolois, lesquels revenus de France recommencèrent plus fort que devent la guerre contre les routiers et pilhards de ce pays. Mais quoi qu'uils y amployassent toutz les moyens à eulx possibles et toutz les expédiens desquels ils se peurent adviser pour empêcher ces ravages, ils ne peurent néanmoings jamais tent faire que ces voleurs, quoy que tenus d'asses court, ne feissent quelques courses, tentost en Rouvergue, tantost en Quercy et tantost en Givaudan et aultres pays des environs, et de les forcer dens leurs retraictes. Il n'y avoyt aulcune apparence veu l'assiete et forteresse des places qu'uilz tenoint et le grand nombre des gens de guerre qu'uilz estoint toutz vieulx soldatz et expérimentés au faict des armes.

Ce pendent les habitans du plat pays de toutes ces provinces estoint pilhés et saccagés ; le traffic et négociation des pays de Languedoc et de Guyene cessoit entièrement ny ayant marchent quelcunque qui s'osât exposer au denger des chemins ni metre en hazard leurs merchendises. En fin pour donner quelque remède à tels désordres, les provinces d'Auvergne, Vellay, Givaudan, Rouvergue, Quercy, les sénechaulcées de Toulouze, Carcassone et Beaucaire advisèrent de faire une assemblée en laquele, ayant chescune d'ycelles envoyé sès députés, feut résolu de suivre toutes ensemble l'expédient du quel s'estoint déjà advisés quelques années au paravant les estatz de Rouvergue, coume le trouvans le plus propre et convenable pour faire cesser ces désordres, qu'uestoit de tirer ces pillhardz de leurs fortz par argent, depuis qu'uilz ne le pouvoint faire par la force des armes ; feut donc advisé entre eulx de se retirer du comte d'Armaignac, pour parler aux capitenes des companies de ces routiers et négotier avec eulx en telle façon, que moyenent de l'argent ils quittassent les places q'uilz tenoint occupées et se retirassent loing de ce pays ; s'estens donc les députés desdictes provinces assamblés avec ledict seigneur comte et pezé meurement toutz les expédiens q'uilz se peurent excogiter pour venir à ceste intention. en fin ils arrestérent et passèrent avec luy les conventions que je vais icy insérer tout au long parce que elles ne se trouvent ailheurs que fort rarement ; le titre d'yceles est conceu en latin, mais le reste est en françois.

« Iste est tractatus evacuationum factus in loco Ruthenae, anno Domini M°CCC°LXXXVII° et die sextâ mensis julii quæ fuit die sabbati indictione x pontificatus SS. in Christo patris et domini nostri domini Clementis divinâ Providentiâ papæ VII anno IX.

» Ce sont les instructions et convenances faictes entre hault et puissent prince monsieur le comte d'Armaignac d'une partie et les gens d'esglise, nobles et communes dez pays d'Auvergne et ressort d'yceluy, Velloac, Jévaudan, de Rouvergue, de Querey et des séneschaulcées de Tolouze, Carcassone et de Beaucaire, d'aultre partie.

» Premièrement que coume Raimonet de Cort, Raymon Guilhen de Caupene, Mérigot Marques, Chopin de Badefol, le bort de Garlent, Nolinbarbe, Bernar Doat, Amannual de Mombec, le bort de Monsal, le bort de Vic, Bertruc de S. Paul, lo Basquinat, Monnet de Campaigne, Gourbinol Bertronnet de Berçanac, Pierre de Nisant et plusieurs aultres avec leurs complices Anglois et enemys du royaume de France, tienent prins et occupés les lieux, places et forteresses de Carlat, de Murat, L'Agasse, d'Aloeze, de Roquematou, de Turlande, de Valon, de Charlus, de Champaignagues, de Chasteauneuf lez S. Niteire, de S. Supéry, Le Roc Dunzac, Le roc de Verdale, de Vairac, de Pinsac, de Coste-Rosque, La Garnie, Sabadel, de Monvalent, de Croisso, d'Orguly, de Peunete, de Cénaret, d'Anglard, d'Agende, Gerle, de Valcales, de Melet, de Paleret, Lebersac, Guolo, Frayssinet et plusieurs aultres lieux, places et forteresses ezdicts pays et frontières d'yceulx, a esté traictié par les dessusdicts en la manière que s'ensuit : « Retenu la volonté du roy nostre Seigneur et de monsieur le duc de Berry et d'Auvergne, c'est à scavoir que ledict monsieur le comte pour honeur et révérence de nostre S. Père le Pape, du roy nostredict seigneur dudict monsieur le duc, et pour le bien et proffit public que à l'ayde de Dieu et de la Vierge Marie prent en soy la charge de faire vuider et dellivrer auxdicts Anglois et enemys et à touts leurs complices, gendarmes et valetz lesdicts lieux et forteresses, et toutz les aultres lieux et forteresses que les dessus nommés tienent prins et occupés ezdicts pays et frontières d'yceulx et les mener et conduire ou faire mener et conduire hors desdicts pays du royaume de France et de la duché de Guyene en tent coume elle est en l'hobeyscence du roy de France.

» Item que lesdicts Anglois et leursdicts complices feront si fortz et grands et fortz seremens coume faire se pourra de ne faire guerre ne domage quel qu'ilz soyt ausdicts pays, royaulme de France et duché de Guyene et q'uilz n'ont faict mines, fossés ni aultres engins, pour quoy ilz ou aultres puissent retorner ne occuper lesdicts lieux ne aulcung d'yceulx, et si faict l'avoint q'uilz le diront et révèleront sur les serements q'uilz fairont sur la peine d'estre réputés faulx, mauvois et perjures et fomentis et en doneront obligances si fortes coume faire se pourront, lesquels seremens et obligances seront receues par les députés à ce par mondict seigneur le comte et gens desdicts pays. Sur ce ledict mondict le comte se faict fort et promet et jure soubz les obligances dessoubs escriptes que lesdicts capitenes et aultres de leurs compaignons demureront dehors ledict pays par une année acomplie à conter du jour q'uilz vuideront et oultre ce faira son pouvoir sur sa foy et jurement q'uilz demureront hors ledict pays par le plus long temps dont ilz pourront fixer avec eulx.

» Item prometront, jureront et affirmeront coume dessus q'uilz ne feront guerre, ne doneront domage en nulle manière au lieu d'Avignon, ni à la comté de Venessin ni aultres lieux, pays et terres apertenens à nostre sainct Père le pape Clément, ne à leurs apertenences, ne à la comté de Provence et de Folcalquier, ne aultres lieux que leur apertienent ou soint de l'hobeyscence du roy Louys présens ou non, soint dedens la comté de Provence et de Folcalquier et leurs apertenences, ne au Dauphiné de Viennoys, ne à persone, ne à riens que soit des lieux et pays de leurs apertenences en la manière qu'ilz auront promis des pays devent dictz.

» Item que ledict monsieur le comte faira son pouvoir que les dessus nommés Anglois et aultres capitenes desdicts lieux baileront par escript auxdicts commis et députés toutz les noms et surnoms de leursdicts compaignons, varlets et complices qui se arment pour faire lesdicts serements et vuider et doner lesdictes obligances.

» Item que lesdicts lieux et forteresses ainsin vuidées seront dellivrées à ceulx de qui estoint par devant la prinse et ocupation d'yceles, en prometant et bailant plesges souffisens de les bien guarder et deffendre ou les diruir et démolir si et par tele manière que domatge n'en puisse venir auxdicts pays ou aultrement, lesdicts lieux et forteresses qui sont au pays de monsieur le duc seront par luy ou ses gens guardées ou dirruées et semblablement seront guardées ou dirruées par ledict monsieur le comte celes qui sont en son pays ou puissence.

» Item que pour faire acomplir les choses dessusdictes et chacune d'yceles lesdicts gens d'esglise, nobles et communes desdicts pays et séneschaulcées seront tenus de payer et dellivrer audict monsieur le comte ou à son certain mandement la somme de deus cent XL mil francz, c'est à scavoir chescung desdicts pays et séneschaulcées sa part et portion ainsin coume il s'ensuit.

» Premièrement pour l'estat de l'esglise desdicts pays vingt et cinq mile francs.

» Item pour les nobles setze mile six cens soixante six francz et deus tiers de franc.

» Item pour le pays d'Auvergne cinquante mile francz.

» Item pour le pays de Rouvergue cinquante mile huict cens trente troys francs et ung tiers de franc.

» Item pour le pays de Velay setze mile six cens soyxante six francs et deus tiers de franc.

» Item pour le pays de Gevaudan setze mile six cens soixante six francz et deus tiers de franc.

» Item pour le pays de Quercin setze mil VI cens LXVI francs deus tiers de franc.

» Item pour les trois séneschaulcées de Tolouze, Carcassone et Beaucaire fors mis de Velay et de Gévaudan, à raison de XXIII mil feus et pour chescung feu deus francz et demi, cinquante sept mile et cinq cens francz.

» Lesqueles soummes dessusdictes font la soume

de deus cens cinquante mile franz de laquele les deus cens xl mil sont obligées et doybvent estre bailées audict comte d'Armaignac, les dix mil restens sont ordonées pour les despens et trevailh faictz par ceulx qui ont travailhé jusques aujourd'hui en ce présent traicté.

» Item chescung desdicts pays sera tenu d'aporter sa portion de la susdicte soumme à Rodez dedens la mi septembre prochaine venant et bailer à ceulx qui seront députés par ledict monsieur le comte en tele manière que l'ung desdicts pays ne soint tenus pour l'aultre fors que seulement pour sa part et portion et en payant ycele sera quitte. Et s'il advenoit que Dieu ne vueilhe que lesdictes soummes feussent perdeues en tout ou en partie par les Anglois ou gens de leur part, qu'elle feut perdeue auxdicts Anglois ; et se elle se perdoit par François qu'ele feut perdue au pays qui l'envoyeroit. Et ou cas que ladicte soumme ne seroit payée audict terme que pour ce ne demeure que ledict accord ne se ticigne et les vuides ailent coume dessus est dict et acordé ad faire.

» Item que ledict monsieur le comte ou les recepveurs députés de par luy seront tenus de prendre toute monoye d'or francz, escus, ou aultre qui aye cours au royaume de France ou entre les Anglois en Guyene.

» Item que ledict monsieur le comte fera parmi ladicte soumme que les gens desdicts pays, royaume et duché de Guyene, auront desdicts Anglois paix, souffrance et seureté générale dez maintenent jusques à la fin du moys d'aust prochenement venant ; q'uilz n'apprisoneront, ne pilheront, ne prendront lieux, ne domageront les gens desdicts pays qui contrbueront à ladicte soumme ; et si ils faisoint le contrere ledict

monsieur le comte sera tenu de le réparer et
émander ou faire réparer et émander.

» Item retient monsieur le comte quant à Merigot
Marques, le bort de Vic, Bortrud de S. Paul et
Bernard Douat pour les lieux qu'ilz tienent aveuc
lesquelz il n'a pas encores acordé que de huict
jours il ne soit tenu dez domages qu'ilz donassent;
mais qu'il fera son pouvoir dans lesdicts huict jours
d'avoir souffrence ou notifier qu'on se garde d'eux.

» Item que auleung de ce pays depuis ce traicté
en enca ou par avant avoyt faict pactis aveuc auleungs
desdicts capitenes ou Anglois durant le terme dessusdict, c'est assavoir jusques à la fin d'aust prochainement venant, qu'il en soyt quitte, et se aulcune
en avoyt payé que ce luy soyt déduicte en la soumme
dessusdicte, et ces choses faictes ledict monsieur
le comte soyt tenu de faire vuider coume dict est
lesdicts enemys et délivrer lesdictes forteresses en
la main de ceulx de qui estoyt coume est dict
dessus en la bone volonté et ordonence dudict
monsieur le duc et qu'il fera son loyal pouvoir
qu'iceulx Anglois et enemys depuis le délaissement
desdictes forteresses ne se puissent ou doibvent
séjourner ne demourer auxdicts pays, ne auleung
d'yceulx, si non pour une nuict ou jour naturel, en
alant vuidant et passant lesdicts pays, duché de
Guiene et royaume de France, et seront tenus payer
ce q'uilz prendront exceptés vivres raisonables.

» Item se monsieur le comte estoit payé entre
cy et la mi septembre prochainement venent, lesdictes vuides seront faictes dedens la feste de toutz
sainctz en sa. Les choses dessusdictes universes et
singulières premetent et jurent sur les sainctz
évangiles de Dieu lesdicts monsieur le comte et sur
la foy de son corps, et les procureurs, tenir, attendre,

acomplir les choses dessusdictes, ainsin coume sont escriptes et payer aux termes dessusdicts ung chescung ainsin coume dict est aultrement toutz domages, despens et intérestz qui sont faictz ou se fairont pour ceste chose cy par lesdictes parties sur le serement et foy que dessus et sur l'obligation et expresse hypotécation de leurs biens, c'est à scavoir mondict seigneur le comte des siens, et les aultres des biens des pays et habitans d'yceulx pour lesquels sont commis, et sur ce seront faictes submissions par ledict monsieur le comte et les aultres à la chambre du pape, du Chastelet de Paris et aux coherctions des foires de Brie et de Champaigne et au petit seel de Montpellier, etc., et soubz les renuntiations qui se ordoneront par le conseilh des sages. »

De ces articles convenus et acordés entre le comte d'Armaignac et les provinces y mentionées se descouvrent beaucoup de particularités que ne se trouvent aux discours que Froissard et aultres hystoriens françois font de ceste négociation (si nécessere et utile pour toutz cesdicts pays, que sans ycele ils estoint du tout perdus et désolés) ne feut ce que pour les noms des capitenes de ces companies et des places et forteresses q'uilz tenoint occupés en ces provinces lesquels noms se trouvent la pluspart corrompus et vitiés dens Froissard. L'on y peut aussi remerquer la grande et large estendeue des courses et ravages que faisoint ces companies que n'estoint pas seulement sur le pays de Rouvergue, Auvergne et Quercy, bien que les fortz q'uilz tenoint feussent pour la plus part assis en ces provinces, mais s'estendoint par l'Albigeois, Toulosain, Lauregois, Carcassonoys, Velay, Gevauldan et par tout le bas L'Anguedoc depuis le Rhosne jusques à Narbone, car les troys séneschaulcées de Tolouze, Carcassone, et Beaucayre mentionées audict traicté comprenoint pour lhors tout le bas et hault Languedoc et Gevaudan, parce que les sièges de Nimes et aultres qui y sont de présent y ont esté depuis érigés.

Mais bien que ce traicté feut arresté et conclu en ladicte année mil CCC LXXXVII, il ne fault pas croire portent q'uil feut tout incontinent après exécuté, car les affaires prindrent une tele longueur q'uil ne feut achevé d'exécuter de troys ans après pour le moings entièrement. J'ay veu le traicté faict et passé entre ledict sieur comte et le borg de Garleux sur la reddition du fort d'Aloyse qu'est datté du XXV may M.CCC.LXXXX, estent encores ledict Garleux dens ce fort pour lhors. Il fault refférer la cause de ces longueurs non au comte d'Armaignac, qui de sa part y apportoit tout le soing et diligence qu'il pouvoit, mais partie aux empèchemens et traverses que le comte de Foix y donoit dessoubz main, ou y faisoit donner par quelques ungs desdicts capitenes qui dépendoynt entièrement de luy coumme nous dirons après, et partie aussi à cause des difficultés que le conceilh du roy trouvoit sur l'exécution de ceste négotiation qui estoyt fort espineuse et plene de dangers et soubçons, se doubtent sa majesté de la foy de ces capitenes et que après avoyr receu argent ils ne retcinsent lesdicts forts ou se remissent après par quelques subtilités dans yceulx coume nous monstrerons après par ung lieu que nous ammènerons de Froyssard.

L'intention du comte d'Armaignac tendoyt à deus fins : la première de purger le royaume de ceste vermine, et l'autre de s'aider des troupes qui sortiroint de ces guarnisons au voyage q'uil avoit entreprins en Lombardie contre Jean Galeas Viconte qui se portoit pour duc de Milan aprés avoyr tué par trahyson messire Bernabé Viconte, beau frère dudict comte coume nous discourrons plus à plain cy aprés, car bien que ces soldatz feussent véritablement de voleurs et pilhards, ilz estoint néammoings vrais gens de guerres expérimentés au faict des armes depuis vingt et cinq ou trente q'uilz suivoint ce mestier, tentost pour le roy de France, tentost pour celuy d'Angleterre sans que jamais ils se feussent séparés. L'on les apeloit communément (ainsin que nous avons déjà dict) les companies ou les routiers, bien que au commencement, après la paix de Brétigni ils se feussent donés eulx mesmes le nom de Tard venus, coumme se voyt dens Froissard, et n'estoint pas en si petit nombre q'uilz ne feussent en diverses partz du royaume trente ou quarente mile homes.

Desirant donc le comte d'Armaignac se servir d'eux tâchoit par toutz moyens les tirer des fortz q'uilz tenoint occupés avec l'argent que les provinces que dessus luy debvoint fournir. Le roy aussi et messieurs de son conceilh trouvoint fort bone ceste négociation et au grand proffit du royaume, ilz ne faisoint que quelque doubte sur l'exécution d'ycele, creignens que les capitenes ne manquassent à leur foy et promesse. Mais il y avoyt ung seigneur qui gastoyt tout. C'estoyt coumme nous avons touché cy dessoubz le comte de Foix, duquel estoint subjects une partie de ces routiers. Il le faisoit dessoubz main, et de peur que le comte d'Armaignac, se voyant chef de si beles troupes, ne les volut enfin amployer contre luy à cause de leurs vieilhes quereles, à quoy toutesfois il ne pençoit aulcunement. Mais par ce que toutes ces menées sont fort

CHAPITRE XVII.

particulièrement discourcues par Froissard au 95 chapitre de son tiers volume, il vauldra mieulx de raporter icy le discours q'uil en faict, encores q'uil soyt un peu long. Voycy donc coume il en parle (1) :

« En ce'temps (dict il, parlent de l'année M.CCC.LXXXVII) se tenoit le comte d'Armaignac en Auvergne et estoit en traicté envers les compaignons, lesquels tenoint grand foison de fortz en Auvergne, en Quercy et en Lymosin ; le comte d'Armaignac avoyt grande affection et bien le monstra de faire partir les capitenes enemys du royaume de France et leurs gens, et de laysser les chasteaulx q'uilz tenoint dont les terres dessus nommées estoint foulées et appouvries grandement, et estoint en traicté toutz ceulz qui fortz tenoint et qui guerre faisoint (excepté Geoffroy Teste noire qui tenoit Ventadour) envers le comte d'Armaignac, et debvoint les capitenes prendre et recepvoir à ung payement deus cens cinquante mile francz. A ladicte soumme payer s'obligèrent les terres dessus nommées qui volontiers se vissen^t délivrées de teles gens, car ilz ne pouvoint labourer leurs terres et aler à leurs merchendises ny rien faire hors des fortz pour la deubtence des pilhards dessusdicts, s'ilz n'estoint bien appactisés, et en convenences, et les appactis (suivent ce q'uils avoint sommés leurs comptes) montoint bien par an ez terres dessusdictes aultent que la rédemption des fortz et des garnisons debvoint monter. Or, quoy que ces gens feissent guerre d'Anglois si y en avoit il trop petit de la nation d'Angleterre ; mais estoint Gascons, Bretons, Alemans, Foixois et gens de divers pays qui s'estoint là recueillis et mis ensemble

---

(1) Froissard en son 3 volume, chap. 95.

pour mal faire. Quant la composition des rédemtions deubt estre faicte pour tout à certes (voire est qu'uilz exemptoint Geofroy Teste noire et son fort) le comte d'Armaignac pria le comte d'Auvergne de traicter avec luy (car bien s'en scavoit enseigner) et que par amour il se voleut du tout charger et travailher que d'aler en France devers le roy et son conseilh, les ducs de Berry et de Bourgoigne (lesquels pour ce temps avoint le gouvernement du royaume) pour faire leurs besoignes plus seurement et autentiquement, car sans eulx ils n'osoint rien faire ne lever nulle tailhe au pays. Le dauphin d'Auvergne à la prière du comte d'Armaignac se mit en chemin et exploicta tent par ses jornées q'uil vint à Paris. Pour ce temps ne y estoit point le roy, mais se tenoit à Roan. Quant le dauphin d'Auvergne feut allé là si remonstra toutes ces besoignes et les traictiés au roy et à son conseilh. Il ne feut pas si tost délibvré (car les seigneurs qui clair y voyoint, et que tele manière de gens de compagnies croire ne voloint) se ressoignoint sur cest estat et ces traictiers, et disoint : « Comte dauphin, nous scavons bien que le comte d'Armaignac et vous verriez trésvolontiers l'honeur et proffit du royaume, car part y aves et beles terres y tenes ; mais nous doublons trésfort que, quant ces capitenes Gascons, Biarnois et aultres auront prins et levés telles soummes de florins coume la composition monte et les pays en seront appouris et affoiblis, que dedens troys ou quatre moys ilz ne retournent et fassent pire guerre et plus forte que devant et ne reboutent de rechef dans les fortz. »
« Là, disoit le comte dauphin, c'est bien l'intention de nous, la tailhe faicte et l'argent cueily à Clermont ou à Rion, que là il ne sera mis oultre

jusques à ce que nous serons seurs et certifiés de toutes ces gens. » « C'est bien nostre intention, dirent les ducs de Berry et de Bourgoigne : nous volons que l'argent soyt levé et assamblé et mis en certain lieu au pays, à tout le moings en seront ilz guerroyés, s'ilz ne veulent venir à amiable traicté ; et que le comte d'Armaignac, vous, l'évesque de Clermont et l'évesque du Puy, vous retournies par delà, entendes y pour vostre honneur et pour le plus grand proffit du pays. » « Volontiers », répond le comte dauphin. Sur cest estat se despartit de la cité de Rouan et du roy et de ses oncles le comte dauphin d'Auvergne et trouva le comte d'Armaignac et son frère à Clermont et grand foison des seigneurs du pays qui attendoint sa veneue. Il leur conta tout ce q'uil avoit exploicté de mot à mot et les doubtes que le roy et ceulx de son conceilh y mettoint et come l'on vouloit bien que la tailhe feut levée et l'argent assamblé et mis en certain lieu, tant que l'on verroit la vraye fin de ses pilhardz. « C'est bien nostre intention, respondit le comte d'Armaignac et puisq'uil plaict au roy et à son conseilh nous exploicterons oultre ; mais il nous fauldra pour toutes sortes prendre et avoir une bonne trêve à eulx, par quoy le pays se peut asseurer et pourvoir contre la tailhe qu'on fera » ; dont feurent ambassadeurs de par le comte d'Armaignac ensoignés pour aler seurement parlementer à Perot le Béarnois et Mérigot Marcel, ces deux ainsin que souverains des fortz par deçà la Dordoigne avec le bourg de Caupene, Bernard des Isles, Olimbarbe, Abton Seguin, le seigneur de Lamparre, et plusieurs aultres. Ces capitenes ne se pouvoint acorder ensemble, car ce que l'ung voloit une sepmaine, l'autre le devoloit. Et si vous monstreray la raison : ils estoint de diverses opinions et divers pays. Les Armaignacs qui tenoint aulcune chose du comte d'Armaignac hobéissoint asses légèrement, mais tout ne se pouvoit pas conclurre par eulx, car la graigneur partie et les plus ruzés de pilherie et les plus renommés, tent que de capitenes, estoint de Béarn et dé la terre du comte de Foix. Je ne dis pas que le comte de Foix ne volut bien l'honeur et l'avancement du royaume de France : mais quant les noveles luy veindrent premièrement coume l'on traictoit sur ces routiers qui tant de fortz tenoint ez terres d'Auvergne, Quercy, Rouvergue et Lymosin, il y volut trop bien entendre et s'en volut trèsbien informer pour en scavoir toute la substence ; et demandoit, à ceulx que aulcune chose y scavoit ou cuidoint scavoir, quele chose le comte d'Armaignac mouvoit avant de toutz ces fortz délibvrer, et leurs capitenes et leurs gens partis et mis hors de leurs garnisons où ils se retireroint ne quel chemin ils tiendroint, et s'il y avoit intention de s'en ensoigner. On luy dict : « Monseigneur, ouy, c'est l'intention du comte d'Armaignac qu'uil veut retenir, à ses guages et coustz, toutz ceulx qui de ses fortz partiront, et les mener en Lombardie ; car son beaufrère, que par mariage ha sa seur (laquele eust espousé Gaston vostre filz) en a grandement à faire pour guarder et deffendre son héritage. » Sur ces paroles ne respondit rien le comte de Foix, ne feit aulcung semblent de l'avoyr entendu, et se tourna autre part, mais par ce il n'en pença pas moings, ains reguarda (espoir, et si come l'on peut imaginer et qu'uon a veu les apparences depuis) qu'uil enconbreroit couvertement et grandement la besoigne. Je vous diray coument onques le coumte d'Armaignac ne sceut finer pour traicté qu'il sceut

faire ne dire ne prêcher envers ceulx qui estoint
de la comté de Béarn et des teneures au comte
de Foix et de sa feme, q'uilz veinsent rendre
forteresse ne garnison, qu'ilz teinssent ni d'eulx en
rien convenencer ne aler au comte d'Armaignac ne à
Bernard son fraire. Or, le comte de Foix qui estoyt
plain de grande prudence regardoit que ces deus
seigneurs d'Armaignac, ses cousins, avec les Labritiens, estoint puissens homes, et que à leur venir
acquerroint amys de toutz lez côtés si ne les voloit
pas secourir de ceulx qui les debvoint servir. Encores
imagina le comte de Foix ung point trèsraisonnable.
Il avoyt guerre ouverte avec ceulx d'Armaignac, et
ce que de présent y avoit paix n'estoyt que par
treuves dont on a usage que cinq ou six fois on
les renouvele. Si le comte d'Armaignac avoyt sur
les champs en son hobéyscence toutz ces compaignons, capitenes et aultres qui estoint ruzés d'armes,
sa guerre en seroyt plus bele et pourroint les Armaignacz et les Labritiens avec leurs alliés faire ung
grand desplaisir au comte de Foix. C'estoit la principale cause pourquoy les favorables et les tenables
du comte de Foix ne s'acordarent au comte d'Armaignac, si luy donnoint espérence que s'y feroint
toutjours en eulx dissimulens, car de ses journées
ilz n'en tenoint nulles, mais ilz ne couroint pas sur
le pays si sougneusement coume ils soloint faire,
avant que ces traictés feussent entamés. Par ce
point cuida le comte d'Armaignac toutjours atteindre
à ses attentes, et le greigneur capitene qu'uil
attrayoit plus volontiers à luy, c'estoit Perot le
Béarnois, qui tenoyt le fort chasteaul de Chalucet,
et qui estoit le souverain en Auvergne et en
Limosin, car ses appactis duroint jusques à la
Rochele. Les aultres estoint Guilhaume de Saincte

Foy, qui tenoit Bouttevile et aussi Mérigot Marcel qui se tenoit à Aloyse devent S. Flor en Auvergne et le bourg de Caupene et le bourg Anglois qui tenoyt Carlat, asses tost auroit il Merigot Marcel coume il disoit ; mais q'uil peut avoyr Geofroy Teste noire qui tenoit Ventadour et qui estoyt encores souverain de toutz les aultres. Mais il ne se faisoit que gabber et truffer et ne daignoit entendre à nul traictier du comte d'Armaignac, ni d'aultruy ; car il sentoyt son chasteau imprenable et pourveu pour sept ou huict ans de bones garnisons, et metoit Geofroy Teste noire en ses saufconduictz et letres de pactis, Geoffroy Teste noire, duc de Ventadour, comte de Limouzin, sire et souverain de toutz les capitenes d'Auvergne, Rouvergue et Lymouzin. »

Voylà le discours que Froissard faict sur ceste négociation que le comte d'Armaignac manioyt avec les capitenes des companies, duquel apert asses que pour ce coup il feut empêché d'en venir à bout par les menées du comte de Foix, envieux de l'avancement du comte d'Armaignac. Mais quelques années après, il mit à fin cest affaire selon son souhait et de toutz ceulx qui aymoint le bien et repos du public coume nous dirons après.

Porsuite de la négotiation du comte d'Armaignac avec les companies et coume enfin il leur feit vuider les fortz.

CHAPITRE XVIII.

Le coumte d'Armaignac n'estent peu du coumencement venir à ses dessains, et faire quitter aux capitenes des companies les fortes places q'uilz tenoint ez provinces d'Auvergne, Rouvergue, Quercy et Limouzin, ayant esté traversé, coume nous venons de dire, par le coumte de Foix, ne perdit pas cueur, ains persévérent en l'espérence q'uil avoit conceue d'en venir à bout à la longue, se résolut de continuer de plus en plus ceste négotiation, et feit tent q'uilz luy acordèrent une trève, affin de solaiger d'autent le pouvre peuple, laquele toutesfoys ces capitenes ne guardarent pas si religieusement q'uilz debvoint et q'uilz avoynt promis. Car l'ung d'yceulx, ce fut Perrot le Bearnois, se saisit pendent ceste trève de la vile de Monferrand en Auvergne, coume Froissard le discourt au cent troisième chapitre et les deus suivens de son troisième volume (1). Mais non obstent ceste prinse, le comte d'Armaignac, qui avoyt prins à cueur ceste affaire, ne cessa jamais de poursuivre la délivrence de ces fortz, et pour y parvenir il pratiqua ung de ces capitenes, qui estoyt de grande créance parmy eulx, scavoir : Aymerigot

---

(1) Froissart, 3 volume, chap. 103, 104 et 105.

Marquès, lequel comendoit en l'ung de ces fortz que Froissard pence estre Aloyse, près de Sainct Flour. Mais coumme nous avons monstré cydessus, Aloyse estoyt teneue par ung aultre capitene nommé le borg de Garleux, qui la rendit au comte asses tard, scavoir l'an MCCCLXXXX, coume nous avons dict cydessus en passent. Il fault donc que ce feut quelque aultre place que feut à la disposition dudict Marquès et que Froyssard se soit faly sur le nom d'ycele. Tent y a que le comte teint de si près ce capitene, et luy en dona tent d'estoc et de tailhe que en fin il le feit concentir à la reddition de ceste place quelequ'ele feut ; et ce moyenent la soumme de dix mille libvres q'uil luy feit toucher. Mais, voyant luy que ses compaignons ne voloint encores suivre son exemple, il entra en quelque regret de s'estre laissé aler si tost, et ayant jetté l'oil sur une forte place audict pays d'Auvergne, près du chasteau de la Tour, que Froyssard nomme La Roche Vaudoys, q'uestoyt ruinée et déserte, mais assise en ung lieu fort et inaccessible, il se résolut, pour réparer la faulte q'uil pençoit avoyr faicte, de s'en saisir et la fortifier coumé il feit, mais à son damp ; car cela luy costa la vie, coume le discourt fort au long ce mesmes auteur au 14 chapitre de son dernier volume (1) où nous renvoyerons le lectur pour éviter prolixité. Nous nous contenterons de metre icy les regretz que ce capitene faisoit après avoyr quitté son premier fort, par ce que ilz nous feront toucher, coume avec le doict, la bone vie que ces routiers tenoint par foys, (dict Froyssard au lieu que dessus). Il en divisoit

1) Froissard. 4 vol. chap. 14.

aux companies. « Il n'est temps (disoit il) esbatement ni gloire en ce monde que des gens d'armes par la manière que nous avons faict coument estions nous rejouys quand nous chevaulchions à l'avanture, et nous pouvions trouver sur les champs ung riche prieur ou marchent, ou une route de muletz, de Montpelier, de Narbone, de Lymoux, de Fanjaux, Béziers, Toulouze ou Carcassone, chargés de draps de Bruceles, de Moustier Villiers, ou de peleterie, venant de la foire du Landit, ou d'espiceries venans de Bruges, et de draps de soye de Damas ou d'Alexandrie, tout estoit nostre ou rançoné à volonté. Toutz les jours nous avions novel argent. Les villains d'Auvergne ou de Limouzin nous pourvoyoint et apportoint en nostre chasteau les bleds, la farine, le pain tout cuit, l'avoyne pour les chevaulx, la lictière, les bons vins, les beufs, les brebis, motons tout gras, la poulalhe, la volalhe. Nous estions estoffés coume roys, et quant nous chevauchions tout le pays trembloit devent nous. Tout estoyt nostre, alant ou retournent. Coment prinsmes nous Carlat, moy, et le bourg de Caupene, et Chastellucet, moy et Perrot le Béarnois ; coment eschalâmes nous, vous et moy, le chasteau de Marquel, q'uest au comte Daulphin, je ne le teins que cinq jours, et si en receus sur une table cinq mile francz. » J'ay volu insérer icy ces paroles de Mérigot Marquès, tent pour monstrer le regret q'uil avoyt d'avoir rendu son fort, que aussi qu'eles nous représentent une image du misérable temps que nous avons couru ces années passées, durens les guerres pour la religion ou de la ligue.

Pour revenir à nostre propos, Aymerigot Marquès, se fâchant d'avoir perdu son fort, print résolution, coume nous coummencions de dire, de fortifier La Roche de Vaudois, et se jetta dedens avec ses soldatz pour la mettre en estat de deffence, ce q'uil feit dens peu de jours ; et se voyant asses fort il coummença à courir sur le pays des environs. Les troys estatz desquels s'estens assamblés, députarent devers le roy, pour luy représenter leurs misères et le supplier de voloir avoyr pitié d'eux. Sa majesté leur envoya une armée, conduicte par messire Robert de Béthune, viconte de Maulx, lequel mit promptement le siège devent ce chasteau. Aymerigot Marquès, se voyent assiégé, se retire premièrement du roy d'Angleterre ou du duc de Lanclastre, son lieutenent en Guyene, pencent avoyr quelque secours d'eux. Mais voyent q'uil n'en pouvoit recouvrer il sortit secrétement du chasteau pour se prouvoir d'ailheurs, et voyr de ramasser quelques troupes parmi les aultres capitenes de son parti. Mais pendent son absence le chasteau feut prins et démoli, que feut cause que luy, ne scachent que devenir, coume en désespoir, se retira à la maison d'ung gentilhome d'Auvergne, son cousin, nommé le sieur de Tornemire. Froissard au xvi chapitre de son dernier volume (1) le nomme Tornemine, et si dict davantage que ce seigneur estent en la disgrace du duc de Berry, pour se réconcilier avec luy, arresta prisonier ledict Marquès en sa maison où il s'estoyt venu réffugier, et le mit ez mains dudict duc, qui le mit en celes de la justice, et coume ledict Mérigot feut ammené à Paris, et enfin condampné à mort et exécuté aux hales, à Paris. Mais Froissard se trompe en ce

---

(1) Froissard, 4 volume, chap. 16.

discours, par ce que la vérité est tele que le sieur de Tornemire ne le mit pas entre les mains du duc de Berry, mais bien en celes du comte d'Armaignac, et ledict comte, ayant receu mandement exprès du roy de luy envoyer ce prisonnier le luy envoya avec bone et seure guarde, coume j'ay apprins d'une letre que sa Majesté envoya à ces fins au comte, que je metrai icy, parce que elle donne jour au passage de Froyssard. « Trescher cousin, parce que naguières nous feut raporté que Jean Tornemire, chevalier, avoyt prins Mérigot Marches, escripvîmes hattivement à yceluy chevalier que ledict Mérigot il nous envoyât, sur quoy il nous a rescript que ledict Mérigot il a prins par vostre coumendement et paravant la réception de nous letres l'avoit bailé à ung chevalier, qui de par vous et en vostre nom l'estoit venu quérir devers luy, et que s'il l'eust prins en son nom, il l'eust ammené par devers nous, si coume plus à plain est contenu ez lettres dudict chevalier, lesqueles vous envoyons icy encloses, en vous prient et requérent sur tout le plaisir que nous voldries faire, et néanmoings mandons bien à certes que ledict Mérigot vous nous envoyez incontinent ces letres veues en bonne et seure companie et guarde, scachens que nous en ferons à vous et ailheurs tele récompensation que debvra souffire. Donné à Paris le dernier de jenvier. » Il est aisé à colliger de ceste letre que le comte d'Armaignac, sachent que Mérigot Marquès c'estoit retiré à la maison du seigneur de Tornemire, feit tent envers luy qu'il l'arresta prisonier, et après le luy envoya. Mais quoy qu'il en soyt, il feut après conduict à Paris, où il feut condamné à mort et exécuté aux hales, ainsin que Froissard l'assure au lieu que dessus.

Le comte d'Armaignac ne dormoit pas cependent et n'oblioyt rien de ce q'uil cognoissoit pouvoir servir pour la reddition des places occupées par les companies, et au moyen de la treuve, q'uestoit pour lhors entre les roys de France et d'Angleterre, il exploicta si bien que toutes lesdictes places feurent rendeues et remises en l'hobéyscence du roy, moyenent la soumme de deux cens quarante mile libvres, qui à ces fins luy avoit esté acordée par les estatz desdictes provinces ; et encores, par dessus ceste soumme, le comte leur obtint abolition de toutz leurs meffaicts les retenens pour s'en servir au voyage de Lombardie.

Mais par ce q'uil ne les pouvoit faire vuider toutz ensemble, à cause q'uilz ne dépendoint pas d'ung seul général, mais aultent que de garnisons, autent de chefs, il estoyt constrainct de capituler séparéement, et prendre une guarnison après aultre, en quoy il y aloit d'une grande longueur, et d'une grande peine et fatigue pour luy, car coumme il avoyt faict vuider une place, et q'uil estoyt constraint d'aler capituler avec les aultres, il failoit q'uil eust le soing de les tenir ensemble, affin q'uilz ne se desbandassent, et de les faire vivre avec règle et discipline ; et par les conventions q'uil avoint acordées avec les susdicts estatz, il estoyt tenu de les conduire hors du royaume, et de tele façon q'uilz ne pouvoint demurer plus que d'ung jour en ung mesmes lieu. Pour éviter donc les désordres que s'en pouvoint ensuivre, il avoyt doné charge au comte de Charolois, son frère, de se metre aux champs, et retirer et conduire toutz ceulx q'uil feroyt sortir desdictes garnisons, et les faire vivre de tele façon q'uil n'y eust point de plaintes pour le moings des habitens des provinces qui avoint contribué aux soummes ordonées pour les faire vuider. Le comte de Charolois pour donc metre en effect sa charge, sens en recepvoir du reproche, feut constrainct de faire de long circuitz, et roder tentost de çà, tentost de là, avec ceste armée qui s'engrossissoit toutz les jours de ceulx qui vuidoint les garnisons et s'en venoint rendre à lui. Et pour solager d'autent ce royaume, il conduisit ces troupes en Espaigne; et leur ayant faict passer les montz Pyrénées, il les mena fort avant dens le royaume d'Arragon, de sorte qu'uil meit en cervele le roy d'Arragon, qui ne pouvoit songer à quel dessaing il conduisoit ceste armée, et en tout évènement il dressa de tropes pour luy courir sus, en cas qu'uil volut passer plus avant. Froissard, ni aultre quelconque hystorien François, ne font mention de ce voyage en Espaigne ; mais si faist bien Surita, chroniqueur d'Arragon, le plus diligent autheur qui se puisse trouver, et qui découvre plus de nous affères de Languedoc et de Guyene que ne font toutz nous hystoriens Françoys toutz ensemble. Il en parle ainsin soubz l'an MCCCXC (1) : « Bernardus Armeniacensis, comitis Armeniacensis frater, magna Anglorum et Gallorum collecta colluvie, quamvis initio latrocinantium more grassarentur, justo exercitu coacto, trajecto Pyræneo in Emporitanum agrum incurrit. Eæ copiæ ita ruunt atque turbant ut earum motus quo pertineat vix a rege provideri posset, horribilisque strages toto contractu edita. » Et quelques lignes après : « Bernardus Armeniacensis, nimius animi reges contemnere et odisse, visus bello gerendo dux creatus, in intimam Cataloniam bellum infert et strenue gerit, neque alia bellandi potior causa visa

---

(1) Surita sub anno 1390.

est quam ut eæ copiæ temerario cursu insultantes bello se alant. » Et poursuivent encores ce discours, il adjouste que ces troupes mirent le siège en une vile : « Februario mense (dict il), externarum copiarum exercitus, Armeniacensi ductore, Bisuldunum nobile oppidum ad ipsa Ausetanorum et Indigetum confinia obsidet, etc. » Et quelque peu plus bas, soubz la mesme année : « Mense martio, rege Gerundæ assidente, cum Galli non Emporitano modo tractu sed Indigetum et Ausetanorum regionibus se effudissent circiter iv m equitum et ingenti peditatu gravi delectu collecto, Bernardus Caprera quod in omnes partes Gallici equites quam latissime pervagarentur celeritate præcurrens ad navatam cum hostilis equitatus parte confligit : accerrimaque pugna summo conatu pugnata hostes cæduntur atque delentur. » Bien peu après : « Cum hostes ferocius primo insultantes male multati repulsi essent, rex qui suos prælio continuisset atque in præsenti satis habuisset, hostem rapinis pabulationibus populationibusque prohibere cum exercitum confecisset, kal. aprilis sacro cænæ Domini die, Gerunda magno impetu egreditur cum hoste prælio dimicaturus. Galli cognito regis adventu subito terrore percussi prælium devitantes ad montes se convertunt et Pyrenæum concitato cursu transcendunt, etc. » Il dict encores après que ces troupes, ayant repassé les monts, feirent quelques ravages en la comté de Rossilhon, et je ne scais coument il y mesle Mérigot Marquès, lequel il faict combatre pour le roy d'Arragon contre le roy de France, et, après luy, faict faire la guerre contre le comte d'Armaignac en Rouvergue, Auvergne et Lymousin, bien que déjà ledit Marquès eust esté condampné et exécuté à mort à Paris, coumme nous avons dict. En cela je ne puis excuser cest autheur, et pence q'il a avancé cela sur quelques mémoires faulces. Voici coumme il en parle sur ladicte année MCCCLXXXX (1) : « Armeniacensis adversus nostros in Ruscinonensi regione et Marigotus Marxes Arvernus, regis Arragoniæ auspiciis, adversus Francorum regem bella gerunt : isque status rerum erat ut gregales duces potentissimis regibus bellum inferrent. Marigotus præterea in Arvernis et Roerga ac Lemovicibus Armeniacensem comitem bello persequitur. » Je ne scais, à la vérité, qu'est ce q'uil veut dire par ces motz, mais tent y a, que parce q'uil avoyt dict au paravent du passage de ces troupes en Arragon, il est aisé à voyr que le comte de Charolois, leur chef, ne les y avoyt pas conduittes pour y faire aultrement la guerre, ains pour les faire vivre en attendent que le comte d'Armaignac, son frère, eust achevé de tirer entièrement ces troupes de leurs fortz, et q'uil se feust entièrement préparé pour son voyage d'Italie, coume il feit, ayant vuydé toutes ces places de ceste méchente canailhe. J'ay veu ung bon nombre d'accordz et traictés q'uil feit avec ungs et aultres de ces capitenes sur la reddition des places q'uilz tenoint, qui seroyt trop longs d'insérer icy. Ce feut ung trèsgrand et tréssignalé service q'uil feit au roy qui réussit au trèsgrand bien et proffit de toutes les provinces que si dessus nous avons nommées. Son père avoyt coummencé ceste euvre si louable, mais ayant esté prévenu de mort, le filz l'acheva à la grande honeur de la maison d'Armaignac.

(1) Surita sub anno 1390.

Du voyage du comte d'Armaignac en Italie contre le comte de Vertus et de l'occasion d'yceluy.

CHAPITRE XIX.

Le comte d'Armaignac, ayant doné ordre à tout ce qu'estoit de besoing pour asseurer les places recouvertes et arrachées des mains des routiers, et préparé ce que lui estoyt nécessere pour son voyage en Lombardie, se met en chemin vers la Provence, où ils s'estoint doné le rendes vous avec son frère, le coumte de Charolois, lequel, ayant repassé les montz Pyrénées avec l'armée q'uil conduisoit et traversé le Languedoc, s'estoyt déjà rendu en Provence, où il attendoit sondict frère. Et yceluy arrivé après avoyr salué le pape Clément 7 en Avignon et faict à sa prière tout ce que luy feut possible pour en ammener avec luy Raymon de Beaufort, viconte de Turene, et par ce moyen le destorner de la guerre trèscruelle, q'uil avoyt coummencée contre ledict S. Père et contre les Provençaux, coume l'hystoire de Provence l'asseure, il renvoya ledict comte de Charoloys, son frère, de par deça pour y tenir ses subjects en debvoir, et se mit après à passer les mons delz Alpes, avec son armé de trent mile homes.

Mais, par ce que nous n'avons encores touché que en passent l'occasion de ce voyage, il fault, avant passer plus oultre, discourir plus au long. Nous avons déjà monstré que Béatrix d'Armaignac, seur du comte Jean troisième, duquel nous parlons, feut mariée en premières nopces avec Gaston de

Foix, filz unique de Gaston Phœbus, comte de Foix. Mais le mariage ayant esté déjà dissould par la désastrée mort de ce jeune seigneur, Béatrix feut remariée du vivent mesmes de Jean segond, son père, avec messire Bernabé, filz d'aultre Bernabé, de la maison des Vicontes, seigneurs en ce temps là de la vile de Milan, laquele seigneurie feut peu après érigée en duché. Ce mariage feut plus infortuné pour ceste pouvre dame que le premier ; car en l'année MCCCLXXXVI, ces deus Bernabés, père et filz, feurent premiérement constitués prisonniers, et après félonement et cruelement tués par Jean Galéas, comte de Vertus, leur nepveu et cousin, qui estoyt aussi de la maison des Vicontes.

Et pour entendre quele familhe c'estoyt que cele des Vicontes, et coumme ceste cruaulté feut commise, il fault scavoir que du temps que l'empereur Henrry de Luxembourg veint en Italie, nostre S. Père le pape Clément v ayant déjà changé le siège papal en Avignon, il y avoyt dens la vile de Milan deus grandes et illustres maisons q'uestoint les principales et coume les chefs de toutes les aultres de la vile. L'une estoyt de Turrians, et l'aultre des Vicontes ; et par ce que les chefs de ces deus maisons, l'ung apelé Maphée Viconte, l'aultre Guy Turrian, estoyt mal ensemble, toute la ville s'estoyt partie et divisée, ou pour l'ung ou pour l'aultre, coume il advient d'ordinere ; et par ce que les factions des Guelphes et des Gibelins estoint pour lhors en leur grande fougue et ardeur par toute l'Italie pour mieulx soustenir leurs quereles, l'ung s'estoit rendu dens Milan chef des Guelphes, et l'autre des Gibelins. Maphée Viconte, qui tenoit le parti des Gibelins, scachent que l'empereur s'en venoit en Italie pour guaigner le devent à sa partie, q'uestoit Guelphe, dépêche son filz vers l'empereur, lequel sceut si bien s'insinuer en la bone grace de l'empereur, q'uil lui guaigna son cueur, et de tele façon q'uil se gouvernoit entièrement par luy. Et estent sa majesté impériale arrivée à Milan, Maphée sceut si bien faire son proffit de ceste veneue, que à la faveur d'ycele il se rendit mestre et seigneur de la ville et de tout le Milanois, d'où il chassa les Turrians. A ce Maphé Viconte succéda son filz Galéas, qui laissa ung filz, nommé Accie Viconte. Cestui là feut seigneur de Milan tent q'uil vesquit, mais morent layssa deus filz Jean et Luchin. Jean feut archevesque de la vile, et Luchin en feut seigneur. Il est vray que Luchin, décédent premier que son frère l'archevesque, il luy laissa par testement la seigneurie de Milan, à la charge de la rendre à Galéas et à Bernabé, ses enfens, q'uil layssoit fort jeunes et sur sa tutele. Cest archevesque accrut de beaucoup leur biens, et morent les layssa toutz deus héretiers par esgales partz.

Ces deus seigneurs, Bernabé et Galéas, après la mort de leur oncle, se divisèrent et partirent entre eux toutes les viles du Milanoys, en tele sorte que chescung d'eux en eust neuf ou dix pour son lot. Galéas eust Pavie, Vercel, Dorthone et Alexandrie et aultres. A la part de Bernabé escheut Plaisence, Crémone, Parme, Lande, Bergame, et quelques aultres jusques audict nombre. Quant à la vile de Milan elle demura entre eulx médiocre, à tele condition, coume quelques ungs ont volu dire que l'ung la tiendroit et gouverneroit ung an, et l'aultre ung autre. Ils se marièrent toutz deus fort haultement pour se fortifier d'aliances contre leurs enemys, car domp Galéas print dame Blanche de Savoye, et domp Bernabé, à ce que Froissard en dict, print une filhe d'ung grand seigneur d'Alemaigne, q'uil ne noumme pas. Nous avons cy devent veu, par une letre du mesmes Bernabé, qu'ele estoyt de la maison de L'Escale, princes de Vérone, et par ainsin non Alemans, mais Italiens. Du mariage de domp Galéas avec la filhe de Savoye sortit ung filz nommé Jean Galéas, lequel print à femme madame Jeanne de France, filhe du roy Jean, pour lhors prisonier en Angleterre, moyenent six cens mile francs qu'il fornit à la rençon du roy. A ceste princesse feut baylé en douere la comté de Vertus que feut la cause que depuis ce temps là ledict Galéas feut apelé le comte de Vertus. Il eust de sa femme une filhe unique nommé Valentine que feut mariée avec Louys de France, segond filz du roy Charles cinquième, au quel la duché d'Orléans avoyt esté baylée en appenage. C'est celuy qui feut tué par les gens du duc de Bourgoigne, son uncle. Quant à Bernabé, il eust, de son mariage contracté avec ceste dame de la maison de l'Escale, ung seul et unique filz, apelé du nom de son père, lequel espousa madame Béatrix d'Armaignac.

Or, tandis que les deus frères, Galéas et Bernabé, vesquirent, ils feurent de trèsbon acord ensemble. Mais Galéas estent décédé, son filz, le comte des Vertus, rompit ceste amitié et bone intelligence, non du coummencement qu'il feit bele pipée; mais quelque temps après, vaincu d'ambition et du désir q'uil avoyt de se voyr entièrement et seul seigneur de la vile de Milan et de toute la Lombardie, il feit proditoirement prisoniers les deus Bernabés, père et filz, desquels l'ung estoyt son uncle, et l'autre son cousin germain, et si encores après la mort de sa première feme avoyt il espousé en segondes nopces une filhe dudict Bernabé vieulx. Avec les deus Bernabés il se saisit de toute leur familhe, mesmes de la seur du comte d'Armaignac, laquele feit scavoir à son frère cest accident si estrenge, le supplient de les venir secourir, ce que le coumte résolut de faire. Et voyant que les companies qui estoint esparces par les garnisons d'Auvergne, Rouvergue et aultres pays circunvoisins luy pourroint de beaucoup servir à ce dessain, il meit en avant la négotiation de laquele nous avons tent parlé, laquele il ne peut conclurre si tost q'uil eust désiré, obstent les traverses que le comte de Foix luy dona durant troys ou quatre années et jusques en l'année MCCCLXXXIX, q'uil acheva de conclure avec toutz les capitenes, et se mit tout aussi tost en chemin, pour s'en aler en Italie, où il trouva les affaires fort disposés à son intention, par ce que le comte de Vertus, qui déjà se portoyt absoluement pour duc de Milan, avoyt sur le coumencement de ladicte année MCCCLXXXXI dénuncé la guerre aux Florentins, aux quel il en voloit, parce quilz luy traversoint son dessaing, qu'estoit de s'emparer de toute l'Italie ; les seigneurs et potentatz de laquele s'estoint partis et divisés les ungs pour les Florentins, et les aultres pour le duc de Milan, et par ce moyen et la Lombardie et la Toscane estoynt en feu.

Les Florentins se fortifioint d'aliances de toutes partz, et déjà avoint faict venir en leur faveur, jusques en Italie, Estiene, duc de Bavière. Et parce qu'ilz estoint advertis que le comte d'Armaignac, portant impatiement et la détention de sa seur et le cruel meurtre de son beaufrère, s'estoit résolu venir avec armée en Italie, pour faire la guerre audict Galéas ; ils l'avoint depuis longtemps sollicité par leurs députés d'entreprendre ce voyage, luy prometens toute assistance, ayde et faveur, et que de leur part ils doneroint tent d'afferes audict duc de Milan, que enfin et les ungs et les aultres en auroint leur raison. Avoint aussi despêché pour mesmes effect devers le roy de France, avec lequel ilz avoint estroictes alliances, pour le prier les voloir secourir en ceste guerre, et à ces fins les voloir ayder de quelques forces, qui pourroint estre conduittes par le comte d'Armaignac. Le roy inclinoit asses à leur prière, mais soubz des conditions que les Florentins trouvoint aigres et du tout desraisonables, mesmes ceste cy, qu'ilz feussent tenus prendre l'hobéyscence du pape Clément 7 et quitter cele d'Urbain vi ou de son successeur Boniface qu'ilz avoint déjà embrassée.

Or, ce que mouvoit le roy à faire ces demendes si haultes estoint les practiques de son frère, le duc d'Orléans, et de dame Valentine de Milan, sa femme, qui ne l'ayssoint pierre à remuer, pour rompre ce coup et empêcher que le comte d'Armaignac ni aultre avec armée passât de France en Italie. Et de vray ils avoint telement refroid le roy du coumencement qu'uil ne voloit entendre à ce voyage, ni permetre que le comte d'Armaignac l'entreprint, jusques à lui escripre qu'il ne se meit aultrement en peine de dresser armée pour passer en Italie, par ce qu'il estoit après pour l'acorder avec le duc de Milan, et de luy faire faire tele raison qu'uil auroit occasion de s'en contenter, coume apert par la letre que sa majesté luy en escripvit que j'ay voleu icy insérer, par ce qu'ele est courte. « Trèscher et amé cousin, Nostre trèscher et amé oncle, le sire de Milan, nous a faict scavoir par ses espéciaulx messagers, qu'il se veut metre en nostre ordonence de toutz les débatz et questions qui pourroint estre entre luy et vous, et de toutes les demandes que vous luy vouldriés faire, à cause de nostre cousine, vostre seur, ou aultrement, si coume nostre trèscher et amé oncle, le duc de Berry, auquel nous avons enchargé faire ce q'uil vous dira de par nous, car vous debves mieulx voloir avoyr le vostre par voye amiable que par voye de faict. Doné à Melun le III jenvier. » Mais bien que le roy du coumencement feut ainsin guaigné par sa bele seur, si est ce que à la fin les Florentins feirent tent que ayans attiré à eulx et à leur faveur les ducs de Berry et de Bourgoigne par leur advis, le roy trouva bon ce voyage, et ordona que l'armée seroit conduitte par le comte d'Armaignac, auquel les Florentins envoyèrent tout aussi tost leurs députés, Regnauld, Jean Filhas et Jean Ric, chevaliers, pour l'advertir de l'ouverture de la guerre, et q'uil se despêchât. Ces députés le trouvèrent en d'Auphiné, prest à passer les monts, et luy ayant exposée leur délégation, l'acompaignèrent en Italie.

Ayant le comte passé les mons et estent descendu en Lombardie, il coummença fort et ferme la guerre au duc de Milan, et print par force ou composition ung bon nombre de viles que luy hobéyssoint. Les Florentins aussi luy envoyèrent leur armée pour se joindre à luy. Elle estoyt conduicte par ung seigneur, q'uestoyt en réputation d'ung des plus grands chefs de guerre que feussent pour lhors en Italie. Froissard le nomme Jean Hactonde, et l'archevesque de Florence, Jean Augut, qui asseure q'uil estoyt Anglois. Mais il se trompe, car il estoyt Gascon, ou sorti d'ung Gascon, scavoyr d'Arnauld Garcie de Gout, marquis d'Ancone, nepveu du pape Clément V. Nous en avons parlé cy dessus. Belleforest l'apelle d'Agut, et dict q'uil suivit par ung fort long temps les guerres d'Italie, et en rapporta ceste louange que d'estre le plus excellent capitene qui maniât en ce temps là les armes en icele.

Du décès de Jean troysième, comte de Rodez et d'Armaignac.

CHAPITRE XX.

Le comte d'Armaignac, après avoir réduict en son hobéiscence Castellacio et bon nombre d'aultres viles de la Lombardie, s'en vint metre le siège devent Alexandrie, ville non guières distente de celle de Milan, dans laquele ny avoyt du coumencement que les habitens ; mais bien tost après y entra Jean de Verme, capitene fort renommé en ce temps là par toute l'Italie, que le duc de Milan envoya tout exprès pour deffendre ceste vile. Mais il y entra de nuict, et si secrètement que le comte d'Armaignac ne scachent son arrivée, et ne pencent qu'il y eust dens la vile que les seuls habitens, s'ala le lendemain présenter aux portes pour attirer les habitens de dehors, et voyr leur contenence. Mais il y trouva ung plus rude rencontre qu'il ne pençoyt, de sorte que luy mesmes y demeura non en combatant, mais par ung accident bien estrenge, que nous discourrons icy par le propre texte de Froyssard, lequel au vingt et cinquième chapitre de son quatrième volume en parle ainsin (1) : « Ce jour

---

(1) Froissard, 4 volu. chap. 25.

(dict il) estoit moult beau et chault. Le comte d'Armaignac qui estoyt jeune, entreprenent et de bonne volunté, après q'uil eust ouy la messe dens son pavilhon, et beu ung coup, demanda ses armes, et s'arma tout à cler et à l'estroit, de toutes pièces, et feit son penon déveloper. Seulement, et quant il se feut départi, n'ammena pas avec luy plus de cent homes (car il ne pençoit avoir affaire à nully) et s'en veint avec ses gens tout le pas devant les barrières. Vérité est que petit à petit ses gens d'armes le suivoint et plusieurs n'en feirent conte, et disoint entre eulx : « Que trava-
» lerions nous ! quant nous avons esté jusques aulx
» barrières et n'avons sceu à qui parler. » Ainsin se tenoint toutjours quoys et entendoint à se loger et à boire et à manger. Et le comte d'Armaignac s'en veint à toute sa companie escarmoucher et jetter l'ung à l'autre, ainsin que gens d'armes scavent bien faire celuy mestier. Guères ne feurent en celuy estat les deffendeurs quant ilz coumencèrent à reculer petit à petit, ainsin qu'on leur avoyt dict, et tent alèrent q'uilz se trouvèrent sur l'embuche. Quant messire Jacques de Verme veit ses gens et ses enemys aprocher, descouvrit son embusche, et sortit tentost hors. Là feurent recuelis et fort environés aux poinctes des glaives les Armaignagois, et aussi vailhement se deffendoint et toutjours leur venoit gens ; là eust faict mainte appertise d'armes. Ce feut le jour de S. Jacques et S. Christoffle (1) q'uil descendit si grand chaleur du ciel que proprement il estoyt advis à ceulx qui estoint en leurs armures q'uils estoint en ung fourn tant leur estoit

(1) 25 juillet 1391.

chauld et sens vent ; et à peine les plus légers et les plus jeunes n'avoint aulcune puiscence de faire faictz d'armes, et ceulx qui aydoint au seigneur de Milan estoint bien troys contre ung. La pouldrière et la fumée qui sailoit hors de terre et de leurs halenes les grevoit moult grandement, et perdoint la veue l'ung de l'autre, et plus ceulx du comte d'Armaignac que les aultres. Là advint audict comte une trop grande aventure d'armes ; car il feut si oppressé et attaint du chault, q'uil ne se pouvoit aider et cheut en trèsgrande faiblesse, et se bouta sur une aisle, hors de la bataille, et nul n'entendoit à luy, feut amy ou enemi ; si trouva auprès de là ung aunoy et ung petit ruisseau d'eaue courant, qui venoit au dehors d'ycelui aunoy. Il sentit l'eaue au pied avant q'uil la veit, et luy feut advis proprement q'uil feut en paradis et sailit tout seul sur ce ruisseau, sens que nul l'empêchât. Quant il feut assis, à grand peine osta son bassinet, et demura nue teste, couverte seulement d'une coiffe de toile ; puis se baissa et plonga son visage en l'eaue et comença à boire telement q'uil en valut pis, car en boivent celle eaue froide, la grande chaleur q'uil avoyt ne le laissa souler, et tent en but que le sang luy froidit, et commença d'entrer en foiblesse d'apoplexie, et perdre la force de ses membres, et le mouvement de la parole. Ne ses gens ne scavoint q'uil estoit devenu et jà en avoyt grand nombre de prins, qui se tenoint plus cois, et plus ne combatoint. En après, je vous dy q'ue ung escuier du duc de Milan treuva le comte d'Armaignac ; q'uand il le veist eust trèsgrande merveille, ne scachant qui s'estoit, bien voyoyt il q'uil estoit chevalier et home de trèsgrand honeur ; si luy demanda l'escuier : « Qui estes vous ? rendes

» vous, vous estes mon prisonier. » Le comte entendit bien la parole, mais parler ne peut, car il avoyt jà la langue morte, et le palais si clos q'uil ne faisoit plus que balbutier. Si luy tendit la main et feit signe qu'il se rendoit. Il le volut faire lever mais il ne peult ; si demura tout coy debez luy, et les aultres entendoint à combatre ; si y feut faicte meinte appertisse d'armes. Quant messire Jaques de Verme, qui feut sage chevalier et percevent, veit que la journée se portait bien pour eulx, et q'uil y avoyt de mortz ou de prins grand nombre de leurs enemys et que ses gens se començoint à souler et à lasser, et les Armaignagois à venir et multiplier toutz frais et nouveaulx, et que fort frapoint sur ces gens si ce mit à la retraicte devers Alexandrie. L'escuier qui l'avanture avoyt eue de treuver le comte d'Armaignac en l'estat que je vous dis ne le volent pas laisser derrière, car il luy sembloit bien home d'honeur, si pria à ses compaignons q'uilz luy voleussent ayder à le porter et mener à sauveté en la ville ; et dès qu'il en auroit de rençon, il leur en départiroit bien et largement ceulx qui priés et requis en feurent luy ayder à l'aporter à quelque peine que ce feut. Ilz l'aportèrent en la cité et le boutèrent chez son meistre. Adonc le comte désarmé et devestu mis sur ung lict, messire Jaques de la Verme, fermèrent les barrières et se retirèrent, coume feirent aussi les Armaignagois. Mais quant la novele vint en l'ost que nul ne scavoit dire q'uestoyt devenu le comte d'Armaignac, si en feurent toutz esbahis et ne scavoint que dire ne pancer, et vindrent plusieurs au lieu où la bataille avoyt esté donée et retournèrent en l'ost ainsin que gens toutz esbahis. L'escuier qui fiance avoyt le comte d'Armaignac avoit grand desir de scavoir quel home c'estoit. Et si s'en veint à ung escuier d'honeur gascon, qui prisonier estoyt, et le pria et à son mestre aussi q'uilz vouleissent venir et aler avec luy en son hostel. Adonc y alèrent, l'escuier lombard mena l'escuier françoys en une chambre et sur le lict du comte d'Armaignac, qui trop fort se ploignoit et feit metre grand lumière pour mieulx le voir à son ayse, puis luy demanda : « Cognoisces vous » point cest home ? » L'escuier se baissa et le reguarda au visage et lhors le cogneut. « Ouy, je le doybs » bien cognoistre, c'est nostre capitene le comte d'Armaignac. » Il estoit si pressé de son mal q'uil n'entendoit nulle chose q'uon luy dict. « Si, dict le » mestre, alons, alons, laissons le reposer. » Si le laissèrent en celuy estat et ceste propre nuict il morut. » Voylà coume Froissard raconte la mort de ce comte, qui, après, poursuivent son hystoire, monstre coume l'armée dudict comte advertie de ce désastre leva le siège, et les Milanois leur ayant donné sur la queue en deffirent quelques ungs, et que les aultres reprindrent leur chemin en France, bien que ce ne feut pas si tost coume nous dirons après. Adjouste ce mesmes autheur que le duc de Milan ayant faict metre le corps dudict comte bien embaumé dens ung cercueilh de plomb le renvoya par ung évesque de son duché à son frère, le comte de Charolois, qui le feit ensepvelir dans l'esglise cathédrale de Rodez, en quoy il s'abuse ; car ce comte ne feut poinct ensepveli dens Rodez. Je croy q'uil voloit dire en l'esglise d'Auch où se voyt encores le sépulchre des comtes d'Armaignac.

C'est la désastrée fin du comte d'Armaignac, Jean 3 qui feut en son temps ung grand chef de guerre et pour tel est il tenu et réputé pour toutz les hystoriens qui ont parlé de luy, mesmes des Italiens qui sur toutz le louent de grande prouesse. Antonin, archevesque de Florence, luy donne ceste louange, car en la troisième partie de ses chroniques, titre 22, chap. 3, § 11 (1) parlent de la guerre des Florentins contre le duc de Milan : « Miserant (dict il) legatos in Galliam ad solicitandos proceres pecuniam abunde pollicentes. His pollicitationibus præstantem bello virum ac domipotentem exiverant Jacobum Armeniacium comitem. Erat summa spes in illius adventu ; hac spe concepta Florentini omni studio ejus accelerabant adventum, etc. » Il se fault sur le nom propre de ce comte qui ne s'apeloit Jaques ains Jean coume nous avons dict. Les roys de France, Charles le Quint et Charles VI, son filz, s'en estoint fort servis en leurs guerres contre les Anglois. Et quant il n'eust faict aultre acte que de nettoyer la Frence de ces pilhars anglois, cestui là seul estoyt suffisent pour le faire paroistre par dessus toutz les aultres seigneurs françoys. Aussi leursdictes majestés le recognoissoint volontiers d'argent et aultres bienfaictz, desquels néanmoings il ne s'enrichissoit pas aultrement ; car bien qu'il eust trente mile francs d'or de pencion annuele, qu'il eust de bons guages pour son estat de capitene général au gouvernement de Guyene et du Languedoc, et qu'il eust sept ou huict cens homes d'armes toutjours payés et entretenus aux despens du roy, si est ce qu'il ne se réservoit rien pour luy, ains employoit le tout aux guerres pour le service du roy, ce que se vérifia asses lhors que ayant entreprins le voyage d'Italie, il se trouva sens moyens, de sorte que pour fournir aux frays d'yceluy et

---

(1) Antoni. Florent. archiep. in Chroni. tit. 22, c. 3, § 11.

dresser son armée il feut constraint de ce deffaire de son bien et vendre sa comté de Charolois, laquele il vendit au duc de Bourgoigne pour le prix de LX mile francs d'or. Le contract en feut passé le XX may MCCCLXXXX, quelque peu de temps avant que partir, son frère qui en avoyt déjà prins le titre concentent à ceste vente; et bien que le duc par le contract de vente eust doné faculté au comte de rachepter ceste pièce dens troys ans, si est ce qu'elle ne feut jamais rachaptée, ains demeura toutjours après en la maison de Bourgoigne, le dernier de laquele qui feut Charles, pendent la vie de son père Philippe le Bon, duc, porta toutjours le titre de comte de Charolois.

Mais avant que passer plus oultre, il nous fault encores dire quelque chose des troupes du comte d'Armaignac, pour scavoir ce qu'elles devindrent après la mort de leur chef. Nous avons déjà dict que ceste armée, après avoir entendu cest accident si estrenge et désastré, en receut une tele frayeur, que, s'estent mise sur la retraicte, feut assalie par ceulx d'Alexendrie qui prindrent ung bon nombre de prisoniers. Froissard, au lieu que dessus (1), dict que le duc de Milan, auquel ilz feurent conduictz, leur feut si gratieux qu'il les laissa toutz aler sens rençon, voire que encores il leur donna du sien. Voicy coume il en parle. « Le duc de Milan advisa sur les prisoniers quelle chose il en feroit. Il en volut deslivrer son pays et leur feit tele grace et courtoisie que aux gentilhommes feit rendre ou donner à chescung ung cheval et à tout aultre home ung florin, et parmi tant quittes de leurs prisons

(1) Froissard, 4 vol. chap. 25.

et de leurs mestres qui pris les avoyt. Mais à leur département il leur feit jurer et convenencer que jamais à l'encontre de luy ne s'armeroint. » Il poursuit après leur retour en Savoye et Dauphiné où il dict q'uils endurèrent beaucoup de pouvretés et mezaises. « Si yssirent (dict il) ces gens desconfitz de Lombardie et de Piedmont et entrèrent en la comté de Savoye et en Dauphiné et eurent tent de pouvreté que merveilhes, car on ne les voloyt recueilir en aulcune bone vile et fermoit on les villes et chasteaux à l'encontre d'eux. (Et quelque peu plus bas.) Encores feut le méchef trop grand pour eulx, quant ilz vindrent sur les rivières du Rhosne et de Sauve, car ilz cuidoint passer légèrement pour entrer au royaume de France, mais non feirent; car il feut comendé et deffendu de par le roy que toutz passages leur feussent clos. Si cheurent en grand denger, péril et pouvreté, nonques depuis ne se peurent résouldre ne remetre ensemble. Ainsin se rompit et gasta l'armée du comte Jean d'Armaignac. » Voilà ce que cest autheur a laissé par escript sur la retraicte de ceste armée ; mais il ne dict pas qui en estoit le conducteur, et monstre évidement q'uil n'avoyt de guières bones mémoires de ce qu'advint en ceste retraicte. Car il ne faict aulcune mention d'ung rencontre que ces troupes eurent en Dauphiné, fort mémorable certes et tel q'uil ne debvoit estre oublié en l'hystoire de ce temps là. Ce feut ung combat que leur feut livré par le comte de Valentinois, le prince d'Orenge, et l'évesque de Valence, duquel ces troupes eurent le dessus estent conduites par ung jeune seigneur de ce pays de Rouvergue, de la maison illustre de Sévérac nommé Amaulrry. Ce seigneur se porta si valeureusement en ce rencontre q'uil meit en route toutz ces sci-

gneurs de Dauphiné et feit prisoniers les principaulx
d'entre eulx : messire Juvénal des Ursins, archevesque de Reims, qui a faict l'hystoire des choses
mémorables adveneues durent le règne du roy
Chales VI, du temps duquel il vivoyt, parle fort
particulièrement de ce rencontre. Nous metrons icy
ce q'uil en dict par ce que c'est à l'honeur de ce
seigneur qui quelque temps après feut faict maréchal
de France. Il estoyt alhors seigneur et baron de
Beaucaire et Espeyrac, deus places assises dens le
pays de Rouvergue, qui lui avoint esté bailées pour
sa légitime. Voyci coume il parle de ce combat.
« Aulcungs seigneurs (dict il) estoint alés en Lombardie
en armes ; et mesmement plusieurs de la comté
d'Armaignac, dont estoit capitaine ung seigneur
nommé messire Amaulrry de Sévérac, qui vailant
chevalier estoyt et pour lhors jeune d'aage, et
feurent constrainctz les Françoys tent par famine que
mortalité d'eulx en retourner mal habillés et coume
toutz neudz, et à grand difficulté passoint par les
destroictz de Savoye et du Dauphiné et n'avoint
àulcung argent pour eulx déffrayer en retournent ;
et par ce failoit q'uilz se pourveussent de vivres
dont ils se pourvoyoint le plus doulcement et
gratieusement q'uilz pouvoint et demendent et requérent q'on leur donât à manger en les laissent
passer et aler à leurs pays. Et s'assemblèrent les
nobles de Dauphiné pour leur courir sus et, pour ce
faire s'assamblarent le comte de Valentinois, l'évesque de Valence, le prince d'Orenge, le seigneur de
Vernouilière et, pour abréger, toutz les nobles du
Dauphiné, et les estimoyt on à bien huict cens
chivaliers ou escuiers et de faict se mirent
sur les champs ; laquele chose veneue à la cognoissence dudict de Sévérac, il envoya devers eulx ung

hérault en leur prient et requèrent qu'uilz le lessassent passer luy et ses gens seurement et leur ordonassent quelque peu de vivres. Et encores estoint ilz contens de ce que Dieu leur avoyt doné d'en payer partie à leur possibilité ; lesquels n'en voleurent rien faire, mais persistérent en leur imagination et opinion. Et pour ce Sévérac parla à ces compaignons en leur monstrent qu'uil valoit mieulx qu'uilz se deffendissent que d'eulx laisser prendre et tuer, et qu'uil en avoyt espérence en Dieu et en leurs courages. Et faisoint lesdicts seigneurs la nuict grands feus mais petit guet ; car, en rien ils ne craignoint la puissance de Sévérac et des siens, lesquels, coume dict est, estoint la plus grande partie toutz neudz et sens arroy. Au point du jour vindrent fraper sur les nobles de Dauphiné et les desconfirent, et y feurent prins ledict comte de Valentinoys, l'évesque de Valence, le prince d'Orenge et plusieurs aultres. Et pour ce que ledict sieur de Sévérac doubtoit que ceulx qui s'en estoint fouys ne se raliassent ensemble, cognaissent que leur desconfiture estoit une chose soubdaine, et que quant on veint à fraper sur eulx, ils n'avoint pas eu le loisir d'eux armer ni habiler, désira de trouver la manière d'expédient avec eulx ; car à tout considérer combien que ces gens feussent armés de leurs harnois, toutesfois ils avoint beaucoup de passages bien difficiles, et quant il ni eut heu que les paysens du pays, si y eust il heu fort à faire, et pour ce lesdicts seigneurs mesmes ayans désir d'estre hors de ses mains, et doubtens, que si leurs gens s'assembloint pour leur courir sus, qu'uon ne les tuât, demandèrent audict de Sévérac qu'uil leur teint bone companie, et on les laysseroit passer seurement, lequel en feut d'acord et ses gens. Et au regard desdicts princes ce q'uilz voleurent doner de leur franche volonté, Sévérac et ses gens en feurent contens, et des aultres gentishommes chescung paya ung marc d'argent. Et par ce moyen ledict de Sévérac et ses gens qui estoint toutz neudz mal habillhés et sens argent s'en vindrent à leurs pays, et devers leur seigneur, le nouveau comte d'Armaignac, montés, armés et bien garnis. Ainsin va aulcune fois des avantures de guerre et desdicts du pays de Dauphiné se moquoint les François, Anglois, et toutes les aultres nations. »

Voilà ce que messire Juvénal des Ursins discourt sur ce rencontre de Dauphiné d'où nous pouvons tirer deus remerques : l'une qui feut le conducteur et print la charge de ceste armée après la mort du comte d'Armaignac, scavoir Amaulrry de Sévérac, qui quelque temps après pour sa valeur et proesse feut faict maréchal de France ; l'aultre que les affaires de son armée n'estoint pas si ruinés et perdeus que Froissart les faict, veu qu'ilz se retirarent en leur pays en ordre et toutz en troupe, coumme ledict sieur des Ursins l'atteste, auquel nous avons plus d'occasion d'adjouster foy, que à Froissard qui estoyt estrenger ou ledict sieur des Ursins estoyt naturel Françoys, tenent grand reng en ce royaume, coume filz du chancelier de ceste corone, q'uil vivoyt au temps duquel il parle et par ce moyen ne pouvoit estre q'uil n'eust l'intelligence des affaires.

Il n'y ha q'ung seul poinct en son discours qui nous faict entrer en quelque doubte ; c'est q'uil met ce rencontre sur l'an mil CCCLXXXXV ; et toutesfois nous avons monstré cy dessus que le désastre du comte d'Armaignac arriva en l'année MCCCLXXXXI. Et de vray, l'archevesque de Florence, Froyssard et tous les aultres hystoriens qui parlent de ce voyage le metent soubz cest année là ; que s'il est vray coume toutz ces hystoriens l'asseurent que tout incontinent après la mort dudict coumte, ceste armée se mit à son retourn, il n'est pas possible q'uilz eussent tent demuré par les chemins pour ne se treuver en Dauphiné que jusques en l'année quatre vingtz quinze et de voloir repartir q'uilz s'arrestèrent encores quelques années en Italie. Le discours que les hystoriens font là dessus y répugne évidement, mesmes celuy de Froissart qui asseure que le duc de Milan feut bien aise de se dépestrer bien tost d'eux, et que mesmes il leur dona de l'argent affin q'uilz vuidassent aussi tost l'Italie. Ne fault aussi pencer que les Florentins les retirassent en leur armée. Cela ne se peut aulcunement colliger de leurs hystoires, ains il apert par yceles que ceste mesmes année mil CCCLXXXXI ils firent paix avec le duc de Milan. D'aultre part, il ne se treuve poinct que aultre armée Françoise passât les mons depuis la mort du comte d'Armaignac jusques en l'année 1395, ni de troys ou quatre ans après, pour faire croire que ceste armée d'Amaulrry de Sévérac feut aultre que cele que le comte d'Armaignac avoyt conduicte en Italie. Mais il résulte asses des paroles mesmes dudict sieur des Ursins que c'estoyt de cele là q'uil parle et non d'aultre, veu que ces troupes estens de retourn de par deçà s'en alarent treuver le nouveau comte d'Armaignac. Il fault donc nécesserement croire q'uil y a faulte en la datte, procédent l'erreur non de l'autheur, mais de l'imprimur qui, au lieu de MCCCLXXXXI ou MCCCLXXXXII, a mis MCCCLXXXXV.

Revenent donc au décès du comte d'Armaignac, il morut en la fleur de son eage ne laissent de sa feme Marguerite de Cumenge deus filhes sens aulcung masle, l'une nommée Jeane, l'aultre Marguerite, lesqueles ne peurent succéder aux comtés, terres et seigneuries de leur feu père à cause des substitutions conteneues ez testemens de leurs prédécesseurs par lesqueles les filhes n'estoint apelées que en deffault de toutz les masles. Monsieur Chopin, en son segond libvre De domanio Franciæ, chap. 4 (1), passe plus oultre et dict que c'estoit une loy perpétuele, en la maison d'Armaignac, que les masles estoint toutjours préférés aux femeles et que après la mort du susdict comte, les estatz d'Armaignac et de Rodez, estens à ses fins assamblés, déclérarent messire Bernar d'Armaignac, son frère, héretier en seul desdictes maisons, à la charge de marier lesdictes deus seurs suivent le reng et dignité de leur maison. « Armeniacis autem regalis (dict il) fuit hæc usu recepta succedendi consuetudo : Joanne in Insubribus necato, Bernardus frater solus hæres declaratur frequenti omnium ordinum provinciæ conventu, ita tamen ut duabus Joannis filiabus certam pecuniæ summam errogaret pro familiæ dignitate. » Il pence que ces deus filhes s'apelassent Jeannes, en quoy il se fault. Ce petit mémoire des comtes d'Armaignac, du quel cy dessus j'ay faicte mention par deus fois en dict presque autent, refférent toutesfois ceste forme de succéder non à aulcune loy ny coustume de la maison, mais aux testemens des devanciers dudict comte. « Jean, comte d'Armaignac (porte ce mémoire), trespassa en Alexandrie, délaissa deus filhes sens aulcung masle, et pour ce feut dict par les gens des troys estatz de Rouvergue et de Gascoigne,

---

(1) Rena. Chopinus. De domanio Franciæ, lib. 2, c. 4.

30

assamblés à Auch, que, attendu les testemens des prædécesseurs comtes d'Armaignac, les filhes dudict Jean ne debvoint ni ne pouvoint succéder, mes debvoint estre mariées selon l'estat de la maison, et que la succession d'ycele apertenoit à leur oncle messire Bernard d'Armaignac, comte de Charolois, lequel succédent ezdicts biens maria ses niepces au sieur de l'Esparre et au viconte de Narbone. » Ce viconte de Narbone, duquel ce petit mémoire parle, estoyt Guilhaume segond de ce nom, viconte de Narbone qui morut en la batailhe de Vernuelh, donnée contre les Anglois l'an 1423, et feut ung des sept seigneurs qui accompaignarent Charles, lhors dauphin, mais depuis roy soubz le nom de Charles 7, à Montereau fault Yonne, lhorsque Jean, duc de Bourgoigne y feut par eulx tué. Ce feut donc la segonde alliance de la maison d'Armaignac ou Rodez avec cele de Narbone.

Du vivent de ce comte, en l'année mccclxxxviii, s'esmeut ung différent entre les deus communes du bourg et de la cité de Rodez, à cause de quelques maisons assises en la place S. Estiene, à présent dicte la place du fruict, que les consuls de la cité soustenoint estre de leur tailhable, et ceulx du bourg au comte, que lesdictes maisons avoint esté toutjours cottizées au bourg et comprinses en leur cadastre; et de tent que par ce moyen l'on metoit la juris-diction de ces maisons en controverse. Le procureur du comte intervint en ce différent, coume feit bien aussi celuy de l'évesque; ilz se mirent là dessus en procès. Mais parce que les plus advisés prévirent que ceste petite scintille pourroit embraser ung grand feu, ilz se mirent après à l'esteindre et guaignèrent ce poinct de leur faire remetre ce différent aux dire et arbitrage des baily et juge de Roudez et deus notables bourgeois de la vile. Le baily qui estoyt de la part de l'évesque s'apeloit Pierre de la Glerle et le juge qui estoyt de la part du comte s'apeloit Hugues de Beaulieu. Les bourgeois estoint Jean Vigourous de la cité et Gailhard Hébrart du bourg. Ces arbitres ouyrent les parties, veirent tout ce que d'ung cousté et d'aultre feut remis pour le soustènement et confortation de leurs droitz, visitarent aussi les bornes et limites ancienes d'entre lesdictes deus communes et jurisdictions, q'uils trouvarent la pluspart arrachées, et celes qui restoint si vieilhes et débifées que l'on n'y pouvoit asseoir aulcung jugement solide, de sorte q'uilz trouvarent bon planter de nouveles bornes coume ils feirent après s'estre transportés sur les lieux et visité les documens anciens. Là dessus ils en donarent leur sentence arbitrale, portent l'affiche ou plantation de bornes, le tout dressé en forme de proucès verbal que se voyt encores de présent ez archifs, tent de ladicte comté, du seigneur évesque de Rodez que desdictes deus maisons de vile, de la datte que dessus. Ceste ordonence a depuis en ça doné loy auxdictes deus communes, tent pour les tailhes que pour les jurisdictions, pour ce que concerne les limites d'yceles.

De Bernard segond du nom, comte d'Armaignac et de Rodez, de son mariage avec madame Bone de Berry et de leurs enfens.

CHAPITRE XXI.

Après la résolution prinse en l'assemblée d'Auch, le comte Bernard segond de ce nom (si nous volons prendre Bernard d'Armaignac, mari de madame Cécile, comtesse de Rodez, pour premier) feut receu en toutes ses terres et seigneuries, au grand contentement de toutz ces subjectz, le xxi jour du mois de mars MCCCLXXXXI (prenent le comencement de l'an à la feste de l'Anunciation, coume il se faisoit alhors). Il feit son entrée en la vile de Rodez, où il feut receu en toute alégresse et avec la plus grande magnificence q'uil feut possible. Le lendemain il feut coroné, dens l'esglise cathédrale de Nostre Dame, par messire Henrry de Sévery pour lhors évesque de Rodez, avec les cérémonies en tel cas acoustumées. Ce mesmes jour il confirma aux habitans du bourg les priviliéges que leur avoint esté concédés par ses prédécesseurs. De là il partit pour aler trouver le roy acompaigné du comte dauphin d'Auvergne et de la plus part de sa noblesse de Rouvergue et d'Armaignac, et arriva en court, qu'estoit pour lhors à Gisors, quelques jours après Pasques, où il feit homage au roy de ses comtés de Rodez, Armaignac et aultres ses terres. Voici coume Froissard parle de cest homage, en son 4. volume, chap. 37 (1) :

---

(1) Froiss., 4. vol., chap. 37.

« Le roy estent à Gisors, messire Bernard d'Armaignac vient là en bon arroy, le comte dauphin d'Auvergne estent en sa companie, et releva la comté de Rodez et d'Armaignac du roy, et lui en feit homage aux uz et costumes que les seigneurs subjects du roy de France relèvent leurs fiefs, et de ce qu'uil demura home du roy en leva letres. »

Il feut marié avec madame Bone de Berry, filhe de monseigneur Jean de France, duc de Berry et comte d'Auvergne, et par ce moyen renouvela les alliances qu'estoint entre ces deus maisons de Berry et d'Armaignac depuis le mariage de madame Jeane d'Armaignac avec ledict seigneur duc de Berry, et bien que ledict comte et ladicte dame Bone feussent cousins germains, nostre S. Père le pape Clément 7, désirent que ce mariage sortit à effect, leur envoya la dispence. Il est facile de vérifier la consenguinité que j'ay dict estre en ces deus seigneur et dame. C'est que dudict mariage de Jean, duc de Berry, et de madame Jeane d'Armaignac, que nous avons dict avoyr esté célébré dens l'esglise des Cordeliers de Rodez, en l'année mccclix, sortirent ung fils masle et deus filhes. Le fils feut nommé Jean du nom de son père qui feut comte de Montpencier, et marié deus foys : la première, avec madame Catherine de France, filhe du roy Charles v ; l'autre, avec madame Anne de Bourbon, filhe de Jean de Bourbon, comte de Vendosme et de la Marche, pendent lequel mariage il morut sens enfens, son père encores vivent. Les deus filhes feurent marié, et Bone, l'aynée desqueles, feut marié troys fois : la première, avec Guy de Chastilhon, fils de Guy, comte de Bloys ; la segonde, avec Philippes d'Artoys, comte d'Éu, prince du sang et conestable de France, qui morut à la journée de Nicopoly, et la troisième avec Jean de Bourbon, comte de Clermont et depuis duc de Bourbon. La puinée des filhes, q'uestoyt madame Bone de laquele nous parlons, feut mariée deus fois : l'une, avec Amé 7, duc de Savoye, ayec constitution de dot de cent mile francz d'or ; l'aultre, avec ce Bernard, comte d'Armaignac, sur lequel nous soumes de présent, et lequel, coume nous avons veu, estoyt petit filz de Jean premier du nom, comte d'Armaignac, et par conséquent cousin germain de madame Bone q'uil print à femme. Les pactes de ce mariage feurent arrestés au chasteau de Mehun sur Yeuvre, le XXVI jenvier MCCCLXXXXIII, entre ledict seigneur, duc de Berry, faisens pour luy et sa filhe, et nobles Marquès de Beaufort, marchis de Canilhac, viconte de La Mote et Guilhaumes de Solatges, seigneur d'Entraigues, procureur du comte d'Armaignac. Au moyen dudict mariage, la vicomté de Carlat, qui avoyt esté léguée par Henrry 2, comte de Rodez, à Ysabeaux de Rodez, sa filhe, femme à Geoffroy du Pont, et depuis vendeue par Bernard, leur fils, audict duc de Berry, ainsin que nous avons cy devant monstré, parlent dudict comte Henrry, feut réunie à la maison de Rodez, parce que ledict duc de Berry la constitua en dot entre aultres choses à sadicte filhe. Le mariage feut après entièrement solempnizé et consummé en la ville de Chambéry, capitale de Savoye, le VIIIe jenvier MCCCLXXXXIIII. Ladicte dame demeura encores quelque temps après la célébration du mariage en Savoye ; car les ammenences d'ycele dens la vile de Rodez ne se feirent de toute ladicte année, ains l'année après au moys d'octobre, coume j'ay apprins du libvre des anniverseres ou obitz du couvent des Cordeliers de Rodez, duquel j'ay cy devent souvent faicte mention. Il y est ainsin parlé de ces ammenences : « Anno

Domini millesimo tercentesimo nonagesimo quinto, decima nona mensis octobris, in crastinum S. Lucæ, illustrissimus dominus Joannes, comes Pictaviensis, dux Byturicencis et Arverniæ, duxit ad istum conventum cum maxima nobilium multitudine in utroque sexu, videlicet, illustrissimam filiam suam et dominæ Joanne Armeniacæ primogenitam, dominam Bonam de Byturio, quam dederat in uxorem illustrissimo domino nostro D. Bernardo, comiti Armeniaci et Ruthenæ, anno immediate præcedenti, die xxvi januarii, in castro suo de Mehuno in Byturica, habita per prius dispensatione a domino nostro pappa Benedicto xiii° super gradibus consanguinitatis quibus dicti conjuges sibi invicem attinebant, et fuit obtenta dispensatio per me Guil. de Podio confessorem dicti domini comitis, qui ista exaravi et est notandum quod in isto novo adventu præfatæ dominæ comitissæ fuit solemnitas tam grandis quod non est memoria alicujus qui similem in his partibus viderit celebrari. »

Du mariage du comte Bernard segond avec madame Bone de Berry sortirent deus masles et v filhes. Les masles feurent Jean qui, après la mort de son père, feut comte de Rodez, quatrième de ce nom. Il nasquit dens le couvent des Cordeliers de la vile de Rodez (où les comtes feurent pour lhors leur résidence ordinere avec toute leur familhe) le xv septembre mccclxxxxvi, ung an ou environ après lesdictes amenences coume l'atteste ce mesme libvre des anniverseres des Cordeliers en ces termes : « Item anno Domini m°ccc°lxxxxvi°, die xv septembris, in octavis beatæ Mariæ, natus est in conventu isto, et consequenter die martis, quæ fuit xxiiii mensis octobris, baptizatus in ecclesia dicti conventus, ante majus altare, Joannes de Armeniaco, primogenitus dicti domini comitis Armeniacii, per reverendum in Christo patrem dominum Raymundum abbatem Conchensem, et fuerunt patrini ejusdem Joannis sanctissimus dominus noster Papa et dictus dominus dux per procuratores sequentes, quoniam pro parte domini nostri Papæ erat hic dominus R. episcopus Albiensis et ex parte domini ducis illustris dominus comes delphinus, et fuit ibi solemnitas permagna. » Le segond filz masle qui sortit de ce mariage feut Bernard, qui eust pour son partage la comté de Perdiac et les vicontés de Carlat et morut coume nous dirons en son lieu. Il nasquit le XXIX mars l'an mil quatre cens. Les filhes feurent Marie qui nasquit au chasteau de Guaje, l'an MCCCLXXXXVII, et morut en le age de VII ans, est enterrée en l'esglise des Cordeliers de Rodez : Bone qui nasquit à Lavardeux le XIX febvrier MCCCLXXXXIX, cele là feut mariée avec Charles, duc d'Orléans, filz de Louys, duc d'Orléans, frère dudict roy Charles VI, lequel Louys feut tué à Paris par les menées du duc de Bourgoigne. C'est ce Charles, qui demeura si longuement prisonier en Angleterre, père du roy Louys XII. La tierce filhe sortie du susdict mariage de Bernard, comte d'Armaignac et de madame Bone de Berry, feut Anne qui nasquit à Guaje, l'an MCCCCII, et feut mariée avec Charles d'Albret, conestable de France. La quatrième feut Jeane, laquele nasquit le IIII juilhet MCCCCIII, morut dans l'an et feut enterrée en l'esglise des Cordeliers de Rodez. La dernière feut Béatrix, laquele nasquit à Guaje, le IX avril MCCCCVI, et morut jeune sens avoir esté mariée. Voilà toutz les enfents et filhes qui sortirent du mariage du comte Bernard et de ceste dame Bone de Berry, dame autent verteuse et religieuse que aultre qui vesquit de son temps, et après sa mort feut teneue et réputée pour saincte, coume nous dirons en son lieu.

CHAPITRE XXI.

Le comte Bernard après avoyr succédé à son feu frère Jean troisième, et faict homage au roy de toutes ses comtés, terres et seigneuries, ne demura guières sens estre amployé au service de sa majesté, s'en estent offert une trèsbele occasion q'uil estima et prisa beaucoup, parce que, s'il eust peu metre à exécution ce que luy estoyt coumendé de la part de sa majesté, oultre l'aise et contentement q'uil eust receu de s'estre employé pour le service de son prince et d'avoyr exécuté ce qu'estoyt de sa volonté, il eusse peu venger la mort de son frère, et tent et quant avoyr sa revenche des injures et indignités faictes à sa seur par le duc de Milan. Les Florentins bien que dez l'année MCCCLXXXXII eussent faicte paix avec le duc de Milan, ilz avoint néamoings fort suspecté sa puissance et plus encores les incitoyt à ce soubçon le naturel turbulent de ce seigneur qui ne pouvoit vivre en repos avec ses voisins et ne cessoit de leur dresser de jour à aultre quelque partie et faire quelque brigue dessoubs main, nottemment contre les Florentins q'uil croyoyt luy avoir esté mis coume en contrecarré pour rompre ses dessaings ambitieux qui tendoint à se rendre mestre de toute l'Italie. Eulx donc, en l'année MCCCLXXXXVI, ayans eu advis que le duc de Milan ne tarderoyt guières sens se remuer, advisérent pour se fortifier d'amics de procurer une ligue avec le roy de France pour la tuition et deffence de l'Italie. Et par ceste confédération feut arresté que tout ce que se prendroit (après que leurs armées seroint joinctes) dans la Toscane demeureroit aux Florentins et tout ce que se prendroit hors d'ycele seroit au roy ; lequel la mesmes année s'estoyt saisi de la vile et estat de Gênes, et par ce moyen tenoyt ung pied dans l'Italie. Antonin, archevesque de Florence, en la tierce partie de sa chronique, titre 22, chap. 3, § 24 (1), soubz l'an MCCCLXXXVI, parle ainsin de ceste ligue : « Tum etiam cum oratores Florentinorum essent in Francia facta est colligatio inter regem Franciæ et Florentinos ad deffensionem et conservationem statuum in Italia, reservata facultate cuilibet ex colligatis cum Florentinis ut qui vellet posset cum eis conjungi. Ea autem pactione dicta ligua facta est, ut quidquid terrarum adipisceretur in Hetruria esset Florentinorum et colligatorum cum eis ; quod autem extra Hetruriam acquireretur regis Franciæ fieret : hoc etiam servato ut nihil fieret contra Romanam ecclesiam. » Sur le commencement de l'an MCCCLXXXXVII, la guerre s'ouvrit entre le duc de Milan et les Florentins, lesquels ne faillirent d'en advertir tout aussi tost le roy et lui demander secours. Il estoyt pour lhors fort mal content du duc de Milan, à cause de madame Valentine, sa filhe, duchesse d'Orléans, laquele avoyt esté constrainte de quitter la court pour certains bruictz que l'on faisoit courir contre elle, de quoy le duc avoyt escript au roy quelques letres fâcheuses. Il y a quelques hystoriens qui passans plus avant veulent dire qu'uil l'avoyt deffié par ses ambassadeurs.

Le roy donc, animé contre le Milanois, receut de tout bon cueur les Florentins en leur acordent tout aussi tost le secours q'uilz demendoint. Et parce q'uil scavoit bien coumme le cueur du comte d'Armaignac demeuroit estrengement oultré contre le Milanoys, et voyent d'aileurs que les Florentins le desiroint fort, ayans chargé expressément leurs ambassadurs de prier sa majesté le faire chef de l'armée qu'il

---

(1) Antoni. Florentinus, 3ᵉ parte chronicorum. tit. 22, cap. 3, § 24.

envoyeroit en Italie, il luy manda de s'aprester pour ce voyage, que feut une novele au comte des plus agréables q'uil eust sceu désirer. Le roy volut que l'armée se dressât aux environs du Rosne en Daulphiné et Prouvence ; à quoy le comte d'Armaignac donna tel ordre que dans peu de temps il feut prest à marcher avec toutes ces troupes. Mais à son grand regret, coumme il estoyt près à desloger, survindrent deus noveles qui rompirent ce voyage : l'une feut les trèves que là dessus feurent acordées pour dix ans entre le duc et les Florentins ; et l'aultre la deffaicte des Françoys à Nicopoly, vile d'Hongrie où le comte de Nevers, fils du duc de Bourgoigne, estoyt alé avec de grandes troupes de France pour le secours du roy d'Hongrie. Ces deus occurences feurent cause la rupture de ce voyage. Froyssard ne faict mention que de la dernière, parce que aussi, au discours q'uil faict de ceste armée, il ne parle aulcunement de la guerre des Florentins. Il dict seulement, au LXXIIII chap. de son 4. volume (1), que le duc de Galéas ayant menassé le roy de venir en France pour le guerroyer s'il ne remetoit sa filhe en son premier estat, sa majesté en feut si oultrée q'uil se résolut d'envoyer une armée contre luy en Lombardie, et que de faict il la feit dresser au pays de Savoye et Dauphiné pour de là entrer en Italie par le Piedmont et venir en Lombardie ; mais que la novelle de la perte de la batailhe de Nicopoly et de la mort ou prison de tent de grands seigneurs François rompit ce dessaing. Corie (2), hystorien Milanois, asseure que la novelle de la deffaicte de Nicopoly et la maladie du roy survenue là dessus

---

(1) Froiss. 4 volume, chap. 74.
(2) Corie en son hyst. de Milan.

empêchèrent ce voyage, et que sens cela il estoyt faict de l'estat de domp Galéas. L'archevesque de Florence, en la 3. partie de sa chronique, titre 22, chap. 28, passe encores plus avant, car il nomme le chef général de l'armée que debvoit venir de France, et dict ouvertement que c'estoyt le comte d'Armaignac (1) : « Insuper (dict il) ex Gallia Bernardum Armeniaci comitem, germanum ejus qui apud Alexandriam interierat, Florentini ad transeundum in Italiam excitabant. » Mais oultre ces tesmoignages j'ay deus letres patentes du roy Charles VI qui font expresse mention de ce voyage, et monstrent évidemment que sa majesté envoyoyt le comte d'Armaignac en Italie avec une armée au secours des Florentins contre le duc de Milan que j'insèreray icy pour plus ample preuve de mon dire, et monstrer que Beleforest ce moque à tort de ceulx qui parlent du dessain de ce voyage. « Charles, par la grace de Dieu, roy de France, A nous amés et feaulx conceiliers l'évesque de Noyon et Amaulrry d'Orgemont, chevalier, comis de par nous à la guarde, distribution et gouvernement des deniers de l'ayde novellement mise sus en nostredict royaume pour le secours de la chrestienté et la poursuite de la paix et l'union de la saincte esglise, salut et dilection. Scavoir faisons que nous envoyons præsentement nostre cher et féal cousin le comte d'Armaignac à tout certain nombre de gendarmes et gens de traict à l'ayde et secours de nous bienveilans et alliés les Florentins contre aulcungs leurs malvelhens qui leur veulent faire guerre ouverte ; et pour le gouvernement et aultres nécessités de nostredict cousin, ses gens d'armes et de traict de sa

(1) Antoni. Florent. 3 par. chronico. tit. 22. cap. 28.

companie pour aler audict secours et aide, avons ordoné et ordonons par ces præsentes à nostredict cousin la soume de soixante mile francz d'or à prendre et avoir de et sur ladicte ayde, si vous mandons, etc. Doné à Paris l'an de grace MCCCLXXXXVII. » L'autre lettre est de ceste teneur : « Charles, par la grace de Dieu, roy de France et dauphin de Vienois, à nous amés et féaulx les conestable mareschaulx et à toutz séneschaulx, bailifz et prévosts, guarde des villes, chasteaulx, forteresses, pontz, passages et destroictz de nostre royaulme et dudict Dauphiné ou leurs lieutenens, salut. Coume naguières nous ayons ordoné nostre amé et féal cousin le comte d'Armaignac pour aler au secours des communes de Florence, nous alliés, à l'encontre d'aulcungs leurs adversères, scavoir faisons que de présent nous envoyons à nostredict cousin au lieu du Pont S. Esprit trois cens arcz et six cens trousses de flèches dedans trente huict coffres ou environ, si vous mandons, etc. Doné à Paris le III may MCCCLXXXXVII. » Ces letres monstrent asses que ceulx qui ne veulent confesser la levée de ceste armée pour le voyage d'Italie n'ont aulcune raison de leur costé.

Au demurent, le comte d'Armaignac ayant fort à cueur l'injure à luy et à toutz les siens faicte par Jean Galéas, duc de Milan, avoyt délibéré d'en avoyr sa revenche à quel prix que ce feut, encores bien que le roy ne luy en eust doné les moyens. A ces fins il s'estoyt fortifié d'aliances et confédérations q'uil avoyt faictes et jurées avec de grandz seigneurs et nottement avec Louys de Bavière, comte Palatin du Rhin, filz d'Estiene, duc de Bavière, et d'une filhe du vieulx Bernabé Vicomte, ensemble avec Mastin Viconte, filz du jeune Bernabé, non du mari de madame Béatrix d'Armaignac, mais d'ung aultre.

Ces alliances avoint esté entre eulx conclues et arrestées le premier de juing MCCCLXXXXVI, tout exprès, pour courir sus audict Galéas. J'insèreray icy quelques motz des letres de ceste alliance. « Nos Ludovicus, Dei gratia comes Palatinus ac Bavariæ dux, et nos Mastinus Vicecomes, dominus Mediolani, præsentium recognoscimus tenore, etc. Cum autem Joannes Galeatzii, comes Virtutum, gravissimum malum contra Deum et justitiam in personam præpotentis domini domini Bernabonis Vicecomitis Mediolani, domini fœlicis mæmoriæ, avi nostri charissimi, commiserit; quinimo, hodierno die in nos per nequissimam Mediolani territorii et dominii occupationem committere non desistens, magnificum dominum dominum Bernardum comitem Armeniaci fratrem et amicum nostrum præcarissimum, multipliciter hactenus inquietatum suis injuriis molestare non formidat : ea propter bona deliberatione maturoque concilio habitis, ad prædicti comitis Virtutum temeritatem cohercendam et justitiam deffendendam, cum prænominato domino domino Bernardo comite Armeniaci talem amicitiæ et confœderationis et ligæ condiximus et per præsentes conficimus unionem, etc. » Après ces motz sont insérés les articles de ceste ligue qui sont aussi descriptz en mesmes façon aux letres de ceste allience conceues au nom du comte d'Armaignac q'uil baila auxdicts seigneurs ses confédérés ; car tele estoyt la coustume, en ce temps-là, de ceulx qui se liguoint ensemble que de se bailer les ungs aulx aultres letres d'alliance q'uilz apeloint seelés, par ce que ces letres estoint seelés de leurs seaulx. Et c'est ainsin que se doybvent entendre ces motz qui se trouvent souvent dens les vieilhes hystoires Françoises : « Ilz se sont bailés leurs seellés, » que ne veulent dire aultre chose, si ce n'est q'uilz ont faicte ligue et confédération ensemble. Dens les mémoires de Phelippe de Commines, le chancelier du roy Louys XI, Morvillier, reproche au comte de Charolois, devent son père le duc de Bourgoigne, que luy et le duc de Bretaigne s'estoint bailés seelés l'ung à l'aultre. « Après (dict il au libvre I chap. I de ces mémoires) recommença ledict Morvillier et dona de grandes et deshonestes charges au duc de Bretaigne, disent que ledict duc et le comte de Charolois là présent avoint bailé seelés l'ung à l'aultre par les mains de messire Tanneguy du Chastel. » Sens doubte le comte d'Armaignac et ses aliés, non obstent la rupture du voyage d'Italie entreprins de l'authorité du roy, eussent donné des affaires au duc de Milan sens les divisions et quereles qui survindrent en France sur ce temps là, esqueles le comte d'Armaignac se trouva dens peu de temps bien avant embarrassé, qui destornèrent et rompirent du tout ce dessaing d'Italie. Nous verrons au chapitre suivent q'ueles feurent ces divisions et d'où elles procédèrent.

De la source et origine des quereles et guerres que feurent entre les maisons d'Orléans et de Bourgoigne et poursuite d'yceles jusques à la paix de Wincestre.

CHAPITRE XXII.

Le comte d'Armaignac, duquel nous parlons maintenant, suivent l'exemple et trace de ses prédécessurs, se donna du tout au service de la corone de France, pour le service de laquele il employa toutz ses moyens et enfin sa propre vie. Mais le malheur feut tel pour luy que ce ne feut contre l'Anglois ou aultre estrenger enemy du royaume, mais contre les propres subjects du roy qui, au lieu de le soustenir et deffendre, ne faisoint que le troubler par leurs désordonées ambitions. Ce feurent les ducs de Bourgoigne, père et fils, que à cause de la querele q'uilz eurent contre le duc d'Orléans esbranlèrent telement l'estat de France, q'uilz le pencèrent du tout renverser et acabler, estens ces désordres survenus en une trèsmauvese et très périlheuse saison, scavoir sur la maladie si estrenge que surprint le roy Charles VI en l'année MCCCLXXXXII : c'est q'uil feut soubdenement saisi d'une manie et perte de sens et entendement qui le tint après toute sa vie ; car bien q'uil revint par foys en son bon sens ce n'estoit que pour peu de temps, sa maladie luy revenent bien tost après, et par ce moyen toutes choses aloint très que mal en son royaume, les princes par leurs menées et factions metens tout en désordre.

En ceste si mauvese saison la pome de discorde feut jettée en ces deus maisons d'Orléans et de Bourgoigne, laquele print son coummencement entre Philippe, duc de Bourgoigne, oncle du roy, et Louys, duc d'Orléans, frère de sa majesté. Elle feut après continuée par leurs enfens. La source et origine d'ycele est contée diversement. Les ungs la reffèrent à une cause, les aultres à une aultre. Il y en ha qui sont d'opinion que le voyage faict en Italie par le feu comte d'Armaignac, Jean 3, contre le duc de Milan, feut la première cause et origine de la hayne q'uilz eurent ensemble, d'autent que le duc d'Orléans (qui avoit à femme madame Valentine, filhe du duc de Milan) feit tout ce q'uil peut pour rompre ce voyage, mais que il ne le peut empêcher à cause des vives poursuites que le duc de Bourgoigne feit pour l'avancer en faveur des Florentins et dudict comte d'Armaignac. Les aultres refferent ceste malice à l'ambition et désir du gouvernement, parce que le duc de Bourgoigne tâchoit d'avoir le maniement des affaires durent la maladie du roy, coume il l'avoyt eue pendent la jeunesse d'yceluy, et le duc d'Orléans prétendoit que c'estoyt luy coume premier prince du sang, estent frère du roy. Les aultres pencent que ce feut une jalouzie que saisit le duc de Bourgoigne, parce que le duc d'Orléans s'estoyt jacté d'avoir jouy de toutes les dames desqueles il avoit le pourtraict dens son cabinet, dens lequel estent ung jour entré le duc de Bourgoigne y avoyt remerqué celuy de sa femme. Mais de moy je pence q'uil y eust ung peu du tout, et que l'inimitié coummença premièrement à prendre ses racines sur le voyage du comte d'Armaignac, et que après elle s'augmenta peu à peu par la jalousie, et en fin s'embrasa du tout par l'ambition du duc de Bourgoigne, qui estoyt ung prince des plus ambicieux qui feussent pour lhors en la chrestienté. Quoy qu'il en soyt, il est certain que ces deus princes par leurs factions et menées troublèrent fort la court, d'autent que ce que l'ung voloit, l'autre ne le trouvoit pas bon, et par leurs discordes metoint tout en combustion. Et voyens eulx que ces contestations ne pouvoint aler guières plus en avant sens entrer en une guerre ouverte, ils coummencèrent d'ung costé et d'aultre à se fortifier d'amis et tascher d'attirer chescung à son parti les plus grands du royaume. Le duc d'Orléans, croyant au moyen du comte d'Armaignac attirer à soy la pluspart de la noblesse de Guiene et de Languedoc, tascha de l'avoyr de son parti, ce q'uil feit par le moyen des alliances et confédération q'uil contracta avec luy, les letres desqueles j'ai voleu icy insérer.

« Nous, Louys, fils du roy de France, duc d'Orléans, comte de Valoys, de Blois et de Beaumont, seigneur de Coussy, scavoir faizons à toutz présens et advenir que nostre trèscher et amé cousin, messire Bernard, comte d'Armaignac, de sa propre et libérale volunté, et pour l'amour q'uil a à monseigneur le roy et à nous, tent à cause de lignage que aultrement, est aujourd'huy devenu nostre home et alié, et nous a faict foy et homage en et par la manière qui s'ensuit. C'est à scavoir q'uil nous a promis faire loyauté et service envers toutz et contre toutz ceulx qui peuvent vivre et mourir hors mis et exemptés aulcungs déclairés et nommés ez letres de nostre cousin, lesqueles nous avons devers nous ; et pour ce nous luy avons promis et prometons faire payer la soumme de six mil libvres tournoises de pension chescung an, à troys termes, sa vie durant seulement, des deniers de nos finences ; et, pour et afin que celuy nostre cousin aye plus grand désir de nous servir coume dict est, nous luy avons promis et prometons par la foy et serment de nostre corps, en parole de filz de roy, l'ayder, secourir et deffendre de nostre pouvoir envers et contre toutz ses hayneux enemys et malveulens qui peuvent vivre et mourir, tent ses voisins que aultres, exeptés ceulx qui s'ensuivent. C'est ascavoir nostre S. père le Pape, monseigneur le roy, madame la reyne, monsieur le dauphin et toutz les enfens de mondict seigneur, beaux oncles de Berry et de Bourbon et toutz leurs enfens masles nais ou à naistre, trèshault et puissent seigneur prince et nostre trèscher et très amé cousin, le roy de Sécile et le prince de Tarante, son frère ; trèshault et puissent prince le roy des Romains et de Boesme, et ses oncles, José et Procop, marquis de Moravie ; nostre trèscher frère le duc de Milan, et ses frères ; nos trèschers cousins, le comte d'Alançon et le comte du Perche, son filz ; le duc de Lorraine, le comte de Clèves et le marquis de Baude, nostre trèscher nepveu le duc de Bretaigne, nostre cousin le seigneur de Clisson et nous trèschers cousins, le comte d'Harcourt et le sire d'Albret. Et est notre intention que les gens que nous envoyerons devers nostredict cousin pour le servir ayent et recouvrent de luy ou de ses gens les guages acoustumés en France. Et, les choses dessusdictes, avons à nostredict cousin d'Armaignac promises et prometons de nostre certaine science et volunté et en parole de filz de roy pour la tenur de ces présentes, lesqueles pour plus grande fermeté nous avons faict seeler de nostre seel secret en l'absence de nostre grand seel. Doné à Lyon sur le Rhosne, le XVII novembre l'an de grace MCCCCIII. »

Ainsin se fortifioint d'amys et d'alliés ces deus princes, desquels l'ung décéda bientost après, scavoir le duc de Bourgoigne qui laissa ung successeur encores plus hault à la main que luy, et qui non seulement succéda aux biens de son père, mais encores en la hayne qu'uil avoyt conceue contre le duc d'Orléans. Ce feut Jean, comte de Nevers, son filz ayné, qui servit d'ung flambeau pour embraser et alumer les troubles qui depuis feurent en France ; car bien tost après la mort de son père, les factions se déclararent si ouvertement par tout le royaume, qu'uil n'y avoyt si petite vile qui ne teint ou pour le party d'Orléans ou pour celuy de Bourgoigne. Cependent la reyne fâchée de ces divisions se délibéra de quitter la court et de se retirer en Bavière chez son frère qui en estoyt duc. Et par l'advis et conceilh du duc d'Orléans, elle en debvoit ammener avec elle monsieur le dauphin qui avoyt espousé la filhe du duc de Bourgoigne, de quoy ce duc ayant esté adverti par les Parisiens, qui ouvertement soustenoint son parti, s'en veint en toute diligence à Paris, et trouvent que déjà la reyne avoyt prins son chemin et que le dauphin ne faisoit que sortir de Paris pour la suivre, conduict dens une lictière par monsieur de Montagne, grand mestre de France, il se meit tout aussi tost à courir après, et l'ayant attainct entre Corbeilh et Jouvisi, le pria de revenir à Paris; et voyent que le grand mestre le voloit empêcher, il meit la main aux muletz de la lictière et les constraignit de rebrosser chemin vers Paris, où estoit le roy attainct de sa maladie ordinere. La reine et le duc d'Orléans, advertis de cest attentat, en demurarent toutz esbays et irrités contre le duc de Bourgoigne, ne scachens q'uest ce q'uil vouldroit faire de la persone dudict seigneur dauphin q'uil avoyt en son pouvoir. A tout événement le duc d'Orléans despêche en toute diligence à toutz ces amys pour leur faire entendre coume le duc de Bourgoigne s'étoyt saisi du dauphin, l'ayant ravi des mains de la reyne, sa mère, les prie de s'en venir au plustost q'uilz pourroint avec toutz leurs amys au secours de ce prince prisonier. A son mandement vindrent le filz ayné du duc de Bar, marquis du Pont; Jean, comte de Clermont, filz du duc de Bourbon; les comtes d'Armanhac et du Perche, le viconte de Chasteaulherauld et grand troupe d'aultres seigneurs suivis d'une grande multitude de noblesse. Le duc de Bourgoigne feit de son costé une pareilhe assamblée, de manière que dens peu de temps ils mirent aux champs deus grosses armées q'uilz logèrent au près de Paris, où estoyt le roy, monseigneur le dauphin et le duc de Bourgoigne. La reyne et le duc d'Orléans estoynt au bois de Vincenes. Ce feut le coumencement et l'ouverture de la guerre qui feut entre ces deus maisons et laquele dura LX ou quatré vingtz ans après, à la grand ruine et foule de ce royaume. Pour ce coup, ils ne veindrent pas aux mains, par ce que le duc de Berry, oncle de ces deus princes, se mit a près à trouver quelque expédient pour les acorder, coumme il feit, les réconciliant ensemble. Mais ce ne feut que faincte et dissimulation de la part du duc de Bourgoigne pour faire ung meilheur coup. Tout ce dessus advint l'an MCCCCVI, et le demurent de ceste année se passa en dissimulations et haynes couvertes.

L'année suivente, que feut l'an MCCCCVII, le duc de Bourgoigne monstra ouvertement ce q'uil avoyt si longuement couvé dens son cueur, car il feit tuer cruelment le duc d'Orléans qui estoyt ung prince le moins malicieux du monde, et qui croyoyt sa partie marcher si franchement en ceste besoigne que luy; le murtre feut comis de nuict dens la vile de Paris, s'en venent le duc d'Orléans de visiter la reyne qui s'estoyt acouchée d'ung filz aux Torneles. Il estoyt monté sur ung petit mulet et n'avoyt q'ung page avec ung flambeau devent luy et six ou sept de ses gentishomes qui le suivoynt après. Il feut tué par ung nommé Raulet d'Arteville, apposté par le duc de Bourgoigne, ayant avec luy cinquante ou LX homes armés qui attendoint ledict seigneur de guet à pens. Ce meurtre si inhumain et barbare feut trouvé mauvais de toutz, et bien que du coummencement on ne sceut bonement qui en soubçoner, en fin toutesfois ledict duc de Bourgoigne mesmes s'en descouvrit au duc de Berry son oncle, et, se creignent d'estre arresté, il s'en ala de nuict à toute diligence. Mais quelque temps après s'estent recolligé et assemblé de forces, il s'en revint à Paris où il feut recueili à grand joye et acclamation des Parisiens, lesquelz avec l'Université soustenoint fort et ferme son parti. Et à leur appuy il feit proposer son innocence devent le roy séant en son lict de justice ; non q'uil desavoât le meurtre q'uil n'eust esté faict de son mandement, mais en remonstrent q'uil l'avoyt faict faire pour juste cause. Sa justification feut proposée par ung cordelier nommé frère Jean Petit, la harangue duquel se trouve tout au long dens l'hystoire de Monstrelet, laquele quelques années après feut condampnée coumme erronée.

Madame Valentine de Milan, vefve du feu duc d'Orléans, avec messieurs ses enfens, q'uestoint Charles, duc d'Orléans, Philippe comte de Vertu et Jean comte d'Angolesme, s'en veint d'aultre costé faire sa plaincte au roy de ce murtre et luy en demander justice. Mais elle le trouva trèsmal disposé pour ce faire, ce pouvre prince ne se souvenent plus de son frère q'uil avoyt tent aymé pendent q'uil estoyt en son bon sens, de sorte que toutes choses s'en aloint tendre à une guerre ouverte sens la soudaine mort de la duchesse d'Orléans. Mais ayant elle délaissé ses enfens encores fort jeunes et en bas eage, ils feurent constrainctz d'entendre à ung traicté d'accord qui feut arresté à Chartres, en l'année mccccviii, par lequel le duc de Bourgoigne obtint du roy une abolition de ce meurtre.

Mais cest accord ne feut pas de longue durée, parce que le duc de Bourgoigne qui tenoit alhors le roy en son pouvoir ne cessoit d'altérer les affaires et d'abbaisser tent q'uil pouvoit les Orléanois en désappoinctent les officiers de la corone q'uil cognoissoit affectionés à ce parti, et entre aultres le conestable d'Albret, au lieu duquel il meit Waleran comte de S. Paul. D'ailheurs il n'observoit rien du contenu au traicté de Chartres, si ce n'est en tent que son proffit se pouvoit estendre, et feit mourir par justice, caloumniusement toutesfois, le sieur de Montagne, grand mestre de France et surintendent aux finences, sens q'uil y eust cause souffisente ; mais seulement par ce q'uil tenoit le parti d'Orléans. De quoy esmu le duc, chef de ce parti, bien que lhors fort jeune, désireux de rentrer en jeu, il se résolut d'arrester le cours des violences du duc de Bourgoigne ; et voyent que le duc de Berry s'estoyt retiré de la court, détestent les estranges déportemens de son nepveu le duc de Bourgoigne, il se pença de l'attirer de son parti, ensemble le comte d'Armaignac, duquel il s'asseuroit tirer de grands secours, tent de noblesse que d'aultres soldatz de Guascoigne et de Rouvergue. Il meit donc de gens après pour traicter ung mariage de luy avec Bone d'Armaignac, filhe du comte d'Armaignac, pour d'ung seul ject de pierre (coumme l'on dict) faire deus ou troys coups, par ce que ceste dame estoyt petite filhe du duc de Berry et seur du costé de sa mère du duc de Savoye, et par ce moyen il acquéroit l'amitié de ces troys grands seigneurs : scavoir du duc de Berry, du duc de Savoye et du comte d'Armaignac, qu'estoit autent que de s'acquérir toutz les seigneurs de Guyene, Languedoc, Auvergne, Poictou, Xaintonge, Limouzin et aultres provinces de par deçà, ayant déjà de son parti le duc de Bourbon, et son filz le comte de Clermont; et de vray durent ces grandes et longues guerres, ceulx d'Orléans eurent toutjours favorables la noblesse et habitens de toutes les susdictes provinces qui teindrent toutjours ferme pour eulx contre les Bourguignons.

Ce traiclé feut si acortement manié que en fin le mariage feut arresté et conclu à Mehun le Chasteau en l'année mil ccccx, coume Enguerrent de Monstrelet l'asseure en son Hystoire Françoyse, chap. LXI du premier volume d'ycele (1), où parlent des choses advenues en France pendent ladicte année il y adjouste ces motz : « En ce mesmes temps s'assamblèrent, en la vile de Mehun le Chasteau, les ducs d'Orléans, de Bourbon, les comtes de Clermont, d'Alançon, d'Armaignac, messire Charles d'Albret, conestable de France, lesquels eurent par plusieurs journées de grandz conseilz ensemble sur la mort du duc d'Orléans ; et estoint les ungs d'advis que le duc d'Orléans lui devoyt faire guerre ouverte ; les aultres disoint q'uil valoyt mieulx se retirer du roy pour luy requérir justice dudict murtre ; et en fin, parce q'uilz ne peurent estre d'acord, prindrent ung aultre jour pour se trouver ensemble. Mais devent q'uilz se despartissent feut traiclé le mariage de Charles, duc d'Orléans, et la filhe audict comte d'Armaignac, laquele estoyt niepce audict de Berry et de par sa mère seur au comte de Savoye, et ce faict les seigneurs dessusdicts se despartirent et retornarent chescung en sa seigneurie.

La guerre ne feut résoleue en ceste assemblée

---

(1) Enguerrent de Monstrelet, au premier volume de son hystoire, chap. LXI.

par lesdicts seigneurs, qui avoynt encores quelque espérance que les affaires se pourroint composer et résouldre à la paix, mais en fin voyens que l'on attendoit en vain ceste réconciliation, et q'uele estoyt du tout impossible, ils feirent une aultre assemblée, en laquele se trouvèrent les ducs de Berry, de Bretaigne, d'Orléans, de Bourbon, les comtes d'Alançon, de Clermont et d'Armaignac, toutz princes du sang, hormis le comte d'Armaignac, et là ils conclurent une ligue et confédération ensemble pour la conservation de la persone du roy, tuition de la corone de France et pour leur deffence contre leurs commungs enemys. Monstrelet parle aussi de ceste alliance au LXIII chapitre de son premier volume (1) en ceste façon : « Brief en suivent (dict il) ala le duc de Berry à Angers où feurent assamblés les ducs d'Orléans, de Bourbon et les aultres grands seigneurs de ceste alliance, lesquels toutz ensemble à l'esglise cathédrale jurarent et promirent molt solemnelement de guarder doresen avent l'honeur et proffit l'ung de l'autre, en prometent que toutz ceulx qui vouldroint porter domage contre aulcung d'eulx, excepté le roy, ils le se fairoint scavoir, s'entretiendroint toutz ensemble de bone union et fraternité sens jamais aler au contrere, par quelque manière que ce feut; desqueles alliances plusieurs grands seigneurs de France eurent peu de joye. » Voilà coume Monstrelet parle en peu motz de ceste ligue, laquele bien que feut principalement faicte pour la conservation et deffence de ces princes, coume dict Monstrelet, si est ce toutesfois q'uele estoyt couverte d'ung manteau plus spécieulx, scavoir de la tuition et deffence de

---

(1) Monstrelet, premier volume, chap. 63.

la persone du roy et manutention de l'estat et corone de France, coumme nous verrons par les letres de ceste alliance, qui se voyent encores dens les archifs de la comté de Rodez en trèsbelle forme avec les seaulx desdicts six princes confédérés, lesquels nous apprendront que ces alliances feurent faictes non à Angiers, coume dict Monstrelet, mais à Gien sur Loire ; et par ce que il importe de les voyr, veu les grandes et longues guerres qui s'en ensuivirent après, desqueles toutz nous chroniqueurs parlent tent, nous les insèrerons icy tout au long. Elles sont conceues et despêchées soubz le nom du duc de Berry, plus ancien prince et oncle du duc d'Orléans en faveur duquel elles se faisoit.

« Jean, filz du roy de France, duc de Berry e de Auvergne, comte de Poictou, Estampes et de Bouloigne, lieutenent de monsieur le roy ezdicts pays et du Languedoc et duché de Guyene, à toutz ceulx qui ces letres verront, salut. Scavoir faisons que nous considéré la loyauté, amour affinité, prochencté de lignage, en quoy nous soumes tenus à mondict seigneur le roy et au bien et honeur de la coronne, ayans esgard au gouvernement qu'à présent est en son royaume et qui pourroit estre au temps advenir, et pour éviter les inconvéniens, périlz ou domages qui y sont et pourront estre, et aussi pour le bien commun de son royaume, et pour tenir mondict seigneur en sa royale majesté, liberté et franchise, ainsin qu'uil apertient à la conservation de luy et de sa corone, et pour chasser dehors ceulx qui veulent ou vouldroint aler à l'encontre, et pour tenir seigneurie et justice puissement, voulant et desirant guarder nostre loyauté, amour et affinité dessusdictes regardant pour les affaires de mondict seigneur et de son royaulme quels luy

sont tenus en loyaulté, tent par homage que par
procheneté et affinité de lignage, pour attraire yceulx
à nous et pour éviter les domages et inconvénients
dessusdicts, tenir et guarder mondict seigneur
en sa royaulté, seigneurie et pleine liberté : consydérent que, entre les aultres, nous trèschers et très
amés nepveux le duc de Bretaigne et le duc d'Orléans,
nostre trèscher et trèsamé cousin le comte d'Alençon,
et nous trèschers et trèsamés filz le comte de Clermont
et le comte d'Armaignac, ont toujours porté bone et
vraye loyaulté et amour à mondict seigneur et au
bien comun de son royaume, nous les avons attirés
à nous, et le jour présent se sont alliés avec nous,
et nous aveque eulx par les pactions, alliences et confédérations que s'ensuivent. C'est à scavoir qu'uilz et
chescung d'eux nous ont promis et juré, prometent
et jurent par ces présentes sur les sainctes Evangiles
de Dieu, touchées corporelement, d'estre avec nous et
de servir mondict seigneur le roy encontre toutz
ceulx de son royaume et leurs aydens, qui empêchent
ou empêcheroint le bien et honneur de mondict
seigneur, de sa royaulté, majesté, de sa justice et
de la chose publique de son royaume, en la manière
qui s'ensuit. C'est à scavoir que ledict nostre nepveu,
le duc de Bretaigne, servira à ses propres despens
et missions mondict seigneur avec le nombre de
mil homes d'armes et mille hommes de traict;
nostredict nepveu, le duc d'Orléans, par la
mesme manière avec le semblable nombre de gens
d'armes et de traict; nostre dict cousin d'Alançon
avec cinq cens homes d'armes et cinq cens homes
de traict, par la mesmes manière ; nostredict filz
de Clermont avec le nombre de cinq cens hommes
d'armes et deus cens homes de traict par la mesme
manière, et nostre filz d'Armaignac avec le nombre

de mil homes d'armes et troys cens homes de traict aussi à ses despens et missions. Et en oultre ont juré et promis, coume dessus est dict, que, pour entretenir et acomplir les choses dessusdictes, ils se tiendroint tent envers nous que envers eulx mesmes en vraye union sens soy séparer de nous, ni l'ung de l'aultre ; ne prendront, ne feront, ne traicteront accord aveques home qui aile ni veuile aler à l'encontre du bien et honeur de mondict seigneur ni de son royaume, coume dessus est dict, sens nous ni l'ung d'eulx sens les aultres directement ni indirectement en quelque manière que ce soit ; et pareilhement nous leur avons juré et promis, jurons et promettons par ses présentes, sur les sainctes Evangiles par nous touchées corporelement, que nous, pour entretenir et acomplir les choses dessusdictes, metrons sus pour servir nostredict seigneur le roy à nous despens et missions mile hommes d'armes et mile homes de traict, et les tiendrons à nous propres despens et missions jusques à ce que les choses que seront pour acomplir les choses dessus dictes advisées ayent prins conclusion, ainsin qu'ilz fairont les leurs. Et oultre leur avons juré et promis que nous ne prendrons, ne fairons, ne traicterons acord aveques home du monde touchent les choses dessusdictes sens la volonté et concentement d'eux toutz ; ne nous départirons d'eulx, ainçois nous tiendrons avecques eulx en bone union, et en cas que le nombre dessusdict n'y souffiroit, nous y amployerons toute nostre puissance et eux aussi ; et, si cas advenoit que y eusse nul en ce royaume que voulut courir sur nous ou sur eux ou aulcung d'eux particulièrement, ilz nous ont juré et promis par la forme susdicte, et nous à eux, de nous secourir et ayder, et nous à eux, et chescung l'ung à l'autre, par la forme et manière dessus déclerée, selon que chescung debvrions secourir monseigneur le roy, et ce leur avons promis et juré et eux à nous, et de non faire ni venir en quelque sorte ni manière que ce soit, au contreire, à peine d'estre reputés faulx et maulvais et pervers celuy en qui il fauldroit; et par graigneur fermeté nous avons faict secler ces présentes de nostre propre seel et signées de nostre main et les dessus nommés chescung aussi semblablement. Doné en nostre vile de Gyen sur Loire, le xv jour d'apvril, l'an de grace MCCCCX, Jean, Jean, Charles, Jean, Jean, Bernard. »

Voilà coume ceste ligue feut conclue entre ces six seigneurs, toutz, coume nous avons dict, princes du sang et fort proches de la corone, réservé le comte d'Armaignac qui néammoings leur touchoit de fort près de consenguinité. Et bien qu'uil feut de moindre qualité que eux, si est ce toutesfois que, coume l'on voyt par les conventions de ceste ligue, il se chargeoit de contribuer pour la guerre presque aussi grand nombre de gens de guerre que le plus grand d'eux, voire coume nous verrons à la suite de ce discours, il feut coume chef de ceste ligue et en raporta l'honeur d'ycele de manière que le nom des Orléanois, qui du coumencement feut donné à ceulx de ce parti, feut à la longue converti en celuy d'Armaignac, à cause du grand nombre de gens de guerre qu'uil emmenoit de sa part. Monstrelet le tesmoigne ainsin au LXVI chapitre de son premier volume (1), où parlent du voyage que bien tost après ceste ligue les confédérés feirent en court qui fut suivi de la paix de Wincestre : « Et pourtant (dict il)

---

(1) Monstrelet, prem. volume, chap. 66.

que le comte d'Armaignac estoyt venu à grande companie et qu'on nommoit ses gens Armaignacs, feurent toutz ceulx tenens le parti du duc d'Orléans de là en avant nommés en commun langage Armaignacs, et combien que depuis yceulx feussent en la companie du roy, du duc d'Aquitaine et de plusieurs aultres grands seigneurs du sang royal, sens comparaison plus grands que n'estoit ledict comte, non obstent que les seigneurs dessusdicts en feussent mal contens, si nes les nommoit on aultrement que Armaignacs. »

Il ne tarda guières après la résolution de ceste ligue que la guerre s'ouvrit de toutes partz en France entre ces deus partis d'Orléans et de Bourgoigne, et ne failirent leurs chefs à dresser chescung son armée q'uilz logèrent aux environ de la vile de Paris. Le duc de Bourgoigne c'estoit saisi de la persone du roy qui estoit alhors trèsmal disposé de son entendement. Il avoyt de son costé le roy de Navarre, les ducs de Brabant, de Bar et de Lorraine ; les comtes de S. Pol et de Ponthieuvre, toutz logés du costé de la Picardie, à S. Clou, au pont de Charenton, et en avoyt faict entrer le duc de Bourgoigne partie dens Paris, parce que ceste vile tenoyt alhors son parti. Au contrere les Orléanois ou Armaignacs (car ainsin à l'exemple de toutz les hystoriens de ce temps là les nommerons nous doresen avant) estoint du costé de l'Université, scavoir le duc de Berry à Wincestre, le duc d'Orléans à Gentili, le comte d'Armaignac qui conduisoit les plus belles troupes de toultz à Vitry, le duc de Richemont, frère du duc de Bretaigne, à Vannes jusques au pond de S. Clou, et le sire d'Albret conestable s'en vint mesmes loger jusques aux faubourg S. Marcel. Coume nous venons de dire, ceulx du party d'Orléans n'estoint aultrement nommés que Armaignacs et portoint toutz les princes et aultres grands seigneurs, voyre les soldatz mesmes de ceste armée, une escharpe blanche, q'uestoyt, la libvrée du comte d'Armaignac, ainsin que l'atteste le mesmes Monstrelet au lieu que dessus (1) : « Si portoint (dict il) toutz les princes des aliances et aussi toutz leurs gens de quelque estat q'uils feussent, tent d'esglise coume séculiers, pour enseigne, bandes estroittes qui estoint de linge, sur leurs espaules pendentes au senestre bras de travers, ainsin que le porte ung diacre faisent le service de l'esglise. » Le mesmes autheur quelques chapitres après asseure que c'estoyt la livrée du comte d'Armaignac, ainsin que nous verrons en son lieu.

Estens donc ces deux armées enemies bien près l'une de l'aultre l'on ne pençoit pas de moings que dens peu de jours il n'y deubt avoyr une cruele et senglente batailhe ; mais toutesfois il n'y eust q'une simple escarmouche et non guières mémorable. La cause q'uilz ne vindrent pas aux mains plus avant feut que la court de parlement et quelques seigneurs qui se portoint neutres en ceste querele, prévoyens le grand malheur qui se pourroit ensuivre d'une batailhe, feirent tent après plusieurs alées et veneues ; en fin, le segond de novembre MCCCCX, feut acordée une paix au chasteau de Vuincestre aux conditions suiventes : « Que toutz les princes du sang royal tent d'une part que d'aultre se retireroint chescung en ses terres et seigneuries, sens q'uil leur feut loisible revenir en court q'uilz ne feussent

---

(1) Monstrelet, chap. 66 du prem. volume.

mandés par letres patentes du roy expressément despêchées et pour cause nécessere.

» Que le roy ne mandera poinct le duc de Berry sens mander par mesmes moyen le duc de Bourgoigne, ni le duc de Borgoigne sens mander le duc de Berry.

» Que le roy esliroit persones non suspectes ni pentioneres ny de l'ung ni de l'autre parti pour estre du conseilh.

» Que le duc de Berry et de Bourgoigne ayans le gouvernement de monsieur le dauphin comettront persones non suspectes pour le gouverner en leur abcence.

» Que messire Pierre des Essars seroit déposé et privé de l'estat de prévost de Paris. »

Ce feurent les principaux articles de ceste paix que feut nommée la paix de Wincestre après la publication de laquele les armées se retirèrent. Mais les Armeignacs se creignens de ce que advint, c'est que le duc de Bourgoigne ne tarderoit guères à la rompre, s'advisèrent pour leur mieulx de renouveler et confirmer leurs alliances avant que de se despartir, affin de se tenir toutz prestz à se reassambler quant il seroit de besoing, advenent rupture de la paix, coumme j'ay veu par les letres de ceste réunion faisens mention expressément du duc de Bourgoigne contre lequel ils se ligoint en ces termes : « Et de novel, en déclarant nostre intention avec nousdicts filz et nepveus et chescung d'eux, nous allions à l'encontre du duc de Bourgoigne, et nous ont promis et juré nosdicts filz et nepveus et chescung d'eux sur les sainctz Evangiles de Dieu, nous servir et aider à l'encontre du duc de Bourgoigne de toute leur puissance et pouvoir toutes les fois que pour nous en seront requis. Et semblablement nous avons promis et juré, etc. de leur ayder, conforter et secourir de toute nostre puissence contre ledict duc de Bourgoigne, et de ne faire aulcung traicté ni acord avec luy sens eux, etc. Doné en nostre chastel de Wincestre, ce premier novembre mccccx. Jean, Charles, Jean, Jean, Bernard. »

Ceste confirmation d'alliances feut faicte pour tenir les confédérés en union et empêcher que le duc de Bourgoigne n'en guaignât quelqu'ung par le moyen de ceste paix, et vouldrois croire qu'ilz se croignoint que le duc de Berry ne se layssât aler aux persuasions du duc de Bourgoigne, coume à la vérité ce prince estoyt fort facile à recepvoir toutes sortes d'impressions. Et de vray quelque peu de temps après la séparation de ces princes, le duc de Bourgoigne se mit après à le practiquer, et à ces fins luy envoya troys des plus apparens de son conceil, qu'estoint les seigneurs de Croy et de Dours, chevaliers, et mestre Raould Le Mère, chanoine de Tours, soubs coleur de quelques particulières affaires, mais en effect pour guaigner ce prince, et luy faire gouster son parti. De quoy le duc d'Orléans ayant senti le vent envoya gens après eux qui les arrestèrent, et retenent prisonier le seigneur de Croy en renvoya les aultres. Il colora ceste rétention sur ce qu'il soubçonoit le seigneur de Croy avoyr esté ung des conspirateurs de la mort de son feu père. De ceste prinse se sentit fort piqué le duc de Berry, de sorte qu'il feut sur le poinct d'en quitter la ligue. Toutesfois le duc d'Orléans s'excusa si bien et à poinct et avec de si pertinentes raisons que le duc de Berry demura content de luy.

Du renovelement de guerre entre les Bourguignons et Armaignacs, et de ce que advint pendent ycele jusques à la paix de Bourges.

CHAPITRE XXIII.

Nous avons ci devent monstré coume par la paix de Wincestre le duc de Bourgoigne avoyt promis de remettre le roy en sa pure liberté, lequel il avoyt tenu au paravant coume en son pouvoir soubz sa main, et coume il ne debvoit revenir en court sans spécial mandement ; mais il n'observa rien de tout cela, ni des aultres pointz contenus en la paix, car il désapoincta tout à faict toutz les officiers de la corone et aultres serviteurs domestiques du roy, q'uil peut cognoistre aulcunement affectionés au parti d'Orléans, metant en leur lieu et place ses serviturs ou pencioneres. Et bien que messire Pierre des Essars eust été suivent ce traicté démis de l'estat de prévost, si est ce que le duc de Bourgoigne dens peu de temps après le remit coume devent. De quoy le duc d'Orléans feut si esmu q'uil se délibéra de n'endurer plus ces déportemens ; et ne pouvent oublier le cruel meurtre de son père, il se résolut d'en poursuivre la raison, premièrement par justice et après par la guerre, si ce premier moyen lui défailoit. A ces fins il envoya présenter une requeste, laquele se voyt encores dens les archifs de la comté de Rodez, en mesmes termes qu'ele se rouve dens Monstrelet. Mais voyent que le roy ni son conceilh ne s'en remuoynt nullement, après avoyr envoyé supplier sa majesté de ne trouver estrenge, s'il s'en faisoit faire raison de soy mesmes, depuis que les voyes de justice lui estoynt clozes, envoya ung cartel de défy au duc de Bourgoigne, tent à son nom que au nom de ses frères, que feut cause que la guerre se renovela par tout le royaume et que ung chescung d'eux se prépara pour se deffendre et résister à son enémy. Le duc de Bourgoigne feut le premier aux champs, et, après avoyr prins la vile de Han, s'en ala metre le siège devent cele de Mondidier, toutes deus apertenens au duc d'Orléans, lequel ne failit de venir au secours d'ycele, acompaigné du comte d'Armaignac, du conestable d'Albret, du grand mestre des arbalestriers et aultres grandz seigneurs conduisens de grandes troupes, ainsin que Monstrelet (1) le tesmoigne par ces mots : « Entre ce temps (dict il) le duc d'Orléans, le comte d'Armaignac, le conestable de France, le mestre des arbalestriers, aveques eulx grand companie de gens d'armes et de combatans, lesquels toutz ensemble mis en ung seul ost estoint six mile chevaliers et escuiers, sens les valetz armés et gens de traict. Et dez ce jours en avant feurent apelés Armaignacs en comun langage, come dict est dessus, lesquels toutz et chescung d'eux portoint sur leur harnois et vestemens, pour enseignes, bandes, coume aultrefoix avoint faict devant Paris. Ce siège de Montdidier feut levé, parce que les troupes du duc de Bourgoigne concistoint la pluspart en quelques communes de Flandres ; et coume c'est ung peuble subject à prendre de faulces et soubdaines impressions, quelque capriche les print de s'en retourner en leur pays, sur ung

---

(1) Monstrelet.

soubçon q'uilz eurent du duc de Bourgoigne, s'estens persuadés, sens fondement quelconque, q'uil les voloyt conduire à la boucherie, et s'imprimèrent si profondément ceste faulce persuasion dens leur cueur que bien que le duc de Bourgoigne se meit en toutz les debvoirs q'uil luy feut possible de les arrester et leur tirer de la teste ceste faulce impression, il ne luy feut jamais possible de les retenir, ains s'en alarent à la desbandade coumme vaincus.

Ceste guerre s'aluma de tele façon que tout le royaume se veit en ung instent embrasé et tout en feu. Le duc de Bourgoigne avoyt toutjours le roy en son pouvoir, et le faisoit parler coume il voloit, obtenent du grand seau toutes les provisions contre les Orléanoys que bon luy sembloit, telement que par arrest du privé conseilh il les feit toutz déclerer rebelles et crimineux de lèze majesté, leurs corps et biens confisqués. L'autheur que si souvent nous avons ammené, asseure que les ducs de Berry, d'Orléans, et ses frères de Bourbon, les comtes d'Alençon et d'Armaignac, et le sire d'Albret, conestable de France, feurent ung jour, à son de trompe par les rues et carrefours de Paris, banis et exilés de par le roy du royaume de France. Pour exécuter les confiscations des biens de ces princes (les deus desquels nous ont despuis doné les roys de France par une fort longue entresuite de temps) feurent députés certains seigneurs avec de grandes armées ; entre aultres, pour venir en Guyene contre le duc de Berry, comte d'Armaignac, et le conestable d'Albret, feurent commis messire Guichard d'Offin, mestre d'hostel du roy, le seigneur de Helly, mareschal d'Aquitaine, et Enguerrend de Borneville.

Oultre ces trois seigneurs que Monstrelet dict avoyr esté envoyés en Guyene, en feurent envoyés d'aultres en particulier et tout exprès contre le comte d'Armaignac, scavoir messire Guilhaume de Vienne, seigneur de S. George et de Ste Croix, ensemble Régnier Pol, seigneur de La Provigne, gouvernur de Dauphiné ; et pour grever davantage le comte d'Armaignac et le presser de plus près, scachent le duc de Bourgoigne les ancienes et irréconciliables inimitiés qui avoynt esté de tout temps entre les comtes de Foix et d'Armaignac, feit donner audict comte de Foix la charge principale de ceste expédition, et, pour l'authoriser davantage, le feit prouvoir de l'estat et office de lieutenant du roy ou capitene général de Guyene, coume on les apeloit de ce temps là. J'ay veu les letres qu'uà ces fins feurent dressées audict comte, données à Paris le xv febvrier mil ccccxi, et bien q'ueles soint générales pour toute la Guyene et Languedoc, si est ce q'ueles font expresse mention du comte d'Armaignac, que monstre coume l'on en voloit particulièrement audict comte, et que c'estoyt en spécial contre luy que ceste charge avoyt esté donée audict comte de Foix, son capital enemy. Aussi les effects et dessaings de ces troys seigneurs de Foix, de S. George et de La Provigne le feirent assez évidemment à cognoistre, car, ayans mis aux champs une bele et grande armée, ilz l'employarent de primevol contre les viles ou places dudict comte, qui du commencement ne leur peut faire tele résistence q'uil eust désiré, parce que il estoyt encores en France avec les princes confédérés où il avoyt conduict la pluspart de la noblesse et gens de guerre de Gascoigne. Mais, ayant entendu les dessains du comte de Foix, il s'en revint en Guascoigne, où il trouva que l'armée du comte de Foix s'estoyt déjà saisie de quelques places et que mesme elle tenoyt encores assiégée une vile qui lui apertenoyt nommée

Le Toyet. Il ne failit tout aussi tost q'uil feut arrivé de se metre en campagne avec les forces q'uil avoyt ; et estent allé affronter tout d'ung coup ses enemis pour les constraindre ou à lever le siège ou à accepter une bataiihe, ils ne voleurent entendre au combat, mais levèrent le siège, que feut cause que poursuivent sa poincte il recouvra la pluspart des viles qu'avoint esté prinses sur luy, coume j'ay trouvé dans ung petit mémoire des gestes de ce comte où se lisent ces motz : « Item, quelque temps après le duc de Bourgoigne envoya en Languedoc une grande armée de laquele estoyt chef le seigneur de Sainct George, lequel conquist la pluspart de Languedoc et ala toutjours conquérent, jusques à ung lieu, nommé Le Toyet, en Armaignac, et là, audevent dudict chasteau, se trouva messire Bernard, lhors comte d'Armaignac, qui en chassa ledict sieur de S. George, et remit tout le pays en l'hobéiscence du roy. » Ce mémoire dict que le comte d'Armaignac remit le pays de Languedoc en l'hobéyscence du roy, bien toutesfoys q'uil semble, par ce que nous en avons dict, que le comte de Foix et le seigneur de S. George s'en estoint saisis par mandement et authorité du roy, en quoy il y a quelque apparence de contrariété. Mais il fault sur ce poinct consydérer que les affaires de la France estoint pour lhors réduictz à tele extrémité que et les Bourguignons et les Orléanois ou Armaignacz se clypoint toutz de l'authorité du roy, et faisoint profession, et les ungs et les aultres, de combatre pour son service. Ceulx qui se pouvoint saisir de la persone du roy avoint cest advantage par dessus les autres q'uilz le faisoint parler en ses letres patentes ainsin que bon leur sembloit, et ceulx qui estoint privés de ce bien soustenoint que les aultres le tenoint prisonier, et que tout ce q'uilz faisoint estoyt pour le deslivrer de prison, de sorte que l'on ne parloit d'une part et d'aultre que du service du roy.

Celuy qui a escript l'hystoire de Foix asseure que Le Toyet feut prins par le comte de Foix, et que le comte d'Armaignac ne s'osa jamais présenter pour faire lever le siège; mais c'est à son acoustumée pour rendre les comtes de Foix invincibles. Il est aisé à voyr par son discours q'uil en parle à veue de pays, car il dict que le comte de Foix estoyt là venu à l'ayde du seigneur de S. George, lequel il faict général en ceste guerre, bien que ce feut le comte de Foyx, coume nous avons faict voyr cy dessus par le pouvoir que le roy lui avoit donné sur toute la Guyene et Languedoc, et se dict encores que ceste vile estoyt teneue par les Anglois. Bref il en parle coume fort mal instruict. Mais voicy ce q'uil en dict (1) : « Dum hæc aguntur Galli Tagetum celebre oppidum Aquitaniæ, quod Armeniaci milites, Anglorum nomine, tenebant, oppugnabant. Eo igitur post Lurdensis arcis deditionem Joannes cum copiis quas ex illâ reduxerat propere se confert regi suppetias laturus, eoque propensius quod ab hinc jam centum annos Fuxensis domus hostes fuissent. Quocirca SanGeorgio qui summa hujus belli a rege demandatam obtinebat illico se conjungit, qui Fuxensis auxilio fretus nihil jam Armeniacum verebatur. Quem eo cum copiis quas in Aquitaniâ ex eâ potissimum gente quæ Anglorum partes sequebatur collegerat prope diem ad dimovendam obsidionem venturum audierat, » et ce que s'ensuit, où il montre la prinse de la vile; et coume le comte

(1) Annaliste de Foix.

d'Armaignac s'en retourna sens avoyr peu faire lever le siège contre toute vérité, coume nous avons déjà dict, car ce q'uil avance que le comte d'Armaignac s'ayda des troupes des Anglois, ceulx qui vouldroint de près reguarder à l'hystoire de ce temps là, trouveront que les Anglois n'avoint alhors aulcune armée en la Guyene, et n'y estoint aulcunement respectés, et que le comte d'Armaignac estoyt leur capital enemy, que quelque peu d'années au paravant il leur avoyt faict la guerre en Guyene avec grande animosité, et leur avoyt osté et ravi des mains jusques à LX viles ou places fortes. Voici coume messire Juvénal des Ursins, archevesque de Rheims, en parle soubz l'an MCCCCIII : « Le comte d'Armaignac, qui avoyt espousé la filhe du duc de Berry, se mit sus en Guyene et feit forte guerre aulx Anglois, et guaigna bien sur eulx soixante places, les unes par force et les aultres par composition, et feit bien grand domage aux Anglois. » Que monstre que quant bien les Anglois eussent eu moyen de secourir le comte d'Armaignac en Guyene, ils ne l'eussent volu faire, et le comte ne se feut volu servir d'eux. Il est bien vray que, quelque temps après le siege du Toyet, les princes de la ligue, assiégés dedens la vile de Bourges et teneus fort à l'estroit, feurent constrainctz de s'allier du roy d'Angleterre pour avoyr secours de luy, qui ne veint assez à temps ; mais ce feut long temps après, et le comte d'Armaignac n'estoyt lhors avec eulx occupé à résister aux forces et violences du comte de Foix et du seigneur de S. Georges, qui luy donèrent de grandz affaires de par deçà.

Les aultres princes de la ligue ne feurent pas traictés plus doulcement que le comte d'Armaignac, car il feurent aussi dressées de grandes armées

contre eulx, pour saisir leurs terres et les metre
ez mains du roy. Et feut le duc de Bourgoigne si
oultrecuidé que d'assiéger le duc de Berry dens sa
vile de Bourges, au secours duquel vindrent promptement les ducs d'Orléans et de Bourbon, et le comte
d'Alençon, ayant de l'aultre parti le duc de Bourgoigne faict conduire le roy et monsieur le dauphin
en ce siège pour autorizer son faict. Mais ce siège
print une plus grande longueur qu'uil ne pençoit, les
assiégés se deffendens fort couragusement, de sorte
que le duc de Bourgoigne, voyent que enfin il n'avoit
pas d'honeur en ce siège, et consydérent d'aileurs
que monsieur le dauphin s'ennuyoit et de la guerre
et d'ung si long siège, mesmes qu'uil avoyt prófféré
quelques motz qui monstroint asses qu'uil désiroit la
paix, mit de gens après pour la traicter, qui
maniarent si bien cest affaire qu'enfin elle feut
conclue et arrestée avec les princes, et au moyen
d'ycele feut ce siège levé. Elle ne portoit aultre
chose qu'une confirmation de celes de Castres et de
Wincestre, et que ces motz de querele de Bourguignons et de Armaignacz cesseroint et que les princes
renonceroint à toutes alliances qu'uils avoint entre
eulx ou avec le roy d'Angleterre ; car, coume nous
avons coummencé de dire, les princes se voyens
extrèmement pressés par ce siège et n'ayans moyen
de le faire lever, avoint esté constrains de se retirer
du roy d'Angleterre, et s'allier avec luy pour en
retirer secours, lequel à la vérité il leur envoya,
mais trop tard, par ce que à l'arrivée d'ycelui la
paix se trouva conclue et arrestée, de sorte que
l'armée que leur feut envoyée, conduicte par le duc
de Clerence, ne leur servit de rien que de traverse
et empèchement en leurs affaires ; car le duc de
Clerence demendent payement de son armée que ne

montoit pas moings que de deus cens mil escus, coume Monstrelet l'asseure, les princes n'ayans moyen de satisfere à une si grande soumme, feurent constrainctz pour les tirer hors de ce royaume, où ils començoint de faire une infinité de désordres, de leur bailer en ostage le plus jeune des frères du duc d'Orléans, qu'estoyt le comte d'Angolesme, lequel demura en Angleterre coume prisonier trente deux ans. Ce feut l'ayeul du roy François premier, nommé Jean d'Orléans, comte d'Angolesme, parce que du mariage d'yceluy et de dame Marguerite de Rohan sortit Charles, comte d'Angolesme, lequel feut marié avec madame Louyse de Savoye, et de ce mariage nasquit le roy Françoys.

Coume le comte d'Armaignac feut particulièrement comprins en la paix de Bourges, et des letres que sur ce luy feurent despèchées.

CHAPITRE XXIV.

Bien que le comte d'Armaignac ne feut expressément comprins en la paix faicte devent Bourges, par ce q'uil n'estoyt avec les princes lhors q'uele feut arrestée, se tenent luy encores pour lhors en Gascoigne pour la deffence de ses terres contre le comte de Foix et le sieur de S. George, si est ce q'uil y avoyt en ladicte paix ung article faisent expresse mention de luy, par lequel luy estoyt doné faculté d'entrer en ycele, en cas q'uil vouldroit faire semblables juremens et renuntiations que les princes ses confédérés avoint faicts, cela feut cause que le roy, pour scavoir son intention et recepvoir de luy le serement et les renunciations requises en cas q'uil voleut accepter la paix, députa devers luy l'archevesque de Tolouze, et ung concelier de son conceil, nommé messire Jean André, coume il se peut voir par les letres portens leur comission que j'ay icy volu insérer.

« Charles, par la grace de Dieu, roy de France, à nous amés et féaux conceiliers, l'archevesque de Tolouse et mestre Jean Andry, salut et dilection. Coume en la paix par nous ordonée entre ceux de nostre sang et lignage, ayans naguières de grands débatz, quereles et divisions ensemble, nous ayons ordoné estre receu et comprins nostre cousin le comte d'Armaignac, si comprins y veult estre, et q'uil vueilhe jurer faire et acomplir réaulment et de faict les choses à ce requises et advisées pour la seureté de ladicte paix en la sorte et manière que ont faict et font ceulx de nostre sang et lignage, estens présentement par devers nous : scavoir faisons que nous considérens le serement que debvra faire nostredict cousin d'Armaignac, au cas qu'il vouldra estre comprins en ladicte paix, les letres de renuntiation aux alliances faictes par luy ou aultres de par luy avec aulcungs de nostre royaume ou avec nous enemys d'Angleterre ou aultres tenens leur party, les letres de signification q'uil debvra sur ce bailer de son costé, les letres de restitution de ses héritages, pocessions et revenus, et de ceulx de ces officiers, serviteurs, vassaulx et subjectz empêchés à la cause dessusdicte ; que nostredict cousin d'Armaignac et lesdicts officiers, serviteurs et subjects vouldront avoyr et aultres choses que à ce seront requises, ayens en vous et chescung de vous plaine et singulière confiance, vous avons doné et ottroyé, donons et ottroyons plain pouvoir, authorité et mandement spécial de recepvoir ou cas dessusdict pour et au nom de nous, de nostredict cousin d'Armaignac, le serement que sera tenu faire au bien de ladicte paix, de requérir, prendre et avoir de luy ses letres de renuntiation auxdictes alliences et de signification sur ce seelées de son grand seel ; et de luy bailer au nom que dessus, et aussi à ses officiers, serviteurs, vassaulx et subjects, letres de main levée et restitution de leurs terres, héritages, viles, chasteaulx, pocessions et reveneues, empêchées et mises en nostre main à la cause dessusdicte, et en la forme que les ont eues les aultres de nostre sang et lignage aulxquels ce pouvoit toucher, lesqueles letres et tout ce que par vous sera faict sur ce au bien et entretenement de ladicte paix nous confirmerons si mestier est et requis en soumes ; et généralement de faire et ordoner tout ce que vous semblera estre nécessaire et convenable au bien de ladicte paix, et selon l'instruction par nous sur ce baillée à vous mestre Jean Andry, et aultrement au mieulx que faire se pourra. Doné à Molins, le XII jour de septembre, l'an de grace mil CCCCXII, et de nostre règne le trente deux. »

Ces commisseres s'en vindrent premièrement en l'armée du comte de Foix, qui continuoit encores la guerre au comte d'Armaignac, et luy ayans communiqué leur commission, ils alarent trouver le comte d'Armaignac pour luy en faire de mesmes, et luy monstrer les articles de la paix, et luy donner advis de la forme des renuntiations qu'uil conviendroit faire. Le comte leur eust trèsbone responce, q'uil estoyt trésaise de ladicte paix, coume celuy qui avoyt toutjours détesté et détestoyt la guerre ; et depuis que les princes estoint contens et q'uilz luy avoint faict ceste honeur, que de luy réserver place pour y estre comprins, son intention n'estoyt aultre que de l'embrasser, et faire tout ce q'uil luy seroyt possible pour l'entretenement d'ycele. Bien estoyt vray q'uil ne pouvoit à son honneur faire les renunciations aux alliances qu'il avoyt contractées avec les princes en la forme portée par les instructions desdicts comisseres, lesquels il pria le voloir excuser, s'il ne le faisoit promptement, et de ne trouver mauves s'il prenoit quelque délay pour en advertir le roy, et luy faire entendre ses raisons, q'uestoint si justes et pertinentes q'uil ne faisoyt aulcung doubte que sa majesté ne les receut pour telés. Les comisseres trouvarent ces raisons si pertinentes q'uilz résolurent d'en doner advis au roy pour sur ce scavoir son intention, cependent acordarent audict comte une trève ou cessasion d'armes q'uilz apelent abstinence de guerre. J'ay veu les letres de ceste trève dressées au nom du comte de Foix et desdicts sieurs de S. George et de La Provigne, le coumencement desqueles j'ai icy volu insérer pour monstrer coume le comte de Foix estoyt le principal chef de ceste guerre coume lieutenant du roy en pays de Languedoc et de Guyene. « Jean, comte de Foix, capitene général du roy, nostre sire, ez pays de Languedoc et duché de Guyene, Guilhaume de Vienne, seigneur de S. George et de Saincte Croix, et Regnier Pol, seigneur de **La Provigne**, chevaliers, concelliers et chambelans du roy, nostre seigneur. » Ils narrent premièrement la résolution de la paix acordée à messieurs les princes coume en ycele avoyt esté réservé place au comte d'Armaignac pour y entrer en cas q'uil y vouldroit estre comprins, la signification que dessus, la gratieuse responce q'uil leur avoyt faicte de l'accepter, et le doubte qu'il faisoit sur les renunciations requises, et coume ils avoynt le tout remis à la volonté du roy, attendent laquele, ils avoynt résolu ensemblablement une trève avec ledict comte d'Armaignac, et après le narré de tout ce dessus s'ensuit après la disposition desdictes letres en ceste forme. « Scavoir faisons que nous, en faveur de ladicte paix ou de l'acomplissement d'ycele, et que durant ledict temps et délay aulcune chose ne soit faicte de nostre part au préjudice du bien d'ycele, avons, ez noms que dessus à nous propres et privés noms, doné et par ces présentes donons audict comte d'Armaignac, pour luy, ses serviteurs, officiers et subjects et terre tenens ou qui ayens tenu son parti, bone et sûre abstinence de guerre et de voye de faict, jusques au premier jour du moys de mars prochain, venent soleil levent, lequel temps nous prometons cesser et faire cesser par ceux de nostre part de toute guerre et voye de faict contre ledict compte, ses serviteurs, etc. » Ledict compte leur baila aussi de sa part ses letres d'asseurence de ladicte trève. Je ne scais quele feut l'ordonence que le roy dona là dessus. Mais quoy q'uil en feut, il est certain que le comte d'Armaignac feut après remis et restitué en toutz ses biens, honeurs et dignités, coume les aultres princes avoynt esté par letres patentes du roy de l'an MCCCCXIII, coume il se voyt par lesdictes letres, qui se trouvent encores dens les archifs de ladicte comté de Rodez que j'ay voleu icy insérer.

« Charles, par la grâce de Dieu, roy de France,

à toutz ceulx que ces présentes letres verront, salut. Coume soubz ombre de plusieurs débatz et dissentions que naguières ont esté en nostre royaume entre aulcungs de nostre seng et lignage, nous ayons depuis aulcung temps en ça faict prendre en nostre main plusieurs terres, héritages et pocessions, et aussi plusieurs biens meubles apertenens à nostre tréscher cousin, le comte d'Armaignac, et pareilhement de plusieurs ses serviteurs, officiers, vassaulx, subjects et aultres, et aussi ayent esté prins sur les dessusdicts plusieurs biens meubles et aultres choses de faict, de volonté ou aultrement que par voye de guerre, soubz ombre seulement desdicts débatz et dissentions, laquele est à leur grand grief, præjudice et domage, et seroit encores plus, si par nous n'estoyt sur ce proveu. Et il soyt ainsin que par plaisir de Dieu nous ayons ordoné bone paix en nostre royaume entre les dessusdicts de nostre sang et lignage, laquele paix ils ont et aussi nostredict cousin d'Armaignac juré tenir et garder de tout leur pouvoir. Scavoir faisons que les choses dessusdictes consydérées et pour plusieurs aultres considérations à ce nous mouvens, ouy sur ce la requeste de nostre dict cousin, nous, par l'advis et délibération de nostre tréscher et trèsamé filz ayné, le duc de Guyene, dauphin de Vienois, et d'autres de nostre sang et lignage, et de nostre conseilh, lesdictes mainmises, arrestz et aultres empêchemens quelconques qui, pour occasion des débatz et dissentions dessus dictes ont esté mis ezdictes terres, héritages, pocessions, reveneues et aussi ez biens meubles, estens en nature de chose apertenante à nostredict cousin d'Armaignac, et ses serviteurs, officiers, vassaulx et subjectz, avons levés et ostés, levons et ostons à plain par la tenur de ces présentes, volons et ordonons que nostredict cousin et sesdicts officiers, serviteurs, vassaulx et subjects jouyssent et usent plainement et purement de leursdictes terres, héritages, pocessions et bien meubles, et des fruictz, reveneus et esmolumens d'yceulx en la forme et manière q'uilz faisoint paravant, sans que pour occasion aulcung, de ce que dict est, ou leur y puisse, ni aussi à leurs corps et biens, metre et doner aulcung destourbier et empêchement, ores ni pour le temps avenir, en quelque manière que ce soit. Doné à Paris, le xii jour d'octobre mccccxiii et de nostre règne le xxxiiii. »

Des séditions qui s'eslevèrent dens Paris par les menées du duc de Bourgoigne. De la paix de Pontoise, et coume ce duc feut constraint sortir de Paris.

CHAPITRE XXV.

Pour revenir à la paix de Bourges, elle feut aussi peu entreteneue que cele de Chartres et de Wincestre, la faulte de ce venent de la part du duc de Bourgoigne qui, par ces si estrenges déportemens, se rendit en fin odieux à toutz, mesmes aux plus grands, de sorte que le dauphin, son beaufilz, bien que fort jeune d'eage, coumença néammoins de s'apercevoir de la mauvaise et perverse intention de ce duc qui voloit faire et trencher du roy. Ce seigneur en avoit déjà faicte quelque démonstration au siège de Bourges, où l'on luy avoyt ouy jetter quelques motz, qui n'aggrèrent guières au duc de Bourgoigne. Et bien que pour lhors il feit semblent de trouver bone la paix parce q'uil voyoit que le dauphin la desiroit, si est ce toutesfois que se doubtent que cela venoyt des menées des ducz de Bar et de Bavière, frère de la reyne, qui aprochoint plus le dauphin que tout aultre, il se résolut, sens en faire aultre semblent, de leur en aprester une q'uil feit exécuter bien tost après que le roy feut de retour dens Paris, coume nous alons desduire en brief.

Après la paix de Bourges, le roy se retira à Paris, où toutz les princes du sang et aultres grands seigneurs du royaume le suivirent, hormis le duc d'Orléans, qui ne s'osoit encores fier au duc de Bourgoigne, et le comte d'Armaignac, qui estoint encores, coume nous venons de dire en Gascoigne, résistent aux efforts du comte de Foix et du seigneur de S. George. Coume donc toutz les aultres estoint dens Paris auprès du roy, ne pencens que à se festoyer les ungs les aultres, voycy le duc de Bourgoigne qui commence à jouer ces jeus, et metre en avant le peuble de Paris, q'uil avoyt choisi à ce coup pour ministre et exécuteur de son mauvais dessaing, et lequel dessoubs main il esmut et mutina de tele façon q'uilz s'élevèrent tout à coup sept ou huict mil homes en armes, conduicts par ung nommé Janot Caboche, escorcheur de vaches. Ceste racaile mutinée se dressa de premier abord aux ducz de Bar et de Bavière q'uilz feirent prisoniers, et à leur suite bon nombre d'aultres, q'uilz soubçonnoint porter le parti du duc d'Orléans, ou, coume ils parloint, des Armaignacs. Ils en massacrèrent cruelement queiques ungs, forçarent quelques dames et damoiseles, et commirent mile aultres insolences et malheurs, le tout en la présence du roy et de monsieur le dauphin, auxquelz ilz feirent prendre le chaperon blanc, q'estoit la marque de ces séditieux. C'est une chose estrenge de voyr l'insolence de ces coquins, et d'ouyr les paroles irrévérentes desqueles ils uzèrent à l'endroict de la reyne et dudict seigneur daulphin dens leur chambre mesmes. Il seroit bon peut estre de metre icy le discours que Monstrelet en faict (1). Mais parce que c'est ung autheur vulgaire, je renvoyeray le lectur à ce q'uil en dict au cent et douzième chapitre et aultres suivens de son premier volume. Et oultre ce q'uil en dict, j'ay veu de letres missives, escriptes de Paris au comte d'Armaignac durent ces séditions, qui s'acordent du tout avec le discours de cest autheur.

Mais voyons maintenent quele feut la fin de ceste esmute, et coumme elle tumba entièrement sur la teste de son autheur. Car il est tout certain que ceste sédition feut la cause de sa ruine, par ce que monsieur le dauphin demeura si aigri de cest oultrage q'uil délibéra se renger du tout au parti du duc d'Orléans, auquel il manda secrètement de le venir deslivrer des mains du duc de Bourgoigne et de ceulx de Paris ; sur lequel mandement le duc d'Orléans assambla toutz les princes de son parti, et, ayant avec eulx mis sus une grande armée, s'en veint avec ycele à Vernuelh, d'où en hors il despêcha vers ceulx de Paris, pour les soummer de voloir metre en liberté monsieur le dauphin et deslivrer de prison les ducs de Bar et de Bavière, ou

---

(1) Monstrelet, premier volume, chap. 102 et aultres suivens.

aultrement q'uil leur feroyt la guerre à toute oultrence. Ceste assemblée de princes dona occasion de négocier une aultre paix, bien toutes foys q'uil n'y eust encores aulcung acte d'hostilité d'ung costé ny d'aultre. Elle feut traicté et acordée à Pontoise, où se trouvarent les ducs de Berry et de Bourgoigne et les députés des aultres princes. Elle feut apelée la paix de Pontoise.

Mais cependent qu'elle se traictoit le duc de Guyene (c'estoit monsieur le dauphin) estent ulcéré estrengement des bravades que luy avoint esté faictes par les Parisiens, se sentent fortifié de l'armée des princes qui n'estoynt pas fort loing de Paris, se délibéra d'avoir sa raison de ces mutins, et, ayant assamblé une bone troupe de ceulx q'uil cognoissoit plus affectionés à son service, ala aux prisons dans lesquelés estoint les ducs de Bar et de Bavière, q'uil meit en liberté avec toutz les aultres prisoniers qui avoint evadé la furie des mutins. Et si encores feit bien davantage, car il feit saisir les chefs de ceste esmute, pour le moings ceulx q'uil peut attraper. Ce que le duc de Bourgoigne voyent, et se creignent que en fin l'on ne s'attacât à luy coume autheur de toutz ces tumultes, ayant ung jour faict semblent d'acompaigner le roy à la chasse, se desrroba secrètement de luy, et se retira en son pays de Flandres. De quoy le roy, la reyne et monsieur le dauphin feurent trèsaises, et dèslhors quittarent entièrement son party pour suivre celuy d'Orléans, les chefs duquel ne tardarent guières à venir devers le roy, duquel ils obteindrent letres patentes, par lesqueles sa majesté avoua et déclera que tout ce que par eux avoyt esté faict au paravant avoyt esté faict pour son service. Monstrelet les insère tout au long dens sa chronique où l'on les pourra voyr.

D'aultre part, le comte d'Armaignac (qui jusques alhors avoyt esté occupé en Gascoigne à reprendre ces places et viles, que luy avoint esté prinses par le comte de Foix et le seigneur de S. George) adverti de l'esmotion de Paris, assembla à l'instant tent qu'il peut de gendarmes pour s'en venir au secours du roy et de monseigneur le dauphin ; et, ayent dressé une guailharde armée, se tira à toute diligence vers Paris, où il trouva que le duc de Bourgoigne avoyt déjà quitté le roy. Monstrelet, au 109 chapitre de son premier volume (1), parle de son arrivée à Paris en ceste sorte : « Et en oultre le sabmedi ensuivent vint à Paris le comte d'Armaignac et Clugnet de Brabant et leurs gens qui feurent molt honorablement receus de par le roy et à grand joye et aussi de par toutz les aultres barons et seigneurs. Ne tarda guières après que le duc de Bourgoigne faignent estre mandé par le duc d'Aquitaine (c'estoyt monsieur le dauphin) s'en veint avec forces jusques auprès de Paris, et se teint quelque temps à S. Denis. Mais voyant que rien ne se bougoit dedens Paris, coume il pençoit q'uil se debut faire, il s'en retourna sens faire grand exploict. Ce voyage que le duc de Bourgoigne feit devent Paris feut cause que par édict exprès du x febvrier MCCCCXIII il feut décleré enemy et rebelle à la corone, et la guerre feut ouvertement décleré contre luy, à l'expédition de laquele feut résolu que le roy mesmes yroit en persone. » Monstrelet dict q'uil sortit de Paris avec de grandes troupes, et q'uil preint coume les aultres l'escharpe blanche du comte d'Armaignac. Voycy coume il en parle au 119 chapitre de son pre-

(1) Monstrelet, premier volume, chap. 119.

mier volume (1) : « Le sapmedy de la sepmene peneuse, q'uestoyt le III d'apvril, le roy sortit de Paris à grand triumphe et à noble estat s'en ala à la vile de Senlis pour attendre ses gens, auquel lieu il solemnisa la feste de la Résurrection Nostre Seigneur Jésu christ, en laquele armée l'on feit porter aux persones du roy et du duc d'Aquitaine (dauffin) la bande et enseigne du comte d'Armaignac, en délayscent la noble et gentile, que luy et ses prédécesseurs, roys de France, avoint toutjours portée en armes, c'est à scavoir la droicte croix blanche, dont moult de notables, barons, chevaliers et aultres loyaulx anciens et serviteurs d'yceluy et aussi du duc d'Aquitaine feurent assez mal contens, disens que pas ne s'apertenoit à la très excellente et haute majesté royale de porter l'enseigne d'ung si pouvre seigneur, q'uestoyt le comte d'Armaignac, veu que encores c'estoyt en son royaume et pour sa querele, et avec ce ycele bande, dont on faict à présent si grande joye, avoyt esté bailée au temps passé aux prédécesseurs d'yceluy comte à la porter toutjours luy et ses successeurs et hoirs par la condempnation d'ung pape, en signe d'amande d'ung forfaict que les devandicts d'Armaignac avoint commis contre l'Esglise. » Voylà ce que cest autheur dict de l'escharpe du comte d'Armaignac. Mais je n'ay jamais leu en aulcung libvre ni titre ancien que ceste enseigne eust été bailée à porter par pénitence, que me faict croyre que c'estoyt une caloumnie, inventée par les enemys du nom d'Armaignac, pour déterrer les princes, seigneurs et aultres de ne prendre et porter ceste escharpe. Mais ceste artificieuse inven-

(1) Monst. prem. vol. chap. 119.

tion ne peut tent guaigner sur le roy, monsieur le dauphin, et aultres qui estoint pour lhors que de la leur faire quitter; voire, qui plus est, le roy Charles septième, pendent le temps q'uil n'estoyt que dauphin, durent les grandes guerres q'uil eust contre le duc de Bourgoigne et contre les Anglois, porta toutjours ladicte escharpe; et tent s'en faut que ayant succédé à la corone de France après la mort de son père il la quittât que, au contrere, il en feit plus de cas que jamays, et la porta toutjours et servit d'exemple à nous roys qui vindrent après lui d'en faire de mesmes; mais sur toutz nostre feu Henrry le Grand la mit en plus grande vogue que tous, l'ayant toutjours portée et avec quelque particulier respect, depuis q'uil veint à la courone. Aussi estoyt il sorti en partie de ceste très illustre maison d'Armaignac, coume nous verrons en son lieu.

Au reste en ceste armée royale, le duc de Bar et le comte d'Armaignac eurent toutjours la charge et la conduicte de l'avant garde, et feurent par le roy prinses sur le duc de Bourgoigne plusieurs villes et places fortes come celes de Compiegne, Soixons, Bapaumes et aultres en grand nombre. Enfin ayant esté mis le siège devent la vile d'Arras, survindrent de si grandes maladies au camp du roy que il feut constrainct d'accorder au duc de Bourgoigne une paix que feut nommée la paix d'Arras, par laquele yceluy duc de Bourgoigne estoyt tenu remetre ez mains de sa majesté les clefs de ladicte vile, et de toutes les aultres q'uil tenoyt en France. Elle feut conclue et arrestée au moys de septembre MCCCCXIIII.

De la guerre que le comte d'Armaignac feit à celuy de Foix après son retourn en Gascoigne, et coume il feut faict conestable de France.

CHAPITRE XXVI.

Quelque peu de temps après la paix d'Arras, le comte d'Armaignac avec ses forces se retira vers son pays de Rouvergue et Gascoigne; et en son chemin, passent par le pays d'Auvergne, il assiégea la vile et chasteau de Murat, chef de la viconté de Murat, q'uil prétendoyt lui apertenir, et la print ainsin que messire Juvénal des Ursins, archevesque de Rheims, l'asseure en son hystoire de Charles vi. Il en parle ainsin soubz l'an mccccxiii (1). « Le comte d'Armaignac en s'en retournent à son pays (il cotte ce retourn après la paix d'Arras) passa par Murat, qui est une belle place, et la print, et bouta les vrays héretiers et ausquels la place et la terre avoint esté adjugées par arrest. Je ne scais qui estoyt le seigneur qui tenoyt pour lhors ceste place ny à quele occasion il feut assiégé par le comte. J'ay bien trouvé parmi les titres de la comté de Rodez que la viconté de Murat dependoyt anciennement de la viconté de Carlat, et relevoyt d'ycele en foy et homage, et que par félonie ou reffus de prester homage par ung viconte de Murat à celuy de Carlat, la viconté estoyt teumbée en commis. C'est ung instrument d'acord et transaction passée

---

(1) Juvénal des Ursins en son hyst. franç. soubz l'an 1414.

entre Jean 4 du nom comte de Rodez, d'une part, et messire Bernard d'Armaignac, son frère, d'aultre, sur le partage ou légitime portion des biens de leur feu père doné audict messire Bernard puisné, en datte de l'an MCCCCXIII, q'uestoit neuf ans après ce siège, où il est parlé de ceste viconté de Murat en ceste sorte : « Et in vicecomitatu Murati dependenti ex dicto vicecomitatu Carladesii a quo olim dictus vicecomitatus tenebatur in feudum et sub homagio, ratione cujus propter non præstitum, ymo recusatum, fieri ac præstari homagium et etiam propter feloniam per vassallum videlicet dominum Raynaldum de Murato olim vicecomitem Murati dictus vicecomitatus Murati cecidit in comissum. » Voilà ce qu'en dict ce titre, mais je ne vouldrois asseurer que ce feut soubz ce prétexte que le comte d'Armaignac assiégea et print pour lhors ceste place, ny si messire Raynal de Murat la tenoit pour lhors. Il est bien asseuré néammoings que le comte d'Armaignac estoyt alhors viconte de Carlat.

Luy donc revenu en son pays d'Armaignac se voyent quelque peu en repos, et se souvenent des traverses q'uil avoyt receues du comte de Foix, se délibéra d'en avoyr sa raison, et luy ayant dénuncé la guerre, il entra à main armée dens les terres d'yceluy, ayant encores avec lui les mesmes capitenes qui l'avoynt suivi ez guerres de Bourgoigne, tels q'estoint le viconte de Narbone, les barons de Sévérac, d'Arpajon, de L'Andorre et de Broquiès, Raymonet de la Guerre, La Hyre, Barbazan, Xainctrailes et aultres braves chevaliers et expérimentés capitenes, toutz faictz de la main dudict comte et desquels il se servit aussi aux guerres royales toutjours après jusques à sa mort ; après laquele ses valeureux gensdarmes suivirent toutjours le party de monsieur

CHAPITRE XXVI.

le dauphin contre les Bourguignons, et s'y portèrent si bien et loyaument, que par leur valeur et proesse ledict seigneur dauphin, après le décès du roy, son père, recouvra le royaume, la pluspart occupé par les Anglois et Bourguignons, coume il se voyt asses par le discours de nous hystoires, que n'est pas petite honeur aux pays de Gascoigne et de Rouvergue, d'où ces seigneurs estoint sortis, d'avoir produict de si braves guerriers, auxquelz la France ha ceste obligation, que d'avoyr chassé les Angloys du plus profont et intérieur de ces entrailes, et remis la corona sur la teste de nous roys, que leur avoyt esté ravie par les Anglois, conduictz et aydés des Bourguignons.

Estent le comte d'Armaignac entré à force dens les terres du comte de Foix, il preint quelques viles et places fortes, apertenent audict comte, qui, ne se sentent assez fort pour luy résister, se retira premièrement du roy de Navarre, son beau père, pour avoyr secours de luy, coume il eust ; mais non obstent yceluy se creignent de la puiscence dudict comte et de la grande auctorité q'uil s'estoyt acquise en ce royaume, à cause des alliences q'uil avoyt faictes avec les ducs de Berry, d'Orléans et de Bourbon, de Bretaigne et d'Allançon, il s'advisa de jecter sus quelque traicté de paix par l'entremise de quelque grand seigneur, et n'en voyent aultre plus propre que le pape Bénédic onzième, nommé vulgairement Pierre de la Lune, lequel condampné par le concile de Basle, et délaissé et abandoné presque de toutz les roys, princes et potentatz, persévéroyt néammoings encores en son scysma, et se tenoyt au royaume d'Arragon, soubz la faveur du roy qui tenoyt encores son obédience, coume faisoit aussi les comtes de Foix et d'Armaignac. Le comte de Foix pença de l'employer en ceste affaire, croyent de trouver en lui beaucoup de crédit et faveur, à cause d'ung sien frère de l'ordre de S. Françoys, nommé frère Pierre de Foix, qui se tenoyt près dudict pape, et par luy avoyt esté faict cardinal. Ce feut donc par l'entremise d'yceluy q'uil trouva moyen de faire prendre à cueur audict pape ceste réconciliation, luy faisent remonstrer q'uele importoit de beaucoup à sa cause contre ses concurrens au pontificat, par ce que c'estoint les deus seuls seigneurs, avec les roys d'Arragon et de Navarre, q'uestoint demeurés en son hobédience, toutz les aultres princes s'en esteus soubstraicts, et que, ceste querele alant plus avant, il estoyt en denger de perdre l'ung ou l'autre de ces deus seigneurs, et peut estre toutz les deux.

Cest antipape, apréhendent ces raisons, délégua messire Simon Sauveur, docteur ez sainctz décretz et archidiacre d'Ilerde, pour venir trouver ces deus comtes, parler à eux et les réconcilier ensemble ; lequel estent arrivé en Gascoigne les trouva près à se batre en duel, parce que le comte de Foix se deffient de ses forces, et voyent n'estre pour attendre l'effort de celes du comte d'Armaignac, s'estoyt advisé de le deffier seul à seul, ce que le comte d'Armaignac accepta ; et coumme ils estoint après à se batre, survint l'archidiacre d'Ylerde, qui sceut manier si dextrement cest affaire, que en fin il les meit d'accord, lequel feut volontiers accepté par le comte d'Armaignac, pour avoyr le moyen de faire le voyage q'uil avoyt délibéré de faire en France, où il avoyt esté mandé par sa majesté, pour venir recepvoir l'espée de conestable, duquel office elle l'avoit proveu après la mort du conestable d'Albret, qui, n'avoit guières, avoyt esté tué en la bataihe d'Azincourt, guaignée par les

Anglois. L'annaliste de Foix qui, à son acoustumée, faict toutz ses comtes de Foix invincibles, coume s'ilz avoint esté forgés sur mesmes enclume, dict que le comte d'Armaignac ne s'oza trouver au jour et lieu assignés pour le combat. Mais la vérité du faict monstre évidement le coutrere, et de vray cest hystorien a farssi son libvre d'une infinité de discours fabuleux sens s'estre aydé d'aulcungs vieulx et anciens titres, sans l'ayde desquelz l'on ne peut traicter dignement l'hystoire de ce temps là. Tout ce q'uil dict de ce comte est tiré de l'hystoire de Froyssard, suspect notoirement en ce faict, parce q'uil estoyt pencionere de la maison de Foix, et q'uil soyt vray il ne faict sur ce poinct icy aulcune mention de ce délégué du pape, bien toutes foys que par l'intervention d'yceluy la paix feut pour lhors acordée entre ces deus seigneurs. Pour plus ample preuve de quoy j'apporterai icy le brief, que le pape Bénédic envoya au comte d'Armaignac, pour l'exhorter à voloir entendre à une bone paix et concorde avec le comte de Foix et voloir à ces fins escouter les raisons que l'archydiacre d'Ylerde luy proposeroit, lequel tout exprès il envoyoyt vers toutz les deux.

« Benedictus, servus servorum Dei, dilecto filio nobili viro comiti Armeniaci salutem et apostolicam benedictionem. Audivimus, fili dilecte, novissime diebus istis non sine grandi displicentia, relatione nonnullorum, quod inimicus homo, zizaniarum lator et cunctorum maleficiorum inventor, inter te et dilectum filium nobilem virum Joannem comitem Fuxi discensionis materiam suscitavit, ex quo nobis eo fortius formidandum occurrit ne tenui scintilla flante aquilone, a quo panditur omne malum, in flammam transeat destructivam : quâ mater Ecclesia cordialius vos duos quos unius fidei religio, unius hobedientiæ mutua dilectio laudabili pacto fecit esse germanos, dilectione diligit cordiali. Nonne, fili prædilecte, materna poterunt non moveri viscera si, quod absit, sentiat geminos in utero fratres inter dissidentes bellorum incommoda et guerrarum infœlices eventus ac damnosa dispendia experiri. Profecto super hiis pia mater, quæ possunt evenire incommoda prævidens, de intimis producit visceribus profunda suspiria et post uberes lachrymas et post compassionis dolores acerbos, nimio super filios uteri sui zelo commota, in maternæ virtute fervoris, inter te et dictum comitem, partes suas interponere satagit, salutaria monita exhortationibus plena, viscerosis omnino affectibus præmittendo. Dum enim pacis commoda attendimus et dissentionum crimina cogitamus desideranter appetimus pacem veluti flumen in universos matris Ecclesiæ filios declinare. Scimus namque quod res minimæ concordia crescunt, discordia vero maximæ dilabuntur; quod si in charitatis virtute pax fiat, non solum in turribus, in seculi scilicet magnalibus abundantia sequitur, sed et minores abundantiæ ipsius participes quietis non relinquuntur expertes : sicque lupus et agnus pascuntur in simul, debiles et potentes, infimi et sublimes in pace in idipsum dormiunt et quiescunt. Sed et illud non ignoramus et te scire volumus quod per discentiones et discordias subjiciuntur omnia vastitati, consummuntur bona, corporis quies subtrahitur, mens iniquis solicitationibus occupatur ; et quo magis adversantium consideratio ingerit eo magis diffidentia causæ suboritur, unitas scinditur, charitatis rancores crescunt, odia nutriuntur, pia negliguntur opera, insidiis interditur et animæ periculis exponuntur. Hæc igitur ex officii nostri debito, cura pervigili et intento solicitudinis studio meditantes ac plenis desiderantes affectibus ut materia inter te ac dictum comitem si qua sit discensionis exorta in sui ortus principiis extinguatur, dilectum filium magistrum Simonem Salvatoris, decretorum doctorem, archidiaconum Tarantone, in ecclesiâ Ilerdensi acolitum nostrum ad tuam et dicti comitis præsentiam destinamus de mente nostra plene instructum, nobilitatem tuam paternis præcibus depræcantes quatenus dicto Simone ad plenum audito, ejusque relatibus data credentia conciliis nostris ac hiis quæ dictus Simon tibi ex nostra parte retulerit prumptis ac filialibus studiis procuret acquiescere nullum ponens obstaculum ubi tuis et dicti comitis salutis et quietis commoda procurantur; ita quod indissolubili pacis funiculi collisa amborum unio reparetur et in devotione Dei et apostolicæ sedis percistentes dignum possitis locum in sinu nostræ benedictionis et gratia permanere. Nosque tuæ mansuetudinis et devotionis prumtitudinem dignis in domino laudibus et debitis gratiarum actionibus prosequamur. Dertosæ vi idus januarii, pontificatus nostri anno xix. »

Or, pendent que les comtes d'Armaignac et de Foix estoint en ceste fougue l'ung contre l'aultre, le roy d'Angleterre, adverti des désordres q'uestoint en ce royaume et des quereles et discentions q'uestoint entre les princes du sang, s'estoit mis en mer avec une grande et puissente armée, et estoyt déjà arrivé en France en intention de recouvrer ce que ses prédécesseurs y avoint laissé perdre; et de premier abord avoyt prins la ville de Harfleur, et à la suite d'ycele quelques aultres. Cela feut cause que le roy et son conseilh envoyèrent le conestable d'Albret avec une armée pour s'opposer à leurs dessains, et si besoing estoyt leur présenter la batailhe, laquele feut donnée dens peu de jours après; car les deux armées s'estens rencontrées près d'Azincourt, entrèrent furieusement au combat ; mais avec tel malheur pour les Françoys q'uilz y feurent vaincus : toutz les princes du sang royal et aultres grands seigneurs tenens le parti du duc d'Orléans (car de ceulx de Bourgoigne il ne s'en trouva que peu en ceste bataillhe) feurent tués ou faictz prisoniers ; car messire Louys de Borbon, filz du sieur de Préaux, le duc de Brabant, le comte de Nevers et grand nombre d'aultres grands seigneurs y feurent tués avec le conestable, chef et conductur de ceste armée. Le duc d'Orléans feut faict prisonier et conduict en Angleterre, où il demeura en prison vingt et troys ans, et avec lui feurent faictz prisoniers les ducz de Borbon et de Bar, les comtes d'Alançon, d'Eu, de Richemont, de Vendosme, de Vaudemont, de Marle, de Blamont, de de Grandpred, de Foquenlerge et de Roussy.

Le roy estoyt à Rouan lhors que l'on luy apporta la nouvele de la perte de ceste bataillhe. Sa majesté en feut fort affligée, coume feurent bien aussi toutz ceulx de son conceilh et ne voyens à qui commetre la deffence et gouvernement du royaume pour s'en acquiter mieulx et plus fidèlement que au comte d'Armaignac, advisèrent de luy donner l'estat de conestable, pour avec cest office prendre en main le maniement de toutz les affaires du royaume. A ces fins le roy l'envoya quérir en son pays de Gascoigne, où il estoyt pour lhors, ainsin que nous venons de dire contre le comte de Foix. Voyey coume Monstrelet, au chapitre CLII de son premier volume (1) tesmoigne cest estat luy avoir esté

(1) Monstr. prem. vol. chap. 152.

donné sens aulcune brigue et lhorsque moings il y pençoyt.

« Après (dict il) que les noveles feurent pourtées à Rouan, devers le roy de France, de la douleureuse avanture et perte de ses gens, ne fault pas doubter q'uilz et les aultres princes n'eussent au cueur grande tristesse ; néanmoings dedans certains briefz jours ensuivens en la présence du roy, des ducs d'Aquitaine, de Berry et de Bretaigne, du comte de Ponthieu, son filz ayné et plusieurs aultres de son grand conseilh, constitua et establit conestable de France le comte d'Armaignac, et manda yceluy haltivement à venir devers luy. » La Chronique sens nom (que l'on a faict imprimer puis quelques années à la suite de cele de messire Juvénal des Ursins, archevesque de Rheims) soubs l'an MCCCCXV (1) en dict de mesmes que Monstrelet, y adjoustent le nom de ceulx que le roy envoya vers ledict comte pour luy présenter cest office. « En ce temps là (dict il, c'est après avoir discoreu la batailhe d'Azincourt) envoya le roy devers le comte d'Armaignac messire Engueran de Mercongnet et mestre Guilhaume de Champeaulx, en ambassade, en lui faisent scavoir que pour la puissence, prudence et vailence q'uil avoyt, le roy vouloit q'uil feut son conestable, et q'uil luy pleut recepvoir l'espée et accepter ledict office ; et si feit il et tost après vint à Paris à grand companie des gendarmes pour résister et mener guerre coumme conestable aux Anglois, qui tenoint Harfleu. » Je n'ay peu trouver les letres du don de cet estat, mais j'ay bien veu de letres patentes de ce roy par lesqueles il faict coumendement à toutz capitenes

---

(1) Chronique sans nom, soubz l'an 1415.

et habitens des viles de son royaume de doner passage audict comte par leurs viles, pons et passages à tout tent de gendarmes q'uil amèneroit avec soy, et aultrement luy hobéyr, coumme à son conestable, lesqueles letres j'ay pencé d'estre bon d'insérer icy.

« Charles, par la grâce de Dieu, roy de France, à toutz nous séneschaulx, bailifz, prévosts, capitenes, maires, eschevins, capitouls, consuls, bourgeois, manans et habitens, capitenes et guardes des bones viles, cités, chasteaulx, forteresses, pontz et passages, jurisdictions et destroictz de nostre royaume, et à toutz nous aultres justitiers, officiers et subjectz ou à leurs lieutenens, salut ! Coume après ce q'uil a pleu faire son comendement de feu nostre trèscher cousin Charles, seigneur d'Albret, en son vivent conestable de France, nous ayons, par élection deument et justement faicte, proveu audict office de conestable de la persone de nostre trèscher et amé cousin le comte d'Armaignac ; et pource que à cause dudict office de conestable apertient à présent le conduict et gouvernement de toute nostre guerre où que ce soit, parquoy luy est besoing avoir ouvertement entrée et ysseue de toutes les villes, cités, chasteaulx, forteresses, pontz, portz et passages de nostre royaume, toutes foix et si souvent que bon luy semblera, laquele chose on luy pourroit ou vouldroit reffuser ou à ces comis et aultres q'uil y envoyeroit de par luy soubz umbre et par vertu d'aultres deffences naguières par nous faictes de non laysser entrer ni passer par lesdictes villes, cités, chasteaulx ni forteresses ceulx de nostre sang et lignage, quels q'uilz soint ni aulcunes gens d'armes et de traict, sens avoir sur ce nous letres patentes passées en nostre grand conseilh, seelées de nostre grand seel, de datte subséquente à yceles nous deffences, dont plusieurs inconvéniens pourroint avenir au grand domage de nous et de toute la chose publique de nostredict royaume, si par nous n'y est sur ce proveu. Nous volens de tout nostre pouvoir obvier et pourvoir à ce que lesdicts inconvéniens et domages n'advienent par advis et délibération de plusieurs de nostre sang et lignage, et de nostre grand conseilh, vous mandons, etc. Doné à Paris, le XVIII jenvier MCCCCXV, et de nostre règne le XXXVI. »

Ce pendent le duc de Bourgoigne, après la bataihe d'Azincourt, voyens les principaulx de ces enemis ou prins ou tués, et que le comte d'Armaignac estoyt encores en Guascoigne, pença q'uil estoyt temps de s'aprocher de Paris, pour se ressaisir de la persone du roy, tenent pour tout asseuré que tout aussi tost que les Parisiens le verroint devent leurs portes ils se rengeroint de son costé et le metroint dens leur vile, en quoy il se mesconta grandement ; car les principaulx d'ycele, qui le détestoint depuis ceste grande sédition q'uil y avoyt esmeue, priarent le roy et messieurs de son conseilh de voloir promptement pourvoir à la guarde d'ycele, et doner une recharge au comte d'Armaignac, pour luy faire avancer son voyage et de s'en venir avec autent de forces q'uil pourroit recouvrer. Le comte, entendent la volonté du roy et l'affection que les Parisiens luy portoint, accepta la charge et office de conestable, plus pour hobéyr au roy et servir au public que pour aulcune ambition, prévoyent bien les périlz et denger, ezquels il s'aloyt précipiter, à la suite d'une court si plene de divisions et désordres. Il partit donc de Lectoure avec la pluspart de la noblesse de Rouvergue, d'Armaignac et de ses aultres terres, entre lesquels estoint ces braves capitenes, desquels nous avons cy devent parlé, et arriva, sur la fin du moys de décembre MCCCCXV, à Paris, où il trouva la court toute esplorée pour le décès de monsieur le dauphin, décédé quelques jours auparavant. « Huict jours après (dict Monstrelet, parlent du décès dudict seigneur dauphin, q'uil asseure estre advenu le 14 décembre 1415) le comte d'Armaignac, mandé par le roy, entra à Paris pour recepvoir l'office de conestable et l'espée de la main du roy, en faisent le serment solennel, coume il est de costume, et remercia le roy du grand honeur q'uil luy faisoit ; et estoyt ledict d'Armaignac acompaigné bien de six mil combatans. »

Le duc de Bourgoigne, adverti de l'armée du conestable, se retira sens rien faire de ce q'uil avoyt délibéré, et bien tost après, le conestable ayant dressé une bele et grande armée, s'en ala du comendement du roy assiéger Harfleur ; mais en vain, parce qu'il feut constrainct quitter ce siège pour s'en revenir à Paris résister aux dessaings du duc de Bourgoigne, qui c'estoyt résoleu, quoy q'uil coustât, d'entrer dedens au moyen de quelques intelligences secrètes q'uil y avoyt. Mais ces dessaings feurent rompus par la diligente prévoyence du comte d'Armaignac.

Les affaires se passèrent ainsin en France durent les années MCCCCXVI et CCCCXVII, sens que durent yceles il intervint, chose mémorable, excepté la mort du duc de Berry, beaupère du conestable, regreté de toutz pour avoyr esté ung fort bon prince ; et la teneue du concile de Constence, lequel, ayant esté coumencé dès l'année CCCCXIII, il s'acheva en ceste année CCCCXVII. Il feut convoqué à l'instence et grande poursuitte de l'empereur Sigismond, pour abbatre ce grand schysme qu'estoit à l'Esglise pour la concurrance de troys papes, ou plustost antipapes qui la troubloint estrangement. Et par ce que le comte d'Armaignac, duquel nous parlons, se trouva fort avant envelopé en ce scysme, je suis constraint, bien que ce soyt ung peu hors de nostre subject, d'en toucher quelque chose ; mais ce sera le plus succintement que faire se pourra.

Du grand scysme qui survint en l'Esglise après le décès du pape Grégoire XI, et des conciles de Pise et de Constance, où feut condampné Bénédic XI, soustenu par le comte d'Armaignac.

CHAPITRE XXVII.

Nous avons cy devent dict que les papes teindrent leur siège en Avignon depuis Clément v jusques à Grégoire xi, qui, ayant quitté Avignon, remit le siège dens Rome, au grand desplaisir de presque toutz es cardinaulx qui estoint la plus part Françoys, et qui s'estoynt du tout acoustumés en Avignon. Mais ce pape Grégoire, qui estoyt de la maison de Canilhac ou Beaufort, n'eust guières demeuré à Rome q'uil y morut. Après sa mort les cardinaulx qui s'y trouvèrent, suivent la coustume, s'assemblèrent en conclave pour la création d'ung nouveau pape. Je croys bien que leur intention estoyt d'eslire ung Françoys, affin q'uil remit le siège en Avignon Mais le peublé de Rome, qui eust quelque sentiment de cela, s'esmeut et esleva en sédition de tele furie que, ayant assiégé les pères dans le conclave, il feut procédé à l'éleclion du pape Urbain vi, que une grande partie des cardinaulx soustenoit avoir esté forcée ; et de faict la sédition ayant esté appaisée, lesdicts seigneurs cardinaulx, ou la plus grande partie d'yceulx, estens sortis tout belement et sens faire aulcung semblent, de Rome se reassemblarent en une petite ville d'Italie, nommée Fundi, où ils procéderent à une aultre élection, soubz ce prétexte que la première avoyt esté forcée et que ilz avoynt protesté de la force et arresté entre eulx que tout aussi tost qu'ilz pourroint estre hors de Rome et en liberté ils procèderoint à aultre élection, ce q'uilz feirent en ceste vile de Fundi, et esleurent ung de leurs corps nommé Robert, filz de Amédée, comte de Genéve, descendu de la maison de Savoye et de madame Mahault de Boloigne, filhe de Robert troisième du nom, comte de Boloigne. Cestuilà feut apelé par ceulx de son obédience Clément 7, qui se retira en Avignon et y teint son siège contre le pape Urbain vi, qui ne volut jamais quitter le pontificat, soustenent avoyr esté légitimement et canoniquement eslu. Cela feut cause que le roy de France, et, à son exemple, la pluspart des roys et seigneurs de l'Europe prindrent l'obédience de Clément ; et par ce moyen l'Esglise feut réduicte en ung très grand et dengereux scysme, qui dura environ xxxviii ou xl ans, scavoir depuis l'an mccclxxvi jusques à l'an mccccxvii, pendent lesquels feurent eslus successivement plusieurs papes de chesque obédience, avenent la mort de ceulx qui avoynt esté eslus : coume du costé d'Urbain vi après sa mort feut eslu par les cardinaulx de son obédience Boniface ix, après la mort de cestuilà, Innocent vii, et après la mort d'Innocent, Grégoire xii, pendent le pontificat duquel feut célébré le concile de Pise, au costé de Clément VII, après sa mort, feut créé en Avignon Pierre de la Lune qui feut apelé Bénédic ou Benoist onzième, par quelques ungs dict XIII, espaignol de nation, de grande maison et de fort rare scavoir, à l'obédience duquel, par l'instigation du duc de Bourgoigne, le roy Charles renunça en embrassent la neutralité ; en quoy il feut suivi par quelques princes, de sorte que le pape Bénédic, chassé d'Avignon, se retira en Espaigne, estent abandonné de la plus part des roys et des princes chrétiens, et n'estens demurés en son obédience que les roys d'Arragon, de Castilhe et de Navarre avec les comtes de Foix et d'Armaignac.

Cependent quelques cardinaulx de l'obédience de Grégoire XII, s'estens séparés de luy, convoquèrent ung concille à Pise, auxquels quelques cardinaulx du parti de Benoist, desirens l'union de l'Esglise, se vindrent joindre, et toutz ensemble marchent de fort bon pied, et postposens toutes particulières passions, déposèrent et l'ung et l'aultre desdicts deus papes q'uestoint pour lhors, scavoir Bénédic XI et Grégoire XIII ; et ce faict, procédèrent à une novale élection, eslisent pour pape Alexandre V. Mais parce que ni Grégoire ni Bénédic ne voleurent hobéyr aux déterminations de ce concile, l'Esglise tumba de fièbvre en mal chauld, et se veit réduicte en plus grand trouble que au paravant ; par ce que au lieu que devent n'y avoyt que deus papes, il y en heut après troys, desquels chescung se portoit pour légitime pontife et encores y adjousta on une plus grande faulte, c'est que dens moins que d'ung an après ceste élection estent décédé ce pape Alexandre, les cardinaulx de sa suite procédarent à aultre élection d'ung cardinal de leurs corps, apelé Balthasar Cossa, auquel ils donarent le nom de Jean XXIII.

Voilà coume la nacele de S. Pierre estoyt agitée et tourmentée par les furieuses vagues de ce malheureux scysme. Mais en fin Dieu, qui n'oblie jamais sa saincte espouse, suscita l'empereur Sygismond, qui se meit après à réunir et reassembler l'Esglise qui sembloit estre divisée et distraicte en tent de parceles. Il feit tent avec le pape Jean XXIII, q'uil le feit résouldre à convoquer ung concile général en la vile de Constence, où il promit de se trouver, se persuadent et croyent fermement que le droict q'uil avoyt à la papauté seroyt trouvé plus apparent que de toutz les aultres deus q'uil nommoit antipapes, et que yceulx condampnés il seroit seul confirmé en son pontificat. Sur ceste espérence il se trouva luy mesmes en ce concile qui feut coummencé l'an MCCCCXIV ; et d'aultre part, l'empereur feit tent avec le pape Grégoire q'uil approuva la convocation de ce concile, et y envoya ses députés avec pouvoir de renoncer de son costé au pontificat, proveu que ses compétiteurs en feissent autent ; quant au pape de La Lune (car ainsin communément apeloit on le pape Bénédic XI) il ne peut jamais estre induict d'appreuver ce concile, moins d'y envoyer aulcung de sa part.

Les pères donc assamblés en ce concile, voyans l'opiniastreté de Bénédic, et q'uil n'y avoit moyen aulcung de faire renoncer Grégoire à son droict que premièrement Jean ne luy en eust monstré l'exemple, ils le priarent et conjurarent de voloir coumencer affin que les aultres n'eussent moyen de s'excuser. Mais le pape Jean, qui n'avoyt aulcune volonté de ce faire, comença de se repentir d'avoyr assemblé et plus encores de s'y estre embarqué, que feut cause q'uil délibéra de se retirer, et pour amuser les pères, il feit du coumencement quelque démonstration de voloir adhérer à leur volonté ; mais dens peu de jours après, il trouva moyen de sortir hors de la vile de Constence et en habit dissimulé, de quoy les prélatz et aultres pères de l'assamblée estonnés et irrités, mirent gens après à le suivre, et en fin l'ayans treuvé, le ramenèrent dens la vile de Constence où son procès luy ayant esté faict tent sur ceste fuite ou désertion du concile que sur d'aultres faictz et crismes que luy feurent mis sus, il feut par sentence et décret du concile, déposé et démis du pontificat, à laquele sentence il acquiesça, et luy mesmes quitta librement les habitz pontificaux, et renonça à tout droict qu'uil prétendoyt ou pouvoit prétendre à ceste dignité. Peu de jours après, Grégoire en feit autent librement et sens aulcune constraincte, ayant à ces fins envoyé devers le concile Charles de Malateste, avec charge expresse de renuncer de sa part à ceste dignité, sens condition ni restriction quelcunque.

Restoyt seulement Bénédic, qui percistoit toutjours en sa contumace. Les pères du concile voyoint bien qu'ilz seroint en fin constrainctz de venir au dernier remède de la déposition, attendu l'humur dudict Bénédic si entier et résolu en ses opinions qu'uil ne quitteroit jamais le droict qu'uil prétendoyt avoir à la papauté, mesmes qu'uil avoyt encores quelques roys et princes qui le soustenoynt. Mais, avant que en venir à ceste extrémité, il volurent premièrement tenter quelques moyens doulx et paisibles, pour voyr si par yceulx ils pourroint veincre ceste opiniastreté ; de sorte qu'uil feut résolu de députer quelques ungs d'entre eulx, pour aler conférer avec luy et priarent l'empereur de voloir prendre ceste peine que d'y aler luy mesmes en persone avec leur desputés et tâcher par toutz moyens de luy faire treuver bon de remetre ses droictz à la détermination du concile ; que s'il n'en pouvoit venir à bout que pour le moings il advisât d'attirer au concile les princes qui restoint encores de son obédience, pour se joindre et unir avec luy coume avoynt faict toutz les aultres princes de la chrestienté. L'empereur qui estoit tout plein de zèle au bien et avancement de l'Esglise, acceptent ceste charge, s'en ala en Espaigne avec les députés du concile. Et ayant assemblé le roy d'Arragon avec cest antipape en la vile de Perpignan, luy et lesdicts députés uzèrent de toutes les persuasions q'uil leur feut possible pour faire condescendre Bénédic à la volonté du concile ; mais il ne leur feut jamays possible de rien guaigner sur luy, ains il se retira subitement et quasi à la desrobée de l'assemblée ; ce que voyens l'empereur et les députés du concile, ilz eurent recours au segond poinct de leur charge, c'est de persuader aux princes partisens de Bénédic de quitter son obédience et adhérer au concile. A ces fins, ilz résolurent avec le roy d'Arragon une assemblée en la vile de Narbone, à laquele l'empereur, les députés du concile, les roys de Castilhe et de Navarre, ensemble les comtes d'Armaignac et de Foix, se debvoint trouver coume ilz feirent, et après avoyr d'ung costé et d'aultre débattu et disputé cest affaire, en fin le XIII décembre MCCCCXV, feurent entre eulx résolus certains articles, et entre aultres cestuyci : que lesdicts roys et seigneurs suivens le parti dudict Benoist envoyeroint leurs députés au concile pour s'unir avec yceluy, et que ils tiendroint tout ce que y seroit déterminé, sauf que le concile ne pourroit procéder à l'élection d'ung nouveau pape que la papauté ne vacât par l'ung de ces troys moyens, scavoir ou par la mort dudict Benoist, que ces princes tenoint pour vray et légitime pape, ou par cession ou renunciation du pontificat ez mains dudict concile, si tant est que ledict Benoist y volut entendre ; ou par condemnation dudict concile, s'ils trouvoit cause audict Benoict souffisente pour le condampner et démetre ou dépposer de sa dignité ; auquel cas le concile seroit tenu luy faire noveau procès sans se pouvoir ayder de celuy de Pise. Ces articles se trouvent insérés tout du long dans les actes du concile de Constence en la cession xx, et coummençant par ces motz : « Die veneris xiii decembris. » Et bien que là ne se trouvent nommés les princes de l'obédience dudict Bénédic, avec lesquelz ces articles avoint esté arrestés, si est ce q'uilz sont nommés en l'union de leurs embassadeurs qui se voyt en la cession 22, ceste concorde ainsin arrestée en la ville de Narbone feut approuvée par les pères du concile, et bien tost après se présentèrent en yceluy les ambassadeurs des roys d'Arragon, de Castilhe et de Navarre, ensemble avec celuy du comte de Foix, qui feurent receus et unis audict concile, coumme feirent aussi toutz les prélatz desdicts royaumes, ensemble toutz les cardinaulx de l'obédience dudict Benoist, toutz lesquels presque le quittèrent, et se veindrent joindre audict concile, mesmes le cardinal de Foix, qui estoyt celuy en qui Benoist avoyt plus de confiance. Luy se voyent ainsin abandoné se retira en ung chasteau imprenable, qu'est dens le royaume d'Arragon, assis sur ung promontoire de mer et rocher presque inaccessible apelé Paniscole.

Quant au comte d'Armaignac, coume il n'estoit que trop entier en ses opinions, il ne peut jamais estre diverti de l'obédience de Bénédic, que feut cause que quele promesse q'uil eust faicte en la vile de Narbone, il ne se volut présenter audict concile, ni y envoyer ses ambassadeurs avec les aultres princes que dessus. Pour ce q'uest du pape Bénédic, il feut par plusieurs et diverses fois cité audict concile, e^t ne se présentent pas, ni persone pour luy, il feut enfin condampné coume scysmatique, démis et déposé de son pontificat par sentence donnée par le concile le xvi julhet mccccxvii. Avant que procéder à la prolation de ladicte sentence, le concile se volut informer s'il y avoyt aulcung qui eust charge de se présenter pour le comte d'Armaignac, et à ces fins, ayant faict crier à haulte voix en l'assemblée, s'il y avoyt aulcung qui eust charge de luy, q'uil se mit en avant, mestre Jean Gerson, ce grand personage si docte et si dévost, pour lhors chancelier en l'Université de Paris, qui s'estoit présenté pour ycele audict concile, se leva pour l'excuser, ainsin qu'est porté en la cession xxxvii dudict concile, et dict que les ambassadeurs du roy de France avoint charge de se présenter pour luy, et asseurer les pères du concile que son intention estoyt de se conformer entièrement à la volonté de sadicte majesté et se gouverner tout ainsin qu'ele feroit. Mais par ce q'uil feut trouvé lesdicts ambassadeurs n'avoyr asses ample et souffisente charge pour faire ceste déclaration, feut ordoné que non obstent son absence seroyt passé oultre. Voicy coume il en est parlé en la cession xxxv. « Quibus juramentis (c'estoint les juramens prestés par les députés des roys d'Arragon, Castilhe et Navarre et comté de Foix) Henrricus de Pyro promotor nomine præfati serenissimi principis domini Sigismundi publice dixit et inquisivit si aliquis esset in prædictâ cessione qui haberet mandatum illustris principis comitis Armeniaci quod illud exhiberet. Cancellarius autem studii parisiensis surgens dixit ambaciatores christianissimi regis Francorum certa habere scripta quod dictus dominus comes sequi vellet vestigia prædicti domini regis. Tunc dictus dominus Henrricus nomine quo supra dixit ex quo non apparet mandatum sufficiens pro ipso domino comite nullo modo per juramentum supra per ipsum præstitum ad observationem dictorum capitulorum in Narbona concordatorum quoad præfatum dominum comitem vellet arctari. »

Sur quoy vient à remerquer que le comte d'Armaignac avoyt d'enemys en ce concile qui pourchassoint de le faire déclerer scysmatique, coume se trouvent pour lhors seul fauteur de Benoist, entre lesquels estoyt l'empereur Sigismond, qui luy en voloit depuis son voyage de France, pour y avoir receu quelque mescontentement de luy lhorsq'uil passa par Paris, et que d'ailheurs il portoit fort à cueur la cause du duc de Bourgoigne, enemy capital du comte d'Armaignac. Mais quoy q'uil sceut faire, les pères du concile jugeans que cela pourroit ammener quelque plus grand désordre, à cause que le comte d'Armaignac avoyt a lhors et le roy et le gouvernement du royaume en main, y procédèrent plus sagement, et ne voleurent faire aulcune déclaration expresse contre le comte, mais laissèrent l'affaire en l'estat. Toutesfoys l'empereur Sigismond guaigna ce poinct que ayant esté ordoné au concile que toutz les princes chrétiens seroint advertis par députés exprès de la déposition du pape Bénédic, ayant sur ceste délibération esté député devers le roy de France ung docteur en décret nommé Lyenin Nenelin il luy feit donner charge de la part du concile de se retirer du duc de Bourgoigne, le prenent pour vray régent et gouvernur du royaume pendent la maladie du roy et non devers la persone du roy, parce q'uil le disoit estre prisonier au pouvoir du comte d'Armaignac ; de quoy le duc de Bourgoigne sceut bien faire son proffit, car il retira une déclaration dudict Ninelin, laquele il envoya par toutes les bones viles du royaume pour leur faire voyr coume le concile de Constance approuvoit sa cause, et le tenoyt pour vray régent et gouvernur du royaume de France. Ceste déclaration se treuve dans Monstrelet au CLXXVIII chapitre de son premier volume (1). Et parce q'elle peut servir de beaucoup à l'intelligence de ce discours, je la metrai icy au long.

« Je, Lienen Ninelin, docteur en décret, ambassadur du S. colliège des cardinaulx de Rome envoyé par yceulx à trèshault et puissent prince monseigneur le duc de Bourgoigne, ay présenté de par ledict S. colliège les letres sellées de troys seaulx : c'est à scavoir du doyen des évesques, du doyen des prestres et du doyen des diacres cardinaulx, lesqueles letres contenoint créance sur moy, laquele crance ay exposée à mondict seigneur de Bourgoigne, en luy offrent de par ledict S. collège la parole du S. prophète David : « Domine, reffugium factus es nobis, » c'est-à-dire : « Sire, en ce temps du déluge, nous venons à toi à reffuge. » Et après la déduction dudict theume en comparant ledict collège audict roy David ay exposé à mondict seigneur de Bourgoigne l'estat du S. concile de Constance, et les trevaulx qu'ont eu les cardinaulx à poursuivre l'union de l'Esglise ; après luy dis que toute chrestienté estoyt unie, excepté ung grain de moustarde et ung boyssel, c'est à scavoir le comte d'Armaignac, qui est encores en l'hobéissence de Pierre de la Lune, lequel est déclaré scysmatique, hérétique, et ses adhérens et favorisens suspectz de scysme et d'hérésie. Après luy ay dict coume j'estois envoyé en France par ledict collège non pas à luy coume le duc de Bourgoigne

(1) Monstre. prem. vol. chap. 178.

seulement, mais coume à celuy qui représente le royaume de France, et à qui apertient le gouvernement pour luy faire certaines prières et requestes dudict S. collège. Et la cause pour quoy j'estoys envoyé devers luy et que je n'estoys pas envoyé devers le roy, monseigneur le dauphin, le comte d'Armaignac ou le conceilh du roy, si estoyt coume ledict S. collège m'avait faict dire pour ce que monseigneur le roy estoyt ocupé de maladie, monseigneur le dauphin estoyt en trop jeune eage, et le comte d'Armaignac estoyt relut au scysme ; bien est vray que le comte d'Armaignac n'est pas décleré scysmatique et hérétique, mais il feut accusé des Romains en propre persone et par le procureur fiscal dudict concile, et feut relut au scysme non obstent les excusations que feit mestre Jean Gerson, etc. » Voilà une partie de l'acte de ceste déclaration que le duc de Bourgoigne feit voyr à tout le monde et envoya par toutes les viles du royaume de France, auxquelles il escripvit une grande et longue letre, par laquele il leur mandoyt et enjoignoit coume régent du royaume de député quelques persones notables devers luy en une assemblée q'uil avoyt indicte au xx d'octobre suivent pour provoir au régime et gouvernement du royaume, fondent son pouvoir sur ceste déclaration, et voicy les propres motz de ceste letre, que Monstrelet insère tout au long audict chapitre 178 (1). « Estent ainsin q'uil est déclairé par le collège Romain q'uà nous apertient à avoir recours ez besoignes de ce royaume et à avoyr le gouvernement d'yceluy veu l'empêchement de mondict seigneur et le jeune eage de mon trèsredoubté seigneur, monseigneur le dauphin, et non au comte

---

(1) Monst. chap. 178 de son premier volume.

d'Armaignac ni à ceulx qui se disent estre du conceil de mondict seigneur, pour les causes conteneues en une cédule à nous aportée et bailée par ung notable docteur ambassadeur dudict S. collège de laquele vous envoyons la copie enclose en ces présentes. » Ceste copie ne contient aultre chose que la déclaration que dessus dudict Ninelin, qu'estoyt ung de ses subjectz, et auquel il avoyt faict le bec, coume il faut croire depuis qu'uil ne monstroyt ni le décret du concile, ni l'acte de la délégation dudict Nenelin, pour voyr si le concile luy avoyt donné charge de parler de ceste façon. Le duc de Bourgoigne donc triumphoit de ceste déclaration, et ozerois croyre q'uele eust aporté quelque grand désordre en l'esglise gallicane et en tout le royaume, si Dieu n'y eust proveu aultrement, coume il feit peu de jours après la prinse de Paris et décès du comte d'Armaignac.

Le concile après la condempnation de Bénédic, procéda à une novele élection, et feut eslu pour pape ung cardinal Romain de la maison des Colomnes qui feut nommé Martin v. Mais non obstent ycele Bénédic percista en son opiniastreté jusques à sa mort, qu'advint l'an MCCCCXXIV. Quelques ungs ont volu dire que après la mort du comte d'Armaignac cest antipapé se retira du filz, successur dudict comte, qui feut Jean 4, et que mesmes il moreut dens le pays de Rouvergue ; les ungs disent dens le chasteau de Guaje, et les aultres en ung aultre chasteau, non guières distent de la vile de Rodez, apélé Jalenques. Mais la vérité est tele q'uil morut au lieu de Paniscole où long temps au paravant il s'estoyt retiré. Après la mort duquel les cardinaulx qui estoint encores avec luy, bien que fort en petit nombre, eslurent pour pape ung espaignol d'entre eulx q'uilz nommèrent Clément VIII, à quoy ils feurent portés par Alphons, roy d'Arragon, qui faisoit difficulté de recognoistre le pape Martin, à cause de quelque castilhe q'uil avoyt avec luy. Ce Clément se porta pour pape quatre ou cinq ans, bien que mesprisé de toutz, hor mis du roy d'Arragon, lequel aussi en fin le quita, s'estant acordé avec le pape Martin, de sorte que se voyent tout seul en l'année MCCCCXIX il renonça au droict q'uil prétendoyt à la papauté, et quitta ses habitz pontificaux. Telle feut la fin de ce grand scysme, le plus grand et dengereux qui eust jamais esté. Il dura, si nous y volons adjouster les années depuis la fin du concile de Constence et élection du pape Martin jusques à la démission de cest antipape, cinquante et ung an, au grand escandale et domage de l'Esglise.

De la prinse de Paris faicte par le seigneur de l'Isle Adam pour le duc de Bourgoigne où le comte d'Armaignac, conestable de France, fut tué.

CHAPITRE XXVIII

Nous nous soummes ung peu esloignés de notre discours pour dire quelque chose du concile de Constence, pour estre les affaires du comte d'Armaignac fort meslés avec l'hystoire dudict concile, coume l'on peut aisément comprendre par ce que nous en venons de dire pendant la teneue de ce concile. Il se teint toutjours auprès du roy au moings depuis que l'office de conestable luy feut doné et ce pour doner ordre aux affaires du royaume qui estoint à lhors fort embrouillées. Le roy et monseigneur le dauphin avoynt beaucoup de créance en luy et pour luy donner le moyen de se tenir toutjours près d'eux luy acceptarent une maison dens Paris près l'Esglise S. Honoré d'ung nommé Hugonis des Royaulx, premier queux de sa majesté. Au reste ce comte estoyt doué d'une grande prudence et fort home de bien, non adoné à l'avarice et désir d'acquérir de richesses ains aymoyt l'équité et justice sens faire tort à persone. Il avoyt sur toutes choses fort à cueur le bien et proffit du royaume et prévoyoit que si le duc de Bourgoigne en avoyt une foix le gouvernement q'uil seroyt cause de l'entière ruine d'yceluy, et c'est pourquoy il luy résistoyt de tout son pouvoir. Mais parce que il falut q'uil s'aydât d'aultres que de ceulx qui avoynt eu jusques a lhors le maniement des affaires qui presque toutz estoint corrompus par le duc de Bourgoigne, il feut constrainct d'en désapoincter quelques ungs que feut cause q'uil teumba en la heyne de plusieurs, mesmes des Parisiens qui en fin luy causèrent sa ruine. Beleforest recognoit ce comte pour ung fort home de bien et raporte son désastre à deus causes principales : l'une à la hayne que les Parisiens avoynt conceue contre luy pour ce désapoinctement d'offices ; l'autre à la saisie q'uil feit des deniers, bagues et joyaulx de la reyne q'uele voloit faire transporter hors de Paris pour se retirer au parti de Bourgoigne, de laquele saisie Monstrelet parle au CLXVIII^e chapitre de son premier volume (1) auquel je renvoyerai le lecteur pour metre icy les propres motz du seigneur de Beleforest,

---

(1) Monst. premier vol. chap. 168.

parce que ils marquent quelques particularités de ce temps là que ne se trouvent en d'aultres autheurs. « Il n'y avoyt (dict il) alhors pas ung prince du sang en court que le dauphin qu'estoyt fort jeune, telement que le comte d'Armaignac avoyt tout le fardeau des affaires sur le bras, lequel commença pour lhors à desplerre à plusieurs non pour ses malversations, car il estoyt fort entier et sévère en son gouvernement, ains parce q'uil désapointoit plusieurs officiers et capitenes, avancent ceulx desquels il s'asseuroit q'uilz ne feroint faulte pour mourir. Car il voyoyt une si grande corruption et une tele altération de volontés en cour, à cause que ceulx qui avoint eu le maniement des affaires avoynt esté plus Bourguignons que soigneux de faire cesser les troubles, q'uil estoit impossible sens un grand chengement d'estatz remetre sus quelque bone police, et cessi ensemble la saisie qu'il feit des deniers que la reyne avoyt retirés et mis en bagues et jouyaulx pour s'en ayder à ses affaires feut cause q'uil tomba en la hayne de plusieurs, quoy que de tout cessi il n'en print rien pour luy ains dépendoit son revenu. Mais quoy ? ceulx qui avoint acoustumé de tout manier et s'enrichir soubz l'auctorité de la reyne fâchés de se voir reculés n'oblièrent rien qui servit au désavantage du conestable q'uilz apeloint estrenger et le blasmoint de ce q'uil avançoyt les estrengers, coumme s'il y avoit aulcung des subjects du roy q'uon deubt estimer tels ; car cessi, disoint-ils, à cause de Tanegui du Chastel, breton, et des seigneurs de La Hyre, de Barbazan, de Xainctralhes et du viconte de Narbone, Gascons ou du Languedoc, ausquelz le conestable communiquoit ses dessaings et les apeloit auprès de monseigneur le dauphin. » Voilà ce que le sieur de Beleforest tesmoigne du comte d'Armaignac, l'ayant sens doubte tiré de quelque autheur ou mémoire de ce temps là, d'où nous pouvons colliger et quel estoyt le conestable d'Armaignac et quel feut son gouvernement pendent q'uil se teint près de la persone du roy.

Juvénal des Ursins, en son hystoire de Charles VI, parle d'ung aultre accident qui arriva la mesmes année MCCCCXVII. C'est que c'estent on aperçeu de quelques désordres qui se commetoint en la maison de la reyne par quelques jeunes seigneurs qui y hentoint ung peu trop familièrement, l'on feut constrainct de la prier de se retirer à Blois, ce que ne se peut faire sens augmenter de beaucoup les haynes commencées contre le comte d'Armaignac, qui seul avoyt le gouvernement des affaires contre lequel la reyne se sentit fort irritée, ensemble tous ceulx qui tenoint son party. Nous metrons icy les propres motz dudict seigneur Juvénal qui vivoyt de ce temps là, son père estent chancelier de France. Voycy donc coume il en parle soubz l'an 1417 (1) : « Aulcune renoummée estoyt que en l'hostel de la reyne se faisoint beaucoup de choses deshonestes et y fréquentoint le seigneur de la Trimouilhe, Giac, Borredon et aultres ; et que quelque guerre q'uil y eust, tempestes et tribulations, les dames et damoiselles menoint grandz et excessifs estatz et cornes merveilheuses, hautes et larges, et avoint de chescung costé, en lieu de bourrelets, deus grandes oreiles si grandes et larges que quant elles voloint passer d'une chambre, il failoit q'ueles se tornassent de costé et baissassent ou elles n'eussent peu passer. La chose desplaisoit fort à gens de bien et en feurent aulcungs mis hors, et Borredon prins et pour aulcunes choses

(1) Juvénal des Ursins, soubz l'an 1417.

q'uil confessa feut jetté en la rivière et noyé, et feut délibéré pour plusieurs causes que la reyne s'en yroit à Blois pour estre loing de la guerre, et y feut ammenée. » Voilà ce q'uen dict cest autheur. Monstrelet taise ces désordres, mais il dict que l'on luy osta toutz ses serviteurs, domestiques et que l'on luy en baila de noveaulx qui la traictoint fort rudement de sorte q'uele feut constraincte se retirer du duc de Bourgoigne. Il attribue toutz ces mauvais traictemens au comte d'Armaignac et à son governement.

Lequel ne dura pas fort long temps, parce que le duc de Bourgoigne, qui estoyt toutjours après à cercher quelque océasion pour se remetre dens Paris et se ressaisir de la persone du roy, parvint à la fin à ses tent désirés dessaings, et voicy coument il avoyt de grandes intelligences dens Paris, et la pluspart du menu peuble le désiroit bien q'uilz n'en ozassent faire démonstration en public de crainte du conestable et aultres du conceilh. Les inimitiés contre luy, coumme nous venons de dire, bien que couvertes, estoint grandes, de sorte que en fin l'aposthume creva, car quelques ungs des plus hazardeus se résolurent de metre dens leur vile les gens du duc de Bourgoigne, lesquels tenoint quelques viles aux environs de Paris. Monstrelet dict que six ou sept coquins toutz prevenus on condampnés par leurs maléfices, mais poussés à mon advis par de plus grands, s'en allarent parler avec le seigneur de L'Isle Adam, partisan de Bourgoigne et qui tenoit pour luy une grosse guarnison dans Ponthoise, auquel ils promirent luy deslivrer de nuict une porte de la vile de Paris, par laquele il pourroit faire entrer tent de gens q'uil vouldroit. Ils l'asseuroint de cela, parce que l'ung d'eux estoyt fils d'ung qui avoyt charge de la porte de S. Germain. Cesluilà prometoit que le jour que entre eulx seroyt advisé il desroberoyt à son père les clefs de ladicte porte, et que l'ayant ouverte avec ses compaignons le seigneur de Lisle Adam se trouvent de dehors avec les gens d'armes q'uil auroyt assemblés pourroint entrer dedens en toute seureté. Ils arrestèrent le jour du XXIX may MCCCCXVIII, lequel venu ces coquins ne failirent, sur la nuict et à l'heure arrestés, d'aller ouvrir ladicte porte par devent laquele se trouva le sieur de Lisle Adam avec VIII cents homes d'armes, lesquels, avec quelques ungs de la vile, qui se veindrent joindre à luy estens de l'intelligence, s'en allèrent droict à la maison du comte d'Armaignac, qui voyent l'effroy et voyent que la deffence luy estoyt de toutz poincts inutile se jetta dens la maison d'ung pauvre home, où deux jours après il feut trouvé par les Bourguignons, qui le feirent premièrement prisonier, mais quelques jours après ayans (coume il est à croyre) aprins la volonté du duc de Bourgoigne (qui adverti de ceste prinse s'en venoyt à toute hatte dens Paris) le mirent avec toutz les aultres q'uilz avoint faictz prisoniers entre les mains de la populace qui en feit ung cruel carnage et singulièrement du comte d'Armaignac, le corps duquel ils traynèrent troys jours durens par les rues et carrefours de Paris luy ayant escourché troys doictz de sa peau en long en forme d'escharpe par irrision et moquerie de l'escharpe blanche q'uil portoit.

Ce pendent que les Bourguignons et Parisiens estoint après à la recerche du comte d'Armaignac, Taneguy du Chastel, prévost de Paris, voyent le tumulte, sauva monsieur le dauphin dens la bastilhe S. Antoine et de là en hors on trouva moyen le tirer hors de Paris et le conduire en lieu de sauveté, Dieu volent sauver se prince pour s'en servir après à punir le duc de Bourgoigne et luy faire payer tout à ung coup et la mort du duc d'Orléans, cele du comte d'Armaignac et de tent d'aultres cruautés par luy excercées. Monstrelet discourt fort au long et particulièrement ceste prinse de Paris, la mort du conestable et toutes les aultres inhumanités et barbaries qui s'y commirent ez chapitres 189 et aultres deus ou troys suivens de son premier volume (1), que nous metrions icy sens la croincte d'ennuyer le lectur, ung chescung le pourra voyr dens cest autheur.

C'est la désastrée et piteuse mort de ce grand seigneur qui avoyt tent mérité du royaume en France, l'estat duquel estoyt à lhors si débisle que toutes choses y estoynt perverties. Il avoyt faict testement long temps avant sa mort, scavoir en l'an MCCCLXXXXVIII, lhorsq'uil prétendoyt faire le voyage d'Italie pour secourir les Florentins contre le duc de Milan. Et dens le testement il faict expresse mention de ceste entreprinse en ces termes qui se lisent au narré dudict testement : « Cum nos Bernardus, Dei gratiâ comes Armeniaci, Ruthenæ, etc., intendamus auxiliante Domino in equis et armis breviter nos transferre ad partes Lombardiæ cum certo numero armatorum de voluntate et expresso mandato domini nostri Franciæ regis præstituros auxilium, favorem, concilium, juvamen et succursum magnificæ communitati Florentiæ in Tusciâ adversus et contra magnificum virum dominum Galeatium de Vicecomitibus, dominum ac ducem Mediolani, et comitem Virtutum se dicentem dictæ communitati guerram publice facientem videamusque quotidie, etc. » Ces motz confirment encores plus

---

(1) **Monst.** vol. prem. chap. 189 et les troys suivens.

ce que nous avons cydessus soustenu que ce voyage feut entreprins par le comandement du roy contre l'opinion de quelques autheurs modernes qui ont voleu maintenir le contrere. Tent y ha que sur les appareils d'yceluy le comte feit son testement dans lequel il ne faict pas mention de toutz les enfens q'uil eust de madame Bone de Berry, coume il ne pouvoit aussi, par ce que il n'estoyt pas encores en nature. Il feut faict à Gaye le XI apvril MCCCLXXXXVIII, auquel jour aussi ladicte dame Bone disposa de ses biens. Lhors de son décès il laissa survivens deux masles, Jean, qui feut comte d'Armaignac après luy, et Bernard qui feut comte de Perdiac, de Castres et de La Marche coume nous dirons après. Quelque temps avant son dernier voyage en France, il avoyt délibéré de bastir ung chasteau en la vile de Roudez et feut le lieu désaigné près l'une des portes de ladicte vile apelée de Sainte Catherine q'uest le plus hault lieu que soyt en toute la vile. J'en ay veu le dessaing et délibération que sur ce en feut prinse, laquele demeure chargée que ce n'estoyt pour aulcune émulation, envie ni désir de vengeance q'uil entreprenoit ce bastiment, mais seulement pour l'évident proffit de la vile et affin q'uele demurât plus forte et asseurée contre les enemys et que ce fort servit de retraicte aux habitens s'il advenoit prinse de ladicte ville. Je ne scais toutesfois s'il eust esté bon pour eulx, car je ne crains que c'eust esté le plus grand malheur que leur eust peu survenir, veu les affaires qui se passérent après la mort de ce comte. Il avoyt marié avant que décéder Matte d'Armaignac, sa filhe, avec Charles d'Albret, sire d'Albret, comte de Dreux et viconte de Tartas, filz et héretier de feu Charles d'Albret, conestable de France, tué à la batailhe d'Azincourt,

avec constitution de dot de la soumme de xl mil
escus coumme j'ay veu par les pactes de ce mariage
passés en la vile de Rodez le 23 may mccccxviii,
entre ladicte Bone, sa femme, en absence dudict
sieur comte, son mari, et ledict sieur d'Albret. Ce
feut doutze jours avant sa mort.

 Ce feut ung seigneur fort dévot et religieux et
qui laissa de belles et dévotes fundations au convent
des Cordeliers de Rodez. L'an mccclxxxxix, il y
funda une chapele à perpétuité pour y dire messe
toutz les jours pour laquel il dona au convent cent
francs d'or q'uestoit autent que escus d'aujourd'huy.
L'an mccccix, il feit bastir une chapele tout de neuf
hors de l'esglise et contre la porte d'ycele entre
les deus portes de la vile, l'une alant au faux
bourg Saincte Marthe, et l'aultre descendent au pont
de La Moline, où il fonda une messe à célébrer
toutz les jours à l'aube du jour pour les travailheurs
et artisens, et à ces fins dona audict convent v cens
francs d'or. L'on y voyt encores les marques de
ceste chapele entre les deus portes de l'esglise et
du convent. Oultre ce il y fonda encores ung
aultre messe pour toutz les jours, donent pour ycele
audict couvent cent escus. Le libvre mémorial des
Anniverseres dudict convent que si souvent nous
avons mentioné est chargé de toutes ces fundations
en ceste sorte : « Bernardus illustrissimus comes
Armeniaci dedit in vita sua pro capellania fienda
in perpetuum centum franchos auri, anno Domini
mccc nonagesimo nono. » Et quelque peu après :
« Bernardus, comes illustrissimus prædictus, dedit
conventui quingentos francos, anno Domini mccccix,
et inde fuit facta capella nova juxta januam Ecclesiæ
a parte villæ et plura alia in conventu reparata et
obligavit se conventus pro semper ad celebrandum

submissa voce seu legendo sine cantu diebus singulis primam missam quæ de mane duci consuevit et erit semper de Spiritu Sancto secundum intentionem et donationem præfati domini nostri. » Et tout incontinent après : « Bernardus comes illustrissimus prædictus dedit rursus ultra præmissa pro alia capellania juxta suam devotam intentionem in conventu celebranda centum scuta quæ fuerunt realiter soluta anno Domini M°CCC°X°. »

Quelques ungs pencent que quatre ou cinq moys après le cruel massacre de ce comte son corps feut apporté en Rouvergue et ensepvely en l'esglise du convent de Boneval avec une grande pompe et convoy solemnel ; mesmes il se lit une inscription en la chapele des comtes de Rodez en ladicte esglise de laquele nous avons cydevent parlé qui le tesmoigne ainsin. Mais cela ne peut estre par ce que nous alons dire après avoir inséré icy ceste inscription qu'est tele : « L'an à la nativité de nostre Seigneur Jésus Christ MCCCCXVIII et le XIIII jour du moys de septembre a esté ensepveli le corps du très illustre et puissent prince le comte d'Armaignac et de Rodez, conestable de France en l'abbaye de Boneval, à laquele sépulture feurent présens neuf cens prebstres et l'esglise de ladicte abbaye environée de cent quarante draps d'or ou de soye et deus mile et deux cens torches allumées. » Nous soustenons que ceste inscription n'est véritable : que le corps de ce comte feut aporté en ladicte esglise de Boneval en la mesmes année de sa mort et au mois de septembre après ycele ; parce que tout incontinent après la prinse de Paris et mort dudict comte, le duc de Bourgoigne, son capital ennemy, entra dens la vile de Paris, de laquele il ne se dessaisit jamays après, de sorte q'uil eust esté impossible aux enfens dudict comte d'en retirer le corps, veu que pour se faire il eust falu parler et au duc de Bourgoigne et aux Parisiens qui ne l'eussent jamais permis, veu l'aigreur et ardente inimitié q'uestoyt entre ces partis ; que si ils l'eussent permis c'eust esté ung exemple rare et singulier et tel q'uil n'est pas vraysemblable que quelque ung des hystoriens de ce temps là coume Monstrelet, Juvénal des Ursins ou la Chronique sans nom n'en eussent faict quelque mention, ce q'uilz ne font, ains au contrere Monstrelet done ung tesmoignage du tout contraire à cela, car il asseure que le corps du comte d'Armaignac, conestable, ne feut transporté de Paris de dix-neuf ou xx ans après sa mort et que ce feut seulement l'an MCCCCXXXVII que son filz, le comte de la Marche et de Perdiac, le feit aporter vers ses quartiers de deçà. Voycy coume il parle de ceste translation au segond volume de ses chroniques soubz l'an MCCCCXXXVII, à la suite de la première entrée triumphale que le roy Charles VII feit dens sa vile de Paris après avoyr chacé les Anglois d'ycele et de tout le royaume. Ce feut le XII de novembre de ladicte année MCCCCXXXVII que ceste entrée luy feut faicte (1). « Le comte de la Marche et de Perdiac (dict il), fils de Bernard, comte d'Armaignac, conestable de France, mis à mort par la communeauté de Paris, trèsgrandement accompaigné de plusieurs seigneurs tent d'esglise que séculiers feit desterrer son feu père et metre en ung cercueil de plomb et après le feit aporter en l'esglise S. Martin des Champs où luy feut faict ung service très solemnel, auquel feurent la pluspart des collèges de Paris. Et le lendemain feut mis sur ung charriot couvert de noir et convoyé à grande solempnité

---

(1) Monstrelet soubz l'an 1437.

hors de la vile et après mené à grande companie en la comté d'Armaignac. » Je sais bien que en quelques ungs des exempleres de Monstrelet ce parle de deus enfens dudict feu comte, l'ung comte de la Marche, et l'autre comte de Perdiac que feirent faire ce transport ; mais c'est par erreur, car la vérité est tele q'uil n'y en avoyt q'ung seul que feut Bernard, comte de Perdiac, filz puisné dudict conestable, lequel feut après aussi comte de la Marche de la part de sa femme coume nous monstrerons en son lieu. Mais au reste l'on voit apertement par le dire de cest autheur que la translation des ossemens de ce comte ne feut faicte que dix-neuf ou xx ans après sa mort, et encores plus q'uilz feurent aportés en Armaignac, les habitens de la vile d'Auch, capitale de la comté d'Armaignac, tenent pour tout asseuré que les os de ce comte feurent reposés dens le sépulchre des comtes d'Armaignac q'uest dens l'esglise cathédrale de ceste vile, de sorte que ladicte inscription de Boneval ne peut estre que ne soit erronée. Je vouldroys croire q'uele a esté faicte depuis peu de temps et que celuy qu[i] la feit se trompa au nom de ce comte, car j'ai leu ung ancien mémoire de l'ordre que debvoyt estre tenu au convoy et sépulture de Henry segond du nom, comte de Rodez, que feut ensepveli en ceste esglise de Boneval, où ce treuvent les mesmes magnificences de torches, de draps d'or ou de soye et de gens d'esglise que se lisent dens ceste inscription, et voyent cest autheur une si grande magnificence il pença que ces honeurs funèbres debvoynt estre du conestable, et feit ceste inscription sur luy. Nous en avons touché quelque chose cy dessus sur la mort dudict comte Henrry.

Du décès de madame Bone de Berry, vefve de feu Bernard, comte d'Armaignac, conestable de France.

CHAPITRE XXIX

Madame Bone de Berry, vefve dudict feu Bernard, comte d'Armaignac et conestable, survesquist à son mary xvii ou xviii ans, pendent lesquels elle gouverna et leurs communs enfens et leurs biens fort prudement. L'ayné desdicts enfens, que feut comte d'Armaignac après la mort de son père, pouvoit lhors d'ycele avoyr xxi ou xxii ans. Avant que décéder elle leur procura à toutz deus de mariages fort grands et avantageux, mesmes au puisné, pour lequel elle trouva ung fort grand et honorable party, scavoir madame Eléonor de Bourbon, filhe unique de messire Jaques de Bourbon, comte de la Marche et de Castres, duquel mariage nous parlerons après plus au long. Ceste dame Bone, coume elle avoyt esté toutjours douée de trèsgrandes et excellentes vertus, après la mort de son mari vesquit une vie fort religieuse et dévote, se tenent presque toutjours dens ledict convent des Cordeliers de Rodez, dens lequel elle avoyt un cartier séparé de l'habitation des Pères, d'où elle toutz les soirs venoit assister à matines et à toutes les aultres heures du jour, ayant tout exprès faict bastir dens le cueur une petite chapele, où ele se metoit avec ses filhes et damoyseles pendent que les heures se chantoint. Elle tenoit la vie d'une religieuse plustôt que d'une dame séculière, de sorte q'uele morut avec une opinion de saincteté. Alain Chartier en sa chronique parle de sa mort q'uil met soubz l'an MCCCCXXXVII (1).

« Et morut, dict il, la vieile contesse d'Armaignac, dame Bone de Berry, filhe du duc de Berry et mère du duc de Savoye et du comte d'Armaignac et du comte de la Marche. » Il se fault en la datte, si la faulte ne vient de l'imprimur, car il est certain qu'ele morut le XXX jour de décembre MCCCCXXXV, coumme il se vérifie par le libvre mémorial dudict convent des Cordeliers, qu'il vault mieulx croire que Charretier, parce que celuy qui dressa ce mémoire assista luy mesmes aux funérailhes de de ladicte dame. Voycy ce q'uil en dict.

« Anno Domini M°CCCC°XXXV° et die XXX decembris obiit feliciter et in Domino Jesu obdormivit illustrissima domina Bona de Biturio comitissa Armeniaci et Ruthenæ in castro suo de Carlato, præsentibus domina Anna Armeniaci, filia sua domina de Lebreto, et domina Lyonor de Borbonio, filia regis Jacobi, uxore domini Bernardi Armeniaci, comitis Perdiaci ; et solemniter cum magna prælatorum et religiosorum et aliorum dominorum ecclesiasticorum nec non cum magna caterva baronum, militum et aliorum nobilium fuit in lectica cum equis portata in hoc conventu fratrum minorum Ruthenæ, et sepulta in tumulo aviæ suæ in navi ecclesiæ cum habitu et corda in die Epiphaniæ, domino Guilhelmo de Turre, episcopo Ruthenensi, missam et officia alia sepulturæ peragente, in qua missa prædicavit frater Joannes de Pogeto, sacræ theologiæ magistro conventus Aureliacensis, confessor prædictæ dominæ et lector bibliæ in ecclesia S. Amantii burgi Ruthenæ, ex ordinatione magnifici prin-

(1) Alain Chartier en sa chron. soubz l'an 1437.

cipis domini Joannis comitis Armeniaci et Ruthenæ, et sumpsit pro thema : « Mulierem fortem quis inve-» niet, Prov. 18. » Quod prosequutus est in laudem dictæ dominæ quæ, quot quantaque bona fecerit in vita sua et specialiter religiosis domibus connumerari non possunt, cum illa sola quæ huic fecit conventui memoriam omnium fratrum superet et excedat, et fuit in exequiis suis tantus populus utriusque sexus quam in memoria hominum pro tunc viventium tantus simul populus non fuit. visus pro tunc fratre Petro Tornamira guardiano existente. »

Voilà ce que ce bon père a laissé par mémoire de la sépulture de ladicte dame Bone, q'uil asseure avoyr esté ensepvelie au milieu de la nef de l'esglise des Cordeliers, dens le sépulchre de son ayeule, ce q'uil fault entendre non de son ayeule propre, mais de son feu mari, q'uestoit madame Béatrix de Clermont ensepvelie, coume nous avons déjà dict en ceste mesmes esglise ; et à cause des grands miracles qui ordinerement se faisoint en ce sépulchre à l'intercession, coume l'on croit, de ceste dame Bone, les religieux feirent dresser ung autel pour célébrer la messe et feirent entourer le sépulchre et autel d'une grilhe de fer. Mais quelques années après, scavoir en l'année MCCCCXXXIX, ce convent ayant prinse la réforme, apelée de l'observence, les pères d'ycele voleurent fermer les chapeles, q'uestoint d'ung costé et d'aultre du long de la nef de leur esglise, affin q'uilz peussent aler dire messe dens yceles, sens sortir de la closture, q'uilz y feirent suivent la discipline de leur reigle et observence. Mais par ce que la chapele de ladicte dame estent au milieu de ladicte nef, empêchoit ce dessaing, ilz supplièrent le roy Charles VIII, qui règnoit alhors, de leur voloir permetre la translation des ossemens de ceste saincte dame dens une des chapeles, q'uestoint dens leur closture, et oster la chapele et sépulchre, q'uestoynt au milieu de l'esglise, ce que le roy leur acorda, et leur en feit despêcher ses patentes, ezqueles il faict mention des miracles que Dieu faisoit en ce sépulchre par l'intercession de ceste saincte dame, q'uest cause que je les insèreray icy.

« Charles, par la grace de Dieu, roy de France, au séneschal de Rouvergue ou à son lieutenent, salut. Receue avons l'humble supplication de nous bien amés orateurs les frères minurs, soubz l'observence régulière du convent de Rodez, contenent que feue dame Bone de Berry, *nostre grande ayeule*, par son testament et ordonence de dernière volonté esleut audict convent sa sépulture pour la singulière affection q'uele y avoyt, et après son trespas elle feut ensepulturée au milieu de la nef de l'esglise d'yceluy, ou depuis nostre Seigneur à la prière d'ycele a faict et faict de présent plusieurs grands et évidens miracles et à ceste cause de long temps y a esté faict dessus et à l'entour du tombeau une closture de trelis de fer, en manière de chapele en laquele y a ung autel où on avoyt acoustumé de chanter communément avant que le convent feut réformé, et par ce que depuis ladicte réformation a esté faicte une closture et fermeture par le travers de ladicte esglise hors et près du cueurs d'ycele, et deus chapeles entre ledict cueur et ladicte closture ainsin que ez aultres convens de l'observence, et q'uil n'est permis suivent la reigle de ladicte observence aler hors de ladicte closture célébrer et dire messe n[i] par conséquent en ladicte chapele qui est au milieu de ladicte nef, coume dict est, dont par plusieurs diverses gens sont requis et aussi que en faisent les prédications ladicte chapele empêche fort l'auditoire :

à ceste cause les suplians ont advisé que pour le mieulx il seroit expédient et chose bien convenable de démolir ladicte chapele, et ycele transporter au lieu desdictes chapeles, ainsin de noveau faictes entre le cueur et ladicte closteure, et pour plus faire ladicte chapele solemnelle et amplier le passage pour venir au dortoir et à la sacristie abréger et estraissir ledict cueur, qui est spacieux en longueur et largesse de deux chères, et avec ce transporter et translater le corps de ladicte feue dame Bone dessoubs l'autel, qui sera faict en ladicte chapele entre ladicte closteure et le cheur, lesqueles démolitions et constructions ils ne scauroint ni ne vouldroint faire, attendu que ladicte dame Bone est, coume dict est, nostre aycule, sens au premier nous advertir et sur ce obtenir nostre congé et licence coume ilz disent humblement requérent ycele. Par quoy nous, ces choses consydérées, inclinens libéralement à la supplication desdicts suppliens à yceulx par ces choses et en faveur et à la contemplation de ladicte feue dame Bone, nostre *aycule maternelle*, et aussi de ce que à la prière de feue nostre trèschère et trésamée dame mère, que Dieu absolve, ledict convent a esté réformé, coume dict est, et pour aultres consydérations, à ce nous movans, avons doné et ottroyé, donons et ottroyons de grace spéciale par cès présentes congé, permission et licence, et, en tent que à nous touche, volons et nous plaist qu'uils puissent à leur loyse faire estraissir et abréger le cueur de deux ou troys chères, ainsin que bon leur semblera; de démolir ladicte chapele estent en tour ladicte sépulture, et ycele ensemble les ossemens de ladicte feue dame Bone d'illec transporter en cele desdictes chapeles de novel encloses, ainsin qu'uilz adviseront estre à faire pour le mieulx, sens ce que aulcung destourbier leur soyt en ce mis et doné en aulcune manière, etc. Doné à Amboise, le xxii juing l'an de grace mccccLxxxix, et de nostre règne le vi. »

Par ces letres le roy, q'uestoyt alhors Charles viii, apele ladicte feue dame Bone, sa grande ayeule maternele, coume à la vérité elle l'estoyt; et voicy coument ele (coumme nous avons déjà dict) feut mariée en premières nopces avec Amé vii du nom comte de Savoye (parce que ceste comté n'estoyt encores érigée en duché) duquel mariage sortit ung fils appelé du mesme nom que son père, qui luy succéda en ladicte comté, laquele il feit ériger en duché. C'est celuy lequel, coume nous dirons après, feut eslu pape soubz le nom de Félix v par le concile de Basle. Cestuycy, avant que quitter le siècle, feut marié avec madame Marie de Bourgoigne, et d'ycele entre aultres eust une filhe nommée Charlote, laquele feut mariée avec Louys xi, roy de France, duquel mariage sortit le roy Charles viii, auteur de ces letres, qui par ce moyen apele à bon droict ladicte dame Bone sa grande ayeule maternelle. Au reste, le corps de ceste saincte dame ne feut pas transféré en l'une des deus chapeles qui se voyent au fons du cueur de ladicte esglise, suivent le dessaing q'uen avoyt esté prins, mais en une de celes que sont le long de l'esglise, devers la main droicte, en entrant dans ycele, lesqueles chapeles ont depuis en sa esté comprinses en ladicte closteure. Le sépulchre, où les os de ladicte dame reposent, se voyt encores en l'une desdictes chapeles, relevé de terre environ neuf ou x pans, couvert d'ung drap de velours noir, avec ces letres par dessoubz : « Corpus dominæ Bonæ. »

Digression incidement faicte sur la création du pape Fœlix V au concile de Basle.

CHAPITRE XXX.

Par ce que nous avons cy devent parlé de Fœlix v, esleu pour estre pape par le concile de Basle, et que nous venons de dire qu'uil estoyt filz de dame Bone de Berry, et par conséquent frère utérin de Jean 4, comte d'Armaignac, duquel nous debvons parler cy après, il ne sera peut estre impertinent de nous destourner ung petit du fil de nostre propos, pour démonstrer qui estoyt ce Félix, coument et par qui il feut eslu pape, et d'où venoit la consanguinité qui estoyt entre luy et ledict Jean 4, comte d'Armaignac.

Nous l'avons déjà monstré en partie et dict que dame Bone de Berry feut mariée deus fois : la première avec Amé, comte de Savoye, vii de ce nom, qu'on apeloit le comte rouge, fils de Amé vi apelé le comte verd. De ce mariage sortit ung fils, qui feut après la mort de son père comte de Savoye, soubs le nom de Amée viii. Il print à feme madame Marie de Bourgoigne, filhe du duc Philippe de Bourgoigne, dict le Hardy, duquel mariage il eust deus filz et troys filhes. Le premier de ces filz feut Louys, qui succéda à son père en la duché de Savoye ; le second desdicts enfants (je n'ay jamais peu trouver le nom) feut prince de Piedmont et comte de Genève. Les filhes feurent Charlote, mariée avec Louis xi, roy de France, coume nous avons déjà dict ; Marie, feme de Philippes Marie, duc de Milan, surnommé Aglus ; et Marguerite, laquele feut mariée troys fois : la première avec Louys d'Anjou, roy de Sécile ; la segonde avec le comte palatin du Rhin, et la troisième avec le duc Ulrrich, comte de Witemberg. Amé septiesme décéda l'an MCCCLXXXXI et troys ans après sa mort, scavoir l'an MCCCLXXXXIV, coume nous avons déjà dict, madame Bone de Berry, délayssée dudict comte, se remaria avec Bernard, comte d'Armaignac, duquel mariage sortirent les enfens que nous avons cy devent nommés ; et entre ultres Jean 4, comte d'Armaignac, qui par ce moyen estoyt frère utérin d'Amé VIII, comte et après duc de Savoye. Mestre Guilhaume Paradin, en sa chronique de Savoye, acorde bien ces deus mariages de madame Bone de Berry ; mais oultre yceulx il y en adjouste ung troysième, soustenent que, après la mort du comte de Savoye qu'uil avance erronéement avoyr esté son segond mary, elle se remaria en troisième nopces avec Jean segond du nom duc de Bourbon ; mais en cela il se fault doublement, car il est tout certain que ladicte dame Bone ne feut mariée que deus fois, et n'eust jamais à mari le duc de Bourbon, car ce feut Marie de Berry, sa seur, qui feut mariée avec ce duc de Borbon, et non elle. Mais Paradin a équivoqué, prenent l'une des seurs pour l'aultre, et en oultre, qu'est une segonde faulte, il marie ladicte dame Bone premièrement avec le comte d'Armaignac, et après en segondes nopces avec le comte de Savoye, Aymé VII, ce que ne peut estre, parce que le mariage de ladicte dame avec le comte d'Armaignac ne feut contracté que jusques en l'année MCCCLXXXXIIII, coume nous avons cy devent vérifié par les pactes dudict mariage, et le comte Aymé 7. estoyt mort dès l'an MCCCLXXXXI, ainsin que de mesmes Pradin confesse. Il fault donc nécesserement conclurre que ledict Amé feut premier mari de ladicte dame Bone, coume véritablement il estoyt.

Mais depuis que nous avons faict voyr asses clerement la consanguinité du comte d'Armaignac avec Amé 8, duc de Savoye, il fault à présent toucher briefvement ce qui se passa sur son élection au pontificat, veu qu'il avoyt esté marié et ne suivoit du commencement l'estat ecclésiastique. Il fault donc scavoir que cest Amé, comte de Savoye, fils d'Amé 7 et de ladicte Bone, feut ung prince de grand entendement, en réputation d'ung grand home de guerre, et sur lequel ses enemys n'eurent jamais de grands avantages. Il feut le premier qui aporta la dignité ducale à la maison de Savoye, ayant faict ériger leur comté en duché, ce qui se feit en l'an MCCCCXVII, par l'empereur Sygismond, lequel faisent tout ce qu'il lui estoyt possible pour remetre l'Esglise en sa première splendeur, et chasser hors d'ycele ce vilain et détestable scysme des troys antipapes, duquel nous avons cy devent parlé, ne cessoit de discourir par la chrestienté, alant tentost vers ung prince, et tantost devers l'autre pour les faire condescendre à quelques bon expédient pour esteindre ce feu que l'ambition de ces antipapes avoyt allumé en l'Esglise. Venent luy donc à cest effect d'Angleterre, ayant visité le roy de France Charles VI, à Paris, comme il feut dens Lyon il se résolut de gratifier le comte de Savoye, qui estoyt avec luy, et qui l'avoyt grandement aydé en ceste entreprinse, en érigeant sa comté de Savoie en dignité ducale, pour estre ycele ung fief de l'empire. Mais par ce que les officiers du roy s'y opposèrent, ne volens endurer que l'empereur feit aulcung acte de souvereneté dans ce royaume qui ne recognoît aultre souverain que le roy, l'empereur quelque peu indigné de ce reffus partit soubdain de Lyon, et, entrent dens les terres de l'Empire, vint en ung chasteau, nommé Montluet, où, procédent à ladicte érection, feit solemnellement ledict Amé duc de Savoye, lui metent la corone ducale sur sa teste.

Long temps après, estent déjà ce duc arrivé au cinquantième an de son eage, et ayant marié son filz Louys avec madame Anne de Cypre, filhe unique de James de Lusinhan, roy de Cypre, il se délibéra de quiter le siècle pour prendre une vie plus heureuse, scavoir la solitude, de quoy il se descovrit à deux chesvailiers, qui luy estoint fort inthimes : c'estoint messire Claude Saix et Henrry de Colombiers, lesquelz luy promirent de le suivre partout où il vouldroyt. Ayant la parole de ces deus, il se retira avec eulx et aultres sept ou huict de ses gentishommes, qui se trouvèrent de mesmes volonté que luy, en une siene maison qu'uil avoit faicte bastir sur le lac de Lozane, une petite lieue de la vile de Tonon, nommée Ripailhe, où dès long temps au paravent y avoyt une abbaye d'hermites de l'ordre de S. Maurice, auquels les comtes de Savoye avoint heu toutjours quelque singulière dévotion. Aeneas Sylvius, fort docte personage, et qui quelque temps après, pour sa grande doctrine et saincteté de vie, feut esleu pape soubz le nom de Pie segond, en une de ses épistres, qu'uil escript à Pierre Noxetan, tesmoigne avoyr veu ce monastère ou hermitage et y estre passé lhorsq'uil s'en aloit au concile de Basle où il acquid tent de réputation (1). « A Florentia (dict il) rursus Mediolanum petivimus et,

---

(1) Aeneas Sylvius, epist. ad Noxitanum.

superato Jovis monte per lacum Lemanum, Tononum venimus memorandamque Ripaliæ heremum introimus in qua dux Sabaudiæ Amœdeus detulit habitum sancto cuipiam eremitæ similem, quem viri decem ex equestri ordine sequebantur. Hic sœculo renuntians promissam barbam et hyspidum pallium et retortum bacillum mundanis opibus prætulerat. »

Le concile de Basle, y assemblé de l'authorité du pape Martin v, estoit déjà ouvert, lhors que ce duc de Savoye print l'habit d'hermite en ce monastère de Ripailhe, pendent la teneue duquel concile survint quelque différent entre ledict concile et le pape Eugène, qui, ayant succédé au pape Martin, décédé après la convocation d'yceluy, bien qu'uil eust déjà confirmé la teneue dudict concile, avoyt néammoings receu quelque mescontement d'yceluy, par ce q'uil lui sembloyt que les pères d'yceluy voloint prendre quelques avantages sur luy et retrencher beaucoup de choses qui concernoint fort avant l'authorité du S. Siège apostolique, ce que le porta à ce dessaing que de rompre et séparer ceste assamblée soubz coleur et prætexte de la voloir transférer en quelque aultre vile d'Italie jusques à mander aux pères de s'en venir à Ferrare, à quoy ils ne volurent entendre, sentent le vent de ce dessaing. Et sur ce ils s'aigrirent de tele façon, les ungs contre les autres, q'uilz en vindrent jusques aux dernières extrémités, telement que ceulx du concile envoyèrent citer le pape par devent eulx, si cela se pouvoit faire ou non. Je m'en remets à la détermination de l'Esglise à la quele je me soubsmes. Mais tent y a que nostre S. Père le pape ne s'estent daigné présenter à ceste citation après les délais et aultres solemnités en tel cas requises, par sentence dudict concile, il feut démis et déposé de son pontificat, et ordoné q'uil seroyt passé oultre à l'élection d'ung noveau pape, pour à laquele procéder feurent députés trente deux persones des plus signalées du concile, scavoir huict de chescune des quatre nations principales, Italie, France, Alemaigne et Espaigne.

Ces trente deus députés avec le cardinal d'Arles, qui estoyt le principal de ce concile, entrarent dens le conclave le xxx jour du mois d'octobre mccccxxxix, où ils demurarent six jours sens se pouvoir acorder. Mais au septième, ils tumbarent d'accord de la persone d'Amé de Savoye, retiré long temps au paravant en la solitude de Ripailhe, coume nous avons dict, qui n'avoyt encores aulcung ordre ecclésiastique. Ceste élection feut après le xvii du mois de novembre confirmée par la voix et opinion de toutz les pères dudict concile, coume il est porté par la cession xxxix d'yceluy. Quelques jours après ceste élection feut signifiée de la part du concile au nouveau eslu à laquele du comencement il ne volut consentir, ne pouvent estre induict à quitter la solitude q'uil avoyt choisie pour derechef se jetter aux flotz et tourbilhons de la mer de ce monde. Mais en fin, pressé par les pères, il leur dona son concentement et feut coroné à Basle, le xxiiii jour de juilhet mccccxl. Onuphre, en son libvre De pontificibus romanis (1), parle ainsin de luy et de sa création : « Fœlix papa quartus dictus v, Amœdeus antea vocatus, qui nobilissimo genere ducum Sabaudiensium ortus et ipse olim dux Sabaudiæ fuerat, qui Christi amore succensus, filiis principatu relicto, vitam solitariam elegerat eremitæque habitu assumpto cum decem aliis nobilibus viris in solitudine Ripaliæ,

---

(1) Onuphrius Pan, de pontificibus romanis sub anno mccccxl.

Genevensis diœcesis, in monasterio a se constructo vitam angelicam agens Deo serviebat vocabaturque decanus militum J'esu Christi ordinis S. Mauriti de Ripalia, qui, dum religiose in ea solitudine viveret, prælatis concilii Basiliensis, abrrogato Eugenio quarto, romanus pontifex in scysmate in ejus locum factus est Fœlix v appellatus, cum potius quartus dicendus fuisset. » Tout de mesmes en parle Nauclère, autheur qui vivoit de ce temps là, en sa cronologie, Generatione 48 (1). « Anno (dict il) M°cccc°xxxix°, Eugenio 4 publicis decretis abrrogato, pontificem conven⸱⸱ Basiliensis designavit Fœlicem quintum. Amœde⸱s hic erat primus dux Allobrogum (sic olim dicti qui nunc Sabaudienses dicuntur), vixerat is annos circiter XL in florentissimo principatu. Subiit inde tædium humanarum rerum, eremeticam vitam sumpsit et pallium eremeticum per quæ magnum erat nomen sanctitatis adeptus. » Antonin, archevesque de Florence, parle aussi en sa chronique de ce Fœlix, non en sa louenge, mais à son grand vitupère, disent que « ceste vie solitere n'estoyt qu'ung amesson pour attraper la dignité papale, ayant luy proveu avant ces affaires que le pape Eugène entreroit en fin en Castilhe avec les pères du concile, et q'uils en viendroit jusques là que de le déposer; et que, ayent senti de loing cest évènement, il s'estoit volu préparer pour inviter les pères du concile à l'apeler au pontificat. Voicy coume il en parle en sa 3 part. tit. 22, chap. 10, § 4. (2) « Non multo ante dux Sabaudiæ, potens in dominio et non minus in divitiis magnis congregatis, spiritu (ut creditur et rei

---

(1) Nauclerus, genera. 48, sub anno 1439.
(2) Antoni. Flor. in chro. 3 part. tit. 22, cap. 10, § 4.

exitus demonstravit) ambitionis ductus, curam regiminis temporalis filio relinquens, habitum eremeticum simulata religione assumpsit, locum quendam Ripaliam ad habitandum cum aliis eligens. Qui igitur in Basilea congregati erant, deposito Eugenio a papatu, erexerunt sibi in idolum prædictum ducem Sabaudiæ Amœdeum dictum, quem apostolicum factum Fœlicem nuncupaverunt et per hunc modum basilca peperit basiliscum. » Ce docte et sainct personage monstre en ce peu de paroles en quele opinion il avoyt ce duc de Savoye q'uil taxe fort avant d'ambition, de laquele toutesfois les aultres autheurs l'exemptent du tout ; et de vray les actes dudict concile tesmoignent évidement ,uil reffusa du commencement ceste dignité tout à plat ; et si enfin il l'accepta ce feut par les importunes prières des pères dudict concile, et d'ailheurs voyent, après l'avoyr acceptée, l'Esglise vexée de ce scysme, il feit chose q'uil n'eust jamais faicte, s'il eust heu dens son cueur la moindre scyntille d'ambition, c'est que librement il quitta le pontificat, bien q'uil eust assez d'amys et de moyen pour s'y maintenir. Mais il ayma plus quitter toutes ces commodités que de voyr l'Esglise, espouse de J'esu Christ, en désordre et confusion.

Et pour scavoir au vray q'ueles estoint les qualités de ce prince, il faut lire ce que ce doctissime personage, Aeneas Sylvius (lequel par ces rares vertus feut quelques années après apelé au pontificat et administra par quelque temps ceste dignité soubz le nom de Pie segond) en descript sur la fin de son segond libvre De gestis Basiliensis concilii (1), où

---

(1) Aeneas Sylvius postea pap. Pius 2, De gestis conc. Basiliensis.

il descript toutes ses vertus héroïques et excellentes, ce q'uil avoyt esté durent q'uil suivoyt le monde, et ce q'uil feut après sa retirade en la solitude de Ripailhe, où l'on ne trouvera aulcune marque d'ambition. « Quod si de vita altius hujus principis (il parle de cest Amédée pour lhors eslu par le concile de Basle) edoceri vultis jam me, obsecro, audite, qui eum et intus et in cute novi, nempe hic homo ab ineunte ætate ac lacteis (ut aiunt) annis magis religiose vixit quam seculariter parentibus quidem obediens et pædagogis obsequiosus, semper autem Dei timore imbutus nec unquam aut vanitati aut lasciviæ operam dedit, nec unquam puer de domo Sabaudiæ natus tantam præ se indolem aut spem tulit quibus ex rebus qui eum intuebantur magnum sibi aliquod portendebant. Nec fefellit opinio si quidem vir postquam adolevit animum semper ad alta levans apud inclytæ memoriæ Sigismundum Cæsarem forensi certamine Gebennensem evicit comitatum moxque deinde familiam suam honoribus cumulans ducales suscepit insulas, ac si scire cupitis ejus regimen et quale et quantum fuit illud primum cognoscite virum hunc post obitum patris jam annis circiter quadraginta regnâsse, cujus tempore regana virtutum semper justitia floruit. Audiens enim per seipsum subditos nunquam vel inopes opprimi vel circumveniri imbecilles permisit. Ipse pupillis tutor, ipse viduis advocatus, ipse pauperibus protector fiebat nusquam : in territorio suo aut rapinis locus aut latrociniis paruit nullaque in patria gravis exactio fuit satis se divitem existimans si patricolas abundare cognosceret, etc. » Il parle après de son mariage et de sa familhe en ceste façon : « Uxorem unicam duxit eamque virginem nobilem et formæ et pudicitiæ admirabilis familiam omnem suam non solum manus sed oculos etiam abstinentes habere voluit. Fuit in ejus domo summa honestas, summa observantia morum et in seculari palatio claustralis observabatur religio. » Il adjouste après sa conversion à la discipline monastique, et coume il se comporta en ycele. « At ubi consors thori vitam commigravit in aliam, ubi ducatum ejus firmatum et ad posteriores sine controversia venturum perspexit : animum qui semper religiosus et Deo dicatus fuerat patefecit, et qualem in corde gestaret voluntatem demonstravit ; contempto nempe seculi fastu, omnique pompa mundiali despecta, vocatis secum charissimis amicis, in hæremum concessit, ubi constructo miræ devotionis et artis monasterio in servitium Dei se religavit, et tollens crucem suam sequutus est Christum. Quo loci per plures annos conversatus singularis sanctimoniæ dedit odorem, vestes quidem non alias inducens nisi quæ possent frigus arcere, epulasque non alias sumens nisi quibus pelli fames valet, vigilansque ad plurimam noctem, nullam unquam divini officii horam neglexit ; cumque ibi pulcherrimum Deo et B. Mauricio sacellum construxisset et honorificum collegium sacerdotum ordinasset, diebus illis singulis tres missas, duas quidem legi, unam autem decantari audiunt, tantusque illo in monasterio servatusque est rigori disciplinæ, tanta honestas, tanta religio ut nusquam sub cœlo putem aut sanctiorem aut devotiorem inveniri locum. » Quelque peu après, il parle des deus enfens qu'il avoyt en ceste sorte : « Sunt illi filii duo, et forma et ingenio admodum præstantes, quorum alter princeps Pedemontensium, alter comes est Gebennensium, etc. » Le mesmes autheur en une épistre que en ce mesmes temps il escripvit à ung docteur en theologie, nommé mestre Jean de Ségovie (1), en laquele il luy faict entendre tout ce que se passa au coronement de Félix, faict mention de ces deus enfens qui feurent présens et luy assistèrent à la solemnité dudict coronement. Et voicy en quels termes il en parle : « Mira res omnibus et spectaculo digna videbatur, patrem illic grandævum celebrare, illic prolem insignem celebranti servire. Quasi enim novellæ olivarum circum altare duo nati officiose attenteque (quantum laicis permittitur) ministrabant, meritoque dici hunc Fœlicem aiebant, qui post exactum laudabiliter in seculo vitam post administratum fideliter ducatum generosamque sobolem educatam ad regimen universalis Ecclesiæ accersitus a Deo esset. » Voilà coume ce grand et docte personage parle des qualités honorables de Fœlix, qui n'ont aulcune conformité ni rapport à ce vice d'ambition, que quelques ungs luy ont volu doner. J'ay vouleu raporter et insérer au long le discours que Aeneas Silvius faict sur les beles qualités de Fœlix, non pour authoriser ni aultrement appreuver l'élection au pontificat, que feu faicte de sa persone au concile de Basle ; car je scais bien qu'uele feut jugée scysmatique par l'esglise catholique romaine, aux decretz de laquele il se fault du tout conformer ; mais ce a esté pour faire apparoir que ce prince n'estoyt aulcunement entaché du vice d'ambition, ains douvé de trèsgrandes vertus et trèsbeles qualités ; aussi avoyt il esté dès son enfence nourry et instruict en ycele par ceste saincte et prudente dame, sa mère, madame Bone, Bone, dis-je, de nom et d'effect. Ce prince feit, en effect, apparoir que ce n'estoyt pas l'ambition que l'avoyt porté à accepter

---

(1) Idem autor in ep. ad Joann. Segov.

ceste dignité, quant quelque temps apprès il se démit librement et volonterement d'ycele en la résignent ez mains de Nicolas v, qui avoyt esté esleue au pontificat après la mort du pape Eugène IIII. Charles VII, roy de France, employa beaucoup de peine à tramer ceste pacification et repos en l'Esglise, ayant souvent à ces fins envoyé ses ambassadeurs tentost devers le pape Nicolas, et tentost devers Félix en la vile de Losane, où il avoyt arresté son siège, coume le monstre fort bien et au long Monstrelet sur les années MCCCCXLVII et XLVIII (1). Et en fin le roy poursuivit si diligement et avec tel ardeur cest affaire, q'uil en vint à bout, coume l'autheur de ceste chronique le tesmoigne en ces termes, soubz ladicte année MCCCCXLVIII. « Et après plusieurs persuasions, lesdictes letres, dont mention a esté faicte, obtenenes du pape Nicolas, et les ambassadurs retornés au lieu de Losane, yceluy pape Fœlix le quint céda totalement au droit q'uil prétendoit avoir au papat ; et fut ordoné légat perpétuel en toutz ses pays de Savoye, ceulx aussi qui estoint assamblés avec luy audict lieu de Losane, soy disens faire concile général par la translation du concile de Basle, déclairarent obéyscence estre faicte au pape Nicolas, et luy obéyrant coume à Sainct Père de Rome, et puis feirent dissolution de leur congrégation, q'uilz tenoint pour concile. Tele feut la fin de ce malheureux scysme.

(1) Monstrelet soubz l'an 1447 et 48.

De Jean 4 de ce nom, comte d'Armaignac et de Rodez, de ses mariages et enfens descendus d'yceux.

CHAPITRE XXXI

Après la mort de Bernard, comte d'Armaignac et conestable de France, Jean, son fils ayné, luy sucéda en ses comtés d'Armaignac et de Rodez, et en toutes ses aultres terres et seigneuries, estent le IIIe des comtes d'Armaignac et de Rodez qui porta se nom de Jean, et par ainsin feut apelé Jean quatrième. Il pouvoit estre de l'eage de XXII ans, quant son père morut, et feut marié deus fois, la première avec madame Anne de Bretaigne, filhe de Jean, duc de Bretaigne, de laquele il eust ung filz nommé Pierre qui morut jeune, et deus filhes : Marie que feut mariée avec Jean segond du nom, duc d'Alençon, et Eléonor que feut mariée avec Louys de Chalons, prince d'Orenge. Ce mariage feut traicté par le pape Félix, duquel nous venons de parler, et par Louys, duc de Savoye, son filz, frère et nepveu dudict comte. Il feut arresté et contracté le VI may MCCCCXLVI en la vile de Genève, et palais pontifical, q'uestoyt au couvent des Jacobins de ladicte vile, et procédarent lesdicts pape et duc en ce mariage coume procureurs, et ayans expresse charge du comte d'Armaignac, ainsin qu'apert par la procuration, insérée au long audict contract, dens lequel ledict Louys, duc de Savoye, est apelé expressément nepveu dudict comte, comme à la vérité il l'estoit, ainsin que nous avons dict. La constitution de dot est de la soume de lx mile francs d'or. La segonde femme dudict comte d'Armaignac feut madame Ysabeaux de Navarre, filhe de Charles 2 du nom, roy de Navarre, et de madame Eléonor de Castilhe, sur quoy vient à remerquer que le seigneur du Tilhet, parlent des roys de Navarre et descrivent leurs généalogie, ce q'uil faict subz la branche d'Evureux (1), c'est faly, parce q'uil ne done audict Charles que deus filhes, Blanche, mariée au roy d'Arragon, et Béatrix que feut mariée avec Jaques de Bourbon, duc de la Marche ; combien que la vérité soyt tele que du mariage dudict Charles 2 du nom, roy de Navarre, et de ladicte Eléonor de Castilhe sortirent 4 filhes : Blanche, feme du roy d'Arragon ; Marie, feme de Jean, comte de Foix ; Jeane, que ledict sieur du Tilhet apele Béatrix, feme dudict comte de la Marche, et la dernière que feut ceste Ysabeaux, de laquele nous parlons, mariée avec Jean 4, comte d'Armaignac. Et de vray ledict sieur du Tilhet, au premier libvre de ces mémoires, soubz le roy Louys le Gros, au chapitre de la maison de Bretaigne (2) avoue ce mariage du comte d'Armaignac Jean 4 avec dame Isabeaux de Navarre, et par ainsin confesse tacitement ledict Charles segond, roy de Navarre, avoyr eu plus que de deux filhes. Au reste de ce mariage de Jean 4, comte d'Armaignac, et de madame Ysabeaux de Navarre, sortirent une filhe nommée Ysabeaux, coume sa mère, et deux masles : Jean, qui après la mort de son père feut comte d'Armaignac et de Rodez soubz le nom de Jean v,

---

(1) Le seigneur du Tilhet soubz la branche d'Evureux.

(2) Le mesmes autheur soubz le roy Louys le Gros, parlent de la branche de Bretaigne.

et lequel durent la vie de son père feut apelé vicomte de Lomanhe, coume aussi nous trouvons que le mesmes, du quel nous parlons à présent porta le mesmes nom de viconte de Lomanhe pendent la vie de son père le conestable. Le segond filz dudict comte Jean 4 feut nommé Charles, qui eust pour son appannage la viconté de Creysseilh, la baronie de Mayrueys ou Roquefueilh et quelques aultres terres, et lequel après la mort de sondict frère porta aussi le titre de comte d'Armaignac, ainsin que nous verrons après.

Il fault maintenant voyr quels feurent les déportemens de ce comte Jean 4, qui suivit ung aultre train et forme de vie que ses prédécesseurs n'avoint faits ; car où ils s'estoint toujours agréés à suivre la court, et s'employer aux guerres royales, esqueles ils avoint toutjours eu de grandes et honorables charges et coumendemens ; cestuy cy mena toutjours une vie privée et esloignée de la court, se plaisent de se tenir en ses maisons et sur ses terres. Le conestable, son père, désirent qu'uil suivit son train et manière de vivre, luy avoit déjà avant que mourir donée quelque charge en L'Anguedoc, pour y comender en son absence, et résister aux effortz du duc de Bourgoigne, qui s'en voloit emparer ; et s'y estent à ces fins acheminé y receut la première novele de la désastrée mort de son père, à suite de laquele il en receut une aultre, c'est que le prince d'Orenge venoyt avec une grande armée de la part du duc de Bourgoigne, pour se saisir dudict pays, et parce q'uil n'avoyt aulcunes forces, ni espérance d'en pouvoir recouvrer, depuis que le duc de Bourgoigne, avec la vile de Paris, c'estoyt saisi de la persone du roy, et, par conséquent, de toutz les moyens du royaume, ayant mis dessoubz le pied le parti d'Orléans, il feut constrainct de céder à l'iniquité de la fortune et abandoner ce pays là, hors mis troys ou quatre viles, ezqueles il laissa guarnison. La Chronique sans nom parle de ceste retirade soubz l'année MCCCCXVIII (1) en ces termes. « En ce temps le vicomte de Lomaigne (nous avons dict cy dessus que ce comte feut ainsin apelé pendent la vie de son père), lieutenent en Languedoc pour son père, le comte d'Armaignac, incontinent q'uil sceut les noveles de la mort de son père et la veneue du prince d'Orange, désampara ledict pays de Languedoc, réservé le chasteau de Pésenas et celuy de Cabrières, q'uestoint deus fortes places, et la vile de Buzel que teint ung chevalier de Berry nommé messire Jean de Bonnaye, lequel teint toutjours après lesdictes troys places pour monsieur le dauphin.

Après que le comte d'Armaignac feut revenu en sa maison, ayant entendu que monseigneur le dauphin s'estoyt sauvé du sac de Paris, et que toutz les seigneurs et grandz, qui avoint suivi le feu conestable, son père, estoint avec luy prestz à relever le parti d'Orléans, il se résolut avec l'advis et conseilh de madame Bone, sa mère, de l'aler trouver, tent pour le recognoistre et offrir son service que pour lui requérir justice de mort de son père et ne voloir laisser impuni ung si cruel et inhumain assassinat, attendu mesmement q'uil avoyt esté tué pour la tuition et deffense de la corone. Il y ala acompaigné d'ung grand nombre de seigneurs et gentilhomes, coume l'a bien sceu remerquer Monstrelet, lequel au 189 chapitre (2) parle de l'arrivée dudict

---

(1) Chronique sans nom soubz l'an 1418.
(2) Monstrelet, chap. 189 du dernier vol. soubz l'an 1418.

comte en la court dudict seigneur dauphin, q'estoit pour lhors en la vile d'Angers, en ceste fasson : « Aussi vint adonscques devers luy (c'est du dauphin q'uil parle) le comte d'Armaignac, très grandement acompaigné et de trèsnobles hommes, lequel feit grande plaincte de la cruele mort de son père, le conestable de France et des aultres seigneurs qui naguières avoint esté mis à mort ; auquel comte d'Armaignac feut respondu par le dauphin en son conseilh, que de ceulx qui l'avoint occis on en feroit bone justice en temps et lieu. » Il suivit quelque temps ledict seigneur dauphin, car je trouve que au voyage que ledict seigneur feit en Languedoc, l'année suivente, q'uestoit l'an 1419, pour en chasser le comte de Foix, ledict comte estoyt encores à sa suite coumme nous aprent la Chronique sans nom, soubz l'an 1419 (1) par ces mots : « En ce temps monseigneur le dauphin ala en Languedoc et meit le pays en son hobéyscence et meit hors le comte de Foix, lequel estoyt gouverneur dudict pays de par luy. Mais il ne voloit bayler ou faire bailer nulz deniers dudict pays audict monseigneur le dauphin. Sy y ala acompaigné du comte d'Armaignac, et des plus grands seigneurs du royaume, et aussi des Escossois qui estoint nouvelement venus en France, et pour ce désapoincta le comte de Foyx, et veint par au long du pays de Languedoc et mit le siège à Nimes et au Pont S. Esprit qu'il print, et après s'en retourna au pays de Berry et de Tourene, et layssa le gouvernement dudict pays de Languedoc à Charles de Bourbon, comte de Clermont, qui assiégea et

---

(1) Croni. sans nom sous l'an 1419.

print la cité de Béziers que tenoint les gens du comte de Foix. Mais je ne scais si ledict comte d'Armaignac s'offenca de ce gouvernement du pays de Languedoc que monseigneur le dauphin baila au comte de Clermont et q'uil pençoit estre plustost deu à luy que à tout aultre pour avoir coumendé en yceluy pendent la vie de son père, ou s'il receut quelque aultre mescontentement dudict seigneur dauphin, ou coume il est plus vraysemblable que de son naturel il aymât le repos et ne se agréât aux broilis d'une court, il s'en revint sur ses terres et seigneuries avec délibération de se tenir dès lhors en avant chez soy, sens plus se mesler des affaires des grands pour le moings si avant que ces prédécesseurs avoint faict.

Le voylà donc casanier et retiré en sa maison, où il commença à faire du ménager, et s'adoner à faire revenir et valur ses biens et en acquérir de nouveaux. Dans peu d'années après le décès de son feu père il feit deux boles acquisitions : l'une de la comté de L'Isle en Jordain ; l'aultre des baronies de Sévérac, Beaucaire et Espeyrac. Pour la première ce feut en l'année мссссххi q'uil achepta la comté de L'Isle, viconté de Gunoes, et les terres de Flavensac et d'Asilha, de Jean premier du nom, duc de Bourbon, pour le prix de trente huict mil escus, lequel quelques années au paravent, scavoir en l'année мcccv, avoit achepté lesdicts conté, viconté et terres que dessus, de messire Jourdain, pour trente quatre mil escus. Mais parce que estent prisonier en Angleterre, et mis à rençon de cent mil escus, n'ayent moyen de finir une si grande soumme sens vendre de son bien, il feut constrainct de vendre lesdictes places pour supplir à ladicte rençon. J'ai veu le contract de ladicte vente, q'uest datté du xv juilhet мсссс vingt et un.

Quant est de la baronie de Sévérac, il est ainsin que l'an MCCCCXXVI messire Amaurry de Sévérac, mareschal de France (du quel nous avons cy devent touché quelque chose sur le retour des troupes que Jean 3 du nom, comte d'Armaignac, avoyt conduites en Italie), feit donation tant de ladicte baronie de Sévérac, de celes de Beaucaire et Espeyrac que de toutz les aultres droictz q'uil prétendoyt en la maison de Sévérac, non audict comte Jean 4. mais à son filz, le viconte de Lomanhe, qui n'avoit encores que cinq ans, coume est porté par ladicte donation (le comte pour certaines consydérations le volent ainsin), et par ladicte donation ledict sieur de Sévérac se retient, tent q'uil vivroit, une pention annuele de mil escus, que luy feurent assignés sur les revenus de Marcilhac, Sales Contaux, Bénaven, Alpuech et La Calm, à tele charge toutesfois que le premier né de la maison d'Armanhac seroyt tenu de porter à toujours mais les armoiries de Sévérac escartelées avec celes d'Armaignac et de Rodez, coume ce vicomte de Lomagne donatere le feit toutjours durent sa vie, bien q'uil feut comte d'Armaignac et de Rodez. Cest Amaulrry de Sévérac, donateur, estoyt l'ung des capitenes et seigneurs que le conestable d'Armaignac avoit mené en France, lhors qu'il y ala prendre l'espée de conestable, et desquels coume nous avons cy devent touché, monseigneur le dauphin feut telement servi q'uilz luy affermirent la corone royale sur sa teste, laquele le duc de Bourgoigne, par ses détestables menées avec les Anglois, luy voloit abbatre et ruer sus. Entre les aultres les services de cestuy cy feurent si agréables audict seigneur dauphin, que à son advènement à la corone de France, lhorsq'uil disposa des offices d'ycele, il le feit l'ung de ses mareschaulx. Mais parce que les biens de la maison de Sévérac estoint alhors en dispute et contestation entre c'est Amaurry donateur et une siene cousine, mariée à la maison d'Arpajon, ou les enfens d'ycele, et q'uil est requis de voyr d'où sortoit ce différent, et de quele estraction estoint les parties playdoyentes, il nous fault nécesserement dire quelque chose de leurs prédécesseurs, ce que ne sera sens quelque profit pour le public, veu que c'est des plus apparentes maisons de Rouvergue.

Le premier seigneur de Sévérac que j'aye peu remerquer pour encores, est ung qui vivoyt environ l'an MCCXIIII, du temps de la guerre contre les Albigeois, qui volut résister à Simon de Montfort, lhorsque, après la batailhe de Muret, vint en ce pays de Rouvergue avec son armée victorieuse, coume nous avons cy devent dict; où, ayant assiégé le fort chasteau de Sévérac, le seigneur d'yceluy, qui estoyt dedens, ayant faict quelque semblent de se deffendre, feut néanmoings en fin constraint de se renger à la volonté dudict de Montfort, et le recognoistre pour son seigneur feudal, ainsin que le comte de Rodez avoyt déjà faict. Bernard Guydon en sa chronique et Guilhaume de Puylaurens, en son hystoire non encores imprimée des Albigeoys, font mention de se seigneur sens aultrement nous déclerer son nom.

Environ l'an MCCLXX vivoyt ung aultre seigneur de Sévérac nommé Guy, que je vouldrois croire avoir esté filz du précédent. L'on luy donne le nom de Guy premier, et feut marié avec une dame nommée Richarde. Je n'ay peu trouver de quele maison elle estoyt. De ce mariage sortirent six enfens masles et une filhe, que feut nommée Guysarde. Les masles feurent Guy ayné, Hector, Alzias,

Dordé, Pierre et ung aultre nommé Guy coume l'ayné. Ce Guy premier feit son testement en l'année MCCLXX, après lequel ayent entreprins ung voyage à la Terre saincte, il y morut. Par son testement il avoyt institué hèretier en toutz ses biens Guy, son fils ayné, lequel en vertu dudict testement succéda ez biens de Sévérac.

Guy second de ce nom, baron de Sévérac, feut marié avec dame Gailharde de Bruniquel, filhe du viconte de Bruniquel, duquel mariage sortirent une filhe, nommée Hélène, que feut mariée avec messire Guilhaume de la Barryère, chevalier, et six enfens masles : Guy, Raymond, Bertrand, Dordé, Alzias et Richard. Il maria son filz ayné, Guy, en l'année MCCLXXXXIV, avec dame Béatrix de Béziers, filhe de messire Roger, viconte de Béziers ; et par mesmes moyen l'émancipa, et in proemium emancipationis, ou aultrement, en contemplation de ce mariage, lui dona la baronie de Sévérac et la moytié de toutz ses aultres biens, à tele charge toutesfois que sj ledict Guy décédoyt sens enfens masles, ses biens viendroint à ses frères, guardé l'ordre de primogéniture et les masles toujours préférés. Il feit après testement par lequel il institua ledict Guy, son hèretier, lui substituent Dordé, son frère au cas q'uil décédât sens enfens masles, en la forme portée par ladicte donation.

Guy de Sévérac, 3 de ce nom, n'eust aulcungs enfens masles de sa femme, dame Béatrix de Béziers, mais sulement deus filhes, Richarde et Savie ; de sorte que par sa mort la substitution conteneue en la donation à luy faicte par son père Guy 2, confirmée au testement d'yceluy, feut ouverte en la personne de Dordé segond filz dudict Guy segond.

Dordé ou Dieudoné, en vertu de ladicte substitution, succéda et en la baronie de Sévérac et en toutz les aultres biens de ceste maison, et ce environ l'an mcccxiii. Il feut marié avec dame Jeane de Narbone, filhe d'Amaulrry, vicontc de Narbone, et de ce mariage eust une filhe, nommée Gailharde, qui feut mariée avec le seigneur de Montald, et quatre masles : Guy, Amaulrry, Alzias et Dordé, desquels les deus feurent d'esglise, scavoir Amaulrry, qui feut grand archidiacre en l'esglise cathédrale de Roudez, et Dordé qui feut chanoine en ladicte esglise. Alzias, aultrement Alrrias, suivit le monde, feut faict chevalier et eust pour sa légitime les baronies de Beaucaire et Espeyrac. C'est de cet Alzias que sortit Amaulrry, mareschal de France, qui nous a donné subject d'entrer en ce discours. Au reste ce Dordé, baron de Sévérac, se trouvent à Paris l'an mcccxxx, y surprins de maladie feit son testement, par lequel il feit héretier, en toutz et chescungs ses biens, Guy son fils ayné, luy substituent ses enfens masles, et yceulx leurs enfens masles, in infinitum, guardé l'ordre de primogéniture. Guy, quatrième de ce nom, après la mort de Dordé son père, et suivent la dernière volonté d'yceluy, demeura saisi de toutz et chescungs ses biens de la maison de Sévérac q'uil teint et posséda pendent sa vie. Quelques ungs l'apelent Guy premier, mais cest heu esgard à Dordé, son père, parce que ce feut le premier qui porta ce nom après Dordé, de troys q'uil y en heut qui feurent apelés Guys ; mais ceux là ne content poinct les troys Guys qui vesquirent avant Dordé, car en précontent ceulx là, cestuy cy se trouve le 4 de se nom, et ainsin le fault il apeler. Il espousa dame Delphine de Canilhac, filhe du seigneur marquis de Canilhac, de laquele il eust ung seul filz, qui n'estoyt encores né quant il morut, par ce que décédent il layssa sa femme ençainte, laquele s'estent délivrée d'ung fils, cest enfent fut apelé Guy, coumme son père, mais avec l'addition de posthume, pour estre né après la mort de son père.

Guy posthume, cinquième de ce nom, en content toutz les Guys, tent devent que après Dordé, ou segond si l'on ne veut conter que les Guys qui feurent après Dordé, recueilit toutz les biens de Sévérac, en vertu du testement de feu Dordé, son ayeul, et substitutions en yceluy conteneues, et ce par le ministère et moyen de messire Amaulry de Sévérac, archydiacre et de mestre Pierre de Veyrières, docteur ez loix, ses tuteurs, lesquels aussi après le décès de dame Delphine de Canilhac, sa mère, querelarent au nom dudict Guy les biens de Canilhac, auxquels soustenoint ladicte dame avoyr succédé en tout ou pour le moings en une troisième partie. Mais en fin par acord passé entre le cardinal de Saincte Croix, frère du feu marquis de Canilhac, ayant le bail, régime et gouvernement des biens de Canilhac, et Guilhaume de Beaufort, père et légitime administratur de Louys, son filz, d'une part, et lesdicts archydiacre de Sévérac et mestre Pierre de Veyrières, tuteur dudict Guy de Sévérac, d'aultre, lesdicts tuturs, au nom q'uilz procédoint, quittarent toutz les droictz que pouvoint apertenir audict Guy, leur pupille, sur les biens de Canilhac pour la baronie de Chaudezaygues et terres de Serres et de Marzials, que feurent bailées audict Guy pour troys cens libvres de rente. Ce cardinal estoyt messire Raymond de Canilhac, évesque d'Arras, qui feut créé cardinal par le pape Clément vi l'an mcccxliii, soubz le titre de Saincte Croix en Hyérusalem, et morut en Avignon, durent le pontificat de Grégoire xi, son parent, l'an mccclxxiii ; et par le moyen de cest accord la baronie de Chaudesaigues et les terres de Serres et de Marzials vindrent en la maison de Sévérac.

Au demurant ce Guy cinquième du nom, dict le posthume, feut marié avec dame Jeane Delphine, filhe du comte dauphin d'Auvergne, duquel mariage il eust ung filz, nommé Guy, coume luy, et deus filhes, Jeanne de Sévérac, que feut mariée avec Hugues, seigneur baron d'Arpajon, et Blanche que feut mariée avec le seigneur de Ganges. Il disposa de ses biens et feit son testement le xiiii mccclxxxx, par lequel il feit et institua son hèretier universel ledict Guy de Sévérac, son filz, et s'il venoit à décéder sens enfens, luy substitua audict cas Jeanne de Sévérac, sa filhe aynée, mariée avec ledict sieur baron d'Arpajon, à tele charge que si dudict mariage y avoyt deus ou plusieurs enfens masles, lesdicts biens de Sévérac apertiendroint au segond desdicts enfens en portent le nom et armes de Sévérac.

En vertu de ce testement Guy sixième de ce nom, en content toutz les Guys tent avant que après Dordé, ou troisième, si nous volons seulement conter les barons de Sévérac de ce nom de Guy qui vindrent après Dordé, en vertu du testement de sondict feu père, se mit en pocession des biens de Sévérac, et print à femme dame Hélyps de L'Andorre, filhe du baron de L'Andorre. C'est une baronie dens le pays de Rouvergue, la maison principale de laquele est le chasteau de Salmuech. Mais il ne vesquit pas longuement, car ayant suivy le conestable d'Armaignac en Frence, lhorsq'uil y ala prendre pocession de son estat de conestable, et recevoir l'espée de la main du roy, il y morut de maladie. Le testement qu'il feit à Paris se trouve encores datté de l'an MCCCCXVI, par lequel il feit hèretier en toutz ses biens Amaulrry, son cousin, filz d'Alzias, seigneur de Beaucayre, lequel Alzias, coume nous avons dict, estoyt filz puyné de Dordé, sieur de Sévérac. Je ne scauroys bonement asseurer si ce Guy 6 morut tout incontinent q'uil eust faict testament, ou s'il survesquit encores quelque temps après. La Chronique sans nom faict mention de luy soubz l'an MCCCCXVII (1), disent q'il estoyt dens Paris avec le conestable d'Armaignac, lhors que le duc de Bourgoigne vint avec une grosse armée devent ladicte vile, faisent semblent de la vouloir assiéger, et demura troys sepmaines ez environs d'ycele. Mais parce que cest autheur ne faict mention que du sire de Sévérac, sens aultrement spécifier le nom propre d'yceluy, l'on est en doubte du quel des deus il veult entendre, ou bien de Guy, qui pouvoyt avoir vescu depuis son testement jusques alhors, ou d'Amaulrry, lequel, ayant esté institué hèretier par ledict Guy, tout incontinent après sa mort print la qualité de sire ou baron de Sévérac. Voycy coume ceste chronique en parle soubz ledict an 1417 (2). « Et estoynt (dict il) en la vile de Paris le comte d'Armaignac, conestable, le viconte de Narbone, Tannegui du Chasteau, prévost de Paris ; le sire d'Arpajon, le sire de Sévérac, Raymonet de la Guerre, et grande companie de gens d'armes, qui faisoint toutz les jours grandes sailies et grandes escarmouches. »

Amaulrry de Sévérac, après la mort de Guy 6 décédé sens enfens, se porta pour seigneur et baron

---

(1) Chronique sans nom soubz l'an 1417.
(2) Chro. sans nom soubz l'an 1417.

de Sévérac, soustenent avoyr succédé en toutz les biens de ceste maison, tent en vertu du testement du dernier Guy, par lequel il avoyt esté institué son hèretier, que en vertu du testement de Guy 2, par lequel les masles de ceste maison estoint apelés en la succession d'ycele, et les filhes excluses, tent q'uil y auroit masles in infinitum, desquels masles il ne se trouvoit pour lhors que luy seul de ladicte maison en ligne directe ni collatérale. Au contrere, Jeanne de Sévérac, femme de messire Hugues, seigneur et baron d'Arpajon, et Brenguier d'Arpajon, leur segond filz, soustenoint lesdicts biens apertenir audict Brenguier, auquel ladicte Jeane avoyt cédé son droict par la disposition et testement de Guy v, dict le posthume, son père, sur lequel ils se fondoint. Sur quoy s'estens mis en procès et ledict Amaulrry estent occupé aux guerres contre les Angiois et Bourguignons, pour monseigneur le dauphin, qui feut bientost après roy de France soubz le nom de Charles vii, et lequel le feit son mareschal, n'ayant le moyen ni le loisir de poursuivre ce procés en l'an mccccxxvi, coume nous avons déjà dict, feit donation de toutz ces biens audict viconte de Lomanhe, filz de Jean 4, comte d'Armaignac, qui le volut ainsir moyenent une pencion de mil escus d'or, q'uil se réserva, en vertu de laquele donation le comte d'Armaignac, pour et au nom de son fils, se mit en pocession et du chasteau de Sévérac et de tout le reste desdicts biens que luy et son filz teindrent toutjours après tent q'uilz vesquirent.

Nous avons dict cy devent que cest Amaulrry de Sévérac estoit ung des plus braves et valeureux seigneurs de France ; dès sa junesse il feit preuve de sa valeur en Dauphiné contre le comte de Valentinoys, le prince d'Orenge, l'évesque de Valence, et aultres grands seigneurs de Dauphiné qui s'estoint assemblés avec de grandes troupes lhorsq'uil s'en venoit d'Italie, ramenent en France l'armée du comte d'Armaignac, tout lesquels seigneurs il deffit en batailhe et les feit prisoniers coume nous avons cy devent vérifié par le dire et tesmoignage de Juvénal des Ursins. Aussi sa vertu et valeur l'avoint eslevé en la dignité de mareschal de France, q'uestoit, coume il est encores, des premiers et plus honorables offices de la corone. Mais il luy escheut une fort grande deffaveur de fortune en ung rencontre ou petite batalhe, que feut donée entre les Françoys et les Angloys devent la vile de Crevent, sur la rivière d'Yone, non guières distente de la vile d'Auxerre, et ce le premier jour d'aust MCCCCXXIIII.

Le comte de Bouchan, escoussois, pour lhors conestable de France, pour le roy Charles septième avoyt assiégé ceste vile de Crevent, apertenent au duc de Bourgoigne, et y tenoyt le siège depuis le coumencement du moys de juilhet, de quoy advertis les Anglois et Bourguignons, qui avoint a lhors en leur pouvoir la vile de Paris, feirent une grande assemblée de gens d'armes pour venir deslivrer les assiégés, et conduictz par les comtes de Salisbery et de Suffolc, se mirent aux champs pour aler droict à Crevent. Mais le roy ayant eu le vent de ceste assemblée avoyt déjà dépêché le mareschal de Sévérac avec de grandes troupes, pour renforcer ceulx du siège. A peine le mareschal se feut joinct avec le conestable que les Anglois et Bourguignons se présentèrent pour les combattre; et après avoyr d'ung costé et d'aultre rengé leurs batailhes, ils vindrent aux mains; mais avec ung si grand malheur pour les François, q'uils feurent mis en route, laissent sur la place environ quatre mile des leurs. Alain

Chartier, qui vivoyt de ce temps là, et qui a escripte la vie du roy Charles VII, done franchement la colpe de ce désastre au mareschal de Sévérac, pour avoir trop tost quitté le combat, et doné occasion à plusieurs aultres d'en faire de mesmes. Il y a quelques autheurs qui asseurent le mareschal de Sévérac avoyr esté tué en ceste batailhe ; mesmes le duc de Suffolc, ung des chefs des Anglois, qui estoyt en ceste batailhe, l'escripvit ainsin au conceil du roy d'Angleterre, establi pour lhors à Paris. Le seigneur de Beleforest met tout au long ceste letre en son hystoire françoise, où ceste batailhe est fort particulièrement discoureue ; il met au nombre des prisoniers le conestable, le sire de Gamaches, le sire de Bailly et aultres jusques au nombre de troys cens ; mais des morts il en met jusques à troys mile VI cens, entre lesquels il met le frère du conestable, le sire de La Baume, le sire de Sévérac, qui se dict maréchal de France (il en parle ainsin en faveur du roy d'Angleterre, son seigneur). Ceste letre est dattée du premier d'aust MCCCCXXIII, q'uestoyt le mesmes jour que la batailhe feut donée, et est aisé à voyr que les mortz n'avoint encores esté recogneus, car la vérité est tele que le mareschal de Sévérac ne feut ni tué ni faict prisonier en ceste batailhe, coume le tesmoigne assez Alain Chartier, au lieu que nous venons d'alléguer, ce que demure confirmé par l'autheur de la Chronique sans nom, qui soubz ladicte année 1423 en dict autent que Chartier, et se vérifie évidement par la donation de laquele nous parlons, laquele troys ans après feut faicte au viconte de Lhomaigne par ledict Amaulrry.

Je n'ay peu treuver en quel temps ce seigneur morut, mais il est bien certain, que en luy failit la lignée masculine de la maison de Sévérac, laquele teumba en filhes et feut résoleue en la persone de Jeane, femme de Hugues d'Arpajon, duquel mariage sortirent huict enfens masles : Jean, Brenguier ou Brengou, Pierre, Amaulrry, Hugues, Louys, Anthoine et Bernard. Et par ce que par la disposition et dérnière volonté de Guy posthume, le segond né desdicts Jeane de Sévérac et de Hugues d'Arpajon, estoyt apelé à la succession de ceste maison, après ladicte Jeane, elle ayant faicte cession dez droictz que luy apertenoynt sur lesdicts biens à Brenguier, son segond filz, tent elle que sondict mary, au nom de leurdict filz, mirent en qualité ledict Amaulrry, mareschal de France, sur la succession desdicts biens, et après la donation par luy faicte au comte d'Armaignac, poursuivirent ce procès contre ledict comte, lequel feut de fort longue durée, car il ne print fin jusques en l'année mccccvııı, q'uil y eust arrest diffinitif en faveur de Guy, seigneur et baron d'Arpajon, qui avoit reprins l'instence au lieu dudict Brenguier ou Brengon, non contre le comte d'Armaignac, ni auleung de ceulx de sa maison qui toutz estoint déjà mortz ; mais contre Jean de Chabanes, comte de Dammartin, ayant reprins ledict procès au lieu d'Antoine de Chabanes, son père, lequel l'avoyt aussi reprins au lieu dudict comte d'Armaignac. Nous déduirons cy-après en son lieu à quel titre les comtes de Dammartin teindrent et possédarent par quelques temps et la baronie de Sévérac, et quelques aultres terres et places dépendentes de la comté de Rodez. Mais parce que nous avons cy devent desduict la généalogie de ceulx de Sévérac et d'Arpajon jusques aux enfens d'Hugues d'Arpajon et de Jeanne de Sévérac, il nous fault, avant que passer plus avant, continuer leur descente jusques aux seigneurs qui sont de présent.

Nous avons déjà dict que du mariage de Hugues d'Arpajon et dame Jeane de Sévérac sortirent huict enfens masles : à scavoir Jean aisné, Brenguier ou Brengon, apelé, coume segond filz dudict mariage, à la succession des biens de Sévérac, et auquel Jeane sa mère feit la cession que dessus ; Pierre, Aymery, Hugues, Louys, Anthoyne et Bernard. Jean, filz ayné de ce mariage, succéda ez biens d'Arpajon, mais non en ceulx de Sévérac en la succession desquels Brengon coume segond filz dudict mariage estoyt apelé, et bien qu'uil ne jouyt poinct desdicts biens qui estoynt tenus et possédés par le comte d'Armaignac, si est ce que en vertu de la susdicte cession et transport, il reprint le procès qui avoyt esté déjà intenté en la court de parlement de Paris par ses père et mère contre le comte d'Armaignac.

Ayant donc succédé Jean d'Arpajon que nous apelerons premier de ce nom en la baronie et aultres biens d'Arpajon, il se maria et eust de son mariage deus filhes et 4 masles que feurent Jean, Guy, Tristan et Hugues.

Jean, segond de ce nom, feut institué héretier par son père des biens d'Arpajon, car quent à ceulx de Sévérac ilz estoint en conteste entre le comte d'Armaignac qui les jouyssoit en effect, et Brengon d'Arpajon qui les poursuivoit. Il est vray que Brengon décédent pendent ceste poursuite sens enfens par son testement il institua héretier ledict Jean 2, son nepveu, telement que ledict Jean apréhenda et la succession des biens d'Arpajon et les prétentions que Brengon avoyt sur les biens de Sévérac et à tel titre il reprint ladicte instance au lieu et place dudict Brenguon, et n'obste qu'uil estoyt aisné de la maison d'Arpajon et qu'uil semble que par la disposition de Guy posthume les segonds nés de ceste maison estoint seulement apelés en la succession des biens de Sévérac, par ce que ceste clause du testament dudict posthume n'estant généralement conceue ne pouvoit excéder la persone dudict Brengon ny passer plus avant, de sorte que, et les biens de la maison d'Arpajon et les prétentions sur ceulx de Sévérac demeurèrent résolus et unis en la persone de ce Jean 2 du nom et en ces successeurs barons d'Arpajon. Ce Jean morut sens laisser aulcungs enfens et par ainsin feit place à Guy, son frère puisné, qui par la disposition de leurs prédécesseurs estoyt apelé après luy en cas q'uil décédât sens enfens.

Guy succéda à sondict frère Jean, tent en l'université des biens de la maison d'Arpajon que aux droictz et prétentions q'uilz avoynt sur ceulx de Sévérac q'uil poursuivit en ladicte court de parlement si vivement q'uil en obteint deus arrests, l'ung interloquutoire en l'année 1471 par lequel il feut maintenu par provision en la jouyscence desdicts biens, l'aultre fut, coumme nous avons cy devent dict deffinitif, doné l'an 1508, portent mainteneue plénière desdicts biens en sa faveur. Il morut la mesmes année laissent vi enfens, scavoir 4 filhes et deus masles qui feurent Jean et Bertrand d'Arpajon.

Jean ayné, que nous nommerons Jean 3, succéda à Guy, son père, en toutz et chescungs ses biens tent de la maison de Sévérac que de cele d'Arpajon, et eust troys filhes et troys enfens masles, scavoyr René, Jaques et Guy.

René succéda en toutz lesdicts biens après le décès de sondict feu père Jean 3 et eust deus filhes et ung seul filz nommé Anthoine.

Lequel Anthoine luy succéda en toutz lesdicts

biens q'uil teint et posséda asses long temps ; mais en fin il décéda sens enfens le 19 décembre 1562 en la batalhe de Drus, de sorte que défailent en luy la lignée directe il falut venir à la collatérale.

Nous avons dict que Jean 3 de ce nom avoyt laissé troys enfens masles, René, Jacques et Guy, desquels René estoyt le premier qui luy succéda en toutz et chescungs ses biens. Le segond estoyt Jacques qui avoyt prins à femme Charlote de Castelpers, filhe du baron de Castelpers, et en avoyt eus deus filhes et 4 enfens : Jean, Charles, Louys et Bernard, de sorte que si ce Jaques se feut trouvé en vie lhors du décès dudict Anthoine, se eust esté luy qui eust succédé ezdicts biens coume plus proche lignage masle ; mais estent mort avant ledict Anthoine il falut recourir à ces enfens. Ce feut donc Jean son ayné qui, suivent la disposition de leurs prédécesseurs et substitution y convenues, demura saisi desdicts biens.

Jean 4, filz dudict Jaques, après la mort d'Anthoine succéda ezdicts biens, mais il morut bien tost après luy devent la vile de Monteh en ung siège que ceulx de la religion prétendeue réformée avoyt mis devent ladicte vile 1562.

Jean 4 estent décédé, Charles d'Arpajon, son frère, succéda esdicts biens de Sévérac et d'Arpajon qui feut marié avec dame Françoyse de Montal, duquel mariage sont descendus quatre enfens masles, Jean, Samuel, Philippes et David ; toutz encores en vie hormis Samuel q'uest décédé. Jean, filz ayné dudict Charles est baron moderne d'Arpajon et de Sévérac, cinquième de ce nom, seigneur généreux, doué de trèsrares vertus et de fort grand mérite.

De Bernard d'Armaignac, filz puisné du conestable d'Armaignac, de son mariage et de ses enfens.

CHAPITRE XXXII.

Par ce que après la mort du conestable d'Armaignac, sa maison feut divisée en deus branches ou lignées, l'une droicte ou directe, descendent du filz ayné Jean 4, duquel nous traictons, qui feut comte de Rodez et d'Armaignac, et après luy ses enfens ; l'autre collatérale, de laquele feut chef et autheur Bernard segond filz dudict conestable, et que ces deus lignées portarent ung mesmes nom, de sorte que, se faisent ez hystoires de Frence souvent mention des Armaignacz, l'on pourroit prendre les ungs pour les autres, il sera bon, pour éviter ces ambiguités, de dire quelque chose, avant passer plus oultre, de ce Bernard et de ces descendens, mesmes que, coume nous verrons sur la fin de ceste euvre, toutz les biens de la maison d'Armaignac et de Rodez demeurarent en fin résolus ez persones de ses petitz filz, qui de leur temps teindrent ung fort honorable reng en Frence, coume feirent bien aussy leur père et leur ayeul.

Coume nous avons coumencé de dire, le conestable d'Armaignac laissa deus enfens masles, Jean 4 du nom, comte d'Armaignac et de Roudez, ayné et Bernard puisné ; et bien que ledict conestable eust par son testement layssé ledict Bernard, son puisné, trèsbien proveu par les légatz, q'uil luy avoyt faictz, si est ce que madame Bone de Berry, sa mère (laquele luy portoit certaine particulière affection) feit tent envers son aultre filz, le comte d'Armaignac, héretier de la maison, q'uil luy concéda ung très beau partage, car il luy baila pour toutes prétentions et droictz, que luy pouvoint apertenir en ladicte maison, la comté de Perdiac, les vicomtés de Carlat et Murat, les baronies d'Angles et de Peyrusse, desqueles cele d'Angles est en la comté de Bigorre, et cele de Peyrusse en la comté de Fezenzac ; luy baila aussi les places d'Ordan et Viran, en la comté de Fezensac, aux pactes et conditions portées en l'instrument d'acord et transaction entre eulx passée à L'Isle en Jourdain le segond jour du moys de may mccccxxiii. Depuis ce temps là il feut toutjours apelé le comte de Perdiac, et ainsin se trouve toutjours qualifié en l'hystoire de France jusques à ce que après son mariage il print le titre de comte de la Marche et de Castres, coume nous desduirons cy après.

Les comté de Perdiac et baronies d'Ordan et Viran n'estoint de l'ancien domaine d'Armaignac ny de celuy de Rodez, car ces places y feurent joinctes asses tard du temps seulement du conestable d'Armaignac, père de ceulx de qui nous parlons. Mais par ce qu'elles apertenoint à des seigneurs qui aportoint le nom d'Armaignac aussi bien que nous comtes, coume extraictz d'une mesmes souche, ayans toutesfois faict une branche ou lignée à part, de laquele nous n'avons rien touché jusques icy, il sera bon avant que passer plus avant d'en dire quelque chose, attendu mesmement que sens ce faire nous ne pouvons bonement comprendre à quel titre ces seigneuries demurarent acquises audict Bernard, conestable, qu'est ce que nous cerchons. Pour donc scavoir qui estoint ces seigneurs d'Armaignac, qui tenoint lesdicts comté de Perdiac et baronies d'Ordan et Viran avant ledict conestable d'Armaignac, il fault reprendre les affaires de plus loing, et se souvenir de ce que nous avons dict cy devent, parlens de l'union que feut faicte des comtés de Rodez et d'Armaignac, que Gérauld, comte d'Armaignac, qui vivoyt environ l'an MCCLXXXX avoyt deus enfens; l'ung nommé Bernard ayné et l'aultre Gaston, qui estoyt puyné, lesquelz il maria avec deus seurs de la maison de Rodez, Cécile et Valbourgues, filhes de Henrry segond du nom, comte de Rodez. Bernard d'Armaignac, que son père feit héretier tent en la comté d'Armaignac que en toutz ses aultres biens, print Cécile que feut comtesse de Rodez, et Gaston d'Armaignac, auquel son père dona les vicontés de Fezenzaguel et Brulhes, print ladicte Valbourgues, à laquele son père légua la viconté de Creyssel et la baronie de Roquefueilh, q'uest Mayrueys.

Du mariage de Gaston d'Armaignac et Valbourgues de Rodez (de la descente desquels nous avons à parler, car de cele des comtes d'Armaignac nous avons cy devent assez discoureu) sortit ung seul filz, nommé Jean d'Armaignac qui, succédent à ses feus père et mère, feut seigneur desdicts vicontés Fezenzaguel, Brulhes, Creysseilh et de ladicte baronie de Roquefuelh. Il feut marié avec Marguerite de Carmain, filhe du viconte de Carmain, du quel mariage nasquit Gérauld d'Armaignac, duquel nous parlerons après, et deus filhes, Jeane et Mathe, desqueles Mathe feut mariée avec le comte de Valerne, et morut sens postérité, et Jeane aynée feut colloquée en mariage avec messire Jean de Lévis, seigneur de Mirepoix, mareschal de La Foy, desquels sortirent deus enfens, Rogier Bernard ayné, et Gaston de Lévis puyné.

Gérauld d'Armaignac print à femme Anne de Montlugan, filhe d'Arnauld Guilhem de Montlugan, cômte de Perdiac, seigneur et baron d'Ordan et Viran, deus barbnies assises dens la comté de Fezenzac, et relevens en foy et homage d'ycele; lhorsq'uil maria ladicte Anne, sa filhe, il avoyt ung filz q'œstoit Jean de Monlugan et une aultre filhe nommée Géraulde, laquelé feut mariée avec le seigneur de fief Marchon. Estent ledict Arnauld Guilhen venu à la fin de ses jours, que feut en l'an 1270, il disposa de ses biens, et par son testament il institua son héretier universel Jean de Montlugan, son filz, luy substituent, en cas q'uil décéderoit sens enfens, où ses enfens sens enfens, Anne, sa filhe, feme de Gérauld d'Armaignac. Et en cas que ladicte Anne décéderoit sans enfens, ou sés enfens sens enfens, luy substitua sa seur Géraulde, dame de fief Marchon. Jean, institué héretier par son père, morut sens enfens, et par ce moyen la substitution demeura ouverte en la personne de ladicte Anne, laquelé de son mariage avec Gérauld avoyt déjà heu deus enfens, Jean ayné, et Arnauld Guilhen d'Armaignac puyné.

Lhors de la naiscence desdicts enfens, Jean d'Armaignac, leur ayeul, estoyt encores en vie, qui moreut bien tost après, et par son testament institua son héretier universel Gérauld son filz, auquel il substitue Jean d'Armaignac, filz ayné dudict Gérauld, et en cas que ledict Jean décéderoit sens enfens, luy substitue Arnauld Guilhen, son aultre filz puyné; et au cas q'uil décéderoit sens enfens, volut que les biens vinssent à son nepveu ou petit filz Rogier Bernard de Lévis et de luy soubz la mesmes condition à son frère Gaston de Lévis. D'aultre part aussi, Anne, comtesse de Perdiac et feme dudict Gérauld, morut, et par son testament feit héretier en toutz ses biens Gérauld, son mari, à la charge de rendre lesdicts biens à Jean, leur filz aynó, telement que par ce moyen ledict Jean feut de son chef vicomte de Fezenzaguel, Brulhes et Creysseilh, et baron de Roquefueilh, et du chef de sa feue femme feust comte de Perdiac et baron d'Ordan et Viran. Il est vray que ledict Jean d'Armaignac se marient, en contemplation de son mariage, son père luy relauxa les biens ayans apertenu à sa feue feme, de sorte que ledict Jean print le titre de comte de Perdiac du vivent de son père.

Ce Jean d'Armaignac print à feme dame Marguerite de Cumenje, comtesse de Cumenje, vefve de feu Jean 3 de ce nom, comte d'Armaignac, que nous avons monstré cy dessus estre décédé en Lombardie, ayant délaisé survivantes deus filhes qui ne peurent succéder ez biens d'Armaignac, obtans les substitutions des précédens comtes d'Armaignac, par lesqueles les masles estoint toujours apelés, et les filhes excluses, si ce n'est seulement en deffault des masles. Mais ce mariage de ladicte comtesse de Cumenje avec ledict Jean, comte de Perdiac, ne réussit à guière bone fin, ains feut trèsmalheureux à l'ung et à l'aultre desdicts, par ce que quelques mescontentemens s'estens fourrés parmi eulx, leurs riotes alèrent si avant que la comtesse de Cumenje se sépara tout à faict de son mari, et se retira en sa maison de quoy le comte de Perdiac et son père et son frère feurent si offencés q'uilz résolurent de la faire revenir par force, et à ces fins entrèrent à main armée bien avant dens la comté de Cumenje. La comtesse s'estent retirée dens S. Bertrand, vile capitale de sa comté, et se voyent pressée de ceste façon, se retira de Bernard, comte d'Armaignac, pour luy requérir secours, à cause de l'allience et affinité q'uele avoyt à ceste maison, respondent de bele seur audict comte ; car bien que le mariage eust prins fin par la mort de Jean 3 du nom, son premier mari, et frère dudict comte, si est ce que l'affinité continuoyt encores, y ayent deus filles dudict mariage, propres niepces d'yceluy, lequel voyent ne pouvoir à son honeur reffuser le secours que luy estoyt demendé, l'acorda, mais avec tele condition q'uil y employeroit premièrement toutes les voyes de doulceur q'uil jugeroit pouvoir servir à les réconcilier ensemble, ne volent témérerement prendre querele contre lesdicts d'Armaignac, ses proches parens ; et leur ayent escript de treuver bon q'uil se rendit mediatur de paix entre eulx et la comtesse, ils n'y volurent aulcunement entendre, ains, picqués de l'offre que ce comte avoyt faicte à la comtesse de Cumenje, ils entrèrent à main armée dans les terres dudict comte, ayant avec eulx une armée composée de Gascons et Anglois, sens obtenir licence du roy de France, leur souverain, et sens consydérer q'uilz estoint vassaulx dudict comte, pour les vicontés de Fezensaguel, Brulhes et Creysseilh, et d'ailheur leur proche cousin. Entrens donc dedens les terres dudict comte, ilz y feirent mile ravages, prenens par force viles et chasteaux, faisens prisoniers les officiers et subjects dudict comte, et ruinent la campaigne. Le comte se tenoyt en ce temps là en sa comté de Rodez, lequel entendent ces noveles résolut de se deffendre. Mais, pour n'entreprendre rien témérerement, en dona advis premièrement au roy, et obtint de sa majesté licence de s'armer et courir sus à ses enemys. Et ce faict il se mit aux champs avec ses amys et uza de tele diligence que dens peu de jours il reprint toutes les places que luy avoynt esté envahies, vainquit ses enemys en plate campaigne, les feit prisoniers et se saizit de toutes leurs terres, la plus part desqueles, scavoyr les vicontés de Fezenzaguel, Bruilhes et Creysseilh, et baronies d'Ordan, Viran et Roquefueilh, se tenens en fief et homage de luy, estoint teumbées en comis pour la félonie commise par lesdicts d'Armaignac. Et pour la comté de Perdiac elle avoyt esté confisquée au roy tent par ce que le seigneur ou comte d'ycele avoit entreprins ceste guerre sans licence et permission du roy, crime capital en France, que aussi par ce que en ycele il s'estoyt aydé des Angloys enemys capitals de ceste corone. Le comte d'Armaignac donc ayant donné advis du tout au roy, sa majesté apreuva non seulement ce que avoyt esté faict par luy, mais encore lui feit don et transport et de ladicte comté de Perdiac et de toutes les aultres terres et droicts que lui demuroint acquis à cause de ladicte confiscation, de sorte que par ce moyen la comté de Perdiac et les susdictes vicontés et baronies vindrent au comte d'Armaignac. Et bien que ces titres feussent assez suffisens pour doner plain et entier droict audict comte sur lesdictes places, si est ce que pour s'asseurer encores davantage, voyant que lesdicts d'Armaignac estoint décédés en prison, que après leur mort (s'il n'y eust aulcune félonie, commis ni confiscation) leurs biens feussent venus à Rogier Bernard de Lévis premièrement, et après à Gaston de Lévis son frère, il volut aussi s'asseurer de ce costé là, et, trensigent avec l'ung et l'aultre desdicts frères, moyenent une bone soumme de deniers q'uil leur baila, ils luy cédarent toutz et chescung les droicts que leur pouvoint apertenir esdicts biens, en vertu desdictes substitutions. Ces trensactions sont dattées de l'an 1405 ; après lesqueles le comte Bernard d'Armaignac feut par sa majesté receu à l'homage desdicts comté de Perdiac, vicontés de Fezenzaguel, Brulhes et Creysseilh, ensemble des baronies d'Ordan, Viran et Roquefueilh q'uil teint après pendent sa vie paisiblement et sens aulcung trouble. Monsieur Beloy, advocat du roy en la court du parlement de Tholouze en son playdoyer, du quel nous avons si souvent parlé, faict mention de ceste branche d'Armaignac, tirée de Gaston d'Armaignac, filz puyné de Gérauld comte d'Armaignac et en baile la descente tele que nous venons la déduire, l'ayent prins de mes mémoyres ; mais il se fault lourdement sur la réunion des places que dessus à l'ancien domayne d'Armaignac, en ce q'uil asseure avoyr esté faicte en la persone de Bernard premier du nom, comte d'Armaignac, mari de madame Cécile, comtesse de Roudez, ce que ne peut estre ; ains ceste réunion feut faicte en la persone de Bernard segond de ce nom, comte d'Armaignac et qui après feut conestable de France, lequel vesquit environ cent ans après le premier. Il a œquivoqué sur ce nom de Bernard, à quoi il debvoit mieulx pencer depuis q'uil voloit me faire imprimer sondict playdoyer. J'ay tiré ce que en ay dict d'ung factum du procès que quelques années après feut intenté en la court du parlement de Paris contre Jean 4 du nom, comte d'Armaignac et de Rodez, et Bernard d'Armaignac, comte de Perdiac, son frère, par messire Charles, comte de Ventadour, et dame Marie de Pierre Buffière, sa feme, et messire Renaud de Balord et Simone Thysone sa femme, querelens tent la comté de Perdiac que les aultres biens ayans apertenu auxdicts feus seigneurs d'Armaignac, come soy disens lesdicts de Pierre Buffière et Thysone avoyr succédé à Rogier Bernard de Lévis substitué ezdicts biens ; lequel

CHAPITRE XXXII.

néammoings avoyt cédé, ainsin que nous avons dict, toutz les droictz q'uil avoyt sur yceulx audict feu Bernard comte d'Armaignac. Ce factum est du tout véritable, demurent vérifié par les testemens, mariages, transactions et aultres actes qui y sont narrés et desduicts ; et c'est tout ce que nous avons peu trouver de ceste branche et lignée des Armaignacz.

Mais il est temps de revenir au discours que nous avions coumencé sur ceste novele branche ou lignée des Armaignacz, commençant à Bernard d'Armaignac, comte de Perdiac, filz puyné du conestable d'Armaignac, ce que nous fairons si premièrement nous avons satisfaict à ung doubte que peut estre faict sur la tenur du contract d'acord ou transaction passée entre les deus frères, Jean, comte d'Armaignac et Rodez, d'une part, et Bernard son frère puyné d'aultre, l'an MCCCCXXIII. C'est que ledict Jean 4 a bailé à sondict frère entre aultres terres ou seigneuries les vicontés de Carlat et Murat et dens ledict contract est expressément porté que ceste viconté de Carlat estoyt veneu en leur maison par une donation que Jean, duc de Berry, leur ayeul maternel leur en avoit faicte ; car c'est ainsin que ledict Bernard l'asseure en sa demande conteneu au narré dudict acord en ces termes : « Dicendo et asserendo ulterius quod, ad causam donationis factæ de vicecomitatu Carladensi per inclitæ recordationis deffunctum dominum ducem Byturicensem avum maternum eorumdem fratrum, ipse dominus Bernardus tam ex persona sua quam ex persona dictæ Beatricis sororis habebat jus pro una magna parte in dicto vicecomitatu Carladesii et pertinentiis suis. » Et toutesfois nous avons cy devent asseuré que de tout temps ceste place avoyt apertenu à la maison de Roudez et estoyt de l'ancien patrimoine d'ycele et que mesmes toutz les premiers comtes de Roudez jusques au dernier de ceste lignée q'uestoyt Henrry segond en avoynt jouy paisiblement et sens aulcung trouble. Coument donc peust on soustenir ce qu'est porté par ledict acord que ceste viconté soyt teumbée en la maison d'Armaignac au moyen de la donation du duc de Berry. Pour dissouldre ce doubte, il se fault souvenir de ce que nous avons dict cy devent que ceste viconté de Carlat feut léguée par Henrry segond du nom comte de Rodez à Ysabeaulx de Rodez sa filhe, femme de messire Geoffroy du Pont, seigneur de Ribérac, lequel et ses successeurs après luy la jouyrent assez longtemps ; mais elle veint au pouvoir et domayne du duc de Berry par le moyen de la vente que luy en feut faicte par Regnault, seigneur de Pons, fils dudict messire Geoffroy de Pons et de ladicte dame Ysabeaux de Rodez, lequel ayant mariée madame Bone, sa filhe, avec Bernard, comte d'Armaignac, père desdicts frères contractens, luy feit donation de ladicte place.

Quant à ce que concerne la viconté de Murat que par la mesmes transaction feut aussi bailée par Jean 4, comte d'Armaignac à sondict frère avec cele de Carlat ; à la vérité cele là n'estoyt pas de l'ancien domayne de Rodez, si ce n'est seulement pour respect de la supériorité, laquele dépendoyt de la vicomté de Carlat, soy tenent et relevent d'ele en foy et homage. Mais elle feut acquise à Bernard, comte d'Armaignac, père de ces deus frères par droict de comis, pour n'avoyr voleu messire Raynald ou Renauld de Murat, seigneur de ladicte viconté rendre la foy et homage audict feu comte son supérieur, tout ainsin qu'est porté par le mesmes contract d'acord en ces termes que suivent immédiatement les paroles que nous avons insérées cy dessus prinses d'yceluy. « Et in vicecomitatu Murati dependente et jam dicto vicecomitatu Carladesii a quo olim dictus vicecomitatus tenebatur in feudum et sub homagio, ratione cujus propter non præstitum fieri ac præstari homagium et etiam propter feloniam per vassallum videlicet dominum Reynaldum de Murato olim vicecomitem Murati dictus vicecomitatus Murati cecidit in commissum. » Il ne noumme pas le seigneur, vicomte de Carlat, en faveur duquel la viconté de Murat teumba en commis. Mais il se fault souvenir de ce que nous avons dict cy devent sur les gestes de Bernard, comte d'Armaignac et conestable de France, que revenent luy de France en l'année MCCCCXIIII avec une armée q'uil y avoyt conduict, il passa par Auvergne et assiégea et print le chasteau de Murat avec le seigneur d'yceluy qui estoyt dedens, lequel il feit prisonier. Nous avons inséré cy dessus les propres motz desquels Juvénal des Ursins uze en sa chronique parlent de ceste prinse. Et ammènerons encores icy celes du chroniqueur sens nom qui en parle aussi soubz la mesmes année 1414 (1) en ceste sorte : « En ce temps le comte d'Armaignac print le chastel de Murat et print le viconte par le moyen que ses serviturs et gens s'en peussent aler des places q'uilz tenoint vies sauves, si le meit en prison et enfin eschapa et s'en ala devers le duc de Bourgoigne. L'ung ni l'autre de ses autheurs ne descouvrent pas la cause de ceste prinse, mais il la fault suplir de ce que nous avons aporté dudict contrat, scavoir que ce feut

(1) Chronique sans nom soubz l'an 1414.

à cause de la félonie commise par ledict Renauld de Murat et dénégation des foy et hommage deubz à son seigneur féodal. Poursuivons maintenent la descente ou généalogie dudict Bernard d'Armaignac, comte de Perdiac, segond filz dudict conestable.

Bernard d'Armaignac, comte de Perdiac, qui dona coummencement à la lignée de laquele nous alons parler, print à femme madame Eléonor de Bourbon, filhe de Jaques de Bourbon, comte de la Marche et de Castres, qui feut apelé le roy Jaques pour l'occasion que nous alons desduire en brief. Il estoyt filz ayné de Jean de Bourbon, premier comte de Vandosme et feut marié deus fois, la première avec Jeane, segonde de ce nom, reyne de Sécile et de Hyérusalem, qu'est apelée Joannelle par les hystoriens provençaulx de laquele il n'eust aulcungs enfens, mais à cause d'ele l'on luy dona le titre de roy que luy feut toujours depuis continué, bien qu'en effect il ne le feut pas. Ele ne l'avoyt aussi choisi que pour estre son mary, mais après l'avoyr espousée, il ne peut compatir avec les humeurs d'ycele, si estrengées et desréglées elles estoint, de sorte qu'estens entrés en quelques umbrages l'ung de l'autre, elle ayent conceu quelque opinion q'uil voloyt attenter sur sa personne le feit et constitua prisonier, et le teint quelque temps en cest estat. Mais en fin ayant luy treuvé moyen de sortir, il s'en revint en France et ne retourna plus à Naples. Et quelque temps après, ayent heu advis du décès de la reyne, il se remaria pour la segonde fois avec dame Béatrix de Navarre, filhe de Charles segond du nom, roy de Navarre, de laquelle il eust une seule filhe nommée Eléonor, et c'est cele qui feut mariée avec le comte de Perdiac, duquel nous parlons à présent. De ce mariage sortit ung fils duquel nous parlerons après.

Le roy Jaques sur la fin de ces jours à l'induction et exhortation d'une saincte religieuse de l'ordre des Recluses, nommée Colete, se rendit religieux de l'ordre de Sainct Françoys au convent de Bezençon où il passa le reste de ses jours et jusques en l'année MCCCCXXXVIII, qu'il décéda et feut enterré audict convent coume tesmoigne ceste inscription qui se list encores sur son sépulchre en ces motz « Cy gist Jaques de Bourbon, treshault prince et excellent d'Hungrie, Hyérusalem et Sécile, roy, trespuissent, comte de la Marche et de Castres, et seigneur d'aultres pays, qui pour l'amour de Dieu layssa parens et amis, et par dévotion entra en l'ordre de S. François, auquel il trespassa le XXIIII jour de septembre l'an MCCCCXXXVIII. Prions pour son âme dévotement. » Lhors qu'il se mit en religion, que feut troys ans avant q'uil décédât, il feit son testement par lequel il institua son héretière universele ladicte Eléonor, sa filhe unique, et après elle Jaques d'Armaignac, filz de sadicte filhe et du comte de Perdiac, à la charge de porter le nom et armes de Bourbon et le titre de comte de la Marche et de Castres, duquel nous parlerons. Mais avant que venir à luy il nous fault achever de mettre icy tout ce que nous avons peu remerquer de singulier aux actions du comte de Perdiac.

Ce feut ung brave, grand et valeureux seigneur, qui ne s'aggréa nullement à l'oisiveté, coume son fraire ayné, ains suivit toujours les armes, auxqueles il s'acoustuma de bone heure, car en l'année MCCCCXXII n'estent luy eagé que de XVII ans, il se trouva en ung rencontre ou combat que se feit au pays de Velay entre les Françoys et Bourguignons, où il receut cest honeur que d'estre choisi pour chef par les seigneurs françois qui se trouvèrent en ceste armée après y avoyr receu l'ordre de chevalerie. J'ay dict que il n'avoit alhors que xvii ans, coume il se vérifie par le contract de transaction passée avec le comte d'Armaignac, son frère, l'an mccccxxiii, où il se faict de l'eage de xviii ans ; et ce rencontre avoyt esté faict l'an précédent. En ce contract il se qualifie chevalier parce que il receut l'ordre de chevalerie avant ledict combat, coume il demeure attesté dens la chronique sans nom, et, par ce qu'elle discourt assez particulièrement tout ce que se passa en ycelluy, nous ferons bien d'insérer icy ce que elle en dict soubz l'an 1422 (1). « En ce temps ung seigneur de Forets, nommé le seigneur de Rochebaron lequel tenoit le parti du duc de Bourgoigne, ammena au pays de Velay le sire de Salvone, du pays de Savoye, lequel avoyt en sa companie huict cens homes d'armes Savoisiens et Lombards. Le pays de Limousin, d'Auvernhe, de Foretz et de Velay en feurent moult troblés et s'assamblèrent les seigneurs desdicts quatre pays et le comte de Perdiac, de qui ils feirent leur chef, messire Imbert de Brolée, baily de Lyon, le sire de Beauchastel, et celuy de Lafayete à grand companie de gend'armes. Ledict de la Rochebaron bouta ses gensdarmes qu'il avoyt amenés en plusieurs places qu'uil avoyt ezdicts pays. Or feut ainsin que messire Bernard d'Armaignac, comte de Perdiac qui là feut faict chevalier, et toute la companie dessus dicte se partirent de la cité du Puy, et se mirent aulx champs là ou ils cuidoint trouver leurs enemys. Si les aperceurent venir et

---

(1) Chronique sans nom soubz l'an 1422.

se retrahirent après en une petite ville nommée Servieyrete. Et quant ledict comte les veit si eust conceilh de présenter la batailhe devant ladicte vile et, eux estens là, ung arbalestrier de la companie se bouta en ung moulin près de ladicte vile, cuident y trouver quelque chose, s'y advisa d'y bouter le feu. Et le feu dudict moulin sailit dedens ladicte vile, telement que les Bourguignons, qui estoint dedans ne peurent sailir à temps et une partie d'eux et de leurs chevaulx feurent ars et bruslés, et les aultres qui sauver se pouvoint se venoint rendre au comte et aulx aultres seigneurs pour avoyr leurs vies sauves. Et lesdicts seigneurs de Rochebaron et de Saulvone veirent ceste fortune et leurs gens bruslés, mortz et prins, ilz montèrent sur leurs chevaulx, coursiers et s'en fouyrent par les montaignes droict à Rochebaron et de là en Bourgoigne. Le comte de Perdiac et les aultres seigneurs dessusdicts prindrent le chasteau de Rochebaron et toutes les aultres ses places dont il avoyt asses, car il estoyt grand seigneur et ainsin feut destruict. » L'auteur de ceste chronique nomme ce jeune seigneur d'Armaignac, comte de Perdiac, non qu'il le feut encores réalement, et de faict, car ce feut l'année après ce rencontre que ceste comté luy feut bailée, mais eu esguard à ce qu'uil en feut après comte et l'estoyt déjà lhors que cest autheur dressa son hystoire.

Ce premier exploict de guerre acquid à ce june seigneur une trèsgrande réputation en laquele il il se scent fort bien entretenir, ne volent imiter son frère en la résolution qu'uil avoyt prinse de se tenir quoy et oisif dans la maison, mais plustot suivre le train de leur père et aultres leurs prédécesseurs qui avoint toutjours suivi les roys et servi yceulx en leurs guerres et expéditions, car il se teint presque toujours en la court du roy Charles 7, où il feut en bone opinion de toutz, et y eust de très beles charges, à cause de sa valeur, prudence et bone conduite au faict de la guerre. Et lhorsque le roy entreprint le voyage de Rheims pour son sacre le comte de Perdiac (car ainsin estoyt il encores nommé) estoyt avec luy à Bourges. Mais par ce q'uil tenoyt le party du comte de Richemont, conestable de France, contre le seigneur de La Trimouilhe qui pour lhors possédoyt entièrement le roy, ce sieur de la Trimoilhe trouva moyen de le faire envoyer ailheurs affin q'uil ne se trouvât en ce voyage, et que pour luy il eust plus de moyen de gouverner et conduire les affaires à sa phantasie coumme il avoyt acoustumé. Mais pour ne mescontenter le comte de Perdiac, il feit que sa majesté l'envoya en Guyene avec l'authorité de gouverneur ou lieutenent de roy pour gouverner et deffendre le pays aux invasions et courçes des Angloys, quy estoint fortz du costé de Bourdeaux, et infestoint le pays des environs estens de l'hobéyscence du roy. Monstrelet en cest endroict ne l'appele que le capdet d'Armaignac, bien qu'alhors il portât déjà le titre de comte de Perdiac.

Toutesfoys après ce voyage et sacre du roy, il ne tarda guières qu'estent mandé par sa majesté il s'en revint en court, où il donna tent de preuves et tesmoignages de sa prudence et dextérité d'esprit que le roy luy commit le plus précieux guage q'uil eust, scavoir la guarde et gouvernement de son filz, monsieur le dauphin, qui régna en France après la mort de son père soubz le nom de Louys XI. Il estoyt fort avant en la bone grace du roy et feut toutjours des premiers en ceste court après les princes et principaulx officiers de la corone ; de sorte que quant le roy Charles VII feit sa première entrée dans la vile de Paris, après en avoyr chassé les Anglois, ce que feut l'an MCCCCXXXVII, Bernard d'Armaignac qui déjà en ce temps là avoyt prins le titre de comte de la Marche et de Castres, son beau père estent déjà décédé, s'y trouva en fort honorable reng, marchant à l'ung des costés du dauphin, ung prince de la maison d'Anjou tenent l'aultre costé. Alain Chartier descripvent ceste entrée en son hystoire (1), « d'ung costé du roy, dict il, estoit à destre monsieur le conestable, ung gros baston en son poing, et à la senestre monsieur le comte de Vendosme, grand mestre. Derrière le roy estoit monsieur le dauphin, moult richement habilhé et couvert d'orphevrerie. A la dextre du dauphin estoyt messire Charles d'Anjou et à la senestre le comte de la Marche. » Monstrelet en dict autent (2) : « Et petit ensuivent, après le roy chevauloit (dict il) le dauphin tout couvert d'orphevrairie et estoyt acompaigné de messire Charles d'Anjou, son oncle, et du comte de Perdiac et de la Marche. » Car c'est ainsin qu'il fault lire en ce lieu, et non des comtes de Perdiac et de la Marche, coume il se lict vulgairement, veu que pour lhors les deus comtés apertenoint à ung seul, scavoir à messire Bernard d'Armaignac, par le moyen que nous avons desduict cy dessus, et non à deus coume cest autheur pence, lequel cuide que s'estoint deus enfens du conestable d'Armaignac, à quoy il se trompe, non pas seulement en ce lieu, mais aussi en quelques aultres endroictz, où il le fault aussi corriger ; car, coume nous avons déjà dict, ledict seigneur conestable ne layssa que deus enfens

---

(1) Alain Chartier soubz l'an 1457.
(2) Monstrelet soubz l'an 1457.

masles, Jean, comte d'Armaignac et ce Bernar duquel nous parlons, qui feut comte de Perdiac et comte de la Marche et de Castres tout ensemble : c'est de Perdiac de son chef et de la Marche, et de Castres de la part de sa feme. Au reste ce feut après ceste entrée de Paris que ce seigneur, soy volent acquiter du debvoir de filz, feit curieusement rechercher les ossemens de son feu père, tué dens la vile de Paris l'an MCCCCXVII, et les ayant treuvés, ainsin q'atteste la chronique de Richemont (et nous l'avons aussi montré cy dessus) luy feit célébrer ung fort beau et honorable service, auquel assistèrent le roy, les princes du sang et officiers de la corone, et les en feit après aporter en Guascoigne, avec ung tréshonorable convoy. Nous avons cy devent, lhors que nous avons parlé de la mort du conestable, rejecté une opinion que quelques ungs ont, que le corps d'yceluy feut bien tost après sa mort aporté et ensepveli en l'esglise du monastère de Boneval, se fondent sur une inscription qui se voyt en ladicte esglise, l'erreur de laquele nous avons refutée par ung lieu de Monstrelet, que nous y avons aporté, que monstre évidement le contrere, et lequel nous ne répéterons pas ici. Cela se vérifie aussi clerement par ladicte chronique de Richemont.

Par le discours que nous venons de faire, l'on peut voyr coume le comte de la Marche ou de Perdiac estoyt fort avant en la bone grace du roy, depuis q'uil luy avoyt commis le gouvernement de son filz. Mais ceste grande faveur luy suscita beaucoup d'envies qui vindrent à produire leurs effects en l'année MCCCCXL ; car les ducs d'Alançon et de Bourbon, proches parens du roy, et quelques aultres princes du sang, se fâchens de ce que les plus grans et importens affaires du royaume, ne leur estens comuniqués, se manioint par l'advis et conceilh de troys ou quatre, entre lesquelz ilz metoint des premiers le comte de la Marche, délibérarent de s'en remuer et de mettre tel ordre aux affaires q'uilz peussent gouverner à leur tour, et cognoissens monsieur le dauphin d'ung naturel remuent et ayant heu quelque vent q'uil se fâchoit d'estre tenu de si court q'uil estoyt par son gouvernur, le comte de la Marche, ilz tâchèrent de l'attirer à eulx, et faire tent avec luy que, ayent quitté son père, il print le gouvernal des affaires de France, pencens par ce moyen que veu la grande jeunesse dudict seigneur dauphin, qui n'avoyt alhors que XIII ou XV ans, toutz les grandz affaires passeroint par leurs mains. Ilz conduirent cest affaire si accortement et avec cela si secrètement que ledict seigneur dauphin estens pour lhors au chasteau de Loches, ayant aggréé ce dessain et promis d'y apourter tout ce q'uil pourroit de sa part, le bastard de Bourbon s'en vint ung jour avec certain nombre de chevaulx le prendre et l'emmena en la vile de Niord au desceu du comte de la Marche, qui estoyt descendu alhors en la vile pour certains afferes, et lequel voyent l'importence de ceste retraicte, s'en courut en toute diligence à Amboise où estoyt le roy, pour l'advertir de tout ce que c'estoyt passé. Sa majesté print si à cueur ceste témérere entreprinse q'uil baptisoit du nom de rebellion, et y usa de tele diligence que dens peu de jours il ramena ces princes à leur debvoir. Car tout aussi tost il assembla une armée q'uil conduisit luy mesmes au pays de Bourbonois où ledict seigneur avec lesdicts princes s'estoint retirés, et dens peu de moys les constraignit de se venir humilier et luy requérir perdon de ceste faulte. Ceste petite esmute feut apelée la « praguerie » mot qui selon aulcungs veut aultent à dire que ligue ou confédération, et advint soubz l'an mccccxl. Voyci coume Monstrelet en parle soubz ladicte année (1) : « Au commencement de ce temps (dict il) Charles, roy de France, feit grande assamblée de nobles et aultres gens de guerre pour aler au pays de Bourbonois destruire et subjuguer monseigneur le duc de Bourbon, et ses pays, lequel, à sa grande desplaisence, avoint séduict et ammené son filz le dauphin, qui paravant estoit logé à Loches en Touraine, au chastel, et estoit pour ce temps au gouvernement du comte de la Marche, qui estoyt à ceste heure en la vile, et poinct ne se doubtoit que le dauphin se volut partir sans parler à luy. Néanmoins le bastard de Bourbon, Anthoine de Chabanes, et aultres capitaines à tout foisson de gens d'armes vindrent devent luy audict chastel de Loches, et de son concentement l'ammèrent au pays de Bourbonois en la vile de Moulins. » La Chronique sens nom en dict tout autent soubz la mesmes année (2) et y adjouste que « le roy dressent ceste armée envoya quérir entre aultres seigneurs le viconte de Lhomanhe, filz ayné du comte d'Armaignac, Jean quatrième qui s'y trouva avec de grandes troupes, menent avec luy le capitene Salazar qui estoyt pour lhors fort prisé parmi les gens de guerre. »

Gaguin, au dixième libvre de l'hystoire de France (3), estent teumbé sur ceste esmeute raporte entièrement la source d'ycele à monseigneur le dauphin, qui pour se metre en liberté et n'estre plus subject ni à son père, ni à son gouvernur, suscita les ducs d'Alençon et de Bourbon à faire ce qu'uilz feirent.

(1) Monstrelet soubz l'an 1440.
(2) Chronique sans nom soubz l'an que dessus.
(3) Gaguin, lib. 10, hyst. France.

CHAPITRE XXXII.

« Il avoyt (dict il, parlent du roy Charles 7) ung filz nommé Louys, dauphin de Vienois qui, par son père bailé au comte de la Marche pour libéralement l'instruire, quant il feut venu en adolescence, desprisent l'enseignement de son mestre et præceptur, se retira à Nyort, où il apela à soy Jean, duc d'Alençon, et Jean, duc de Bourbon, en présence desquelz il se mit hors de tutele et déclera dores en avant voloir vivre en liberté, attendu q'uil se sentoit asses ydoin* et d'eage et de cognoiscence des choses pour les négoces du royaume gouverner ; ceste conspiration feut dicte Praguerie. » Voilà ce que cest autheur en dict. Mais quoy que ce soyt, ceste guerre feut aussi tost esteincte que coumencée par la grande diligence que le roy y apporta.

Mais pour revenir au comte de la Marche et de Castres et poursuivre sa descente, de son mariage avec madame Eléonor de Bourbon sortit ung filz nommé Jaques d'Armaignac, qui feut marié avec dame Louyse d'Anjou, filhe de Charles d'Anjou, comte de Mayene, et de madame Ysabeaux de Luxembourg. A ceste Louyse aperteindrent de beles et grandes places, teles qu'estoint la comté de Guyse, cele du Mayene, de Chastelcrauld et beaucoup d'aultres. En faveur de ce mariage dudict Jaques d'Armaignac avec ladicte dame Louyse, le roy Louys XI, parrin de ladicte dame, leur donna le duché de Nemours q'uest cause que nous hystoriens parlent dudict Jaques, ne l'apelent aultrement que duc de Nemours. Ils procréèrent de leur mariage troys filhes et troys enfens masles. Les filhes feurent Catherine que feut mariée avec Jean 2 du nom duc de Bourbon, lequel en premières nopces avoyt esté marié avec madame Jeane de France, filhe du roy Charles VII, laquele morut le 4 jour du moys de may MCCCCLXXXII, coume demure attesté par celuy qui a faict le supplément de Monstrelet (1), et par ainsin le mariage dudict seigneur duc avec ladicte Catherine d'Armaignac ne peut durer longuement, par ce que il morut l'an MCCCCLXXXIX, et si encores elle morut devent, s'il est ainsin coume l'atteste du Tillet en ces mémoires, que après la mort de ladicte Catherine, il se remaria pour la troysième foys avec dame Jeane de Bourbon, filhe de Jean de Bourbon, comte de Vendosme. La segonde filhe desdicts Jaques d'Armaignac et de ladicte Louyse d'Anjou feut Marguerite d'Armaignac, laquele feut mariée avec messire Pierre de Rohan, seigneur de Gyé, mareschal de France, de la maison de Laval, fort aymé du roy Louys XI. La troisième feut Charlote, qui moreut jeune sens estre marié. Les masles feurent Jaques qui moreut en fort bas eage; le segond Jean d'Armaignac, qui print à femme Yoland, dame de Passavent. Le troysième feut Louys qui ne feut marié, mais morut en fort bas eage après avoyr heu de beles charges en la guerre de Naples soubz le roy Louys XII. Mais parce que nous avons à discourir plus avant tent de Jaques, duc de Nemours, que de sesdicts troys enfens, nous intermetrons pour le présent le discours qui le concerne, à la charge de le reprendre après quant il sera temps, et reviendrons à la ligne droicte des Armaignacs, qu'est celes des comtes héretiers de la maison d'où nous estions partis.

(1) Supplément de Monstrelet soubz l'an 1482.

Reprinse de la lignée droicte des Armaignacs et du discours commencé de Jean 4 du nom, comte d'Armaignac, et de son filz le viconte de Lhomaigne.

CHAPITRE XXXIII.

Nous avions interrumpu la lignée droicte des seigneurs d'Armaignac pour dire quelque chose de deus branches de ceste mesmes maison, ce que nous avons faict au chapitre précédent. Il nous fault maintenent revenir au tronc de cest arbre et reprendre les descendens d'yceluy, et continuer le discours que nous avions comencé sur les déportemens de Jean 4 du nom, comte d'Armaignac et de Rodez, filz ayné et héretier du conestable d'Armaignac. Nous l'avons laissé sur sa mesnagerie, occupé à faire valoir ses biens et en acquérir davantage, sans voloir plus suivre le train des armes coumme avoynt toutjours faict ses prédécesseurs. Il avoyt toutesfois ung filz qualifié par nous hystoriens françoys du tiltre de comte de Lhomaigne, et qui après le décès de son père feut comte d'Armaignac et de Rodez, soubz le nom de Jean v, lequel estoyt d'une humeur plus gualharde et remuente. Cestui là suppléoit aux deffaultz de son père, se trouvent aux armées royales toutjours bien acompaigné de noblesse et suivi de fort beles trouppes. Nous avons déjà monstré cy devent que le roy Charles vii se voulut servir de luy en la guerre de la Praguerie, et bien que le père se feut du tout confiné en sa maison, il feut constraint néammoings en l'année MCCCCXLII de la quitter et se metre aux champs au voyage que le roy feit en ce pays pour tenir la jornée de Tartas.

Et pour entendre l'occasion qu'esmut le roy d'entreprendre ce voyage, il fault scavoir que Tartas est une vile en Guascoigne qui apertenoyt alhors aux seigneurs d'Albretz, laquele sur le coummencement de l'année 1442 feut assiégée par le captal de Buch et le séneschal de Guyene, pour le roy d'Angleterre, qui y teindrent le siège six ou sept moys. Le sire d'Albret y estent en fin arrivé pour les secourir et n'estent si fort que les enemys, il feut constrainct de venir en acord avec eulx. Gaguin (1) et quelques aultres hystoriens françoys disent que la composition feut tele que la vile demureroit au pouvoir des François et que Charles, filz du sire d'Albret, en seroit capitene, et prometroit au séneschal de Guyene qu'uil n'attenteroyt rien contre les Anglois, ains vivroit avec eulx en bone paix, et ce faisent qu'uil pourroit venir et les siens en la vile de Bourdeaux toutes et quantes foys que bon leur sembleroit pour y achepter, vendre et négotier, coume aussi pourroint les Anglois en faire de mesmes dens la vile de Tartas ; que si ledict seigneur ne voloit tenir lesdictes conditions, il luy seroit permis de le signifier audict séneschal de Guyene troys moys devent le terme expiré desdictes conditions, dedens lequel temps, s'il advenoit que les Françoys feussent vaincus en batailhe, ils seroint tenus rendre ladicte vile de Tartas. Et au contrere si les Anglois estoint surmontés, la place demureroit aux Françoys. Nicolas Gilles, en sa chronique (2), raconte cest acord plus simplement, et dict que « l'appoinctement

---

(1) Gaguin en son hyst. de France.
(2) Nicolas Gilles en sa chronique.

feut tel que si dedens la feste de la S. Jean, pour lhors prochaine, les François q'uestoint dedens, n'estoint secoureus et les Anglois qui estoint devent, ou y pourroint venir, n'estoint combatus et vaincus, que ceste place seroit rendeue aux Anglois. » De quoy ceulx de Tartas donèrent advis au roy, qui estoyt alhors à Lymoges, et lequel voyent l'importence du faict et que de ceste journée dependoit le gaing ou perte de la Guyene, veu q'uil estoyt croyable que les Anglois s'y trouveroint fortz et avec une grande armée, se délibéra de s'y trouver en persone avec autent de forces q'uil pourroit. Et bien tost après print son chemin vers Tholouze, où il résolut de faire son amas de gens de guerre, qui de toutes pars l'y vindrent trouver en tele affluence que oultre les gens de pied ilz feurent nombrés jusques à quatre vingt mile chevaulx, entre lesquels feut le comte d'Armaignac avec de beles troupes. L'autheur de la Chronique sens nom (1), soubz ladicte année, asseure que « les comtes d'Armaignac, de Foix et de Cumenje vindrent alhors trouver le roy dens Thoulouze, lesquels promirent à sa majesté de le secourir de tout leur pouvoir et le servir de corps de gens, et de toute leur puiscence, et metre leur pays en guerre (c'est ainsin que cest autheur parle), contre l'Anglois. » Monstrelet, faisent le dénombrement des grands seigneurs qui feurent avec le roy en ceste guerre, ne faict aulcune mention du comte d'Armaignac. Mais il y met son filz le viconte de Lomaigne (2). « Quant le roy de France (dict il) feut arrivé à Toulouze, et que les grandz seigneurs et capitenes

---

(1) Chron. sans nom.
(2) Supplém. de Monstrelet.

qu'ilz avoit mandés feurent assamblés, feut trouvé q'uil y pouvoit avoir le nombre de quatre vingt mile chevaulx avec trèsgrand nombre de charriotz et charretes, menens artilherie, vivres et aultres engins et habilhemens de guerre. Quant aulx seigneurs et capitenes, il y en avoyt moult largement, entre lesquels y estoyt le dauphin, premier filz du roy, le comte de Richemont, conestable de France, monseigneur Charles d'Anjou, le comte d'Eu, le comte de Foix, le vicomte de L'Homaigne, filz du comte d'Armaignac (car c'est ainsin q'uil y fault lire, et non pas d'Halman coume il s'y lict), le sire d'Albret, le comte de Cumenje, les deus mareschaulx de France, le sire de Loheac et de Valoignes, le seigneur de Coytini, admiral de France, le seigneur de Villars, le seigneur de Montgascon, le seigneur de Priat, le seigneur de Chalançon, le seigneur de S. Vallier, le seigneur de Videmont et plusieurs aultres, etc. » Mais bien que Monstrelet ne mete poinct en ce nombre le comte d'Armaignac, si est ce que la vérité est tele q'uil y estoyt, le roy feut adverti que les Anglois se deffiens de leurs forces ne viendroint point devent Tartas au jour assigné. Non obstent tout néammoings il s'y volut trouver, non avec toutes ses forces, car il print seulement septze mile chevaulx avec lesquels il ala tenir la journée, où ne s'estens présentée persone de la part des Anglois, la vile de Tartas demeura au roy qui la rendit au seigneur d'Albret.

Ce ne feut pas tout, car le roy, ayant faict passer plus avant son armée, print par force plusieurs aultres viles, coume cele de S. Sever et cele de Dax ou Acqs, laquele feit tele résistance que le roy feut constrainct d'y tenir le siège près de deus moys. Mais enfin elle feut prinse d'assault auquel le viconte de Lhomaigne feut faict chevalier, et après la prinse d'ycele le roy luy en dona le gouvernement, parce q'uil s'estoit trèsbien et valeureusement porté audict assault. Le roy aussi print la vile de la Réole et plusieurs aultres, après la prinse desqueles sa majesté se retira à Montauban, congédient la plus part de son armée. Le comte d'Armaignac se retira en ses maisons ; mais le viconte de Lhomaigne son filz demura en ceste partie de l'armée que le roy avoyt encores reteneu avec les troupes que luy ou son père y avoynt ammenées ; lequel se porta en tout ce voyage si valeureusement q'uil y receut de fort beles et honorables charges, car ce feut luy qui, du comendement du roy, mit le siége devent Villeneufve d'Agenoys et de Milhon, deus viles assises sur la rivière d'Olt, q'uil print par assault.

LIBVRE QUATRIÈME

DES

COMTÉS DE RODEZ ET D'ARMAIGNAC

Des traverses donées à Jean 4, comte de Rodez et d'Armaignac, et à son filz le vicomte de L'Homaigne.

CHAPITRE PREMIER.

Nous avons veu jusques icy fleurir ceste maison d'Armaignac et monter jusques au feste et comble de toute grandeur. Mais coume il y ha une certaine révolution en toutes choses, lesqueles ayans leur coumencemens ont aussi leur période et fin après leur advancement, nous verrons cy après coume elle feut ravalée et en fin conduicte à sa dernière ruyne. Nous ne trouverons dores en avant que malheurs et infortunes la talonens et suivens de si près que en fin ils la bouleversèrent et abbatirent du tout. « Vertatur cythara nostra in luctum. »

Ce comte Jean 4, c'estant contre le train et costume de ces prédécesseurs esloigné du gouvernement des affaires d'estat et se retiré du tout de la court, dona occasion à ses enemys de broilher ses

affaires propres et de luy dresser des parties ; à
quoy ils s'employèrent de tele façon, que en fin,
lhorsque moings il y pençoyt, ils le mirent fort avant
en l'indignation du roy, le chargent de troys crimes :
le premier de s'estre volu allier du roy d'Angleterre,
et luy avoir présenté une de ses filhes en mariage
au desceu du roy de France, le second d'entreprendre sur la souverayneté du roy, à cause que
luy seul d'entre toutz les seigneurs de Frence metoit
en ces titres ces motz : « Par la grace de Dieu,
comte d'Armaignac et de Roudez ; » q'uestoit ung
titre que ne debvoyt apertenir que à la majesté du
roy ; la dernière q'uil détenoyt par force quelques
places dépendentes de la comté de Cumenje, en laquele
le roy prétendoit droict en vertu du testement de
madame Marguerite de Cumenje, duquel nous parlerons après. Voylà en somme les charges que luy
estoint imposées ; la première desquelles estoyt entièrement faulce, coume le coumte soustenoit fort et
ferme, et de vray elle ne peut jamais estre avérée,
ains demura sens preuve et sens aulcune vérisimilitude.
La segonde ne pouvoit il nier ; mais bien, disoit il,
que ce n'estoyt pour entreprendre sur l'authorité du
roy, que sainctement il avoyt toutjours révérée et
honorée, mais parce q'uil prétendoit ce titre luy
apertenir pour en avoyr tent luy que ses prédécesseurs uzé depuis troys et quatre cens ans sens
aulcung empêchement, ne luy en ayant jamais esté
faictes aulcunes deffences. Et de vray, coume nous
avons cy devent monstré, les comtes de Rodez avoynt
depuis le coumencement de leur comté mis ce titre
en leurs patentes, coume je pence bien que ils
n'estoint pas les seuls qui en usoint ainsin, et q'uil
y avoit plusieurs autres seigneurs qui en usoint de
mesmes. Mais nous derniers roys, jaloux de leurs

præerrogatives, ne trouvarent bon que aultres que eulx usurpassent ceste formule en leurs letres ny contractz. J'ay dict nous derniers roys, par ce que les premiers depuis Hues Capet avoint heu tant d'afferes sur le bras qu'uilz n'avoint trouvé le loisir de s'adviser de ces petites formalités ; et croy fermement que ce feut le roy Charles 7 qui s'offença le premier de voyr ce titre usurpé par les aultres que par les roys de France, depuis lequel l'on n'a jamais voleu permettre à aulcung seigneur de France qui ne feut souverain d'uzer de ceste clause ; et de faict en l'an mccccLXIII, le roy Louys XI, cerchant quelque occasion de faire la guerre au duc de Bretaigne, n'en peut trouver une plus apparente que de luy deffendre ce titre, scachent bien que le duc ne vouldroit hobéyr à ses deffances. Il lui despêcha à ces fins le chancelier de Mervillier pour lui faire ses deffences. Et toutes fois le mesmes roy le permit au prince d'Orenge en l'année mccccLXXV, mais ce feut de grace spéciale.

Et quant à la troysième charge que l'on donoit au comte d'Armaignac pour certaines places de la comté de Cumenje qu'uil occupoit, cela estoyt vray. Mais il ne le faisoit sens cause, prétendent quelque droict non seulement ez dictes places, mais aussi sur toute ladicte comté. Et pour entendre que c'estoyt que des droictz que et le roy et le comte prétendoint sur ceste comté, il fault reprendre cest affaire de plus long ; et bien que il soit à creindre que ce discours ne soyt treuvé un peu trop long, il semble néammoings qu'uil soit nécessere, parce que la cause de l'indignation que sa majesté conceut contre le comte feut seulement fondée sur ce poinct là, c'est que le comte s'ahurta par trop sur la conservation des droictz qu'uil prétendoit avoyr en la comté de Cumenje, car les aultres deus charges q'uon luy imposoit n'estoint que des prétextes inventés par les hayneux du comte, pour l'enfoncer plus avant en la disgrace du roy, ainsin que nous verrons après.

Il se fault donc souvenir de ce que nous avons dict cy devent sur le mariage de madame Marguerite, comtesse de Cumenje, et de Jean 3 du nom, comte d'Armaignac et de Rodez, mesmes de la généalogie des comtes de Cumenje que nous y avons fort au long desduicte ; au discours de laquele nous avons dict y avoyr heu ung Bernard segond du nom, comte de Cumenje, qui eust ung filz masle nommé Jean, et troys filhes, l'aynée desqueles s'apeloit Jeanne. Ce Bernard père, par son testement, feit et institua son héretier universel Jean, son fils, luy substituent, en cas q'uil décéderoit sens enfens, sa filhe aynée Jeane, lequel cas advint par ce que ledict Jean décéda l'an MCCCXL, sens laisser aulcune postérité de son corps, de sorte que par son décès la substitution demura ouverte en la persone de ladicte Jeane, laquele se porta pour comtesse de Cumenge, et se saisit tent d'ycele que de toutz les aultres biens de ladicte maison, mais non sens contredict, par ce que Pierre Raymond de Cumenge, filz d'aultre Pierre Raymond, qui estoyt filz puisné de Bernard premier du nom, comte de Cumenge, se jetta à la traverse, prétendent ladicte comté luy apertenir en vertu d'aultres dispositions de leurs prédécesseurs, par lesqueles les masles estoint apelés avant les femeles, et que il se trouvoit alhors le plus proche masle lignager de ceste maison. Ceste constitution estoyt pour exciter ung grand trouble en ladicte maison. Mais le cardinal de Cumenje, qui respondoit d'oncle à l'ung et à l'autre, trouva moyen d'acommoder ce différent par le moyen d'ung mariage q'uil traicta entre eulx avec dispence du S. Père parce q'uilz estoint fort proches parents. De ce mariage ne sortit q'une seule filhe, que feut Marguerite, laquele se porta bien hèretière des biens de sa mère, et pour ce que concernoyt ceulx du père, bien q'uil soyt certain que par son testement de l'an 1375, il la feit son hèretière, si est ce toutesfois que ce feut avec des conditions et charges estranges ; car il ne se contenta pas de luy donner des substitutions en cas q'uele décèderoit sens enfens, mais volent encores que après la mort des substitués la comté de Cumenge vingt au roy de France, pour estre unie à la corone et de n'en pouvoir jamays estre distraicte, ou en cas d'aliénation q'uele vint à nostre S. Père le pape, et au S. Siège de Rome, de sorte que par ce moyen il privait entièrement sa filhe de pouvoir disposer d'ycele ; laquele se voyent si mal traictée de son père, ne volent accepter son hérédité qui ne consistoyt que en la viconté de Sarrières, mais se porta pour hèretière de sa mère, à laquele et le comté de Cumenje et toutz les aultres biens de ceste maison apertenoint en vertu du testement de son père Bernard 2, sur quoy se fonda ladicte dame Marguerite contre les prétentions du roy, soustenent la comté de Cumenge luy debvoir apertenir après la mort d'ele, par le testement de feu Pierre Raymond, lequel ne pouvoit avoyr disposé que de ce que luy pouvoit apertenir, et non de ladicte comté de Cumenje, qui avoyt apertenu à sa femme, et non à luy. Le comte d'Armaignac après la mort de ladicte Marguerite faisoit proffit de ceste mesme raison.

Ceste dame, coume nous avons déjà dict cy devent, feut mariée en troys licts. Car premièrement elle eust pour mary Jean 3 du nom, comte d'Armaignac, qui morut en Lombardie, duquel elle n'eust que deus filhes ; l'une desqueles feut mariée avec le viconte de Narbone, l'autre avec le seigneur de L'Esparre, par Bernard d'Armaignac leur oncle, qui succéda ez biens d'Armaignac et de Rodez après le décès de leur père, suivent les dernières volontés de leurs prédécesseurs. Après la mort dudict Jean 3, ladicte dame se remaria avec ung aultre, nommé Jean d'Armaignac coume son premier, mais qui n'estoyt de la lignée directe des comtes d'Armaignac, mays d'une branche d'ycele apelée de Perdiac. Il estoyt filz de Gérauld d'Armaignac, comte de Perdiac, duquel et de ses enfens nous avons parlé au chapitre précédent ; avec lequel elle eust de grandes disputes et contestations, coume nous avons déjà dict, parlent de ladicte branche. Et cestui là estent mort ez prisons du comte d'Armaignac, conestable de France, elle se remaria pour la troisième fois avec Mathieu de Foix, frère de Jean xv, comte de Foix et oncle de Gaston 4 du nom, comte de Foix, qui suivit le roy Charles 7 ez guerres de Gascoigne, desqueles nous venons de parler. Mais si ceste bone dame feut malheureuse en son segond mariage, elle ne le feut pas moings au troysième, ains beaucoup plus, parce que elle trouva quelque ayde et secours contre son segond mary, en la persone de Bernard, comte d'Armaignac, son beau frère, qui la print soubz sa protection, et enfin la guarantit et tira de tout denger ; mais elle n'eust moyen de trouver ung si prompt secours contre la rage forcenée de son troisième mary, qui la teint de si court qu'ele n'eust moyen de se retirer d'aulcungs de ses amys, de tele sorte que l'ayant faicte prisonière (chose inouye entre mary et femme) il la teint fort longuement en prison. Et bien que le comte d'Armaignac et de Rodez, qui luy respondoyt de nepveu, feit tout ce qu'uil peut pour la deslivrer jusques à entrer en guerre contre ledict de Foyx, son mary, il ne luy feut néanmoings possible d'obtenir son eslargissement ; ce feut pour lhors qu'il se saisit de quelques places dépendentes de la comté de Cumenge, lesqueles il tint et posséda asses long temps après, du concentement de ladicte dame, et soubz prétexte de quelques soummes de deniers qu'il disoit luy estre deues par ceulx de Cumenje depuis le mariage de son feu oncle avec ladicte dame, et pour les droictz aussi que ses cousines d'Armaignac, files de sondict feu oncle et de ladicte comtesse de Cumenje, prétendoint sur ladicte maison qu'eles avoynt cédés à leur feu oncle Bernard, comte d'Armaignac, lhors de leur mariage, pour raison desquels droictz elles l'avoint mis en leur lieu et place.

Ceste dame feut teneue ung fort longtemps en prison par sondict feu mary et jusques en ceste année MCCCCXLII que le roy, après la prinse des viles de Gascoigne, estent, coume nous venons de dire, arrivé à Montauban, manda audict Mathieu de Foix de s'en venir à Tholouze et d'y ammener avec luy ladicte comtesse qu'uil détenoyt en prison, où sa majesté se trouveroit aussi, pour adviser à quelque expédient d'acord entre eulx, et metre ladicte comtesse en liberté. Le comte d'Armaignac y feut aussi mandé venir, et par mesmes moyen luy feut faict comendement de rendre les places qu'il tenoyt en Cumenje, à quoy il hobéyt sens venir aultrement à Tolouze, sur quoy il s'excusa sur quelque siene indisposition. Mais sa majesté s'y estent acheminée et le comte de Cumenge s'y estent aussi trouvé, et y admené ladicte comtesse, feut passé acord et transaction, par lequel lesdicts comte et comtesse debvoint chescung d'eux jouyr de la moytié desdicts biens de Cumenge leur vie durent, et après leur

mort le tout debvoyt venir au roy ; et moyenent ce
ladicte comtesse feut mise en liberté, pour le moins
en apparence, car la vérité est telle qu'ele ne jouyt
entièrement de sa liberté ; mais afin qu'ele ne se
retirât avec le comte d'Armaignac, coume à mon
advis tele estoyt sa volonté, elle feut conduicte à
Poictiers où ele morut six mois après, eagée de
quatre vingtz ans. Avant que mourir elle désadvoua
ce traicté d'acord faict à Tolouse, coumme à elle
trop préjudiciable, et, coumme quelques ungs asseurent, elle feit une donation secrète de ses biens au
comte d'Armaignac, qui se meit en debvoir de les
quereler, et déjà il s'estoyt saisi de quelques places
dépendentes desdicts biens, ce que pença estre cause
de son entière ruyne, car le roy print ceste invasion
si à cueur qu'il dépêcha tout aussi tost monsieur le
dauphin de par deçà, pour se saisir et de la personne dudict comte et de toutz ses biens. J'ay apprins
tout ce que je viens de dire de quelques mémoires
que j'ay devers moy, concernent la généalogie des
comtes de Cumenje, dens lesqueles est inséré ung
factum du procès que intervint après entre le comte
d'Armaignac, Jean 4, et ce Mathieu de Foix. A
cause de ce traicté d'acord de Toulouze, et aussi
de ce qu'en dict l'autheur de la Chronique sans
nom, et par ce qu'il particularise fort cest affaire,
nous ne ferons, se me semble, mal de metre icy
ce q'uil en dict (1).

« Ou moys de mars de ladicte année MCCCCXLII,
le roy, estent en la cité de Montauban par grande
délibération de conceilh, envoya ses gens et ambassadeurs par devers le comte d'Armaignac, de Foix

(1) Chronique sans nom. soubz l'an 1442.

et de Cumenge, pour ce que ledict comte de Cumenge tenoyt sa femme, hèretière dudict comte de Camenje, en prison ; et le roy regardoit le faict et voloit faire justice coume il apertient de droict à ung chacung, si envoya lesdicts ambassadurs devers lesdicts comtes, et vindrent premier devers le comte d'Armaignac en luy remonstrent coume il tenoit induement plusieurs places de ladicte comté de Cumenge, q'uil les mit entre les mains du roy. Auquel mandement il hobéit et feurent mises sur leurs tours et meurs desdictes places les bannières et penonceaux du roy, et feirent coumendement lesdicts ambassadeurs au comte d'Armaignac, et l'adjournèrent de main mise à comparoir en personne à xv jours prochains devent le roy audict lieu de Montauban ; et aussi à comparoir en personne au parlement devent le procureur du roy dez la feste de S. Jean Baptiste en çà audict an, à respondre sur plusieurs rebellions faictes par luy et ses officiers contre les gens du roy, et aussi q'uil se disoit par la grace de Dieu comte d'Armaignac, ce que n'apertient à duc ne à comte de nul royaume. » Cessi est mis par l'autheur en ce lieu par anticipation, car ces adjournements et mainmises ne feurent décernées contre le comte d'Armaignac que assez long temps après, scavoir lhors q'uilz eust reprinses les places de la comté de Cumenge coume il se verra après. Poursuivons le texte de ce chroniqueur. « Et de là s'en alarent lesdicts ambassadeurs devers le comte de Foix, en luy faisent commendement de par le roy q'uil leur rendît et deslivrât ladicte comtesse. Lequel comte leur respondit qu'ele n'estoit point en nulle de ses places, et, se trouvée y estoit, pour la leur deslivrer, feit faire ouverture de toutes ses places, et ne la y trouvèrent point. Puis alarent lesdicts ambassadeurs devers le comte de Cumenge et luy firent pareilh comendement q'uil rendît au roy ladicte comtesse de Cumenje. Si ob'yt ledict comte et la feit admener en ladicte cité de Tolouze devers le roy ; et aussi y veint le comte de Cumenje, lequel estoyt adjourné à comparer en persone audict lieu de Tholouse pour l'ouyr, et ladicte comtesse, de leurs débatz, et aussi feurent envoyées letres aux troys estatz de Cumenje de par le roy, coume ilz vinssent devers luy audict lieu de Tolouze pour voyr et ouyr ce que le roy ordoneroit pour le bien de luy et de ladicte comtesse et pour faire raison à ung chescung. » Le roy par délibération du conceilh, présens lesdicts comte et comtesse et lesdicts troys estatz, ordona que ladicte comtesse demeureroit en liberté et franchise, laquele estoyt eagée de quatre vingts ans ou environ, et auroyt la moitié de ladicte comté, sa vie durent, et le comte l'autre. Et s'il advenoit que ladicte comtesse moreut avant yceluy comte, ledict comte auroyt toute ladicte comté sa vie durant, et après son décès rendroit toute ladicte comté paisiblement au roy. Et par yceluy appoinctement faisoit ladicte comtesse le roy son héretier, au cas que la filhe de ladicte comtesse n'auroit neulz enfens ni hoirs de son corps ; laquele n'en eust onques qui survesquissent ladicte comtesse, coume il apert par le testement d'ycele. Et aussi par l'appoinctement faict à Tolouze se concentit messire Mathieu de Foix, comte de Cumenje de par sa feme dessusdicte, que le roy feut héretier après le décès d'ycele et de luy. En cedict appoinctement feut ladicte comtesse menée à Poictiers pour y vivre à son plaisir du sien et de ladicte comté, coume le roy luy avoyt ordoné et doné par provision, puys après se partit le roy de Tolouze et chevaucha tent q'uil veint en la cité de Teule, et là feit ses Pasques.

Bien que cest autheur semble asseurer que après cest acord la comtesse feut conduicte en la vile de Poictiers pour y vivre en liberté et à son plaisir, si est ce neammoings que la vérité est tele qu'ele y feut ammenée par constraincte et contre sa volonté, car voycy ce que par le factum susdict est respondu à l'article premier du traicté faict à Tolouze, auquel article est parlé de ceste délivrence de la comtesse. « Et primo, quantum ad primum articulum contentum in articulis dicti tractatus, — qui articuli incipiunt in romanio : C'est l'appoinctement faict par le roy, etc.; et primus articulus incipit : Premièrement que mondict seigneur, etc. — respondetur quod in hoc quod rex mandabat liberari dictam comitissam a carceribus per virum suum detentam, et tradi regi vel suis comissariis producendo eam ad civitatem Tolosæ, in hoc rex faciebat justitiam et quod facere debebat ; sed in hoc quod dicitur in fine illius primi articuli : Ou aileurs ou bon luy semblera, ex eo quod dicta comitissa postea fuit contra suam voluntatem et per vim alibi bajulata, apparet quod jam fuisset ante tractatum quod prædicta comitissa debebat alibi bajulari prout fuit bajulata et apparet per narrationem quarumdam literarum concessarum domino Despinavo super castellania de Aurilhaco. » Et au mesmes factum, — en la responce faicte au 4 article dudict traicté et particulièrement en ces motz qui y estoint contenus : Et est le roy content que après le trespas de ladicte dame tout ce que par cest appoinctement est baylé ladicte dame reviene au proffit dudict monseigneur de Cumenge, avec ce q'uil tient es mains durant sa vie tent seulement — « Ista clausula erat et fuit multum captiosa dictæ comitissæ quia dedit occasionem captandi et promovendi mortem suam et quod non diu viveret prout non vixit, quia post dictum tractatum, statim dum fuit Tolosæ, fuit bajulata extra civitatem Tolosæ per vim et contra ejus voluntatem nec postea vixit ultra sex menses vel circa et sic fuit fortasse occasione dicti articuli et clausulæ anticipata sua mors; » par lesquels derniers motz il semble voloir charger sondict mari d'avoir procurée sa mort, marri peut estre de ce que elle avoyt désavoué et déclaré que le concentement par elle presté à yceluy avoyt esté extorqué par force ainsin qu'est porté au mesme factum en ces termes : « Item ad secundum articulum prædicta comitissa nunquam concensit nec aliquis pro ea nec ipsa avoavit nec ratificavit contenta in dicto tractatu, ymo dum scivit et potuit contradixit et desavoavit totum tractatum in quantum in sui præjudicium factum fuerat. »

Mais poursuivons le reste de ceste tragédie, par ce que nous venons de voyr en ce factum. La comtesse ne demeura en vie que six moys après ledict acord; mais avant que mourir elle feit secrètement donation de ses biens au comte d'Armaignac, et quoy que ny le susdict factum ni ladicte chronique sens nom ne le dyent pas, toutesfoys quelques ungs le tienent pour asseuré, et en cela il y a quelque apparence, veu que le comte d'Armaignac, tout aussi tost qu'il sceut la mort de la comtesse de Cumenge se saisit de la pluspart des places de ladicte comté, ce qu'il n'est pas vraysemblable qu'il eust volu attenter sens quelque noveau droict. Voyci coume l'autheur de la Chronique sens nom parle et de la mort de ladicte comtesse et de la saisie de ces places soubz l'an 1443 (1) :

---

(1) Chronique sans nom, soubz l'an 1413.

« En ce temps morut la comtesse de Cumenge en la cité de Poictiers ; et le comte d'Armaignac le sceut ; il print les places de ladicte comté oultre et par dessus la sauvegarde du roy pour les voloir appliquer à soy et à son domaine, non obstent l'appoinctement que le roy avoit faict à Tolouze. Cette saisie de places faicte par le comte d'Armaignac feut reportée à sa majesté, qu'estoyt pour lhors en la vile de Saumur, laquele en feut telement offencée, qu'ele délibéra d'en faire tele punition que le faict sembloit le mériter, et ce feut alhors que ces décretz de mainmise, desquels nous avons cy devent parlé, feurent làchés, voyre, que pis est, le roy despècha monsieur le dauphin avec de grandes troupes pour se saisir et de la persone dudict comte et de toutes ses terres coume le discourt fort particulièrement le mesmes aucteur que je viens d'alléguer en ses termes (1) : « Le meys d'octobre (c'est dudict an 1443 qu'il continue de parler) le roy estent à Saumur eust asses tost noveles que le comte d'Armaignac avoyt prins les places de la comté de Cumenge sur sa sauvegarde, et q'uil traictoit avec les Anglois pour marier sa filhe au roy d'Angleterre, et avoyt mis en ces places de Rouvergue ung capitene nommé Sallezard, espaignol, lequel estoyt au roy et l'avoit fortraict, et le bastard d'Armaignac, nommé Jean de L'Escun, lesquelz avoint en leur companie six cens lances et destruisoint tout le pays du roy environ eulx. Le roy envoya devers luy ses messagers luy faisent scavoir q'uil voulcist rendre les places de Cumenge et aussi faire vuider les gensd'armes q'uil tenoit en Rouvergue et q'uil cessàt de traicter avec les Anglois ; dont ledict comte ne feit rien,

---

(1) Chronique sans nom, soubz l'an 1443.

mais déshobéyt aulx letres du roy, au séneschal de Toulouse et au baily de Sens de rechef, et, tout ce consydéré, le roy envoya monseigneur le dauphin ez pays de Rouvergue et de Languedoc pour prouvoir à tout ce. Et y mena mile lances avec les gens de traict à cheval, et chevaucha tent par ses journées q'uil veint à Entraigues et à Rodez et feit tent que ledict Sallezard se partit de Rodez parmy tent que toute sa companie le laysseroyt et leur baileroit monseigneur le dauphin tel capitone qu'il luy plairoit. Et par le commendement du roy ne volut que Sallezard eust plus de companie en son royaulme, et de la partit monseigneur le daulphin pour aler à Tolouze. Et là eust conseilh q'uil avoyt à faire, et tout conseilhé, practiqué et considéré se partit monseigneur le dauphin de Tolouze, et feit passer une partie de ses gens d'armes oultre la rivière de Garone et vint devent L'Isle en Jourdain, où estoyt le comte d'Armaignac. Et quant ledict comte veist q'uil estoit surpris si vint au-devent de mondict seigneur le daulphin, cuident faire sa paix. Mais néanmoings mondict seigneur le daulphin le print et meit à luy la main, et le print luy et son filz Maisné *puisné* et ses deus filhes. Et quant le viconte de Lomaigne, son filz ayné, sceut ces noveles, se partit de Rouvergue et s'en ala en Navarre devent le prince q'uestoit son germain, pour doubte qu'il avoyt d'estre prins de mondict seigneur le daulphin ; lequel monseigneur le dauphin meit tout le pays du comte en la main du roy coume Armaignac, Lhomaigne, Rouvergue et Montlusson, et meit le siège devent Capdenac et Sévérac. Le bastard d'Armaignac feit aulcung traicté, par quoy le siège se leva de devant lesdictes places, qui sont molt fortes, et de là monseigneur le daulphin veint en France, et laissa ledict pays en gouvernement à messire Théalde de Valpergue, bayly de Lyon.

Voilà le comte d'Armaignac prisonier avec son segond fils Charles d'Armaignac et ses deus filhes, Marie et Eléonor, desqueles la première feut après mariée avec Jean 2 du nom, comte d'Alençon et la segonde avec Louys de Châlons, prince d'Orenge. Ces prisoniers feurent ammenés à Carcassone, ainsin que j'ay veu par d'autres mémoires escriptes en ce temps, concernens ce faict, lesquels se conforment entièrement à ce que nous avons dict du chroniqueur sens nom, horsmis en ce q'uil asseure que le vicomte de Lomanhe, filz ayné dudict comte, se retira au royaume de Navarre; car lesdicts mémoires sont chargées qu'il se retira en Cathaloigne vers le roy d'Arragon. Portent aussi ces mémoires que le comte d'Armaignac estent en son chasteau de L'Isle, ayent receu la novele que monseigneur le dauphin s'en venoit contre luy à main armée, manda à sondict filz en Rouvergue et par tout ailheurs où il avoyt de places, que, en luy faisent hobéyscence, le tout luy feut ouvert, et que luy mesmes ala devent luy, et le mit dedans L'Isle.

Cet emprisonement et comendement dudict comte feut cause que toutes les viles et aultres places que restoint encores à prendre des biens de la maison d'Armaignac, tent en Rouvergue que en Gascoigne, feurent saisies et mises en la main du roy, hors mis celes de Capdenac et de Sévérac, lesqueles en fin le bastard d'Armaignac, qui estoyt dedans, practiqué par monseigneur le dauphin, rendit et deslivra ez mains du baily de Lyon, que ledict seigneur dauphin après cet exploict, se retirent en France, avoyt laissé en Rouvergue pour y gouverner et forcer ces places, lesqueles faisoint semblent de se deffendre, coume il eust été facile de le faire, veu la forteresse d'yceles. Mais ce bastard les rendit et luy mesmes, quittent le parti dudict comte, suivit ledict seigneur dauphin, auquel il se rendit si serviable, q'uil feut toujours après aymé et favori de luy, de tele sorte que ce feut ung de ceulx par l'advis desquels il se gouverna le plus durent son règne. Et tout incontinent après son advènement à la coronne, il le feit mareschal de France. L'on l'apeloit Jean d'Andie ou de L'Escun, par ce à mon advis q'uil estoit seigneur de ceste place. Il se faict souvent mention de luy en l'hystoire du roy Louys XI, le plus souvent en qualité de comte de Cumenje coume à la vérité il teint quelque temps ceste comté, parce que le roy Louys XI luy en feit donation par usufruict seulement sa vie durant. J'ay esté quelque temps en peyne pour scavoir de quel comte d'Armaignac estoyt sorti ce bastard. Mais en fin j'ay trouvé q'uil estoyt filz naturel du feu conestable d'Armaignac, et que par ce moyen il estoit frère naturel du comte Jean 4 duquel nous parlons à présent. C'est d'une procuration faicte par Jean V, comte d'Armaignac, à mestre Raymond Marquès, son juge d'Aure pour se presenter pour luy devent ledict seigneur de Lescun, comte de Cumenge, commissere député par sa majesté pour raissesir ledict comte des viles et places de Lectoure, Sévérac et Capdenac, que je collige cela, par ce que en ceste procuration ce comte Jean V avoue ledict de Lescun comte de Cumenje pour son oncle, et par ainsin il failoit q'uil feut frère de Jean 4, son père et filz dudict conestable. Ceste procuration est de l'an MCCCCLXIIII de laquele nous parlerons plus à plain en son lieu, que sera cause que nous n'insèrerons icy le contenu en ycelle, nous reservent alhors de le faire.

Coume nous avons dict, monsieur le daulphin ayant mis soubz la main du roy toutes les terres d'Armaignac et de Rodez, et constitué prisonier le comte, s'en retourna come victorieux en France, où il ne s'arresta que bien peu, mais entreprint le voyage d'Alemaigne avec les mesmes troupes, en faveur, coume l'on disoit, du pape Eugène 4, pour donner craincte et terrur aux pères du concile de Basle, et par ce moyen les constraindre de se séparer. Nauclère, en sa Chronique, génération 49 (1), beatus Rhenanus, de rebus Germanicis, lib. 3 (2), et quelques aultres autheurs de ce temps là attestent que les tropes qu'uil conduisoit feurent apelées les Armaignacs, bien que le comte d'Armaignac n'y feut poinct, coume il ne pouvoit ni aulcung des siens. Mais je pence, quant à moy, que ce feut par ce qu'ilz venoint de vaincre le comte d'Armaignac, ou le faire prisonier et de saisir ses terres ; et pour cest effect l'on leur dona le nom d'Armaignac, q'uestoyt fort célèbre en France depuis les quereles des maisons d'Orléans et de Bourgoigne coume nous avons dict.

(1) Nauclerus. generatione 49.
(2) Beatus Rhenanus, re. ...: Germanicarum, lib. 3.

De la délivrance du comte d'Armaignac faicte à la prière et grande solicitation du roy d'Espaigne et des ducs de Savoye, d'Orléans, d'Alançon et aultres grands seigneurs de France.

CHAPITRE II.

Le comte d'Armaignac demeura asses long temps prisonier au chasteau de Carcassone, sens aulcune poursuite par justice, coume aussi il avoyt esté constitué prisonier sens aulcunes charges ny inquisitions précédents, pendent lequel temps le roy d'Espaigne, les ducs de Savoye, d'Orléans, d'Alançon, de Bourbon, le comte de la Marche et presque toutz les princes et grands seigneurs de France, cognoiscens asses son innocence, ne cessoint de soliciter devers le roy sa délivrence. Mais monseigneur le dauphin, qui en voloit ouvertement audict comte, rompit toutz leurs desseings. Toutes fois en fin les prières de ses grandz princes furent de si grande efficace, et peurent tent envers le roy q'uil inclina à leurs supplications; non toutesfois q'uil volut entendre à l'eslargissement dudict comte aultrement que par le bénéfice d'une abolition que sa majesté offroit de luy concéder, de laquele le comte ne voloit ouyr parler aulcunement, parce q'uil voyoyt que pour venir à ceste grace il failoit avérer et confesser les crimes desquelz l'on le chargeoit q'uil soustenoyt estre faulx et calomnieux, ce que retarda par ung fort long temps sa délivrance. En fin le roy envoya vers le comte ung gentilhomme pour luy faire entendre sa dernière résolution, q'uestoyt de ne le tirer de prison que par le moyen d'une grace et abolition, et que pour l'obtenir il failoit que le comte confessât toutz les crimes desquels il estoyt accusé, et que néammoins il feit beaucoups d'aultres choses, q'uestoinct conteneues dans les instructions et mémoyres que ce gentilhome portoit de la part du roy, lesqueles se voyent encores dens les archifs de la comté de Roudez; et par yceles l'on peut remerquer et cognoistre évidement l'innocence du comte, et que ce que l'on luy metoit sus, n'estoint que pures calomnies. Aussi ledict comte par ung fort long temps reffusa d'acomplir le contenu esdictes instructions, et de se voloyr servir de ceste grace que l'on luy prometoit pour ne sembler confesser chose que n'estoyt jamays tumbée en sa pencée, et demeurarent les affaires plus d'ung an en cest estat. Toutesfois en fin voyent que c'estoyt ung faire le fault, et que ses amys le lui conseiloint de ce faire, se délibéra de passer par là, depuis q'uil ne pouvoit aultrement recouvrer la liberté de sa persone, ny la jouyscence de ses biens. Ayant donc acompli tout ce que luy estoit mandé faire par lesdictes instructions, et nottemment renoncé à toutes les prétentions q'uil pouvoit avoir sur la comté de Cumenge, ce que y estoit plus expressément porté que toute aultre chose, les letres d'abolition luy feurent envoyées, dans lesqueles sont spécifiées par le menu toutes les charges que luy estoint imposées, sens que jamais il eust esté interrogé en justice sur yceles. Elles feurent donées à Châlons au moys d'aust MCCCCXLV. Nous les insèrerions icy ensemble les mémoires ou instructions desqueles nous venons de parler, sans ce qu'eles sont trop longues et ennueyroint par trop le lectur. Tant y ha que par lesdictes letres, le roy à l'instence et grande supplication des roy, ducs, comtes et seigneurs que nous avons cy dessus nommés, remet, tent audict comte d'Armaignac que à ses enfens, toutz les crimes et excès narrés ezdictes letres, ensemble les peines que pour cause d'yceulz ils pourroint avoyr encoureues, les restitutions en toutz leurs biens, honeurs et dignités, se réservant toutesfois sa majesté la comté de Cumenje, coume luy apertenent en propre, et néammoings aussi les terres et seigneuries suiventes : Sévérac, Beaucaire et aultres ayans esté de la maison de Sévérac, et oultre ce les viles d'Entraygues, de Capdenac, de Gourdo et de Lectoure, ensemble les quatre chastelenies de Rouvergue et toutes les aultres terres, places et seigneuries que le comte avoyt par deçà la rivière de Garone jusques à ce sculement que sadicte majesté eust receu du roy de Castilhe et du duc de Savoie les seuretés que par eulx luy avoint esté promises, pour et au nom dudict comte ; déclerent toutesfois que son intention n'estoyt tele que de jouyr pendent ce temps là des fruictz et revenus desdictes terres aultres que desdictes quatre chastelenies et terres ayans esté de la maison de Sévérac, mais seulement des places fortes d'yceles.

Moyenent ces lettres, le comte feut eslargi, mais avant que de s'ayder d'yceles il protesta devent notere et tesmoings qu'uil n'estoyt aulcunement colpable des crimes et excès y contenus ; mais que ce qu'uil en faisoit estoyt par nécessité et pour se tirer hors de prison. Et après avoyr esté eslargi de prison, estent alé à Tolouze pour présenter ses lettres à la court de parlement, il feit de rechef la mesmes protestation, laquele il réitera encores pour la troisième foix après qu'uil feut de retourn en ses terres ; coume j'ay veu par ung particulier mémorial dressé en ce temps là sur les occurrences de cest emprisonement et délivrence, par lequel conceilh de monsieur le dauphin (composé peut estre de quelques ungs qui ne voloint guière de bien au comte) est fort chargé de luy avoyr presté ceste charité, pour avoyr ses biens qui estoint grands et oppulens ; car de pencer que ce feut ledict seigneur dauphin, il n'y a poinct d'apparence q'ung tel et grand prince se feusse volu tent oublier que de poursuivre par une voye si oblique ung sien subject des prédécesseurs du quel la corone de Frence avoyt receu tent de services. Mais il est bien certain que le roy par les letres d'abolition s'estent réservé les quatre chastelenies de Rouvergue, ledict seigneur les se feit doner au roy et en pourchassa le don soubz coleur des frays et despens excessifs q'uil disoit avoyr esté constrainct de souffrir au voyage de Rouvergue et de Gascoigne. J'ai veu les letres dudict don, despêchées à Rasilhy, près de Chinon, au moys de may MCCCCXLVI, par lesqueles sa majesté ayant narré les charges et accusation dudict comte, la prinse de sa persone, la saisie de ses biens, et finalement la grace et rémission à luy faicte, par laquele restituent ledict comte en ces aultres il s'estoit réservées lesdictes quatre chastelenies, faict don d'yceles audict seigneur dauphin, son fils, par ces motz : « Pour ce est il que nous, recognoiscens les grans charges et despenses que nostre dict filz a eucs et sousteneus en ceste matière, les diligences q'uil y a faictes, et les travaulx q'uil y a prins, nous à yceluy nostre filz avons doné et transporté, donons, cédons et transportons et délaissons par ces présentes pour luy et ses hoirs masles, pour le temps à venir, lesdictes terres et seigneuries, places, forteresses, chasteaux et chastelenies desdicts lieux da la Gliole, Roquevalsergue, S. Genyeys et Cassanhes de Begouinhès audict pays de Rouvergue et leursdictes apertenences quelconques de bois, foretz, riviéres, garenes, pastis et pasturages avec toutz droictz de justice et seigneriaulx d'homages et homes de foy et de fief, de rachaptz, reliefs ou quintz deniers et aultres debvoirs quelconques, le droict et reveneu nommé le Comun de paix que y apertient et peut apertenir, sens rien réserver ni retenir à nous que le ressort et souvereneté, si donnons en mandement, etc. »

En vertu de ce don, monsieur le dauphin jouyst desdictes chastelenies durent six ou sept ans. Et bien que après la mort du comte Jean 4, le roy en faveur du vicomte de Lhomaigne, venu novelement audict comté de Rodez, eust par ses letres patentes du moys d'aust MCCCCLI, faicte déclaration q'uil entendoyt que lesdictes 4 chastelenies avec leurs apertenences feussent rendeues audict comte, non obstent la réservation à soy faicte d'yceles en ces letres de grace et le don q'uil en avoyt faict à son filz le dauphin, lequel don il révoquoit en tent que besoing estoyt, volent et entendent que deslhors en avant ledict comte jouyt desdictes places et revenu d'yceles, et que les chasteaux et maison qu'en dépendoint luy feussent rendeues ; si est ce toutesfoys que non obstent ces letres il falut parler audict sieur dauphin, qui se tenoyt fermement à son don, et soustenoit que le roy, son pére, ne les luy pouvoit oster, depuis q'uune fois il les luy avoyt données ; disoit aussi que depuis ce don il estoyt entré en quelques frais, et avoyt achepté de la dame d'Arpajon la place et chasteau de Beaucaire ce q'uil n'eust faict sens lesdictes chastelenies. Mais en fin le 2 jour du mois de juilhet 1452, s'estens assamblés en la vile de Valence en Dauphiné (où monseigneur le dauphin, s'estent séparé de son pére, se tenoit alhors), révérend Père en Dieu messire Louys de Poictiers, évesque et comte de Valence, et messire Jean L'Abbé, seigneur de La Roque, conseiliers et ayens charge dudict sieur dauphin, et messire Anthoine de La Baume, séneschal au comté de Rodez, ensemble messire Jaques de Pozol, archidiacre de Milhau en l'esglise cathédrale de Rodez, de la part dudict comte, passèrent acord que moyenent la soumme de xxii mil escus que le comte seroit tenu bailer audict sieur dauphin dens certain temps, il concentiroit à l'intérinement desdictes letres de may mccccli et suivent yceles remetroyt au pouvoir dudict comte lesdictes 4 chastelenies pour en jouyr luy et ses successeurs à perpétuité, coume son père faisoit avant la saisie ; concentiroit aussi à la cassation et nullité du don à luy faict par le roy son père, coume il feit après par ces lettres patentes du iii juilhet mcccclii, par lesqueles aussi suivent ladicte transaction il cède et transporte audict comte tout droict et action q'uil avoyt en la place de Beaucaire au moyen de l'achapt q'uil en avoyt faict de la dame d'Arpajon. Et par ce moyen les quatre chastelenies feurent réunies au comté de Rodez. Cela se feit vrayement après la mort du comte Jean, sur le discours duquel nous soumes encores. Mais je l'ay voleu icy metre de droict fil, pour ne séparer les matières et uzer après de redicte.

Le comte Jean 4 ayant esté remis en ses biens, coume nous venons de dire, vesquit quelques années après, se tenent toujours chez soy, sens aler en court. Mais quant le roy entreprenoit quelque guerre, il luy envouyoit son filz le viconte de Lhomaigne, bien acompaigné, pour le servir. Il le feit ainsin au voyage que sa majesté entreprint en Normandie, l'an mccccxlix, pour le recourement de ceste duché, de laquelle il chassa entièrement les Anglois ; et lhors que le roy feit son entrée dens la vile de Rouhan, capitale de ceste duché, après s'estre rendeue à luy, le viconte de Lhomaigne s'y trouva. Celuy qui a additioné Monstrelet (1), descrivent le triumphe de ceste entrée, le nomme entre les aultres seigneurs qui y assistèrent. « Derrière le roy (dict il) estoyt Jean d'Escaenvile, bailif de Dreux, valet tranchent du roy, lequel portoit le penon, q'uestoyt de velourz azuré à troys fleurs de lys d'or, et en ladicte companie estoint plusieurs seigneurs, c'est à scavoir le viconte de L'homaigne, le comte de Castres, Ferry, monseigneur de Lorraine, Jean, monsieur son frère, le seigneur d'Orval, le comte de Tancarvile, etc. » Le mesmes autheur, discourent du siège de Falaise soubz l'an MCCCCL, faict aussi mention dudict viconte (2) : « Puis (dict il) se partit le roy de sa vile de Caen pour aler audict siège ; si veint à une lieue près de Falaise en une abbaye nommée S. Andry ; avec luy estoint le roy de Sécile, le duc de Calabre, son filz, les comtes du Mayne, de S. Pol, et de Tancarville, le viconte de Lhomaigne et plusieurs aultres. »

Pendent que le viconte de Lhomaigne estoyt en ce voyage de Normandie en l'année MCCCC cinquante, son père Jean 4 du nom, comte d'Armaignac et de Rodez, morut en son chasteau de Lisle en Jourdain sens faire aulcung testement, coume aussi il n'en estoyt pas fort besoing, par ce que ses prédécesseurs, mesmes son père, avoint disposé pour lhuy. Il layssa à luy survivens deus masles, scavoir le viconte de Lhomaigne, qui après son père feut comte d'Armai-

---

(1) Supplément de Monstrelet.
(2) Suppl. de Monstrelet, soubz l'an 1450.

gnac, et Charles qui estoyt encores fort jeune. Il laissa aussi troys filhes : Eléonor, q'uil avoyt esté mariée avec le prince d'Orenge ; Marie q'uil avoyt aussi colloquée en mariage avec le duc d'Alançon, segond du nom, et une aultre nommée Ysabeaulx qui morut sens estre mariée. C'est cele que l'on disoit le comte avoyr voleu donner en mariage au roy d'Angleterre, qui feut la principale charge que ses enemys luy metoint sus, mais calomnieusement, ainsin q'uil soustenoit, et n'en feut jamais conveincu, ni par preuve, ni par conjecture concluente, combien q'uil y en aye quelques ungs qui veulent croire que, à l'instigation du roy de Navarre, son beau frère, qui estoyt tout Anglois, il feut sur le poinct d'entendre à ce parti, le roy d'Angleterre s'y estent offert.

Du noveau comte d'Armaignac et de Rodez, Jean V du nom, filz du précédent, et coume il feut employé pour le roy ez guerres de Gascoigne.

CHAPITRE III.

Le viconte de Lhomaigne après la mort de son père, suivent les dispositions de leurs prédécesseurs, succéda ez comtés d'Armaignac et de Rodez, et aultres terres, places et seigneuries de la maison. Il feut apelé Jean v de ce nom, et print à femme madame Jeane de Foix, filhe de Gaston, comte de Foix, 4 de ce nom, et de madame Eléonor de Na-

varre, qui feut cele qui aporta le royaume de
Navarre en la maison de Foix, coume nous verrons
en son lieu. Du mariage dudict comte Jean v et
de lauicte Jeane de Foix n'y eust aulcungs enfens
masles ni femeles, et morut il sens laisser aulcune
postérité. Il feut fort traversé mesmes sur la fin de
ses jours, q'uil teumba en l'indignation du roy Louys xi,
de tele façon q'uil y perdit la vie, coume nous
verrons après. Toutesfoys du comencement et après
la mort de son feu père, il feut fort amployé pour
le roy Charles vii au recourement ou conqueste de
la duché de Guyene.

Nous avons cy devent dict que l'an mccccxlii le
roy Charles 7 feut en Guyene en persone avec une
grande armée pour remetre ceste duché en son
hobéyscence et de faict il preint beaucoup de viles,
mais non toutes ; car il en laissa beaucoup à
reprendre et entre aultres cele de Bourdeaux, qui,
coume la capitale de la duché, estoit la tanière et
retraicte des Anglois. Et par ce que sa majesté
voyoyt bien que tent que ceste vile demeureroit en
leur pouvoir, ilz tiendroint toujours ung pied dens
la France, se délibéra de l'arracher de leurs mains
à quel prix que ce feut. Et tout aussi tost q'uil
eust remis en son hobéyscence la duché de Normandie,
il despêcha le comte de Dunoys et de
Longuevile en Guyene, avec une grosse armée, le
faisent son lieutenent général et gouvernur en tout
le pays d'ycele, pour remetre soubz son authorité
tent ladicte vile de Bourdeaux que ce que restoyt
dudict duché. Ce feut en l'année mccccli que ledict
comte veint au pays de Guyene et de premier abort
print Blaye et Bourg et quelques aultres viles. Et
s'estent résolu d'attaquer cele de Bourdeaux pour
divertir et dispercer deçà et delà les forces des

Anglois, il despêcha vers les comtes d'Armaignac et de Foix, leur mandant qu'uilz levassent aultent de forces qu'uilz pourroint, et se missent aux chemps, chescung vers le quartier qu'uil leur assigna ; estent aussi le comte de Ponthièvre d'aultre costé avec armée, telement que en ung mesmes temps les Anglois se virent avoyr sur le bras quatre grandes armées. Le comte d'Armaignac avoyt avec luy ce grand fouldre de guerre, Pothon de Xaintralhes, et les séneschaulx de Tholouze, Rouvergue, Agenois et Quercy, avec les nobles desdicts pays, faisens en tout sept cens lances, oultre les gens de traict, avec lesqueles forces il ala premièrement assiéger Castilhon en Périgort qu'uil print, et après la prinse d'yceluy, ala metre le siège devent cele de Rieux. Quelques ungs tienent que cele de Castilhon feut assiégée et prinse par l'armée du comte de Ponthièvre, acompaigné du mareschal de Jalouignes et de Jean Bureau, trésorier de France, estent ycele armée composée de troys cens lances et de deus mile francs archers. Mais la Chronique sens nom asseure que ce feut le comte d'Armaignac avec ledict sieur de Xaintralhes et 4 séneschaulx qui l'assiégea et print. Voycy coume elle en parle soubz l'an 1452 (1) : « En cedict mois (dict elle) se partit le comte d'Armaignac de son pays, et estoit avec luy le sire de Xaintralhes et les quatre séneschaulx de Tolouze, de Rouvergue, d'Agenois et de Quercy, et le séneschal de Guyene, et avoyt ledict comte d'Armaignac en sa companie, tent des seigneurs dessus nommés que des gentishomes de son pays, sept cens lances, et feut mis le siège devent Castilhon en Périgort; etc. »

---

(1) La Chronique sans nom, soubz l'an 1452.

L'autheur de ceste chronique vivoit de ce temps
là, et par conséquent luy doybt estre adjousté plus de
foy que à ceulx qui ont de noveau escript de ce que
s'estoyt passé fort au long temps avant eulx. Mais
il est bien asseuré que tout incontinent après, le
comte d'Armaignac, acompaigné des seigneurs et
troupes que dessus, ala metre le siège devent la
vile de Rions, q'uil pressa de tele façon que les
habitens d'ycele estoint sur le point de se rendre,
l'horsque le comte de Dunoys, lieutenent général de
sa majesté en Guyene, luy dona advis du traicté
q'uil avoyt faict avec les habitens de Bourdeaux sur
la reddition tent de leur vile que de certaines aultres
que les Anglois tenoint encores en Guyene, entre
lesqueles estoyt cele de Rions. C'est acord feut tel
que ledict sieur de Dunoys, lieutenent général, ayant
assiégé le chasteau de Fronsac, la plus forte place
que les Anglois eussent en Guyene, et sens laquele
ceulx de Bordeaux n'avoint moyen de tenir, ils
depputarent vers ledict seigneur pour entrer en composition avec luy sur la reddition desdictes viles et
aultres que les Anglois tenoint encores en Guyene,
avec lesquels, le 7 juing MCCCCLI, feut convenu que
dès le lendemain, qu'estoit jour de dimanche, ils
rendroint ez mains dudict sieur lieutenent les viles et
places de Vaires, Sainct Machaire, Rions et Blaignac;
et en cas que dens le 23 dudict moys de juing les
Anglois et ceulx du pays de Bourdelois pourroint
par puiscence d'armes débouter les gens du roy
hors de leur camp de Fronsac, où ilz estoint et
en yceluy demurer les plus fortz, en ce cas ledict
sieur seroit tenu leur rendre lesdictes places, aultrement à faulte de ce pouvoir faire elles demeureroint
aux Françoys, ensemble leur seroit rendues les viles
de Bourdeaux et de Fronsac ; ce qu'estent ainsin

arresté ledict sieur en dona advis au comte d'Armaignac, lequel au nom d'yceluy entra dans la vile de Rions, les habitens d'ycele l'y ayant admis suivent ladicte capitulation, de laquele ilz feurent aussi advertis par ceulx de Bourdeaux, coume le tesmoigne la susdicte Chronique sens nom en ces termes soubz ladicte année (1) : « En envoya ledict comte de Dunois ung hérauld du roy par devers le comte d'Armaignac, qui tenoit le siège de Rions, lequel luy présenta letres dudict sieur avec le double du traicté de Bourdeaux ; et se rendit ladicte ville en l'hobéyscence du roy de France. » Il continue après de discourir ce que advint en la journée arrestée le 23 dudict moys de juing, laquele feut teneue par le comte de Dunoys, sens que persone se présenta pour les Anglois, estent (dict cest autheur) escheu le temps que les Bourdelois debvoint ou se rendre ou libvrer bataiIhe aux nostres. Aulcung ne comparut pour le roy d'Angleterre, bien que les nostres se teinssent en bataiIhe le long du jour au lieu qui avoyt esté assigné, que feut cause que les habitens rendirent la ville audict comte lieutenent du roy, qui y entra le xxiiii dudict moys de juing.

Cest autheur n'oublie pas aussi le comte d'Armaignac au discours qu'uil faict sur l'entrée que ledict comte de Dunois feit dens la vile de Bourdeaux au mesmes endroict que dessus (2) : « Et premièrement, dict il, coumencèrent à entrer les archers de l'avant guarde, c'est à scavoir des mareschaulx et aultres estimés de mile à xii cens, dont estoint gouverneurs ledict

---

(1) Chronique sans nom, au lieu que dessus.
(2) Le mesme autheur, lieu que dessus.

Joachim et le seigneur de Panensac, scéneschal de Toulouze, et après les homes d'armes de ladicte avant guarde, toutz à pied, que gouvernoint lesdicts Loheac et Jaloignes, estimés ccc homes d'armes; et estoint lesdicts mareschaulx très bien montés; et après eulx venoint les comtes de Nevers et d'Armaignac et le viconte de Lautrec, frère du comte de Foix, lesquelz avoint aultres ccc homes d'armes, toutz aussi à pied, etc. » Le mesmes aucteur, en ce mesmes endroict, faict ung dénombrement de ceulx qui s'estoint portés dextrement et valeureusement au recouvrement de ceste province, entre lesquelz il met des premiers le comte d'Armaignac en ces termes (1) : « Et à conquérir et guaigner toutes les places que tenoint les Anglois en la duché de Guyene, se gouverna haultement et chevalurusement monseigneur le comte de Dunois et de Longuevile, lieutenent du roy, et aussi feit le grand mestre d'hostel du roy dessus nommé ; et au faict du traictié de Bourdeaux et de la conduicte d'yceluy, monseigneur d'Armaignac, qui s'y gouverna moult grandement et honorablement, le seigneur de Xainctrailhes, grand escuier d'escuerie du roy, y feit aussi fort vaillamment », et le reste que s'ensuit, ce que monstre évidemment que le comte d'Armaignac estoyt fort avancé en ceste armée.

Ledict comte continua encores ses services après la révolte de ceulx de Bourdeaux, par ce que après q'uil se feurent rendus la première foys au roy, que feut coume nous venons de dire l'an MCCCCLI, coume ils n'avoint encores le cueur guières françoys, ils ne demeurarent aussi guières en l'hobéyscence du

---

(1) Le mesmes autheur, lieu que dessus.

roy de France ; ains par les menées et practiques des seigneurs de L'Esparre, de Roazam et de Duras qui avoynt toutjours suivi le parti des Anglois, et mal envis s'estoint rendus aux François, ilz tornarent cazaque et mirent dens leur vile le sieur de Talebot, envoyé en Guyene par le roy d'Angleterre avec armée de six ou sept mile homes, à l'exemple desquels quelques aultres viles du Bourdelois en feirent de mesmes ; de sorte que les affaires de Guyene s'en aloint prendre ung trèsmauvais train, si le roy n'y eust proveu de bone heure. Sa majesté estoyt à Thouars, lhors que ces novèles luy feurent aportées en l'année MCCCLIII. Elle despêcha tout aussi tost le comte de Clermont qui estoyt de la maison de Bourbon pour résister aux effortz des Anglois, le faisent son lieutenent général en Guyene, lequel, ayant dressé une bele et grande armée s'en veint avec ycele audict pays où il ne tarda guières à doner batalhe aux Anglois, q'uil guaigna, et en ycele feut tué ce brave et généreux chevalier le sire de Thalebot, général des Anglois ; après la mort duquel et guaing de ceste victoire il reprint bien tost toutes les viles que les Anglois y avoint de nouveau prinses, mesmes la capitale d'yceles, Bourdeaux. Le comte d'Armaignac ne se trouva pas en persone en ceste armée ; mais il y envoya de fort beles troupes conduictes par deus valhans chevaliers, le seigneur del Puech, séneschal d'Armaignac et le seigneur de Lau, séneschal de Roudez, lesquels s'en veindrent joigndre à l'armée dudict seigneur lieutenent du roy au siège de Blanquefort en Médoc. La Chronique sens nom ne faict aulcune mention du seigneur del Puech, mais si faict bien du séneschal de Roudez q'uil apele l'ayné de Lange. « Pour lesqueles conquestes maintenir (dict il) sur l'an MCCCCLIII (1), avoint en leur companie mile lances et les archers ; en ce comprins les gens du comte d'Armaignac conduictz par ung chevalier nommé l'ayné de Lange, séneschal de Rodez. » Il y a sens doubte faulte au nom de ce séneschal, car au lieu de Lange, il y fault lire de Lau, coume le monstre fort bien le sieur de Bele forest, en traictent ceste mesmes hystoyre, où il asseure que ce séneschal estoyt le seigneur de Lau. Mais luy mesmes aussi ce fault en ce que il le qualifie séneschal de Rouvergue, bien qu'uil ne feut séneschal seulement que de la comté de Rodez et non de tout le pays de Rouvergue.

De la prévention du comte d'Armaignac, Jean V, et de l'arrest qu'en feut doné contre luy en la court du parlement de Paris.

CHAPITRE IV.

Nous avons cy devent monstré coume Jean v, comte d'Armaignac, s'estoyt tent du vivent de son père que après le décès d'yceluy fort employé aux guerres royales contre les Anglois, tent en Normandie que en Guyene. Mais toutz ses services ny ceulx de ses prédécesseurs, bien que fort grandz, ne le peurent garentir qu'uil ne tumbast de rechef en l'indi-

---

(1) Chronique sans nom, soubz l'an 1454.

gnation du roy Charles VII, qui sur sa vieilhesse estoyt devenu fort difficile et ombrageux, et de tele façon q'ung an ou deus ans après la dernière reprinse de Bourdeaux, scavoir l'an MCCCCLV ou LVI, coume aultres comptent, il feit saisir toutes ses terres coume il avoyt d'aultrefois faict à feu son père. Les autheurs de l'hystoire françoise de ce temps là font presque toutz mention de ceste prévention, les ungs la réferent à une cause et les aultres à une aultre. Alain Chartier et les grandes chroniques de France raportent ceste grande hayne du roy contre le comte d'Armaignac à ce que le comte soustenoit ung nommé L'Estin, que les aultres apelent Lestrin, et d'aultres Justin, se portent pour archevesque d'Auch, contre messire Philippe de Levis qui en estoyt proveu par nostre S. Père le pape, le premier ayant esté eslu par le chapitre ; mais le roy soustenoyt le faict dudict Levis. La Chronique sens nom n'oblie ceste contestation des deus archevesques, et raporte à ycele la hayne que le roy conceut contre le comte d'Armaignac, car c'est ainsin qu'ele en parle soubz l'an MCCCCLVI (1) : « Au moys de may le roy envoya monseigneur le comte de Clermont, monseigneur de Loheac et plusieurs aultres capitenes en la comté d'Armaignac, et pareilhement le comte de Dampmartin, le baily d'Euvreux et plusieurs aultres au pays de Rouvergue à l'encontre du comte d'Armaignac, parcequ'il n'avoit volu hobéyr à metre l'archevesque d'Auch en pocession et saisine de ladicte archevesché, lequel estoyt eslu de bon droict et de ce avoit les bulles du pape ; mais voloyt ledict comte qu'ung nommé Lestrin le feit ;

---

(1) Chronique sans nom, soubz l'an 1456.

et l'avoyt mis en pocession oultre le gred du roy en ladicte archevesché. Et pour ces causes et aultres le roy remit ledict archevesque en pocession et le faisoit à force de gensdarmes, parquoy depuis feit metre le siège devent la cité de Lectoure, et se rendirent ceulx de la cité, et pareilhement toutes les villes et places de la comté et aussi celes de Rouvergue et celes de Valdorces, et perdit le comte ses terres, et ainsin s'en retournèrent lesdicts seigneurs et capitenes où le roy les ordona. »

Il y en ha d'aultres qui tienent que ce feut par ce que le comte abusoit incestueusement de sa propre sœur, la tenent pour sa femme, adjoustens q'uil avoyt esté si impudent que d'en recouvrer une dispence du pape ; pour avoyr laquele il trouva moyen de corrompre par argent ung référendere du Sainct Siège nommé Ambroys de Cambray, françoys de nation, et qui estoyt ung des plus excellens jurisconsultes qui feussent de son temps, et lequel le proveut des bulles de ladicte dispence, desrroubées, coume il fault croyre, pour laquele faulte le pape Calixte III le chassa de la court, et le rélégua au monastère du mont d'Olivet, d'où en fin il treuva moyen d'évader et, s'estent retiré en France, il trouva moyen de s'insinuer tellement en la bone grace du roy Louys XI que ce feut ung de ses premiers François et par l'advis duquel il se gouverna le plus. C'est Guaguin qui faict tout ce discours en son hystoire françoise sur la mort du comte d'Armaignac, qu'advint asses long temps après. L'hystorien de Foix raporte la colère du roy contre le comte à l'une et à l'aultre de ces deus causes, c'est et au mariage incestueux de sa seur, et au support dudict comte à l'endroict de cest archevesque de L'Estin. Voycy coume il en parle (1) : « Eodem tempore maximum erat Charoli regis Galliæ in Joannem Armeniacum odium, quamquam ei semper obsequentissimus fuisset adeoque ut Armeniacorum nomine generali apellatione Franci denominarentur, quemadmodum Burgondiorum illi qui Francis et regi adversarentur ; quod scilicet Justinum alterum Auxensis archiepiscopatus competitorem contra regis voluntatem in pocessionem misisset, quodque etiam sorrorem iisdem natam parentibus incestu polluisset ac nuptias cum ea contraxisset, quas Ambrosius Cambraius, Calixti pontificis maximi referendarius, confecto falso diplomate, permisisset : quæ rex multum Armeniaci crimen elevabat : quandoquidem is arbitrabatur id legitime fieri posse quod a romani pontificis magistratibus permitteretur, et postquam id diplomatis quod integrum probumque existimabat obtinuisset jam nihil obstare quin jure cum sorore nuptias contraheret. » Jean de Serres (2) qui a récentement escripte l'hystoire de France, en son Inventere, ammene une aultre raison que je pence avoyr esté souffisente pour exciter le roy à luy faire faire son proucès. C'est que Jean de Lescun, aultrement apelé Jean d'Andie, bastard d'Armaignac, duquel nous avons parlé cy dessus estoyt celuy qui avoyt desbauché, s'il fault ainsin parler, monseigneur le dauphin, et qui avoyt esté cause de le faire séparer de la companie de son père ; et croyoyt le roy que c'estoyt de l'advis et conceilh dudict comte.

Quoy qu'il en soyt, il est tout certain qu'en ladicte année MCCCCLV le roy meit son procureur général après ledict comte, qui le feit adjourner à compa-

---

(1) Annales de Foix.
(2) Jean de Serres, en son Inventoire.

roir èn persone en la court du parlement de Paris pour venir respondre sur les faicts que luy seroit mis en avant, faisent ordoner que cependent toutz ses biens seroint saisis et mis en la main du roy ; et pour exécuter ceste mainmise feurent députés en Gascoigne monsieur le comte de Clermon qui feut après duc de Borbon, et messire André de Laval, sieur de Loheac, mareschal de France, et en Rouvergue messire Anthoine de Chabanes, comte de Dammartin et messire Poton de Xainctralhes, dict La Hire, baily d'Evvreux et grand escuyer de France, avec des forces. De quoy le comte d'Armaignac adverti, pour éviter ceste première furie se retira à Palhas, vile assise sur la frontière d'Arragon, ayant coumendé à toutes les viles et capitenes de ses places de rendre hobéyscence à sa majesté. Et s'estent luy tenu quelque temps en ladicte vile de Palhas, coume il cogneut que les premiers mouvemens de la colère du roy pouvoyt estre modérés, il s'ala présenter en la court du parlement de Paris, où il demeura ung fort long temps en l'arrest sens pouvoir estre ouy. Et en fin après plusieurs solicitations ayant esté interrogé sur les faicts à luy mis en avant, il respondit si pertinement que l'on treuva ny avoir aulcune prinse sur luy, que feut cause que l'on supercéda la poursuite, sens toutesfois le volur ni relauxer ni eslargir de l'arrest que luy avoyt esté comendé par la vile de Paris. Et ayant demeuré deus ans ou environ en cest estat, consydérent sa longue détention, et que l'on ne luy voloit ouvrir la porte de la justice, ny restituer ses biens, se creignent que l'on ne voleut attenter sur sa persone aultrement que par la voye de droict, il délibéra de quitter Paris, et en estent sorti secrètement se retira avec monseigneur le dauphin, qui asses long temps auparavant s'estoyt absenté de la court pour quelques mescontentemens q'uil avoyt receu de son père, et se tenoyt alhors avec le duc de Bourgoigne. Les enemys du comte qui l'avoint mis en la disgrace du roy feurent fort ayses de ceste retirade, pour prendre tel avantage sur luy q'uilz désiroint. Et faisent jouer le procureur du roy, le poursuivirent par deffaultz et criées à troys briefs jours, telement que en fin, le xiii jour du moys de may mccclx, ils feirent doner arrest contre luy par contumace, par lequel il feut décleré atteint et convinqu des cas et crimes à luy imposés, banni à perpétuité du royaume de France, et ses biens confisqués. J'ay veu cest arrest dens lequel toutz les crimes imposés audict sieur comte sont assez au long spécifiés, scavoyr : la voye de faict contre l'archevesque d'Auch, lequel y est nommé messire Philippe de L'Evis, nepveu d'aultre messire Philippe de L'Evis, que luy avoyt résigné ladicte archevesché, en court de Roume, et son compétitur soustenu par le comte y est nommé Lustin, le mariage de sa seur, et l'intelligence q'uil estoyt accusé d'avoir avec le roy d'Angleterre, lequel faict ny est narré que de passade. Mais pour ce qu'est dudict mariage incestueux il y est fort au long discouru, mesmes y est cottée une particularité qui ne se trouve ailheurs c'est que, pendent que l'on faisoit le procès audict comte, feurent surprinses de letres qu'il escripvoit de Paris en hors, où il estoyt arresté, à sa dicte seur, par lesqueles il confessoit le mariage, l'adresse d'ycelles estent tele : « A ma vraye compaigne pour jamais. » Et est chargé ledict arrest que lesdictes letres feurent interceues en la vile de Rodez, et que le porteur d'yceles soustint que ledict comte les luy avoyt bailées de sa propre main.

Le comte d'Armaignac, Jean V, est remis en ses biens par le roy Louys XI, venu de noveau à la corone de France après la mort de son père.

CHAPITRE IV (1).

Coume nous venons de dire au chapitre précédent, le comte d'Armaignac, arresté dens Paris, voyent le desny de justice que l'on luy faisoit, brisa l'arrest. Mais affin que l'on ne raportast ung si soubdain despart au deffi de son droict, il ne volut sortir hors du royaume, mais se retira avec monseigneur le dauphin, qu'estoyt avec le duc de Bourgoigne en Flandres. Ledict seigneur les receut avec bon acueilh ; car quoy qu'il y eust heu entre eulx quelques castilhes, coume nous avons cy devent veu, toutesfoys messire Jean d'Andie, seigneur de Lescun, avoyt acommodé le tout et faict la paix entre eulx. Ce seigneur avoyt telement guaigné le cueur dudict seigneur dauphin qu'uil le gouvernoit paisiblement ; et déjà il l'avoyt faict son mareschal, ainsin que nous pouvons colliger de la Chronique sans nom, lequel parlent, soubz l'an MCCCCLVIII (2), de l'entrée magnifique que le duc de Bourgoigne feit en sa vile de Gand, estent pour lhors ledict seigneur dauphin avec luy, il asseure que ledict sieur de Lescun

---

(1) Il y a deux chapitres IV dans l'original. Il nous paraît inutile de le rectifier. — Note de la Société.
(2) Chon. sans nom, soubz l'an 1458.

estoyt à costé dudict sieur duc, qu'est ung rang que n'est acoustumé de doner que aux grendz : « Ycele entrée (dict il) feut moult haulte et la plus excellente que prince eust faicte long temps auparavant ; car à costé estoyt à cheval, le chaperon sur l'espaule, le bastard d'Armaignac, mareschal de monseigneur le dauphin ; depuis il feut fort avancé par ledict seigneur dauphin, après q'uil feut venu à la corone de France, après la mort de son père. Car tout aussi tost il désapoincta le seigneur de Bueilh, admiral de France, et meit en sa place ledict seigneur de Lescun, coume le tient Beleforest. » Toutesfois le seigneur du Tilhet ne le met au reng des admirauldz, mais bien des mareschaulx, disent que le roy Louys XI, venent à la corone, deschargea le seigneur de Loheac, mareschal de France, pour metre en sa place le bastard d'Armaignac, q'uil apele comte de Cumenje ; mais que ledict sieur de Loheac feut remis en sa charge l'an MCCCCLXV, ce que confirme l'autheur du Supplément de Monstrelet soubz ladicte année (1). « Si remit (dict il) et feit le roy le sieur de Loheac mareschal de France, coume d'aultres fois il l'avoit esté, et le mit au lieu du comte de Cumenje, bastard d'Armaignac. » Ces deux derniers autheurs l'apelent comte de Cumenge, par ce que à la vérité il l'estoyt alhors ; car le roy Louys XI luy dona ceste comté par usufruict et sa vie durent. Le sieur de Beleforest atteste d'avoir veu les letres dudict don dattées de l'année MCCCCLXI, ezqueles il est apelé mareschal de France, et dict que l'année ensuivent au moix de febvrier le roy luy dona aussi la vile de Sauveterre, voysine de ladicte comté,

---

(1) Supplément de Monstrelet, soubz l'an 1465.

et que aux letres de se don ledict bastard d'Armaignac est apelé comte de Cumenje, mareschal de Frence et gouvernur général pour le roy en Guyene, duquel gouvernement sa majesté avoyt desapoincté Jean, duc de Bourbon, pour en prouvoir ledict comte de Cumenje, de quoy le duc se sentit si piqué que pour ceste seule occasion il se ligua quelque temps après avec les aultres princes et grandz seigneurs en la guerre du Bien public.

J'ay volu faire ce petit discours pour monstrer coume se bastard d'Armaignac feut fort avant en la bone grace du roy Louys XI ; et coume par sa faveur le comte d'Armaignac feut honorablement receu de luy en Flandres, lhorsq'uil n'estoyt encores que dauphin. Mais le comte d'Armaignac n'eust guières demuré avec luy que le roy Charles VII morut, que feut cause que ledict seigneur dauphin s'en revint en Frence pour recepvoir la corone. Il feut sacré à Reims, le jour et feste de l'Assoumption, l'an MCCCCLXI. Bientost après qu'uil eust faict son entrée dens la vile de Paris, au pourchas et prières du comte de Cumenge, il feit absouldre le comte d'Armaignac des cas et crimes que luy avoint esté mis sus par le procureur du roy, et luy feit rendre et restituer toutz ses biens, coume l'autheur du Supplément de Monstrelet le tesmoigne, discourent l'entrée du roy après son sacre dens la vile de Paris soubz ladicte année (1). « Là estoit (dict il) toute la seigneurie de France, excepté le roy René de Sécile et son frère, le comte du Mayne. Aussi n'y feurent pas le duc de Bretaigne, le duc d'Alançon, ny le comte d'Armaignac, que le roy deffunct avoyt

---

(1) Supplém. de Monstr., soubz l'an 1461.

déclairé bany de son royaume, et décleré toutz ses biens confisqués. Mais tout après, c'est à scavoir le xxviii de septembre il veint à Paris devers le novel roy qui luy feit bone chère et l'absolut et luy rendit toutes ses terres et seigneuries. »

Je n'ay peu treuver les letres de ceste absolution ou restitution. Mais j'ay bien veu d'aultres letres faisens expresse mention d'yceles, et par ces dernières sa majesté mande à sa court de parlement de Paris de recepvoir le comte à l'intérinement des letres d'abolition ou restitution par procurur, attendu q'uil n'y pouvoit venir en persone pour les causes y exprimées. Ces letres sont donées à Tours le xii octobre mccccli, et font mention desdictes letres de rapel ou restitution en ceste sorte : « Nostre trèscher et amé cousin le comte d'Armaignac nous a faict remonstrer que nous luy avons octroyé nous letres patentes en forme de chartre, par lesqueles nous l'avons restitué à ses terres et seigneuries, lesqueles avoynt esté empêchées du temps de nostre trèscher seigneur et père, que Dieu absolve, au moyen de certein arrest doné par contumace en nostredicte court de parlement, par lequel il avoyt esté déclairé banni de nostre royaume, et sesdictes terres et biens confisqués. Et par yceles nous letres l'avons rapelé et luy avons perdonés et abolis toutz les cas q'uil avoyt par avant faictz et commis en contre nous et justice, en mandent que les fasse jouyr desdictes terres et seigneuries, non obstent ledict ban, etc. »

En vertu de ce mandement, le comte d'Armaignac feit présenter par son procureur lesdictes lettres d'abolition en la court du parlement, après l'intérinement desqueles la mainlevée desdicts biens feut exécutée réalement par messire Jean de Longueuilh, conceiler du roy en ladicte court, lequel, s'estent acheminé sur les lieux, remit ledict comte en pocession de toutes ses places, reservé de celes de Lectoure, Capdenac, Sévérac et Beaucaire, lesqueles, ayent esté saisie avec le reste dudict bien en la première accusation du feu comte Jean 4, n'avoint encores esté rendeues, le feue roy les ayant reteneues encores à cause de la forteresse d'yceles, mais le roy volut qu'ueles luy feussent rendeues. En conséquence de ceste dernière restitution, et à ces fins, en l'année mil CCCCLXIII, sa majesté dona comission au comte de Cumenje, mareschal de France, de rendre lesdictes places audict comte d'Armaignac, et de le remetre en pocession d'yceles. Cele de Sévérac avoyt esté baylée en guarde à messire Guilhemot de Vennac, auquel le roy escripvit de la rendre au comte de Cumenje, comissere susdict, pour la deslivrer au comte d'Armaignac. J'inséreray ici ladicte letre qui se voyt encores pour confirmation de ce que nous venons de dire. « A nostre cher et bien aymé escuyer de nostre escuerie, Guilhemot de Vennac, bayly des montaignes de Dauphiné. Cher et bien amé, nous envoyons une comission à nostre cher et amé cousin le comte de Cumenge pour délivrer et lever la main des places de Lectoure, Sévérac et Capdenac, à nostre trèscher et amé cousin le comte d'Armaignac, ainsin que verres par votre descharge. Si vous mandons que bailes ladicte place de Sévérac au seigneur de L'Annhac et guardes que à ce ne faictes faulte. A Saven le XII jour d'aust. » Le comte de Cumenge subrrogea à sa charge et commission ung seigneur nommé Charles de Sainct Vincens, que je croy estre celuy que le roy nonme en la susdicte letre seigneur de L'Agnac, lequel meit ledict comte en pocession desdictes places, mesmes du fort chasteau de Sévérac, coume j'ay veu par ung petit mémoire treuvé dens les archifs du comté de Rodez, ne contenent que ces motz : « L'an mccccLxIIII et le xxII jour de septembre, lo castel de Sévérac fouc restituit à monsieur lo comte et délieurat per Charlot de S. Vincens, a co commes per monseigneur le mareschal, loqual castel era estat tengut et guarda^t per Guilhemot de Vennac. » J'ay veu aussi la procuration que le comte d'Armaignac feit à messire Reymond Marquès, son juge d'Aure et de Manhoac, pour comparoir devent ledict comte de Cumenge, commissere susdict, et requérir l'exécution de sa comission dattée du x septembre 1464, où il apele ledict comte de Cumenje son oncle, que monstre évidement (coume nous avons une aultrefoys cy dessus remerqué) q'uil estoyt filz naturel du feu conestable d'Armaignac. « Ad comparendum et se presentandum coram charissimo avunculo nostro Joanne, comite Convenarum (porte ceste procuration), locum tenente domini nostri regis Franciæ et comissario in hac parte specialiter deputato ad tradendum et liberandum castra nostra Lectoræ, de Capdenaco, de Severaco et de Bellocardo aut coram quocumque alio comissario ab ipso domino comite deputato. »

De la guerre du Bien public et ligue que pour cause d'ycele feut faicte entre les princes du sang contre le roy Louys XI, en laquele le comte d'Armaignac entra.

CHAPITRE V.

Le comte d'Armaignac avoyt toutes les occasions du monde de remercier le roy de ceste grace que sa majesté luy avoyt faicte, de le remetre en ses biens que par aultre voye il n'eust sceu recouvrer, ce que le debvoyt inciter et affectioner de plus en plus au bien de son service. Mais il feut si mal conseilhé que ceste mesmes année q'uil avoyt receu ceste grande faveur du roy, q'uestoyt l'an mil ccccLXIIII quelques princes du sang et aultres grands seigneurs de France, mal contens du roy, se résolurent de lever les armes contre luy et à ces fins s'alliarent et confédérarent ensemble, avec lesquels le comte d'Armaignac se ligua aussi, quittent le service de son souverain prince et bienfacteur pour suivre le parti de ceulx desquels il n'avoyt receu aulcung bien. Ces seigneurs se fâchens de se voyr reculés du gouvernement des affaires de la corone et q'uilz n'estoint amployés par sa majesté, coume ils perçoint debvoir estre, s'estoint délibérés de broiler les chartes en ce royaume. Et pour estre suivis et sousteneus des viles et reste du peuble prindrent (coume il advient toutjours en tel cas) ung beau prétexte que c'estoyt pour le bien de ce royaume et pour soulager le peuble et le descharger des foules et impositions insuportables que se jettoint sur luy. Et pour mieulx le faire croire, ils baptisèrent leur ligue ou plustost révolte du nom de Bien public. Il nous fault nécesserement dire quelque chose de ceste guerre, par ce q'uele feut la source et origine de l'entière perte et ruine, non seulement du comte d'Armaignac, mais aussi du nom et race de toutz ceulx d'Armaignac ; mais ce sera le plus succinctement que faire se pourra.

Ceste ligue feut practiquée par Charles de Bourgoinhe, comte de Charolois, filz de Philippe le Bon, duc de Bourgoigne, qui en voloit estrengement au roy Louys XI pour les causes au long discoureues par nous chroniqueurs françoys. Ce seigneur voyent l'inclination des princes du sang et aultres grandz seigneurs du royaume tendre au désaveu du gouvernement des affaires qui se manioynt, coumme il leur sembloyt, par gens de peu, et lesquels néammoings avoynt tent guaigné sur le roy que de luy faire oublier ceulx qui avoynt si loyaulment et fidèlement servi le feu roy, son père ; la pluspart desquels il avoyt désapoinctés et tirés de leurs offices et dignités, voyre chassés de sa court pour faire ung noveau monde en sa maison, de quoy les princes et grandz officiers de la coroue s'estoint fort piqués. Voyent donc le comte de Charolois toutz ses mescontentemens, et que à cause d'yceulx les cueurs de presque toutz les princes et aultres seigneurs estoint aliénés du roy, se résolut de prendre ceste occasion au poil, et de se servir d'ycele pour se venger des injures q'uil pençoyt avoyr receues du roy ; par quoy il tâcha dessoubs mains et par menées sourdes d'attirer à soy toutz ces princes et grandz seigneurs du royaume et les armer contre le roy.

Il se dressa premièrement au duc de Berry, frère du roy, qui se mit tout incontinent de la partie, se plaignent de ce q'uil ne tenoyt tel reng en France que sa qualité méritoyt. Estent donc ung jour le roy à Poictiers, il se desrroba secrètement de luy et feignent s'en aler à la chasse, il se retira en Bretaigne avec le duc qui estoyt aussi déjà entré en ceste mesmes ligue. Les ducs de Berry, de Bourgoigne n'estoint pas seuls en ceste entreprinse, car il y avoyt grand nombre d'autres princes et grands seigneurs qui feurent de la partie tels q'uestoint le duc de Lorraine, le duc de Calabre, Jean, duc de Bourbon, Jean, duc d'Alançon, Jean, comte d'Armaignac, Jaques d'Armaignac, duc de Nemours, Jean, comte de Dunoys et de Longevile, bastard d'Orléans, Louys de Luxembourg, comte de S. Pol, Charles, sire d'Albret, le comte de Dammartin, seigneur de Loheac, et plusieurs aultres grands seigneurs, lesquels par leurs agens avoint en ladicte année mccclxiv faicte une assemblée en l'esglise Nostre Dame de Paris, où ceste ligue feut conclue et résolu faire la guerre au roy pour le constraindre à maintenir et conserver les priviliéges du royaume q'uilz soustenoint estre anéantis et foulés aux pieds par ceulx qu'ilz disoint s'estre emparés de la persone du roy. Ceulx qui estoint de ceste ligue, pour s'entrerecognoistre, pourtoint une esguilhete de soye en leur ceinture, ce que servit de beaucoup pour tenir l'entreprinse secrète. Les premiers d'entre eulx qui se mirent aux chemps feurent le duc de Bourbon, celuy de Nemours et les comtes d'Armaignac et de Dampmartin, lesquels se saisirent de quelques places en Auvergne, attendent que les aultres princes et seigneurs de la ligue prinssent les armes pour se rencontrer toutz ensemble aux environs de Paris, où ils avoynt arresté leur rendez-vous. Mais le roy ayent eu le vent de ces menées dressa promtement une armée avec laquele il s'en veint en Bourbonois pour chastier l'insolence de ces seigneurs et de premier abort reprint les villes de l'Allier, Montluçon et quelques aultres desqueles ilz s'estoint déjà saisis, ce que les estona de tele façon, se voyens surpris et ne se sentens assez fortz pour résister aux troupes du roy, pour ce que les ducs de Berry et de Bretaigne n'avoint encores dressé leur armée, qu'uilz feurent constreinctz de quitter la campaigne et se retirer dens la vile de Riom, où le roy les veint assiéger. Mais pendent le siège madame Jeane de France, seur du roy, et femme du duc de Bourbon, se meit en avant pour traicter d'acord entre sa majesté et lesdicts seigneurs, et feit tent que enfin elle les acourda; après lequel acord le roy ne tarda guières à reprendre son chemin vers Paris, où il estoyt fort desiré des habitens, par ce qu'uilz avoynt déjà sur le bras l'armée du comte de Charolois. L'autheur du Supplément de Monstrelet soubz l'an MCCCCLXV (1), et Philippe de Commines au premier de ses Mémoires (2) discourent plus amplement ce qu'advint en ce voyage du roy en Bourbonois, et parlent de cest accord qu'ilz disent avoyr esté faict devent Rion, et que par yceluy les susdicts seigneurs promirent au roy de tramer ung acord général avec les aultres seigneurs de la ligue, et de faire tout ce qu'uilz pourroint pour les faire quitter les armes et rendre hobéyscence à sa majesté, ou, en cas qu'uilz ne les pourroint porter à cela, qu'uilz se despourteroint entièrement de ceste ligue et ne prendroint jamais les armes contre le roy.

---

(1) Supplé. de Monstrelet, soubz l'an 1465.
(2) Philippes de Commines, prem. lib. de ses Mémo.

Cest acord ne feut tenu par aulcung de ces seigneurs, par ce que leur intention n'estoyt que d'escarter les forces du roy, pour avoyr le moyen de s'aler joindre avec les ducs de Berry et de Bourgoigne devent Paris, ainsin que au paravant ils avoint arresté entre eulx; et le roy n'avoyt de son cousté faict cest accord que pour s'aller jetter vistement dens Paris, de creincte q'uil avoyt que le comte de Charolois ne s en saisit, ayent receu advis qu'il estoyt ez environs. Et de vray tout incontinent après l'acord il feit trosser baguage, et print son chemin vers la France. Mais estens près de Montlhery il rencontra l'armée du comte de Charolois qui luy coupa chemin et le constreignit de combatre contre son intention. Il advint en ceste batailhe, chose digne d'estre remerquée, c'est que l'hysseue en feut si doubteuse que chesqune des deus parties se porta pour victorieuse.

Le roy ne feut pas plustost party du pays d'Auvergne que les ducs de Bourbon, de Nemours, le comte d'Armaignac et le sire d'Albret partirent aussi avec leurs troupes pour aler joindre les ducz de Berry et de Bretaigne, qu'ilz trouvèrent près de la vile d'Estempes, avec lesquelz le comte de Charolois s'estoit aussi venu joindre après la journée de Monlhery, q'uil se ventoit avoir guaigné. Là ils prindrent résolution de ce q'uilz avoint à faire, que feut d'aler metre le siège devent Paris où ilz s'acheminèrent tout aussi tost. Le Supplément de Monstrélet (1) dict que les ducs de Berry et de Bretaigne se logèrent à Pont Charenton, le comte de Charolois à Conflens, le bastard de Bourgoigne et

---

(1) Supplém. de Monst.. soubz l'an 1466.

ceulx de l'avant guarde entre Conflens et Charenton, le duc de Calabre, le comte d'Armaignac et le duc de Nemours à Brie. Le seigneur d'Argenten, Philippe de Commines (1), dict que le comte d'Armaignac et les aultres de sa trope se tindrent ung peu loing du camp affin q'uils ne l'affamassent, et rend la raison pourquoi en ceste sorte : « Sur la fin y veindrent les ducs de Nemours, le comte d'Armaignac et le seigneur d'Albret. Leurs gens demurarent loing, pour ce q'uilz n'avoint poinct de payement, et q'uilz eussent affamé nous gens, s'ils eussent prins sans payer, et scais bien (dict il) que le comte de Charolois leur dona de l'argent jusques à cinq ou six mile francs, et feut advisé que leurs gens ne viendroint pas plus avant. Ils estoint bien six mile homes de cheval qui faisoint merveileusement de maulx. »

Ce siège dura longuement pendent lequel le roy feit ung voyage en Normandie. Mais ayent heu advis que les princes avoint quelques practiques avec ceulx de Paris, s'en revint en grande diligence et s'ala jetter dens la vile, après le retourn duquel feut advisé par les princes que les ducz de Bourbon et de Nemours et d'Armaignac s'en yroint en Normandie pour y exécuter les entreprinses que ceulx de la ligue y avoynt, et feirent si bien que dens peu de jours ilz se rendirent mestres, au nom de monsieur de Berry, de la vile de Rohan, de Gisors et aultres plusieurs viles et places fortes, ce que feut cause de faire incliner le roy à la paix que c'estoit coumencée de traicter, et laquele feut en fin conclue et arrestée au chasteau de Conflanx d'où

---

(1) Philipp. de Commines, premier lib. de ses Mémoires.

elle print son nom. Entre aultres choses feut porté par ycele que toutz arrestz donés en conséquence de ceste guerre contre les seigneurs de la ligue et leurs adhérens demeureroint nuls et de nul effect coume non advenus, estent ainsin que pendent ceste guerre le roy avoit décleré toutz les biens des seigneurs ligués à soy confisqués et acquis, entre lesquels ne feurent oubliés ceulz du comte d'Armaignac qui feurent de rechef mis ez mains du roy, et la main mise exécutée en quelques places, que dona occasion de faire metre audict traicté de Conflanx ung article concernent expressément ledict comte, scavoir q'uil seroit remis en toutes ses terres et seigneuries ainsin que asseure le Supplément de la Chronique de Monstrelet (1), qui entre aultres articles du traicté de Conflanx y met cestuy cy : « Item que le comte d'Armaignac recevra aussi toutes ses terres que le roy lui avoit prinses et tolleues, etc. » Et bien q'uil n'eust besoing d'aultre déclaration c'est article estent asses exprès pour luy, si est ce que ayant esté suivy d'ung grand noblesse de Rouvergue et de Gascoigne, soy creignens d'estre ung jour recerchés, il obtint une déclaration particulière tent pour luy que pour eulx, laquele se treuve encores dens les archifs de Rodez en forme de letres patentes données à Authun sur Loire le xvii may mccccLxvi. Cette paix dona fin à la guerre du Bien public.

(1) Supplé. de Monstrelet, soubz l'an 1466.

Du dernier arrest de confiscation de corps et de biens doné contre le comte d'Armaignac et exécution d'yceluy en partie.

CHAPITRE VI.

La paix de Conflanx, coume nous venons de dire, dona fin à la guerre du Bien public, mais non à l'inimilié que le roy avoyt conceue contre les seigneurs de ceste ligue, laquele se manifesta après en temps et lieu. Mais bien que le roy en volut particulièrement au duc de Nemours et au comte d'Armaignac pour luy avoir faulcée la promesse qu'uilz luy avoynt faicte à Rion, coume Philippe de Commines au 2 chapitre de son premier libvre (1) tesmoigne le luy avoir souvent ouy dire, si est ce que, réservent de les attraper lhors que moings ils y penceroint, il leur faisoit le plus beau semblent qu'ilz pouvoint jusques à les employer souvent à son service, coume il feit en la guerre de Cataloigne qu'uil entreprint contre le roy d'Arragon, Jean segon de ce nom, en faveur de René d'Anjou, roy de Sécile, que les Cathelens avoynt eslu pour leur roy, durent les quereles qu'uilz avoynt contre leur prince ; à la prière duquel sa majesté feit dresser une armée en l'année MCCCCLXVII, la conduitte de laquele il dona auxdicts comte d'Armaignac et au duc de Nemours, nommé Jaques d'Armaignac, sorti de la mesmes maison d'Armaignac, et cousin germain dudict comte, par ce qu'uil estoyt filz de Bernard

---

(1) Philippe de Commi., lib. V de ses Mém.

d'Armaignac, filz puisné du conestable d'Armaignac, coume nous avons déjà dict cy dessus. Ce Jaques d'Armaignac avoyt espousé madame Louyse d'Anjou, filhe de Charles d'Anjou comte du Mayne, en contemplation du quel mariage le roy Louys XI leur avoyt donné la duché de Nemours, coume nous dirons plus à plain cy dessoubz, lhors que nous poursuivrons la descente de ceste segonde branche d'Armaignac, et croy que ceste alience de ceulx d'Armaignac avec ceulx d'Anjou feut cause que le roy dona la charge de ceste guerre auxdicts duc de Nemours et comte d'Armaignac, lesquelz estens avec leur armée passés en Espaigne donnèrent deus batailhes au roy d'Arragon qu'ilz guagnèrent. Mais le duc de Calabre estent décédé de maladie, ilz feurent constrains de repasser les mons et layssèrent en paix le roy d'Arragon qui se réconcilia après avec ses subjects. Mais quel beau semblent que le roy Louys monstrât au comte d'Armaignac, ce n'estoyt que pour l'endourmir, couvant cependent dens son cueur une grande et estrenge malice envers luy, les effaictz de laquele il meit au jour bien tost après le retourn de ce voyage de Cathaloigne. Et par ce que monsieur de Berry, frère du roy, soustenoyt ouvertement ledict comte, le roy tâcha de luy oster premièrement cest appuy, affin d'en avoyr après meilheur marché quant il seroyt temps et sens aulcung support.

Le roi, par le traicté de Conflens, debvoit bailer audict seigneur de Berry pour son appenage la duché de Normandie. La plus grande partie s'estoyt durent le siège de Paris déclairée pour luy; mais, coume le roy estoyt de ceste humeur que de prometre beaucoup et n'attendre guière, il trouva moyen, dens peu de jours après ce traicté, de se remetre dens les viles de ce duché que c'estoint déclerés pour son frère ; et par ce que il voyoyt bien que sondict frère se recentiroit de ceste nouveauté, il tâcha de guaigner ceulx par l'advis desquels son frère se gouvernoit le plus, et par le moyen d'yceulx il obteint ce poinct ledict seigneur de Berry quitta la Normandie pour accepter la duché de Guyene qu'uil luy subrrogea au lieu de cele de la Normandie, et par mesmes moyen il feit tent que sondict frère quitta le comte d'Armaignac, parmy ce qu'uil luy promit de l'investir et rendre paisible pocesseur des comtés d'Armaignac, de Rodez et aultres terres et seigneuries apertenens audict comte, toutes encloses dens la duché de Guyene et dependens d'ycele.

Ayant par ce moyen le roy esbranlé le comte d'Armaignac et luy osté tout son appuy l'hors qu'uil s'en doubtoit le moins, il se résolut de l'attaquer ouvertement, mais toutesfois soubz le manteau et couverture de la justice. Il luy meit donc après son procureur général en la court du parlement de Paris qui le tira en prévention, l'accusent d'avoyr intelligence avec Edouard 4 de ce nom, roy d'Angleterre, pour le recouvrement des terres qu'uil présuposoit luy estre occupées par nous roys ; luy metent aussi sus qu'uilz se visitoint souvent par letres et messages ; et que mesmes en l'année MCCCCLXVIII, estent le comte d'Armaignac en sa ville de Lectoure, y estoit arrivé ungn Anglois, nommé Jean le Bon, qui luy avoyt apourté letres du roy d'Angleterre, et que par le mesmes porteur il luy avoyt rendeue responce, qu'avoyt esté surprinse et remise en la court, coume ledict sieur procureur disoit. C'estoint en soumme les charges que luy estoynt mises sus, lesqueles n'estoint sens quelque coleur, par ce qu'uil estoyt véritable que cest Anglois avoyt esté dens Lectoure avec letres qu'il disoit aporter au comte de la part du roy Edouard. Mais le comte soustenoyt fort et ferme q'uil avoyt esté aposté par ses enemys et q'uil n'avoyt volu parler à luy ni recepvoir ces letres, ains au contrere q'uil l'avoyt voleu saisir ou faire prisonier, ce q'uil n'auroit peu faire, par ce que cest Anglois, en ayant senti le vent, s'en estoyt feuy, soustenent au reste n'avoyr faicte aulcune response aux letres du roy Edouard, coume il ne le pouvoit avoyr faict, n'ayant veu lesdictes letres. Et s'il s'en trouvoynt aulcunes en son nom dressées audict Edouard, elles estoint faulces et supposées. J'ay veu quelques mémoyres concernens l'innocence dudict comte, qui chargent fort les ministres du roy Louys d'avoyr presté ceste charité audict comte et apposté c'est Anglois et d'avoyr supposée la letre qui avoyt esté remise à la court du parlement. A la vérité il n'est aulcunement croyable que le roy Edouard, estent plongé en de si grands affaires qu'il estoyt pour lhors, ne pouvent bonement résister aux entreprinses que ceulx de la maison de L'Enclastre brassoint de jour à aultre contre luy et son estat, eusse voleu, en temps si troublé et dangereux pour lui, rien attempter ny remuer en France. Mais quoy qu'il en feut, soyt que ces letres feussent véritables ou supposées, il est certain que sur yceles, à l'instence ou réquisition dudict procureur général, feut lâché par la court du parlement de Paris ung adjournement personel contre le comte d'Armaignac, lequel, adverti de ces poursuites, assambla les gens des troys estatz de Rouvergue et d'Armaignac, auxquels il feit entendre les dessaings de ses enemys qui l'avoint mis si avant en la disgrace du roy q'uil s'estoit résolu le perdre et ruyner entièrement, et à ces fins d'envoyer de par deçà une grande armée contre luy ; sur quoy il les pria de luy voloir doner advis coume il auroit à se gouverner là dessus. Les estatz, après avoyr meurement délibéré sur cest affaire, luy donarent par advis d'appaiser l'indignation du roy en quelque sorte, s'il estoyt possible, et d'envoyer quelques notables persones vers sa majesté, pour luy remonstrer son innocence et la supplier humblement luy voloir donner quelque asseurence de sa persone pour se pouvoir venir purger et justifier de ce que calomnieusement luy estoyt imposé. Ce que le comte treuva bon et feit députer, au nom des troys estatz, l'abbé de S. Denys et messieurs de Barbezan, de Fauldoars, de Raulhiac et de Flammarenx pour aler devers le roy luy proposer l'innocence du comte et luy faire la requeste que dessus. Ces députés s'estens acheminés en court ne peurent jamais estre ouys du roy ; mais après y avoyr demeuré ung fort long temps, sens pouvoir obtenir audiance, leur feut dict par monseigneur le chancelier (qui estoyt alhors messire Juvénal des Ursins, seigneur du Tresnel) qu'ilz feissent rendre houbéiscence par ledict comte, et après ilz seroint ouys. Voyens donc q'uilz n'avensoint rien s'en retournèrent vers le comte qui cogneut bien q'uil ne faisoyt pas seur en court pour luy. Aussi print il dèslors résolution de quitter le royaume pour ung temps coume il feit bien tost après, se retirent en la vile de Fontarabie, ayant faict comendement avant que partir à toutz ses subjects de rendre oubéyscence au roy et luy faire ouverture de leurs viles et placés fortes.

Cependent le procureur du roy n'oublioyt pas de poursuivre le comte par déffaultz et criées à troys briefz jours ; de sorte que sur sa contumace il feit doner arrest en ladicte court, par lequel ledict comte

feut decleré attainct et convaincu de crime de lèze
majesté, et coume son corps et ses biens feurent
confisqués au roy. L'exécution réale de cest arrest,
pour ce que concernoit la confiscation desdicts biens,
feut commise à mestre Guilhaume de Paris, conseilher
en ladicte court, coume j'ay veu par les letres de
sa commission dattées du III octobre MCCCCLXIX. Mais
creignent sa majesté q'uil ne trouvât de la résistence,
elle despêcha le comte Dammartin, grand mestre,
ensemble messire Mathieu, bastard de Bourbon, comte
de Rossilhon et admiral de France, avec XIIII cens
lances et dix mil francs archers pour prester faveur
et confort à ceste exécution, à laquele toutesfoys ny
eust aulcune résistence, ains hobéirent volonterement
toutz les subjects du comte, coume par luy leur
avoyt esté coumendé. Cela advint l'an MCCCCLXIX,
ainsin que le tesmoigne l'autheur du Supplément de
la Chronique de Monstrelet, lequel soubz ceste
année (1), ayant parlé de la réconciliation du roy
avec son frère, adjouste ces motz : « Et puis feut
délibéré par le roy en son grand conceilh, d'aler
conquérir prendre et avoyr la comté d'Armaignac et
metre en la main du roy, pour après la bailer à
monsieur de Guyene ; et pour ce metre à exécution
y envoya le roy grand quantité d'artilherie et de
ses gens de guerre et francs archers. Et pour ledict
voyage faire et préparer ladicte armée, le roy se
partit dudict lieu d'Amboyse pour aler jusques à
Orléans, où séjourna cinq ou six jours, et puis s'en
retourna audict lieu d'Amboise. » Quelques lignes
après, ayent cet autheur discoreu d'une entreveue du
roy et de monsieur de Guyene, son frère, que feut

---

(1) **Supplément de Monstrelet, soubz l'an 1469.**

faicte au Montil les Tours le xxiii octobre MCCCCLXIX, il ajoute : « En ces entrefaictes tout le pays d'Armaignac feut mis et rendu ez mains du roy, sens effusion de sang, et du tout deslivré à monsieur l'admiral et comte de S. Martin, coume gouverneurs de ladicte armée pour le roy. » Bien que cest autheur ne face aulcune mention du comte de Rodez, si est ce qu'uil est certain que toutz les biens de ladicte comté feurent aussi saisi avec ceulx de Guascoigne.

Or, bien que le roy eust promis à monsieur de Guyene, son frère, de l'investir des comtés d'Armaignac et de Rodez, et aultres places et seigneuries de la maison d'Armaignac, il n'en feit rien toutesfoys, ains les donna à plusieurs seigneurs et capitenes en récompence des services q'uilz luy avoint faicts. Le sieur de Beleforest, en son Hystoire de France, en baile le rolle et despartement. Je ne scais d'où il l'a tiré, mais par ce qu'uil y a force faultes au nom propre et des places et des seigneurs aulsquels elles feurent donées, je les metray icy au vray, coume je l'ay trouvé dens certaines letres royaux, impétrées du grand sceau, en l'an MCCCCLXXXIIII, par mestre Alexandre Catel, habitent de Roudez. Cestui cy, lhors que mestre Guilhaume Paris exécuta l'arrest de confiscation desdicts biens, feut par luy commis à la recepte des revenus de la comté de Rodez et quatre chastelenies de Rouvergue, à la charge d'en rendre comte au roy ou à sa Chambre des comtes. Et de ce, letres de comission luy feurent despêchées du xxvii octobre MCCCCLXIX. Mais il ne peut exercer sa charge par ce que les seigneurs, auxquels en mesmes temps feut faict don des mesmes terres, l'empêchèrent de ce faire, chescung d'eux ayent voleu jouyr de l'effect de son don. Néanmoings, non obstent c'est empêchement, ledict Catel feut après recerché de rendre comte à ladicte Chambre, que feut cause q'uil obtint les letres desqueles nous parlons pour estre deschargé de ceste reddition des comtes, attendu q'uil n'avoyt rien levé à cause desdicts dons et transportz qui y sont toutz particuliarisés au vray, j'entens de ceulx qui concernoint ladicte comté de Rodez et quatre chastelenies de Rouvergue. Voicy coume ces letres en parlent : « Il est advenu (dict le roy au narré d'yceles) que, au moyen des dons et transports qu'avons depuis faictz d'yceles terres et seigneuries à plusieurs persones, ledict Cadel supplient a esté constrainct leur rendre et restituer ce q'uil en avoyt receu, et depuis yceulx dons les donateres ont toujours receu les reveneus par leurs mains, coume font encores ; c'est à scavoir : nostre trèscher et amé filz et cousin, le sieur de Beaujeu (*a*), les reveneues de la place et seigneurie de La Roque Valsergue ; nostre trèscher et amé cousin le comte dauphin d'Auvergne (*b*), les reveneus de la place de Cassanhes Bégouinhès ; nostre trèscher et amé cousin le comte de Dammartin (*c*), les reveneues des places et seigneuries de La Glyole, Caprespines, Bénaven, Alpuech, La Calm et Montazic ; nostre amé et féal Gastonnet de Lyon, séneschal de Tolouze, les reveneues de la place de St Genieys Rive d'Old ; le sieur de Crussol et ses hèritiers, les reveneues de la place de Boazou ; feu Rossel

---

(*a*) C'est Jean de Bourbon qui feut après duc de Borbon ; il avoyt espousé madame Anne, filhe du roy Louys 11.

(*b*) C'est Gilbert de Bourbon, comte dauphin d'Auvergne, et depuis comte de Montpensier.

(*c*) C'est Anthoine de Chabanes, grand mestre de France, qui eust aussi par semblable don la baronie de Sévérac et aultres terres de ceste maison.

de Balsac et ses héretiers, les reveneues de la place de Marcilhac et de Cassanhes Comtaux ; le seigneur de Bouchage (*d*), les reveneues des places et seigneuries de Sales Contaulx et de Rinhac ; le seigneur de Concrussent, les reveneues de la place et seigneurie d'Albin ; Estiene de Vignoles (*e*), nostre séneschal de Carcassone, les reveneues de la place de Montrozier ; le feu seinheur de La Forest (*f*), ou ses héretiers, la place et seigneurie de Gage avec Sébazac ; nostre cousin le marquis de Canilhac, les reveneues de la place de Cambolas ; Josselin du Boix (*g*), les reveneues des places et seigneuries du Ram, Montjoux, Ayssène, La Besse et Le Minier : auxquelz nous les avons donés pour en jouyr par eulx et leurs héretiers à toutjours, mais coume de leur propre héritage, et si avons doné à nostre amé et féal conseiler le sieur de Volhon, nostre séneschal de Roudez (*h*), les revencues du bourg de Rodez, excepté la Pierre foral, laquele depuis peu de temps avons doné à nostre hérauld bones noveles, et audict de Volhon, plus les reveneues dez places et seigneuries de Roudelle, de Prades et de Pont de Salars : oultre soixante libvres tournoises qu'avons ordonées prendre sur les reveneues de Prades et de Pont de Salars à nostre procureur en la comté de Rodez, mestre George Colomb. Et en oultre luy avons doné la soumme de vii cens libvres chescung an à prendre sur le reveneue du Commun de paix des ressortz

(*d*) Il s'apeloit Imbert de Basternay.
(*e*) C'est celui qui dens mon Hyst. fr. est apelé La Hyre.
(*f*) Il s'apeloyt Louys de Beaumont.
(*g*) Ce Josselin estoyt seigneur de Montmorilhon et bailif des montaigues d'Auvergne et grand mareschal du logis du roy.
(*h*) Il s'apeloit Guilhaume de Suylli.

d'ycele comté de Rodez et quatre chastelenies de Rouvergue ; c'est à scavoir quatre cens libvres pour ces guages de séneschal et troys cens libvres pour la récompense de la terre de Capdenac, etc. »

Par le contenu de ces letres nous pouvons voir coume ceste comté de Roudes feut despiécée et les places et terres d'ycele desparties aux ungs et aux aultres. Il en advint de mesmes de celes de Guascoigne, desqueles le sieur de Bouchage eust Vic, Fezenzac, Lavardan, Joignan, Castilhon, S. Pau, Lanapax, Roquebrane, Lau, Casteran, Valence près Condom, S. Lary, Sezan et La Lane ; le comte dauphin d'Auvergne eust la comté d'Aure, ensemble la vicomté de Magnoac et de Barres. Et si encores, tesmoigne Beleforest, que oultre La Roque Valsergue, que du commencement le roy avoyt donée au seigneur de Beaujeu, quelque temps après, scavoir lhors qu'uil luy donna madame Anne sa filhe en mariage, il luy feit aussi donation de toutes les aultres terres et seigneuries, estens des dépendences de ladicte comté d'Armaignac qui n'avoint encores esté données. Toutes ces donations se faisoint ainsin à parceles en hayne de ceste maison d'Armaignac que le roy avoyt prinse en telle indignation, depuis ce trouble du Bien public, q'uil s'estoyt résolu de la perdre et ruyner du tout. Il prévoyoyt bien que Charles d'Armaignac, frère dudict comte, ou quelque aultre plus proche lignage, après la mort d'yceluy pourroint ung jour quereler lesdicts biens qui ne pouvoint teumber en confiscation à cause des substitutions conteneues ez testemens des deffunctz comtes de Roudez, et c'est pour quoy il les despartoyt en plusieurs portions affin de conciter plus d'enemis et parties à ceulx qui se vouldroint metre en avant pour la poursuite de ceste querele.

Mais il en avint tout aultrement q'uil ne pençoit, coume nous verrons après.

Au reste aux letres obteneues par ledict Catel, desqueles nous venons de parler, n'est faicte aulcune mention des places de la maison de Sévérac, lesqueles néammoings estoynt comprinses en la confisquation des biens d'Armaignac, et avoynt esté mises en la main du roy avec le reste dudict bien. Mais, c'est à mon advis, par ce que le commissere exécuteur dudict arrest ne dona charge audict Catel que de lever seulement le revenu de la comté et non ceulx de la baronie de Sévérac, pour lesquels, coume il est à croire, il commit ung aultre recepveur. Mais il est bien certain que tent ladicte baronie que les aultres biens qui avoint esté de ladicte maison de Sévérac feurent donés, oultre La Glyole, Bénaven, Montezic, Alpuech et La Calm, et les places de Guascoigne que nous avons nommées cy dessus, à messire Anthoine de Chabanes, comte de Dammartin, et qu'il soyt ainsin, tent luy que ses successeurs, jouyrent par ung fort long temps après de ladicte baronie de Sévérac ; de sorte que le seigneur de Sévérac qui avoyt comencé le prouces sur la succession desdicts biens contre le comte d'Armaignac, le poursuivit après sa mort contre ledict de Chabanes, ou ses hèretiers, les prenent coume tenentiers et pocesseurs desdicts biens, ainsin que nous avons dict si dessus ; mesmes l'arrest de l'an mil v cens viii, duquel nous avons aussi parlé, feut doné contre les hèretiers dudict comte de Chabanes qui avoint reprinse l'instence commencée contre luy et ledict arrest en est expressément chargé.

Il ne se voyt point par la lecture des letres, impétrées par cest Alexandre Cadel, que le droict du Comun de paix, acoustumé d'estre levé par les comtes de

Rodez en leur comté et ez 4 chastelenies de Rouvergue, feut donné à aulcung par le roy, car s'il l'eust esté c'est sens doubte que ces letres en eussent esté chargées, depuis que les dons de toutz les aultres reveneus de ladicte comté y sont spécifiés. Il s'y faict bien mention de VII cens libvres, ordonées au seigneur de Volhon, à prendre annuelement sur ledict droict de Commun de paix ; mais non qu'il y soyt porté que ce droit en blot feut doné à aulcung, par ce que à la vérité il ne feut pas du commencement ; ains sa majesté volut qu'uil feut réuni et réincorporé à son domaine et remis au corps et blot de l'ancien droict de Commun de paix que se levoyt encores par son trésorier du domaine de Rouvergue, duquel celuy qui se levoyt par les comtes de Rodez en leur comté avoyt esté tiré et distraict en vertu du don et transport que le roy Charles le Quint en feit l'an 1374 à Jean 2 du nom, comte de Rodez, se réservent pour lhors sa majesté le résidu dudict droict à lever sur le reste du pays de Rouvergue, coumme il le faict encores. Mais en ceste confiscation de laquele nous parlons le roy Louys XI volut réunir et remetre ensemble et à ung blot tant celuy que de toute ancieneté les roys levoynt en la haulte et basse marche de Rouvergue que celuy de la comté de Roudez et 4 chastelenies de Rouvergue, que de nouveau luy estoyt revenu par le moyen de ceste confiscation. Et ce que me confirme en ceste opinion est que le roy Louys XI, dix ou doutze ans après, estent teumbé en ceste griefve maladie de laquele il morut, n'y ayant rien qu'il ne feit pour recouvrer senté, je dis non seulement des médicines corporeles mais aussi de celes que concernoint l'âme, se recomendent tentost à ung sainct, tantost à ung aultre, se faisent aporter tentost une relique, et tentost une aultre ou quelque aultre chose saincte et sacrée, surtout il feit de trèsgrands et immenses dons et transports aux esglises et lieux sainctz. Et par ce q'uil avoyt une spéciale et particulière dévotion à sainct Jean l'Evangéliste et à l'esglise consacrée à son nom en la vile de Rome, apelée Sainct Jean de Latran, ancien siège de nous sainctz pères les papes, estent pressé de sa maledie en l'année MCCCCLXXXII, s'estent recomendé à ce sainct, feit donation et transport aux chanoines de ladicte esglise de S. Jean de Latran dudict droict de Commun de paix q'uil levoyt au pays de Rouvergue, tent de celuy qui estoyt de son ancien domaine que de celuy qui luy estoyt escheu de noveau par la confiscation de la coumté de Rodez. J'ay devers moy les letres dudict don, par lesqueles sa majesté après avoyr narré la singulière dévotion qu'il avoyt toutjours eue en ce sainct et en son esglise du Latran, et les spéciales graces q'uil avoyt receues de Dieu par l'intercession de ce sainct faict ledict don en ces termes : « Avons pour nous et nous successeurs roys, de France aux chanoines et habitués de ladicte esglise mondict seigneur S. Jean de Latran, faisans et continuans le service divin en ycele, de nostre propre movement, certaine science, grace special, plaine puiscence et auctorité royal, doné, transporté, delaissé, aumosné ; donons, transportons, délaissons et aumosnons pour eulx et leurs successeurs en ladicte esglise tout le Comun de la paix de nostre pays de Rouvergue, ensemble tout le proffit et émolument d'yceluy, tent de ce que nous en apertient d'ancieneté que de ce que nous est advenu et escheu par la forfaicture et confiscation du feu comte d'Armaignac. » Et par les mesmes letres il leur done le chasteau et place de Montflanquin pour l'habitation et retraicte de ceulx qui viendroint de Rome en ce pays pour exiger et recueilir ce droict, et pour les frais et despens q'uil leur conviendroit exposer en venent, séjournent et s'en retournent, leur faict don des revenus, esmolumens et profictz de ce que s'ensuit ; c'est ascavoir : le gréffe d'Agen, ensemble tout le revenu, profit et émolument d'yceluy ; tout le revenu, profit et émolument du domayne de la vile et bourg de Rodez ; le péage de Milhau et tabellionage, ensemble tout le revenu dudict lieu, profit et émolument d'iceluy et tout le revenu et émolument d'Arllargues de l'adjudicature d'Albigeoys et des notaireries et bailies de Gualhac. » Ces letres sont donées au Plessis du Parc, au moys de mars MCCCCLXXXII. Ce mesmes moys et an, scavoir le VI dudict moys de mars 1482, feut despêchée comission à messire Jean de La Grange, chambellan du roy et bayly d'Auxone, pour se transporter sur les lieux et metre en pocession de ce don et transport lesdicts chanoines ; lequel s'estent à ces fins acheminé en la vile de Rodez exécuta sadicte commission, et ce faisent mit en pocession et jouyscence dudict droict de Comun de paix, des revenus et émolumens du bourg de Rodez et du péage et tabellionage de Milhau, lesdicts sieurs chanoines de St Jean de Latran en la persone d'Anthoine Cadel, leur procureur, en présence de mestre Rigauld Boyer, juge mage et lieutenent général de monsieur le séneschal de Rouvergue, et de meistre George Colomb, procureur du roy en ladicte séneschaulcée, qui concentirent et acquiescèrent en tout, ainsin que résulte du procès verbal dudict commissere datté XXVI mars MCCCCLXXXIII, que feut cinq mois avant le décès du roy qui morut le pénultième du moys d'aust 1483. Mais quele exécution q'uil y eust dudict don, il n'eust aulcung effiect et ne jouyrent jamays lesdicts chanoines des fruictz d'iceluy, par ce que après la mort de ce roy toutz ces dons immenses qu'uil avoyt faictz furent révoqués, coume le monstre fort bien le seigneur d'Argenton sur la fin du VII chapitre du VI libvre de ces Mémoires (1). « Des terres (dict il) dona grand quantité aulx esglises ; mais ce don de terres n'a pas tenu, aussy il y en avoyt trop.»

Le comte d'Armaignac est remis dens sa vile de Lectoure par monseigneur de Guyene, mais bientost après, assiégé par monsieur de Beaujeu, rend ladicte vile au roy.

CHAPITRE VII.

Il nous fault mainténent revenir au comte d'Armaignac, lequel, s'estent retiré à Fontarabie pour éviter l'indignation et premiers mouvemens de la colère du roy, pencent que, après avoyr presté hobéyscence et faict rendre toutes ses villes et places fortes, il seroyt ouy en ses innocences, coume il avoyt esté promis aux députés dez estatz des comtés d'Armaignac et de Roudez, dès qu'il veit toutes ses terres deslivrées ez mains du roy, dépêcha vers sa majesté monsieur de Lombers, accompagné de quelques gentishomes, pour la supplier qu'il feut son

---

(1) Philipp. de Commi., lib. 6 de ses Mémo., chap. 7.

bon plaisir, attendu. l'hobéyscence par luy prestée de luy doner quelque asseurence de pouvoir venir devers elle, pour se purger et justifier des cas et crimes à luy imposés. Mais tent s'en fault que ledict sieur de Lombers peut rien obtenir de ce q'uil demandoit, que au contrere il luy feut deffendu par monsieur le chancelier sur sa vie de ne faire plus instence ni poursuite pour ledict comte, de sorte q'uil feut constreint de s'en revenir sens rien avancer et qui pis est feit l'on crier à son de trompe, par tout le pays de Guascoigne et de Rouvergue, que sur la peine de la hart il n'y eust home, de quelque estat et condition q'uil feut, si hardi que de doner ayde, confort ny conceilh audict sieur comte, et de ne faire pour luy aulcune poursuite devers sa majesté ny aultre part en quelque manière que ce feut. Et veint l'affaire en tel point que, y ayant dens la vile de Rodez ung furieux courent les rues qui, poussé par sa manie, se mit ung jour à crier tout hault Armaignac, il feut constitué prisonier tout aussi tost et condampné aux fouet par les officiers du roy.

Le comte, voyent qu'il n'y avoyt ordre, délibéra de quitter toutes ces poursuites et d'attendre une aultre saison, et q'uil pleut à Dieu luy envoyer quelque occasion pour se remetre dens ses biens, coume il advint bien tost après ; car en l'année MCCCCLXXI monsieur le duc de Guyene, qui s'estoyt tenu quelques temps avec le roy son frère, receut quelques mescontements de luy, provenens de ce que le roy luy ayant bailé pour son appennage la duché de Guyene avec toutes les provinces qui en dépendoint et qui avoint esté bailées au roy Edouart par le traicté de Brétigni, entre lesqueles estoyt cele de Rouvergue. Le roy toutesfois luy détencit cele la sens la luy voloir délivrer. Disoit aussi que sa majesté luy avoyt promis de l'investir de toutes les terres ayans apertenu au comte d'Armaignac, et que néammoings contre sa promesse il avoyt desparti toutes lesdictes terres aux seigneurs que nous avons cy devent nommés. Et bien q'uil eust souvent prié le roy de luy faire raison sur ce dessus, sa majesté n'y avoyt jamais volu entendre, ce que l'occasiona de se retirer de la court et s'en venir à Bourdeaux, où il ne feut pas plus tot arrivé q'uil envoya quérir le comte d'Armaignac, lequel se tenent encores en la vile de Fontarabie ayant receus ce mandement ne failit tout aussitost d'y hobéyr, et s'estent acheminé à Bourdeaux il y feut trèsbien receu par ledict sieur duc de Guyene qui par ses patentes de l'an mccccLxxII lui dona la récréance de toutes ses terres; que si elles ne feurent de tele efficace que en vertu d'yceles il feut receu en toutes ces places et viles, pour le moings en recouvra il quelques unes, et entre aultres cele de Lectoure, la plus forte de toutes celes q'uil avoyt en Gascoigne, et si oultre cela ledict seigneur duc le print telement en sa grace q'uil le feit et constitua son lieutenent général en toute sa duché de Guyene. Le Supplément de Monstrelet adjouste encores à cela que s'estent ledict seigneur duc le comte d'Armaignac et celuy de Foix ligués ensemble dressèrent une armée pour faire guerre ouverte au roy. Voicy coume il en parle soubz l'an mccccLxxI (1) : « Au dict an monseigneur de Guyene qui s'en estoyt venu audict pays de Guyene après le retourn d'Amyens devint mal content du roy et manda venir à luy le comte d'Armaignac, qui estoyt fugitif hors du royaume et duquel le roy avoyt mis la comté en ses mains ;

---

(1) Supplément de Monstrelet, soubz l'an 1471.

lequel coumte veint par devers monseigneur de Guyene et puis mondict seigneur luy rendit la pluspart de sadicte comté contre le gred et volonté du roy. En après lesdicts de Guyene et d'Armaignac et aussy le comte de Foix et aultres assemblèrent en leurs pays gens de guerre, feignens voloir faire guerre au roy, lequel, pour ce leur empêcher, envoya sur la marche dudict Guyene v cens lances et certain nombre de francs archers avec grand nombre de son artilherie. »

Il n'est pas en ce lieu faicte mention en quel pays ils avoynt délibéré coumencer la guerre au roy; mais j'ay veu quelques mémoyres, lesqueles asseurent que c'estoint par le pays de Rouvergue qu'uilz voloint faire ouverture de ceste guerre, affin de metre ceste séneschaulcée en l'hobeyscence du duc de Guyene. Le roy toutesfois ne leur dona le loysir d'en approcher, par ce que dès l'instent qu'uil ouyt le bruict de ce remuement il despècha en Guascoigne le cardinal d'Arras, ensemble monsieur de Beaujeu avec de grandes forces qui teindrent de si près le comte d'Armaignac (qui le premier s'estoyt jetté aux champs) qu'uils luy feirent quitter la campaigne et se retirer dens Lectoure, où il feut assiégé et y demura le siège plus de deus moys sens que ceulx du siège guaignassent aulcung avantage sur le comte qui se deffendoyt fort courageusement. Mais la mort du duc de Guyene qui survint pendent ce siège feut cause qu'uil se rendit.

Ce feut environ le moys d'apvril MCCCCLXXII que le siège feut mis devent Lectoure et le duc de Guyene morut à Bordeaux au moys de may suivent. Toutz ceulx qui ont escript l'hystoire de ce temps là tiennent qu'uil feut empoisoné et soubçone on quelque grand qui luy feit donner ceste poison. Tant y ha que le comte d'Armaignac ayent receu advis de sa

mort perdit cueur et coumença de voloir entendre
à composition, laquele enfin feut conclue en ceste
forme : c'est que le comte debvoit remetre la vile
entre les mains de monsieur de Beaujeu à la charge
que dens troys moys ledict sieur de Beaujeu desli-
vreroit au comte bone et souffisante seureté du roy,
pour se présenter devent sa majesté et se justifier
des acusations et charges à luy imposées ; que si
dedens ledict terme le sieur de Beaujeu ne luy
avoyt recouvert ladicte seureté il luy promestoyt
rendre ladicte vile. Il y eust quelques aultres articles
acordés entre eulx au moyen desquels le comte
remit ladicte vile ez mains dudict sieur de Beaujeu,
lequel dens certain temps après luy envoya quelques
seuretés ; mais elles feurent sens effect, par ce que,
coume le comte se disposoit pour s'en venir vers
sa majesté avec train honeste pour sa qualité suivent
ledict acord, le seigneur de Beaujeu luy envoya
faire deffence, de par le roy, de ne passer plus
avant audict voyage, et coummendement de vuider
le royaume dens troys jours, ou que aultrement il
se metroyt en debvoir de le faire sortir par force,
et au lieu de luy rendre la vile de Lectoure, coume
il avoyt promis, il y logea une grande et forte
guarnison au nom du roy.

Le comte, voyent une si manifeste perfidie, se creignent de pis, se retira sur les frontières d'Arragon
en intention d'en faire quelcune audict sieur de
Beaujeu si l'occasion se presentoyt de ce faire, coume
elle feit dens peu de jours après ; car, ayant luy
faicte secrètement une levée de quelque nombre de
soldatz au moyen des secrètes intelligences qu'uil
avoyt dens la vile de Lectoure avec quelques seigneurs qu'estoint près de la persone dudict sieur
de Beaujeu, il entra ung soir dedens et y ayant

trouvé ledict sieur le arresta prisonier. L'on croyt que Charles d'Albret, seigneur de Saincte Basilhe et fraire d'Alain, sire d'Albret, marri du mauvais tour q'uil voyoyt estre faict audict comte duquel il estoyt proche parent, luy teint la main ; et de vray le sieur d'Aynor, gentilhome Périgordin , sur ceste occasion feut constitué prisonier quelque peu après et conduict au chasteau de Loches où, le procès luy ayant esté faict, feut condampné et exécuté à mort, sur laquele il accusa ledict sieur de S. Bazilhe et excusa ledict seigneur de Beaujeu que quelques ungs voloint soubçoner mais à tort. Voicy coumme le Supplément de Monstrelet parle de ceste reprinse de Lectoure soubz ladicte année MCCCCLXXII (1) : « Vers la fin du moys d'octobre avint que monseigneur de Beaujeu, frère de monseigneur le duc de Bourbon, qui estoyt alé par ordonence du roy au pays d'Armaignac coume gouvernur de Guyene, lequel estoyt bien acompaigné de grands seigneurs et nobles hommes, luy estent dens ladicte vile de Lectoure audict pays, feut par trahyson prins et mis ez mains dudict comte d'Armaignac, lequel au moyen de ladicte prinse recouvra ladicte cité, et puis après ladicte prinse ledict d'Armaignac deslivra plusieurs des seigneurs estens avec ledict seigneur de Beaujeu, qui depuis feurent prins par le roy pour ce que on avoyt soupeçon q'uilz eussent esté cause de la prinse dudict Beaujeu, et feurent menés plusieurs au chasteau de Loches, et entre aultres ung gentilhome, serviteur dudict seigneur de Beaujeu, nommé Jean d'Aymer, qui feut escartelé en la vile de Tours , parce q'uil confessa d'avoir esté trahystre au roy et à son mestre. Et à l'heure

---

(1) Supplément de Monstr., soubz l'an 1472.

q'uil deubt mourir parla moult honorablement et publiquement devent toutz dudict sieur de Beaujeu en disent q'uil estoyt bon et loyal et q'uil n'avoyt rien sceu de ladicte trahison, mais d'ycele en chargea le cadet d'Albret, auquel ledict Beaujeu avoyt heu grande confidence, pour ce q'uil avoyt esté nourry et en moult de bien en la maison de Bourbon.

Le coumte d'Armaignac feut pour la segonde fois assiégé dens la vile de Lectoure par le cardinal d'Arras et en fin prins et tué.

CHAPITRE VIII.

La vile de Lectoure feut reprinse par le comte d'Armaignac en la forme que nous venons de dire, mais il ne jouyt guière de ceste prinse, car le roy, voyent l'importence d'ycele et ayent heu le vent que le roy d'Arragon s'aprestoyt pour venir secourir le comte, et voyent d'ailheurs que les ducs de Bourgoigne et de Bretaigne s'aprestoynt aussi pour luy courir sus de par delà, se délibéra de le faire bloquer promptement, affin q'uil s'assurât de ce cousté là, et que le comte n'eust moyen d'y rien remuer pendent q'uil résisteroyt aux dessaings des princes qui estoint de par delà. Il dressa donc vistement une armée, la conduicte de laquele il dona au cardinal d'Arras, qui en grande diligence s'en veint en Guascoigne et dens peu de jours assiégea le comte qui n'eust moyen ni le loisir de prouvoir si bien à ses affaires q'uil euste esté besoing. Mais avant que entrer au discours de ce siège, il nous fault voyr qui estoyt ce cardinal d'Arras qui veint assiéger le comte.

Ce cardinal se nommoyt Jean Geoffroy, sorti de fort bas lieu coume celuy qui estoyt né d'ung simple merchent quinqualhier de la Franche Coumté. Il estoyt fort versé en théologie et droict canon, mais au reste fort remeuent et factieux et grand enemy des libertés de l'esglise Gallicane, et qui, tenent la main au pape, avoyt faict toutz ses efforts à renverser la Pragmatique sanction, jusques à avoyr extorqué du roy ung édict portent l'extinction et suppression d'ycele, ayant en cela esté compaignon du cardinal Baluë. Par sa doctrine il avoyt esté eslevé jusques à la dignité du cardinalat, estent évesque d'Arras, et bien que lhorsq'uil veint assiéger Lectoure il feut évesque d'Alby non d'Arras, si est ce que communément l'on apeloit encores le cardinal d'Arras, bien q'uil se trouve quelquefois apelé cardinal d'Alby. Le roy se servoyt fort de luy et l'avoyt fort avant mis en sa bone grace. Il layssa ung nepveu nommé Hélyon Geoffroy, qui demura long temps chentre en l'esglise cathédrale de Rodez. Cestui cy eut toutes les despoulhes de son oncle qui s'estoyt fort enrichi à la suite de la court et gouvernement des affaires du royaume, la pluspart desquels passèrent asses long temps par ses mains. Ce sien nepveu feit de beles fondations en la vile de Rodez, car il y fonda et bastist le convent des Chartreus l'an MV cens XIII et les religieuses de l'Anounciade l'an MV cens XXII, esqueles deus maisons Dieu est trèsbien servi et honoré.

Mais pour revenir à nostre propos, le cardinal d'Arras estent arrivé en Gascoigne avec ceste armée et s'estent acompaigné du seigneur de Lude et des séneschaulx de Tholouze et de Beaucaire, suivis de beaucoup d'aultres seigneurs et gentishomes, s'en veint metre le siège devent Lectoure environ le moys de jenvier MCCCCLXXII, coume l'on contoit alhors que le coumencement de l'an se prenoyt à l'Incarnation, scavoir le XXV de mars, jour et feste de l'Annunciation ; car coume l'on coumte à présent c'eust esté l'an mil quatre cens septante et trois. Le comte d'Armaignac estoyt dens Lectoure, lequel voyent q'uil y aloit de sa vie et de son honeur se meit en tout debvoir de leur résister. Durent ce siège feurent faictes de beles salies par les assiégés en toutes lesqueles se porta fort valeureusement ung bastard dudict comte, qui en fin y feut tué, duquel accident le comte s'estona fort. Toutes fois le siège ala encores en longueur et jusques à ce que le cardinal, voyent q'uil n'avançoyt pas beaucoup, se pença d'avoir le comte par ruze et subtilité, et s'estent aperçeu que le comte ne desiroyt rien tent que d'avoyr asseurence du roy pour se venir purger de ce q'uil estoyt chargé, et q'uil l'avoyt toutjours faict entendre audict cardinal, qu'ayant ceste sureté il rendroyt tout aussi tost la vile, le cardinal aposta ung nommé Yon Dufau, coume s'il venoyt de la part du roy, aportent letres et sauf conduict pour s'en venir vers sa majesté avec toute asseurence. Et par lesdictes letres le roy le metoyt en grande espérance de le remetre en sa bone grace. Le comte ayent veu ces letres, ne pencent en aulcung mal, et jouyeux que le chemin luy feut ouvert pour s'aller purger des calomnies que luy estoint mises sus, s'asseurent en son innocensce, coumença d'entrer en capitulation avec ledict seigneur cardinal, et par ycele promit de luy rendre la vile moyenent lesdictes seuretés. Mais les gens dudict cardinal après le traicté acordé et soubz prétexte d'yceluy, entrens dedens la vile, où estoint receus coume amys, se saisirent tout belement des portes et ayans fainct quelque tumulte dedens la vile se jettèrent dens le chasteau où le comte estoyt avec la comtesse, ne se doubtens de rien, veu la foy que leur avoyt esté donée, et tuarent cruelement ledict comte avec toutz ses domestiques.

Le Supplément de Monstrelet, soubz l'an MCCCCLXXIII, et Guaguin en son Hystoire françoise racontent ceste prinse à l'avantage du cardinal d'Arras et chargent le comte d'avoir volu surprendre et le cardinal et ses gens, soustenens qu'il feut cause de sa mort. Mais le seigneur de Beleforest qui avoyt des mémoires particulières sur ce subject en faict le discours et au long et au vray qu'il sera bon de voyr. C'est au libvre v de son Hystoire de France, chap. cxxxvii (1) : par ce discours il charge le cardinal de perfidie et d'avoyr surprins le coumte après avoir juré toutz deus ensemble le traicté de la reddition de ceste vile sur la sacrée hostie. Mais j'ay de mémoires devers moy qui particuliarisent ceste hystoire et croy que le contenu d'yceles est véritable, veu que celuy qui les dressa atteste avoyr esté présent à cest acord, voyre que du comendement desdicts seigneurs il le mit par escript, que me faict dire que cestui là est plus croyable que ces aultres autheurs par nous allégués qui en escripvent sur des bruictz que l'on faisoit expressément courir pour la descharge du cardinal ; les mémoires sont en latin, mais je les metre icy en françoys. L'autheur d'yceles après avoir

---

(1) Beleforest, lib. 5 de l'Hyst. de France, chap. 37.

discouru au comencement la reprinse de Lectoure faicte par le comte d'Armaignac et emprisonement du seigneur de Beaujeu continuant ce discours dict ainsin.

« Le roy feut fort aigri de la reprinse de Lectoure et emprisonement du seigneur de Beaujeu ; de sorte que dens peu de jours il feit dresser une armée q'uil envoya à Lectoure soubz la conduitte du cardinal d'Arras, sieurs de Lude et séneschaulx de Toulouze et Beaucaire, lesquels venent devent Lectoure assiégèrent de toutes partz la vile et le comte d'Armaignac, qu'estoit dedens, et qui leur feit remonstrer que le roy n'avoyt occasion de le traicter de ceste façon ; q'uil ne desiroit rien tent que de s'aller jetter aux piedz de sa majesté et la prier d'entendre son innocence, proveu q'uil eust asseurence de sa personne, q'uil pleut auxdicts seigneurs de la luy faire bailer et il leur rendroit la vile. A quoy le cardinal ne volent entendre ; mais en lieu de responce luy envoya force coups de canon. Le comte toutes fois non obstent tout ne cessoit toutz les jours d'offrir hobéyscence en luy deslivrent et metent en main le saufconduit q'uil desiroyt. Ce siège feut fort long et dura environ onze ou doutze sepmaines. En fin le cardinal et aultres seigneurs que dessus feignens de trouver la requeste du comte raysonable, et que le roy luy avoit acourdé et envoyé ce saufconduict q'uilz asseuroint avoir devers eulx, ung jeudi, IIII jour du mois de mars MCCCCLXXII, passarent certain acord avec ledict comte, contenent entre aultres les articles suivens.

» Premièrement que le cardinal et aultres seigneurs que dessus seront tenus bailer et deslivrer, coume de faict ilz luy bailèrent et deslivrèrent, la seureté du roy par luy requise, signée de la main du roy et scelée de son grand sceau, par laquele le roy permet audict comte s'en venir avec cinquante chevaulx sens armes pour venir proposer ses excuses et justifications.

» Prometent ledict cardinal et aultres seigneurs que dessus tenir ferme et stable le contenu audict sauf conduict, et q'uil ne feroyt donc aulcung empêchement au comte en alant ou revenent de la court pour les fins que dessus.

» Qu'ilz remetoint à luy et à ses serviteurs, suivent l'auctorité que le roy leur avoyt expressément donée, toutes les faultes desqueles ilz pouvoint avoyr offencé le roy, mesmes le comte en recouvrent la vile de Lectoure et retenent le seigneur de Beaujeu, sens que pour raison de ce à l'advenir il en peut estre recerché par justice ni aultrement.

» Que les serviteurs dudict comte se pourroint retirer la part, où bon leur sembleroit sens estre recerchés de rien q'uilz eussent faict avec ledict comte ou par son mandement et que leurs biens qui avoint esté saisis leur seroint rendus.

» Que ledict comte seroit tenu jurer solenelement de ne faire à l'advenir ni attempter rien contre la persone du roy et bien de son royaume.

» Que les habitens de Lectoure demeureroint en leurs premiers estatz, sens leur estre rien derrogé de leurs privilièges et libertés.

» Et que moyenent ce dessus le comte seroyt tenu de son costé remetre la vile en l'hobéyscence du roy et la relauxer audict sieur cardinal d'Arras. »

Ces articles feurent signés du costé des assiégeans par le cardinal d'Arras, par le sieur de Lude et par les séneschaulx de Tolouse, de Beaucaire et d'Agenois, et du costé des assiégés par le comte et son secrétere (qu'est celuy qui dressa ce memoyre).

Le lendemain le comte envoya ces députés devers les seigneurs du siège pour scavoir q'uele vile vouldroint ils bailer à madame la comtesse, sa feme, pour faire sa demure pendent q'uil seroyt en court et pour dire ausdictz seigneurs q'uilz envoyassent quelque ung à la vile pour recepvoir le jurement de ces serviteurs et subjects. A ces députés feut respondu par lesdicts seigneurs qu'il y adviseroint pour luy en rendre responce au lendemain. Cependent soubz couleur de ce traicté beaucoup de gentishomes et seigneurs du camp s'en veindrent dens la vile pour voyr le comte et la comtesse et se conjouir avec eulx de cest acord, coume aussi plusieurs des habitans alarent au camp parler à leurs amys, et s'estoint aussi comencés de familiariser les soldatz de la vile avec ceulx du camp, lhors que venu le sabmedi, vi du moys de mars, le comte renvoya ses députés vers les seigneurs du camp scavoir ce q'uilz avoint résolu sur ce qu'il leur avoyt mandé le jour au paravant. Mais ces députés ne revindrent plus dens la vile, ains feurent retenus au camp. Cependent que les séneschaulx de Toulouze et d'Agenoys, ayant faict armer la pluspar des troupes q'uestoint au camp, se jettèrent dens la vile, y entrens par la bresche qu'avoyt esté faicte pendent la batterie, et les aultres par les portes, où estens feirent une infinité des désordres et cruaultés, tuans et massacrans misérablement toutz les citoyens et soldatz q'uilz rencontroint. Le comte qui ne pençoit à rien moins que à cela, ouyent le tumulte et pencent que ce feut quelque esmute de ceulx de la vile contre ceulx du camp qui y estoint entrés soubz coleur de la composition, y envoya ung de ses gentishomes pour intimer le sauf conduict du roy et les articles de l'acord, mais cela ne luy servit de rien ; car voicy ung gentilhome nommé Guilhaume de Montfaulcon, lieutenent du séneschal de Beaucaire, qui, ayant prins une troupe de ses gensdarmes et conduisent avec luy ung soldat de ceulx que l'on apeloyt francs archers nommé Pierre le Gorgias, armé d'une brigandine et portent sur sa teste ung morrion de peaul de taisson, qui s'adresse à la maison où estoyt le comte, et ayant trouvé en montent ung jeune gentilhome nommé Borrolhan, le feit tuer ; et ce faict entrent en la sale où estoyt le comte avec la comtesse ledict soldat franc archer se dressent audict comte le tua de deus ou troys coups d'espée q'uil luy dona ; yceluy comte n'ayant rien pour se deffendre, coume aussi la deffence luy eust esté inutile, veu q'uil estoyt environé de toutes partz des gentilshomes qui suivoint le sieur de Montfaucon, le corps d'yceluy ayant esté despoulhé de ses habitz et trayné par toute la maison, l'on se dressa à la comtesse et à ses damoyselles ausqueles l'on osta par force toutes les bagues, d'orures et aultres ornemens qu'eles portoint et ammena ou la comtesse au chasteau. Cependent à la vile se feit ung grand carnage tent des soldatz, domestiques du comte, que habitens de la vile, qui toutz feurent tués ou retenus prisoniers, et si encores, pour ne laysser en arrière aulcune espesce de cruaulté, non seulement toutes les maisons de la vile feurent pilhées et saccagées, mais, qui pis est les esglises mesmes, jusques aux saincts ciboires ou sacrés vases où le S. Sacrement est réservé. Et si encores mit on le feu en maintz endroictz de la vile et raza on les murailhes d'ycele. Ce faict, le séneschal de Toulouse print la comtesse qui estoyt enceinte, et la feit conduire au chasteau de Buzet, où au bout de quelque temps feurent apostés quelques ungs qui s'estens informés d'ele si estoyt enceinte, elle ayant respondu ambiguement, luy feirent prendre par force ung breuvage qui la feit abourter d'ung enfent masle, acte cruel et détestable méritent bien que le roy en feit une punition exemplere. Mais au lieu de ce faire, n'ayant (coume il est à croire) entendu coume l'affaire c'estoyt passé, il guerdona fort bien celuy qui avoyt tué le comte, luy donant une tace d'argent pleine d'escus et le retint de ses guardes. »

C'est le contenu de ceste mémoyre, que j'estime estre véritable, et bien que l'acte qui y est discoureu soyt horrible et presque incroyable, il fault néammoings consydérer q'uil feut exécuté par deus seigneurs qui desiroint la mort dudict comte et q'uil ne laissât aulcune postérité légitime ; s'estoint : Gastonet de Lyon, séneschal de Tolouse, au quel le roy Louys XI avoyt donné des despoulhes dudict comte, la chastelenie de Sainct Genieys rive d'Old, et Ruffec de Balsac, séneschal d'Agenoiz, à qui ledict seigneur roy avoyt doné des mesmes despoulhes, la vile de Marcilhac et la place de Cassaignes Conltaux. Ilz voyoint bien que si le comte s'aloyt justifier devers sa majesté ou s'il laissoyt aucungs enfans q'uil leur fauldroint rendre gorge et q'uils ne seroint asseurés en leurs dons, voylà pourquoy ilz se volurent deffaire et de l'ung et de l'autre. La dame comtesse de laquele est faicte mention en ces mémoires estoyt dame Jeane de Foix, filhe de Gaston, quatrième du nom, comte de Foix, que le comte d'Armaignac avoyt espousée quelques années au paravant ; et par conséquent fault croire que c'estoyt sa segonde femme, s'il est ainsin q'uil eust esté premièrement marié avec sa seur, coume c'est la commune opinion de toutz les hystoriens, ainsin que nous avons dict cy dessus. Mais de l'une ni de l'autre il ne layssa aulcune postérité que feut légitime ; car de bastards il en layssa quelques ungs, mesmes deus masles à l'ung desquels le roy Louys XII bailla asses long temps après la place de Montrousier, et à l'autre cele de Ségur, pour en jouyr leur vie durent. Il layssa aussi une bastarde nommée Rose, que feut mariée avec messire Jaques de Vilemur, seigneur de Pailhiès en Gascoigne, à laquele feut constitué en dot la soume de mil escus, jusques au réel payement de laquele lesdicts mariés pourroint jouyr des revenus de la place de Boazou dépendent de la comté de Rodez et à tel titre la jouyssent encores ceulx de ceste maison ou ceulx qui ont cause d'eulx.

Ce comte (pour ne laysser en arrière rien de ce que j'ay peu treuver de luy) dona en l'année mil CCCCLXV à messieurs du Chapitre Nostre Dame de Rodez la relique du Sainct Filet, filé par la glorieuse Vierge Marie, enclos dens ung fort beau reliquiere d'argent faict en forme de fuzée portée par ung ange. En recognoiscence de quoy lesdicts sieurs du Chapitre résolurent par acte capituliere de célébrer annuele˜ ment ung anniversere pour son ame et celes de ses prédécesseurs, le XIIII du moys de may, ce q'uilz observent encores de présent. J'ay veu l'acte de ceste délibération ou résolution, que le chapitre en feit, datté du XIIII may MCCCCLXV, laquele se comence ainsin : « Nos Capitulum ecclesiæ Ruthenensis notum facimus universis quod cum hodie illustrissimus princeps dominus Joannes, comes Armeniaci et Ruthenæ, obtulerit et realiter tradiderit Deo et beatissimæ Virgini Mariæ in nostra ecclesia Ruthenensi prætiosas reliquias, videlicet de filo ejusdem gloriosæ Virginis Mariæ sanctissimis manibus composito et tractato quæ vulgariter vocantur « la saincte fuzade » cum earumdem repositario et reliquario, idcirco nos Capitulum etc. » Le résidu de ceste acte porte la résolution prinse audict chapitre par lesdicts chanoines de célébrer annuelement à semblable jour ledict obit ou anniversere pour l'âme dudict sieur comte et de ces prédécesseurs, que n'est nullement besoing d'insérer icy.

Des arrestz de condempnation de mort donés contre les ducz d'Alençon et de Nemours, proches parens du comte d'Armaignac.

CHAPITRE IX.

Le roy Louys XI qui avoyt résolu ruiner entièrement ceste maison d'Armaignac, ensemble ceulx qui apertenoint à ycele, ayant eu quelque vent que René, duc d'Alançon, nepveu dudict comte, et Jaques d'Armaignac, duc de Nemours, cousin germain d'yceluy, portoint impatiement sa mort, se creignent qu'ung jour il ne la volussent revencher et broilher là dessus les affaires, il résolut de se deffaire d'eux, ou pour le moings de les abbatre et terrasser de tele façon q'uilz n'eussent moyen de rien attempter. Il s'attaqua premièrement au duc d'Alançon duquel l'on feit courir avent tout euvre ung bruit sourd q'uil avoyt délibéré de vendre tout son bien q'uil avoyt en France, pour après en acquérir d'aultre hors le royaume et s'aler placer près du duc de Bourgoigne, et de là en hors faire la guerre au roy. Sur ce bruit sa majesté le feit constituer prisonier par Tristan l'Hermite, son grand prévost, et le feit conduire au chasteau de

Loches, où il feut détenu quelque temps, et après feut mené au Louvre à Paris, où, son procès luy ayant esté faict et parfaict par la Court de parlement, en fin par arrest d'ycele prononcé par le chancelier d'Oriole, il feut decleré attainct et conveincu du crime de leze majesté et come tel condampné à souffrir mort, ses biens demeurens acquis et confisqués au roy, le tout soubz le bon plaisir ; qui ne volut que c'est arrest feut exécuté réalement, se contentent d'avoyr faict notter ce prince d'une tele infamie. Je croy qu'uil eust esguard à la qualité de ce duc qui estoyt prince du sang fort proche de la corone, lequel toutesfois demeura fort longtemps après prisonier. Ce feut l'ayeul de Charles d'Alançon, qui du temps du roy Françoys premier espousa madame Marguerite de France, sa seur, coume nous dirons en son lieu.

Ayant le roy réduict le duc d'Alençon au poinct q'uil voloyt, il se dressa de messire Jaques d'Armaignac, duc de Nemours, cousin germain du deffunct comte d'Armaignac, par ce que, coume nous avons dict, Bernard, comte d'Armaignac et conestable de France, laissa deus filz masles : Jean ayné qui feut comte d'Armaignac soubz le nom de Jean 4, père de Jean v, duquel nous avons parlé au précédent chapitre, et Bernard, comte de Perdiac, qui feut marié avec madame Eléonor de Bourbon, et à cause de ce feut comte de la Marche et de Castres, duquel mariage sortit ung seul filz, nommé Jaques d'Armaignac, qui est celuy duquel nous parlons, et lequel feut marié avec madame Louyse d'Anjou, au contrat duquel mariage, le roy, qui l'avoyt fort en sa grasse pour lhors, luy dona la duché de Nemours, et par ce moyen ilz estoint cousins germains avec ledict comte d'Armaignac Jean v. Or bien que le roy eust aymé et chéry du coumencement ce duc de Nemours, sy est ce que en fin il l'hayt en fin extrêmement, par ce qu'il s'estoyt ligué avec les aultres princes en la guerre du Bien public et que il luy avoyt faulcée sa foy avec le duc de Bourbon et comte d'Armaignac, sur la composition q'uil feit avec eulx devent Rion en Auvergne, par laquele ils luy promirent, et particulièrement le duc de Nemours, de quitter le parti des princes ligués et suivre le sien, ce q'uilz ne feirent, de quoy le roy feut si oultré q'uil conceut une grande hayne contre luy, ainsin que sa majesté le dict souvent à Philippe de Commines, parlent avec luy en propos familiers. Voyci coume ledict sieur de Commines en parle, lhorsq'uil discourt de ce siège de Rion au 2 chapitre de son premier libvre (1). « Non obstant tout ce nombre, le roy leur donoyt beaucoup d'affaires, si traictèrent aulcune forme de paix et par spécial le duc de Nemours, lequel feit serement au roy, luy prometant tenir son parti ; toutesfois depuis feit le contrere d'ont le roy conceut ceste longue hayne q'uil avoyt contre luy, coume plusieurs foys il m'a dict. »

Le roy donc voyant son poinct se délibéra d'avoir sa raison dudict duc, et par ce moyen exterminer du tout la race des Armaignacs ; et sachent que le duc estoyt dens son fort chasteau de Carlat en Auvergne avec sa femme, prévoyent bien q'uil ne pouvoit avoir secours d'home vivent depuis que le duc de Guyene et comte d'Armaignac estoint mortz, le duc d'Alançon prisonier et le duc de Bourgoigne occupé et embarrassé en la guerre des Suisses, il despêcha le sieur de Beaujeu avec une armée pour l'aler assiéger soubz coleur de ce q'uil disoit ledict

---

(1) Philippes de Commi., lib. prem. de ses Mém., chap. 2.

duc avoir conspiré contre luy depuis la paix de Conflens, non que les hystoriens rendent aulcune raison de cette conspiration, ny q'uilz sachent dire sur quoy elle estoyt fondée, ny qu'eles preuves il y en avoyt ; tent y ha que le sieur de Beaujeu, surprenent le duc dens le chasteau de Carlat, l'assiégea de toutes pars et le pressa de si près, que n'ayent yceluy præveu le siège et moins faict provisions d'aulcungs vivres ni munitions, coume ne se doubtent de rien, feut constrainct de se rendre audict sieur de Beaujeu, qui l'ayant constitué prisonier le mena premièrement à Vienne et de là au chasteau de Pierre assise dans la vile de Lyon et finalement à Paris dens la Bastilhe. Il demura prisonier ung fort long temps ; mais en fin son procès luy feut faict et voleut le roy que à ces fins la Court de parlement députât certain nombre de conseillers de son corps pour s'en venir la part où il estoyt a lhors, pour avec les princes du sang qui estoynt près de sa persone, et les mestres de requestes de son houstel, viziter le proucés que luy auroyt esté faict et voyr s'il estoyt coulpable ou en voye de relauxation. Ceulx qui feurent députés vaquèrent à cest affaire depuis le segond jour du moys de juing jusques à la fin de celuy de juilhet que ledict duc feut ramené à Paris, où le 4 jour du moys d'aust MCCCCLXXVII l'arrest de mort luy feut pronuncé par messire Jean le Bolenger, premier président en ladicte court, et exécuté le mesmes jour aux Hales de Paris où la teste luy feut tranchée. L'autheur du Supplément de Monstrelet discourt fort au long soubs l'an MCCCCLXXV (1) la prinse en la procédure et la mort de ce seigneur, où je renvoyeray le lecteur pour éviter prolixité.

(1) Supplément de Monstr., soubz l'an 1475.

Tele feut la fin de ce duc de Nemours, petit fils de Bernard d'Armaignac, conestable de France. Il layssa de sa feme, dame Louyse d'Anjou, troys masles et troys filhes. Les filhes feurent Catherine, mariée avec Jean segond du nom, duc de Bourbon, qui en premières nopces avoyt espousé madame Jeane de France, filhe du roy Charles VII, laquele morut le 4 jour du moys de may MCCCCLXXXII, et par ainsin le mariage dudict sieur de Bourbon avec ladicte dame Catherine ne dura pas longuement, par ce q'uil morut l'an MCCCCLXXXIX, et si encores elle morut devent luy, par ce que le seigneur du Tilhet atteste en ses Mémoires, que après la mort de ladicte Catherine d'Armaignac il se remaria pour la troisième fois avec Jeanne de Bourbon, filhe de Jean de Bourbon, comte de Vendosme. La segonde filhe feut Marguerite laquele feut mariée avec messire Pierre de Rohan, seigneur de Gyé, mareschal de France, fort aymé du roy Louys XI, et duquel Philippe de Commines en ses Mémoires faict souvent mention. La troisième feut Charlotte, laquele morut sens estre mariée. Les enfens masles dudict Jacques d'Armaignac, duc de Nemours, feurent Jaques du nom de son père, qui morut en bas eage ; le segond feut Jean d'Armaignac qui print à femme dame Yoland de Passavant ; le troisième feut Louys d'Armaignac qui ne feut mariée, mais morut en la fleur de son eage, duquel nous parlerions icy plus avant, n'estoyt que nous avons à discourir de luy plus au long cy dessoubz, où nous réserverons à desduire ce que reste à desduire de la descente de ce Jaques d'Armaignac, duc de Nemours.

Les biens de la maison d'Armaignac sont rendus par le roy Charles VII à Charles d'Armaignac, frère de Jean V, auquel feut proveu de curateurs à cause de la manie en laquele il teumba.

CHAPITRE X.

Après la mort de Jean v, comte d'Armaignac et de Roudez, la succession desdicts comtés, et aultres places et seigneuries de ladicte maison, de droict debvoyt venir à Charles d'Armaignac, son frère, suivent la disposition de leurs prédécesseurs et substitutions en yceles conteneues, par lesqueles les plus proches masles estoint apelés ; tel q'uestoit ledict Charles, auquel les crimes et delictz de son frère ne pouvoint oster les droictz à luy acquis ezdicts biens. Mais à cela avoyt esté si bien proveu q'uil ne feut en son pouvoir d'en faire aulcune instance, ni poursuite du vivent du roy Louys xi, par ce que dès l'année MCCCCLXVIII ou MCCCCLXIX, que les biens d'Armaignac feurent saisis et mis en la main du roy par le comte de Dammartin, ledict Charles feut par mesmes moyen faict prisonier et conduict à la Bastilhe où il feut détenu en fort pitoyable estat jusques à la mort du roys Louys xi qui morut l'an MCCCCLXXXIII. Après le décès duquel vcïnt à la courone Charles viii, son filz, lequel ayant assemblé les Estatz généraulx en la vile de Tours, Charles d'Armaignac trouva moyen par l'intervention de certains princes et seigneurs, ses amys, de représenter au roy l'injuste détention de sa persone, et coume l'arrest de confiscation ne pouvoit porter aulcung præjudice aux prétentions q'uil avoyt sur les biens d'Armaignac qui luy demeuroint acquis en vertu des substitutions conteneues ez testemens de ses prédécesseurs, d'ont supplia sa majesté de lui voloir concéder la récréance de sa persone et desdicts biens, sur laquele le roy ordona q'uil seroyt mis en pleine liberté, et que toutz les biens saisis à feu son frère luy seroint rendus pour en jouyr soubz sa main, jusques à ce que par sa majesté en seroyt aultrement ordoné.

De ceste ordonence feurent despêchés letres en forme de chartre audict Charles qui en vertu d'yceles feut tiré de prison et mis en la réale pocession desdicts biens par messire Bernard Lauret, premier président en la court du parlement de Toulouze, à ce comis et député, et bien que ceulx à qui lesdictes places avoint esté donées par le roy Louys XI s'opposassent à ceste exécution, si est ce que non obstent yceles ledict sieur président passa oultre, sens avoir esguard ausdicts dons.

Mais par ce que, à cause de la longue détention dudict Charles (lequel dores en avant nous apelerons comte d'Armaignac et de Rodez) et du mauvais traictement q'uil avoyt receu à la Bastilhe durent quatorze ou quinze ans, il avoyt esté débilité de son cerveau et devenu coume esgaré de son entendement, estent remis en ses terres l'on s'apperceut du trouble de son esprit à cause d'une infinité d'insolences q'uil commençoyt de faire en battent et frapent les ungs et les aultres, sens occasions, jusques à faire des murtres. Cela feut cause que quelques ungs de ses parens, voyens ces façons de faire et creignens que s'il ne luy estoyt promptement proveu, il estoyt en denger de se perdre, se retirèrent du roy auquel ilz donarent à entendre les déportemens de ce seigneur, le suppliens d'y prouvoir, coume il feit par ses lettres patentes dressées à la court du parlement de Toulouze, par lesqueles il mandoyt à ladicte court de s'informer diligemment de l'indisposition dudict comte, et que si par l'information q'uilz en feroint leur apparaissoit le comte estre mal disposé de son entendement, ilz eussent à luy provoir d'ung curatur, persone notable, pour régir et gouverner sa persone et biens. J'ay veu lesdictes lettres donées à Montargis et dattées du dernier de septembre mcccclxxxiiii ; yceles présentées à la court, feut ordonné q'uil seroyt informé sur le contenu d'yceles, ce que feut faict à la diligence du procureur général. Et ayant par ladicte information apparu à la court suffisement de ladicte indisposition, par arrest d'ycele donné le xxvi novembre mcccclxxxiiii, feut interdicte audict comte l'administration de ses biens, et par mesmes moyen luy feut proveu de curateur de la persone de messire Alain d'Albret, sire d'Albret, son cousin. L'exécution de cest arrest feut commise à mestre Bermont de S. Félix, conseilier en ladicte court, lequel sur ycele trouva de grandes résistences que luy feurent faictes tent de la part du comte que de quelques aultres qui, au nom du comte, tenoint quelques places dépendentes de la comté de Rodez, teles q'uestoint Boazou, Beaucaire et La Roque Valsergue, qui estoint teneues par ung sien bastard nommé Pierre, qui estoyt soustenu par le duc d'Alançon, malcontent de ce que le sire d'Albret avoyt esté en ladicte curatele préféré à luy qui estoyt plus proche parent du comte que ledict d'Albret. Mais sa majesté ayant despêché comission au sieur de Chastelier, séneschal de Rouvergue, pour assambler le ban et arrièreban de Rouvergue et l'assièger et forcer lesdictes places, ledict sieur de Chastelier feit une grande assamblée de gens de guerre, et se porta si diligement en ceste charge que dens peu de jours il remit lesdictes places ez mains du seigneur d'Albret qui, d'aultre costé, feit tent q'uil surprint ledict coumte au chasteau de Tournon. Et s'estent saisi de la persone d'yceluy, l'emmena en une siene place nommée Castelgeloux, où il le teint restraint et coume prisonier ung fort long temps et jusques à ce que par arrest feut constreinct de le rendre.

D'aultre costé le duc d'Alançon s'estent joinct avec madame Catherine de Foix, femme du comte Charles, se retira du roy, et luy ayent faict entendre les estranges déportemens du sire d'Albret à l'endroict dudict comte, et coume, soubz prétexte de la curatele, il s'estoyt emparé non seulement de toutz ses biens, mais encores il le tenoyt prisonier, obtint letres de sa majesté pour le faire deslivrer et luy faire rendre et restituer ses biens, ou pour le moins les metre entre les mains de quelques persones notables pour yceulx régir et gouverner jusques à ce que aultrement y aurait esté proveu ; lesqueles feurent dressées à mestre Jean Raphael, conseilier en la court de parlement de Bourdeaux, qui ne trouva aulcune hobéyscence, ains au contrere feut arresté prisonier dens la vile de Rodez en vertu de quelques provisions obteneues de la court du parlement de Toulouze, pour réparation duquel attemptat s'estens de rechef lesdicts sieur d'Alançon et ladicte dame Catherine retirés du roy, obtindrent aultres letres patentes que feurent dressées à mestre Albert la Viste, conceilier au grand conceilh du roy et raporteur ordinere de la chancelerie de France, par lesqueles luy estoyt mandé se transporter en la vile de Rodez pour deslivrer ledict Raphael où il estoyt, et achever aussi d'exécuter les premières obteneues par ledict seihneur d'Alençon en ce que restoyt à exécuter d'yceles.

Quelque temps après, sa majesté, voyent que toute ceste poursuite ne venoyt que du mescontentement que le duc d'Alençon avoyt receu du premier arrest de la court du parlement de Tolouze de se voyr pospozé au sieur d'Albret en ceste curatele, s'advisa de provoir au comte Charles d'aultres curateurs que dudict sieur d'Albret, et attendent que la nomination d'yceulx en feut faicte, il volut que la persone du comte, ensemble ses biens feussent régis et administrés par messire Jean de La Roche, sieur de Chabanes, bayly de Mascon, Jean de La Gardete, seigneur de Fontenalhes, bayly de Vienoys, et Guinot de Loubière, mestre d'hostel du roy et séneschal de Quercy, coume j'ay veu par les letres de ceste provision dattées du 22 octobre 1486. Ceux là en vertu de ce pouvoir gouvernérent quelque temps ledict comte q'uilz tenoint au chasteau de Montmiral et administrérent aussi toutz ses biens jusques en l'année MCCCCLXXXXI, que le roy proveut de curateur audict comte des personnes du comte de Nevers et de Rethel, seigneur d'Orval, messire Philippe de Voysin, sieur de Montauld et messire Gérauld de Marescan, lesquels, après avoyr presté le serement en tel cas requis, prindrent la charge de la persone dudict comte, et de ses biens q'uilz administrérent jusques à la mort dudict comte qui advint l'an MCCCCLXXXXVI, sauf que sur la fin au lieu et place desdicts sieurs de Montauld et de Marescan feut subrrogé messire Galiot de Ginolhac, sieur d'Acier et séneschal d'Armaignac, pour administrer avec ledict seigneur de Nevers.

Le comte Charles morut l'an que nous venons de dire en ladicte place de Chasteau neuf de Montmiral et feut enterré en l'esglise dudict lieu où son tombeau se voyt encores devent le grand autel. Ce feut ung seigneur fort désastré, n'ayant jamais heu que infortunes ou malheurs, car du vivent de son frère mesmes il feut enfermé en la Bastilhe, où il feut détenu l'espace de xiiii ou xv ans. Et ayant esté tiré de là, il feut presque aussi tost mis entre les mains de curateurs qui le traictarent très indignement, le teindrent aussi estroyt coume au paravant; il avoyt esté en la Bastilhe par l'espasse de xii à xiii ans q'uil vesquit après en avoyr esté eslargi. Estent asses jeune il feut marié avec dame Catherine de Foix, filhe de Jean de Foix, comte de Candale et captal de Buch, et lhors de ce mariage Jean v, comte d'Armaignac, son frère, luy bailha pour sa légitime les vicontés de Creysseilh et de Fezenzaguel, la baronie de Roquefueilh et v cens libvres de rente sur cele de Malhauze. Après sa mort le roy Louys xii permit à sa dicte femme pour son vefvage jouyr desdictes vicontés et baronies sa vie durent. Il ne layssa de sadicte femme aulcungs enfens ny filhes. Mais s'estent en son jeune âge acoincté d'une damoysele nommée Marguerite de la maison du Claux en Guascoigne, il en eust ung enfent masle nommé Pierre, lequel feut après ung très valureux chevalier. Le roy Louys xii l'eust en si bone opinion q'uil l'employa en de grands affaires et luy dona la baronie de Caussade, q'avoyt esté de la maison d'Armaignac. Ce feut le père de monsieur le cardinal d'Armaignac, que nous avons veu évesque de Roudez et depuis archevesque de Tholouze, et après archevesque et légat d'Avignon, duquel nous réservons à parler en aultre part.

Que le roy Charles VIII après le décès du comte Charles feit resaisir et remetre en ses mains les biens d'Armaignac et de Jean et Louys d'Armaignac, filz de Jaques, duc de Nemours.

CHAPITRE XI.

Le roy Charles VIII, ayant entendu le décès de ce comte qui advint coume nous avons dict sur la fin de l'an 1496 ou coumencement de l'an 1497, tout aussi tost feit despêcher commission aux séneschaulx d'Armaignac et de Rouvergue, pour faire ressaisir les biens de ladicte maison d'Armaignac, qui avoint esté jouys par ledict coumte par provision et soubz la main du roy, interdisent aux curateurs dudict feu comte de ne s'entremetre plus de l'administration d'yceulx, coume j'ai veu par letres patentes données à Lyon le IX juing MCCCCLXXXXVII; et affin que les villes, pièces et seigneuries de ceste maison ne demurassent sens quelque chef, sa majesté ordonna gouvernur d'yceles messire Louys d'Amboise, évesque d'Alby, auquel il dona ung pouvoir fort ample pour les affaires de ceste maison, ainsin qu'apert par les lettres de ce gouvernement que luy feurent dépêchées de mesmes datte que les précédentes. Toutesfoys l'année après le roy Louys XII, estent de nouveau venu à la corone après la mort du roy Charles VIII, voulent amployer ledict seigneur évesque d'Alby à de plus grands et importens affaires, donna ceste charge ou gouvernement à messire Huet d'Amboise, seigneur d'Albigeois, frère dudict évesque coume j'ay veu par les letres que luy en feurent despêchés à Estempes le xvii aust mccgclxxxxviii.

Ayans donc esté les biens de la maison d'Armaignac ressaisis et remis ez mains du roy, Jean d'Armaignac, duc de Nemours, qui prétendoyt lesdicts biens par la mort du comte Charles, son cousin, luy avoyr esté dévolus et luy estre acquis en vertu des substitutions conteneues ez testemens de leurs prédécesseurs, se meit à la traverse pour les quereler et calenger. Mais avant que passer plus avant il nous fault voyr quel estoyt ce Jean d'Armaignac, duc de Nemours.

Nous avons cy devent dict que Bernard d'Armaignac, conestable de France, laissa deus enfens masles, Jean 4, comte d'Armaignac après la mort de son père, et Bernard qui eust pour son appennage la comté de Perdiac et viscomté de Carlat. Ce Bernard feut marié avec madame Eléonor de Bourbon, filhe de Jaques de Bourbon, comte de la Marche, vulgairement apelé le roy Jaques par les raisons que nous avons desduites cy devent ; duquel mariage sortit Jaques d'Armaignac, qui print à femme madame Louyse d'Anjou, filhe de Charles d'Anjou, comte du Mayne, et auquel, en faveur de ce mariage, le roy Louys xi dona la duché de Nemours. Il laissa de sadicte femme à luy survivens troys masles et troys filhes, coume nous avons déjà dict. Les filhes feurent mariées ainsin que nous avons cy devent dict ; les enfens feurent Jaques qui morut jeune, Jean et Louys, desquels nous avons à parler à présent.

Ces enfens feurent trèsmal et indignement traictés après la mort de leurs feus père et mère, tandis que le roy Louys xi vesquit, car leur père ayant esté condampné et exécuté à mort, et ses biens confisqués, coume nous avons veu, lesdicts biens feurent donés et despartis aux ungs et aux aultres, ainsin qu'il en estoyt advenu de ceulx d'Armaignac, et l'on dict que ses pouvres enfens feurent mis entre les mains de ceulx mesmes à qui leurs terres avoynt esté distribuées, que ne pouvoyt estre que avec ung trèsgrand danger et péril de leurs personnes, si les donateres desdictes terres eussent voleu attenter sur leurs vies, pour les se rendre plus asseurées. L'ung d'yceulx, qui estoint Jacques ayné, morut jeune ; les deus aultres Jean et Louys veneus en eage, feurent présentés par quelques princes, leurs parens, au roy Charles VIII, venu freschement à la courone, qui les receut assez gratieusement. Et les troys estatz du royaume estens pour lhors assamblés en la ville de Tours, les amys de ces jeunes seigneurs feirent tent envers les estatz que au nom d'yceulx feut présenté requeste au roy, par laquele sa majesté feut suppliée de voloir avoyr pitié de ses pouvres enfens orphelins, et de leur faire rendre et restituer les biens q'uavoint apertenu à leurs feus père et mère, car bien que ceulx de leur feue mère ne peussent estre comprins en la confiscation, si est ce que l'on les avoyt saisis ensemblement avec ceulx du père. L'on peut encores voir la supplication qu'en feut faicte au roy, au nom de toutz les troys ordres, par mestre Jean de Rely, docteur en théologie et chanoine en l'esglise cathédrale de Paris, eslu et députté par lesdicts estatz pour représenter à sadicte majesté les doléances et demendes d'yceulx et luy présenter leur cayern. Ces estatz feurent tenus au moys de febvrier MCCCCLXXXIII. Le discours, harengues et résolution d'yceulx feurent depuis imprimés à Paris, l'an MV cens LVII. En la segonde harengue faicte au roy par ledict de Rely, au nom de toutz les troys estatz, en plaine assamblée d'yceulx, se lisent ces mots (1) : « Aulcungs de messieurs les princes et aultres seigneurs ont envoyé et sont venus proposer leur doléances, faire supplications, requestes et remonstrences à ycele assemblée, esqueles, coume il semble de prime face pitié et raison, veulent et requièrent qu'on ait grand reguart. Non obstant, Sire, nous les avons renvoyés au trosne de vostre majesté royale, pour ce que celes doléances ont semblé particulières et non apertenir directement aux affaires de la généralité de vostre royaume. Mais parce que de tout droict divin, naturel et humain, la tutele et guarde des minurs orphelins apertient aux roys, aux princes et aux républiques, m'ha esté chargé de par ycele assamblée de vous dire ung mot pour les pauvres orphelins de Nemours, s'il vous plait à l'ouyr. Bien sont ilz, Sire, messeigneurs en tent que de père et de mère ilz sont de vostre parenté. Mais à parler véritablement quant à la réalité des biens, et les filhes q'uon dict prestes à marier, sont des plus pouvres enfens de vostre royaume, car ilz n'ont pas ung pan de terre où ilz puissent recliner leur chef. » Il poursuit après son discours qu'il enrrichit de force beaux lieux et authorités en faveur des pouvres orphelins, et en fin supplie le roy au nom de toute l'assemblée de voloir avoir pitié de ces jeunes seigneurs de Nemours et leur voloir faire rendre leurs biens.

Le roy après avoyr faict voyr en son conceilh ceste requeste trouva ycele raisonable quant à ce que pouvoit concerner les biens de leur feue mère, ou que leur pouvoit apertenir à cause de la succession d'ycele. Mais par ce q'uil estoyt de besoing vérifier quelques faictz mentionés en ladicte requeste con-

---

(1) Estatz généraulx tenus en la vile de Tours, l'an 1483.

cernens les biens du père, sa majesté ordona que lesdicts sieurs de Nemours preuveroint yceulx dens certain temps, et cependent leur permit par provision de jouyr desdicts biens maternels soubz la main toutesfoys du roy, coume j'ay veu par les provisions que leur en feurent despêchées, donées au Plessis les Tours le v mars MCCCCLXXXIII, ezquelles est faicte expresse mention de la supplication faicte à sa majesté par les troys estatz en faveur desdicts de Nemours. Et bien que pour lhors lesdicts biens maternels ne leur feussent recrédés que par provision et pour en jouyr soubz la main du roy, toutesfois quelque temps après sa majesté leur en feit plénière deslivrence, leur cedent et transportent tout le droict qu'uil pouvoit prétendre esdicts biens, sens soy rien réserver, hormis l'homage et souvereneté ; de quoy leur feurent dépêchées aussi letres données à Paris le XXIX mars MCCCCLXXXXI. Ces biens estoint de grande valeur estens composés d'ung grand nombre de beles et riches places, entre lesqueles estoint les comtés de Guyse, de Chastelerauld, du Mayene et aultres au long spécifiées ezdictes letres.

De mesmes, volut aussi sa majesté que la duché de Nemours feut rendeue et restitué à ces seigneurs, cognoiscent qu'uil y avoyt heu plus de faict que de droict aux saisies qu'en avoint esté faictes par le roy Louys, son feu père, et leur feut restituée ladicte duché avec le droict de perrie et aultres prerrogatives à yceluy apertenens, à tele charge que l'uyné desdicts seigneurs, nommé Jean, en porteroit le titre, et le puyné, qu'estoit Louys, auroit la comté de Guyse et en porteroit aussi le titre, tout ainsin que plus à plain est porté par les letres de ceste restitution, données à Paris le segond jour d'aust l'an MCCCCLXXXIIII.

Voylà coume ces deus seigneurs feurent remis

ez biens de leurs feus père et mère, depuis laquele restitution ils portèrent les titres, scavoir Jean ayné, tent q'uil vesquit, du duché de Nemours, et Louys puyné, de la comté de Guyse, du vivent de son frère. Philippes de Commines faict mention de luy en ces mémoires soubz le nom de monseigneur de Guise, coume au 13 chapitre de son 7 libvre (1), où il dict que au voyage que le roy Charles VIII feit à Naples, et le jour propre q'uil entra audict royaume, ledict seigneur de Guyse conduisoit l'avantguarde de son armée ; et au 6 chapitre du libvre 8 (2) il parle de quelque contestation que feut entre ledict sieur de Guyse et le viconte de Narbone sur la conduicte de l'avantgarde, le jour de la batailhe de Fornoue. Mais après la mort de sondict frère, il print le titre de duc de Nemours et feut toujours depuis ainsin apelé jusques à sa mort, que Louys XII alhors régnent reprint en ses mains ladicte duché, laquele il dona quelque temps après à Gaston de Foix, filz de Jean de Foix, viconte de Narbone, en récompense de la viconté de Narbone que le roy print et unit à la corone. C'est ce brave Gaston de Foix, nepveu dudict roy Louys XII, qui morut en la batailhe de Ravenne, donée le propre jour de Pasques l'an MV cens XII, et lequel portoyt alhors le titre de duc de Nemours ; ce que j'ay voleu dire en passent pour l'intelligence de nous hystoriens françoys qui parlent asses confusément des ducz de Nemours q'uestoint en ce temps là sens les qualifier ny distinguer par leurs noms propres.

(1) Philippe de Commines, lib. 7 de ses Mém. chap. 13.
(2) Le mesmes auth., lib. 8, chap. 6

Poursuite du discours coumencé des deus frères Jean et Louys d'Armaignac qui coumencèrent de quereler les biens de la maison d'Armaignac, mais morurent pendent la poursuite d'yceulx.

CHAPITRE XII.

Nous venons de discourir au précédent chapitre coume Jean et Louys d'Armaignac frères, et filz de Jaques d'Armaignac et de dame Louyse d'Anjou, feurent remis ez biens de leurs feus père et mère. Mais il restoyt encores les biens de la maison d'Armaignac, j'entens des comtes d'Armaignac et de Rodez, qui légitimement leur apertenoint, quele confiscation qu'en eust été faicte par l'arrest de la court du parlement de Paris, doné contre Jean v, comte d'Armaignac. Nous avons bien dict cy devent que lesdicts biens avoint esté rendus à Charles, frère dudict Jean v. Mais cette restitution n'avoyt esté purement faicte, ains par provision et pour en jouyr seulement tent q'uil vivroyt et soubz la main du roy, de sorte que, après la mort dudict comte Charles, le roy aurait faict ressaisir et remetre en ses mains lesdicts biens, laquele segonde main mise, Jean d'Armaignac, duc de Nemours, voleut empêcher et remonstra au roy que lesdicts biens luy apertenoint par les dispositions testamenteres de leurs prédécesseurs comtes d'Armaignac et de Rodez, depuis q'uil se trouvoit alhors le plus proche masle et ayné de ceste lignée.

Mais bien que nous ayons cy devent (parlens du comte Charles) touché quelque chose de ces dispositions, il ne sera hors de propos de le redire encores une fois icy, pour faire plus clerement entendre les prétentions de ces deus frères, ce que servira, non seulement pour eulx, mais aussi pour les aultres lignages de ceste maison, qui après leur mort querelèrent les mesmes biens coume nous verrons en son lieu. Il se fault donc souvenir de ce que cy devent nous avons asses souvent répété, que Bernard, comte d'Armaignac et conestable de France, layssent à luy survivens deus enfens masles et quelques filhes, avoyt faict son testament par lequel il avoyt institué son héretier universel Jean, son filz ayné, que feut après comte d'Armaignac et de Rodez, soubz le nom de Jean 4, et faictes beaucoup de substitutions par lesqueles il auroyt apelé les plus proches masles et excluses les filhes tent q'uil y auroit masles, saulf leur dot, suivent la faculté des biens et grandeur de la maison, se confirment en cela à la dernière volonté de Jean premier son ayeul. Par ce moyen prétendoyt le duc de Nemours que quoy q'uil y eust des filhes de Jean 4, seurs de Jean v et de Charles, derniers comtes d'Armaignac, et que elles feussent plus proches en lignage que luy, que néammoings la succession desdicts biens apertenoit à luy, coumme plus proche masle et non auxdictes filhes qui en demeuroint excluses par lesdicts testemens, tendis q'uil se trouveroint des masles descendens de ladicte maison. Nous avons cy devent monstré le degré de consanguinité desdicts Jean, duc de Nemours, et de Louys, comte de Guise, avec lesdicts feus Jean v et Charles, comtes d'Armaignac, derniers décédés, et n'est besoing de le répéter icy ; en ung mot ilz estoint leurs cousins remeués de germain. Prétendoyt donc ledict Jean, duc de Nemours, q'uil debvoit succéder ez biens de ladicte maison coume plus proche masle et ayné, à cause que les aynés masles estoynt premièrement par lesdicts testemens apelés, et pour la confiscation desdicts biens soustenoyt ycele ne luy pouvoir porter aulcung préjudice, par ce que les biens estoint subjectz à restitution et par conséquent n'avoint peu estre confisqués pour les délictz et crimes dudict Jean v. Moins disoit luy pouvoir préjudicier certaine donation prétendeue avoir esté faicte par ledict Jean v au feu roy Louys xi, que le procureur général du roy desduisoit, veu que quant elle seroyt véritable elle ne pouvoit subsister, veu que ledict Jean v n'avoit peu doner ce que ne luy apartenoit et q'uil estoyt chargé de rendre par les substitutions couchées ez testemens de leurs prædécesseurs.

Ces raisons estoint si pertinentes et si cleres que sens difficulté le duc de Nemours eust eu la récréence desdicts biens, attendu mesmement la faveur q'uil eust trouvé en la persone du roy Louys xii, veneu de nouveau à la courone, duquel il avoyt espousé une niepce, scavoyr dame Yoland de la Haye, filhe unique de messire Louys de la Haye, seigneur de Passavant et de Mortaigne, et de madame Marie d'Orléans, seur dudict roy Louys xii. J'ay veu les pactes dudict mariage passés à S. Germayn en Lhaye, le dimanche xiiii du moys de may mccccLxxxxii, en l'absence dudict sieur de Passevant, mais faisent pour luy ledict seigneur qui n'estoyt alhors que duc d'Orléans, et ce du concentement et authorité du roy Charles viii, qui avoyt affectioné et volu ledict mariage. Par les pactes d'yceluy est expressément porté que ou ledict Jean d'Armaignac, duc de Nemours, décèderoit sens enfens, ladicte duché de Nemours, ensemble toutes les aultres seigneuries pourtens la qualité et titre de comté, luy apertenens, viendroint de plain droict à Louys d'Armaignac, comte de Guyse, son frère, et au contrere que ledict sieur, comte de Guyse, décédent le premier sens enfens, tent ladicte comté que toutes les aultres ses seigneuries, portens titre de comté, viendroint audict seigneur duc de Nemours ou à ces hoirs masles. Pour donc revenir à nostre propos, il ne fault faire aulcung doubte que si ledict seigneur de Nemours eust vescu quelque peu plus q'uil ne feit q'uil n'eusse obtenu tout ce q'uil eust sceu désirer pour la restitution des biens d'Armaignac. Mais la volonté de Dieu feut tele q'uil ne tarda guières longues années après que ce seigneur décéda sens enfens.

Estent luy décédé, toutz ses droictz, duchés, comtés, et aultres seigneuries demurarent résoleues en la persone de Louys d'Armaignac, son frère, qui tout aussi tost laissa le titre de comte de Guyse pour prendre celuy de duc de Nemours, et ainsin se trouve il nommé par toutz les hystoriens qui depuis ce temps là parlent de luy. Il ne tarda guières après la mort de son frère de présenter requeste au roy, pour estre receu à hommage, des comtés d'Armaignac et de Rodez et aultres seigneuries de ladicte maison d'Armaignac, relevens immédiatement de la corone. A quoy luy ayant esté faicte difficulté et formée opposition par le procureur général du roy, se fondent sur l'arrest de confiscation desdicts biens et sur la donation q'uil præsuposoit avoyr esté faicte au roy Louys XI par le comte Jean V, de laquele nous venons de parler, le roy renvoya là dessus ledict duc en sa court de parlement de Paris, pour là faire teles demandes et prendre teles conclusions que bon luy sembleroit. Et de ce luy, feit despêcher ses patentes, sur lesqueles le XIII jour du moys de

mars MCCCCLXXXXVII la court ordona que ledict duc
de Nemours estoyt receu à faire teles demandes et
requestes q'uil voudroit, tent contre le procureur
général du roy que aultres q'uil vouldroit faire apeler
concernens les droicts par luy prétendus sur lesdicts
biens d'Armaignac. Ce procès ne feut poursuivi fort
vivement, par ce que despuis ce temps là le duc
de Nemours demeura presque toutjours en Italie,
occupé aux guerres que le roy Louys XII y eust
pour le recouvrement tent du duché de Milan que
lui apertenoyt en propre, à cause de dame Valentine
de Milan, son ayeule, que du royaume de Naples
ou de Sécile; et par ce que le duc de Nemours
eust de trèshonorables charges en ses guerres,
mesmement en celes de Naples, où il feut général
des armées du roy, et vice roy en tout ledict royaume,
il ne sera pas hors de propos de discourir quelque
peu d'yceles, ce que nous fairons le plus briefvement
que nous sera possible.

Le roy Louys XII veint à la corone de France
après la mort du roy Charles VIII l'an MCCCCLXXXXVIII,
après q'uil eust mis ordre aux principaulx et plus
urgens affaires du royaume. Il dressa toutz ces
dessaings au recouvrement de la duché de Milan
occupée alhors par Louys Sforce. Pour donc en venir
à ses attentes il mit sus une armée de XXV mil
homes de pied et de VI mil chevaulx, de laquele
il dona la conduicte à messire Eberard Stuard, comte
d'Aubigny, à messire Louys de Luxembourg, comte
Ligny et à Jean Jaques Trivulse, milanois. Ceux là
ayent passé les mons et entrés fort avant en la
Lombardie, ne layssens vile aulcune à prendre derrière eulx, estounèrent telement Louys Sforce, q'uil
quitta la vile de Milan, pour se retirer en Alemaigne
vers l'empereur Maximilian. Les Milanoys, se voyens

abandonés dudict Sforce, n'eurent aultre remède que de se rendre aux Françoys, de quoy le roy, qui estoyt à Lyon, adverti, passa tout aussi tost les mons et feust receu dens la vile de Milan au gred et contentement de tout le peuble. Sa majesté se teint quelque temps en ce duché pour reigler les désordres q'uil y trouva, mais après, s'en revenent en France, layssa dens la vile de Milan, pour y gouverner les affaires d'ycele et la tenir en son hobéyscence, le seigneur Trivulce, et ordona pour gouvernur de tout le reste de la duché le seigneur d'Aubigny. Trivulce se porta si mal en son gouvernement que, se volent venger des vieilhes injures q'uil avoyt receues de quelques ungs de ladicte vile, il irrita le peuble d'ycele contre les Françoys, de tele sorte que s'estent yceluy mutiné se mit en tele furie q'uil constreignit Trivulse de quitter la vile et se retirer avec le seigneur d'Aubigny. Il ne feut pas plustot dehors que les habitens remirent dedens Louys Sforce, qui, avec une bele armée composée d'Alemens et de Suysses, estoyt revenu en Lombardye où les affaires estoint disposés pour aler mal pour les François, à cause de la discourde que s'estoyt jettée entre les seigneur d'Aubigny et Trivulce. Mais le roy, adverti de se désordre, prévoyent q'uil pourroit estre cause de la perte entière de la duché, leur osta à toutz deus le gouvernement q'uil leur avoyt donné, et envoya en Italie pour son lieutenent général messire Louys de la Trimoulhe, lequel se porta si preudement et valeureusement en ceste charge, que dens peu de temps il preint prisonniers Lois Sforce et le cardinal Ascaigne, son frère, lesquels il envoya en France, et si reprint Milan, ensemble toutes les aultres viles du duché qui de noveau s'estoint rendeues audict Sforce. Tout ce dessus advint dens deus ans, scavoir l'an mccclxxxxix et mv cens. Louys d'Armaignac, duc de Nemours, pour raison duquel nous avons entreprins ce discours, estoyt en ceste armée et s'y feit paroistre pour ung des plus valeureux seigneurs qui fussent en ycele et en raporta une tele louenge que l'année après, le roy, ayant résoleu le voyage de Naples, le choisit par dessus toutz les aultres seigneurs pour estre général de l'armée q'uil avoit résoleu y envoyer. Mais avant qu'entrer au discours de ceste guerre, il nous fault dire quelque chose de la cause d'ycele, ce que ne se peut bonement faire, sens reprendre les affaires ung peu de loing.

Louys d'Anjou, filz de Jean, roy de France, et frère du roy Charles v, feut adoupté par la reyne Jeanne de Sécile, première de ce nom, et investi de ce royaume de Naples et de Sécile par le pape Clément vii, eslu en scysme contre le pape Urbain v, de l'advis duquel Clément ceste adoption avoyt esté faicte ; et par ce que lhors d'ycele avoyt esté résolu que le duc d'Anjou conduiroyt une armée au royaume de Naples pour le recouvrement d'yceluy, la plus part occupé par Charles de la paix, de quelques ungs apelé Charles 3, ledict seigneur, duc d'Anjou, dressa une armée de cinquante mil chevaux et d'ung grand nombre de gens de pied, avec laquele il entra au royaume de Naples, où il feit la guerre audict Charles par l'espace de deus ans, pendent lesquels il conquit la pluspart dudict royaume, et avoyt déjà réduict ce Charles en tele extrémité q'uil n'avoit remède que de luy quitter le jeu, lhors que ledict duc d'Anjou teumba malade d'une si grande et griefve maladie q'uil en morut. Ceste mort veint si bien à poinct audict Charles, que dens peu de temps après ycele, n'y ayent persone qui luy feit teste, il reprint toutes les viles et places que le duc d'Anjou avoyt guaignées sur luy en ung si long temps et avec si grand trevailh, de manière que, ayant entièrement chassé les Françoys du royaume de Naples, il s'en rendit paisible pocesseur. Mais quelque temps après, luy estent le royaume d'Hongrie escheu par succession de ses prédécessurs, y estent pour en prendre pocession, il y morut layssent ung filz nommé Ladislaus et une filhe que se nommoyt Jeane. Ladislaus succéda à son père au royaume de Naples et le teint par asses long temps, scavoyr jusques en l'année MCCCCXIII qu'uil morut sens enfens, layssent son héretière audict royaume sa seur Jeane segonde de ce nom que les hystoriens provenceaux apelent Joanelle. Nous parlerons d'ele après voyr dict quelque chose des enfens de Louys, duc d'Anjou, lesquels, bien qu'uils feussent hors du royaume de Naples et qu'uilz ne tinssent rien en yceluy, s'en portoynt toutesfoys pour roys, ensemble de Sécile.

Louys, duc d'Anjou, que nous avons dict avoyr esté aoupté par la reine Jeanne première, mourant en la conqueste du royaume, coume nous venons de dire, laissa deus filz, Louys et Charles. Louys, après la mort de son père, feut duc d'Anjou, et se porta aussi pour roy de Naples et de Sécile. Il est apelé segond à cause de son père qui portoyt mesmes nom que luy. Il feit quelque voyage en Italie pour le recouvrement de son royaume, y estent apelé par les Florentins contre Ladislaus, mais avec peu de succès, et feut marié avec dame Yoland d'Arragon, de laquele eust troys enfens masles : Louys, René et Charles. Louys, ayné de ces troys succéda à son père tent en la duché d'Anjou que aux prétentions du royaume de Naples et feut apelé Louys 3. Oultre l'ancien droict qu'uil avoyt audict royaume il feut de noveau adopté par la reyne Jeane segonde, coume nous dirons cy après. Mais il morut sens enfens, de sorte que René, son frère, luy succéda ezdicts duché et royaume. Ce René espousa madame Yzabeaux de Lorraine, héretière de la maison de Lorraine, de laquele il eust ung seul filz nommé Jean, auquel on dona le titre de duc de Calabre, et se trouve ez hystoires ainsin qualifié. Mais il morut avant son père, laissent aussy ung filz nommé Nicolas, marchis du Pont, qui morut aussi sens enfens avant le roy René, son ayeul, de sorte que ledict René survesquit à ses filh et petit filh. Il avoyt deus filhes, Marguerite qui feut mariée à Henrry VI, roy d'Angleterre, et Yoland que feut mariée avec Ferry de Lorraine, comte de Vaudemond, et depuis duc de Lorraine de par sa femme, du mariage desquels sortit ung aultre René, duc de Lorraine. Nous avons dict aussi que René, roy de Sécile, avoyt ung frère nommé Charles, lequel feut comte de Mayene. Cestuy cy espousa dame Ysabeaux de Luxembourg, de laquele il eust une filhe nommée Louyze, laquele, coume nous avons monstré cy dessus, feut mariée avec Jaques d'Armaignac, duc de Nemours, et ung filz nommé Charles du nom de son père qui feut comte de Provence. René donc, roy de Naples et de Sécile, venent à décéder sens enfens masles, bien q'uil eust les deux filhes que nous avons dict, feit toutesfois son héretier, tent audict comte de Provence que au royaume de Naples et de Sécile ou plustost prætentions q'uil avoyt sur yceluy, Charles d'Anjou, son nepveu, lequel après la mort de René, son oncle, print le titre de roy de Sécile et de Naples, mais décédent sens enfens, feit héretier le roy Louys XI, tent du royaume de Naples et Sécile que de la comté de Provence, et c'est à tel titre que nous roys de France ont depuis tenu, jouy et possédé ladicte comté de Provence et q'uilz ont aussy prétendu le royaume de Naples et de Sécile leur apertenir.

Mais il est temps de revenir à la reyne Jeane de Sécile et de Naples que nous avons nommée segonde du nom, heu esguard à Jeane première qui avoyt adopté Louys d'Anjou dict aussi le premier. Elle, après deus ou troys aultres maris q'uele avoyt heus, espousa Jaques de Bourbon, comte de la Marche et de Castres, lequel n'eust guières demeuré avec sa femme que quelques malheureux semèrent zizanie entre eulx, et feurent leurs piques si grandes que non seulement l'ung ne voloyt voyr l'autre, mais, que pis est, ils en vindrent jusques là que d'attenter sur les vies et persones de l'une et de l'aultre, coume nous avons déjà touché si devent. Mais en fin, le roy ayent esté arresté prisonier par sa femme, ayant esté adverti que l'on estoyt après à luy jouer quelque mauvais tour, il trouva moyen d'évader et s'en revint en France. C'est celuy que nous avons cy devent apelé le roy Jaques, père de dame Eléonor de Bourbon, que feut mariée avec Bernard d'Armaignac, comte de Perdiac.

La reyne Jeane se voyent seule et se doubtent de son mari, ainsin eschappé de ses mains, q'uil ne luy dressât quelque partie avec ceulx de la maison d'Anjou, ses enemys, résolut de s'aquérir des amys pour leur résister. A ces fins elle se dressa à Alphonce, roy d'Arragon, jeune prince et de grande espérence. Elle l'envoya quérir, et estent yceluy venu à Naples, l'adopta pour filz, à tele condition que après la mort d'elle le royaume de Naples luy viendroit. Cest à ce titre que les roys d'Arragon prétendent le royaume de Naples leur apertenir. Alphonce demeura quelque temps auprès de la reyne, mais en fin le grand séneschal de Sécile, par le conceilh duquel elle se gouvernoit, meit Alphonce en sa disgrace, si bien que dens peu de temps ilz feurent en armes l'ung contre l'autre. Alphonce se plaignoit que la reyne l'avoit volu faire tuer. Elle soustenoit que Alphonce l'avoit voleu faire prisonière en intention de l'en ammener en Arragon et luy ravir tout à trac le royaume. Ces quereles allarent si avant que la reyne pour la seureté de sa persone feut constraincte de quitter la vile de Naples et de se retirer en une siene vile nommée Averse, où elle cassa et anulla l'adoption q'uele avoit faicte dudict Alphonce, pour les injures et ingratitudes q'uelle disoyt avoyr receues de luy, et tout aussi tost envoya en France prier Louys troysième, duc d'Anjou, de la venir secourir, luy donent espérence de le remetre en pocession du royaume de Sécile, sur laquele espérence ayant luy assamblé une belle et grande armée ala trouver la reyne ; laquele l'adoupta aux mesmes conditions que n'aguières elle avoyt adoupté le roy Alphonce, voulent que durent la vie d'elle, il peut jouyr de la duché de Calabre. Ce prince feit quelque temps la guerre à Alphons qui s'estoyt emparé de la vile de Naples. Mais en fin il moreut à la poursuite de ceste guerre sens guaigner de grends avantages sur son enemy et ne laissa aulcungs enfens, la reyne Jeane luy demeurent survivente, mais non pas pour fort long temps, car elle moreut ung an après. Avant que décéder elle dispousa de son royaume en faveur de René d'Anjou, frère du deffunct Louys 3.

Après la mort de la reyne Jeane, c'eulx qui avoynt tenu son parti, s'estens assemblés, résolurent d'envoyer des ambassadeurs en France vers le roy René pour luy donner advis du décès et de la disposition de la deffuncte reyne et de la volonté du peuble qui le desiroint pour leur roy. Ces ambassadeurs ne treuvèrent le roy René, parce q'uil estoyt détenu prisonier par le duc de Bourgoigne pour quelque castilhe q'uilz avoint eu ensemble ; mais se retirens de madame Ysabeaulx de Lorraine, sa femme, luy exposèrent leur délégation. Ceste dame, coume elle estoyt de grand cueur et douée d'ung singulier entendement, se résolut de faire le voyage en Italie avec son filz Jean, qui déjà portoit le titre de duc de Calabre, et y estent arrivée comença la guerre fort et ferme audict Alphonce, le duc de Calabre, bien que fort jeune, conduisent les armées, et elle provoyent à tout le reste. Mais au bout d'ung an q'uele y eust demeuré, son mari estent sorti de prison la veint trouver, ammenent avec soy une novelle armée q'uil employa contre ledict Alphonce. Mais à la longue ceste armée s'estent ruynée et n'ayant luy moyen d'en remetre sur piedz ung aultre, Alphonce (qui faisoit venir d'Arragon par mer tout tent de gens de guerre qu'il voloyt) print ung tel avantage sur luy qu'il luy feit quitter la campaigne. Et l'ayant constrainct se retirer dens la vile de Naples qu'il avoyt guaignée sur ledict Alphonce, enfin il feut assiégé dens ycele et pressé de si près, que la vile après ung long siège ayant esté prinse, il se retira dens le chasteau, où ayent tenu bon ung fort long temps, voyent q'uil ne luy venoit aulcung secours, coume il es oit, enfin il en sortit par composition, mais composition si désavantageuse pour luy, que par ycele il feut constreinct rendre tout ce q'uil tenoyt encores au royaume de Naples et se retira en France, layssent Alphonce paisible audict royaume, lequel il teint pour quelque temps. Mais après, décédent sens enfens légitimes, il layssa le royaume à ung sien filz bastard nommé Ferdinand, aultrement Ferrand, lequel teint aussi ce royaume paisiblement par asses long temps ; et venent à mourir layssa à luy survivens deus enfens, Alphonce et Frédéric. Alphonce luy succéda soubz le nom d'Alphonce segond.

Pendent le règne de cest Alphonce segond du nom, Charles huictième, roy de France, ayant succédé à son père Louys XI, entreprint ce mémorable voyage de Naples, tent renommé par nous hystoriens. Il prétendoyt ce royaume luy apertenir à cause du testament de Charles d'Anjou par lequel il avoyt layssé héretier le roy Louys XI, nottemment des royaume de Naples et comté de Provence, desqueles ledict Charles pouvoit librement disposer, par ce que ils luy avoint esté délayssés par le testement de René, vray et légitime roy de Sécile et Naples, tent par ce que ce royaume luy estoyt escheu par succession de Louys premier, Louys segond et Louys troisième, ses ayeul, père et frère, que par la derniére disposition de la reyne Jeane segond, laquele l'avoyt layssé héretier dudict royaume.

Donc ayant faict voyr à son conceilh les droictz q'uil pouvoit avoyr en ce royaume, et treuvé par la résolution d'yceluy que légitimement il luy apertenoyt et que le roy Alphons le luy occupoit injustement, se délibéra d'y conduire luy mesmes une armée pour le recouvrer et en chasser l'injuste occupateur. Il ne feut pas plustost en Italie, que voyent, Alphonce, toutes choses succéder à souhet au roy de France, saisi de craincte et de frayeur, après avoyr faict coroner et proclamer roy de Naples et Sécile son filz Ferrand, l'ayssent yceluy à Naples pour soustenir l'effort du roy Charles, il s'enfouyt en Sécile, où quittent le monde se confina en une religion où il passa le reste de ses jours. Le roy Charles cependent arriva au royaume de Naples avec son armée, l'avant garde de laquele, coume nous avons déjà dict, estoyt conduicte par Louys d'Armaignac, n'estent pour lhors que comte de Guyse, car ainsin l'apele Philippe de Commines au lieu que nous avons allégué. Le roy Charles ne feut pas plustost entré audict royaume, que les habitens des viles quittens l'hobéyscence de Ferrand se rengèrent de son parti, de sorte que ledict Ferrand n'eust autre remède que de quitter aussi la vile de Naples et se retirer coume son père en Sécile. Mais le roy Charles, s'estent saisi de toutes les viles et places fortes du royaume après avoyr proveu à la guarde d'yceles et gouvernement du royaume, reprint son chemin de France, où il n'estoyt encores arrivé, q'uil receut noveles de la révolte tent de la ville de Naples que des aultres principales du royaume, les habitens desqueles, ne pouvens supporter l'insolence des Françoys, avoynt tiré hors les guarnisons que le roy Charles leur avoyt laissées et rapelé le roy Ferrand, lequel ne jouyt longuement de ce contentement que de se voyr remis en son royaume, car il morut bien tost après sens enfens, et en sa place feut coroné Frédéric, son oncle, frère du feu roy Alphonce et filz de Ferdinand premier.

D'aultre cousté le roy de France, Charles 8, ne vesquit pas aussi longuement après, ains décéda sens enfens, laissent pour son successeur Louys 12, lequel feut occupé aux guerres de Milan durent les années MCCCCLXXXXIX et mil v cens, coume nous avons dict au coumencement de ce chapitre. Mais se voyent paisible en ceste duché et ayent mis en considération que ycele luy pourroit servir de planche pour recouvrer le royaume de Naples, iniquement occupé par le roy Frédéric, se résolût d'y donner une attaincte. Et de faict, coume nous avons déjà dict au coumencement de ce discours (et c'est le poinct où nous nous estions arrestés pour faire voyr les prétentions que nos roys de France ont sur le royaume de Naples), il choisit Louys d'Armaignac a lhors duc de Nemours pour y conduire une armée qu'il dressa, de xxv à xxx mile homes, tent de pied que de cheval, et, pour luy servir de conceilh, sa majesté luy dona le seigneur d'Aubigny qui estoyt lhors en opinion de toutz d'estre ung des plus résolus capitenes de ce royaume et qui au voyage du roy Charles VIII s'estoyt porté fort valeureusement, ayant guardé la vile de Cayete un fort long temps après que ledict royaume se feut révolté contre ledict roy Charles. Il feut donc bailé au duc de Nemours pour luy servir d'adresse et conseilh, coume bien entendu aux affaires dudict royaume. Mais parce que le roy se creignoyt que Ferdinand, roy d'Espagne, ne volut ayder le roy Frédéric, luy apertenent fort près de consenguinité, il voleut tâcher premièrement par ses ambasadeurs de la guaigner et luy faire quiter l'alience q'uil avoyt avec Frédéric, ce q'uil feit, avec ce toutesfoys que le roy Louys luy promit de luy faire part des conquestes q'uil feroit en cedict royaume, lequel (bien que l'ung ny l'autre n'y teinssent encores ung seul poulce de terre) ilz se partirent et divisèrent entre eulx de tele façon que la Calabre et la Pouilhe debvoynt venir à la part du roy d'Espaigne, et le reste du royaume avec la vile de Naples et le titre de roy à la part du roy de France, et moyenent ce le roy d'Espaigne debvoit ayder de ses forces et moyens le roy de France, coume il feit, y envoyent avec une armée dom Fernand Consalves réputé en ce temps là ung des plus grands capitenes du monde, et lequel arriva au royaulme de Naples bientost après que le duc de Nemours y feut entré avec ses troupes, qui estonèrent telement le roy Frédéric, que après avoyr expérimenté en quelques légères rencontres la valeur des François et avoyr perdu quelques viles il se retira dedens Naples, où bien tost après il feut assiégé et tenu de si près q'uil feut constrainct de se rendre au duc de Nemours qui l'envoya en France au roy Louys 12, où tent s'en fault q'uil receut aulcung mauvais traictement, que au contrere le roy luy assigna une très bele pencion et ung train fort honorable avec toute liberté.

Tout le royaume de Naples ayant esté par ce moyen réduict au pouvoir des roys de France et d'Espaigne, suivent leur convention et résolution q'uilz avoint prinse avant la guerre, ilz le se partirent entre eulx en ceste sorte : c'est que le roy d'Espaigne eust la Calabre et la Pouilhe, et le roy de France eust la vile de Naples avec les terres qui en dépendoint, la terre de Labour, l'Abruze, la province apelée la Principauté et généralement tout le reste du royaume, en toutes lesqueles sa majesté volut que le duc de Nemours comendât coume son lieutenent général avec le titre de vice roy de Naples. En l'Apouilhe et Calabre feut général pour le roy d'Espaigne dom Ferrand Consalves. Ce royaume de Naples feut ainsin gouverné durent quelque peu de temps. Mais il n'estoyt pas possible que deus si grands princes que ceux là, ayans ensemblement conquis ung tel royaume, demeurassent longuement en paix, mesmes que l'intention du roy d'Espaigne, coume l'on cogneut après, n'avoyt jamais esté aultre que de s'en rendre mestre du tout. Et dict on que Consalves avoyt expresse charge de son mestre de cercher quelque occasion de noise pour doner ouverture à la guerre, laquele s'offrit bien tost. Ce feut à cause d'une terre apelée la Capitanata, laquele le duc de Nemours prétendoyt estre des apertenences de la province dicte la Principauté ; et don Consalves soubstenoyt ycele estre des deppendences de la Poulhe. C'est ce grand jurisconsulte néapolitain, Matheus de Afflictis, qui l'asseure ainsin en la décision 303 q'uil fault croire, par ce q'uil vivoyt de ce temps là, et feut tesmoing oculere de tout. Quelques ungs prévoyans que ce différent, bien que petit en apparence, pourroit néammoings aporter de grands désordres, et en fin ouvrir la porte à une grande guerre, se mirent après à esteindre ce petit coumencement de feu et feirent trouver bon aux deus vice roys que ceste terre feut régie et gouvernée par quelques officiers choisis d'une commune main tent par les Francoys que par les Espaignols, jusques à ce que les deus roys se feussent convenus du principal ; et de vray il s'en uza ainsin quelque temps, mais non pas fort longuement, car dom Consalves, que ne désiroyt que broulher les chartes et faire résouldre les affaires à la guerre, en une nuict se saisit de toutes les places fortes de ceste province.

Voilà l'origine et source de ceste guerre si sanglente et cruele que feut après entre ces deus roys d'Espaigne et de France. Car le duc de Nemours, ne pouvent digérer cest affront, coume il estoyt chault et boulhent, mit toutes ses troupes aux champs et coumença de courir sur les Espaignols. Monsieur Ferron, concerlier du roy en la court de parlement de Bourdeaux, en la continuation de l'hystoire de Paul Æmile en la vie du roy Louys XII, donne entièrement la coulpe de ceste ouverture de guerre aux Espaignols ; car après avoyr parlé de ceste dispute intervenue entre ces deus chefs de guerre à cause de ceste Capitanate, aultrement apelée Basilicate, et de l'expédient q'uil avoint prins ensemble pour pacifier cest affaire, il dict que Consalves, à cela poussé par le roy Ferdinand, se saisit frauduleusement de toute ceste province (1). « Is (dic til, parlent dudict Consalves) dum dat exigitque ab Armeniaco jusjurandum ut communia essent ea oppida de quibus ambigebatur, erigerenturque interea utriusque regis vexilla, securo interea Armeniaco, totus ad belli cogitationes traductus est ; nam Ferdinandus, Apulia Calabriaque non contentus, spe jam integrum Neapolitanum regnum hauserat ; literis autem admonebat Consalvum sereret belli undique occasiones. Itaque mox, ejectis Gallis, et Capitanatam et Basilicatam violato fœdere recepit. Hic, quum Armeniaco homini, et acri et vehementi quasi quosdam contumeliæ fasces admovisset, non tulit ille contumeliam eductisque copiis Hispanos constituit coercere, etc. » Du coumencement, les Espaignols bien q'uilz feussent cause de la guerre se treuvèrent néammoings assez mal prouveus, telement q'uilz feurent constrainctz de quitter la campaigne au duc de Nemours, et se retira dom Consalves avec la pluspart des siens dans une vile forte apelée Barol, après avoyr proveu au mieulx q'uil luy feut possible aux aultres places. Ja attendent que le roy d'Espaigne luy envoyât une armée q'uil dressoit. Le duc de Nemours print toutes les viles et places q'uestoint aux environs de Barol, de sorte q'uil tenoyt coume assiégé Consalves q'uil envoya ung jour apeler au combat singulier de leurs personnes et par ce moyen doner fin à ceste guerre, et éviter une si

---

(1) Ferron, in Suppl. Pauli Æmilii in ludo XII°.

grande effusion de sang que s'en ensuivroyt. Mais Consalves n'en volut point manger, et feit responce à ceste semonce q'uil ne faisoit pas la guerre à l'apetit de son enemy, et que quant il jugeroit estre temps il le viendroit combatre avec les siens la part où il se trouveroit. Quelque temps après ils acordèrent ung combat de doutze contre doutze, entre lesquels du costé des Françoys feut ce brave capitene Bayard de la main duquel le roy Françoys voleut recepvoir l'espée et ordre de chevalerie. L'on tient que jamais guerre ne feut conduicte avec si grande modestie d'une part et d'aultre que ceste cy. Car les paysens et laboureurs ne quittèrent jamais leur labourage, encores que les armées feussent chez eulx. Toute la campaigne se voyoyt couverte de bestailh, et toutes choses y alloint coume si l'on eust esté en paix, si bon ordre et police avoint mis les chefs à leurs armées jusques à prouvoir aux rençons des prisoniers, de tele sorte q'ung chescung scavoyt avec quele soume il seroyt quitte s'il estoyt faict prisonier.

Le duc de Nemours, ayant réduict dom Consalves dens la vile de Barol, après l'avoyr souvent soummé de metre ses troupes aux chemps pour venir à une batailhe, voyent q'uil faisoyt du sourt et n'y voloit aulcunement entendre et que d'ailheurs ceste vile estoyt si forte que de l'assiéger il n'y perdroit que le temps, se résolut d'aler courir avec ses troupes le pays de l'Apouilhe, coume il feit avec tel succès que dens peu de jours il preint toutes les viles et places fortes d'yceluy, de sorte que dom Consalves ne scavoit plus d'où en prendre, quant le secours d'Espaigne luy arriva au moyen duquel il se remit sus, et coummença à tenir la campagne et reprint quelques viles de celes que le duc de Nemours avoyt prinses sur luy. L'on s'aperceut a lhors que la fortune voloyt tourner le dos aux Francoys, car depuis ce temps là toutes choses leur veindrent à contrepoil, mesmes toutz leurs amys les quittèrent avec le bonheur. Monsieur Ferron, qui ha fort particulièrement descript ceste guerre et les actions et déportemens en ycele du duc de Nemours, général de l'armée françoyse, l'ayent prins de Guicciardin, hystorien d'Italie, qui vivoyt en ce temps là, estent teumbé sur ce poinct, ne done pas la coulpe de ce changement au duc de Nemours, mais bien au seigneur d'Alègre, ung des principaulx de son armée, qui avoyt conceu ung tele envie et malice contre ledict de Nemours, son supérieur, q'uil ne faisoit que mesdire perpétuelement de luy parmi les capitenes et soldatz, les destournent de son hobéyscence et traversent en tout et par tout ses dessains, et en fin feut cause et de la perte de la batailhe qui se dona bien tost après, et de l'entière ruyne de nous affaires en ce royaume de Naples (1). « Hactenus (dict il) ita rexerat res Gallicas Armeniacus ut fortitudinem Hispani, misericordiam victi, fidem socii in eo se perspexisse faterentur. Alegrius vel imperium ejus perosus vel Apulorum commotus sermonibus qui parum abstinentes familiares Armeniaci esse quærebantur non desinebat aperte figere maledictis Armeniacum. » Il poursuit après les médisences dudict seigneur d'Alègre et sa contumace et mauvais déportemens à l'endroict dudict seigneur de Nemours ; d'aultre costé son armée pour n'avoir esté renouvelée de fort long temps, le roy ne luy envoyent les moyens nécesseres pour la remetre, estoyt à demy

---

(1) Ferron, ubi supra.

ruinée, de sorte que toutes choses aloint très mal pour luy. Toutesfois il tenoyt encores la campaigne et résistoyt gualhardement aux effortz de Consalves, jusques à ce que se trouvens ung jour les deus armées près d'une petite vile de la Poulhe, nommée Cerinhole, et dom Gonzalves monstrent de voloir combatre, il falut venir aux mains ; et bien que le duc de Nemours ne volut fouyr ni reffuser la batailhe, si est ce q'uestent l'heure fort tarde il estoyt d'advis de la différer au lendemain, coume estoint aussi la plus part des seigneurs et capitenes de l'armée ; mais le seigneur d'Alègre qui s'estoyt toutjours monstré proterve aux coumendemens du général, et contraire à ses opinions, plus par bravade et pour luy faire contre carré que par raison, crioyt q'uil failoyt combatre et ne laisser couler ceste bele occasion q'uilz avoint tent désirée, disent tout hault que c'estoit par cohardise que l'on voloyt esquiver. Le duc de Nemours oyant ces paroles et voyent que l'on jettoyt ceste pierre contre luy print résolution de combatre ce soir ; et, respondent aux paroles braveuses du seigneur d'Alègre, dict seulement ces motz : « Je combatray et feray paroistre que je ne suis point couhard ; mais je scais bien que ce beau conseiler icy sera le premier qui fouira, » coume il advint, car ayant là dessus le duc dressé ces batailhes et en bailhé une à conduire audict sieur d'Alègre, le combat coumencé ce feut luy qui torna le dos le premier pour s'en fouyr ou au contrere le duc de Nemours feit merveilhe de sa persone, mais en fin il y feut tué d'une canonade, et tout le reste mis en route ayant le désordre et fuite coumencé par ledict sieur d'Alègre. La batailhe print le nom de ceste petite vile près de laquele elle feut donée, que nous avons appelée Cérinhole. Ce feut le xxiiii jour du moys d'apvril, veilhe de S. Marc, l'an MV cens III. Le sieur Ferron done l'entière coulpe de ceste batailhe au sieur d'Alègre tent pour avoir constrinct par ses braveuses paroles le duc de Nemours à combatre ce soir contre toute raison de guerre, que pour avoyr fouy et doné exemple aux aultres de fouyr. Voicy coume il faict parler le seigneur d'Arsy, ung grand seigneur de l'armée françoise, et qui feut le dernier qui quitta le camp pour se sauver (1) : « Darsius, multis necatis, cum effusam fugam Alegrii atque aliorum videret, sœpe diris devovens hominis contumaciam, qui simultate sua extremo diei tempore vana elatione animi subnixus, gallicam virtutem eo facto maculasset et de vera belli gerendi ratione Armeniacum demovisset, et ipse tandem perfugit Venusiam. »

Tele feut la fin de Louys d'Armaignac, duc de Nemours et coumte de Guyse, dernier masle légitime de la maison d'Armaignac. Il morut fort jeune sens estre marié, mais d'une très grande espérence. Les biens de ladicte maison d'Armaignac estoint encores en la main du roy depuis la confiscation de Jean V, comte d'Armaignac. Mais il avoyt coumencé (coume nous avons déjà dict) d'en faire querele, et ne fault doubter s'il eust vescu et continué ceste poursuite qu'il n'eust obtenou tele ysseue de cest affaire qu'il désiroit, veu le droict apparent qu'il avoyt sur lesdicts biens, et la faveur du roy qui l'aymoyt fort et desiroyt de l'avancer en honeurs et dignités.

(1 Ferron, ubi supra.

Du procès qui feut poursuivi en la court du parlement de Paris après la mort du duc de Nemours entre les plus proches lignages d'Armaignac et le procureur général du roy sur la succession des biens de ceste maison.

CHAPITRE XIII.

La mort du duc de Nemours ne mit pas fin au procès qui de son vivent avoyt esté par luy coumencé en la cour du parlement de Paris pour la succession des biens de ceste maison, car bien que la ligne des masles eust faly en la persone de ce duc, restoint néammoings encores quelques aultres seigneurs descendens des filhes d'ycele qui prétendoint lesdicts biens leur apertenir. Et bien que le roy en demurât saisi depuis la confiscation d'yceulx, coume nous avons dict, si est ce que Charles d'Alençon, Françoys Philibert et Charles d'Albret se mirent à la traverse contre son procureur général, ayant ung chescung d'eux présenté requeste pour estre receu à homage des comtés de Rodez, Armaignac et aultres terres, places et seigneuries teneues et possédées par le feu comte Jean v avant la saisie et mainmise desdicts biens. Nous discourrons les raisons qu'ung chescung d'eulx avoyt pour son particulier si nous avons premièrement veu celes du procureur du roy.

Le procureur du roy se fondoyt principalement sur deus titres : l'ung estoyt l'arrest doné en la court du parlement de Paris l'an MCCCCLXIX, par lequel estoyt dict le feu comte d'Armaignac Jean v avoyr confisqué corps et biens, lequel arrest avoyt esté despuis réalement exécuté et lesdicts biens saisis et mis ez mains de sa majesté. Mais à ce luy estoyt respondu que cest arrest avoyt esté donné sens que ledict feu comte eusse esté ouy et q'uil eust peu jamais guaigner ce point que de pouvoir venir en asseurence proposer ses innocences et justifications. Et quant bien il y eust heu cause souffisente pour le faire condampner à mort et confisquer ses biens, que ce comte par son délict n'avoyt peu préjudicier aux droicts de ceulx qui avoint esté substitués par les testemens des prédécesseurs comtes. L'aultre titre sur lequel se fondoyt ledict procureur général estoyt une donation q'uil soustenoyt avoyr esté faicte au roy Louys XI par ce mesmes comte Jean V en l'année MCCCCLII, et ce de toutz et chescungs ses biens en cas q'uil décèderoyt sens enfens, coume estoyt advenu. Mais ceste donation estoyt impugnée de plusieurs sortes, et disoint en oultre les prétendens à ladicte succession que quant bien elle seroyt valable que le comte n'avoyt peu doner que ce que justement luy apertenoyt que n'estoyt qu'une légitime, le restent desdicts biens estent contenu auxdictes substitutions qui par la mort dudict Jean demeuroynt ouvertes en faveur des substitués.

Les droictz de Charles, duc d'Alançon, estoint fondez sur les testemens de Jean premier et de Bernard, derniers comtes d'Armaignac, par lesquels en deffault des masles les filhes estoint apelées à la succession des biens de ceste maison, guardé entre elles l'ordre de primogéniture. Or, disoit-il, q'uestent failie la ligne masculine à ladicte maison par le décès de Louys d'Armaignac, duc de Nemours, il failoit suivent la volonté desdicts testaturs venir aux filhes, desqueles se feut treuvée la plus proche Marie d'Armaignac, si elle eust esté lhors en vie, parce q'uele avoyt esté filhe aynée de Jean 4, comte d'Armaignac, lequel avoyt heu deux enfens masles, Jean qui feut comte d'Armaignac et Rodez v⁰ du nom et Charles, et troys filhes : ladicte Marie aynée, Eléonor qui venoyt après elle et Yzabeaulx morte en son jeune eage ; dont estens décédés Jean v et Charles, son frère, sens enfens, et depuis eulx encore Jean et Louys d'Armaignac, descendens de Bernard, comte de Perdiac, filz puyné du conestable d'Armaignac, il failoit nécesserement conclurre que ladicte Marie aynée desdictes filhes eust recueilhie toute l'hérédité come premièrement apelée laquele il se disoit représenter parce que ycele ayant esté mariée avec Jean, duc d'Alançon, de ce mariage estoyt sorti René d'Alançon, son père, auquel il succédoit et une filhe nommée Catherine, mariée avec le comte de La Val, à laquele il se disoit avoyr succédé et par ce moyen q'uil représentoit ladicte Marie, son ayeule, et coume tel qu'il debvoit succéder en toutz les biens d'Armaignac, tout ainsin et en la mesmes manière que son ayeule y eust succédée si elle eust esté en vie lhors du décès du duc de Nemours.

Francoys Philibert desduisoit mesmes moyens que le duc d'Alançon, sauf q'uil se disoit estre descendu de la segonde filhe dudict Jean 4, scavoyr de dame Eléonor d'Armaignac qui avoyt esté mariée avec messire Louys de Chalons, prince d'Orenge et seigneur d'Arlay, duquel mariage estoyt sourtie Jeane de Chalons, laquele feut mariée avec messire Louys de La Chambre, et d'eux estoyt sortie Françoise de La Chambre, femme de messire Gabriel de Sayssel, seigneur d'Aix, père et mère dudict Françoys Philibert, qui quereloit ceste succession coume représentent madame Eléonor d'Armaignac, sa bisayeule, et parce q'uil voyoyt que le duc d'Alançon le devenoyt coume petit fils de madame Marie d'Armaignac, laquele d'ailheurs estoyt filhe aynée dudict feu comte Jean 4. Il objectoyt audict d'Alançon l'arrest de confiscation des biens de son feu père, combien que la vérité feut tele q'uil avoyt esté restitué et remis en sesdicts droictz et biens.

Quant à Alain d'Albret ou Charles son filz, ilz fondoint leurs prétentions sur le testement de Jean premier et clause d'yceluy, par laquele ce testateur avoyt volu que, défailent les masles de la maison d'Armaignac, les biens d'ycele veinssent à ceulx qui se trouveriont les plus proches desdicts masles derniers décédés. Or se disoint lesdicts sieurs d'Albret estre les plus proches de Jean et Louys d'Armaignac qui avoint esté les derniers portens le nom d'Armaignac, et par conséquent prétendoint la succession desdicts biens leur apertenir ; et, pour monstrer coume ils touchoint de plus près auxdicts Jean et Louys, disoint que Bernard d'Armaignac, conestable de France, petit filz de Jean premier, avoit laissé à luy survivens deus enfens : Jean, qui après la mort de son père feut comte d'Armaignac et Rodez, apelé Jean 4, et Bernard, comte de Perdiac, duquel par le moyen de Jaques, son filz, estoint descendus lesdicts Jean et Louys ; avoyt aussi ledict Bernard, conestable, laissé deux filhes : Bone, mariée avec Charles, duc d'Orléans, de laquele il ny eust aulcune postérité, et Anne que feut mariée avec messire Charles d'Albret, aussi conestable de France, que dudict mariage estoyt descendu Jean d'Albret, viconte de Tartas, duquel estoyt sorti ledict Alain, et d'yceluy ledict Charles et par ainsin estoint ils plus proches d'ung degré desdicts feus Jean et Louys d'Armaignac, derniers décédés, que n'estoint lesdicts d'Alançon et

Philibert. Voilà les principales raisons que desduisoint lesdictes parties pour leur particulier, car contre le procureur général toutes ensemble et d'une mesme voix s'aydoint des raisons que nous avons cy dessus ammenées contre les prétentions d'yceluy. Ce proucés dura fort longuement, scavoir depuis le décès du comte Charles que Jean d'Armaignac coumença de quereler lesdicts biens jusques en l'année ᴍᴠ cens xɪɪɪɪ que le roy François y meit fin par le moyen que nous alons desduire au chapitre suivent.

De Charles d'Alançon et Marguerite de France, comtes de Rodez et Armaignac et de leurs successeurs comtes ezdictes comtés, jusques à présent.

CHAPITRE XIV.

Pendent le proucès du quel nous venons de parler au chapitre précédent mourut le roy Louys xɪɪ, auquel succéda le roy François premier de ce nom, en l'année ᴍᴠ cens xɪɪɪɪ, lequel informé de la longueur dudict procès, qui avoyt duré vingt ans ou environ, se résolut d'y metre fin ; et là dessus ayant esté ouvert ung traicté de mariage d'entre madame Marguerite de France, sa seur, et Charles, duc d'Alançon, principale partie audict procès, et qui en yceluy sembloit avoyr le plus apparent droict, volut sa majesté que ce mariage sortit à effect, et par ce qu'il agréoit yceluy et désiroit fort qu'il s'acomplit, il gratifia lesdicts mariés des biens de ladicte maison d'Armaignac ou des droictz que sa majesté avoyt sur yceulx, pour cause des confiscations desqueles nous avons faicte mention cy dessus, imposent silence à son procureur, et par ce moyen feut terminé ce proucès à cause que les aultres parties se deffiens de leur droict se désistèrent de la poursuite d'yceluy sens y faire aultre chose. Les letres de ce don ou transport feurent despêchées après la célébration dudict mariage bien q'uil eust esté résolu et promis sur le traicté d'yceluy. Je les ay volu insérer icy tout au long, affin q'uil se voye à quel titre ledict sieur d'Alançon et ladicte dame Marguerite, et depuis le décès dudict sieur d'Alançon ladicte dame premièrement en seul et après avec Henrry, roy de Navarre, son segond mary, et après eulx leurs successeurs ont tenu et possédé lesdicts biens d'Armaignac.

« François, par la grace de Dieu, roy de France, scavoir faisons à toutz présens et advenir que coume plait et procès soyt pendent en nostre court de parlement entre nostre procureur général d'une part, et nostre trèscher et trèsamé frère Charles, duc d'Alançon et aultres respectivement d'aultre, à cause de la succession et bien délaissés par feu Jean d'Armaignac cinquième, lesquelz nostredict procureur prétent nous apertenir, tent pour raison de certain arrest doné par contumace en nostredicte court l'an MCCCCLXX à l'encontre d'yceluy feu Jean, comte d'Armaignac, par lequel iceluy feu Jean, comte d'Armaignac, auroit esté décleré criminieux de lèze majesté et ses biens à nous déclerés confisqués, que pour certaines donations desduites par yceluy nostre procureur en yceluy procès, nostredict beau frère prétendent au contrere yceulx biens luy apertenir tent ab intestat coume plus proche capable à succéder à yceulx biens que par les testemens et substitutions faictes par les ancestres d'ycele mayson d'Armaignac, lesqueles dict estre adveneues et avoir lieu en sa persone, ouquel procès auroit esté si avant procédé qu'arrest interloquutoire s'en seroyt ensuivi par lequel la jouyssence desdicts biens nous auroit esté adjugée, et nostredict beaufrère et les aultres parties respectivement receues à purger et justifier dedens certain temps le crime de lèze majesté duquel yceluy feu comte Jean d'Armaignac avoyt esté accusé, et sur lequel ledict arrest de contumace avoyt esté doné, et depuis lesdictes parties dens le temps ordoné par ladicte court auroint faict leurs enquestes et raportées par devers ycele, de sorte que ne reste que juger le proucès, par quoy nous ayant esguard et considération au doubteux évènement dudict procès, et que yceulx biens ne sont incorporés en nostre domayne : ains sont par nous prétendus par confiscations, qui sont à présent litigieuses et en doubte, et aussi la grande amour, dilection et proximité de lignage dont nous attient nostre trèschère et trèsamée seur madame Marguerite de France, compaigne dudict duc d'Alançon. Pour ces causes et aultres à ce nous mouvans heu sur ce l'advis et conseilh et délibération des princes de nostre sang et aultres conseilhers estens les nousdicts de nostre propre mouvement bien et deuement advertis et informés dudict procès et doubtens de l'évènement d'yceluy de nostre certaine science, plaine puissence et authorité royal, avons doné, ceddé, quicté, remis et transporté, donons, cédons, quittons, remetons et transportons par ces présentes signées de nostre main à nousdicts beau frère et seur, et au survivant d'eux et aux enfens masles qui descendront de leur mariage, et en deffault d'yceulx aux enfens masles et femeles qui pourroint descendre du survivent d'eux en loyal mariage perpétuelement tout le droict et action, part et portion qui nous peut competer et apertenir ezdicts biens, noms, debtes et actions et raisons apertenens audict feu Jean v, et à présent contentieux en nostredicte court de quelque valeur et estimation que puissent estre et sens q'uil soyt besoing aultrement les spécifier ne declairer, que volons néanmoings estre de tel effect et valeur, coume si yceulx biens et la valeur d'yceulx estoint cy déclairés, de mot en mot, sens rien retenir fors l'homage lige avec les debvoirs que y apertienent droict de ressort et souvereneté, pour yceulx avoir tenir et posséder par nousdicts beau frère et seur le survivent d'eux et de leursdicts enfens successivement et perpetuelement ainsin que dessus et coume de leur propre héritage, et volons, et nous plaict q'uilz se puissent faire subrroger oudict procès en nostre droict si bon leur semble, et d'yceluy eulx aider en la forme et manière que nous eussions faict ou peu faire. Et sur ce imposons silence à nostre procureur général et ce soubz les qualités, conditions et modifications qui s'ensuivent : c'est à scavoir que nous demurerons quitte envers nostre dict beaufrère des fruictz et levées d'yceulx biens, à la restitution desquelz nostre procureur pourroit estre condamné envers nostredict beaufrère s'il obtenoit arrest pour luy en fin de cause. Et en nous deschargeant envers notre amé et féal conseilier et chambellan, le seigneur de Bouschage, de la soumme de deus mile libvres que luy avoint esté adjugées sur nous finences par provision, et jusques aultrement en seroyt ordoné par nostredicte court. Et pareilhement que si nostredict beaufrère décédoit sens hoirs masles ou femeles, decendens de luy et de nostredicte seur que le droict que luy avons doné ezdicts biens, ensemble celuy que nostredict beaufrère y prétend, seront et demeureront à nostredicte seur et descendens d'ele en loyal mariage, et au deffault d'yceulx, et pareilhement si nostredict beaufrère survivoyt à nostredicte seur, et décédoit sens hoirs masles ou femeles descendens de luy en loyal mariage, le droict par nous cédé à nousdict beaufrère et seur, et yceluy que nostredict beaufrère prétend avoir de son chef ezdicts biens contentieux, nous retornera et apertiendra et à nous successeurs en directe ligne seulement, en deffault desquelz retorneront et demeureront yceulx aux successeurs plus proches et en ligne collatérale de la maison d'Alançon, et de ce nostredict beaufrère nous bailera letres en forme deue et authentique et obligation de toutz et chescungs ses biens et spécialement desdicts biens par nous cédés et transportés pour la conservation et entretènement des choses dessusdictes et de chascune d'yceles. Si donons en mandement à nous amés et féaulx les gens tenens et qui tiendront nostredicte court de parlement de Paris, gens des coumptes, trésoriers de France, que de nous présens, don, cession et transport, et tout le contenu en cesdictes présentes ilz fassent, souffrent et laissent jouyr et uzer nousdicts beaufrère et seur plainement et paisiblement sens en ce leur faire metre ou doner, et souffrir estre faict, mis ou doné aulcung destourbier ou empêchement, au contrere, lequel si faict mis ou doné leur estoit, le metent ou fassent metre incontinent et sens délay à plaine délivrance ; car tel est nostre plaisir, non obstent oppositions ou appellations quelconques, ordonences, mandemens, édictz, privilièges, statutz, limitations, restrictions ou deffences à ce contreres. Et afin que ce soit chose ferme et stable à toutjours, nous avons faict metre nostre scel à ces présentes sauf en aultre chose nostre droict et d'aultruy en toutes. Doné à Compiegne au moys de febvrier l'an de grace MV cens XIIII, et de nostre règne le premier. » Ainsi signé « Françoys, » et dessoubz le reply est escript : par le roy, vous le sieur de Boyssy, grand mestre de France et aultres présens, et dessus le reply y sont ces motz : « Visa, lecta et publicata et registrata in magno regis consilio Parisiis, die secunda marti, anno MV cens XVI. »

De ces derniers motz apert que bien que les letres de ce don et transport (qui feut passé coume en forme d'acord et transaction) eussent esté depêchées en ladicte année MV cens XIIII, que néammoings elles ne feurent vérifiées ni au conceilh ni en la court de parlement et chambre de coumptes jusques en l'année MV cens XVI, après lesqueles vérifications lesdicts seigneur et dame feurent mis en pocession desdictes comtés d'Armaignac et Rodez, ensemble de toutes les aultres places et seigneuries qui en dépendoint et estoint des biens de ceste maison, lesquelz ils jouyrent ensemblement jusques en l'année MV cens XXV, que ledict seigneur d'Alançon moureut sens laisser lignée de son corps, de sorte que suivent ce qu'avait esté convenu entre sa majesté et luy toutz ces biens d'Armaignac feurent résolus en la persone de madame Marguerite, laquele en jouyt seule jusques en l'année MV cens XXVII, q'uele se remaria avec Henrry d'Albret, roy de Navarre.

Par le moyen de ce mariage demurarent unies les troys principales maisons que lhors paroissoint en Gascoigne, scavoir cele de Foix, cele d'Armaignac et cele d'Albret, car la maison de Béarn avoyt esté dès long temps paravant joincte à cele de Foix par le mariage de Marguerite de Béarn, filhe de Gaston de Béarn, avec Bernard Rogier, comte de Foix, et cele de Bigorre estoyt déjà en ce temps là unie à cele de Béarn au moyen du mariage dudict Gaston et de Matte de Bigorre, coume nous avons cy devent monstré. Mais d'autent que c'est une chose fort remerquable que tent et si grandes maisons que celes là se soint trouvées réduites et incorporées en une, et que déjà nous avons veu coume celes de Béarn et de Bigorre estoint entrées en cele de Foix, il nous fault maintenent voir, coume celes de Foix, d'Armaignac et d'Albret sount entrées les unes dens les aultres, et enfin joinctes et unies avec le royaume de Navarre.

Il n'est pas nécessere d'insérer icy l'entière généalogie de ceulx de Foix ; ce seroit peine perdue, veu que l'annaliste de Foix la discourt fort au long. Laissens donc derrière les précédens comtes de Foix, nous coumencerons à Gaston 4 ou coume d'aultres veulent v de ce nom. Cestui là preint à femme madame Eléonor d'Arragon, filhe de Jean 2, roy d'Arragon et de madame Blanche de Navarre, à laquele estoyt escheu ce royaume de Navarre par le décès de son père, Charles 2, roy de Navarre. Et par le moyen dudict mariage de ladicte Eléonor avec ledict Gaston le royaume de Navarre entra en la maison de Foix ; non que ledict Gaston print jamais tent qu'il vesquit le titre de roy de Navarre, par ce que son beaupère, Jean 2, roy d'Arragon, ne voleut jamais quitter tent qu'il vesquit ni l'administration, ni le titre de ce royaume.

Du mariage de Gaston 4 ou v, comte de Foix et de ladicte Eléonor d'Arragon sortirent 4 masles et v filhes. Les v filhes feurent : Marie, femme à

Guilhaume, marquis de Monferrat ; Jeane, femme de Jean v, comte d'Armaignac ; Marguerite, mariée avec François 2, duc de Bretaigne ; Catherine, mariée au comte de Candale ; et Eléonor qui moreut jeune sens estre mariée. Les masles feurent : Gaston, prince de Viane ; Jean, visconte de Narbone qui espousa madame Marie d'Orléans, seur du roy Louys xii ; et d'ycele eust Gaston de Foix, duc de Nemours, et madame Germaine de Foix, que le roy Louys, son oncle, maria l'an mv cens et vi avec le roy Ferdinant d'Espaigne. Le 3 filz masle descendent du mariage de Gaston 4 et de madame Eléonor d'Arragon feut Pierre, cardinal de Foix, et le dernier feut Jaques de Foix, qui moureut sens estre marié. Revenent donc à l'ayné de ces enfens masles que nous avons dict estre Gaston, prince de Viane, il feut marié avec madame Magdalene de France, filhe du roy Charles vii, seur du roy Louys xi ; et bien que le royaume de Navarre luy deubt apertenir, il n'en porta toutesfois jamais le titre, coume aussi n'avoyt pas faict son père pour la raison que cy dessus avons ammenée. Du mariage de ce prince et de madame Magdalene de France sortirent ung filz et une fille. Le filz feut Françoys Phœbus, et la fille feut madame Catherine. Or Gaston, prince de Viane, morut fort jeune et avant ses père et mère. Il feut tué de l'esclat d'une lance à Bourdeaux, en joustent à la novele entrée que son beaufrère, Charles, duc de Guyene, feit en ladicte vile, après que ceste duché de Guyene luy eust esté bailée en apanage par le roy Louys xi et son frère. Il ne layssa à luy survivens que lesdicts Françoys Phœbus et ladicte Catherine, qui feurent roys de Navarre et comtes de Foix, l'ung aprés l'autre, ainsin que nous alons desduire.

Nous avons déjà dict que Blanche de Navarre,

héretière de ce royaume, feut mariée avec Jean 2 de ce nom, roy d'Arragon, duquel mariage sortit madame Eléonor d'Arragon, qui feut mariée avec Gaston 4, comte de Foix. Le roy d'Arragon ne voleut jamais démordre du royaume de Navarre ; car bien que sa femme, qu'estoyt héretière dudict royaume mourut devent luy et que par ce moyen le royaume apertint à madame Eléonor, comtesse de Foix, sa filhe, il ne volut néammoings permetre que son beaufilz, ni sa filhe prinsent la qualité de roy ou reyne tent qu'uil vesquit. Son beaufilz morut avant luy, et après la mort de l'ung et de l'aultre, madame Eléonor qui vivoyt encores se porta pour reine de Navarre. Mais ce ne feut pas pour longtemps, car elle morut bien tost après, Gaston, prince de Viane, son filz, estent déjà décédé ; mais le fils d'yceluy que nous avons nommé Françoys Phœbus succéda à ladicte Eléonor, son ayeule, au royaume de Navarre, coume aussi à son ayeul Gaston 4 en la comté de Foix, de sorte qu'uil feut coroné roy fort jeune, n'ayant encores attainct l'eage de XIII ans ; et si encores il ne jouyt guières long temps de ce royaume, par ce que la première année de son règne il moreut. Ce feut toutesfois le premier de la maison de Foix qui porta le titre de roy de Navarre. Voylà donc quatre grandes maisons joinctes en une, scavoir : Navarre, Béarn, Bigorre et Foix.

Il ne tarda guières après que celes d'Albret, de Rodez et d'Armaignac feurent de la partie, car estent décédé François Phœbus, roy de Navarre, madame Catherine de Foix, sa seur, luy succéda, non seulement ez biens de Béarn, de Bigorre et de Foix, mais aussi au royaume de Navarre, non toutesfois sens quelques empêchements qui luy feurent donés de la part du viconte de Narbone. Ce feut Jean de

Foix, viconte dudict Narbone, qui le premier coumença ceste querele, et qui contesta à ladicte dame Catherine le royaume de Navarre. Ces raisons estoint q'uil estoyt filz de Gaston 4, comte de Foix, et de madame Eléonor d'Arragon, à laquele le royaume de Navarre apertenoyt ; q'uil estoyt oncle de Françoys Phœbus, roy de Navarre, dernier décédé, et par ainsin le plus proche masle de la maison de Foix, par la loy de laquele les masles estoint apelés avant les filhes, et tent q'uil y avoyt des masles, bien que plus éloignés en degré que les filhes, ils estoint prœférés à la succession des biens de ladicte maison auxdictes filhes plus proches, et par conséquent que c'estoyt luy qui debvoyt succéder audict Françoys Phœbus, non seulement aux biens que de tous temps avoint apertenu à la maison de Foix, mais aussi au royaume de Navarre, que de noveau y estoyt escheu, depuis que pour lhors il se trouvoit confus avec le demurent desdicts biens anciens. Ceste dispute feut coumencée par ledict Jean de Foix, viconte de Narbone, coume nous avons dict, mais après sa mort, poursuivie par Gaston de Foix, duc de Nemours, son filz, et de madame Marie d'Orléans, seur du roy Louys XII. Et croit on que si ce seigneur eusse vesqu plus longuement q'uil ne feit, il en eust aporté et les anciens biens de Foix et le royaume de Navarre, à cause des faveurs du roy Louys, son oncle, qui prenoit cest affaire fort à cueur pour sondict nepveu. Veu ce que Guichardin en dict, lequel sur la fin du 6 libvre de ses hystoires (1) asseure que en la paix faicte en l'année mil v cens cinq entre ledict roy et Ferdinand, roy d'Espaigne, en laquele se conclud le mariage dudict roy Ferdinand avec ma-

---

(1) Guichardin, sur la fin du 6 lib. de son hystoire.

dame Germaine de Foix, seur du duc de Nemours, y eust article exprès que lesdicts deus roys seroint tenus d'ayder ledict duc de Nemours au recouvrement ou conqueste du royaume de Navarre occupé par madame Catherine de Foix, qui sert de preuve évidente de l'affection que le roy Louys avoyt à cest affaire, et à la longue, veu ce support, ledict sieur de Nemours en eust aporté ce royaume. Mais il morut bien tost après à la journée de Ravenne, où il feut tué, et par ce moyen, tent ledict royaume que les aultres biens de la maison de Foix demurarent à ladicte dame Catherine.

Ceste dame feut mariée avec Jean d'Albret, filz d'Alain, dict le Grand, et au moyen de ce mariage toutes ces maisons de Navarre, de Béarn, de Bigorre et de Foix se fondirent en cele d'Albret, et feut le tout résolu ez persones de ces deus mariés, Jean d'Albret et Catherine de Foix, qui dès lhors en avant prindrent la qualité de roy et reyne de Navarre. Il est vray q'uilz ne jouirent pas longuement après des revenus de ce rouyaume, par ce que le roy Jean, ayant tenu la main au roy Louys et aux cardinaulx qui estoint de son intelligence pour assembler ung concile en la vile de Pise contre le pape Jules segond, ce pape l'excomunia, et ladicte excommunication dona occasion au roy d'Espaigne, Ferdinand, d'envahir ce royaume le prenent coume vacant, ce que ne pouvoit estre, veu que ledict royaume ne apertenoyt audict Jean d'Albret, mais bien à ladicte dame Catherine de Foix, sa femme, laquele n'estoyt nullement comprinse en ladicte excommunication, ny en l'affaire dudict concile, en consydération duquel ceste excommunication avoyt esté jettée.

Le roy Ferdinand pour couvrir ceste invasion s'aydoyt d'une aultre raison, q'uavoyt aussi peu d'apparence de droict que la première : c'est que le roy de Navarre luy avoit reffusé le passage par son royaume pour une armée q'uil envoyoyt en Guyene contre le roy Louys XII pour se joindre à cele du roy d'Angleterre, avec lequel il s'estoyt alié et confédéré. Monsieur Ferron, en son hystoire françoise q'uil ha adjoustée à cele de Paul Æmile, met toutes ces deus raisons ensemble, car ayant parlé de la ligue que nostre S. Père le pape Jules II, le roy d'Espaigne et le roy d'Angleterre avoint faicte contre le roy de France, et coume lesdicts roys d'Espaigne et d'Angleterre avoint par ycele promis de l'assailir du costé de la Guyene, où leurs armées se debvoint joindre, qu'estoyt cause que le roy d'Espaigne avoyt prié celuy de Navarre de luy permetre le passage que dessus, q'uil luy reffusa. Ayant aussi discoureu la négotiation du seigneur d'Orval que le roy Louys avoyt envoyé devers luy pour le prier de ne acorder ledict passage, les difficultés que ce roy faisoit là dessus et coume en fin il s'y estoit concenti moyenent ce que le roy de France promit de faire retracter ung arrest doné en la court de parlement de Tholouze, par lequel le pays de Béarn (duquel le roy de Navarre se disoit souverain) avoyt esté décleré despendre et se mouvoir de la corone de France, lequel arrest feut retraicté par sentence arbitrale, cest aucteur après avoir au long faict tout ce discourt adjouste ce que s'ensuit (1). « His motus rex Navarræ cum Stephanus Poncherius et Petrus Viachius honorarii arbitri de-

---

(1) Ferron. in additione ad Pau. Æmilium in vita Ludovici 12.

lecti Baarnensem ei ditionem addixissent antiquato a rege senatus decreto fœdus cum Ludovico iniit Ferdinandus ubi ea fœdera inita intellexit, instructas copias quas in Gallum ducturus erat vertit in eum ; atque hæc quidem causa fuit Ferdinando vicini regis ejiciendi : alteram etiam prætexuit quod edicto pontificio et Gallorum rex et qui ei auxilium ferrent impii pronunciati fuissent eorumque regna publicata, etc. » Mais quoy q'uil en soyt depuis en ça les roys d'Espaigne ont toujours tenu et tienent encores ce royaume de Navarre sens avoyr jamais volu démordre de la jouiscence d'yceluy. Mais par ce que toutes ces grandes maisons que nous avons cy dessus nommées demurarent joinctes à la maison d'Albret par le moyen du mariage de Jean d'Albret avec dame Catherine de Foix, il semble q'uil seroit séant de monstrer icy d'où descendoyt ce Jean d'Albret et dire quelque chose de ses prédécesseurs et de leur descente ou généalogie. Toutesfois depuis que nous soumes veneus jusques à la fin de ceste œuvre et que ceste digression interroumproit ce peu de discours que nous avons à faire pour y mettre fin j'ay advisé pour le mieulx de continuer sens interruption ce que reste de ceste œuvre et insérer à la fin d'ycele ceste généalogie.

Pour donc poursuivre le discours que nous avons coummencé du mariage de Jean d'Albret et de Catherine de Foix, roy et reyne de Navarre, sortirent deus masles et quatre filhes. Les masles feurent Henry et Françoys. Les filhes feurent Anne, Quitterie, Catherine et Ysabeaux. Henry, filz ayné de ce mariage, succéda à ses père et mère tent au titre et prétention du royaume de Navarre, car en effect il estoyt tenu par les Espaignols, que aux seigneuries et comtés de Béarn, Bigorre, Foix et Albret. C'est celuy avec lequel, coume nous avons coumencé de dire, madame Marguerite de France, seur du roy François et vefve du feu duc d'Alançon se maria en segondes nopces l'an 1527 ; au moyen du quel mariage les comtés de Rodez et d'Armaignac, ensemble toutes les aultres comtés, vicontés, baronies et aultres terres et seigneuries de ladicte maison d'Armaignac feurent et depuis ont demeuré unies avec le royaume de Navarre, principauté ou seigneurie de Béarn, duché d'Albret, comtés de Foix et de Bigorre et aultres places et seigneuries qui en dependoint. Lesdicts roy et reyne feirent leur novele entrée en la ville de Rodez, capitale de ladicte comté le xv jour du moys de juilhet mil v cens xxxv, et le lendemain q'uestoyt le xvi dudict mois feurent solempnelement et en grande pompe et magnificence coronés de la corone comitale, en l'esglise cathédrale de ladicte vile, par feu révérend père en Dieu messire Georges d'Armaignac, évesque de Rodez et depuis cardinal du sainct Siège. Il apert par l'acte dudict coronement qui en feut prins et retenu par feu Me Jean de Bonal, secrétaire desdicts seigneur et dame en leur comté de Rodez, mon père, et feu Me Jean de Toubilhon, secretere dudict seigneur évesque, où toutes les cérémonies dudict coronement sont fort particulièrement discoureues. Quatre jours après, scavoir le xx dudict mois et an les consuls de ladicte vile suivis de toute leur bourgeoisie veindrent faire homage auxdicts seigneur roy et reyne qui par mesmes moyen confirmarent les privilèges qui par leurs prédécesseurs comtes avoint esté concédés en divers temps aux habitens de ladicte vile, de quoy leur feut concédé acte.

Du mariage desdicts Henrry d'Albret et de dame Marguerite de France, roy et reyne de Navarre, feut procrée une seule filhe que feut madame Jeanne d'Albret, laquele succéda à toutz leurs biens, mesmes audict royaume de Navarre, duquel elle porta le titre par ung fort long temps. Elle feut premièrement acourdée par le roy François premier, son oncle, au duc de Clèves, de Gueldres et de Juliers, et après mariée avec Anthoine de Bourbon, duc de Vandomays, prince du sang, fort proche, coume celuy qui debvoyt succéder à la corone de France, si le roy Françoys feut décédé sens enfens. Après ce mariage, il print la qualité et titre de roy de Navarre et feut tué au siège de Rouan, presque sur la bresche par laquele la vile feut prinse. Mais ce valureux prince y demura après avoir franchi le pas à son armée victorieuse. Ce feut l'an mil v cens LXIII q'uil morut au grand regret de toutz les bons François, layssent madame Jeane d'Albret sa femme encores vivente avec ung enfant et une filhe q'uil avoyt heu d'elle, c'est à scavoir Henrry de Bourbon et madame Catherine, laquele depuis feut mariée avec le duc de Bar, futeur héretier de la duché et maison de Lorraine.

Madame Jeane d'Albret après la mort du roy son mari vesquit dix ans ou environ, portant toutjours le titre de reyne de Navare, bien que en effect elle n'en jouyt pas coume nous avons dict. Elle morut l'an MV cens LXXII, layssent à elle survivent et successeur ledict prince Henrry de Bourbon, son filz, qui par ce moyen feult roy de Navarre, prince de Béarn, duc de Vendosme et d'Albret, comte d'Armaignac, Rodez, Fezenzac, Foix, Bigorre, Lisle, viconté de Lomaigne, Fezenzaguet, Creysseil, baron de Mayrueys, Caussade, Chasteau neuf de Montmirailh, et seigneur de beaucoup d'aultres places et seigneuries desdictes maisons en trèsgrand nombre unies ensemble par le moyen des alliences et mariages que nous avons dict cy dessus. Il teint sépareement toutz ces biens avec le titre de roy de Navarre, depuis la mort de sa mère jusques en l'année mil v cens LXXXIX, que Henrry troisième de ce nom, roy de France, mourent sens enfens, il luy succéda audict royaume coume le plus proche du sang. Ce feut ung des plus grands et valeureux roys que la France aye jamais heu ; aussi en a il acquis méritoirement le titre de grand. Ces gestes et braves déportemens méritent une hystoire et chronique à part.

Et par ce que nous roys venens de nouveau à la corone contractent coume ung mariage avec elle, et luy aportent en forme de dot toutz leurs biens patrimoniaulx, bien que du coumencement il eust faict publier ung édict par lequel il décleroit n'estre de son intention que son ancien domaine (composé dudict royaume de Navarre, de la principauté de Béarn, et des aultres duchés, comtés, vicontés, baronies, terres et seigneuries que nous venons de nommer) feusse ou demeurasse joinct et uni à la corone de France, ains que par luy feusse tenu séparément et à part, toutesfoys voyent en fin que la court du parlement de Paris n'avoyt voleu procéder à la vérification d'yceluy, treuvent ceste déclaration préjudiciable à la corone et contrere aux lois fondementales d'ycele par aultre édict du   , il unit et incorpora ce sien ancien domaine à la corone de France. Ce grand et magnanime roy feut tué proditoirement dans sa vile de Paris le   .

Mais il laissa ung successur de très grande espérence, et qui déjà a coumencé de faire paroistre et mestre au jour le lustre de ses très grandes et héroïques vertus ; c'est Louys XIII de ce nom qui règne de présent et lequel il eust de la reyne sa femme, madame Marie de Médicis.

Nous finirons donc ceste euvre avec une heumble prière que nous faisons, de le nous voloir conserver pour longtemps, et luy diriger telement son cueur par la grace de son Sainct Esprit, q'uil puisse bien et deuement en toute paix, santé et prospérité régir et gouverner son royaume.

TABLE DES MATIÈRES [1]

LIBVRE PREMIER.

DE LA COMTÉ ET COMTES DE RODEZ.

	Pages
De la source et origine de la comté de Rodez et de l'Aquitaine d'où elle est dérivée, chap. et p. 1....................................	1
De la situation et étendue de la comté de Rodez, chap. 2, p. 17....................	15
De la vile de Rodez, capitale du pays de Rouvergue, chap. 3, p. 20................	17
Des auctorités, prææminences et prærrogatives ancienes des comtes de Rodez, chap. 4, p. 26	23
Des anciens comtes qui teindrent la comté de Rodez depuis l'establissement d'ycele jusques à l'aliénation que Alphonce, comte de Toulouze, en feit à ceulx de la dernière lignée des comtes de Rodez, chap. 5, p. 37.........	33

---

(1) Le commencement de la table, jusqu'au chapitre XVI du livre second, manque au manuscrit par suite de la disparution d'un feuillet. Il a été rétabli d'après le corps de l'ouvrage. La copie faite à la bibliothèque nationale sur une copie de l'original n'a pas notamment cette table. C'est au contraire d'après la copie reçue de Paris, assimilée d'ailleurs, à Rodez, à l'orthographe de l'original, qu'a été reproduit l'alinéa des pages 113-114. Cet alinéa aurait été sur fiche épinglée au manuscrit, mais se serait perdu.

Dans la table les premiers chiffres indiquent la pagination du manuscrit.

(Note de la Société.)

De Ragemond ou Raymond premier de ce nom, comte de Rodez, chap. 6, p. 44.......... 39
De Raimond segond de ce nom, comte de Rodez, chap. 7, p. 53.................... 48
De Hugues, filz de Raymond segond, comte de Rodez, chap. 7, p. 57................ 52
De Robert, filz de Hugues et de dame Philippe, comte de Rodez, chap. 9, p. 63.......... 57
De Raymond troisième du nom, comte de Rodez, chap. x, p. 70........................ 63
De Raymond quatrième du nom, comte de Rodez, de S. Gilles et de Toulouze, chap. xi, p. 94............................. 82
De Bertrand, comte de Toulouse et de Rodez, chap. 12, p. 104....................... 91
De Alphonse, comte de Toulouse et Rodez, chap. 13, p. 107......................... 93
Des prætentions que quelques autheurs asseurent les rois d'Arragon avoyr heu sur la comté de Rodez, chap. 14, p. 114............... 99
De la comté de Milhau et à quel titre elle feut joincte à cele de Provence, chap. 15, p. 141.. 121

LIBVRE SEGOND.

DE LA COMTÉ ET COMTES DE RODEZ.

Coume la comté de Rodez, telle qu'ele se voyt de prés ant, feut desmembrée de cele de Tolouse, et de Richard et Hugues, père et filz, premiers comtes d'ycele en ceste seconde lignée, chap. 1, p. 152.................... 130
De la source et origine d'une imposition que se leva au pays de Rouvergue sur le bestail apelée le Commun de paix, chap. 2, p. 178   147

Des enfans du comte Hugues premier, deus desquels, Hugues et Guilhaume, feurent coronés comtes de Rodez, et morùrent avant leur père, chap. 3, p. 189.................. 153

De Henrry premier du nom, comte de Rodez, filz de Hugues premier, chap. 4, p. 201... 161

De Heugues troisième de ce nom, comte de Rodez, chap. 5, p. 227................... 179

De certains différens qui feurent entre le comte Hugues 3 et Vivian, évesque de Rodez, chap. 6, p. 243............................... 189

De Henrry second, comte de Rodez, chap. 7, p. 252 194

Des questions et controverses q'uintervindrent entre Henrry et messire Raymond, évesque de Rodez, chap. 8, p. 260.................. 199

De l'érection du sçeau rigoreux en la ville de Rodez par le comte Henrry 2, chap. 9, p. 284 216

Des guerres de Guasconhe et de Flandres, ausqueles le comte Henrry feut amployé par le roy Philippe le Bel, chap. 10, p. 300.... 228

Du décès et testement de Henrry second du nom, comte de Rodez, chap. 11, p. 311... 235

De madame Cécile, comtesse de Rodez et des différens qu'ele eust avec ses sœurs et bele mère, chap. 12, p. 316................... 239

LIBVRE TROISIÈME.

DES COMTÉS DE RODEZ ET D'ARMAIGNAC APRÈS L'UNION DE CES DEUX COMTÉS.

De la comté d'Armaignac ; source et origine d'ycele et de ses comtes jusques à Bernard, mari de madame Cécile, comtesse de Rodez, chap. 1, p. 331........................ 251

Du coumencement et source de ceste grande guerre qui dura par un si long temps entre les maisons d'Armaignac et de Foix, chap. 2, p. 351.. 268

Des différens q'uintervinrent entre le comte Bernard d'Armaignac et messire Pierre Plene Cassaigne, évesque de Rodez, sur la décision desquels feut introduit le pariage dans la vile de Rodez qui s'y observe encores, chap. 3, p. 367.. 281

De Jean premier de ce nom, comte de Rodez et d'Armaignac, et de son premier mariage avec madame Régine de Gout, chap. 4, p. 393 304

Du second mariage de Jean premier de ce nom, comte de Rodez et d'Armaignac avec madame Béatrix de Clermont, comtesse de Charolois, chap. 5, p. 409................ 316

Des guerres royales esqueles le comte Jean premier d'Armaignac fut amployé durant le règne du roi Philippes de Valoys, chap. 5, p. 421 326

Des guerres que le roi de France, Jean, eust contre Edoard, roi d'Angleterre, esqueles Jean premier du nom, comte d'Armaignac, et son filz feurent amployés, chap. 7, p. 427...... 332

Renovelement des quereles d'entre les comtes de Foix et d'Armaignac, chap. 8 p. 438...... 341

De la guerre que le prince de Galles entreprint en Espaigne pour remetre le roi dom Pierre en son royaume de Castilhe, chap. 9, p. 442 345

De l'apellation relevée par le comte d'Armaignac et ses adhérens de l'imposition du fouage jetée sur l'Aquitaine par le prince de Galles, chap. 10, p. 455........................ 356

Coume le roy Charles v receut l'apel du comte d'Armaignac et de ses adhérens sur l'imposition du fouage et des raisons qui le portèrent à ce faire, chap. 11, p. 463.......... 362

Du décès de Jean premier de ce nom, comte d'Armaignac et de madame Béatrix de Clérmont, sa femme, chap. 12, p. 482......... 377

De Jean segond du nom, comte d'Armaignac et de Rodez, apelé le comte Gras, de sa femme et enfans, chap. 13, p. 485......... 379

Renouvelement de guerre entre les comtes d'Armaignac et de Foix, et de la paix que feut entre eulx arrestée, chap. 14, p. 499...... 390

Coume les habitans dez pays d'Auvergne, Rouvergue et Gévaudan se mirent en la protection du comte d'Armagnac contre les companies des voleurs tenans le parti des Anglois et de la mort dudict comte, chap. 15, p. 510   398

De Jean 3 de ce nom, comte d'Armaignac et de Rodez, et de son mariage et enfans, chap. 16, p. 521........................ 407

Des guerres que ce comte exploicta en Guyene contre les Anglois, et de la négociation avec les capitaines des companies pour leur faire quitter les places fortes qu'ilz tenaient, chap. 17, p. 532........................ 418

Poursuite de la négociation dudict comte avec les companies et coume en fin il leur feit quitter les fortz, chap. 18, p. 555......... 437

Du voyage dudict comte en Italie contre le comte de Vertus et de l'occasion d'yceluy, chap. 19, p. 566...................... 446

Du décès de Jean 3, comte de Rodez et d'Armaignac, chap. 20, p. 575............ 453

De Bernard segond du nom, comte d'Armaignac et de Rodez, de son mariage avec dame Bone de Berry et de leurs enfans, chap. 21, p. 592   468

De la source et origine des quereles et guerres qui feurent entre les maisons d'Orléans et de Bourgoigne et poursuite d'iceles jusques à la paix de Wincestre, chap. 22, p. 607...... 479

Du renouvelement de guerre entre les Bourguignons et Orléanois et de ce que advint pendent ycele jusques à la paix de Bourges, chap. 23, p. 630.................................... 498

Le comte d'Armaignac fut particulièrement comprins en la paix de Bourges et des letres qui sur ce lui feurent dépêchées, chap. 24, p. 641.................................... 506

Des séditions qui s'esmurent dans Paris par les menées du duc de Bourgoigne, de la paix de Ponthoise et coment ce duc fut contraint quitter Paris, chap. 25, p. 648............ 512

De la guerre que le comte d'Armaignac feit à celuy de Foix après son retourn en Guascoigne et coume il feut faict conestable de France, chap. 26, p. 657...................... 519

Du grand scysme qui survint en l'esglise après le décès du pape Grégoire XI et des conciles de Pise et Constance où feut condampné Bénédic unzième soustenu par le comte d'Armaignac, chap. 27, p. 674................ 531

De la prinse de Paris faicte par le seigneur de L'Isle Adam pour le duc de Bourgoigne où le comte d'Armaignac, conestable de France, feut tué, chap. 28, p. 689................... 543

Du décès de madame Bone de Berry, vefve de Bernard d'Armaignac, conestable de France, chap. 29, p. 704........................ 555

Digression incidement faite sur la création du pape Fœlix V au concile de Basle, chap. 30, p. 712..................................... 561

De Jean 4 de ce nom, comte d'Armaignac et de Rodez, de ces mariages et enfans descendus d'yceux, chap. 31, p. 728.................. 573

De Bernard d'Armaignac, filz puisné du conestable, de son mariage et de ses enfens, chap. 32, p. 754........................... 593

Reprinse de la lignée droicte d'Armaignac et du discours coumencé de Jean 4, comte d'Armaignac et de son filz le vicomte de Lomagne, chap. 33, p. 780 615

LIBVRE QUATRIÈME.

DES COMTÉS DE RODEZ ET D'ARMAIGNAC.

Des traverses donées à Jean 4, comte de Rodez et d'Armaignac, et à son filz le viconte de Lomaigne, chap. 1 p. 785............. 620

De la délivrance du comte d'Armaignac faicte à la prière du roy d'Espaigne, des ducs de Savoye, d'Orléans, d'Alançon et aultres grands seigneurs, chap. 2, p. 805................ 637

Du noveau comte d'Armaignac et de Rodez, Jean 5 du nom, filz du précédent, et coume il feut amployé pour le roy ez guerres de Gascoigne, chap. 3, p. 814................ 644

De la prévention dudict Jean v, comte de Rodez et Armaignac, et de l'arrest que en feut doné contre luy en la court du parlement de Paris, chap. 4, p. 819........... 651

Le comte d'Armaignac Jean v est remis en ses biens par le roy Louys xi venu de noveau à la corone de France après la mort de son feu père, chap. 4, p. 826......... 657

De la guerre du bien public et ligue que pour

cause d'ycelle feut faicte entre les princes du sang contre le roy Louys xi, en laquele le comte de Rodez entra, chap. 5, p. 831..... 663

Du dernier arrest de confiscation de corps et des biens doné contre le comte d'Armaignac et exécution d'yceluy en partie, chap. 6, p. 839 670

Le comte d'Armaignac est remis dans la ville de Lectoure par monseigneur de Guyene, mais peu après assiégé par monsieur de Beaujeu rend ladicte vile au roy, chap. 7, p. 855... 684

Le comte d'Armaignac feut pour la segonde fois assiégé dans la vile de Lectoure par le cardinal d'Arras et en fin y est prins et tué, chap. 8, p. 862...................... 690

Des arrest de condempnation de mort donnés contre les ducs d'Alançon et de Nemours, proches parents dudict comte d'Armaignac, chap. 9, p. 873...................... 700

Les biens de la maison d'Armaignac sont randus par le roy Charles 8 à Charles d'Armaignac, frère du feu Jean v, auquel feut proveu de curatur à cause de sa manie, chap. 10, p. 879 705

Que le roy Charles 8 après le décès du comte Charles feit ressaisir et remetre en ses mains les biens d'Armaignac et de Jean et Louys d'Armaignac, filz de Jaques, duc de Nemours, chap. 11, p. 885...................... 711

Poursuite du discours coumencé desdicts deus frères Jean et Louys d'Armaignac, qui coumancèrent de quereler les biens de la maison d'Armaignac, mais morurent pendant la poursuite, chap. 12, p. 892...................... 717

Du procès qui feut poursuivi en la court du parlement de Paris après la mort du duc de Nemours, entre les plus proches lignagiers d'Armaignac et le procureur général du roy sur la succession des biens de ceste maison, chap. 13, p. 920.................................. 739

De Charles d'Alançon et Marguerite de France, comtes de Rodez et d'Armaignac et de leurs successeurs comtes ezdictes comtés jusques à présent, chap. 14, p. 926.................... 743

Fin de la Table.

Rodez, impr. vᵉ E. CARRÈRE.

www.ingramcontent.com/pod-product-compliance
Lightning Source LLC
Chambersburg PA
CBHW052107010526
44111CB00036B/1523